KB015537

[항공우주법 강좌 1]

항공법판례해설 I
航空民事法

권 창 영

한국항공대학교 겸임교수 · 법학박사
법무법인(유한) 지평 변호사

法 文 社

[The Lecture Series on the Air and Space Law 1]

THE COMMENTARY ON THE AVIATION LAW CASES
I

-Aviation Civil Law-

by

Dr. Kwon, Chang Young

Adjunct Professor of Korea Aerospace University
Attorney at Law of JIPYONG LLC

2019

BUBMUNSA
Paju Book City, Korea

추 천 사

이 공 현

前 헌법재판관
법무법인(유한) 지평 대표변호사

　항공은 사람이 탑승하는 항공기를 사용하여 공중을 항행하는 것이다. 20세기 초반 비행기가 등장하면서 항공운송이 급성장하기 시작하였고, 이제는 육상운송, 해상운송과 더불어 중요한 운송수단의 하나로 자리를 잡고 있다. 오늘날 인천국제공항이나 외국의 국제공항과 국내공항의 규모와 위상을 보면 국민이 느끼는 항공운송이나 관련 산업의 중요성은 더 말할 나위도 없다. 그리고 인천국제공항만 보더라도 현재 진행 중인 4단계 건설사업이 완공되면 연간 여객수용능력은 1억 3,000만 명, 화물처리능력은 580만t으로 늘어나게 된다.

　종전에는 우리나라에서는 '항공법'과 '항공운송사업진흥법'을 두고 안전항공과 항공운송사업진흥을 도모하였다. 국제항공운송의 발전에 따라 '국제민간항공협약'이 탄생하게 되고, 우리나라도 2011년 상법에 항공운송편을 신설하여 항공운송인과 여객, 화주 기타 관련 당사자 사이의 법률관계를 규율하고 있다. 그리고 항공보안을 확보하기 위한 '항공보안법'과 안전항공과 항공기술발전을 위한 '항공안전법'을 정비하였다.

　저자인 권창영 변호사는 2년여 전 법무법인(유한) 지평에 합류하여 법률실무에 종사하면서 한국항공대학교 항공우주법학과 겸임교수로 활약하고 있다. 금번 낯설게 느껴지는 항공우주법 분야 중 항공민사법과 항공노동법에 관한 판례해설을 모아 책자를 발간한 저자에게 경의를 표한다. 항공기 자체의 권리관계뿐만 아니라 항공기 운항으로 인한 소음 등 문제, 항공운송과 관련된 노동법문제를 다루고 있다. 앞으로도 항공운송과 항공행정 관련 문제에 이르기까지 아주 넓은 대상을 다룰 예정이다.

항공우주분야를 규율하는 법규범으로는 국제적인 항공협약이 있고, 이를 바탕으로 각국은 국내법을 제정하여 시행하여 오고 있다. 새로운 제도와 이론이 끊임없이 도입되고 있는 분야이다. 따라서 이 분야에 관심있는 법률가나 항공우주 실무가는 항공우주 관련 실무를 처리하면서 부딪칠 문제들에 대한 지침을 알려 줄 해설서가 절실하게 필요하다. 이러한 요청에 부응하여 다년간 이론과 실무를 연구한 저자가 변호사업무에 바쁜 와중에도 판례해설을 중심으로 항공우주법 강좌를 펴낸 것은 항공우주 관련업계와 법조계가 다함께 기뻐할 일이다.

이 책은 항공우주법에 관한 우리나라의 판례뿐만 아니라 미국 등 다른 나라의 판례를 소개하여 법조계와 항공우주관련 실무가에게 큰 도움을 주리라고 믿는다. 아울러 항공우주법 분야에서 이론과 실무의 발전을 염원하는 저자의 꿈과 바람이 법조계와 항공우주업계에 전하여져 활짝 꽃이 피길 기원한다.

서 문

인류는 오랜 옛날부터 하늘을 나는 것을 꿈꾸어 왔다. 1903년 라이트 형제가 역사적인 첫 비행에 성공한 이래 양차 세계대전을 거치면서 고정익항공기를 중심으로 항공산업이 눈부시게 발달하였다. 최근에는 무인항공기(Drone)의 등장으로 인류에게 새로운 희망을 주고 있다. 한편 우리나라는 지정학적으로 섬처럼 고립되어 있으므로 여객운송은 대부분 항공운송에 의존하고 있는데, 국력의 상승과 더불어 항공산업은 급격하게 발전하고 있다. 항공산업의 발달은 이를 적절하게 규율할 법령의 발전이 없으면 이루어질 수 없다. 이에 따라 항공법이 1961. 6. 8. 시행된 이래 많은 법령의 제정과 개정이 이루어졌다. 그럼에도 항공법에 관한 연구성과나 법학서는 다른 분야에 비해 매우 빈약하다.

저자는 최준선 항공우주정책·법학회 회장님의 소개로 2015년 가을 항공우주정책·법학회에서 항공기 집행에 관하여 주제 발표한 것을 계기로 항공법에 본격적으로 관심을 갖게 되었다. 그 후 저자는 한국항공대 황호원 교수님의 추천으로 2016년 2학기부터 한국항공대 대학원에서 항공법 강의를 담당하게 되었다. 주로 항공 관련 업무에 종사하면서 학업을 병행하는 수강생들의 경력이 다양하고 항공법에 대한 이해도에 차이가 컸기 때문에, 방대하고 복잡한 항공법을 체계적으로 설명하는데 가장 좋은 방법은 항공법에 관한 판례를 소개하고 이를 중심으로 강의하는 것이었다. 6학기 동안 강의를 하면서 항공법 전반에 관한 주제를 다루었고, 강의안도 점차 충실하게 되었다.

그동안 매번 필기의 어려움을 호소하면서 강의안을 정리하여 교재로 출판하여 달라는 수강생들의 요청에 부응하고자, 이번에 법문사의 도움으로 항공법판례해설서를 출간하게 되었다. 해설서는 국내외 대표적인 판례

200여 개를 주제별로 나누어, Ⅰ. 항공민사법, Ⅱ. 항공노동법, Ⅲ. 항공운송법, Ⅳ. 항공행정법 등 4권으로 순차적으로 출간될 예정이다. 최대한 국내 판례를 소개하려고 노력하였으나, 적절한 국내 판례가 없는 경우에는 외국 판례를 소개하였다. 독자들의 판례 접근의 어려움을 감안하여, 가급적 자세하게 사실관계와 판시사항을 기술하였고, 항공법 고유의 법리를 쉽게 이해할 수 있도록 해설부분을 집필하였다. 그러나 집필 착수 당시의 거창함에 비하여 출간을 앞둔 지금 부족한 점이 많이 보인다. 부족한 점이나 잘못된 점은 오로지 저자의 책임인바, 江湖諸賢의 기탄없는 질정과 매서운 비판을 기대한다.

이 책이 나오기까지 많은 분들의 도움이 있었다. 항공산업의 최전선에서 열심히 땀을 흘리고 계신 모든 항공인들, 김두환, 홍순길, 최준선 회장님, 황호원 교수님을 비롯한 항공우주정책·법학회 회원들, 수업 도중 질의와 현장경험을 바탕으로 한 토론을 통하여 항공의 특수성을 이해하게 해주신 수강생들께 감사드린다. 특히 한국항공대 항공운항관리학과(항공우주법 전공) 박사과정을 수료하고 박사논문 준비로 바쁜 와중에도 불구하고, 방대한 원고를 꼼꼼하게 검토해주신 아시아나항공의 김선아(金善娥) 부사무장님께 깊이 감사드리며, 학문적으로 대성하기를 기원한다. 또한 장지훈 부장님, 노윤정 차장님, 권혁기 대리님을 비롯한 法文社 관계자 분들은 어려운 출판환경에서도 법학 발전을 위한 사명감으로 방대한 분량의 원고를 이와 같이 멋진 책으로 만들어 주셨다. 이 책이 나오기까지 도움을 주신 모든 분들께 이 지면을 빌려 감사의 마음을 전한다.

파리 협약(Paris Convention) 탄생 100주년을 맞이하는 2019년 봄
仁旺山에서 社稷壇을 바라보며
저자 識

차 례

제1장 항공기 소유권

제 2 장 항공기 제한물권과 임대차

제 3 장 항공기 민사보전

제4장 항공기 집행

제5장 항공기 제작과 금융

제6장 항공기 운항과 제3자의 권리

제7장 항공 소음

제 1 장

항공기 소유권

[1] 항공기 소유권이전등록 청구

서울중앙지방법원 2017. 12. 8. 선고 2016가합570188 판결

Ⅰ. 사실관계

(1) 피고 H항공기술개발 주식회사는 이 사건 항공기(항공기 제작자 및 형식: Cessna Aircraft Company C-172S, 수량: 2대)에 관하여 소유권이전등록을 마친 국내 법인이고, 원고는 위 항공기를 피고에게 명의신탁하였다고 주장하는 사람이다.

(2) 원고는 2011. 11. 9.부터 2012. 5. 14.까지 피고 대표이사 J 명의의 계좌에 10차례에 걸쳐 합계 675,308,000원을 송금하였고, 피고는 2012. 1. 6. 이 사건 항공기를 구입하여 피고 명의로 소유권이전등록을 하였다.

(3) 피고는 2011. 11. 17. HS 주식회사에 항공기를 임대하였는데, 원고는 피고의 임대인으로서 채무를 연대보증하였다. 차임은 계약 당시 항공기들에 장착된 Hobbs 미터를 기준으로 1시간당 70,000원으로 정하였고, 2012. 2. 15. 항공기 중 1대의 차임을 1시간당 90,000원으로 변경하였다. HS는 J 명의의 계좌로 차임을 송금하였는데, 원고는 2012. 3.분 차임은 전액을, 2012. 4.분 차임부터는 약정 차임의 80%를 지급받았다.

(4) 원고는 항공기가 도입될 당시 현장에 나가 항공기 상태를 직접 점검하였고, 소유자에게 2벌만 지급되는 항공기들의 시동 열쇠를 항공기 구매 시부터 현재까지 소지하고 있으며, 나머지 한 벌은 임차인이 갖고 있고, 피고는 열쇠를 보유하고 있지 않았다. 또한 원고는 HS가 항공기에 항공유가 아닌 휘발유를 주유한 것에 항의하였고, 불법 주유에 대한 서울지방항공청의 실태조사에서 항공기 실소유주로 직접 참여하기도 하였다.

(5) J는 2012. 8. 21. 사망하였고, 피고의 회계를 담당하던 K(피고의 유일한 등기임원)는 2012. 10. 26. 원고의 요청에 따라 아래와 같은 내용의

사실확인서를 작성하여 원고에게 교부하였다.

> **사실확인서**
>
> 피고에 등록되어 있는 이 사건 항공기의 실소유자에 대하여 다음과 같이 확인합니다.
>
> 이 사건 항공기의 공부상 소유자는 피고로 되어 있으나 위 항공기 구입 및 통관, 부대비용을 제공한 실소유자는 원고입니다.
>
> 피고의 대표이사 J와 원고가 협의하여, 피고 소유로 하고 항공기 구입 및 통관 비용 일체를 원고가 부담하였습니다.
>
> 피고의 대표이사 J와 원고는 위와 같은 협의 하에 항공기들이 피고로 등록되어 있음을 확인합니다.

(6) 원고는 피고에게 항공기 구매대금을 지급하였고, 피고는 피고 명의로 항공기들을 취득하고, HS와 임대차계약을 체결한 후 임대료를 받아 원고에게 전달하는 역할만 하였을 뿐이므로, 이 사건 항공기의 실제 소유자는 원고이고, 피고는 원고로부터 명의신탁을 받은 자에 불과하다고 주장하였다. 원고는 이 사건 소장 부본 송달로써 피고와의 명의신탁계약을 해지하였으므로, 피고는 이 사건 항공기에 관하여 원고에게 명의신탁해지를 원인으로 한 소유권이전등록절차를 이행할 의무가 있다고 주장하면서, 2015. 4. 7. 서울중앙지방법원에 피고를 상대로 위 항공기에 관한 소유권이전등록을 구하는 소를 제기하였다.[1]

II. 참조 조문

1. 항공안전법

> **제7조(항공기 등록)** 항공기를 소유하거나 임차하여 항공기를 사용할 수 있는 권리가 있는 자(이하 "소유자등"이라 한다)는 항공기를 대통령령으로 정하는 바에 따라 국토교통부장관에게 등록을 하여야 한

---

[1] 소 제기 당시 사건번호는 2015가단5086271호였으나, 원고의 2016. 11. 8.자 청구취지 확장으로 사물관할이 합의부 사건이 되어 2016. 11. 18. 합의부로 이송되었다.

다. 다만, 대통령령으로 정하는 항공기는 그러하지 아니하다.

제8조(항공기 국적의 취득) 제7조에 따라 등록된 항공기는 대한민국의 국적을 취득하고, 이에 따른 권리와 의무를 갖는다.

제9조(항공기 소유권 등) ① 항공기에 대한 소유권의 취득·상실·변경은 등록하여야 그 효력이 생긴다.

② 항공기에 대한 임차권(賃借權)은 등록하여야 제3자에 대하여 그 효력이 생긴다.

제14조(항공기 이전등록) 등록된 항공기의 소유권 또는 임차권을 양도·양수하려는 자는 그 사유가 있는 날부터 15일 이내에 대통령령으로 정하는 바에 따라 국토교통부장관에게 이전등록을 신청하여야 한다.

2. 민 법

제103조(반사회질서의 법률행위) 선량한 풍속 기타 사회질서에 위반한 사항을 내용으로 하는 법률행위는 무효로 한다.

제105조(임의규정) 법률행위의 당사자가 법령 중의 선량한 풍속 기타 사회질서에 관계없는 규정과 다른 의사를 표시한 때에는 그 의사에 의한다.

Ⅲ. 판시사항

원고의 명의신탁계약에 대한 해지의 의사표시가 기재된 이 사건 소장 부본이 2015. 7. 28. 피고에게 송달된 사실이 기록상 분명하므로 위 명의 신탁계약은 이로써 적법하게 해지되었다. 따라서 피고는 원고에게 이 사 건 항공기에 관하여 2015. 7. 28.자 명의신탁 해지를 원인으로 한 소유권 이전등록절차를 이행할 의무가 있다.

IV. 해 설

1. 명의신탁

가. 명의신탁의 연혁과 유효성

(1) 명의신탁(名義信託)이라고 하면 단순히 '명의'만을 빌려 준다는 형태로 일상생활에서도 많이 이용되고 있다. 그런데 우리 민사법 이론 중에 등장한 명의신탁은 주로 권리능력이 없는 단체가 자신의 소유권을 등기하여야 할 경우에, 단체의 구성원 중 1인의 명의로 등기를 하는 것부터 시작되었다. 이러한 소유권의 등기형태와 관련된 명의신탁은 각종 부동산 소유의 경우에 파급되고 여러 가지 문제점(주로 탈법수단)을 내포하고 있었기 때문에, 부동산실명제를 통하여 실정법상으로는 그와 같은 형태의 등기가 금지되게 되었다. 그러나 다른 한편 명의신탁을 둘러싸고 등장한 여러 이론은 아직도 민법의 해석원리로서 주장되고 있고, 부동산을 제외한 나머지 재산에 관하여는 여전히 명의신탁이 유효하므로, 명의신탁 자체는 아직도 살아 있는 법제도 내지 법리라는 점을 무시할 수 없다. 부동산명의신탁의 유효성에 관하여는 명의신탁이 가장행위(통정 허위표시)로서 무효라는 부정설[2]도 있으나, 판례는 일관하여 유효설의 입장을 취하고 있다.

(2) 명의신탁은 판례를 통하여 인정된 법원칙으로서 학설을 통해 다듬어지고 나름대로 정치한 내용을 갖고 있다. 그런데 판례가 인정한 명의신탁 이론은 대법원이 처음으로 체계화한 것은 아니고, 그 모태가 된 해석론은 대법원 이전인 조선고등법원(朝鮮高等法院)의 판례에 의하여 인정된 것이다. 조선고등법원의 판례에서는 현재의 명의신탁의 이론구성과 유사한 판단을 하고 있지만 명의신탁이라는 용어는 사용하지 않았다. '명의신탁'이라는 말이 나타난 것은 대법원의 판결이다.[3] 조선고등법원의 판례를 이

---

2) 곽윤직, 물권법, 박영사(1999), 138~139면.
3) 곽윤직, "명의신탁에 관한 판례이론의 연구", 법학 제15권 제2호(1974), 서울대 법학연구소, 13면.

어받은 대법원이 당시까지 일반적으로 법조계 등 사회에서 이용되고 있었던 명의신탁이라는 용어를 처음으로 판례상 사용하였다.[4]

(3) 1995. 3. 30. 제정되어 1995. 7. 1.부터 시행된 부동산 실권리자 명의 등기에 관한 법률(이하 '부동산실명법')은 '부동산에 관한 소유권 기타 물권'에 관한 명의신탁약정을 적용대상으로 규정하고 있으며, '부동산에 관한 물권을 취득하기 위한 계약에서 명의수탁자가 그 일방당사자가 되는 경우' 즉 계약명의신탁도 적용대상에 포함하면서 위 법률이 별도로 규정하고 있지 않는 한 원칙적으로 모든 명의신탁약정 및 그에 따른 등기를 무효로 하고 있다. 한편 양도담보·담보가등기, 상호명의신탁, 신탁법에 따른 신탁에는 부동산실명법이 적용되지 않고, 조세포탈·강제집행의 면탈 또는 법령상 제한의 회피를 목적으로 하지 않는 종중(宗中) 부동산명의신탁 및 부부 부동산명의신탁에는 부동산실명법의 핵심 규정이라고 할 수 있는 제4조 내지 제7조 및 제12조 제1항, 제2항이 적용되지 않는다.

(4) 부동산실명법은 '부동산에 관한 물권'에 관하여서만 그 적용이 있으므로, 등기·등록에 의하여 공시되는 항공기·자동차·선박 등은 위 법의 적용을 받지 않기 때문에 차량소유자가 그 소유의 차량 명의를 다른 사람에게 명의신탁한 경우, 대외적으로는 명의수탁자가 소유권자이나, 대내적으로는 여전히 명의신탁자가 그 소유권을 보유한다.[5]

나. 명의신탁의 법률관계

(1) 명의신탁 법리의 핵심 특징은 내부관계와 외부관계를 구분하여 내부관계에서는 신탁자를 권리자로 보고, 외부관계에서는 수탁자를 권리자로 보는 것이다.[6] 신탁자와 수탁자 사이의 관계는 내부관계이고, 명의신탁 당사자와 제3자 사이의 관계는 외부관계라고 할 수 있으나, 제3자가 신탁자

---

4) 김상수, "명의신탁의 연혁에 관하여", 토지법학 제26권 제2호(2010. 12.), 79~102면.
5) 대법원 2013. 3. 28. 선고 2012다7212 판결(자동차).
6) 당사자 사이에 자동차의 소유권을 등록명의자 아닌 자가 보유하기로 약정한 경우, 약정 당사자 사이의 내부관계에서는 등록명의자 아닌 자가 소유권을 보유하게 된다고 하더라도 제3자에 대한 관계에서는 어디까지나 등록명의자가 자동차의 소유자라고 할 것이다. 대법원 2012. 4. 26. 선고 2010도11771 판결.

나 수탁자와 사이에 맺은 법률관계가 어느 경우에 외부관계에 해당되는지를 판단하기가 어려운 경우도 있는데, 일응 명의신탁에 따른 등록을 기초로 새로운 권리를 취득한 자를 외부관계자라고 할 수 있다.[7]

(2) 명의신탁관계는 반드시 신탁자와 수탁자 간의 명시적 계약에 의하여서만 성립되는 것이 아니라 묵시적 합의에 의하여서도 성립될 수 있고, 그 당사자 중 일방이 법인인 경우라도 이와 달리 볼 것은 아니다. 일반적으로 명의신탁에서 신탁자와 수탁자 간의 대내적 법률관계는 신탁자가 목적물의 소유권을 보유하고 이를 관리·수익하면서 단지 공부상 소유명의만을 수탁자로 하여 두는 것이나, 대내적 법률관계는 신탁자와 수탁자 간에 체결된 일종의 신탁계약에 의하여 성립되는 것이므로 당사자 간의 명의신탁계약 내용에 따라 그 목적물의 관리·수익에 관하여 달리 정할 수도 있다.[8]

(3) 항공기를 명의신탁한 경우에는 소유권이 대외적으로 수탁자에게 귀속하므로, 수탁자가 수탁 항공기를 제3자에게 처분하였을 때에는 그 처분행위가 무효 또는 취소되는 등의 사유가 없는 한, 제3취득자는 신탁재산에 대한 소유권을 적법하게 취득하고 명의신탁관계는 소멸한다.[9]

다. 항공기에 대한 명의신탁

(1) 명의신탁의 유효성

명의신탁의 대상이 되는 물건에는 부동산 외에도 등기·등록이 가능한 항공기·선박·자동차[10] 등이 포함될 수 있고, 명의신탁의 대상이 되는 권리에는 소유권뿐만 아니라 저당권[11] 등 공시가 가능한 권리가 있을 수 있

---

7) 박덕희, "부동산 명의신탁자와 수탁자 사이의 내부적 법률관계", 민사법연구 제16집 (2008), 97면.
8) 대법원 1996. 9. 10. 선고 95누7239 판결.
9) 대법원 1997. 10. 10. 선고 96다38896 판결(부동산).
10) 대법원 2007. 1. 11. 선고 2006도4498 판결은 '자동차·중기 등에 대하여도 명의신탁법리의 적용이 가능하다'는 점을 확인해 주고 있다.
11) 대법원 2000. 12. 12. 선고 2000다49879 판결은 "채권담보의 목적으로 채무자 소유의 부동산을 담보로 제공하여 저당권을 설정하는 경우에는 담보물권의 부종성의 법리에 비추어 원칙적으로 채권과 저당권이 그 주체를 달리할 수 없는 것이지만, 채권자 아닌 제3자의 명의로 저당권등기를 하는 데 대하여 채권자와 채무자 및 제3자 사이에 합의가

다. 대상사안에서 법원은 항공기의 소유권에 관한 명의신탁의 유효성을 긍정하고 있다.

어떤 사람이 타인을 통하여 항공기를 매수하면서 매수인 명의 및 소유권이전등록 명의를 타인 명의로 하기로 한 경우에, 매수인 및 등록 명의의 신탁관계는 그들 사이의 내부적인 관계에 불과하므로, 상대방이 명의신탁자를 매매당사자로 이해하였다는 등의 특별한 사정이 없는 한 대외적으로는 계약명의자인 타인을 매매당사자로 보아야 하며, 설령 상대방이 명의신탁관계를 알고 있었더라도 상대방이 계약명의자인 타인이 아니라 명의신탁자에게 계약에 따른 법률효과를 직접 귀속시킬 의도로 계약을 체결하였다는 등의 특별한 사정이 인정되지 아니하는 한 마찬가지이다.[12]

(2) 명의신탁의 증명책임

항공기등록은 그것이 형식적으로 존재하는 것 자체로부터 적법한 등록원인에 의하여 마쳐진 것으로 추정되고, 타인에게 명의를 신탁하여 등록하였다고 주장하는 사람은 그 명의신탁 사실에 대하여 증명할 책임을 진다.[13]

민법 제830조 제1항에 의하여 부부의 일방이 혼인 중 그의 단독 명의로 취득한 항공기는 그 명의자의 특유재산으로 추정되므로 그 추정을 번복하기 위하여는 다른 일방 배우자가 실제로 당해 항공기의 대가를 부담하여 그 항공기를 자신이 실질적으로 소유하기 위하여 취득하였음을 증명하여야 한다. 이때 단순히 다른 일방 배우자가 그 매수자금의 출처라는

있었고, 나아가 제3자에게 그 채권이 실질적으로 귀속되었다고 볼 수 있는 특별한 사정이 있거나, 거래경위에 비추어 제3자의 저당권등기가 한낱 명목에 그치는 것이 아니라 그 제3자도 채무자로부터 유효하게 채권을 변제받을 수 있고 채무자도 채권자나 저당권 명의자인 제3자 중 누구에게든 채무를 유효하게 변제할 수 있는 관계 즉 묵시적으로 채권자와 제3자가 불가분적 채권자의 관계에 있다고 볼 수 있는 경우에는, 그 제3자 명의의 저당권등기도 유효하다고 볼 것인바, 이러한 법리는 저당권의 경우뿐 아니라 채권담보를 목적으로 가등기를 하는 경우에도 마찬가지로 적용되고, 이러한 법리가 부동산 실권리자명의 등기에 관한 법률에 규정된 명의신탁약정의 금지에 위반된다고 할 것은 아니다"라고 판시하고 있다. 대법원 1999. 6. 25. 선고 98다47085 판결은 "당초의 채무자가 아닌 제3자를 채무자로 하여 설정된 근저당권도 유효하다"고 판시하였다.
12) 대법원 2016. 7. 22. 선고 2016다207928 판결.
13) 대법원 2017. 6. 19. 선고 2017다215070 판결.

사정만으로는 무조건 특유재산의 추정을 번복하고 당해 항공기에 관하여 명의신탁이 있었다고 볼 것은 아니고, 관련 증거들을 통하여 나타난 모든 사정을 종합하여 다른 일방 배우자가 당해 항공기를 실질적으로 소유하기 위하여 그 대가를 부담하였는지를 개별적·구체적으로 가려 명의신탁 여부를 판단하여야 하며, 특히 다른 증거에 의하여 이러한 점을 인정하기 어려운 사정이 엿보이는 경우에는 명의자 아닌 다른 일방 배우자가 매수자금의 출처라는 사정만으로 명의신탁이 있었다고 보기는 어렵다.[14]

(3) 신탁자의 진정한 등록명의의 회복

진정한 등록명의의 회복을 위한 소유권이전등록청구는 이미 자기 앞으로 소유권을 표상하는 등록이 되어 있었거나 법률에 따라 소유권을 취득한 자가 진정한 등록명의를 회복하기 위한 방법으로서, 현재의 등록명의인을 상대로 하여야 하고 현재의 등록명의인이 아닌 자는 피고적격이 없다.[15]

원고가 항공기의 소유권에 기한 물권적 방해배제청구권 행사의 일환으로서 항공기에 관하여 피고 명의로 마쳐진 소유권이전등록의 말소를 구하려면 먼저 원고에게 그 말소를 청구할 수 있는 권원이 있음을 적극적으로 주장·증명하여야 하며, 만일 원고에게 그러한 권원이 있음이 인정되지 않는다면 설사 피고 명의의 소유권이전등록이 말소되어야 할 무효의 등록이라 하더라도 원고의 청구를 인용할 수는 없고, 이러한 법리는 피고 명의의 소유권이전등록이 원고 명의의 소유권이전등록으로부터 전전하여 경료된 것으로서 선행하는 원고 명의의 소유권이전등록의 유효함을 전제로 하여야만 그 효력을 주장할 수 있는 경우라 하여 달리 볼 것은 아니다.[16]

합유(合有)로 소유권이전등록이 된 항공기에 관하여 명의신탁 해지를 원인으로 한 소유권이전등록절차의 이행을 구하는 소송은 조합재산인 합유물의 처분에 관한 소송으로 합유자 전원을 피고로 하여야 할 뿐 아니라

---

14) 대법원 2013. 10. 31. 선고 2013다49572 판결.
15) 대법원 2017. 12. 5. 선고 2015다240645 판결.
16) 대법원 2005. 9. 28. 선고 2004다50044 판결.

합유자 전원에 대하여 합일적으로 확정되어야 하는 고유필수적 공동소송
에 해당하며,[17] 그 명의신탁 해지를 구하는 당사자가 합유자 중의 1인이
라는 사유만으로 달리 볼 것은 아니다.[18]

(4) 배당이의의 소의 원고적격

배당이의 소의 원고적격이 있는 사람은 배당기일에 출석하여 배당표에
대하여 이의를 진술한 채권자 또는 채무자에 한하고, 담보권 실행을 위한
경매에서 경매목적물의 소유자는 여기의 채무자에 포함된다. 그런데 진정
한 소유자이더라도 경매개시결정기입등록 당시 소유자로 등록되어 있지
아니하였다면 민사집행법 제90조 제2호의 '소유자'가 아니고, 그 후 등록
을 갖추고 집행법원에 권리신고를 하지 아니하였다면 같은 조 제4호의
'항공기 위의 권리자로서 그 권리를 증명한 사람'도 아니므로, 경매절차의
이해관계인에 해당하지 아니한다. 따라서 이러한 사람에게는 배당표에 대
하여 이의를 진술할 권한이 없고, 이의를 진술하였더라도 이는 부적법한
것에 불과하여 배당이의의 소를 제기할 원고적격이 없다. 반면에 경매개
시결정기입등기 당시 소유자로 등록되어 있는 사람은 설령 진정한 소유자
가 따로 있는 경우일지라도 그 명의의 등록이 말소되거나 이전되지 아니
한 이상 경매절차의 이해관계인에 해당하므로, 배당표에 대하여 이의를
진술할 권한이 있고, 나아가 그 후 배당이의의 소를 제기할 원고적격도
있다.[19]

(5) 수탁자가 항공기를 처분한 경우

항공기의 소유자 명의가 신탁된 경우, 외부적으로는 수탁자만이 소유자
로서 유효하게 권리를 행사할 수 있으므로 수탁자로부터 그 항공기를 취
득한 자는 수탁자에게 매도나 담보의 제공 등을 적극적으로 권유함으로써
수탁자의 배임행위에 적극 가담한 것이 아닌 한 명의신탁 사실을 알았는
지의 여부를 불문하고 항공기의 소유권을 유효하게 취득한다.[20]

---

17) 대법원 2011. 2. 10. 선고 2010다82639 판결.
18) 대법원 2015. 9. 10. 선고 2014다73794 판결.
19) 대법원 2015. 4. 23. 선고 2014다53790 판결.

항공기의 명의수탁자가 항공기를 제3자에게 매도하고 매매를 원인으로 한 소유권이전등록까지 마쳐 준 경우, 명의신탁의 법리상 대외적으로 수탁자에게 그 부동산의 처분권한이 있는 것임이 분명하고, 제3자로서도 자기 명의의 소유권이전등록이 마쳐진 이상 무슨 실질적인 재산상 손해가 있을 리 없으므로 그 명의신탁 사실과 관련하여 신의칙상 고지의무가 있다거나 기망행위가 있었다고 볼 수도 없어서 그 제3자에 대한 사기죄가 성립될 여지가 없고, 나아가 그 처분시 매도인(명의수탁자)의 소유라는 말을 하였다고 하더라도 역시 사기죄가 성립하지 않는다.[21]

2. 대상사안의 검토

가. 원고가 명의신탁자인지 여부

대상사안에서 법원은, 이 사건 항공기의 구매대금 및 수입에 필요한 자금을 원고가 부담한 점, 원고는 피고가 항공기들을 HS에 임대할 당시 계약현장에서 임대료·최소운항시간 등 임대조건을 정하는 것에 적극적으로 참여한 점, 원고는 피고의 임대인으로서의 채무를 연대보증한 점, 원고는 항공기가 도입될 당시 현장에 나가 항공기 상태를 직접 점검을 한 점, 원고는 소유자에게 2벌만 지급되는 항공기들의 시동 열쇠를 항공기 구매 시부터 현재까지 소지하고 있는 점, 원고는 HS가 항공기에 항공유가 아닌 휘발유를 주유한 것에 항의하였고 불법 주유에 대한 서울지방항공청의 실태조사에서 항공기 실소유주로 직접 참여하기도 한 점 등을 근거로 원고가 이 사건 항공기의 명의신탁자임을 인정하였다.

나. 명의신탁해지를 원인으로 한 소유권이전등록청구의 당부

신탁자가 그 신탁계약을 해지하면 수탁자는 그 권리를 신탁자에게 이전하여 줄 의무가 있고, 명의수탁자가 사망하면 그 명의신탁관계는 그 재

---

20) 대법원 1991. 4. 23. 선고 91다6221 판결. 한편 명의신탁한 부동산을 명의신탁자가 매도하는 경우에 명의신탁자는 그 부동산을 사실상 처분할 수 있을 뿐 아니라 법률상으로도 처분할 수 있는 권원에 의하여 매도한 것이므로 이를 민법 제569조 소정의 타인의 권리의 매매라고 할 수 없다(대법원 1996. 8. 20. 선고 96다18656 판결).

21) 대법원 2007. 1. 11. 선고 2006도4498 판결.

산상속인과의 사이에 존속하게 된다.[22] 명의신탁자는 명의수탁자에 대하여 신탁해지를 하고 신탁관계의 종료 그것만을 이유로 하여 소유 명의의 이전등록절차의 이행을 청구할 수 있음은 물론, 신탁해지를 원인으로 하고 소유권에 기해서도 그와 같은 청구를 할 수 있고, 이 경우 양 청구는 청구원인을 달리하는 별개의 소송이다.[23] 대상사안에서 원고의 이 사건 항공기에 관한 명의신탁계약에 대한 해지의 의사표시가 기재된 소장 부본이 2015. 7. 28. 피고에게 송달되었으므로 위 명의신탁계약은 적법하게 해지되었다. 따라서 피고는 원고에게 이 사건 항공기에 관하여 2015. 7. 28.자 명의신탁 해지를 원인으로 한 소유권이전등록절차를 이행할 의무가 있으므로, 이와 같은 결론에 도달한 대상판결은 타당하다.

---

22) 대법원 1996. 5. 31. 선고 94다35985 판결.
23) 대법원 2002. 5. 10. 선고 2000다55171 판결.

[2] 태국 항공기 등록과 소유권의 관계

서울고등법원 2010. 5. 12. 선고 2009나118268 판결[1]

I. 사실관계

(1) S(태국 법인)는 2007. 1. 26. W로부터 이 사건 항공기(항공기의 종류: 제트기, 항공기의 국적 및 등록마트: HS-SSA, 항공기의 기종: B767-222)를 매수하기로 하였고, 2007. 2. 13. 원고 G 유한회사(대한민국 법인)는 위 당사자들과 사이에 위 매매계약상 S가 가지는 매수인 지위를 이어받기로 하는 수정계약을 체결하였다.

(2) 원고는 W로부터 이 사건 항공기를 매수하고 매매대금을 모두 지급한 후 S가 한국과 태국을 오가는 노선을 대상으로 운송허가와 운항증명을 받게 하기 위하여 위 항공기를 태국 민간항공국(Civil Aviation Authority of Thailand, 'CAAT')에 등록하였다. CAAT가 발행한 등록확인서에는 원고가 소유자, S가 점유자로 기재되어 있다.

(3) 원고는 2007. 3. 2. 이 사건 항공기를 S에게 임대하면서, S가 이 사건 항공기를 운항하면서 얻은 수입으로 원고에 대한 대출원리금·임대료·항공기의 잔존가치를 지급하기로 하였는데, 주요 내용은 다음과 같다.

> **제2조(항공기 임대)** ① 원고는 이 사건 항공기의 소유자로 위 항공기를 S에 임대하고, S는 원고로부터 위 항공기를 임차한다.
> ② 원고는 현재 또는 향후에 이 사건 항공기나 항공기 부품의 사용 또는 특정 목적에 대한 이들의 소유권, 시장성, 상품성 등에 대한 책임을 지지 않는다.

---

1) 제1심(인천지방법원 2009. 11. 12. 선고 2009가합8303 판결)은 원고 승소 판결을 선고하였고, 항소심은 피고의 항소를 기각하여 2010. 6. 4. 확정되었다.

> **제6조(소유권, 등록)** ① S는 임대차계약 기간에 이 사건 항공기의 소유권이
> 원고에게 귀속됨을 인정하고 동의한다.
> **제13조(구매의무와 의무구매가격)** 임대차 기간의 만료일 이후 S는 원고로부
> 터 이 사건 항공기 잔존가치 상당 금액을 원고에게 지급하고 위 항공기
> 를 구매할 것을 합의한다.

(4) 원고는 2008. 12. 9. S가 임대료 등의 지급의무를 이행하지 않음을
이유로 위 임대차계약을 해지하였다. 한편 석유제품 도매업을 하는 피고
JS(싱가포르 주식회사)는 S에게 납품한 항공유 대금채권을 피보전권리로 하
여 2009. 3. 9. 인천지방법원 2009카합414호로 이 사건 항공기를 목적물
로 하는 가압류결정을 받고, 같은 달 25일 위 항공기에 대한 가압류집행
을 완료하였다.

(5) 원고는 이 사건 항공기의 소유자라고 주장하면서 2009. 5. 13. 피
고를 상대로 인천지방법원 2009가합8303호로 제3자이의의 소를 제기하
였다.

Ⅱ. 참조 조문

1. 태국 민상법 (民商法, Thailand Civil and Commercial Code)

> **제4권 재산 제1편 총칙**
> **제1298조** 물권은 오직 이 법 또는 다른 법률에 의해서만 창설될 수
> 있다.[2]
> **제1299조** 이 법 또는 다른 법률 조항의 적용을 받는 법률행위에 의한
> 부동산 또는 그와 관련된 물권의 취득은 관할관청에 등기하지 않는
> 한 완성될 수 없다. 법률행위가 아닌 방법으로 부동산 또는 그와
> 관련된 물권을 취득한 경우에는 그 권리가 등기되어 있지 않는 한
> 등기를 통하여 처리될 수 없고, 등기 없이는 선의·유상으로 취득한

---

[2] Section 1298. Real rights may be created only by the virtue of this Code or other laws.

양수인에 대하여는 말소를 요구할 수 없다.[3]

제1300조 부동산 또는 그와 관련된 물권의 이전이 등기되어 그 이전에 권리를 등기한 자에게 손해를 끼친 경우, 그는 그 등기의 말소를 요구할 수 있다. 다만 선의·유상으로 취득한 양수인에 대하여는 말소를 요구할 수 없다.[4]

제1301조 위 두 개의 조항들은 부동산과 관련된 물권의 변경, 말소, 회복에 관하여 준용된다.[5]

제1302조 위 3개의 조항들은 6톤 이상의 함선, 선박, 5톤 이상의 증기선 또는 모터보트, 수상가옥 및 짐을 나르는 짐승에 대해서도 준용된다.[6]

2. 태국 항공법 [불기(佛紀) 2497년] (Air Navigation Act B.E. 2497)

제30조 제31조에 따라 본법 규정에 의하여 항공기 등록을 신청하려는 자는 등록신청된 항공기의 소유자이거나, 그렇지 아니하면 그 항공기의 점유자이면서 관청으로부터 등록허가를 받은 자여야 한다. 등록신청과 항공기 등록은 행정규칙의 규정에 따라 이루어진다.

제31조 항공기 등록을 신청하는 자(자연인 또는 법인)는 태국 국적을 보유하여야 한다. 회사의 주요 사업지가 태국인 합명회사, 유한회

---

3) Section 1299. Subject to a provision of this Code or other laws, no acquisition by juristic act of immovable or of real right appertaining thereto is complete unless the juristic act is made in writing an the acquisition is registered by the competent official. Where immovable property or real right appertaining thereto is acquired otherwise than by juristic act, the acquirer's right cannot be dealt with through the register unless it has been registered, nor can it, without registration, be set against a third person who has, for value and in good faith, acquired it and registered his right.

4) Section 1300. Where a transfer of immovable property or real right appertaining thereto has been registered to the prejudice of a person who was previously in a position to have his right registered, he may claim cancellation of such registration, provided that in no case cancellation be claimed against a transferee for value in good faith.

5) Section 1301. The provisions of the two foregoing sections shall apply *mutatis mutandis* to modification, extinction and revival of real rights appertaining to immovable property.

6) Section 1302. The provisions of the three foregoing sections shall apply *mutatis mutandis* to ships or vessels of six tons and over, to steam-launches or motor-boats of five tons and over, to floating houses and to beasts of burden.

사, 주식회사의 경우 태국법에 의해 등록되어야 하고, 다음과 같은 요건이 필요하다.

(3) 유한회사, 주식회사의 경우 무기명주식을 보유해서는 아니 되고, 과반수의 회사 임원들이 태국 국적을 보유하며, 다음과 같은 사람들이 51% 이상의 주식을 보유하고 있어야 한다.

   (a) 태국 국적을 보유한 자연인

   (c) 태국 국적의 자연인이 51% 이상의 주식을 소유한 유한회사 또는 주식회사

제32조 항공기 등록증은 다음과 같은 경우 무효가 된다.

(1) 항공기 소유자가 등록자인 경우 소유권의 변동이 있거나, 항공기 점유자가 등록자인 경우 점유권의 변동이 있는 때

(2) 항공기 등록자가 제31조에 따른 자격이 부족한 경우

(3) 항공기 등록자의 소유권이나 점유권이 등록신청서에 명확히 기재되어 있지 아니할 때

위 (1)부터 (5)의 경우 항공기 등록자는 지체 없이 결정권한이 있는 공무원에게 등록증을 반환하여야 한다.

3. 국제사법

제20조(운송수단) 항공기에 관한 물권은 그 국적소속국 법에 의하고, 철도차량에 관한 물권은 그 운행허가국 법에 의한다.

4. 항공안전법

제7조(항공기 등록) 항공기를 소유하거나 임차하여 항공기를 사용할 수 있는 권리가 있는 자(이하 "소유자등"이라 한다)는 항공기를 대통령령으로 정하는 바에 따라 국토교통부장관에게 등록을 하여야 한다. 다만, 대통령령으로 정하는 항공기는 그러하지 아니하다.

제8조(항공기 국적의 취득) 제7조에 따라 등록된 항공기는 대한민국의 국적을 취득하고, 이에 따른 권리와 의무를 갖는다.

제9조(항공기 소유권 등) ① 항공기에 대한 소유권의 취득·상실·변경은 등록하여야 그 효력이 생긴다.

② 항공기에 대한 임차권(賃借權)은 등록하여야 제3자에 대하여 그

효력이 생긴다.

제10조(항공기 등록의 제한) ① 다음 각 호의 어느 하나에 해당하는 자가 소유하거나 임차한 항공기는 등록할 수 없다. 다만, 대한민국의 국민 또는 법인이 임차하여 사용할 수 있는 권리가 있는 항공기는 그러하지 아니하다.

1. 대한민국 국민이 아닌 사람
2. 외국정부 또는 외국의 공공단체
3. 외국의 법인 또는 단체
4. 제1호부터 제3호까지의 어느 하나에 해당하는 자가 주식이나 지분의 2분의 1 이상을 소유하거나 그 사업을 사실상 지배하는 법인
5. 외국인이 법인 등기사항증명서상의 대표자이거나 외국인이 법인 등기사항증명서상의 임원 수의 2분의 1 이상을 차지하는 법인

② 제1항 단서에도 불구하고 외국 국적을 가진 항공기는 등록할 수 없다.

제11조(항공기 등록사항) ① 국토교통부장관은 제7조에 따라 항공기를 등록한 경우에는 항공기 등록원부(登錄原簿)에 다음 각 호의 사항을 기록하여야 한다.

1. 항공기의 형식
2. 항공기의 제작자
3. 항공기의 제작번호
4. 항공기의 정치장(定置場)
5. 소유자 또는 임차인·임대인의 성명 또는 명칭과 주소 및 국적
6. 등록 연월일
7. 등록기호

② 제1항에서 규정한 사항 외에 항공기의 등록에 필요한 사항은 대통령령으로 정한다.

제12조(항공기 등록증명서의 발급) 국토교통부장관은 제7조에 따라 항공기를 등록하였을 때에는 등록한 자에게 대통령령으로 정하는 바에 따라 항공기 등록증명서를 발급하여야 한다.

제13조(항공기 변경등록) 소유자등은 제11조 제1항 제4호 또는 제5호의 등록사항이 변경되었을 때에는 그 변경된 날부터 15일 이내에 대

통령령으로 정하는 바에 따라 국토교통부장관에게 변경등록을 신청하여야 한다.

제14조(항공기 이전등록) 등록된 항공기의 소유권 또는 임차권을 양도·양수하려는 자는 그 사유가 있는 날부터 15일 이내에 대통령령으로 정하는 바에 따라 국토교통부장관에게 이전등록을 신청하여야 한다.

제15조(항공기 말소등록) ① 소유자등은 등록된 항공기가 다음 각 호의 어느 하나에 해당하는 경우에는 그 사유가 있는 날부터 15일 이내에 대통령령으로 정하는 바에 따라 국토교통부장관에게 말소등록을 신청하여야 한다.

1. 항공기가 멸실(滅失)되었거나 항공기를 해체(정비등, 수송 또는 보관하기 위한 해체는 제외한다)한 경우
2. 항공기의 존재 여부를 1개월(항공기사고인 경우에는 2개월) 이상 확인할 수 없는 경우
3. 제10조 제1항 각 호의 어느 하나에 해당하는 자에게 항공기를 양도하거나 임대(외국 국적을 취득하는 경우만 해당한다)한 경우
4. 임차기간의 만료 등으로 항공기를 사용할 수 있는 권리가 상실된 경우

② 제1항에 따라 소유자등이 말소등록을 신청하지 아니하면 국토교통부장관은 7일 이상의 기간을 정하여 말소등록을 신청할 것을 최고(催告)하여야 한다.

③ 제2항에 따른 최고를 한 후에도 소유자등이 말소등록을 신청하지 아니하면 국토교통부장관은 직권으로 등록을 말소하고, 그 사실을 소유자등 및 그 밖의 이해관계인에게 알려야 한다.

제16조(항공기 등록원부의 발급·열람) ① 누구든지 국토교통부장관에게 항공기 등록원부의 등본 또는 초본의 발급이나 열람을 청구할 수 있다.

② 제1항에 따라 청구를 받은 국토교통부장관은 특별한 사유가 없으면 해당 자료를 발급하거나 열람하도록 하여야 한다.

Ⅲ. 판시사항

(1) 태국 민상법이나 항공법에 항공기의 소유권을 취득하기 위한 요건으로 소유권취득을 위한 법률행위 이외에 등기나 등록을 요하는 규정은 보이지 아니하므로, 태국법상 항공기의 소유권은 일반 법리에 따라 소유권취득을 위한 법률행위 이외에 인도를 받음으로써 취득할 수 있다.

(2) 외국인이 항공기 소유자인 경우 태국인이 항공기의 점유자이면서 관청으로부터 등록허가를 받으면 항공기 등록을 신청할 수 있도록 하고 있어, 외국인이라도 항공기 등록을 할 수 있는 길을 열어둔 것으로 보이는바, 이 사건에서도 원고를 소유자로 하고 태국법인인 S를 점유자로 하여 항공기 등록을 하고 있으므로 원고가 태국 법인이 아니라고 하여 소유권 취득을 할 수 없는 것은 아니다.

(3) 태국법상 항공기 등록은 항공기를 운행하기 위한 요건으로 보이고 소유권 취득의 요건은 아니므로, 원고가 위 항공기 등록확인서의 소지자가 되어 위 등록확인서가 무효가 되었다는 사정은 원고의 소유권 취득에 방해가 되지 아니한다.

Ⅳ. 해 설

1. 항공기의 소유권과 등록

가. 성립요건주의

(1) 부동산에 관한 법률행위로 인한 물권의 득실변경은 등기하여야 그 효력이 생긴다(민법 제186조). 등기 및 등록할 수 있는 선박의 경우 그 소유권의 이전은 당사자 사이의 합의만으로 그 효력이 생긴다. 다만 이를 등기하고 선박국적증서에 기재하지 아니하면 제3자에게 대항하지 못한다(상법 제743조). 이와 같이 물권변동의 효력이 생기기 위해서 등기·등록을 요하는 것을 '성립요건주의'라고 하고, 당사자 사이의 물권행위만으로 물권변동의 효력이 발생하지만 제3자에게 대항하기 위해서는 등기·등록을

요하는 것을 '대항요건주의'라고 한다.[7] 항공안전법 제9조 제2항은 "항공
기에 대한 소유권의 취득·상실·변경은 등록하여야 그 효력이 생긴다"고
규정하여 성립요건주의를 선언하고 있다.

(2) 항공기의 소유권은 일단 항공기의 제작자에게 원시적으로 귀속되
고, 항공안전법 제9조에 따라 항공기 소유권의 득실변경은 등록함으로써
효력이 생기며, 등록이 없는 한 대외적 관계에서는 물론 대내적 관계에서
도 그 소유권을 취득할 수 없어서,[8] 항공기를 매수하여 이를 인도받더라
도 항공안전법에 따른 등록을 마치지 않은 이상 그 매수인을 항공기의 소
유자라고 볼 수는 없다.[9]

나. 태국법에 의한 항공기 소유권

(1) 태국 민상법이나 항공법에 항공기의 소유권을 취득하기 위한 요건
으로 소유권취득을 위한 법률행위 이외에 등기나 등록을 요하는 규정은
보이지 아니하므로, 태국법상 항공기의 소유권은 일반 법리에 따라 소유
권취득을 위한 법률행위 이외에 인도를 받음으로써 취득할 수 있다.

(2) 외국인이 항공기 소유자인 경우 태국인이 항공기의 점유자이면서
관청으로부터 등록허가를 받으면 항공기 등록을 신청할 수 있도록 하고
있어, 외국인이라도 항공기 등록을 할 수 있는바, 원고를 소유자로 하고
태국 법인인 S를 점유자로 하여 항공기 등록을 하고 있으므로 원고가 태
국 법인이 아니라고 하여 소유권 취득을 할 수 없는 것은 아니다.

(3) 태국법상 항공기 등록은 항공기를 운행하기 위한 요건으로 보이고
소유권 취득의 요건은 아니므로, 원고가 위 항공기 등록확인서의 소지자
가 되어 위 등록확인서가 무효가 되었다는 사정은 원고의 소유권 취득에
방해가 되지 아니한다.

---

7) 민법 주해 IV, 물권 (1), 박영사(1997), 27~30면.
8) 대법원 1970. 9. 29. 선고 70다1508 판결, 대법원 2007. 1. 11. 선고 2006도4498 판결.
9) 서울고등법원 2012. 11. 22. 선고 2012나45322 판결.

다. 등록을 갖추지 아니한 항공기 매수인의 지위

(1) 항공기 취득자가 이전등록을 하지 않고 있다 하더라도 점유를 하고 있으면, 민법상 점유자보호에 관한 규정은 등록을 마치지 아니한 취득자에게 당연히 적용된다.

(2) 항공기의 양도인은 그 항공기를 점유하고 있지 않으나, 취득자가 이전등록을 마칠 때까지는 법률상 소유자이다. 그러므로 양도인의 채권자가 그 항공기에 대하여 강제집행을 하는 경우에는 취득자는 소유권을 주장할 수 없고, 따라서 그 강제집행에 이의를 제기하지 못한다. 양도인이 파산하는 경우에도 취득자에게 환취권(還取權)이 인정되지 아니하므로, 그 항공기는 파산재단에 들어가고 만다.

(3) 제3자 명의로 등록되어 있는 항공기에 관하여는 사실상 그 항공기가 채무자의 소유라고 하더라도 채무자 명의로 등기가 회복되지 아니하는 한 경매신청을 할 수 없고, 채권자가 그 항공기에 관하여 채무자의 제3채무자에 대한 소유권이전등록청구권을 압류하고 민사집행법 제251조, 제244조 제2항에 정한 권리이전명령을 받았다고 하더라도 그에 따라 제3채무자로부터 채무자 명의로 소유권이전등록이 마쳐지지 아니한 이상 이와 달리 볼 수 없다.[10]

(4) 항공기 철거는 그 소유권의 종국적 처분에 해당되는 사실행위이므로 원칙으로는 그 소유자(원칙적으로는 등록명의자)에게만 그 철거처분권이 있고, 예외적으로 항공기를 전(前)소유자로부터 매수하여 점유하고 있는 등 그 권리의 범위 내에서 그 점유 중인 항공기에 대하여 법률상 또는 사실상 처분을 할 수 있는 지위에 있는 자에게도 그 철거처분권이 있다.[11]

(5) 항공기의 보관은 원칙으로 등록원부상 소유명의인에 대하여 인정되지만 등록원부상 명의인이 아니라도 소유자의 위임에 의거해서 실제로 타인의 항공기를 관리·지배하면 항공기의 보관자라 할 수 있고, 미등록 항공기에 대하여는 위탁관계에 의하여 현실로 항공기를 관리·지배하는 자

---

10) 대법원 2007. 5. 22.자 2007마200 결정(부동산).
11) 대법원 2003. 1. 24. 선고 2002다61521 판결(건물).

가 보관자라고 할 수 있다. 미등록 항공기의 관리를 위임받아 보관하고 있는 자가 임의로 항공기에 대하여 자신의 명의로 보존등록을 하거나 동시에 근저당권설정등록을 마치는 것은 객관적으로 불법영득의 의사를 외부에 발현시키는 행위로서 횡령죄에 해당하고, 피해자의 승낙 없이 항공기를 자신의 명의로 보존등록을 할 때 이미 횡령죄는 완성되었으므로, 횡령행위의 완성 후 근저당권설정등록을 한 행위는 피해자에 대한 새로운 법익의 침해를 수반하지 않는 불가벌적 사후행위로서 별도의 횡령죄를 구성하지 않는다.[12]

(6) 미등록 항공기를 등록할 때에는 소유권을 원시취득한 자 앞으로 소유권보존등록을 한 다음 이를 양수한 자 앞으로 이전등록함이 원칙이나, 원시취득자와 승계취득자 사이의 합치된 의사에 따라 그 항공기에 관하여 승계취득자 앞으로 직접 소유권보존등록을 마치게 되었다면, 그 소유권보존등기는 실체적 권리관계에 부합되어 적법한 등록으로서의 효력을 가진다.[13]

(7) 당사자 사이에 항공기의 소유권을 그 등록명의자 아닌 자가 보유하기로 약정한 경우, 그 약정 당사자 사이의 내부관계에서는 등록명의자 아닌 자가 소유권을 보유하게 된다고 하더라도 제3자에 대한 관계에서는 어디까지나 그 등록명의자가 항공기의 소유자이다.[14]

2. 대상사안의 검토

가. 이 사건 항공기등록의 효력

태국 민간항공국(CAAT)에서 발행한 등록확인서의 소지자가 태국 국적이 아니거나 등록확인서 소지자의 소유권·점유권이 CAAT에 등록된 서류와 다를 때에는 등록확인서는 무효가 된다. 이 사건에서 태국에서 발행한 등록확인서에는 점유자가 S로 기재되어 있었는데, 원고가 이 사건 항공기의 점유자가 되었고, 원고는 대한민국 법인으로 태국 국적 항공기를 소유

---

12) 대법원 1993. 3. 9. 선고 92도2999 판결(부동산).
13) 대법원 1995. 12. 26. 선고 94다44675 판결(건물).
14) 대법원 2014. 9. 25. 선고 2014도8984 판결(자동차).

할 수 없으므로, 태국 항공법에 의하여 이 사건 등록확인서는 무효가 되었다.

나. 원고의 지위

(1) S가 원고에게 임대료 등을 지급하지 않아 원고와 S 사이의 임대차계약이 해지됨으로써 원고가 위 항공기에 대한 점유권을 가지게 되었고, 대한민국 관계 법령에 근거하여 설립된 원고가 위 등록확인서의 소지자가 되었으므로 위 등록확인서가 무효가 되었지만, 이는 S가 위 항공기를 태국에서 운항할 수 없게 되었음을 의미할 뿐, 위와 같이 등록확인서가 무효가 되었다는 사실만으로는 원고가 위 항공기의 소유자가 아니라고 보기 어렵다.

(2) 그러므로 원고는 태국에서 이 사건 항공기에 관한 등록을 말소하고, 대한민국에 소유자로 등록할 수 있다. 원고가 아직 이와 같은 절차를 거치지 아니한 경우에도 이 사건 항공기의 등록국인 태국법상 이 사건 항공기의 소유자로서 위 항공기를 사용·수익하거나 사실상 처분할 권리를 보유한다. 따라서 원고가 이 사건 항공기의 소유자라고 본 대상판결의 결론은 타당하다.

다. 소유권 유보부 할부매매계약이 통정허위표시인지 여부

(1) 피고는 원고와 S 사이에 이루어진 임대차계약은 대내적으로는 S가 이 사건 항공기의 소유권을 가지고 대외적으로는 원고가 위 항공기의 소유권을 가지는 것을 내용으로 하는 통정허위표시로서 무효라고 주장하였다.

(2) 소유권 유보부 매매는 동산을 매매할 때 매매목적물을 인도하면서 대금완납시까지 소유권을 매도인에게 유보하기로 특약한 것을 말하며, 이러한 내용의 계약은 동산의 매도인이 매매대금을 다 수령할 때까지 그 대금채권에 대한 담보의 효과를 취득·유지하려는 의도에서 비롯된 것이다. 따라서 부동산과 같이 등기에 의하여 소유권이 이전되는 경우에는 등기를 대금완납시까지 미룸으로써 담보의 기능을 할 수 있기 때문에 굳이 위와

같은 소유권 유보부 매매의 개념을 원용할 필요성이 없으며, 일단 매도인이 매수인에게 소유권이전등기를 마쳐준 이상 특별한 사정이 없는 한 매수인에게 소유권이 귀속되는 것이다. 한편 자동차·중기·건설기계 등은 비록 동산이기는 하나 부동산과 마찬가지로 등록에 의하여 소유권이 이전되고, 등록이 부동산 등기와 마찬가지로 소유권이전의 요건이므로, 역시 소유권 유보부 매매의 개념을 원용할 필요성이 없다.[15]

(3) 그러나 중기관리법이 정하는 바에 따라 적법하게 등록을 마친 중기소유권의 득실변경은 그 등록을 마침으로써 그 효력이 생기는데,[16] "중기의 매매는 소유권 유보부 할부매매로서 피고는 할부대금 완제 전이라도 원고로 하여금 위 중기를 사용·수익할 수 있는 상태에 둘 의무가 있는데, 위 중기는 피고가 종전에 타인에게 이를 매도하고 중기제작증까지 교부하였다가 위 중기만을 회수하여 원고에게 매도한 것으로서 원고가 위 중기를 인도받은 후 정상적으로 작동되도록 수리를 완료한 점, 중기관리법 및 동 시행령에 의하면 중기등록 신청기간이 정하여져 있고 그 등록에 중기제작증이 필요하며, 미등록 중기를 사용·운행할 경우 형사처벌을 받도록 규정된 점이나 미등록 중기로서는 등록된 중기와 같이 정상적인 대가를 받고 공사를 수급할 수 없는 점 등을 참작하면, 피고는 이 사건 중기매매계약상의 주된 채무의 하나로서 원고에게 중기제작증을 교부할 의무가 있고 그 의무는 늦어도 원고가 중기를 인도받아 그 수리를 마치고 나서 제작증의 교부를 요구한 때에 그 이행기에 이르렀으며, 피고의 위 중기제작증 교부의무는 원고의 할부금 지급의무보다는 선이행 또는 적어도 동시이행의 관계에 있다고 보고 원고의 3회 할부금부터의 지급지체에 불구하고 중기제작증 교부의무의 이행지체를 원인으로 한 원고의 중기매매계약의 해제는 적법하다"고 판시한 판례[17]도 존재한다.[18] 따라서 판례가 항공기

---

15) 대법원 2010. 2. 25. 선고 2009도5064 판결.
16) 대법원 1986. 8. 19. 선고 86누50 판결, 대법원 1977. 6. 7. 선고 77다201 판결.
17) 대법원 1991. 8. 9. 선고 91다13267 판결.
18) L이 A로부터 중기를 A에 소유권을 유보하고 할부로 매수한 다음 B에 이를 지입하고 중기등록원부에 B를 소유자로 등록한 후 L의 A에 대한 할부매매대금 채무를 담보하기 위하여 A명의로 근저당권 설정등록을 하였으며 위 중기는 L이 이를 점유하고 있었는데 A의 회사원인 피고인들이 합동하여 승낙없이 위 중기를 가져간 경우, 지입자가 사실상

에 대하여 소유권 유보부 할부매매의 효력을 부정하는 것이라고 보기는 어렵다.

(4) 이 사건 임대차계약에서 S는 원고가 이 사건 항공기의 소유자임을 인정하고 있다. 또한 이 사건 임대차계약은 임대차기간을 할부구매기간으로 하여 그 기간에 위 항공기의 소유권을 원고에게 유보하고 S가 위 항공기의 잔존가치를 포함하는 임차료를 원고에게 모두 지급함으로써 위 항공기의 소유권을 취득하는 할부매매계약의 성격이 임대차계약의 성격과 함께 섞여 있다. 그런데 소유권 유보부 할부매매계약이 통정허위표시라고 보기는 어렵기 때문에, 피고의 주장은 부당하다.

의 처분관리권을 가지고 있다고 하여도 이는 지입자와 지입받은 회사와의 내부관계에 지나지 않고, 대외적으로는 자동차등록원부상의 소유자 등록이 원인무효가 아닌 한 지입받은 회사가 소유권자로서의 권리(처분권 등)를 가지고 의무(공과금 등 납세의무, 증기보유자의 손해배상 책임 등)를 지므로, 피고인들의 중기취거행위는 지입받은 회사인 B의 중기등록원부상의 소유권을 침해한 것으로서 특수절도죄에 해당한다. 대법원 1989. 11. 14. 선고 89도773 판결.

[3] 항공기 등록 거부처분 취소

Air One Helicopters, Inc. v. FAA, 86 F.3d 880 (9th Cir. 1996)

I. 사실관계

(1) 원고 Air One Helicopters, Inc.는 1990년 스페인 회사 Helisca Helicopters, S.A.(이하 'Helisca')로부터 이 사건 회전익 항공기(Sikorski S-58T, serial number 58-1626)를 매수하고, 미합중국 연방법 제49장 제44102조(49 US Code § 44102), 연방항공청 규칙 제47.37조(14 C.F.R. § 47.37)를 근거로 피고 미연방항공청(Federal Aviation Administration, 'FAA')에 항공기 등록을 신청하였다.

(2) FAA는 1992년 원고에게, 시카고협약에서 항공기의 이중등록을 금지하고 있는데, 이 사건 항공기는 여전히 스페인에 등록되어 있으므로, 원고의 항공기 등록신청은 부적법하다는 의견서(opinion letter)를 발부하였다. FAA는 의견서에서, 원고가 스페인 항공청(Direccion General de Aviacion Civil, 'DGAC')으로부터 이 사건 항공기에 관한 스페인에서의 등록이 더 이상 유효하지 않다는 확인서(statement)를 받아야 하고, 원고가 만약 확인서를 받지 못하면 미국에서 이 사건 항공기 등록을 할 수 없다고 안내하였다.

(3) 원고는 DGAC에 항공기등록말소를 신청하였으나, DGAC는 이 사건 항공기에 대하여 노르웨이 회사인 Sameiet Heli Invest I(이하 'Sameiet') 명의의 저당권(lien)이 설정되어 있다는 이유로 원고의 신청을 기각하였다. DGAC는 원고가 이 사건 항공기에 관한 등록을 말소하기 위해서는 먼저 Sameiet로부터 이 사건 항공기에 설정된 저당권의 피담보채무(항공기 매수대금)가 모두 변제되었다는 공식문서를 교부받아야 한다고 주장하였다.

(4) 그러나 Sameiet는 노르웨이나 그 밖에 다른 어느 나라에서도 등록

된 적이 없는 회사였기 때문에, 원고가 DGAC의 요청을 충족하기 위하여 Sameiet로부터 공식문서를 교부받는 것은 불가능하였다. 원고는 Sameiet의 공식문서가 없는 상태에서 항공기등록말소를 위해 백방으로 노력하였으나, DGAC는 완강하게 원고의 요청을 거부하였다.

(5) 원고는 DGAC에 Sameiet의 모회사 대표이사인 Asmud Simonson이 작성한 선서진술서(sworn affidavit)를 제출하였다. 위 진술서에서 의하면, Simonson은 오로지 이 사건 항공기의 매수와 판매를 위하여 형식적으로 Sameiet를 만들었고, Helisca는 Sameiet에게 이 사건 항공기의 매수대금을 모두 지급하였다. Simonson은 항공기 거래를 위하여 Sameiet의 이름을 사용하였으나, 노르웨이나 그 밖의 다른 나라의 법에 의하여 Sameiet를 설립한 적이 없기 때문에, Sameiet의 이사나 임원은 존재하지 않고, 법인 인감도 존재하지 않았다. 따라서 원고가 DGAC의 요청을 충족하기 위하여 Sameiet로부터 공식문서를 교부받는다는 것은 불가능하였다.

(6) DGAC는 Simonson 작성의 선서진술서도 항공기 등록을 말소하기에는 부족하다고 판단하고, 계속 Sameiet 작성의 공식문서를 요구하였다. 원고는 마드리드 소재 미국대사관에도 도움을 요청하였으나, 미국대사관도 DGAC에게 이 사건 항공기의 등록을 말소하도록 설득할 수는 없었다. 원고는 Helisca와 Simonson의 도움을 받아 스페인 변호사에게 자문을 의뢰하였으나, 변호사는 스페인 법원이 DGAC의 처분을 취소하는데 적어도 10년이 소요되므로 행정소송은 효과적인 구제수단이 될 수 없다는 의견을 피력하였다.

(7) 이에 따라 원고는 FAA에 항공기 등록을 신청하였으나 FAA가 이를 거부하자, 원고는 연방항소법원에 FAA의 거부처분 취소를 구하는 이 사건 신청을 제기하였다.

Ⅱ. 참조 조문

1. 미국 연방법 제49장 제44102조[1] [등록 요건]

(a) 요건: 항공기가 아래와 같은 요건을 갖춘 경우에 한하여 항공기는 본장 제44103조에 의하여 등록될 수 있다.

(1) 외국법에 의해 등록되지 않고, 아래 각 호에 기재된 자가 소유하는 항공기

(A) 미국 시민권자;

(B) 합법적으로 미국 영주권을 취득한 외국의 시민권 자; 또는

(C) 미연방법 또는 주법에 의해 설립되고 사업을 하는 미국 시민권자 아닌 법인. 항공기는 미국에 거점을 두고 주로 미국에서 사용되어야 한다. 또는

(2) 아래 각 호에 기재된 자가 소유하는 항공기

(A) 미국 연방정부; 또는

(B) 주, 콜럼비아 특별구, 미국의 영토 또는 소유지, 주·영토·소유지의 정치적 하부조직.

(b) 특정 용어를 정의할 의무

위 subsection (a) (1) (C)를 시행할 때, 교통부 장관은 "미국에 거점을 두고 주로 미국에서 사용되는" 것을 정의하여야 한다.

---

1) 49 US Code § 44102 Registration requirements
  (a) Eligibility.-An aircraft may be registered under section 44103 of this title only when the aircraft is-
  (1) not registered under the laws of a foreign country and is owned by-
  (A) a citizen of the United States;
  (B) an individual citizen of a foreign country lawfully admitted for permanent residence in the United States; or
  (C) a corporation not a citizen of the United States when the corporation is organized and doing business under the laws of the United States or a State, and the aircraft is based and primarily used in the United States; or
  (2) an aircraft of-
  (A) the United States Government; or
  (B) a State, the District of Columbia, a territory or possession of the United States, or a political subdivision of a State, territory, or possession.
  (b) Duty To Define Certain Term.-In carrying out subsection (a)(1)(C) of this section, the Secretary of Transportation shall define "based and primarily used in the United States".

2. 미연방 규칙 제14장 제47.37조[2] [직전에 외국에 등록된 항공기]

(a) 직전에 외국법에 의해 등록된 항공기의 소유자인 사람은 만약 그
소유자가

(1) § 47.3, 47.7, 47.8, 47.9, 47.11, 47.13, 47.15, 47.17에 해당하는

---

2) 14 C.F.R. § 47.37 Aircraft last previously registered in a foreign country.

(a) A person who is the owner of an aircraft last previously registered under
the law of a foreign country may register it under this part if the owner –

(1) Complies with §§ 47.3, 47.7, 47.8, 47.9, 47.11, 47.13, 47.15, and 47.17, as
applicable;

(2) Submits with his Aircraft Registration Application, AC Form 8050-1 a bill of
sale from the foreign seller or other evidence satisfactory to the FAA that he
owns the aircraft; and

(3) Submits evidence satisfactory to the FAA that –

(i) If the country in which the aircraft was registered has not ratified the
Convention on the International Recognition of Rights in Aircraft (4 U.S.T.
1830), (the Geneva Convention), or the Convention on International Interests
in Mobile Equipment, as modified by the Protocol to the Convention on
International Interests in Mobile Equipment on Matters Specific to Aircraft
Equipment (the Cape Town Treaty), the foreign registration has ended or is
invalid; or

(ii) If that country has ratified the Geneva Convention, but has not ratified the
Cape Town Treaty, the foreign registration has ended or is invalid, and each
holder of a recorded right against the aircraft has been satisfied or has
consented to the transfer, or ownership in the country of export has been
ended by a sale in execution under the terms of the Geneva Convention; or

(iii) If that country has ratified the Cape Town Treaty and the aircraft is subject
to the Treaty, that the foreign registration has ended or is invalid, and that
all interests ranking in priority have been discharged or that the holders of
such interests have consented to the deregistration and export of the
aircraft.

(iv) Nothing under (a)(3)(iii) affects rights established prior to the Treaty
entering into force with respect to the country in which the aircraft was
registered.

(b) For the purposes of paragraph (a)(3) of this section, satisfactory evidence of
termination of the foreign registration may be –

(1) A statement, by the official having jurisdiction over the national aircraft
registry of the foreign country, that the registration has ended or is invalid,
and showing the official's name and title and describing the aircraft by
make, model, and serial number; or

(2) A final judgment or decree of a court of competent jurisdiction of the
foreign country, determining that, under the laws of that country, the
registration has become invalid.

경우 위 규정의 준수;

(2) 항공기 등록신청서, AC Form 8050-1(외국 매도인의 매도증서) 또는 항공기의 소유권을 증명하기에 충분한 증거를 FAA에게 제출하여야 한다; 그리고

(3) FAA에 충분한 증거를 제출한다는 것은 다음과 같다.

(i) 제네바 협약 또는 케이프타운 협약을 비준하지 아니한 국가의 경우에는, 외국 등록이 종료되었거나 무효라는 것; 또는

(ii) 제네바 협약은 비준하였으나 케이프타운 협약을 비준하지 않은 국가의 경우에는, 외국 등록이 종료되었거나 무효이고, 항공기에 대하여 등록된 권리자 전원이 항공기 양도에 승낙하거나 동의한 경우, 또는 수출국의 소유권은 제네바 협약의 내용에 따라 경매로 종료되었다는 것; 또는

(iii) 케이프타운 협약을 비준하고 항공기가 위 협약의 적용대상이 되는 경우, 외국 등록이 종료되었거나 무효이고, 우선 순위가 있는 모든 이해관계가 해제되었거나 그러한 이해관계인들이 항공기의 등록말소 및 수출에 동의한 경우.

(iv) (a)(3)(iii)의 어느 조항도 항공기가 등록된 국가와 관련하여 협약이 발효되기 전에 설정된 권리에 영향을 미치지 아니한다.

(b) 본조 (a) (3)의 목적을 위하여, 외국 등록의 종료에 대한 충분한 증거는 아래와 같다.

(1) 외국의 항공기 등록 담당 공무원이 항공기의 등록이 종결되었거나 유효하지 않다는 것을 확인하고, 공무원의 명칭과 직위를 표시하고, 제조사·모델·일련번호로 항공기를 특정한다.; 또는

(2) 해당 국가의 법률에 따라 등록이 무효화되었다는 취지의, 외국의 관할권 있는 법원에 의한 최종 판결 또는 결정.

3. 시카고협약

제18조(이중등록) 항공기는 2개 이상의 국가에서 유효하게 등록할 수 없다. 다만 그 등록은 등록국에서 다른 국가로 변경할 수 있다.

4. 항공안전법

제10조(항공기 등록의 제한) ① 다음 각 호의 어느 하나에 해당하는 자
가 소유하거나 임차한 항공기는 등록할 수 없다. 다만, 대한민국의
국민 또는 법인이 임차하여 사용할 수 있는 권리가 있는 항공기는
그러하지 아니하다.
1. 대한민국 국민이 아닌 사람
2. 외국정부 또는 외국의 공공단체
3. 외국의 법인 또는 단체
4. 제1호부터 제3호까지의 어느 하나에 해당하는 자가 주식이나
   지분의 2분의 1 이상을 소유하거나 그 사업을 사실상 지배하는
   법인
5. 외국인이 법인 등기사항증명서상의 대표자이거나 외국인이 법인
   등기사항증명서상의 임원 수의 2분의 1 이상을 차지하는 법인
② 제1항 단서에도 불구하고 외국 국적을 가진 항공기는 등록할 수
없다.

III. 판시사항

기록에 의하면, 이 사건 항공기에 등록된 저당권은 피담보채무가 더 이
상 존재하지 않고, 스페인에서 항공기의 등록이 종료된 것에는 의문의 여
지가 없다. 이 사건 항공기의 등록이 지연될수록 항공기의 이해관계인인
원고의 이 사건 항공기에 대한 소유권의 가치는 감소하게 된다. 비록 원
고가 연방 규칙 제14장 제47.37조 (b)(1)에 규정된 서류를 제출하지 않았
지만, 원고가 DGAC로부터 공식문서를 발급받는다는 것은 불가능하다는
것과 스페인에서 이 사건 항공기 등록이 종료되었다는 것이 명백하므로,
이 사건에서는 그것으로 충분하다. 따라서 원고의 신청을 인용하고, FAA
는 이 사건 항공기에 대하여 원고를 소유자로 하는 등록을 이행하여야
한다.

Ⅳ. 해 설

1. FAA의 의견서가 행정처분인지 여부

가. FAA의 본안전 항변

이 사건 의견서는 행정청의 입장을 확정적으로 표시한 것이 아니고, 원고에게 의무를 부과하는 것도 아니며, 원고의 권리를 부인하거나 법률관계를 규율하는 것이 아니므로,[3] 연방법[1006(a) of the Federal Aviation Act,49 U.S.C. § 46110]에 규정된 '행정청의 최종적인 행정처분(final agency action)'이라고 볼 수 없다. 따라서 FAA의 이 사건 의견서는 사법심사의 대상이 되지 않는다.

나. 법원의 판단

FAA의 의견서가 행정청의 최종적인 행정처분인지 여부에 관계없이, 법원은 FAA가 이 사건 항공기의 등록을 거부한 것에 대한 사법심사를 거부하지 아니 한다. FAA는 원고가 추가적인 노력을 기울인다 하더라도 FAA가 다른 처분을 하지 않을 것이라는 점을 인정하고 있다. 당사자의 추가 노력이 무의미하다면, 당사자에게 별도의 행정절차를 요구하지 않는 것이 소송경제적 측면에서 보면 보편적인 규범이다.[4] 원고가 FAA의 입장을 바꾸기 위한 노력이 실패로 돌아갈 것이라는 점은 의견서에 명백히 나타나 있으므로, 법원은 이 사건 의견서를 행정처분으로 보고 본안을 심리하기로 한다.

2. FAA의 거부처분의 위법성

행정처분은 자의적이거나 일관성이 없거나 재량권을 남용하거나 법령을 위반하면 위법하게 된다.[5] FAA는 시카고 협약 제18조에서 항공기의

---

3) Air California v. U.S. Dep't of Transportation, 654 F.2d 616, 620-21 (9th Cir.1981).
4) SAIF Corp./Oregon Ship v. Johnson, 908 F.2d 1434, 1440-41 (9th Cir.1990).
5) Henderson v. FAA, 7 F.3d 875, 877 (9th Cir.1993).

이중등록을 금지하고 있으므로, 이 사건 처분이 적법하다고 주장하였다. 법원은 항공기에 대한 외국 등록의 효력에 관한 충분한 증거의 유무는 시카고 협약에 의해 결정되는 것이 아니라, FAA가 직권으로 판단하여야 한다고 보았다. 법원은 이 사건 항공기에 관한 스페인에서의 등록이 무효가 되었음에도 FAA가 등록을 거부한 것은 법령을 위반한 것으로 해당하므로 위법하다고 판시하였다.

3. 우리나라에서 시사점

가. 이중등록의 금지

항공안전법 제10조 제2항은 외국 국적을 가진 항공기는 등록할 수 없다고 규정하고 있다. 따라서 현행법에 의하면, 외국에 등록된 항공기를 우리나라에 이중으로 등록할 수 없다. 그러나 (i) 외국에 임대할 목적으로 도입한 항공기로서 외국 국적을 취득할 항공기, (ii) 외국에 등록된 항공기를 임차하여 법 제5조에 따라 운영하는 경우에는 항공기등록을 필요로 하지 아니 한다(항공안전법 시행령 제4조 제2호, 제4호).

나. 외국항공기에 대하여 등록신청을 한 경우

신청인이 외국항공기에 관하여 등록신청을 한 경우, 국토교통부장관은 등록신청이 항공안전법 제10조에 따라 항공기의 등록을 할 수 없는 경우에 해당하는 것으로 보아 그 등록신청을 각하하여야 한다(항공기등록령 제14조 제1항 제11호).

다. 이중등록이 경료된 경우

(1) 외국에 등록된 항공기를 대한민국에 이중으로 등록한 경우, 외국에 등록된 소유자 또는 이해관계인(예를 들면, 임차권자, 저당권자 등)은 소유권에 기한 방해배제로서 대한민국을 상대로 항공기등록의 말소를 청구할 수 있다.

(2) 항공안전법 제15조에서는 말소등록의 신청에 관하여 규정하고 있

으나, 이중등록은 말소등록의 신청사유에 포함되어 있지 아니하므로, 외국
항공기 소유자 등은 이 규정을 이용할 수 없다.

(3) 항공기등록령 제22조에서는 국토교통부장관의 직권말소에 관하여
규정하고 있으나 제1항에서 직권말소사유를 "국토교통부장관은 등록을 완
료한 후 그 등록신청이 제14조 제1호에 해당하는 것을 발견하였을 때"로
규정하고 있다. 그런데 위 규정이 항공기등록령 "제14조 제1항 제1호"를
의미하는 것인지, 아니면 "제14조 제1항 각 호"를 의미하는지 불분명하다.
이는 입법과정상 오류로 보이는바, 항공기등록령의 제정 당시 모범이 되
었던 부동산등기법 제58조 제1항[6]을 참조하면, 전자의 의미로 해석하는
것이 타당하다고 생각한다. 만약 후자의 경우로 해석한다면 제14조 제1항
제11호에 규정된 바에 따라 "외국항공기로서 항공기 등록을 할 수 없는
경우"에 해당한다고 보아, 국토교통부장관은 직권으로 말소할 수 있다는
해석이 가능하다.

라. 제네바 협약, 케이프타운 협약의 비준 여부의 고려

우리나라는 현재까지 제네바 협약,[7] 케이프타운 협약과 의정서[8]를 비
준하지 않고 있지만, 외국항공기를 우리나라에 등록하는 경우에는 신청인
이 미국 연방규칙 제14장 제47.37조 (a)항과 같이 외국이 비준한 국제협
약에 따라 필요한 서류를 제출하도록 항공안전법에서 자세히 규정하는 것
이 바람직하다.

---

6) **부동산등기법 제58조(직권에 의한 등기의 말소)** ① 등기관이 등기를 마친 후 그 등기가
제29조 제1호 또는 제2호에 해당된 것임을 발견하였을 때에는 등기권리자, 등기의무자
와 등기상 이해관계 있는 제3자에게 1개월 이내의 기간을 정하여 그 기간에 이의를 진
술하지 아니하면 등기를 말소한다는 뜻을 통지하여야 한다.

7) 항공기에 대한 권리의 국제적 승인에 관한 협약(제네바 협약)[Convention on the
International Recognition of Rights in Aircraft (Geneva Convention), 1948. 6. 19.
채택, 1953. 9. 17. 발효].

8) 이동장비에 대한 국제적 권리에 관한 협약 및 항공기 의정서(케이프타운 협약과 의정
서)[Convention on International Interests in Mobile Equipment and Aircraft
Protocol, 2001. 11. 16. 채택, 2006. 3. 1. 발효].

[4] TV광고에 의한 전투기 소유권의 취득 여부

Leonard v. Pepsico Inc., 88 F. Supp. 2d 116, (S.D.N.Y. 1999)[1]

I. 사실관계

(1) 피고 Pepsico Inc.는 펩시콜라의 판촉을 위하여, 펩시콜라를 구매하면 펩시 포인트를 취득할 수 있고, 펩시 포인트로 회사가 제공하는 사은품을 구매할 수 있다는 내용으로 TV광고를 하기로 하였다. 미국 전역으로 광고방송을 하기 전에 피고는 먼저 1995. 10.부터 1996. 3.까지 미 서부해안 북부지역에서 시험광고를 하였다. 원고 John D.R. Leonard는 워싱턴주 시애틀에 거주하던 중 피고의 광고를 보고, 광고가 청약이라고 주장하면서 해리어 전투기(AV-8 Harrier II jump jet)의 지급을 청구하는 소를 제기하였다.

(2) 광고에 의하면 펩시 포인트별로 지급되는 사은품이 다른데, "티셔츠는 75 PEPSI POINTS, 가죽점퍼는 1,450 PEPSI POINTS, 선글라스는 175 PEPSI POINTS"라는 내용으로 자막광고가 나갔다.

(3) 또한 해리어 전투기가 고등학교 건물 옆에 착륙하였고, 운전석 커버가 열린 다음 운전석에는 헬멧을 착용하지 아니한 고등학생이 펩시콜라를 들고 앉아 있는 장면이 방영되었다. 음성광고에서는 "당신이 펩시콜라를 많이 마실수록 더 비싼 사은품을 받을 수 있다"는 내용이 방영되었고, 자막에는 "HARRIER FIGHTER 7,000,000 PEPSI POINTS"라고 기재되어 있었다.

(4) 원고는 펩시 사은품 목록을 보았는데, 최저 15 펩시 포인트(잠바용 문신)부터 3,300 펩시 포인트(휠라 산악용 자전거)까지만 기재되어 있었을 뿐, 해리어 전투기는 수록되어 있지 않았다. 원고는 펩시 포인트 700만

---

1) aff'd 210 F.3d 88 (2nd Cir. 2000).

점을 얻기 위하여 펩시콜라를 마셨으나, 펩시 제품을 구매해서 700만 포인트를 모으기 어렵다는 것을 깨닫고, 펩시 포인트를 매수하기로 하였다.

(5) 원고는 마침내 700만 포인트를 매수하였고, 1996. 3. 27. 사은품 신청양식에 700,008.50달러(원고는 15 펩시 포인트를 가지고 있었고, 1포인트당 10센트로 매수하며, 운송 및 처리비용으로 10달러를 계상하였다)의 수표를 첨부하여 피고에게 해리어 전투기의 지급을 청구하였다.

(6) 피고는 1996. 5. 7. "펩시 포인트로 구입할 수 있는 사은품은 목록에 기재된 것에 한정되고, 해리어 전투기는 목록에 포함되어 있지 않으며, 해리어 전투기를 등장시킨 것은 광고를 공상적이고 재미있게 만들기 위한 것인데, 만약 원고에게 오해를 불러일으켰다면 사과드리며, 무료로 펩시 제품을 이용할 수 있는 쿠폰을 동봉한다"는 내용이 기재된 답변서를 원고에게 발송하면서, 원고의 수표를 반송하였고, 원고의 해리어 전투기 지급 청구를 거절하였다.

(7) 피고는 1996. 7. 18. 뉴욕주 소재 연방지방법원에 원고에게 해리어 전투기 지급의무가 없다는 것의 확인을 구하는 소를 제기하였다(docket number 96 Civ. 5320). 원고는 1996. 8. 6. 플로리다 지방법원에 피고에게 해리어 전투기의 지급을 구하는 소를 제기하였으나, 위 사건은 1996. 12. 2. 뉴욕주 소재 연방지방법원으로 이송되었다(docket number 96 Civ. 9069).

Ⅱ. 참조 조문

1. Restatement (Second) of Contracts 제26조

디스플레이, 간판, 광고지, 신문, 라디오, 텔레비전으로 상품을 광고하는 것은 일반적으로 매매의 청약을 의도하거나 청약으로 이해하여서는 안 된다. 카탈로그, 물품가격목록, 광고전단에 제안된 거래의 조건이 자세히 기재되어 있더라도 이와 같다. 일반 대중을 대상으로 한 광고로 청약을 할 수도 있지만 (§29 참조), 추가적인 의사교환 없이 행위를 하기 위한 확약 또는 제안이 있어야 한다.[2]

2. 뉴욕 주 형법 N.Y.U.C.C. § 2-201(1) 사기죄

500달러 이상의 물품을 판매하는 계약은, 당사자 사이에 매매계약이 체결되었고 당사자 또는 대리인·중개인이 서명하였다는 것을 증명하는 문서가 없으면 소송이나 반소 등을 통해 집행할 수 없다.[3]

3. 민 법

제527조(계약의 청약의 구속력) 계약의 청약은 이를 철회하지 못한다.

제528조(승낙기간을 정한 계약의 청약) ① 승낙의 기간을 정한 계약의 청약은 청약자가 그 기간 내에 승낙의 통지를 받지 못한 때에는 그 효력을 잃는다.

② 승낙의 통지가 전항의 기간 후에 도달한 경우에 보통 그 기간내에 도달할 수 있는 발송인 때에는 청약자는 지체없이 상대방에게 그 연착의 통지를 하여야 한다. 그러나 그 도달전에 지연의 통지를 발송한 때에는 그러하지 아니하다.

③ 청약자가 전항의 통지를 하지 아니한 때에는 승낙의 통지는 연착되지 아니한 것으로 본다.

제529조(승낙기간을 정하지 아니한 계약의 청약) 승낙의 기간을 정하지 아니한 계약의 청약은 청약자가 상당한 기간내에 승낙의 통지를 받지 못한 때에는 그 효력을 잃는다.

제530조(연착된 승낙의 효력) 전2조의 경우에 연착된 승낙은 청약자가 이를 새 청약으로 볼 수 있다.

제531조(격지자간의 계약성립시기) 격지자간의 계약은 승낙의 통지를

---

2) Advertisements of goods by display, sign, handbill, newspaper, radio or television are not ordinarily intended or understood as offers to sell. The same is true of catalogues, price lists and circulars, even though the terms of suggested bargains may be stated in some detail. It is of course possible to make an offer by an advertisement directed to the general public (see § 29), but there must ordinarily be some language of commitment or some invitation to take action without further communication.

3) a contract for the sale of goods for the price of $500 or more is not enforceable by way of action or defense unless there is some writing sufficient to indicate that a contract for sale has been made between the parties and signed by the party against whom enforcement is sought or by his authorized agent or broker.

발송한 때에 성립한다.

제532조(의사실현에 의한 계약성립) 청약자의 의사표시나 관습에 의하여
승낙의 통지가 필요하지 아니한 경우에는 계약은 승낙의 의사표시
로 인정되는 사실이 있는 때에 성립한다.

제533조(교차청약) 당사자간에 동일한 내용의 청약이 상호교차된 경우
에는 양청약이 상대방에게 도달한 때에 계약이 성립한다.

제534조(변경을 가한 승낙) 승낙자가 청약에 대하여 조건을 붙이거나
변경을 가하여 승낙한 때에는 그 청약의 거절과 동시에 새로 청약
한 것으로 본다.

제535조(계약체결상의 과실) ① 목적이 불능한 계약을 체결할 때에 그
불능을 알았거나 알 수 있었을 자는 상대방이 그 계약의 유효를
믿었음으로 인하여 받은 손해를 배상하여야 한다. 그러나 그 배상
액은 계약이 유효함으로 인하여 생길 이익액을 넘지 못한다.

② 전항의 규정은 상대방이 그 불능을 알았거나 알 수 있었을 경우에
는 적용하지 아니한다.

제675조(현상광고의 의의) 현상광고는 광고자가 어느 행위를 한 자에게
일정한 보수를 지급할 의사를 표시하고 이에 응한 자가 그 광고에
정한 행위를 완료함으로써 그 효력이 생긴다.

제676조(보수수령권자) ① 광고에 정한 행위를 완료한 자가 수인인 경
우에는 먼저 그 행위를 완료한 자가 보수를 받을 권리가 있다.

② 수인이 동시에 완료한 경우에는 각각 균등한 비율로 보수를 받을
권리가 있다. 그러나 보수가 그 성질상 분할할 수 없거나 광고에 1
인만이 보수를 받을 것으로 정한 때에는 추첨에 의하여 결정한다.

제677조(광고부지의 행위) 전조의 규정은 광고있음을 알지 못하고 광고
에 정한 행위를 완료한 경우에 준용한다.

제678조(우수현상광고) ① 광고에 정한 행위를 완료한 자가 수인인 경
우에 그 우수한 자에 한하여 보수를 지급할 것을 정하는 때에는
그 광고에 응모기간을 정한 때에 한하여 그 효력이 생긴다.

② 전항의 경우에 우수의 판정은 광고 중에 정한 자가 한다. 광고 중
에 판정자를 정하지 아니한 때에는 광고자가 판정한다.

③ 우수한 자 없다는 판정은 이를 할 수 없다. 그러나 광고 중에 다른
의사표시가 있거나 광고의 성질상 판정의 표준이 정하여져 있는 때

에는 그러하지 아니하다.

④ 응모자는 전2항의 판정에 대하여 이의를 하지 못한다.

⑤ 수인의 행위가 동등으로 판정된 때에는 제676조 제2항의 규정을 준용한다.

제679조(현상광고의 철회) ① 광고에 그 지정한 행위의 완료기간을 정한 때에는 그 기간만료 전에 광고를 철회하지 못한다.

② 광고에 행위의 완료기간을 정하지 아니한 때에는 그 행위를 완료한 자 있기 전에는 그 광고와 동일한 방법으로 광고를 철회할 수 있다.

③ 전광고와 동일한 방법으로 철회할 수 없는 때에는 그와 유사한 방법으로 철회할 수 있다. 이 철회는 철회한 것을 안 자에 대하여만 그 효력이 있다.

III. 판시사항

(1) 광고에 전투기가 등장하는 것만으로는 계약에 관한 Restatement (Second)상의 청약에 해당한다고 볼 수 없다.

(2) 만약 광고가 청약에 해당한다고 하더라도, 합리적인 사람이라면 회사가 2,300만 달러의 가치가 있는 전투기를 70만 달러에 인도한다는 것은 믿기 어렵기 때문에, 피고의 광고는 단지 과장광고일 뿐이다.

(3) 원고는 피고가 원고를 기망하였으므로 사기죄가 성립한다고 주장하나, 뉴욕주법에 의하면 사기죄가 성립하기 위해서는 양 당사자 사이에 계약에 관한 문서가 작성되어야 하는데, 이 사건에서는 계약서가 작성되지 않았으므로, 사기죄에 관한 원고의 주장은 이유 없다.

IV. 해 설

1. 계약의 성립 여부

(1) 광고, 신문, 광고지, 카탈로그 또는 점포에 부착한 게시판을 통해 물건을 판매할 수 있는 확정적이고 구속력 있는 청약을 하는 것은 가능하

다. 그러나 일반적으로 이러한 광고는 소비자에게 단지 매도인의 제안을 고려하고 협상하라는 청약의 유인으로 해석된다.[4] 광고는 잠재적인 소비자가 광고를 보고 제안을 받아들여 물품구매양식서에 의하여 광고를 한 회사에 매수를 요청하더라도 구속력 있는 청약으로 전환되지 아니한다.[5] 광고주가 물품구매양식서에 의한 구매요청을 수락하여 계약내용을 이행하기 전에는 계약이 성립하였다고 볼 수 없다.[6]

(2) 다만 예외적으로, 광고의 내용이 명확하고, 일의적·확정적이며, 협상의 여지를 남겨두지 아니한 경우에는 광고가 청약에 해당하고, 소비자가 광고내용에 따라 승낙하면 계약이 성립한다.[7]

(3) 이와 같은 법리에 따르면, 이 사건에서 원고가 사은품 신청양식에 700,008.50달러의 수표를 첨부하여 피고에게 해리어 전투기의 지급을 청구한 것이 청약에 해당하므로, 피고가 원고의 청약에 대하여 승낙의 의사표시를 하기 전에는 유효한 계약이 성립한 것으로 볼 수 없다.

2. 현상광고

(1) 원고는 피고가 광고자로서 어느 행위를 한 자에게 일정한 보수를 지급할 의사를 표시한 것이므로, 일반 소비자를 대상으로 현상광고(또는 청약)를 한 것이라고 주장하였다.

(2) 만약 광고자가 현상광고를 통하여 과장된 보상을 약속하였다면, 광고자는 그러한 행위로 인하여 이익을 얻었다고 추정할 수 있으므로, 현상광고에서 정한 행위를 완료한 경우에는 광고는 과장된 보상이라는 이유만

4) Lovett v. Frederick Loeser & Co., 124 Misc. 81, 207 N.Y.S. 753, 755 (N.Y.Mun.Ct.1924); Geismar v. Abraham & Strauss, 109 Misc.2d 495, 439 N.Y.S.2d 1005, 1006 (N.Y.Dist.Ct.1981); People v. Gimbel Bros., 202 Misc. 229, 115 N.Y.S.2d 857, 858 (N.Y.Sp.Sess. 1952).

5) Mesaros v. United States, 845 F.2d 1576 (Fed.Cir.1988); Foremost Pro Color, Inc. v. Eastman Kodak Co., 703 F.2d 534, 538-39 (9th Cir.1983).

6) Alligood v. Procter & Gamble, 72 Ohio App.3d 309, 594 N.E.2d 668 (1991); Chang v. First Colonial Savings Bank, 242 Va. 388, 410 S.E.2d 928 (1991).

7) Lefkowitz v. Great Minneapolis Surplus Store, 251 Minn. 188, 86 N.W.2d 689, 691 (1957); Johnson v. Capital City Ford Co., 85 So. 2d 75, 79 (La.Ct. App. 1955).

으로 광고의 구속력을 부인할 수 없다.[8]

(3) 이 사건 광고에서 피고는, 소비자가 소정의 펩시 포인트를 적립하여 사은품 신청양식으로 사은품 목록에 기재된 사은품의 지급을 신청하면, 이를 청약으로 보고 사은품을 지급하기로 하였고, 사은품 목록에는 해리어 전투기가 기재되어 있지 않았다.

(4) 따라서 이 사건 광고는 현상광고(또는 청약)가 아니라 청약의 유인(誘引)에 해당하므로, 원고의 주장은 이유 없다.

3. 전투기 광고는 농담에 해당함

(1) 법원은, 피고(광고자)의 주관적 의도나 원고(소비자)가 광고를 보고 청약으로 생각한 것을 기준으로 하지 않고, 객관적·합리적인 소비자라면 그 광고를 보고 이해한 것을 기준으로 광고의 의미를 해석한다.[9]

(2) 청약이 진지하게 이루어진 것이 아니라면, 청약으로서 구속력은 인정되지 아니한다. 청약이 성립하기 위해서는 의사표시가 있어야 한다. 청약의 유인, 협상의 제안, 농담이나 법률관계를 형성하지 아니할 것이 명백한 행위 등은 모두 배제된다.[10]

(3) 법원은, (i) 부모로부터 자동차 열쇠를 얻기도 어려운 고등학생이 미 해병대로부터 해리어 전투기의 조종을 허락받는다는 것은 상상하기 어려운 점, (ii) 주거지역에 전투기가 착륙하는 것은 매우 위험하고 어려운 점, (iii) 고등학교 교정에 해리어 전투기의 착륙을 허가할 고등학교는 없는 점, (iv) 전투기를 일반인에게 인도한다는 것은 매우 어려운 점, (v) 펩시 포인트 700만 점을 모으기 위해서는 펩시 제품 700만 개를 구입하

---

8) Rosenthal v. Al Packer Ford, 36 Md.App. 349, 374 A.2d 377, 380 (1977); Carlill v. Carbolic Smoke Ball Co., 1 Q.B. 256 (Court of Appeal, 1892); Barnes v. Treece, 15 Wash. App. 437, 549 P.2d 1152 (1976); Las Vegas Hacienda v. Gibson, 77 Nev. 25, 359 P.2d 85 (1961); Grove v. Charbonneau Buick-Pontiac, Inc., 240 N.W.2d 853 (N.D. 1976); Newman v. Schiff, 778 F.2d 460 (8th Cir.1985); James v. Turilli, 473 S.W.2d 757 (Mo.Ct.App.1971); Mears v. Nationwide Mutual Ins. Co., 91 F.3d 1118, 1122-23 (8th Cir.1996).
9) Kay-R Elec. Corp. v. Stone & Webster Constr. Co., 23 F.3d 55, 57 (2d Cir.1994).
10) Graves v. Northern N.Y. Pub. Co., 260 A.D. 900, 22 N.Y.S.2d 537 (1940).

여야 하는데, 이는 원고가 100년 동안 매일 190개의 펩시콜라를 마셔야 하는 양이어서 실제로는 불가능한 점 등을 이유로, 이 사건 광고는 농담이라고 판단하였다.[11]

4. 우리나라에서 광고에 관한 법리

(1) 광고는 일반적으로 청약의 유인에 불과하지만, 내용이 명확하고 확정적이며 광고주가 광고의 내용대로 계약에 구속되려는 의사가 명백한 경우에는 이를 청약으로 볼 수 있다. 나아가 광고가 청약의 유인에 불과하더라도 이후의 거래과정에서 상대방이 광고의 내용을 전제로 청약을 하고 광고주가 이를 승낙하여 계약이 체결된 경우에는 광고의 내용이 계약의 내용으로 된다.[12]

(2) 아파트 분양광고의 내용 중 구체적인 거래조건, 즉 아파트의 외형·재질·구조 등에 관한 것으로서 사회통념에 비추어 수분양자가 분양자에게 계약의 내용으로 이행을 청구할 수 있다고 보이는 사항에 관한 것은 수분양자가 이를 신뢰하고 분양계약을 체결하는 것이고 분양자도 이를 알고 있었다고 보아야 하므로, 분양계약을 체결할 때에 달리 이의를 유보하였다는 등의 특별한 사정이 없는 한 이러한 사항은 분양자와 수분양자 사이의 묵시적 합의에 의하여 분양계약의 내용으로 되지만, 이러한 사항이 아닌 아파트 분양광고의 내용은 일반적으로 청약의 유인으로서의 성질을 가지는 데 불과하므로 이를 이행하지 아니하였다고 하여 분양자에게 계약불이행의 책임을 물을 수는 없다.[13]

(3) 구 전자상거래 등에서의 소비자 보호에 관한 법률(2012. 2. 17. 법률 제11326호로 개정되기 전의 것, 이하 '구 전자상거래법') 제21조 제1항 제1호의 문언에 더하여 전자상거래 및 통신판매 등에 의한 재화 또는 용역의 공정한 거래에 관한 사항을 규정함으로써 소비자의 권익을 보호하고

---

11) 펩시사는 이 사건 이후에도 TV광고를 계속 하였는데, 해리어 전투기에 대한 펩시 포인트를 7억 포인트로 수정하였다.
12) 대법원 2018. 2. 13. 선고 2017다275447 판결.
13) 대법원 2015. 5. 28. 선고 2014다24327 판결.

시장의 신뢰도를 제고하려는 구 전자상거래법의 입법목적을 고려하면, 여기에서의 '기만적 방법을 사용하여 소비자를 유인하는 행위'는 소비자가 재화 또는 용역을 구매하는 데 영향을 미칠 수 있는 사실의 전부 또는 일부를 은폐·누락하거나 또는 축소하는 등의 방법으로 소비자의 주의나 흥미를 일으키는 행위 자체를 뜻한다. 따라서 이러한 유인행위가 성립하기 위해서는 소비자를 속이거나 소비자로 하여금 잘못 알게 할 우려가 있는 행위만으로 충분하고 그 행위로 소비자가 유인되는 결과의 발생까지 있어야 하는 것은 아니다.[14)]

(4) 상품의 선전·광고에서 다소의 과장이나 허위가 수반되었다고 하더라도 일반 상거래의 관행과 신의칙에 비추어 시인될 수 있는 정도라면 이를 가리켜 기망(欺罔)하였다고는 할 수 없고, 거래에서 중요한 사항에 관한 구체적 사실을 신의성실 의무에 비추어 비난받을 정도의 방법으로 허위로 고지하여야만 비로소 과장·허위광고의 한계를 넘어 사기죄의 기망행위에 해당한다.[15)]

(5) 민법 제675조에 정하는 현상광고라 함은 광고자가 어느 행위를 한 자에게 일정한 보수를 지급할 의사를 표시하고 이에 응한 자가 그 광고에 정한 행위를 완료함으로써 그 효력이 생기는 것으로, 그 광고에 정한 행위의 완료에 조건이나 기한을 붙일 수 있다.[16)]

(6) 건축설계 우수현상광고에서 당선자가 보수로서 받는 '기본 및 실시설계권'이란 당선자가 광고자에게 우수작으로 판정된 계획설계에 기초하여 기본 및 실시설계계약의 체결을 청구할 수 있는 권리를 말하는 것이므로, 광고자로서는 특별한 사정이 없는 한 이에 응할 의무를 지게 되어 당선자 이외의 제3자와 설계계약을 체결하여서는 아니 됨은 물론이고, 당사자 모두 계약의 체결을 위하여 성실하게 협의하여야 할 의무가 있으며, 만약 광고자가 일반 거래실정이나 사회통념에 비추어 현저히 부당하다고 보여지는 사항을 계약내용으로 주장하거나 경제적 어려움으로 공사를 추진할

---

14) 대법원 2014. 6. 26. 선고 2012두1525 판결.
15) 대법원 2010. 9. 9. 선고 2010도7298 판결.
16) 대법원 2000. 8. 22. 선고 2000다3675 판결.

수 없는 등으로 인하여 계약이 체결되지 못하였다면 당선자는 이를 이유
로 한 손해배상책임을 물을 수 있다.[17]

(7) 우수현상광고의 광고자로서 당선자에게 일정한 계약을 체결할 의
무가 있는 자가 그 의무를 위반함으로써 계약의 종국적인 체결에 이르지
않게 되어 상대방이 그러한 계약체결의무의 채무불이행을 원인으로 하는
손해배상을 청구한 경우, 그 손해배상청구권은 계약이 체결되었을 경우에
취득하게 될 계약상의 이행청구권과 실질적이고 경제적으로 밀접한 관계
가 형성되어 있기 때문에, 그 손해배상청구권의 소멸시효기간은 계약이
체결되었을 때 취득하게 될 이행청구권에 적용되는 소멸시효기간에 따른
다.[18]

---

17) 대법원 2002. 1. 25. 선고 99다63169 판결.
18) 대법원 2005. 1. 14. 선고 2002다57119 판결.

[5] eBay 경매에 의한 항공기 매매

Peter Smythe v. Vincent Tomas, [2007] NSWSC 844[1)]

Ⅰ. 사실관계

(1) eBay의 사용자로 등록된 피고는 이 사건 항공기(Wirraway Australian Warbird Aircraft, Serial No A20-652, 등록기호 VH-WIR, P & W 1234 engine)[2)]의 소유자로서, 2006. 8. 15.부터 2006. 8. 25. 19:31까지 eBay 물품판매목록에 이 사건 항공기를 최저입찰가(minimum bid) 150,000달러로 정하여 매물로 등록하였다.

(2) eBay의 사용자로 등록된 원고는 2006. 8. 25. eBay 규칙에 따라 이 사건 항공기에 대하여 150,000달러에 입찰하였다. 원고와 피고는 2006. 8. 25. eBay로부터 원고가 이 사건 항공기의 낙찰자로 결정되었다는 통지를 받았다.

(3) 원고는 최저입찰조건에 맞추어 최고입찰자가 되었으므로, 원고와 피고 사이에 이 사건 항공기에 관한 매매계약이 성립하였다고 주장하였고, 피고는 원고와 피고 사이에 구속력 있는 계약이 체결되지 않았다고 주장하였다.

(4) 원고의 대리인 B, 피고의 대리인 M은 이 사건 계약의 준거법은 New South Wales법이라는 것과 eBay의 이용약관의 내용이 부속서(Annexure) C, E라는 것에 합의하였다.

---

1) The Supreme Court of New South Wales, Equity Division.
2) 1944년에 제작되어 영국공군에서 비전투용으로 사용되다가, 1986년에 복원되어 2001년까지 주기적으로 비행하였다.

Ⅱ. 참조 조문

1. 물품매매법(Sale of Goods Act 1923, New South Wales)

> 제60조(경매) 경매에 의한 매매의 경우
>
> (1) 물품이 분할된 장소(lot)에서 경매되는 경우, 각 장소에 있는 물건은 각 매매계약의 대상으로 간주된다.
>
> (2) 경매는 경매인이 고퇴봉을 내리 칠 때 또는 기타 관례에 따라 경매완료를 선언할 때 완료된다. 위와 같은 선언이 있을 때까지 입찰자는 입찰을 철회할 수 있다.
>
> (3) 매각조건에서 매도인을 위하여 입찰할 권리가 규정되어 있지 않는 때에는 매도인 또는 그의 고용인은 적법하게 입찰할 수 없고, 매도인 또는 그의 대리인이 입찰하는 것을 경매인이 인식하게 하여서는 아니 된다. 본 규칙을 위반한 경매는 입찰자가 기망을 주장할 수 있다.
>
> (4) 경매는 매각조건에서 일정한 가격을 고지할 수 있으며, 입찰권은 매도인 또는 매도인의 대리인에 의하여 제한될 수 있다.
>
> (5) 입찰권이 명시적으로 제한되지 아니한 경우 매도인 또는 매도인의 대리인이 경매에 입찰할 수 있다.

2. 전자상거래 등에서의 소비자보호에 관한 법률(이하 '전자상거래법')

> 제20조(통신판매중개자의 의무와 책임) ① 통신판매중개를 하는 자(이하 "통신판매중개자"라 한다)는 자신이 통신판매의 당사자가 아니라는 사실을 소비자가 쉽게 알 수 있도록 총리령으로 정하는 방법으로 미리 고지하여야 한다.
>
> ② 통신판매중개를 업으로 하는 자(이하 "통신판매중개업자"라 한다)는 통신판매중개를 의뢰한 자(이하 "통신판매중개의뢰자"라 한다)가 사업자인 경우에는 그 성명(사업자가 법인인 경우에는 그 명칭과 대표자의 성명)·주소·전화번호 등 대통령령으로 정하는 사항을 확인하여 청약이 이루어지기 전까지 소비자에게 제공하여야 하고, 통신판매중개의뢰자가 사업자가 아닌 경우에는 그 성명·전화번호

등 대통령령으로 정하는 사항을 확인하여 거래의 당사자들에게 상대방에 관한 정보를 열람할 수 있는 방법을 제공하여야 한다.

③ 통신판매중개자는 사이버몰 등을 이용함으로써 발생하는 불만이나 분쟁의 해결을 위하여 그 원인 및 피해의 파악 등 필요한 조치를 신속히 시행하여야 한다. 이 경우 필요한 조치의 구체적인 내용과 방법 등은 대통령령으로 정한다.

제20조의2(통신판매중개자 및 통신판매중개의뢰자의 책임) ① 통신판매중개자는 제20조 제1항의 고지를 하지 아니한 경우 통신판매중개의뢰자의 고의 또는 과실로 소비자에게 발생한 재산상 손해에 대하여 통신판매중개의뢰자와 연대하여 배상할 책임을 진다.

② 통신판매중개자는 제20조 제2항에 따라 소비자에게 정보 또는 정보를 열람할 수 있는 방법을 제공하지 아니하거나 제공한 정보가 사실과 달라 소비자에게 발생한 재산상 손해에 대하여 통신판매중개의뢰자와 연대하여 배상할 책임을 진다. 다만, 소비자에게 피해가 가지 아니하도록 상당한 주의를 기울인 경우에는 그러하지 아니하다.

③ 제20조 제1항에 따른 고지에도 불구하고 통신판매업자인 통신판매중개자는 제12조부터 제15조까지, 제17조 및 제18조에 따른 통신판매업자의 책임을 면하지 못한다. 다만, 통신판매업자의 의뢰를 받아 통신판매를 중개하는 경우 통신판매중개의뢰자가 책임을 지는 것으로 약정하여 소비자에게 고지한 부분에 대하여는 통신판매중개의뢰자가 책임을 진다.

④ 통신판매중개의뢰자(사업자의 경우에 한정한다)는 통신판매중개자의 고의 또는 과실로 소비자에게 발생한 재산상 손해에 대하여 통신판매중개자의 행위라는 이유로 면책되지 아니한다. 다만, 소비자에게 피해가 가지 아니하도록 상당한 주의를 기울인 경우에는 그러하지 아니하다.

제20조의3(통신판매의 중요한 일부 업무를 수행하는 통신판매중개업자의 책임) 통신판매에 관한 거래과정에서 다음 각 호의 업무를 수행하는 통신판매중개업자는 통신판매업자가 해당 각 호의 각 목에 따른 의무를 이행하지 아니하는 경우에는 이를 대신하여 이행하여야 한다. 이 경우 제7조 및 제8조의 "사업자"와 제13조 제2항 제5호 및

제14조 제1항의 "통신판매업자"는 "통신판매중개업자"로 본다.

1. 통신판매중개업자가 청약의 접수를 받는 경우

    가. 제13조 제2항 제5호에 따른 정보의 제공

    나. 제14조 제1항에 따른 청약의 확인

    다. 그 밖에 소비자피해를 방지하기 위하여 필요한 사항으로서
    대통령령으로 정하는 사항

2. 통신판매중개업자가 재화등의 대금을 지급받는 경우

    가. 제7조에 따른 조작 실수 등의 방지

    나. 제8조에 따른 전자적 대금지급의 신뢰 확보

    다. 그 밖에 소비자피해를 방지하기 위하여 필요한 사항으로서
    대통령령으로 정하는 사항

Ⅲ. 판시사항

(1) eBay 경매에 의하여 원고와 피고 사이에 이 사건 항공기에 관하여 매매대금을 150,000달러로 하는 물품매매계약이 성립하였고, 위 매매계약은 구속력이 있으므로 피고는 원고에게 위 계약을 이행할 의무가 있다.

(2) 피고는 원고에게, (i) 이 사건 항공기를 Albury에서 South Australia 까지 공수비행(空手飛行)으로 운송할 수 있고, (ii) 이 사건 항공기는 경매 당시 감항능력을 인증받았으며, (iii) 100시간의 완전정비(overhaul) 중이라고 진술하였는바, 이는 구속력 있는 확약(promissory)이므로 위와 같은 내용은 매매계약상 매도인의 의무에 포함된다.

Ⅳ. 해 설

1. 온라인 경매의 법률관계[3]

가. 인터넷경매의 의의와 특징

(1) 인터넷경매란 인터넷이라는 가상공간에서 이루어지는 경매를 말한

---

[3] 이 부분은 주로 남효순, "인터넷경매의 법률관계 -Auction약관 및 esale약관을 중심으로-", 인터넷과 법률 Ⅱ, 법문사(2005), 253~307면을 참고하였다.

다. 인터넷경매는 경매가 이루어지는 공간이 현실의 공간이 아니라는 점을 제외하고는 그 본질에서는 일반의 경매와 전혀 다를 바가 없다.[4]

(2) 일반 사경매와 비교하여 인터넷경매는 다음과 같은 두 가지 점이 다르다. 첫째, 인터넷경매는 인터넷경매사이트의 회원간의 거래라는 점이다. 인터넷경매사이트에 회원으로 가입하여 ID와 비밀번호를 가진 회원만이 경매에 참가하여 판매자 또는 구매자가 될 수 있다. 둘째, 회원간의 인터넷경매를 중개하는 인터넷경매사이트는 종래 사경매의 경매중개인이 하던 역할을 더 이상 하지 않는다는 점이다.

나. 당사자의 법적 지위

(1) 판매자·구매자의 지위

인터넷경매는 인터넷경매사이트와 회원가입계약을 체결하여 회원으로 가입한 자들 사이의 거래이다. 회원가입계약이란 회원으로 가입하는 자에게 회원이라는 포괄적인 법적 지위를 부여하는 계약을 말한다. 인터넷경매사이트와 그 이용자가 회원계약을 체결하면 이용자에게는 회원의 지위에서 여러가지 권리가 발생하는데, 그러한 회원의 권리 중 가장 중요한 것이 바로 인터넷경매서비스이용권이다. 인터넷경매에서 인터넷경매사이트와 이용자의 법적 관계를 인터넷경매사이트와 판매자 그리고 인터넷경매사이트와 구매자 사이의 법률관계로 분리한 후 이를 복수의 계약관계로 파악하여, 전자를 경매등록계약 그리고 후자를 경매참여계약으로 설명하는 견해가 있다.[5] 그러나 경매등록계약 또는 경매참여계약이란 특정의 시기에 경매등록을 하거나 경매에 참여하고 있는 경우에 체결되는 계약만을 말하는 것이 아니라 장차 경매등록을 하거나 또는 경매에 참여하여 그러한 계약을 체결할 수 있는 법적 지위까지도 포함하는 의미로 이해하여야 하고, 그것은 바로 회원의 지위와 다를 바가 없다.[6]

---

4) Chambre National des Commissaires Priseurs v NART SAS [2001] ECC 24; eBay International AG v Creative Festival Entertainment Pty Ltd (2006) Aust Contract R 90-248; [2006] FCA 1768.
5) 오병철, "인터넷상의 특수한 매매계약 -인터넷경매, 공동구매를 중심으로-", 민사법학 제21호(2002), 181~194면.

(2) 인터넷경매사이트의 법적 지위

(가) 수임인으로서 지위

인터넷경매사이트가 경매서비스를 제공하는 것은 용역을 제공하는 것이므로, 인터넷경매서비스이용계약은 용역공급계약에 해당한다. 인터넷경매사이트가 제공하는 용역은 궁극적으로 판매자인 회원과 구매자인 회원 사이에 경매가 이루어질 수 있도록 필요한 제반 사무를 처리하는 것이다. 이러한 점에서 인터넷경매서비스이용계약은 위임에 해당한다.

(나) 중개수임인으로서 지위

위임의 내용인 사무처리에는 다시 여러 가지가 있을 수 있는데, 인터넷경매사이트가 하는 사무처리는 중개에 해당한다. 일반적으로 중개란 제3자로서 두 당사자 사이에서 일이 잘 되도록 여러 모로 힘쓰는 것을 말하고, 법률상 중개란 두 당사자 사이에서 계약이 잘 성립되도록 노력하는 것, 즉 계약체결을 소개하거나 또는 주선하는 것을 말한다. 인터넷경매사이트가 판매희망자와 구매희망자를 회원으로 가입시키는 것은 궁극적으로 판매자와 구매자 사이에 경매계약의 체결을 소개하거나 주선하는 중개라고 볼 수 있다.

(다) 지시중개인으로서 지위

중개에는 중개인이 하는 노력 또는 조력의 정도에 따라 다시 매개중개와 지시중개가 있다. 매개중개(媒介仲介)란 중개인이 거래당사자들을 연결시키고 거래를 촉진시키며 거래가 성립하는 데 진정한 협력을 제공하는 형태의 중개를 말하고, 지시중개(指示仲介)란 중개인이 계약체결의 기회만을 제공하여 당사자가 스스로 판단하여 거래를 할 수 있도록 필요한 정보를 제공하는 형태의 중개를 말한다. 인터넷경매사이트는 경매가 성사될 수 있도록 기술적 설비를 마련하거나 정보를 제공함으로써 경매성립의 기회를 제공하고 있을 뿐이다. 따라서 인터넷경매사이트는 지시중개의 역할을 수행한다.

---

6) 남효순, 265~266면.

(라) 전자상거래법상 통신판매중개자로서 지위

전자상거래법은 사이버몰(컴퓨터 등과 정보통신설비를 이용하여 재화 등을 거래할 수 있도록 설정된 가상의 영업장)의 이용을 허락하거나 그 밖에 총리령이 정하는 방법에 의하여 거래 당사자간의 통신판매를 알선하는 행위를 통신판매중개로 규정하고 있다(제2조 제4호). 여기서 총리령이 정하는 방법이란 자신의 명의로 통신판매를 위한 광고수단을 제공하거나 그러한 광고수단에 자신의 이름을 표시하여 통신판매에 관한 정보의 제공이나 청약의 접수 등 통신판매의 일부를 수행하는 것을 말한다(시행규칙 제3조). 위법은 사이버몰의 이용을 허락하는 것만으로도 통신판매의 알선, 즉 통신판매의 중개로 본다. 인터넷경매사이트도 사이버몰의 이용을 허락하고 있기 때문에 전자상거래소비자보호법상 통신판매중개자의 지위를 갖고 그 결과 위 법의 적용을 받게 된다.

다. 인터넷경매의 종류

(1) 일반경매(최고가경매)

일반경매란 최고가격 구매자에게 경락이 이루어지는 경매를 말한다. 이러한 이유에서 이를 최고가경매라고 부르기도 한다. 그리고 현재 인터넷경매사이트에서 실시되고 있는 경매에서는 판매자가 최저가격을 제시하고 있으므로, 일반경매는 최저가격제시 상향경매에 해당한다. 즉 판매자가 입력한 판매가격인 경매시작가에서 경매가 시작되어, 구매자들이 경쟁적으로 높은 가격을 제시하고, 경매시간 종료시에 최고가격을 제시한 구매자의 순으로 경매가 성립하게 된다.

(2) 즉시구매(바로구매)

즉시구매란 판매자가 표시한 즉시구매가격을 구매자가 승낙함으로써 즉시 이루어지는 매매를 말한다. 그러나 즉시구매(바로구매)는 판매자가 판매가격을 미리 제시하므로 가격의 경쟁적 결정이라는 요소, 즉 최고호가의 제시가 전혀 없어서 본래 의미의 경매라고 부를 수 없다.

(3) 고정가판매

고정가판매란 판매자가 단일하게 지정한 판매가를 구매자가 승낙함으로써 즉시 이루어지는 매매를 말한다. 고정가판매는 다시 일반고정가판매와 스토어전용고정가판매가 있다.

(4) 즉시구매부 경매

즉시구매부 경매란 즉시구매가격에 대하여 즉시 매매가 성립하고, 잔여수량에 대하여 경매가 실시되는 형식의 매매를 말한다. 즉시구매부 경매의 경우 판매자가 제시한 즉시구매가격은 최고가격에 해당하므로, 즉시구매부 경매는 그 성질상 하향경매에 해당한다고 볼 수 있다.

(5) 공동경매

공동경매는 구매자가 많을수록, 즉 구매수량이 증가할수록 구매가격이 낮아지는 매매방식이다. 일반경매의 경우 구매자가 많을수록 매매가격이 높아지는 반면, 공동경매에서는 구매자가 늘어날수록 매매가격이 낮아진다는 점에 그 특징과 장점이 있다. 공동경매는 판매자가 구매수량에 따라 판매가격을 달리 정하고, 해당 구매수량에 대한 구매신청이 있으면 해당 판매가격에 따라 매매가 성립하게 된다. 즉 구매수량이 최저판매가에 도달하면 즉시 구매가 성립하게 된다.

라. 인터넷경매의 진행

(1) 인터넷경매의 시작 및 종료: 경매기간

인터넷경매는 물품등록시 지정한 경매기간까지 진행된다. 그러나 인터넷경매는 경매기간이 만료하기 전에도 종료되는 경우가 있다. 첫째, 경매수량이 경매기간의 종료 전에 모두 판매되는 경우이다. 둘째, 인터넷경매 사이트가 직권으로 경매를 취소하는 경우이다.

(2) 판매자의 물품등록

(가) 물품등록의 법적 성질

물품등록이 청약의 유인인지 아니면 청약인지가 문제이다. 이는 물품등록에 의하여 판매자의 매도의 의사표시가 확정적으로 표시되었는지 여부에 달려 있다. 이를 판단하기 위해서는 인터넷경매사이트약관의 내용을 구체적으로 검토하는 것이 필요하다.

(i) 판매자는 물품등록시에 경매시작가를 비롯하여 경매의 내용에 관하여 중요하고 또 상세한 사항을 등록하고 있다. 이 경우 판매자가 구매자의 경매시작가 이상의 최고호가에 대하여도 구속당하지 않는다는 특별한 규정이 없다. 따라서 판매자의 의사표시는 일응 확정적인 매도의 의사표시라고 볼 수 있다. (ii) 인터넷경매사이트가 판매자의 물품등록을 원칙적으로 수정 또는 철회하는 것을 인정하지 않는다. (iii) 인터넷경매사이트는 구매자의 구매신청에 대하여 따로 판매자의 의사표시가 없어도 경매가 성립하는 것을 전제로 하고 있다. 이상의 점에 비추어 현행 인터넷경매사이트약관상으로는 판매자의 물품등록이 바로 청약에 해당한다.[7)

(나) 물품등록의 수정

물품정보의 수정은 물품등록 후에는 불가능하다. 다만 구매자의 구매신청이 있기 전까지는 물품의 카테고리, 경매시작가, 경매기간, 부가서비스 사용을 제외한 물품정보의 수정은 허용된다. 그리고 구매신청이 있은 후에는 물품정보의 추가만 가능하다. 이 경우 추가된 정보가 구매자에게 불리한 경우에는 물품정보의 추가 이전에 구매신청을 한 구매자에게는 적용되지 않는다.

(다) 물품등록의 철회

물품등록 후에는 원칙적으로 그 철회가 인정되지 않는다. 그러나 판매자는 부득이한 사유가 있을 경우 인터넷경매사이트에 물품등록의 철회를 요청할 수 있고, 이 경우 인터넷경매사이트는 철회여부를 결정한 후 지체

---

7) 남효순, 275면. 이와 달리 물품등록은 청약의 유인이라는 견해로는 백승재, "인터넷경매의 법적 제문제 -민사적 문제점에 관하여-", 인터넷법률 제12호(2002), 84면.

없이 이를 판매자에게 통지하여야 한다.

(3) 구매자의 구매신청

(가) 구매신청의 방식과 회수

물품을 구매하고자 하는 구매자는 인터넷경매사이트가 제공하는 서비스 화면에서 신청하여야 한다. 구매신청은 경매기간 종료시까지 여러 번 할 수 있다. 그러나 현재의 최고호가로 구매신청한 구매자가 연속하여 재신청하는 것은 허용되지 않는다.

(나) 구매신청의 철회

구매자는 자신이 한 구매신청을 철회할 수 없는 것이 원칙이다. 그러나 표의자가 철회권을 유보하거나 상대방의 승낙이 있는 경우에는 철회가 인정된다.

(4) 판매자에 의한 구매신청의 확인

전자상거래법에 의하면 판매자는 구매자로부터 구매신청을 받은 경우 구매신청의 수신 확인 및 판매 가능 여부에 관한 정보를 구매자에게 신속하게 통지하여야 한다(제14조 제1항). 판매자는 계약 체결 전에 구매자가 구매신청의 내용을 확인하고, 정정 또는 취소할 수 있도록 적절한 절차를 갖추어야 한다(제14조 제2항).

마. 인터넷경매의 성립

(1) 판매자청약설

인터넷경매의 경우 판매자가 최저가격을 제시함으로써 청약을 하는 것이고, 이에 대하여 구매자가 그 이상의 최고가격을 제시하는 것이 승낙이 된다는 견해가 있다.[8] 이 견해에 의하면 즉시구매부 경매의 경우도 판매자가 청약을 하고, 구매자가 즉시구매가격 또는 즉시구매가격 이하의 최고가격을 제시하는 것이 승낙이 된다. 그리고 이 견해는 판매자의 청약은 일정한 경매기간 내에 판매자가 제시하는 조건에 부합하는 구매자의 경쟁

---

8) 백승재, 84면.

에 응하겠다는 표시에 대하여만 그 효력이 발생하는 기한·조건부 청약이라고 한다.

(2) 구매자청약설

이에 반하여 구매자가 가격을 제시하는 것이 청약이고, 판매자가 경락의 승낙을 하는 것이라는 견해가 있다.[9] 그 논거로는 판매자가 최저가격을 제시한 후에도 판매자의 명시적인 경락의 표시가 존재하고, 온라인마켓플레이스 제공자나 판매자에 의하여 경매등록이 철회될 수도 있어 판매자의 의사표시는 확정적인 의사표시라고 볼 수 없다고 한다. 그리고 만일 구매자의 의사표시를 승낙이라고 한다면, 그 철회를 인정할 경우 그것은 청약의 철회가 아닌 승낙의 철회가 되어 관련법령의 소비자에 대하여 청약의 철회를 인정하고 있는 것을 이론적으로 해명하기 곤란하다고 한다.

(3) 검 토

온라인에서 확정적인 매매조건을 정해서 판매물품목록에 등록하여 일반인에게 접근할 수 있도록 하는 행위는 청약의 유인이 아니라 법적 구속력이 있는 청약으로 보아야 한다.[10]

바. 매도인의 담보책임에 관한 민법 규정의 적용여부

민법은 제570조부터 제584조까지 매도인의 담보책임을 규정하면서 제578조와 제580조 제2항에서 '경매'에 관한 특칙을 두고 있다. 민법이 특칙을 둔 취지는 경매의 사법상 효력이 매매와 유사하다고는 하나, 매매는 당사자 사이의 의사합치에 의하여 체결되는 것인 반면 경매는 매도인의 지위에 있는 채무자 의사와 무관하게 국가기관인 법원에 의하여 실행되어 재산권이 이전되는 특수성이 있고, 이러한 특수성으로 인해 경매절차에 관여하는 채권자·채무자·매수인 등의 이해를 합리적으로 조정하고 국가기관에 의하여 시행되는 경매절차의 안정도 도모할 필요가 있으므로, 일반매매를 전제로 한 담보책임 규정을 경매에 그대로 적용하는 것은 부당하

---

9) 오병철, 196~199면.
10) OLG Hamburg MMR 2000, 278.

다는 고려에 따른 것이다. 따라서 민법 제578조와 민법 제580조 제2항이 말하는 '경매'는 민사집행법상의 강제집행이나 담보권 실행을 위한 경매 또는 국세징수법상의 공매 등과 같이 국가나 그를 대행하는 기관 등이 법률에 기하여 목적물 권리자의 의사와 무관하게 행하는 매도행위만을 의미하는 것으로 해석하여야 한다.[11]

사. 도품(盜品)을 낙찰받은 경우[12]

(1) L이 미국의 인터넷 경매사이트에서 '일본 석재 거북(Japanese Hardstone Turtle)'이라는 제목으로 경매에 부친 물건을 낙찰받아 국내로 반입한 다음, 전문가들에게 확인한 결과 위 물건이 '인조계비 장렬왕후 어보(御寶)'인 사실을 확인하였고, 국립고궁박물관에 어보를 매수할 것을 신청한 후 인도하였는데, 국립고궁박물관이 심의한 결과 어보가 인조계비 장렬왕후 어보로서 도난품에 해당한다는 이유로 매입 및 반환을 거부하였다. 이에 L은 대한민국을 상대로 하여 주위적으로 어보의 반환을, 예비적으로 매도신청가액 상당의 손해배상을 구하였다.

(2) 어보는 대한민국이 소유·관리하던 중 6·25 전쟁 당시 도난당한 다음 미국 등 해외로 반출되었다고 추인할 수 있으므로 도품에 해당한다. L이 경매사이트에서 어보를 낙찰받을 당시 어보가 미국 버지니아주에 있었고, 그 후 L이 어보를 국내로 반입하였으므로, L이 어보에 관한 소유권을 취득하였는지 여부에 관한 준거법은 원인된 행위 또는 사실의 완성 당시 목적물의 소재지법인 미국 버지니아주법이다.

(3) 영미법에서는 도품에 관하여 '누구도 자신이 가지지 않는 것을 양도할 수 없다(nemo dat quod non habet)'는 원칙이 지배하고 있어 도품에 대한 선의취득을 인정하고 있지 않고, 버지니아주법 또한 도품에 대한 선의취득을 인정하지 않고 있어서, L이 비록 경매사이트에서 어보를 낙찰받았다고 하더라도 어보는 도품이어서 L이 버지니아주법에 따라 어보에 관한 소유권을 취득하지 못하였다.

---

11) 대법원 2016. 8. 24. 선고 2014다80839 판결.
12) 서울중앙지방법원 2017. 8. 25. 선고 2017가합518187 판결.

(4) 따라서 L의 반환 청구는 이유 없고, 제반 사정 등에 비추어 보면 L
이 어보에 관하여 어떠한 재산권을 가진다고 볼 수 없으며, 대한민국 산
하 국립고궁박물관이 L에게 어보에 관한 대가를 지급하지 않은 채 반환을
거부하는 것이 불법행위를 구성한다고 보기 어렵다.

2. 대상사안의 검토

가. 물품등록의 법적 성질

원고와 피고는 eBay의 회원이 됨으로써 이용약관에 따라 이 사건 경
매를 진행하였다. 피고는 이 사건 항공기를 판매물품으로 등록하면서, 최
저 매수가격을 150,000달러로 지정하였고, 입찰기간을 제한하였으며, 만약
150,000달러 이상의 최고입찰가를 제시하면 낙찰자가 될 수 있고, 매수인
에게 특별한 제한조건을 부과하지 않았다. 온라인에서 물품목록에 등록하
여 일반인에게 접근할 수 있도록 하는 행위는 청약의 유인이 아니라 법적
구속력이 있는 청약으로 보아야 한다는 독일 판례[13]에 비추어 보면, 이
사건에서 피고의 물품등록은 청약이라고 해석하는 것이 타당하다.

나. 피고의 계약당사자에 관한 주장에 대한 판단

피고는, 원고와 eBay 사이, 피고와 eBay 사이에 계약이 성립하였을
뿐, 원고와 피고 사이에 계약이 성립한 것은 아니라고 주장하였다. 그러나
법원은 eBay 이용약관은 원고와 피고 사이에 직접 계약당사자가 될 수
있는 새로운 법적 체계를 형성하였기 때문에,[14] 이 사건에서 원고와 피고
사이에 이 사건 항공기에 관한 매매계약이 직접 성립하였다고 판단하였다.

다. 감항능력이 계약내용에 포함되는지 여부

1944년에 제작되어 1986년에 전면복원된 이 사건 항공기가 Albury에
서 South Australia까지 공수비행으로 운송할 수 있고, 이 사건 항공기는

---

13) OLG Hamburg MMR 2000, 278.
14) M. A. Clarke, The Law of Insurance Contracts, 5th Ed, Informa(2006), para
    11-3A 참조.

경매 당시 감항능력을 인증받았으며, 100시간의 완전정비(overhaul) 중이라는 점은 매수인인 원고에게는 매우 중요한 것이고, 원고와 피고는 만약이 사건 항공기가 감항능력이 없다면 8,000~10,000달러의 비용이 소요될 것이라고 합의한 점에 비추어 보면, 위와 같은 감항능력에 관한 내용은 단순한 제안이 아니라 계약의 내용으로 편입된 것으로 봄이 상당하다.[15] 만약 피고가 위와 같은 감항능력에 관한 의무를 이행하지 않으면, 원고는 이 사건 항공기에 관한 소유권을 취득한 후 항공기를 수리하고, 피고에게 그 비용 상당액을 계약위반으로 인한 손해배상으로 청구할 수 있다.

---

15) Ellul v. Oakes, [1972] 3 SASR 377; J Savage & Sons Pty Ltd v. Blakney, [1970] 119 CLR 435(만약 그러한 내용이 없었더라며 계약이 성립하지 않았을 것이라고 인정되는 사항은 제안이 아니라 계약의 내용을 구성한다).

[6] 감항증명 불이행을 이유로 한 항공기 매매계약 해제

서울중앙지방법원 2018. 5. 15. 선고 2017가합544094 판결

Ⅰ. 사실관계

가. 당사자들의 지위

소송수계 전 원고 S 주식회사는 항공기 사용사업, 부정기 항공 운송사업 등을 목적으로 하는 회사이고, 피고 주식회사 K는 세계각지로부터 우리나라에 출·입항하는 각종 비즈니스제트 항공기를 대상으로 하는 항공운수 보조서비스업, 경비행기 및 헬기 부속품 수입 및 판매업, 항공기 정비 및 정비용역 등을 목적으로 하는 회사이다. 소송수계 전 원고 S에 대하여 2018. 2. 12. 창원지방법원 2018회합10004호로 회생절차가 개시되어 대표이사이던 J가 그 관리인이 되었고, 소송수계 전 원고 S의 소송상 지위를 수계하였다(이하 소송수계 전 원고 S도 '원고'라 한다).

나. 항공기 매매계약의 체결

원고(매수인)는 2016. 4. 8. 피고(매도인)로부터 항공기 CL-215-1A10 1대(캐나다 봄바르디에르사가 1987. 4. 23.경 생산한 항공기로서 이하 '이 사건 항공기')를 27억 원에 매수하는 내용의 항공기 매매계약(이하 '이 사건 매매계약')을 체결하였는데, 그 주요 내용은 다음과 같다.

> **제2조(매매대금 등)**
> 2. 매매대금: 2,700,000,000원(부가가치세 포함)
> 3. 납부조건: 아래 표 지급 방법에 따른다.

구분	금액	지급기일	비고
계약금	150,000,000원	계약당일	계약금은 피고 법인계좌로 이체
중도금	피고 소재지 사옥과 이 사건 항공기를 담보로 한 W은행 대출금 25억 5천만 원 승계로 갈음한다.	승계완료시점으로 하되 2016. 4. 15. 이내로 한다.	
잔금			

4. 인도

   1) 피고는 매매목적물의 소유권이전절차에 필요한 제반 서류에 대해서는 잔금 완납과 동시에 원고에게 제공한다.

   2) 매매목적물은 현재의 보관장소에서 현상 그대로 인도하며, 상기의 소유권이전서류가 제공됨으로써 목적물이 인도된 것으로 본다.

   3) 매매목적물이 인도된 이후 항공기 관리책임은 원고에게 있다.

5. 납부조건의 미이행

   납부조건을 이행하지 않을 경우 계약은 자동 취소되며 기존 지급금도 반환하지 아니한다. 또한 원고는 이와 관련한 일체의 민·형사·행정법상의 책임을 제기하지 않으며, 납부조건 미이행으로 인하여 피고에게 발생한 손실에 대한 민·형사상의 모든 책임을 진다.

제3조(소유권이전)

피고는 소유권이전에 필요한 제반 서류를 구비하여 전달하고 원고는 소유권이전에 필요한 모든 수속을 원고의 책임으로 수행하여야 하며 이에 수반되는 비용도 원고의 부담으로 한다.

제6조(C체크[1]/감항검사[2])

---

1) 항공기의 점검방법 중 일정 주기를 갖고 점검하는 방법으로 600시간의 주기로 하는 A체크는 가장 빈도가 높은 점검으로 동체의 외부상태, 전력공급상태 등에 대한 검사를 하고, B체크는 A체크를 포함한 항공기 내부상태에 대한 상세점검을 포함한다. 약 7,500시간 또는 18개월을 주기로 하는 C체크는 부품을 수리하고 내부 주요 기계시스템과 조종시스템 등을 전체적으로 점검하는데 일부 중요 구성품과 부품에 대하여는 분리하여 점검·교환하고 모든 점검 후 실행되는 비행검사까지 포함한다. 6년을 주기로 하는 D체크는 점검의 최고단계로 엔진과 랜딩 기어 등 대부분의 장비, 부품이 분리된다.

2) 항공안전법 제23조에 의하면 항공기를 운항하려면 국토교통부장관으로부터 항공기에 대한 감항증명을 받아야 하고, 통상 감항증명의 유효기간은 1년이다.

> 피고는 원고의 요청에 의하여 이 사건 항공기의 "C체크 및 감항검사"
> 를 수행하며 원고의 Dome Flight 계획에 차질이 없도록 한다. 단, C체
> 크 및 감항검사에 소요되는 제비용은 그때그때 원고가 실비 정산한다.
> * 본 계약은 W은행 대출금 25억 5천만 원 승계 승인 시 계약 성립한
> 다. 승인 불가 시 계약 취소한다(이 부분은 수기로 기재되어 있다.
> 이하 '이 사건 특약조항').

다. 매매대금 및 정비비용 등의 지급

(1) 원고는 2016. 4. 26. 피고의 수협계좌로 이 사건 매매계약상 계약금
150,000,000원을 송금하였고, 2016. 5. 4. 피고의 수협계좌로 100,000,000
원을 송금하였으며, 같은 날 이탈리아에 소재한 항공기 정비회사의 계좌
로 유로화 12,000유로(원화 환산금액 : 15,968,400원)를 송금하였다.

(2) 원고는 2016. 5. 13. 피고의 수협계좌로 100,000,000원을 송금하
였다.

(3) 피고는 2016. 5. 24. 이탈리아 정비회사의 계좌로 유로화 5,000유
로를 송금하였고, 원고는 같은 날 피고의 수협계좌로 유로화 5,000유로에
대한 원화 환산금액인 6,721,300원을 송금하였다.

라. 이행각서의 작성

2016. 5. 4. 주요 내용이 아래와 같은 이행각서가 작성되었는데, 원고
대표이사 이름 옆에는 '대리인 Y'라고 기재되어 있으며, 피고 대표이사 이
름 옆에는 피고의 법인 인감이 날인되어 있다.

원고와 피고는 2016. 4. 15. 이 사건 매매계약을 체결한바 이 계약의 성
실한 이행을 위해 본 이행각서를 상호 합의하여 교환한다.
제1항(중도금)
중도금은 특정하지 않고 최대한 빠른 시일 내에 지급하기로 구두약속한
것으로 갈음하며 2016. 5.말은 넘기지 않기로 한다.
제2항(잔금)

원고는 잔금을 감항검사를 받은 날로부터 10일 안에 지급하며 2016. 6. 30.을 경과해서는 아니 된다. 단, 잔금지급기일은 한 차례 10일 범위 안에서 연장할 수 있다.

제3항(매매물건의 등기 이전)

피고는 본 이행각서를 교환하는 즉시 소유권이전에 필요한 절차에 착수하며 서류 일체를 2016. 5. 10. 안에 원고에게 넘겨야 한다.

제4항(매매물건의 유지 관리책임)

피고가 소유권이전 서류 일체를 넘긴 이후부터 매매물건인 항공기에 대한 유지·관리 책임은 전적으로 원고에게 있으며 피고는 이를 위해 필요한 원고의 요청에 성실하게 임해야 한다.

제5항(의무)

잔금 납부 미이행으로 계약이 해지될 경우 원고는 지체없이 원상대로 이 사건 항공기의 소유권을 피고에게 이전해야 한다.

마. 피고의 서류 인계 등

피고는 2016. 5. 6. 원고에게 Airframe Log book 7상자, Flight Manual & Maintenance Manual 1세트 등을 인계하고 원고로부터 인수인계확인서를 받았으며, 소유권이전에 필요한 피고의 인감증명서를 교부하였다.

바. 이 사건 항공기에 대한 검사의 시행 등

(1) 이탈리아 정비회사 소속 정비사들은 2016. 5. 8.경 이 사건 항공기의 C체크 및 감항검사를 위해 입국하였고, 이 사건 항공기가 보관되어 있던 사천비행장 근처에 체류하면서 전기부분 등을 검사한 후 C체크를 하기 위해 준비하다가 격납고가 확보되지 아니하여 C체크를 하지 못한 채 2016. 6. 15.경 이탈리아로 돌아갔다.

(2) 원고와 피고는 2016. 5. 18. 이 사건 항공기에 대한 C체크와 관련하여 회의를 하였는데, 원고 측에서 Y 등이, 피고 측에서 L 등이 참석하였고, 이탈리아 정비사들 일부도 참석하였으며, K가 요약한 위 회의의 주요내용은 아래 기재와 같다.

1. C를 포함한 모든 정비작업 및 감항검사는 피고 주관 하에서 진행, 감항 검사 수검 후 원고에 인계한다.
2. 원고는 위 1항 작업수행을 위하여 피고와 협조에 최선을 다한다.
3. 전체 작업은 다음과 같이 진행한다.
   가. 격납고 확보는 현재 원고에서 진행하고 최대한 빠른 시일 안에 확보 할 수 있도록 노력한다.
   나. 피고는 아래 사항을 가능한 빠른 시일내에 진행한다.
   1) REV. 현황 확인 후 즉시 매뉴얼을 신청한다.
   2) 공구, 장비 그리고 자재는 필요 목록과 피고 보유분을 비교 확인 하여 부족분을 조속히 신청한다.
   5) 피고는 사천공항 출입 인솔 관계를 비행기 이동 전까지 책임진다.
   8) 상세일정과 계획은 5. 24. 피고, 이탈리아 정비팀과 원고가 사천 에서 논의하여 확정한다.
   9) 진행과정 중 모든 업무는 이메일을 중심으로 한 서류를 매개로 진행하는 것을 원칙으로 하고 피고 H 상무/원고 M 이사 창구로 한다.
   12) 이탈리아 정비사는 6월 말까지 모든 작업을 완료할 수 있도록 최선을 다한다.

사. 원고와 피고의 해제통지

(1) 피고는 2016. 7. 18. 원고에게 "이 사건 이행각서에서 명시한 매매 대금 지급기한이 경과되었으므로, 2016. 7. 30.까지 매매대금을 지급하고 만약 이를 지급하지 않으면 계약을 취소하겠다"는 내용의 내용증명우편을 보냈다.

(2) 원고는 2016. 7. 20. 피고에게 "C체크와 감항증명서 및 감정서가 진행되지 않아 계약을 취소하므로, 계약금과 피고 사정을 위하여 긴급 지 원한 2억 원 및 정비비용을 반환하여 달라"는 내용의 이메일을 보냈다.

(3) 원고는 W은행으로부터 2016. 8. 19. "이 사건 항공기에 관한 2,550,000,000원의 대출신청에 대하여 심사기간이 경과하여 향후 대출금 심사 및 신규 취급이 불가능하다"는 통보를 받았다.

(4) 원고는 2016. 8. 29. 피고에게 "피고가 이행하기로 한 C체크 불이행으로 감항증명이 불가능하여 W은행의 대출불가를 통보받았고 이로써 이 사건 매매계약은 무효가 되었으므로, 기지급한 계약금 1억 5천만 원 및 중도금 2억 원, 기타 지출경비를 반환하여 줄 것을 요청한다"는 내용의 내용증명우편을 보냈다.

(5) 피고는 2016. 9. 9. 원고에게 "원고가 C체크 및 감항검사에 필요한 의뢰를 하지 않았으므로 지금이라도 공식적으로 요청을 해 올 경우 피고는 계약 조건대로 정비와 감항검사를 수행할 것이며, 감항검사 후 대출신청을 할 경우 대출심사를 진행할 수 있다는 해당 은행의 의사를 확인하였으므로 대출에도 문제가 없으니 계약이행을 촉구하고 2016. 9. 22.까지 계약이행 의사를 밝히지 않을 경우 피고도 해약절차에 나설 것이다"라는 내용의 내용증명우편을 보냈다.

(6) 원고는 2016. 9. 21. 피고에게 "원고가 C체크와 감항검사를 위하여 2억 원을 송금하고 이탈리아 정비사 초청비용을 지급하는 등 이행을 하였으므로, 원고가 지급한 돈을 2016. 9. 30.까지 상환하여 달라"는 내용의 내용증명우편을 보냈다.

(7) 피고는 2016. 12. 5. 원고에게 "이 사건 매매계약이 양측의 공식 해지 통보로 무산된 점을 유감스럽게 생각하고, 피고가 미리 교부한 등록이전서류 및 인수인계물품 인수를 위한 실무팀을 2016. 12. 15. 원고에 파견할 계획이니 인수인계에 차질이 없도록 협력하여 달라"는 내용의 내용증명우편을 보냈고, 2017. 1. 11. 다시 위 서류 및 물품을 2017. 1. 26. 까지는 반환하여 달라는 내용의 내용증명우편을 보냈다.

II. 참조 조문

1. 민 법

제387조(이행기와 이행지체) ① 채무이행의 확정한 기한이 있는 경우에는 채무자는 기한이 도래한 때로부터 지체책임이 있다. 채무이행의 불확정한 기한이 있는 경우에는 채무자는 기한이 도래함을 안 때로

부터 지체책임이 있다.

② 채무이행의 기한이 없는 경우에는 채무자는 이행청구를 받은 때로 부터 지체책임이 있다.

제389조(강제이행) ① 채무자가 임의로 채무를 이행하지 아니한 때에 는 채권자는 그 강제이행을 법원에 청구할 수 있다. 그러나 채무의 성질이 강제이행을 하지 못할 것인 때에는 그러하지 아니하다.

② 전항의 채무가 법률행위를 목적으로 한 때에는 채무자의 의사표시 에 갈음할 재판을 청구할 수 있고 채무자의 일신에 전속하지 아니 한 작위를 목적으로 한 때에는 채무자의 비용으로 제삼자에게 이를 하게 할 것을 법원에 청구할 수 있다.

③ 그 채무가 부작위를 목적으로 한 경우에 채무자가 이에 위반한 때 에는 채무자의 비용으로써 그 위반한 것을 제각하고 장래에 대한 적당한 처분을 법원에 청구할 수 있다.

④ 전3항의 규정은 손해배상의 청구에 영향을 미치지 아니한다.

제390조(채무불이행과 손해배상) 채무자가 채무의 내용에 좇은 이행을 하지 아니한 때에는 채권자는 손해배상을 청구할 수 있다. 그러나 채무자의 고의나 과실없이 이행할 수 없게 된 때에는 그러하지 아 니하다.

제391조(이행보조자의 고의, 과실) 채무자의 법정대리인이 채무자를 위 하여 이행하거나 채무자가 타인을 사용하여 이행하는 경우에는 법 정대리인 또는 피용자의 고의나 과실은 채무자의 고의나 과실로 본다.

제392조(이행지체 중의 손해배상) 채무자는 자기에게 과실이 없는 경우 에도 그 이행지체 중에 생긴 손해를 배상하여야 한다. 그러나 채무 자가 이행기에 이행하여도 손해를 면할 수 없는 경우에는 그러하지 아니하다.

제393조(손해배상의 범위) ① 채무불이행으로 인한 손해배상은 통상의 손해를 그 한도로 한다.

② 특별한 사정으로 인한 손해는 채무자가 그 사정을 알았거나 알 수 있었을 때에 한하여 배상의 책임이 있다.

제394조(손해배상의 방법) 다른 의사표시가 없으면 손해는 금전으로 배 상한다.

제395조(이행지체와 전보배상) 채무자가 채무의 이행을 지체한 경우에 채권자가 상당한 기간을 정하여 이행을 최고하여도 그 기간내에 이행하지 아니하거나 지체 후의 이행이 채권자에게 이익이 없는 때에는 채권자는 수령을 거절하고 이행에 갈음한 손해배상을 청구할 수 있다.

제396조(과실상계) 채무불이행에 관하여 채권자에게 과실이 있는 때에는 법원은 손해배상의 책임 및 그 금액을 정함에 이를 참작하여야 한다.

제397조(금전채무불이행에 대한 특칙) ① 금전채무불이행의 손해배상액은 법정이율에 의한다. 그러나 법령의 제한에 위반하지 아니한 약정이율이 있으면 그 이율에 의한다.

② 전항의 손해배상에 관하여는 채권자는 손해의 증명을 요하지 아니하고 채무자는 과실없음을 항변하지 못한다.

제398조(배상액의 예정) ① 당사자는 채무불이행에 관한 손해배상액을 예정할 수 있다.

② 손해배상의 예정액이 부당히 과다한 경우에는 법원은 적당히 감액할 수 있다.

③ 손해배상액의 예정은 이행의 청구나 계약의 해제에 영향을 미치지 아니한다.

④ 위약금의 약정은 손해배상액의 예정으로 추정한다.

⑤ 당사자가 금전이 아닌 것으로써 손해의 배상에 충당할 것을 예정한 경우에도 전4항의 규정을 준용한다.

제544조(이행지체와 해제) 당사자 일방이 그 채무를 이행하지 아니하는 때에는 상대방은 상당한 기간을 정하여 그 이행을 최고하고 그 기간내에 이행하지 아니한 때에는 계약을 해제할 수 있다. 그러나 채무자가 미리 이행하지 아니할 의사를 표시한 경우에는 최고를 요하지 아니한다.

제548조(해제의 효과, 원상회복의무) ① 당사자 일방이 계약을 해제한 때에는 각 당사자는 그 상대방에 대하여 원상회복의 의무가 있다. 그러나 제삼자의 권리를 해하지 못한다.

② 전항의 경우에 반환할 금전에는 그 받은 날로부터 이자를 가하여야 한다.

> **제549조(원상회복의무와 동시이행)** 제536조의 규정은 전조의 경우에 준용한다.

Ⅲ. 판시사항

(1) 이 사건 매매계약 제6조는 그 문언에 따라 원고의 요청이 있는 경우에 한하여 피고가 C체크 및 감항검사를 수행할 의무를 부담하고 그때 원고의 피고에 대한 실비 정산의무도 생기는 것으로 해석함이 상당하므로, 이 사건 매매계약상 이 사건 항공기에 대한 C체크 및 감항검사의 이행책임은 일차적으로 원고에게 있다. 또한 원고가 피고에게 C체크 및 감항검사를 요청하면 피고는 이에 대해 성실하게 협의를 진행할 의무가 있고, 이를 통해 원·피고 사이에 C체크 및 감항검사에 대한 구체적인 약정이 체결되면 그 약정에 따라 피고에게 C체크 및 감항검사를 이행하여야 할 구체적인 의무가 부과된다.

이 사건에서 원고의 요청에 따른 협의를 거쳐 원·피고 사이에 C체크 및 감항검사에 대한 구체적 약정이 체결되지 않은 이상 피고에게 C체크 및 감항검사를 이행할 의무가 있다고 할 수 없고, 나아가 원고의 요청에도 불구하고 피고가 이에 대해 성실하게 협의를 진행하지 아니하여 그 약정이 체결되지 못한 것도 아니므로, 결국 피고가 이 사건 매매계약상 채무를 불이행하였다거나 원고의 이행 요청에도 피고가 채무이행을 거절함으로써 원고의 매매계약 해제의 통보에 따라 이 사건 매매계약이 해제되었다는 원고의 주장은 이유 없다.

(2) 이 사건 매매계약 제2조 제5항은 항공기 매매계약에서 매수인이 잔대금지급기일까지 그 대금을 지급하지 못하면 그 계약이 자동적으로 해제된다는 취지의 자동해제약정이다. 피고는 2016. 5. 6. 원고에게 이 사건 항공기의 소유권이전에 필요한 서류를 교부함으로써 그 의무를 이행하였고, 매매계약 제5조에서 정한 납부기한은 이행각서에 따라 2016. 6. 30.까지 연장되었다가 피고의 2016. 9. 9.자 이행 최고에 의하여 2016. 9. 22.로 연장되었는데, 원고가 그 기한까지 잔금 지급을 위한 대출금 인수절차

를 이행하지 아니함으로써 이 사건 매매계약은 2016. 9. 22. 해제되었다.

Ⅳ. 해 설

1. 항공기매매계약에서 감항증명 책임

가. 당사자의 주장

원고는 이 사건 매매계약 제6조에 따라 피고에게 이 사건 항공기에 대한 C체크 및 감항검사를 이행할 책임이 있다고 주장하고, 피고는 원고의 요청이 있을 경우에만 이행책임이 있다고 주장하였다. 항공기매매계약에 관하여는 선박매매계약과는 달리 국제적으로 통용되는 표준계약서가 없기 때문에, 계약조건은 당사자의 의사에 의하여 결정된다.

나. 선박매매계약에서 수선하부검사

국제선박매매계약에서 많이 사용되는 NIPPONSALE 1999에 의한 표준계약서 제6조는 수선하부검사(水線下部檢査, underwater inspection)에 관하여 다음과 같이 규정하고 있다.[3]

다이버(Diver)에 의한 수선하부검사는 매수인의 의사결정에 기하여 매도인이 수배하고, 소속선급협회의 승인을 받은 다이버가 검사원의 입회하에 실시한다. 검사비용은, 선급에 저촉되는 손상이 발견된 경우에는 매도인이 전액을 부담하고, 손상이 발견되지 아니한 경우에는 매수인이 전액을 부담한다. (i) 중대한 손상은 즉시 입거(入渠)하여 검사원의 지시로 수리하고, (ii) 경미한 손상은 쌍방 합의하에 매도인이 매수인에게 수선비를 지급하거나, (iii) 경미한 손상이라도 매도인이 수리한 후 인도할 것을 선택할 수 있다.

다. 매매계약의 해석

의사표시의 해석은 당사자가 그 표시행위에 부여한 객관적인 의미를

---

3) 吉丸昇, 船舶賣買契約書の解說(改訂版), 成山堂書店(2013), 201~229면.

명백하게 확정하는 것으로서, 계약당사자 사이에 어떠한 계약 내용을 처분문서인 서면으로 작성한 경우에는 그 서면에 사용된 문구에 구애받는 것은 아니지만 어디까지나 당사자의 내심적 의사의 여하에 관계없이 그 서면의 기재 내용에 의하여 당사자가 그 표시행위에 부여한 객관적 의미를 합리적으로 해석하여야 한다. 이 경우 문언의 객관적인 의미가 명확하다면, 특별한 사정이 없는 한 문언대로의 의사표시의 존재와 내용을 인정하여야 하고,[4] 위와 같은 특별한 사정에 대한 증명책임은 처분문서의 문언과 배치되는 사실을 주장하는 측에 있다.[5]

라. 인정사실

(1) 이 사건 매매계약 체결 전인 2014. 3. 7. 주식회사 A항공과 피고 사이에 체결된 이 사건 항공기에 대한 매매계약서에는 "매매목적물은 피고의 책임하에 피고가 정비비용을 부담하여 감항검사를 완료한 후 현재의 보관장소에서 현상 그대로 인도하며, 상기의 소유권이전서류가 제공됨으로써 목적물이 인도된 것으로 본다"고 기재되어 있다.

(2) 피고가 J에게 이 사건 항공기에 대한 판매권한을 위임하면서 작성한 판매계약위임장에는 "매각금액 28억 원, C체크 및 감항검사는 매도인 책임 하에 진행하고 소요비용은 실비 정산해 매수인이 부담한다"고 기재되어 있다.

(3) 원고는 이 사건 매매계약 체결 후인 2016. 4. 28.경 이 사건 항공기에 대한 정비책임자로서 주식회사 K항공에서 항공기 정비사로 약 20년간 근무한 전력이 있는 M을 채용하고, 2016. 5. 13.경 피고의 항공기 정비사로 근무하다가 퇴직한 K를 채용하였다.

(4) (i) 이 사건 매매계약 제6조에는 피고가 이전에 체결한 항공기 매매계약이나 J에 대한 판매계약위임장의 내용과는 다르게 "피고는 원고의 요청에 의해 이 사건 항공기의 C체크 및 감항검사를 수행하며 … 단, C체크 및 감항검사에 소요되는 제 비용은 그때그때 원고가 실비 정산한다"

---

4) 대법원 2010. 5. 13. 선고 2009다92487 판결.
5) 대법원 2015. 9. 10. 선고 2015다31308 판결.

고 기재되어 있는데, 이는 원·피고 사이의 구체적인 협의와 검토과정을 거쳐 작성된 것으로 보이는 점, (ii) 원고는 피고로부터 이 사건 항공기에 대한 판매권한을 위임받은 Y로부터 권유를 받고 이 사건 매매계약을 체결하게 되었는데, Y는 소형 항공사의 부사장을 하는 등 항공기 매매에 관한 경험과 지식이 있었고, 이 사건 매매계약 체결 당시부터 C체크 및 감항검사의 중요성에 대하여 원고 대표이사에게 고지하였으며, 원고 대표이사와 피고 이사 L은 C체크 비용으로 1억 5,000만 원에서 3억 원 정도가 소요될 수 있다는 이야기까지 나누었던 점, (iii) 피고는 원고에게 C체크 및 감항검사에 대한 예비견적서를 보낸 적이 있고, 위 검사에는 상당한 인력과 비용이 들기 때문에 그 검사 주체와 비용 문제에 관하여 구체적인 약정인 없는 경우에도 당연히 매도인인 피고가 C체크 및 감항검사를 수행하여야 한다고 보기는 어려우며 매도인과 매수인 사이의 합의에 의하여 그 검사 주체를 달리 정할 수 있는 점, (iv) K는 2016. 5. 13.경부터 원고의 항공기 정비사로 일하게 되었는데 그 무렵 "원고가 이 사건 항공기를 인수해서 C체크를 하는 것으로 진행하고 있다"는 이야기를 듣고 원고 측에 "원고가 C체크를 하는 것이 불가능하지는 않지만 기술 및 비용에 있어 상당한 문제가 있으니 피고 측에 조금 더 비용을 주더라도 C체크를 하고 감항증명을 받은 상태에서 이 사건 항공기를 인수받는 것이 좋겠다"고 조언하였던 점, (v) L은 "원고가 C체크 및 감항검사를 피고에게 의뢰하는 경우 피고 소속 정비사 7~8명, 외국에서 오는 정비사, 조종사 급여를 계산해야 하므로 원고가 이를 직접 수행하는 경우보다 약 1억 원 이상 더 소요될 수 있다"고 증언하였고, K도 "원고가 직접 수행하는 경우와 피고에게 의뢰하는 경우에 상당한 비용 차이가 있을 것"이라고 증언한 점 등의 사정이 인정된다.

마. 대상사안의 검토

(1) 이 사건 매매계약 제6조는 그 문언에 따라 원고의 요청이 있는 경우에 한하여 피고가 C체크 및 감항검사를 수행할 의무를 부담하고 그때 원고의 피고에 대한 실비 정산의무도 생기는 것으로 해석함이 상당하므로,

이 사건 매매계약상 항공기에 대한 C체크 및 감항검사의 이행책임은 1차적으로 원고에게 있는 것으로 보아야 한다.

(2) (i) C체크는 비행기의 부품을 분리하여 성능을 점검한 후에 부품 중 하자가 있는 부품이나 소모품을 교체하는 고난이도 검사로서 C체크를 위해서는 격납고, 전문 기술진, 정비기술, 자재, 매뉴얼 북 등이 필요하고 상당한 비용이 드는 점, (ii) C체크를 받아야 국토교통부장관으로부터 감항증명을 받고 감항증명이 있어야 원고의 W은행에 대한 대출금 인수가 가능해지므로 결국 C체크 및 감항검사 완료 여부에 따라 이 사건 매매계약에서 정한 잔금 지급 여부가 정해지는 점, (iii) 따라서 단순히 원고가 피고에게 C체크 및 감항검사 요청을 하였다는 사정만으로 곧바로 피고가 C체크 및 감항검사 이행의무를 부담하고 그 불이행에 따른 모든 위험을 부담하게 된다고 볼 수는 없는 점 등에 비추어 볼 때, 원고가 피고에게 C체크 및 감항검사를 요청하면 피고는 이에 대해 성실하게 협의를 진행할 의무가 있고, 이를 통해 원·피고 사이에 C체크 및 감항검사에 대한 구체적인 약정이 체결되면 그 약정에 따라 피고에게 C체크 및 감항검사를 이행하여야 할 구체적인 의무가 부과된다.

2. 피고의 C체크 및 감항검사 의무 발생 여부

가. 인정사실

(1) (i) 원고가 2016. 4. 28.경 M을 채용하고, 이 사건 매매계약 체결 후 피고의 소개를 받아 2016. 5. 13.경 K를 채용하여 M과 K에게 이 사건 항공기에 대한 C체크 및 감항검사 업무를 맡긴 사실, (ii) 피고는 원고로부터 정비업체를 소개해 달라는 부탁을 받고 이탈리아 정비회사를 소개해 주었고, 원고가 이탈리아 정비회사에 2016. 5. 4. 항공료 등으로 15,968,400원을 지급하였으며, 원고 측에서 이탈리아 정비사들을 안내하고 국내에서의 숙박료와 각종 비용을 부담한 사실, (iii) K와 M은 원·피고에게 C체크를 위해서 격납고가 반드시 필요하다고 이야기하였는데 격납고 확보는 전혀 진행이 안 된 상태에서 이탈리아 정비사들이 격납고가 없으면 C체크를

할 수 없다는 이야기를 하자 그제야 격납고 확보를 위해 원고가 2016. 5. 13. 국방시설본부에 격납고 사용신청을 하였으나 2016. 6. 3. 불가통보를 받았고, 그 무렵 주식회사 K항공우주산업에도 격납고 사용 요청을 하였으나 거부된 사실, (iv) 원고와 피고의 직원들이 2016. 5. 18. 회의를 한 결과 격납고 확보는 원고가 하고 나머지 구체적인 C체크 및 감항검사와 관련된 업무를 피고가 맡는 것으로 추진하기로 하면서, 원·피고 사이에 진행과정 중의 모든 업무를 서면으로 하기로 한 사실, (v) 위 회의 이후 피고는 "원고가 감항검사에 충족할 수준의 이 사건 항공기 정비 일체를 피고에게 맡기고 정비에 소요되는 일체의 비용은 피고가 원고에게 청구하면 원고가 3일 이내에 지급하며, 정비기간 중 항공기에 발생한 손상 등에 관하여 피고는 책임을 지지 않는다"는 내용의 '이 사건 항공기 정비에 대한 협약서'(이하 '이 사건 정비협약서')를 작성하여 피고의 법인 인감을 날인한 다음 원고에게 이를 보냈는데, 책임 소재 문제 등에서 다툼이 있어 원고가 서명·날인을 하지 않아 이 사건 정비협약서에 따른 약정이 체결되지 못한 사실, (vi) Y는 2016. 5. 23. 원고 대표이사에게 "2016. 5. 23.부터 정비팀과 우리팀이 합동으로 점검하고 리스트를 만들 것이며, 공군부대 행거를 빌리는 문제와 관련하여 군 관련자들을 만났으니 곧 처리가 될 것이고, 3훈련비행단에서 결재가 나면 2016. 6. 7.부터 2016. 6. 8. 사이에 임차계약서 사인하고 2016. 6. 9.부터 2016. 6. 10. 사이에는 이 사건 항공기가 52전대 행거에 들어갈 것이며, 이탈리아 정비사들도 5. 27.까지 행거가 되면 6월 말까지 C체크를 끝내겠다고 하였으니 10일 정도 늦어질 수 있다"는 내용의 이메일을 보냈다.

(2) 이 사건 이행각서 제4항에서 "피고가 소유권이전 서류 일체를 넘긴 이후부터 이 사건 항공기에 대한 유지·관리책임은 전적으로 원고에게 있다"고 규정하였고, 2016. 5. 18.자 회의를 통해 원고가 피고에게 서면으로 C체크 및 감항검사 업무를 위임하기로 하였음에도 아무런 서면이 작성되지 않은 점과 원고가 사천공항 주변의 공군 3훈련비행단 등에 격납고 사용허가를 신청하는 등 스스로 이 사건 항공기에 대한 C체크 및 감항검사를 하기 위해 위한 노력을 계속하였으나 격납고가 확보되지 않아 2016.

6. 15.경 이탈리아 정비사들을 돌려보내고 Y와 K도 그 무렵부터 근무를 중단하도록 한 점 등을 보태어 보면, 원고는 이 사건 매매계약 체결 시부터 원고의 책임 하에 이 사건 항공기에 대한 C체크 및 감항검사를 진행하였던 것으로 보이고, 2016. 5. 18.자 회의를 통하여 피고에게 C체크를 포함한 모든 정비업무를 위임하는 것을 검토하기로 하였음에도 이 사건 정비협약서에 따른 약정 체결을 거부한 채 스스로 C체크 및 감항검사와 관련한 업무를 계속 진행하였음을 알 수 있다.

나. 피고의 감항검사 의무의 미발생

원고의 요청에 따른 협의를 거쳐 원·피고 사이에 C체크 및 감항검사에 대한 구체적 약정이 체결되지 않은 이상 피고에게 C체크 및 감항검사를 이행할 의무가 있다고 할 수 없고, 나아가 원고의 요청에도 불구하고 피고가 이에 대해 성실하게 협의를 진행하지 아니하여 그 약정이 체결되지 못한 것도 아니므로, 결국 피고가 이 사건 매매계약상 채무를 불이행하였다거나 원고의 이행 요청에도 피고가 채무이행을 거절함으로써 원고의 2016. 7. 20.자, 2016. 8. 29.자, 2016. 9. 24.자 매매계약 해제의 통보에 따라 이 사건 매매계약이 해제되었다는 원고의 주장은 이유 없다.

3. 매매계약의 해제

가. 자동해제약정

(1) 이 사건 매매계약 제2조 제5항

이 사건 매매계약 제2조 제5항에는 "납부조건을 이행하지 않을 경우 계약은 자동 취소되며, 기존 지급금도 반환하지 아니한다"고 규정되어 있고, 이 사건 특약사항에는 "이 사건 매매계약은 W은행 대출금 25억 5천만 원 승계 승인시 계약 성립한다. W은행 대출금 승계 승인 불가 시 계약을 취소한다"고 규정되어 있는데, 이는 매매계약에서 매수인이 잔대금지급기일까지 그 대금을 지급하지 못하면 그 계약이 자동적으로 해제된다는 취지의 자동해제약정이다.

(2) 해제통지만으로 계약이 해제되는지 여부

자동해제의 약정이 있더라도 특별한 사정이 없는 한 매수인의 잔대금 지급의무와 매도인의 소유권이전등록의무는 동시이행의 관계에 있으므로, 매도인이 잔대금지급기일에 소유권이전등록에 필요한 서류를 준비하여 매수인에게 알리는 등 이행의 제공을 하여 매수인으로 하여금 이행지체에 빠지게 하였을 때에 비로소 자동적으로 매매계약이 해제된다고 보아야 하고, 매수인이 그 약정기한을 도과하였더라도 이행지체에 빠진 것이 아니라면 대금 미지급으로 계약이 자동해제된다고 볼 수는 없다.6) 위와 같은 약정이 매도인이 소유권이전등록 등 소유권이전에 필요한 서류를 갖추었는지 여부를 묻지 않고 매수인의 지급기한 도과 및 매도인의 해제통지만으로 계약을 해제시키기로 하는 특약이라고 볼 특별한 사정이 있는 경우에는 매수인의 지급기한 도과로써 위 매매계약은 해제된다.7)

나. 인정사실

(i) 이 사건 매매계약 이후 체결된 이 사건 이행각서에서 잔금 지급기일을 2016. 6. 30.로 하되 한 차례 10일의 범위 안에서 연장할 수 있으며, 피고는 소유권이전에 필요한 서류를 2016. 5. 10. 안에 원고에게 넘기도록 약정한 사실, (ii) 피고는 이 사건 이행각서에 따라 2016. 5. 6. 원고에게 이 사건 항공기의 소유권이전에 필요한 서류로서 인감증명서와 로그북 등을 교부한 사실, (iii) 그럼에도 원고가 C체크 및 감항증명 등 대출금 인수에 필요한 절차를 진행하지 아니하여 피고는 2016. 7. 18. 원고에게 이 사건 이행각서에서 명시한 매매대금 지급기한이 경과되었음을 이유로 2016. 7. 30.까지 매매대금을 지급하고 만약 이를 지급하지 않으면 계약을 취소하겠다고 통보한 사실, (iv) 원고는 2016. 7. 20.과 2016. 8. 29. 피고에게 C체크와 감항증명서 및 대출승계가 진행되지 않아 계약을 취소하므로 계약금 등 일체를 반환하여 달라고 통보한 사실, (v) 피고는 2016.

---

6) 대법원 1992. 10. 27. 선고 91다32022 판결.
7) 대법원 2007. 11. 29. 선고 2007다576 판결.

9. 9. 원고에게 원고가 C체크 및 감항검사를 지금이라도 공식적으로 요청할 경우 피고는 계약을 이행할 것이며 감항검사 후 대출심사를 진행할 수 있다는 은행의 의사를 확인하였으므로 2016. 9. 22.까지 계약이행 의사를 밝히고 이를 밝히지 않을 경우 해약하겠다고 통보하였는데, 원고가 계약이행 의사를 밝히지 않아 피고가 이 사건 항공기 소유권이전에 필요한 서류와 물품 반환을 요청하기에 이른 사실이 인정된다.

다. 대상사안의 검토

피고는 2016. 5. 6. 원고에게 이 사건 항공기의 소유권이전에 필요한 서류를 교부함으로써 그 의무를 이행하였고, 이 사건 매매계약 제5조에서 정한 납부기한은 이 사건 이행각서에 따라 2016. 6. 30.까지 연장되었다가 피고의 2016. 9. 9.자 이행 최고에 의하여 2016. 9. 22.로 연장되었는데, 원고가 그 기한까지 잔금 지급을 위한 대출금 인수절차를 이행하지 아니함으로써 이 사건 매매계약은 2016. 9. 22. 해제되었다.

4. 원상회복의무의 범위

가. 원상회복의무의 발생

이 사건 매매계약이 위와 같이 해제된 이상 민법 제548조 제1항에 따라 원·피고에게 원상회복의무가 발생한다. 민법 제548조 제2항은 계약해제로 인한 원상회복 의무의 이행으로 반환하는 금전에는 그 받은 날로부터 법정이자를 부가하도록 규정하고 있는데, 이는 원상회복의 범위에 속하는 것이며 일종의 부당이득반환의 성질을 가지는 것으로서 반환의무의 이행지체로 인한 손해배상은 아니므로, 매매계약이 해제된 경우 쌍방의 원상회복 의무가 동시이행의 관계에 있는지 여부와는 관계없이 매도인은 반환하여야 할 매매대금에 그 받은 날로부터 법정이자를 더하여 지급하여야 한다.[8]

---

8) 대법원 2000. 6. 9. 선고 2000다9123 판결.

나. 이 사건 매매계약 제2조 제5항의 성격

이 사건 매매계약 제2조 제5항에서 "원고가 잔금을 지급하지 않는 등 납부조건을 이행하지 않을 경우 기존 지급금을 반환하지 아니한다. 원고는 이와 관련된 일체의 민·형사·행정법상의 책임을 제기하지 않으며 납부조건 미이행으로 인해 발생한 피고의 손실에 대하여 책임을 진다"고 규정하고 있다. 위 조항은 원고와 피고 사이에 이 사건 매매계약에서 정한 원고의 의무가 불이행될 때를 대비하여 규정된 점, 위 조항 후단에 납부조건 미이행으로 인하여 피고에게 발생한 손실에 대하여 책임을 진다는 내용이 기재되어 있으나 위 조항이 원고의 추가적인 책임을 정한 것이라고 단정하기 어려운 점, 위약금은 민법 제398조 제4항에 의하여 손해배상액의 예정으로 추정되므로 위약금이 위약벌로 해석되기 위해서는 특별한 사정이 주장·증명되어야 하는데, 위약벌로 해석할 만한 특별한 사정이 있다고 보기 어려운 점 등에 비추어 볼 때, 이 사건 매매계약 제2조 제5항은 손해배상의 예정으로 봄이 상당하다.

다. 이 사건 매매계약 제2조 제5항의 적용범위

(1) 원고가 이 사건 매매계약에 따라 지급한 계약금 150,000,000원은 위 조항에 따라 피고에게 그 반환을 구할 수 없다.

(2) 이 사건 이행각서에 따라 지급된 중도금 200,000,000원에 대하여도 위 조항이 적용되는지에 관하여 살펴보면, 손해배상의 예정 등에 따른 몰취는 통상 계약금만을 대상으로 하는 점, 이 사건 매매계약에서도 제2조 제5항의 '기존 지급금'으로 당초 계약금만이 예정되어 있었던 점, 이처럼 이 사건 매매계약 체결 당시 계약금 외에 중도금을 지급하지 않는 것으로 정하였다가, 이 사건 이행각서 제1항에서 "중도금은 특정하지 않고 최대한 빠른 시일 내에 지급하기로 구두약속한 것으로 갈음하며 2016. 5. 말은 넘기기 않는 것"으로 약정함에 따라 피고가 원고에게 소유권이전에 필요한 서류를 이전하고 중도금 명목으로 200,000,000원을 지급받게 된 것인 점, 그런데 이 사건 이행각서 제5항에서 "잔금 납부 미이행으로 계

약이 해지될 경우 원고는 지체 없이 원상대로 매매물건 항공기의 소유권을 피고에게 이전해야 한다"라고 규정하고 있을 뿐 중도금을 피고에게 귀속시키기로 하는 조항이 없는 점 등에 비추어 보면, 중도금 200,000,000원은 이 사건 매매계약 제2조 제5항의 적용을 받지 않으므로, 원고는 피고에게 원상회복으로 위 돈의 반환을 구할 수 있다.

라. 원고가 지급한 정비비용

원고가 이탈리아 정비회사에 지급한 15,968,400원과 피고가 이탈리아 정비회사에 송금한 유로화 5,000유로로에 대하여 원고가 피고에게 지급한 6,721,300원은 원고가 이 사건 항공기에 대한 C체크 및 감항검사를 위해 이탈리아 정비회사에 지급한 비용으로서 모두 원고가 지출해야 할 비용이므로 피고에게 그 반환을 구할 수 없다.

마. 결 론

(1) 이 사건 매매계약의 해제로 인하여 원고가 피고에 대하여 부담하는 이 사건 항공기의 소유권이전에 필요한 서류 및 물품 반환의무와 피고의 원고에 대한 위 중도금 반환의무는 특별한 사정이 없는 한 동시이행관계에 있다. 그러나 원고는 2017. 3. 31. 내용증명우편으로 피고에게 이 사건 매매계약 해제에 따른 원상회복의무를 즉시 이행하기 위해 원고가 보관하고 있는 물품의 이름, 수량, 반환장소를 제시하고 이를 수령해가도록 통보하였고 이는 그 무렵 피고에게 도달한 사실, 원고는 현재에도 위 장소에 위 물품을 보관하고 있는 사실을 인정할 수 있고, 여기에 원고가 이 사건 소장을 통하여 피고에게 계속적 이행제공을 하고 있다고 주장함에도 피고가 이에 대하여 반박하거나 동시이행의 항변을 하지 않는 점 등에 비추어 볼 때, 2017. 3. 31.경 이후로는 원고의 이행제공 계속으로 그 동시이행관계가 소멸하였다고 보는 것이 타당하다.

(2) 따라서 피고는 원고에게 이 사건 매매계약 해제로 인한 원상회복으로 200,000,000원 및 이에 대하여 위 돈을 받은 날 이후로서 원고가 구하는 바에 따라 2016. 6. 2.부터 피고가 그 이행의무의 존부나 범위에 관

하여 항쟁하는 것이 타당하다고 인정되는 제1심 판결 선고일인 2018. 5. 15.까지는 상법이 정한 연 6%의, 그 다음날부터 다 갚는 날까지는 소송촉진 등에 관한 특례법이 정한 연 15%의 각 비율로 계산한 이자 내지 지연손해금을 지급할 의무가 있다.

[7] 항공기 매도인의 감항능력 보장의무

청주지방법원 2017. 3. 9. 선고 2016가단106001 판결

I. 사실관계

(1) 원고(매수인)는 피고 A조종사교육원 주식회사(매도인)를 상대로 서울남부지방법원 2015가단39955호로 매매대금 등 반환 청구의 소를 제기하였고, 위 소송에서 당사자 사이에 2015. 11. 23. 아래와 같은 내용의 조정이 성립하였다.

---

1. 피고는 원고 또는 원고가 지정하는 자에게 2015. 12. 14.까지 이 사건 항공기(C-172S, 2014. 6. 2. 신규 등록, 항공기의 정치장: 무안공항)의 소유권이전등록절차를 이행하고, 항공기를 인도한다.
2. 단, 피고는 제1항의 시기 이전에 이 사건 항공기에 설정된 일체의 권리제한(가압류 등)을 해제하고, 아무런 부담이 없는 상태로 제1항의 절차를 이행하여야 한다.
3. 피고는 현재 이 사건 항공기가 비행에 지장이 없으며, 다음 엔진 오버홀(overhaul) 시기까지 1,000시간 이상 남아 있음을 보장한다. 만약, 1,000시간이 남지 않았을 경우에는 1시간당 1만 원의 오버홀 비용을 피고가 원고에게 지급하여야 한다.
4. 피고는 원고에게 2016. 2. 28.까지 1,500만 원을 지급한다. 피고가 위 지급기일까지 위 돈을 지급하지 않으면 지급기일 다음날부터 다 갚는 날까지 연 15%의 비율로 계산한 지연손해금을 가산하여 지급한다.
5. 원고의 나머지 청구를 포기한다.
6. 소송비용 및 조정비용은 각자 부담한다.

---

(2) 피고는 원고(임대인)와 사이에 이 사건 항공기에 관한 임대차계약을 체결한 주식회사 G항공(임차인)에게 2015. 12. 14. 이 사건 항공기를

인도하였다.

(3) G는 원고에게 이 사건 항공기가 비행에 지장이 있는 상태라고 하면서 수리비를 요청하였고, 이에 원고는 G에게 수리비로 합계 25,628,226원을 지급하였다.

(4) 원고는 이 사건 조정조항 제3항에 따라 이 사건 항공기가 비행에 지장이 없는 상태(감항능력)에 있음이 보장되어야 하나, 원고가 인도받을 당시 항공기는 각종 부품들이 정상작동하지 않음으로써 비행에 지장이 있는 상태에 있었다고 주장하면서, 2016. 5. 25. 청주지방법원에 피고에 대하여 채무불이행에 따른 손해배상으로 합계 74,390,426원(=① 수리비 25,628,226원 + ② 44일간 이 사건 항공기를 운행하지 못함으로 인한 휴업손해 3,548,387원 + ③ 위자료 45,213,813원)과 이에 대한 지연손해금의 지급을 구하는 소를 제기하였다.[1]

II. 참조 조문

1. 항공안전법

제23조(감항증명 및 감항성 유지) ① 항공기가 감항성이 있다는 증명(이하 "감항증명"이라 한다)을 받으려는 자는 국토교통부령으로 정하는 바에 따라 국토교통부장관에게 감항증명을 신청하여야 한다.

② 감항증명은 대한민국 국적을 가진 항공기가 아니면 받을 수 없다. 다만, 국토교통부령으로 정하는 항공기의 경우에는 그러하지 아니하다.

③ 누구든지 다음 각 호의 어느 하나에 해당하는 감항증명을 받지 아니한 항공기를 운항하여서는 아니 된다.

　1. 표준감항증명: 해당 항공기가 형식증명 또는 형식증명승인에 따라 인가된 설계에 일치하게 제작되고 안전하게 운항할 수 있다고 판단되는 경우에 발급하는 증명

　2. 특별감항증명: 해당 항공기가 제한형식증명을 받았거나 항공기

---

[1] 제1심 판결에 대하여 피고가 항소하였으나, 2018. 5. 1. 항소장각하명령으로 제1심 판결이 2017. 3. 25. 확정되었다.

　　　의 연구, 개발 등 국토교통부령으로 정하는 경우로서 항공기 제
　　　작자 또는 소유자등이 제시한 운용범위를 검토하여 안전하게 운
　　　항할 수 있다고 판단되는 경우에 발급하는 증명
④ 국토교통부장관은 제3항 각 호의 어느 하나에 해당하는 감항증명
　　을 하는 경우 국토교통부령으로 정하는 바에 따라 해당 항공기의
　　설계, 제작과정, 완성 후의 상태와 비행성능에 대하여 검사하고 해
　　당 항공기의 운용한계(運用限界)를 지정하여야 한다. 다만, 다음
　　각 호의 어느 하나에 해당하는 항공기의 경우에는 국토교통부령으
　　로 정하는 바에 따라 검사의 일부를 생략할 수 있다.
　　1. 형식증명, 제한형식증명 또는 형식증명승인을 받은 항공기
　　2. 제작증명을 받은 자가 제작한 항공기
　　3. 항공기를 수출하는 외국정부로부터 감항성이 있다는 승인을 받
　　　아 수입하는 항공기
⑤ 감항증명의 유효기간은 1년으로 한다. 다만, 항공기의 형식 및 소
　　유자등(제32조 제2항에 따른 위탁을 받은 자를 포함한다)의 감항성
　　유지능력 등을 고려하여 국토교통부령으로 정하는 바에 따라 유효
　　기간을 연장할 수 있다.
⑥ 국토교통부장관은 제4항에 따른 검사 결과 항공기가 감항성이 있
　　다고 판단되는 경우 국토교통부령으로 정하는 바에 따라 감항증명
　　서를 발급하여야 한다.
⑦ 국토교통부장관은 다음 각 호의 어느 하나에 해당하는 경우에는
　　해당 항공기에 대한 감항증명을 취소하거나 6개월 이내의 기간을
　　정하여 그 효력의 정지를 명할 수 있다. 다만, 제1호에 해당하는
　　경우에는 감항증명을 취소하여야 한다.
　　1. 거짓이나 그 밖의 부정한 방법으로 감항증명을 받은 경우
　　2. 항공기가 감항증명 당시의 항공기기술기준에 적합하지 아니하게
　　　된 경우
⑧ 항공기를 운항하려는 소유자등은 국토교통부령으로 정하는 바에 따
　　라 그 항공기의 감항성을 유지하여야 한다.
⑨ 국토교통부장관은 제8항에 따라 소유자등이 해당 항공기의 감항성
　　을 유지하는지를 수시로 검사하여야 하며, 항공기의 감항성 유지를
　　위하여 소유자등에게 항공기등, 장비품 또는 부품에 대한 정비등에

관한 감항성개선 또는 그 밖의 검사·정비등을 명할 수 있다.

제24조(감항승인) ① 우리나라에서 제작, 운항 또는 정비등을 한 항공기등, 장비품 또는 부품을 타인에게 제공하려는 자는 국토교통부령으로 정하는 바에 따라 국토교통부장관의 감항승인을 받을 수 있다.

② 국토교통부장관은 제1항에 따른 감항승인을 할 때에는 해당 항공기등, 장비품 또는 부품이 항공기기술기준 또는 제27조 제1항에 따른 기술표준품의 형식승인기준에 적합하고, 안전하게 운용할 수 있다고 판단하는 경우에는 감항승인을 하여야 한다.

③ 국토교통부장관은 다음 각 호의 어느 하나에 해당하는 경우에는 제2항에 따른 감항승인을 취소하거나 6개월 이내의 기간을 정하여 그 효력의 정지를 명할 수 있다. 다만, 제1호에 해당하는 경우에는 그 감항승인을 취소하여야 한다.

1. 거짓이나 그 밖의 부정한 방법으로 감항승인을 받은 경우
2. 항공기등, 장비품 또는 부품이 감항승인 당시의 항공기기술기준 또는 제27조 제1항에 따른 기술표준품의 형식승인기준에 적합하지 아니하게 된 경우

2. 민 법

제390조(채무불이행과 손해배상) 채무자가 채무의 내용에 좇은 이행을 하지 아니한 때에는 채권자는 손해배상을 청구할 수 있다. 그러나 채무자의 고의나 과실없이 이행할 수 없게 된 때에는 그러하지 아니하다.

제393조(손해배상의 범위) ① 채무불이행으로 인한 손해배상은 통상의 손해를 그 한도로 한다.

② 특별한 사정으로 인한 손해는 채무자가 그 사정을 알았거나 알 수 있었을 때에 한하여 배상의 책임이 있다.

제575조(제한물권있는 경우와 매도인의 담보책임) ① 매매의 목적물이 지상권, 지역권, 전세권, 질권 또는 유치권의 목적이 된 경우에 매수인이 이를 알지 못한 때에는 이로 인하여 계약의 목적을 달성할 수 없는 경우에 한하여 매수인은 계약을 해제할 수 있다. 기타의 경우에는 손해배상만을 청구할 수 있다.

② 전항의 규정은 매매의 목적이 된 부동산을 위하여 존재할 지역권이 없거나 그 부동산에 등기된 임대차계약이 있는 경우에 준용한다.

③ 전2항의 권리는 매수인이 그 사실을 안 날로부터 1년 내에 행사하여야 한다.

제580조(매도인의 하자담보책임) ① 매매의 목적물에 하자가 있는 때에는 제575조 제1항의 규정을 준용한다. 그러나 매수인이 하자있는 것을 알았거나 과실로 인하여 이를 알지 못한 때에는 그러하지 아니하다.

② 전항의 규정은 경매의 경우에 적용하지 아니한다.

제581조(종류매매와 매도인의 담보책임) ① 매매의 목적물을 종류로 지정한 경우에도 그 후 특정된 목적물에 하자가 있는 때에는 전조의 규정을 준용한다.

② 전항의 경우에 매수인은 계약의 해제 또는 손해배상의 청구를 하지 아니하고 하자없는 물건을 청구할 수 있다.

제582조(전2조의 권리행사기간) 전2조에 의한 권리는 매수인이 그 사실을 안 날로부터 6월내에 행사하여야 한다.

제583조(담보책임과 동시이행) 제536조의 규정은 제572조 내지 제575조, 제580조 및 제581조의 경우에 준용한다.

제584조(담보책임면제의 특약) 매도인은 전15조에 의한 담보책임을 면하는 특약을 한 경우에도 매도인이 알고 고지하지 아니한 사실 및 제삼자에게 권리를 설정 또는 양도한 행위에 대하여는 책임을 면하지 못한다.

Ⅲ. 판시사항

이 사건 항공기는 인도 당시 송수신기 'COM1'의 하자로 인하여 감항능력에 지장이 있는 상태에 있었다고 봄이 상당하므로, 피고는 원고에게 그로 인하여 원고가 입은 손해를 배상할 책임이 있다.

Ⅳ. 해 설

1. 매도인의 감항능력 보장의무

가. 항공기의 감항능력

감항능력(堪航能力, airworthiness)은 일반적으로 항공기·항공기장비 또는 시스템이 승무원, 지상승무원, 여객 또는 일반 대중에게 심각한 위험없이 운항할 수 있는 능력을 말한다.[2] 이 사건 항공기의 매수인인 원고나 원고로부터 이 사건 항공기를 임차한 G는 표준감항증명을 받지 아니하면 이 사건 항공기를 운항하여서는 아니 된다(항공안전법 제23조 제3항 제1호). 감항능력은 역사가 오래된 해상법에서 많은 연구성과가 축적되어 있으므로, 먼저 이에 관하여 간략하게 살펴본다.

나. 해상법상 감항능력

(1) 의 의

감항능력(seaworthiness)이란 선박이 자체의 안정성을 확보하기 위하여 갖추어야 하는 능력으로서 일정한 기상이나 항해조건에서 안전하게 항해할 수 있는 성능을 말한다(선박안전법 제2조 제6호).[3] 선박소유자는 운송계약에 근거하여 여객 및 화주에 대하여 선박의 감항능력주의의무를 진다(상법 제794조, 제826조 제1항). 선장은 선박소유자의 이행보조자로서 그 주의의무의 이행에 협력하여야 하는바, 이러한 상법상 감항능력주의의무와는 별도로 선원법은 제7조에서 선장의 공법상 의무로서 출항 전 감항능력 검사의무를 선장에게 지우고 있다. 선장의 감항능력 검사의무는 공법상 의무이므로, 선박소유자로부터 이 의무를 경감하는 허가를 얻었더라도 선

---

2) The ability of an aircraft or other airborne equipment or system to operate without significant hazard to aircrew, ground crew, passengers (where relevant) or to the general public over which such airborne systems are flown. JSP553 Military Airworthiness Regulations (2006), Edition 1, Change 5.; L. Purton & K. Kourousis (2014), "Military Airworthiness Management Frameworks: A Critical Review", Procedia Engineering, 80, 545~564.
3) 대법원 2014. 5. 29. 선고 2013다1754 판결.

원법상으로는 무효이다.[4)]

(2) 내 용

(가) 선장은 자신이 지휘하는 선박이 발항할 당시 안전하게 항해를 감당할 수 있도록 필요한 인적·물적 준비를 하여 감항능력을 확보하여야 할 주의의무가 있다.[5)] 어떤 선박이 감항능력을 갖추고 있는지를 판단하는 확정적이고 절대적인 기준은 없고, 특정 항해에서의 구체적·개별적 사정에 따라 상대적으로 판단하여야 하며, 이러한 감항능력은 선체나 기관 등 선박 자체, 항해에 필요한 서류·장치 등 선박의장(物的 堪航能力), 선박에 승선하고 있는 선원의 수와 능력 등이 특정 항해에서 통상의 해양위험을 감내할 수 있는 상태(人的 堪航能力)에 있어야만 완전히 갖추어진다.[6)]

(나) 감항능력은 완전한 것을 요구하지 않고 적절한 대응이면 족한데, 이는 일어날 수 있는 모든 재해를 예상하고 이를 방지하기 위해서 준비하도록 기대할 수 없기 때문이며, 감항능력은 발항 당시 상태 그대로 바로 전 항해에 감당할 수 있는 능력을 완비할 필요는 없고, 비록 그대로의 상태로는 해양위험에 감당할 수 없어도 해양위험이 내습하는 경우 바로 현장에서 짧은 시간 내에 손쉽게 구할 수 있는 재료 등으로 이를 회복할 수 있다면 구태여 불감항이라고 할 필요는 없다.[7)]

(다) 영국 해상보험법상 해상보험에서도 감항능력은 '특정의 항해에서 통상적인 위험에 견딜 수 있는 능력'(at the time of the insurance able to perform the voyage unless any external accident should happen)을 의미하는 상대적인 개념으로서, 어떤 선박이 감항성을 갖추고 있느냐 여부를 확정하는 확정적·절대적 기준은 없으며, 특정 항해에서 특정한 사정에 따라 상대적으로 결정된다.[8)]

---

4) 藤崎道好, 船員法總論(改訂初版), 成山堂書店(1975), 83면; 박경현, "선장의 선원법상 지위 (3)", 해기 제240호(1987. 1.), 19면.
5) 대법원 1989. 11. 24. 선고 88다카16294 판결.
6) 대법원 1995. 9. 29. 선고 93다53078 판결, 대법원 2014. 5. 29. 선고 2013다1754 판결.
7) 이주흥, "책임발생원인으로서의 감항능력주의의무와 불가항력, 정당한 이로 등 법정면책과의 관계", 상사판례연구 IV, 박영사(2000), 505면.
8) 대법원 1996. 10. 11. 선고 94다60332 판결, 대법원 2014. 5. 29. 선고 2013다1754 판

(라) 감항능력은 일반적으로 통상의 위험에 감당할 수 있는가를 표준으로 하는데, 통상이란 바다의 상태가 일반적이고 평상적인 것으로 기대되는 것을 의미하고, 비상하고 예외적인 상황이 예상되는 것을 의미하는 것은 아니다. 그러므로 선박이 만나기로 예정된 폭풍우 하에서 침몰하였다면 이는 통상의 위험에 감당하지 못한 것이 되며, 계절풍이 남지나해를 통과하는 선박에 의하여 통상 예상할 수 있는 것에 지나지 않는다면 위 폭풍은 예상 가능하여 막을 수 있는 것이어서 불가항력이라고 할 수 없다.9)

(3) 인적 감항능력

인적 감항능력 주의의무의 내용에는 선박이 안전하게 항해를 하는데 필요한 자격을 갖춘 인원수의 선장과 선원을 승선시켜야 할 주의의무가 포함되어 있다.10) 원칙적으로 선박직원법에 따른 해기사면허가 없는 선원이 승선한 선박은 인적 감항능력을 결여한 것으로 추정되나, 선원이 그 면허를 소지하였는지 여부만이 선박의 인적 감항능력의 유무를 결정하는 절대적인 기준이 되는 것은 아니고, 비록 그 면허가 없더라도 사실상 특정 항해를 안전하게 수행할 수 있는 우수한 능력을 갖춘 선원이 승선하였다면 이러한 경우까지 선박이 인적 감항능력을 결여하였다고 할 수는 없다.11)

선원은 선박과 항해, 적하와 관련하여 질과 양으로 충분할 것을 요한다.12) 그러므로 법률상 또는 관습상 필요한 수의 선원이 승선하지 아니한 선박은 감항성이 결여된 것으로 취급되고,13) 선원이 부족하여 해양위험에

결. 감항능력의 관념이 이처럼 상대적이라는 것은 세계 각국 공통의 통념이라고 한다 [한낙현, "항해 중의 감항능력유지의무에 관한 문제점 고찰", 한국해법학회지 제26권 제2호(2004. 11.), 98면].

9) 東京地裁 1964. 1. 31. 判決, ジュリスト 364호 109면.

10) 대법원 1989. 11. 24. 선고 88다카16294 판결.

11) 대법원 1995. 8. 22. 선고 94다61113 판결.

12) Aspinal/Moore, A Treatise of the Law relative to Merchant Ship & Seamen, 14th Edition, Shaw and Sons, Fetter Lane and Crane Court, E.C.(London, 1901), 491면.

13) 선원법 제64조에서 자격요건을 갖춘 선원의 승무를, 제65조에서 선원의 승무정원을 각 규정하고 있다.

대처하기가 충분하지 않다면 선장이 다년간 풍부한 경험이 있다 하더라도 이를 보충할 수 없다.[14] 증기선만 운전한 선장과 기관사가 디젤선을 운항하거나, 장거리 항해에서 선장의 사망과 같은 우발사고를 대비하여 그의 지위를 이을 수 있는 유능한 항해사를 승선시켜야 할 때도 불구하고 그렇게 하지 아니한 경우, 선원법에 따른 승무정원에 포함된 갑판원의 미배치[15] 등은 모두 불감항성이 된다. 필요한 수의 선원을 승선시킨 경우에도 교대근무 기타 적절한 승선근무가 이루어져야 한다. 미국법상 선원은 선박소유자에 대하여 불감항성에 기한 손해배상을 청구할 수 있는데, 판례는 선원이 피해자를 공격[16] 또는 가혹행위[17]를 하는 경우에도 선박소유자의 인적 감항능력주의의무 위반이라는 입장을 취하고 있다.[18]

(4) 물적 감항능력

바다를 예정된 항로에 따라 항해하는 선박은 통상 예견할 수 있는 황천 기타 기상이변 등의 위험을 견딜 수 있을 만큼 견고한 선체를 유지하여야 하므로, 항해 중 그 선박이 통상 예견할 수 있는 파랑이나 해상부유물의 충격을 견디지 못하고 파열되어 침몰하였다면 선박의 감항능력유지의무를 해태한 것이다.[19]

(i) 해당 항로를 항해하는 선박이 통상 예견할 수 있는 정도의 돌풍이나 삼각파도에 의하여 선체 자체의 손상이나 인명피해 없이 화물창구 덮개의 일부만이 파손된 경우,[20] (ii) 발항하기 이전부터 검량관의 파손 부위가 낡아 있었는데 강풍과 풍랑을 만나 선박 밑의 탱크에 저장된 중유가

---

14) 神戸地裁 1972. 2. 23. 判決, 判例時報 664호 90면.
15) 대법원 2014. 5. 29. 선고 2013다1754 판결.
16) Wiradihardja v. Bermuda Star Line, Inc., 802 F.Supp. 989 (S.D.N.Y. 1992).
17) Waldron v. Moore-McCormack Lines, Inc., 386 U.S. 724 (1967); Boudoin v. Lykes Bros. S.S. Co., 348 U.S. 336 (1955), judgment amended 350 U.S. 811 (1955).
18) Manderson v. Chet Morrision Contractors, Inc., 666 F.3d 373 (5th Cir. 2012)(엔진 기관실 감독의무는 선박운항을 위해 반드시 24시간 주시될 필요가 없는 비상시 대기형식(on-call basis)의 업무였고, 그러한 업무를 보조하기 위해 관련 자격을 보유하지 않은 직원을 배치한 점은 관련 규정을 위반한 것이라고 할 수 없다).
19) 대법원 1985. 5. 28. 선고 84다카966 판결.
20) 대법원 1998. 2. 10. 선고 96다45054 판결.

제1장 항공기 소유권 **89**

위 검량관의 낡은 부위에 생긴 틈과 구멍으로 새어 나와 부근에 쌓인 옥수수를 파손한 경우,[21] (iii) 서해훼리호(총톤수 110t)에 최대탑재인원인 221명을 훨씬 초과한 총 362명의 여객을 승선시키고 과중한 화물 및 자갈을 실음으로써 위 선박이 안전한 복원력을 갖추지 못한 채 출항한 경우,[22] (iv) 씨케이베가호는 선체가 노후되어 통상 예견할 수 있는 계절풍에 의한 남지나 해상의 파랑이나 해상부유물의 충격을 견디지 못할 정도로 선체외판이 부식되어 있어 발항 당시 불감항상태에 있었음에도 선장·선박사용인은 출항 전 선체의 각 부분을 면밀히 점검·조사[23]하여 감항능력의 유무를 확인하는 등 운송의 안전에 관한 주의의무를 다하여야 함에도 이를 다하지 아니한 과실로 인하여 선박의 선체외판이 파열된 경우,[24] (v) 여객선에 설치된 레이더의 성능부족, VHF 무선전화기의 송신기능 고장[25] 등에는 모두 물적 감항능력이 결여된 상태이다.

다. 대상사안의 검토

(1) 대상사안에서 피고(매도인)는 원고(매수인)에게 이 사건 항공기를 인도할 때 항공기의 감항능력을 보장하였다. 증거에 의하면, 이 사건 항공기의 인도 당시 송수신기(라디오)인 'COM1'의 액정이 깨져 있어서 주파수를 확인할 수 없었던 상태였고, 위 송수신기는 1년 주기로 받아야 하는 무선국 정기검사 항목에 해당하고 기준에 부적합할 경우 감항능력에 영향을 미치는 부품에 해당한다.

(2) 위 인정사실에 의하면, 이 사건 항공기는 위 송수신기의 하자로 인하여 감항능력에 지장이 있는 상태에 있었으므로, 피고는 원고에게 그로 인하여 원고가 입을 손해를 배상할 책임이 있다.

---

21) 대법원 1976. 10. 29. 선고 76다1237 판결.
22) 대법원 1998. 8. 21. 선고 97다13702 판결.
23) 위 사건에서 법원은, 선장은 출항 전에 복원력의 기초가 되는 지엠(GM)치를 스스로 계산 확인하여야 하고, 선저와 선창격벽·선체의 외판을 육안으로 또는 망치로 두드려 보아 부식된 부분이나 악화된 부분이 있는지를 검사하여야 한다고 판시하였다.
24) 대법원 1985. 5. 28. 선고 84다카966 판결.
25) 대법원 2014. 5. 29. 선고 2013다1754 판결.

2. 손해배상의 범위

가. 수리비

원고는 이 사건 송수신기의 수리비용으로 7,313,510원(=부품가격 6,103,510원+공임비 1,210,000원)을 지출하였으므로, 피고는 원고에게 위 수리비를 지급할 의무가 있다.

나. 휴업손해

(1) 원고의 주장

원고는 이 사건 항공기를 수리하기 위하여 44일간 위 항공기를 사용하지 못함으로서 그 기간동안 위 항공기의 임차료 상당인 3,548,387원의 손해를 입었다고 주장하였다.

(2) 불법행위로 인한 휴업손해

이 사건은 채무불이행으로 인한 손해배상을 구하는 사안인바, 채무불이행으로 인한 손해배상의 범위(민법 제393조)는 특별한 사정이 없는 한 불법행위로 인한 손해배상의 범위와 일치하므로(민법 제763조), 아래에서는 판례가 많이 축적되어 있는 불법행위로 인한 휴업손해에 관하여 살펴본다.

(가) 불법행위로 영업용 물건이 멸실된 경우, 이를 대체할 다른 물건을 마련하기 위하여 필요한 합리적인 기간 동안 그 물건을 이용하여 영업을 계속하였더라면 얻을 수 있었던 이익, 즉 휴업손해는 그에 대한 증명이 가능한 한 통상의 손해로서 그 교환가치와는 별도로 배상하여야 하고, 이는 영업용 물건이 일부 손괴된 경우, 수리를 위하여 필요한 합리적인 기간 동안의 휴업손해와 마찬가지이다.[26]

(나) 불법행위로 영업용 물건이 파손된 경우, 그로 인한 휴업손해는 그 영업용 물건을 계속 사용하였을 경우 얻을 수 있었던 영업이익을 기준으로 산정하여야 하고, 유통업에 이용되던 건물이 완전파손된 경우라면 휴

---

26) 대법원 2004. 3. 18. 선고 2001다82507 전원합의체 판결.

업손해는 그 건물을 이용하여 유통업을 계속하였더라면 얻을 수 있었던 영업이익을 기준으로 산정하여야 하며, 불법행위가 성립할 무렵 임대용 건물로 용도를 변경하여 사용할 계획이었다는 등의 특별한 사정이 없는 한 그 건물을 제3자에게 임대하였을 경우 얻을 수 있는 임료를 기준으로 손해배상액을 산정할 수는 없다.[27]

(다) 영업용 택시 같은 수익용 차량이 손상되어 수리가 불가능한 경우에 새 차를 구입하여 영업을 개시할 수 있을 때까지의 기간 동안 영업을 하지 못한 휴업손해는 통상손해에 해당한다.[28]

(3) 대상사안의 검토

이 사건 송수신기는 액정이 깨져 있었지만 전혀 작동하지 아니한 것은 아니었던 점, 원고가 44일간 이 사건 항공기를 운항할 수 없었다고 하나 송수신기의 수리를 위하여 필요한 기간을 특정할 수 없는 점, 이 사건 항공기를 인도받을 당시 원고(임대인)와 G(임차인) 사이에 체결된 임대차계약에서 "임차인은 항공기의 기본비를 부담하며 안전하게 운영 및 정비 관리를 책임지는 조건으로 추가 임대로 없이 계약일로부터 1년간 임차한다"고 약정한 점 등이 인정되었다.

법원은 원고 제출의 증거만으로는 원고가 주장하는 바와 같은 휴업손해를 입었다거나 위 손해가 피고의 의무불이행과 상당인과관계에 있음을 인정하기에 부족하다는 이유로, 휴업손해에 관한 원고의 청구를 기각하였다.

다. 위자료

(1) 원고의 주장

원고는 피고의 조정조항 미이행으로 인하여 정신적 고통을 입었으므로 피고는 원고에게 그 정신적 손해에 대한 위자료 45,213,813원을 지급할 의무가 있다고 주장하였다.

---

27) 대법원 2004. 3. 25. 선고 2003다20909 판결.
28) 대법원 2005. 10. 13. 선고 2003다24147 판결.

(2) 판 례

일반적으로 계약에서 채무자의 채무불이행으로 인하여 채권자가 계약의 목적을 달할 수 없게 되어 손해가 발생한 경우, 이로 인하여 채권자가 받은 정신적 고통은 그 재산적 손해에 대한 배상이 이루어짐으로써 회복된다고 보아야 하므로, 채권자가 재산적 손해의 배상만으로는 회복될 수 없는 정신적 고통을 입었다는 특별한 사정이 있고, 채무자가 이와 같은 사정을 알았거나 알 수 있었을 경우에 한하여 정신적 고통에 대한 위자료를 인정할 수 있다.[29]

또한 일반적으로 타인의 불법행위 등에 의하여 재산권이 침해된 경우에는 그 재산적 손해의 배상에 의하여 정신적 고통도 회복된다고 보아야 하므로, 재산적 손해의 배상에 의하여 회복할 수 없는 정신적 손해가 발생하였다면 이는 특별한 사정으로 인한 손해로서 가해자가 그러한 사정을 알았거나 알 수 있었을 경우에 한하여 그 손해에 대한 위자료를 청구할 수 있다.[30]

(3) 대상사안의 검토

법원은 원고 주장과 같은 사정만으로는 피고의 의무불이행으로 인하여 재산적 손해의 배상만으로는 회복할 수 없는 정신적 손해가 원고에게 발생하였다고 보기 어렵다는 이유로, 위자료에 관한 원고의 청구를 기각하였다.

---

29) 대법원 1994. 12. 13. 선고 93다59779 판결.
30) 대법원 2004. 3. 18. 선고 2001다82507 전원합의체 판결.

[8] 항공기 매매계약의 사해행위 여부

서울동부지방법원 2019. 1. 25. 선고 2016가단127252 판결

I. 사실관계

(1) H항공기술개발 주식회사(이하 'H')는 이 사건 항공기(항공기 제작자 및 형식: Cessna Aircraft Company C-172S)에 관하여 소유권이전등록을 마친 국내 법인이고, 원고는 위 항공기를 H에게 명의신탁하였다. 원고는 2011. 11. 9.부터 2012. 5. 14.까지 H의 대표이사 J 명의의 계좌에 10차례에 걸쳐 합계 675,308,000원을 송금하였고, H는 2012. 1. 6. 이 사건 항공기를 구입하여 H 명의로 소유권이전등록을 하였다.

(2) H(매도인)는 2015. 3. 20. 피고 주식회사 G항공(매수인, 이하 'G')에게 이 사건 항공기를 165,000,000원에 매도하는 매매계약을 체결하고(이하 '이 사건 매매계약'), 2015. 5. 11. 국토교통부 접수 2015-127호로 위 매매를 원인으로 한 소유권이전등록을 마쳐주었다.

(3) 2015. 10. 12. 합병으로 설립된 G의 합병 전 회사는 M과 C이다. C의 실질적 운영자인 L은 2014년과 2015년에 이 사건 항공기의 정비를 담당하였고, 이 사건 매매계약 직후 항공기의 엔진을 교체하기도 하였다. M의 직원은 2015. 2. 13. 인터넷 카페에 이 사건 항공기와 동일한 기종인 훈련용 항공기 C-172S의 구매를 원한다는 글을 게재하였고, 김포공항내 계류장에 있는 이 사건 항공기의 외관을 검수한 다음, H의 대표자를 만나 2015. 3. 20. 이 사건 항공기에 관하여 매매계약을 체결하였는데, 위 검수 당시 확인된 미부착 계기 7기를 추가로 장착하고, 엔진은 다른 항공기의 것을 탈거(奪去)하여 부착하기로 약정하였다.

(4) M은 2015. 4. 15. 이 사건 항공기의 엔진 교체 등 상태를 확인한 다음, 2015. 4. 20. H에게 매매대금 165,000,000원을 송금하였고, 2015. 4. 18. 법인 목적에 항공운송사업을 추가하였다.

(5) 원고는 H에 대하여 140,140,000원의 약정금 채권(항공기 임대로 인한 차임청구권)을 가지고 있는데, 이 사건 매매계약이 사해행위라고 주장하면서 2016. 7. 29. 서울동부지방법원에 G를 상대로, (i) G와 H 사이에 이 사건 항공기에 관하여 2015. 3. 20. 체결된 매매계약을 취소하고, (ii) G는 H에게 이 사건 항공기에 관하여 2015. 5. 11. 국토교통부 접수 2015-127호로 마친 소유권이전등록의 말소등록절차의 이행을 구하는 소를 제기하였다.

II. 참조 조문

1. 민 법

제406조(채권자취소권) ① 채무자가 채권자를 해함을 알고 재산권을 목적으로 한 법률행위를 한 때에는 채권자는 그 취소 및 원상회복을 법원에 청구할 수 있다. 그러나 그 행위로 인하여 이익을 받은 자나 전득한 자가 그 행위 또는 전득당시에 채권자를 해함을 알지 못한 경우에는 그러하지 아니하다.

② 전항의 소는 채권자가 취소원인을 안 날로부터 1년, 법률행위 있은 날로부터 5년 내에 제기하여야 한다.

제407조(채권자취소의 효력) 전조의 규정에 의한 취소와 원상회복은 모든 채권자의 이익을 위하여 그 효력이 있다.

III. 판시사항

이 사건 매매 조건과 내용, 매매대금 지급과 소유권이전등록에 이르는 과정에 통상적인 거래관행에 비추어 이례적인 사정이 보이지 않는 점을 종합하면, G는 이 사건 매매계약이 사해행위가 되는 줄 알지 못하였다고 봄이 타당하므로, 이 사건 행위에 대하여 G가 선의인 이상 원고의 사해행위취소 주장은 이유 없다.

Ⅳ. 해 설

1. 채권자취소권

가. 의 의

채권자취소권은 채권의 공동담보인 채무자의 책임재산을 보전하기 위하여 채무자와 수익자 사이의 사해행위를 취소하고 채무자의 일반재산으로부터 일탈된 재산을 모든 채권자들을 위하여 수익자 또는 전득자로부터 환원시키는 제도이다.

나. 성립요건

채권자가 채무자의 재산 처분행위를 사해행위라고 하여 취소하기 위해서는 객관적 요건으로, (i) 채권자취소권의 행사가 가능한 피보전채권을 가지고 있어야 하고(피보전채권 적격), (ii) 채무자의 법률행위가 있어야 하며(사해행위, 詐害行爲), (iii) 그 법률행위가 채권자를 해하는 것이어야 한다(사해성). 주관적 요건으로 사해행위의 당사자인 채무자가 사해의 의사를 가지고 재산처분행위를 하였을 것이 필요하고, 사해행위의 상대방인 수익자나 전득자에게도 악의가 있을 것이 필요하다.

(1) 피보전채권 적격

채권자취소권이 채권에 부수되는 권리인 이상 채권자취소를 위해서는 채권자가 먼저 채무자에 대하여 유효한 채권을 가지고 있을 것이 당연한 전제가 된다. 채권자취소권제도가 책임재산의 보전을 목적으로 하는 것이고 그 행사의 효과는 모든 채권자를 위하여 공동담보로서의 효력이 있으므로 피보전채권은 금전채권임이 통상이다. 피보전채권이 기한부 또는 정지조건부 채권이고 사해행위 당시 기한이나 조건이 도래하거나 달성되지 아니하였어도 채권자취소권을 행사할 수 있고,[1) 담보부 채권의 경우 채권자의 채권에 보증인, 연대채무자 등 인적 담보가 붙어 있더라도 그것과는

---

1) 대법원 2011. 12. 8. 선고 2011다55542 판결.

관계없이 채권자취소권을 행사할 수 있다. 물적 담보가 수반된 채권의 경우 담보제공자가 누구인가를 묻지 아니하고 그 담보물로부터 우선변제받을 금액을 공제한 나머지 채권액에 대하여서만 채권자취소권을 행사할 수 있다.[2]

채권자취소권에 의하여 보호될 수 있는 채권은 원칙적으로 채무자가 채권자를 해함을 알고 재산권을 목적으로 한 법률행위를 하기 전에 발생된 것이어야 하지만, 그 법률행위 당시에 이미 채권성립의 기초가 되는 법률관계가 성립되어 있고, 가까운 장래에 그 법률관계에 기하여 채권이 발생하리라는 점에 대한 고도의 개연성이 있으며, 실제로 가까운 장래에 그 개연성이 현실화되어 채권이 발생한 경우에는, 그 채권도 채권자취소권의 피보전채권이 될 수 있다.[3]

(2) 사해행위

채권자취소의 대상이 되는 것은 채무자가 재산권을 목적으로 한 법률행위이다. 채무자와 수익자 사이의 법률행위를 취소의 대상으로 삼아야 하고 상대방이 전득자라고 하더라도 수익자와 전득자 사이의 법률행위는 대상이 아니다.[4] 법률행위가 처음부터 존재하지 아니하거나 무효인 경우에는 취소의 대상이 될 수 없으나, 통정허위표시는 채권자취소권 행사의 대상이 된다. 채권자취소권의 대상이 되는 사해행위는 채권자를 해하는 채무자의 재산적 법률행위로서 원칙적으로 채무자의 총재산에 감소를 초래하는 행위를 말하므로, 채무자의 재산적 법률행위라 하더라도 채무자의 총재산에 감소를 초래하지 아니하는 경우에는 사해행위라 할 수 없다.[5]

채무자가 책임재산을 감소시키는 행위를 함으로써 일반채권자들을 위한 공동담보의 부족상태를 유발 또는 심화시킨 경우에 그 행위가 채권자취소의 대상인 사해행위에 해당하는지 여부는, 행위목적물이 채무자의 전체 책임재산 가운데에서 차지하는 비중, 무자력의 정도, 법률행위의 경제

---

2) 대법원 2002. 4. 12. 선고 2000다63912 판결.
3) 대법원 2000. 6. 27. 선고 2000다17346 판결.
4) 대법원 2004. 8. 30. 선고 2004다21923 판결.
5) 대법원 2016. 1. 28. 선고 2014다222725 판결.

적 목적이 갖는 정당성 및 그 실현수단인 당해 행위의 상당성, 행위의 의무성 또는 상황의 불가피성, 채무자와 수익자 간 통모의 유무와 같은 공동담보의 부족 위험에 대한 당사자의 인식 정도 등 그 행위에 나타난 여러 사정을 종합적으로 고려하여, 그 행위를 궁극적으로 일반채권자를 해하는 행위로 볼 수 있는지 여부에 따라 최종 판단하여야 한다.[6]

주채무자 또는 제3자 소유의 부동산에 대하여 채권자 앞으로 근저당권이 설정되어 있고, 그 부동산의 가액 및 채권최고액이 당해 채무액을 초과하여 채무 전액에 대하여 채권자에게 우선변제권이 확보되어 있다면, 그 범위 내에서는 채무자의 재산처분행위는 채권자를 해하지 아니하므로 연대보증인이 비록 유일한 재산을 처분하는 법률행위를 하더라도 채권자에 대하여 사해행위가 성립되지 않고, 당해 채무액이 그 부동산의 가액 및 채권최고액을 초과하는 경우에는 그 담보물로부터 우선변제받을 액을 공제한 나머지 채권액에 대하여만 채권자취소권이 인정되며, 피보전채권의 존재와 그 범위는 채권자취소권 행사의 한 요건에 해당되므로 이 경우 채권자취소권을 행사하는 채권자로서는 그 담보권의 존재에도 불구하고 자신이 주장하는 피보전채권이 그 우선변제권 범위 밖에 있다는 점을 주장·증명하여야 한다.[7]

(3) 사해성

사해성의 요건은 행위 당시는 물론 채권자가 취소권을 행사할 당시(사해행위취소소송의 사실심 변론종결시)에도 갖추고 있어야 하므로, 처분행위 당시에는 채권자를 해하는 것이었더라도 그 후 채무자가 자력을 회복하거나 채무가 감소하여 취소권 행사시에 채권자를 해하지 않게 되었다면, 채권자취소권에 의하여 책임재산을 보전할 필요성이 없으므로 채권자취소권은 소멸한다.[8]

---

6) 대법원 2010. 9. 30. 선고 2007다2718 판결.
7) 대법원 2002. 11. 8. 선고 2002다41589 판결.
8) 대법원 2009. 3. 26. 선고 2007다63102 판결.

(4) 주관적 요건

사해의사란 채무자가 법률행위를 함에 있어 그 채권자를 해함을 안다는 것이다. 여기서 '안다'고 함은 의도나 의욕을 의미하는 것이 아니라 단순한 인식으로 충분하다. 결국 사해의사란 공동담보 부족에 의하여 채권자가 채권변제를 받기 어렵게 될 위험이 생긴다는 사실을 인식하는 것이며, 이러한 인식은 일반 채권자에 대한 관계에서 있으면 족하고, 특정의 채권자를 해한다는 인식이 있어야 하는 것은 아니다.[9] 채무자가 자기의 유일한 재산인 부동산을 매각하여 소비하기 쉬운 금전으로 바꾸거나 타인에게 무상으로 이전하여 주는 행위는 특별한 사정이 없는 한 채권자에 대하여 사해행위가 되므로 채무자의 사해의 의사는 추정되는 것이다.[10]

사해행위취소소송에서 수익자의 악의는 추정되므로 해당 법률행위 당시에 채권자를 해함을 알지 못하였다는 점은 수익자가 증명하여야 한다. 이 경우 수익자가 채권자를 해함을 알았는지 아닌지는 채무자와 수익자의 관계, 채무자와 수익자 사이의 처분행위의 내용과 그에 이르게 된 경위 또는 동기 등 여러 사정을 종합적으로 고려하여 논리와 경험의 법칙에 따라 합리적으로 판단하여야 한다.[11] 나아가 그 사해행위 당시 수익자가 선의였음이 인정되려면 객관적이고도 납득할 만한 증거자료 등이 뒷받침되어야 하고, 채무자의 일방적인 진술이나 제3자의 추측에 불과한 진술 등에만 기초하여 그 사해행위 당시 수익자가 선의였다고 선뜻 단정하여서는 아니 된다.[12] 대리인이 한 법률행위가 사해행위인지를 판단할 때 수익자 또는 전득자의 사해행위에 대한 악의의 유무는 대리인을 기준으로 판단하여야 한다.[13]

---

9) 대법원 2009. 3. 26. 선고 2007다63102 판결.
10) 대법원 2001. 4. 24. 선고 2000다41875 판결.
11) 대법원 2018. 4. 10. 선고 2016다272311 판결.
12) 대법원 2013. 11. 28. 선고 2013다206986 판결.
13) 대법원 2013. 11. 28. 선고 2013다206986 판결.

다. 행사방법

채무자가 채권자를 해함을 알고 재산권을 목적으로 한 법률행위를 한 때에는, 채권자는 그 사해행위의 취소를 법원에 소를 제기하는 방법으로 청구할 수 있을 뿐, 소송상 공격 또는 방어방법으로는 주장할 수 없다. 따라서 사해행위에 대한 취소는 구하지 아니한 채 단지 원상회복만을 청구하는 경우 원고의 청구는 그 자체로 받아들일 수 없다.[14] 채권자가 민법 제406조 제1항에 따라 사해행위의 취소와 원상회복을 청구할 때 사해행위의 취소만을 먼저 청구한 다음 원상회복을 나중에 청구할 수 있다.[15] 원상회복의 전제가 되는 사해행위의 취소가 없는 이상 원상회복청구권은 인정되지 않는 것이므로, 사해행위의 취소를 구함이 없이 원상회복만을 구할 수는 없다.[16] 채무면제 등의 단독행위, 법률행위인 사해행위가 있었을 뿐 그에 따른 후속 조치가 없는 경우에는 사해행위의 취소만을 구하면 충분하므로 별도로 원상회복을 청구할 필요는 없다.

라. 피고 적격

채권자가 사해행위의 취소와 함께 책임재산의 회복을 구하는 사해행위 취소의 소에서는 수익자 또는 전득자에게만 피고 적격이 있고 채무자에게는 피고 적격이 없다.[17] 채권자는 수익자, 전득자 모두를 공동피고로 삼아 채권자취소소송을 제기할 수 있음은 물론 자신의 선택이나 사안에 따라서는 수익자만을 피고로 하거나, 전득자만을 피고로 하여 사해행위취소 및 원상회복청구를 할 수 있다.[18] 다만 수익자를 상대로 채권자취소의 소를 제기하여 이미 승소판결을 받았다고 하더라도 전득자를 상대로 채권자취소권을 행사하기 위해서는 별도로 제척기간 내에 채무자와 수익자 사이의 사해행위 취소를 소송상 공격방법의 주장이 아닌 법원에 소를 제기하는

---

14) 대법원 1995. 7. 25. 선고 95다8393 판결.
15) 대법원 2001. 9. 4. 선고 2001다14108 판결.
16) 대법원 2008. 12. 11. 선고 2007다69162 판결.
17) 대법원 2009. 1. 15. 선고 2008다72394 판결.
18) 대법원 2005. 6. 9. 선고 2004다17535 판결.

방법으로 청구하여야 한다.[19]

마. 채권자취소권 행사의 범위

채권자가 채권자취소권을 행사할 때에는 원칙적으로 자신의 채권액을 초과하여 취소권을 행사할 수 없지만, 이때 채권자의 채권액에는 사해행위 이후 사실심 변론종결시까지 발생한 이자나 지연손해금이 포함된다.[20] 사해행위취소로 인한 원상회복으로서 가액배상을 명하는 경우 취소채권자는 직접 자기에게 가액배상금을 지급할 것을 청구할 수 있고, 위 지급받은 가액배상금을 분배하는 방법이나 절차 등에 관한 아무런 규정이 없는 현행법 아래에서 다른 채권자들이 위 가액배상금에 대하여 배당요구를 할 수도 없으므로, 결국 채권자는 자신의 채권액을 초과하여 가액배상을 구할 수는 없다.[21] 다만 다른 채권자가 배당요구를 할 것이 명백하거나 목적물이 불가분인 경우와 같이 특별한 사정이 있는 경우에는 취소채권자의 채권액을 넘어서까지도 취소를 구할 수 있다.[22]

바. 원상회복의 방법

(1) 원물반환

사해행위의 취소에 따른 원상회복은 원칙적으로 그 목적물 자체의 반환에 의하여야 하고, 그것이 불가능하거나 현저히 곤란한 경우에 한하여 예외적으로 가액배상에 의하여야 한다. 가액배상을 명해야 할 사안에서 원고가 원물반환만 구하고 있는 경우, 판례는 원물반환을 구하는 청구취지 속에는 가액배상을 구하는 취지도 포함되어 있다고 볼 수 있기 때문에 청구취지의 변경이 없더라도 바로 가액반환을 명할 수 있다고 하고 있다.[23]

---

19) 대법원 2005. 6. 9. 선고 2004다17535 판결.
20) 대법원 2002. 10. 25. 선고 2002다42711 판결.
21) 대법원 2008. 11. 13. 선고 2006다1442 판결.
22) 대법원 1997. 9. 9. 선고 97다10864 판결.
23) 대법원 2002. 11. 8. 선고 2002다41589 판결.

(2) 가액배상

가액배상은 형평의 견지에서 법이 특별히 인정한 원상회복의무의 일종으로, 목적물의 반환이 불가능하거나 현저히 곤란하게 됨으로써 성립하고, 그 외에 그와 같이 불가능하게 된 데에 상대방인 수익자나 전득자의 고의나 과실을 요하는 것은 아니다.[24] 원물반환이 불가능하거나 현저히 곤란한 경우라 함은, 원물반환이 단순히 절대적·물리적으로 불가능인 경우가 아니라 사회생활상 경험법칙 또는 거래상 관념에 비추어 채권자가 수익자나 전득자로부터 이행의 실현을 기대할 수 없는 경우를 말한다.[25] 사해행위 성립 이후 기존에 설정되어 있던 근저당권이 말소된 경우, 또는 그 목적물을 선의의 전득자에게 양도하거나 그 목적물에 관하여 선의의 제3자가 저당권이나 지상권 등의 권리를 취득한 경우가 가장 대표적인 경우라고 할 수 있다.

가액배상은 원물반환에 갈음하는 것인 만큼, 그 가액을 산정하는 시기 역시 사해행위취소의 효과가 발생하는 시점인 취소판결의 확정시로부터 가장 가까운 채권자취소소송의 사실심 변론종결시를 기준으로 판단하여야 한다.[26] 그 가액은 수익자가 전득자로부터 실제로 수수한 대가와는 상관없이 사실심 변론종결시를 기준으로 객관적으로 평가하여야 한다.[27] 사해행위 후 변제 등에 의하여 저당권설정등기가 말소된 경우 그 부동산의 가액에서 저당권의 피담보채무액을 공제한 잔액의 한도에서 사해행위를 취소하고 그 가액의 배상을 명해야 한다.[28]

사. 제척기간

사해행위취소의 소는 채권자가 취소의 원인을 안 날로부터 1년, 법률행위가 있은 날로부터 5년 내에 제기하여야 한다(민법 제406조 제2항). 이

---

24) 대법원 1998. 5. 15. 선고 97다58316 판결.
25) 대법원 2009. 3. 26. 선고 2007다63102 판결.
26) 대법원 2010. 2. 25. 선고 2007다28819 판결.
27) 대법원 2010. 4. 29. 선고 2009다104564 판결.
28) 대법원 2009. 6. 11. 선고 2007다 4004 판결.

는 제소기간이므로 법원은 그 기간의 준수 여부에 관하여 직권으로 조사하여 그 기간이 도과된 후에 제기된 사해행위취소의 소는 부적법한 것으로 각하하여야 하므로 그 기간 준수 여부에 대하여 의심이 있는 경우에는 법원이 필요한 정도에 따라 직권으로 증거조사를 할 수 있으나, 법원에 현출된 모든 소송자료를 통하여 살펴보았을 때 그 기간이 도과되었다고 의심할 만한 사정이 발견되지 않는 경우까지 법원이 직권으로 추가적인 증거조사를 하여 기간 준수 여부를 확인하여야 할 의무는 없다.[29]

채권자취소권의 행사에서 제척기간의 기산점인 채권자가 '취소원인을 안 날'이라 함은 채무자가 채권자를 해함을 알면서 사해행위를 하였다는 사실을 알게 된 날을 의미하는데, 이는 단순히 채무자가 재산의 처분행위를 한 사실을 아는 것만으로는 부족하고, 구체적인 사해행위의 존재를 알고 나아가 채무자에게 사해의 의사가 있었다는 사실까지 알 것을 요하며, 이때 그 제척기간의 도과에 관한 증명책임은 채권자취소소송의 상대방에게 있다.[30]

2. 대상사안의 검토

(1) 대상사안에서 원고는 채무자인 H에 대하여 140,140,000원의 약정금 채권을 가지고 있었는바, 이는 금전채권이므로 적법한 피보전권리가 된다. 원고는 이 사건 매매계약이 체결된 날로부터 5년이 경과하지 아니한 2016. 7. 29. 이 사건 소를 제기하였으므로 제척기간을 준수하였다.

(2) 사해행위의 목적물이 등록을 요하는 경우 원물반환에 의한 원상회복은 채무자로의 등록명의회복이므로, 수익자인 G를 상대로 이 사건 항공기에 관한 이전등록의 말소를 구함으로써 결과적으로 채무자 H 명의의 등록 회복을 구하는 것은 타당한 청구취지이다.

(3) 채무자 H는 이 사건 매매계약 체결 당시 채무초과 상태였던 사실은 당사자 사이에 다툼이 없으므로, 채무자 H가 일반채권자의 공동담보에 제공되는 책임재산인 이 사건 항공기를 매도하여 소비하기 쉬운 금전으로

---

29) 대법원 2002. 7. 26. 선고 2001다73138 판결.
30) 대법원 2009. 3. 26. 선고 2007다63102 판결.

바꾸는 행위는 특별한 사정이 없는 한 채권자에 대하여 사해행위가 되고, H의 사해의사도 인정된다.[31]

(4) 수익자인 G의 악의는 추정된다는 것이 판례의 입장이다. 그런데 법원은, 피고 G가 제출한 반증에 의하여 이 사건 매매 조건과 내용, 매매대금 지급과 소유권이전등록에 이르는 과정에 통상적인 거래관행에 비추어 이례적인 사정이 보이지 않는 점을 종합하면, G는 이 사건 매매계약이 사해행위가 되는 줄 알지 못하였다고 봄이 타당하다고 보아, 수익자 G의 악의 추정은 번복되었다고 판단하였다.

(5) 따라서 수익자인 G가 이 사건 행위에 대하여 선의인 이상, H와 G 사이에 체결된 이 사건 매매계약은 사해행위에 해당하지 아니하므로, 결국 원고의 이 사건 청구는 이유 없다.

---

31) 채무자가 자기의 유일한 재산인 부동산을 매각하여 소비하기 쉬운 금전으로 바꾸는 행위는 특별한 사정이 없는 한 채권자에 대하여 사해행위가 된다. 대법원 2017. 11. 29. 선고 2017다241819 판결.

[9] 항공기 매도인의 하자담보책임

Alaska Oil, Inc. v. Central Flying Service, Inc., 975 F.2d 553 (8th Cir. 1992)

I. 사실관계

(1) 원고 Alaska Oil, Inc.는 1987년 매수하기에 적당한 중고항공기를 물색하는 일을 Corporate Airways에게 위임하였다. Corporate Airways의 대표이사 Dan Steinman은 G.W. Davis Construction Company(이하 'Davis')가 소유하고 있는 이 사건 항공기(1970년에 생산된 Beechcraft airplane 1대)가 적당하다고 추천하였다.

(2) 이 사건 항공기의 수리와 보관에 필요한 비용을 Davis로부터 지급받아야 하는 피고 Central Flying Service(이하 'CFS')가 이 사건 항공기를 점유하고 있었기 때문에, CFS는 Dan Steinman를 상대로 이 사건 항공기의 매매계약을 중개하였다.

(3) 원고와 Davis 사이에 1987. 3. 3. 이 사건 항공기에 관하여 매매대금을 65,000달러로 하는 매매계약이 체결되었다(매매대금 중 53,000달러를 CFS가 가져갔다). 그로부터 1년 후 원고는 이 사건 항공기로 인하여 많은 문제를 겪게 되었다. 1년간 2개의 엔진, 연료탱크, 제빙부츠(de-icing boots)가 교체되었고, 많은 곳에서 심한 부식이 발견되었다.

(4) 이 사건 항공기는 1988. 3. 검사를 위하여 캔자스주 Wichita로 이동하였다. 검사 결과 항공기는 부식이 심하여 수리하는 것보다는 폐기하는 것이 경제적으로 유리하다는 것이 밝혀졌다. 원고는 이 사건 항공기를 폐기하고, 1989. 12. 19. Davis와 CFS를 상대로 (i) 하자담보책임과 기망을 이유로 한 손해배상청구, (ii) 제조물책임에 따른 손해배상을 구하는 소를 제기하였다.

(5) 제1심에서 배심단은 하자담보책임과 기망을 이유로 한 손해배상청구를 기각하고, 제조물책임에 따른 손해배상으로 54,500달러의 지급을 명

하는 평결을 하였다. 제1심 법원은 이를 받아들여 평결과 같은 내용으로 판결을 선고하였고, CFS가 이에 대하여 항소를 제기하였다.

Ⅱ. 참조 조문

1. 아칸소 제조물책임법 [Ark.Code.Ann.(1987)]

§ 4-86-102(a)

(1) 공급자는 제조물의 제조, 조립, 판매, 임대 기타 배포업에 종사하는 자이다.

(2) 제조물이 심각하게 위험한 것으로 밝혀진 결함이 있는 상태에서 공급되었다.

(3) 결함이 있는 상태가 사람이나 재산에 대한 손해에 상당한 원인이 되었다.

§ 16-116-102(3)

재판매용, 사용, 소비용을 포함하여 제조물 판매에 종사하는 모든 사람. "공급자"는 소매업자, 도매업자, 유통업자을 포함하며, 제조물의 임대, 담보신탁(bailment) 업무에 종사하는 임대인, 수탁자를 포함한다.

Ⅲ. 판시사항

(1) 항소인(CFS)은 원고가 구하는 제조물책임에 기한 손해는 이 사건 항공기에 대하여 발생한 것이므로, 제1심의 판단은 부당하다고 주장한다. 살피건대 이 사건 손해가 매매목적물인 이 사건 항공기에 대하여 발생한 것은 분명하다. 다수의 미국 법원에서 제조물책임에는 그 제조물에 대하여만 발생한 손해가 제외되지만,[1] 아칸소 주법원에서는 제조물에 대해서만 발생한 손해도 제조물책임에 포함시키고 있으므로,[2] 항소인의 주장은

---

1) East River Steamship Corp. v. Transamerica Delaval, Inc., 476 U.S. 858 (1986). 제조물책임이란 제조물에 통상적으로 기대되는 안전성을 결여한 결함으로 인하여 생명, 신체나 제조물 그 자체 외의 다른 재산에 손해가 발생한 경우에 제조업자 등에게 지우는 손해배상책임이고, 제조물에 상품적합성이 결여되어 제조물 그 자체에 발생한 손해는 제조물책임이론의 적용 대상이 아니다(대법원 1999. 2. 5. 선고 97다26593 판결).

이유 없다.

(2) 항소인은 이 사건 항공기 매매에 관하여 중개행위만 하였을 뿐, 이 사건 항공기를 매도한 것이 아님에도 제조물공급자로 인정한 것은 부당하다고 주장한다. 살피건대 이 사건 항공기의 매매대금 65,000달러에서 53,000달러를 항소인이 가져간 것에 비추어 보면, 항소인은 이 사건 항공기의 매매 당시 단순히 중개인의 역할을 한 것에 그치지 않고 이 사건 항공기의 매매에 관하여 핵심적인 이해관계를 가지고 있다고 보아야 하므로, 항소인의 주장은 이유 없다.

Ⅳ. 해 설

1. 매도인의 하자담보책임

가. 의 의

담보책임이란 매매를 비롯한 유상계약 기타 이와 동일시할 수 있는 법률관계에서 권리에 흠결이 있거나 또는 권리의 객체인 물건에 하자가 있는 경우 그 계약의 채무자(매도인 등)가 부담하는 책임을 말한다. 민법은 제569조 내지 제584조에서 매도인의 담보책임에 관하여 규정하고 있고, 제567조에서 매매 이외의 유상계약에 이를 준용하고 있으며, 증여(제559조), 공유물분할(제270조), 공동상속재산분할(제1016조 내지 제1018조) 등 유상계약 이외의 법률관계에서도 담보책임의 성립을 인정하고 있다.[3]

매도인의 담보책임은 일반적으로 '권리의 하자로 인한 담보책임'과 '물건의 하자로 인한 담보책임'으로 구별되는데, 전자는 매매의 목적인 권리에 하자가 있는 경우의 담보책임을 말하는 것으로 민법 제570조 내지 제

---

2) Blagg v. Fred Hunt Co., Inc., 272 Ark. 185, 189-190, 612 S.W.2d 321, 323-324 (1981); Santor v. A & M Karagheusian, Inc., 44 N.J. 52, 207 A.2d 305 (1965); East River Steamship Corp., 476 U.S. at 868-69, 106 S.Ct. at 2300-01; Berkeley Pump Co. v. Reed-Joseph Land Co., 279 Ark. 384, 391, 653 S.W.2d 128, 131 (1983).
3) 매도인의 하자담보 책임에 관한 규정은 그 계약의 성질이 이를 허용하지 아니하는 것이 아닌 한 다른 유상계약에도 준용된다. 대법원 1987. 7. 7. 선고 86다카2943 판결.

577조에서 규정하고 있고, 후자는 매매의 목적물 자체에 하자가 있는 경우의 담보책임을 말하는 것으로 민법 제580조 내지 제582조에서 규정하고 있으며, 이를 '하자담보책임'이라고도 한다.

나. 요 건

(1) 매매의 목적물에 하자(瑕疵)가 있을 것

무엇이 하자인가에 관하여, (i) 객관설은 일반적으로 그 종류의 물건이 보통 가지고 있는 성질이 없는 경우가 하자라고 한다. (ii) 주관설은 당사자 사이에 합의된 성질이 없으면 하자가 존재하나, 당사자의 의사가 불분명한 때에는 객관설처럼 판단할 것이라고 한다. (iii) 병존설은 물건이 본래 가지고 있어야 할 객관적 성질이 없는 경우와 매매당사자가 합의한 성질이 없는 경우가 모두 하자라고 한다.

판례는, "매매의 목적물이 거래통념상 기대되는 객관적 성질·성능을 결여하거나, 당사자가 예정 또는 보증한 성질을 결여한 경우에 매도인이 하자담보책임을 진다"[4]고 판시하였으며, 다만 물건이 통상의 품질이나 성능을 갖추고 있는 경우에도 당사자의 다른 합의가 있으면 예외가 인정된다고 판시하였다.[5]

매도인이 매수인에게 공급한 부품이 통상의 품질이나 성능을 갖추고 있는 경우, 나아가 내한성(耐寒性)이라는 특수한 품질이나 성능을 갖추고 있지 못하여 하자가 있다고 인정할 수 있기 위하여는, 매수인이 매도인에게 완제품이 사용될 환경을 설명하면서 그 환경에 충분히 견딜 수 있는 내한성 있는 부품의 공급을 요구한 데 대하여, 매도인이 부품이 그러한 품질과 성능을 갖춘 제품이라는 점을 명시적으로나 묵시적으로 보증하고 공급하였다는 사실이 인정되어야만 하고, 특히 매매목적물의 하자로 인하여 확대손해 내지 2차 손해가 발생하였다는 이유로 매도인에게 그 확대손해에 대한 배상책임을 지우기 위해서는 채무의 내용으로 된 하자 없는 목적물을 인도하지 못한 의무위반사실 외에 그러한 의무위반에 대하여 매도

---

4) 대법원 2000. 1. 18. 선고 98다18506 판결.
5) 대법원 2002. 4. 12. 선고 2000다17834 판결.

인에게 귀책사유가 인정될 수 있어야만 한다.[6]

(2) 매수인의 선의·무과실

매수인이 하자있는 것을 알았거나[7] 과실[8]로 인하여 알지 못한 때에는 매도인은 담보책임을 지지 않는다(민법 제580조 제1항 단서, 제581조 제1항).

다. 책임의 내용

(1) 목적물의 하자로 인하여 계약의 목적을 달성할 수 없는 때에는, 매수인은 계약을 해제함과 동시에 손해배상을 청구할 수 있다(민법 제580조 제1항 본문, 제581조 제1항, 제575조 제1항 제1문). 계약의 목적을 달성할 수 있는지 여부는 계약체결 당시의 모든 사정을 고려하여 매수인의 입장에서 판단하여야 한다. 하자가 목적물의 일부에만 존재하고 또 그 부분이 분리될 수 있는 경우에는 일부무효의 법리에 따라 원칙적으로 전부 해제를 할 수 있지만, 나머지 부분으로 계약의 목적을 달성할 수 있는 때에는 예외적으로 그 부분에 대하여만 해제할 수 있다. 계약이 해제되면 이행하지 않은 채무는 소멸하고 이미 이행한 급부는 서로 반환하여 원상으로 회복하여야 한다. 매수인은 손해배상을 청구할 수 있는데, 손해배상의 범위는 신뢰이익이다.

(2) 목적물의 하자가 계약의 목적을 달성할 수 없을 정도로 중대하지 않는 때에는, 매수인은 계약을 해제하지는 못하고 손해배상만 청구할 수 있다(민법 제580조 제1항 본문, 제581조 제1항, 제575조 제1항 제2문). 이 때의 손해배상도 신뢰이익의 배상인데, 거기에는 하자로 인한 가치감소분도 포함되어야 한다.

(3) 불특정물 매매(종류매매)에서는 매수인은 계약의 해제 또는 손해배상을 청구하지 않고서 하자 없는 물건, 즉 완전물의 급부를 청구할 수 있다(제581조 제2항). 민법의 하자담보책임에 관한 규정은 매매라는 유상·쌍무계약에 의한 급부와 반대급부 사이의 등가관계를 유지하기 위하여 민법

---

6) 대법원 1997. 5. 7. 선고 96다39455 판결.
7) 대법원 2003. 6. 27. 선고 2003다20190 판결.
8) 대법원 1979. 4. 24. 선고 79다827 판결.

의 지도이념인 공평의 원칙에 입각하여 마련된 것인데, 종류매매에서 매수인이 가지는 완전물급부청구권을 제한 없이 인정하는 경우에는 오히려 매도인에게 지나친 불이익이나 부당한 손해를 주어 등가관계를 파괴하는 결과를 낳을 수 있다. 따라서 매매목적물의 하자가 경미하여 수선 등의 방법으로도 계약의 목적을 달성하는 데 별다른 지장이 없는 반면 매도인에게 하자 없는 물건의 급부의무를 지우면 다른 구제방법에 비하여 지나치게 큰 불이익이 매도인에게 발생되는 경우와 같이 하자담보의무의 이행이 오히려 공평의 원칙에 반하는 경우에는, 완전물급부청구권의 행사를 제한함이 타당하다. 그리고 이러한 매수인의 완전물급부청구권의 행사에 대한 제한 여부는 매매목적물의 하자의 정도, 하자 수선의 용이성, 하자의 치유가능성 및 완전물급부의 이행으로 인하여 매도인에게 미치는 불이익의 정도 등의 여러 사정을 종합하여 사회통념에 비추어 개별적·구체적으로 판단하여야 한다.[9]

라. 과실상계

민법 제581조, 제580조에 기한 매도인의 하자담보책임은 법이 특별히 인정한 무과실책임으로서 여기에 민법 제396조의 과실상계 규정이 준용될 수는 없다 하더라도, 담보책임이 민법의 지도이념인 공평의 원칙에 입각한 것인 이상 하자 발생 및 그 확대에 가공한 매수인의 잘못을 참작하여 손해배상의 범위를 정함이 상당하다. 하자담보책임으로 인한 손해배상 사건에서 배상 권리자에게 그 하자를 발견하지 못한 잘못으로 손해를 확대시킨 과실이 인정된다면 법원은 손해배상의 범위를 정할 때 이를 참작하여야 하며, 이 경우 손해배상의 책임을 다투는 배상 의무자가 배상 권리자의 과실에 따른 상계 항변을 하지 않더라도 소송에 나타난 자료에 의하여 그 과실이 인정되면 법원은 직권으로 이를 심리·판단하여야 한다.[10]

---

9) 대법원 2014. 5. 16. 선고 2012다72582 판결.
10) 대법원 1995. 6. 30. 선고 94다23920 판결.

마. 소멸시효

(1) 매수인이 매도인에 대하여 가지는 계약해제권·손해배상청구권·완전물 급부청구권은 매수인이 목적물에 하자가 있다는 사실을 안 날로부터 6월내에 행사하여야 한다(제582조). 판례는 이 기간은 재판상 또는 재판외의 권리행사기간이고 재판상 청구를 위한 출소기간은 아니라고 한다.[11] 매도인에 대한 하자담보에 기한 손해배상청구권에 대하여는 민법 제582조의 제척기간이 적용되고, 이는 법률관계의 조속한 안정을 도모하고자 하는 데에 취지가 있다. 그런데 하자담보에 기한 매수인의 손해배상청구권은 권리의 내용·성질 및 취지에 비추어 민법 제162조 제1항의 채권 소멸시효의 규정이 적용되고, 민법 제582조의 제척기간 규정으로 인하여 소멸시효 규정의 적용이 배제된다고 볼 수 없으며, 이때 다른 특별한 사정이 없는 한 무엇보다도 매수인이 매매 목적물을 인도받은 때부터 소멸시효가 진행한다고 해석함이 타당하다.[12]

(2) 건설공사에 관한 도급계약이 상행위에 해당하는 경우 그 도급계약에 기한 수급인의 하자담보책임은 상법 제64조 본문에 의하여 원칙적으로 5년의 소멸시효에 걸리는 것으로 보아야 하고, 이때 신축건물의 하자보수에 갈음한 손해배상청구권의 소멸시효기간은 그 권리를 행사할 수 있는 때라고 볼 수 있는, 그 건물에 하자가 발생한 시점부터 진행한다.[13]

바. 상인 간의 매매에서 특칙

상인 간의 매매에서 매수인이 목적물을 수령한 때에는 지체없이 이를 검사하여 하자 또는 수량의 부족을 발견한 경우에는 즉시, 즉시 발견할 수 없는 하자가 있는 경우에는 6개월 내에 매수인이 매도인에게 그 통지를 발송하지 아니하면 그로 인한 계약해제, 대금 감액 또는 손해배상을 청구하지 못하도록 규정하고 있는 상법 제69조 제1항은 민법상 매도인의

---

11) 대법원 2003. 6. 27. 선고 2003다20190 판결.
12) 대법원 2011. 10. 13. 선고 2011다10266 판결.
13) 대법원 2013. 11. 28. 선고 2012다202383 판결.

담보책임에 대한 특칙으로서, 채무불이행에 해당하는 이른바 불완전이행으로 인한 손해배상책임을 묻는 청구에는 적용되지 않는다.[14)]

사. 착오와의 관계

민법 제109조 제1항에 의하면 법률행위 내용의 중요 부분에 착오가 있는 경우 착오에 중대한 과실이 없는 표의자는 법률행위를 취소할 수 있고, 민법 제580조 제1항, 제575조 제1항에 의하면 매매의 목적물에 하자가 있는 경우 하자가 있는 사실을 과실 없이 알지 못한 매수인은 매도인에 대하여 하자담보책임을 물어 계약을 해제하거나 손해배상을 청구할 수 있다. 착오로 인한 취소 제도와 매도인의 하자담보책임 제도는 취지가 서로 다르고, 요건과 효과도 구별된다. 따라서 매매계약 내용의 중요 부분에 착오가 있는 경우 매수인은 매도인의 하자담보책임이 성립하는지와 상관 없이 착오를 이유로 매매계약을 취소할 수 있다.[15)]

2. 대상사안의 검토

(1) 항소인은 이 사건 항공기가 파손되거나 항공기의 사용으로 상해를 입은 사람이 없다는 것을 근거로, 이 사건 항공기에 심각한 위험(unreasonably dangerous)이 있다고 판단한 배심단의 평결이 부당하다고 주장하였다. 배심단은 원고가 제출한 증거가 더 신빙성이 있다고 판단하였고, 이는 사실관계의 확정에 관한 배심단의 고유권한이므로, 항소심에서 그 결정을 번복하지 아니하였다.

(2) 제1심은 원고의 주장 중 하자담보책임과 기망에 의한 책임을 배척하였다. 이는 이 사건 항공기를 매수할 당시 항공기에 관한 전문가(Corporate Airways의 대표이사 Dan Steinman)가 원고를 대리하여 계약을 체결하였기 때문에, 원고는 매수 당시 이 사건 항공기의 상태를 잘 알고 있었다고 추정한 것으로 보인다. 만약 Corporate Airways가 수임인의 주의의무를 다 하지 아니하고, 이 사건 항공기의 상태를 제대로 파악하지

---

14) 대법원 2015. 6. 24. 선고 2013다522 판결.
15) 대법원 2018. 9. 13. 선고 2015다78703 판결.

못한 상태에서 원고에게 위 항공기의 매수를 주선하였다면, 원고는 수임인을 상대로 손해배상을 청구할 수 있다.

(3) 대상사안에서 법원은 항소인이 단순한 중개인에 그치지 않고, 이 사건 항공기의 수리와 보관에 직접 관여하였고, 이 사건 항공기의 매매대금 중 81.5%에 해당하는 53,000달러를 차지한 것을 근거로, 제조물의 판매자로 인정하였다.

[10] 항공기에 부착된 항공기 엔진에 대한 소유권 인정 여부

인천지방법원 2019. 2. 27. 선고 2017가단222701 판결

Ⅰ. 사실관계

(1) G(대한민국 법인)는 이 사건 항공기(종류: 제트기, 국적 및 등록마트: HS-SSA, 기종: B767-222, 제조사: 보잉)의 소유자이고, 원고 N은 G에 대하여 금전소비대차계약 공정증서에 기한 금전채권을 가지고 있다. N은 2009. 7. 위 공정증서(청구금액 24,306,344,924원)을 집행권원으로 하여 이 사건 항공기에 대하여 인천지방법원 2009본5840호로 강제집행을 신청하였다.

(2) 집행관은 2015. 12. 4. 제1차 경매기일을 '2015. 12. 29.'로 정하여 이해관계인에게 통지하였다. 호가경매(呼價競賣)로 진행된 제1차 경매기일(2015. 12. 29.), 제2차 경매기일(2016. 1. 27.), 제3차 경매기일(2016. 3. 23.), 제4차 경매기일(2016. 5. 11.), 제5차 경매기일(2016. 7. 13.)에서는 모두 적법한 매수신청이 없어서 유찰되었다.

(3) 제6차 경매기일인 2016. 10. 5. SAK가 최고가에 매수신청을 하였다. 집행관은 최고액을 3회 부른 후, 신청인의 이름·매수신청의 액·그에게 매수를 허가한다는 취지를 고지하였다.

(4) 집행관은 배당협의기일을 2016. 11. 10. 11:00로 정하여 통지하였고, 매각대금 중 집행비용을 공제한 나머지 금원을 채권자들에게 각 배당하는 내용으로 배당계산서를 작성하였다. 위 배당협의기일에서 채권자 N은 채권자 인천국제공항공사, M화재해상보험, 피고 JS(싱가포르 법인)에 대한 배당액 전액에 관하여 배당협의에 대한 이의를 신청하였다.

(5) 집행관은 배당할 금원을 인천지방법원 공탁관에게 공탁한 후, 2016. 11. 16. 인천지방법원 2016타배879호로 배당액 공탁사유를 신고하였으며, 2017. 5. 24. 배당기일이 진행되었다.[1] 배당기일에서 집행법원은

집행비용을 공제한 나머지 금액을, N에게 115,632,570원, 인천국제공항공사에게 19,305,288원, M에게 6,656,483원, 피고 JS에게 압류권자(법무법인 동인 2008. 11. 17. 작성 2008년 증서 제288호 약속어음 공정증서, '이하 공정증서')로서 34,313,452원 및 가압류권자(인천지방법원 2009카합414호)로서 51,446,281원을 각 배당하였다.

(6) 위 배당기일에서 N은 나머지 채권자들에 대한 배당액 전액에 관하여 이의를 제기하였고, 2017. 5. 30. 인천지방법원 2017가단222701호로 배당이의의 소를 제기하였다.

II. 참조 조문

1. 민 법

> **제100조(주물, 종물)** ① 물건의 소유자가 그 물건의 상용에 공하기 위하여 자기소유인 다른 물건을 이에 부속하게 한 때에는 그 부속물은 종물이다.
> ② 종물은 주물의 처분에 따른다.
> **제257조(동산간의 부합)** 동산과 동산이 부합하여 훼손하지 아니하면 분리할 수 없거나 그 분리에 과다한 비용을 요할 경우에는 그 합성물의 소유권은 주된 동산의 소유자에게 속한다. 부합한 동산의 주종을 구별할 수 없는 때에는 동산의 소유자는 부합 당시의 가액의 비율로 합성물을 공유한다.

2. 국제사법

> **제19조(물권의 준거법)** ① 동산 및 부동산에 관한 물권 또는 등기하여야 하는 권리는 그 목적물의 소재지법에 의한다.
> ② 제1항에 규정된 권리의 득실변경은 그 원인된 행위 또는 사실의 완성 당시 그 목적물의 소재지법에 의한다.

---

1) 같은 날 매각된 다른 항공기에 대하여는 동일한 당사자들 사이에서 인천지방법원 2016타배880호로 배당절차가 진행되었고, N이 다른 채권자들에 대하여 배당이의를 제기한 후, 2017. 5. 30. 인천지방법원 2017가단222695호로 배당이의의 소를 제기하였다.

제20조(운송수단) 항공기에 관한 물권은 그 국적소속국법에 의하고, 철도차량에 관한 물권은 그 운행허가국법에 의한다.

Ⅲ. 판시사항

피고 JS 제출의 증거만으로는 이 사건 항공기에 부착된 엔진이 SB 유한회사 소유임을 인정하기에 부족하고 달리 이를 인정할 증거가 없으며, 설령 이 사건 항공기에 부착된 엔진이 SB의 소유에 속한다 하더라도 그 엔진의 매각대금이나 그로부터 배당받을 수 있는 피고 JS의 구체적인 배당액에 대한 아무런 주장·증명도 없으므로, 피고 JS의 주장은 이유 없다.

Ⅳ. 해 설

1. 당사자의 주장

가. 원고 N의 주장

피고 JS는 집행채무자인 G에 대한 채권자가 아님에도 배당액을 인정받았으므로 피고 JS에 대한 배당액은 삭제되어야 한다.

나. 피고 JS의 주장

이 사건 항공기에 부착된 엔진의 소유권은 G가 아니라 SB에 속하므로, 피고 JS는 SB에 대한 채권자로서 이 사건 배당절차에서 정당하게 배당받을 권리가 있다.

2. 항공기 엔진의 법적 성질

가. 케이프타운 협약과 의정서

(1) 사법통일을 위한 국제연구소(UNIDROIT)는 ICAO와 공동으로 국제적으로 이동하는 장비(항공기, 철도차량과 우주자산)에 대한 국제적 권리에 관한 협약을 제정하기 위한 작업을 추진하였고, 마침내 2001. 10. 29.부터

11. 16.까지 남아프리카공화국에서 개최된 외교회의에서 '이동장비에 대한 국제적 권리에 관한 협약 및 항공기 의정서(Convention on International Interests in Mobile Equipment and Aircraft Protocol, 케이프타운 협약과 의정서)'를 채택하였다.[2]

(2) 케이프타운 협약과 의정서에 의하면 항공기에 대한 권리는 엔진에 미친다[의정서 Article I 제2항(c)]. 엔진에 대한 소유권 기타 권리는 엔진을 항공기에 설치하거나 항공기로부터 분리하는 것에 의하여 영향을 받지 아니한다(의정서 Article XIV 제3항). 따라서 엔진은 항공기에 부합하지 않고 엔진에 대한 소유자 또는 임대인은 엔진의 설치에도 불구하고 여전히 권리를 보유한다. 이는 항공기 엔진은 고가이고, 이동성이 있는 독립한 단위로서 항공기 기체(機體)와는 독립하여 금융의 대상이 되기도 하며, 항공기 사이에 엔진이 통상적으로 교환되는 점을 반영한 것이다. 이 점에서 항공기 의정서는 부합의 법리(doctrine of accession)에 따른 권리이전(title transfer)의 원칙이 아니라 권리추급(title-tracking)의 원칙을 취한 것이다. 다만 분리된 엔진을 매수한 자와 항공기의 소유자·임대인 사이의 우열은 협약(제29조)에 의한다.

나. 견해의 대립

(1) 항공기 엔진을 훼손하거나 과다한 비용을 지출하지 않고서도 항공기에서 분리할 수 있고, 항공기 엔진이 항공기로부터 분리되어 독립된 동산으로 거래될 때에 보통의 동산과 같이 취급하여야 하는바, 항공기에 부착된 엔진은 항공기 부합물이나 종물이 아니므로, 유체동산의 집행대상이 될 수 있다는 견해가 있다.[3]

(2) 항공기의 엔진은 법률상·사실상 항상 항공기와 함께 처분되는 것

---

2) 이강빈, "케이프타운 협약 및 의정서상 항공기 장비의 국제담보권에 관한 법적 제도", 항공우주정책·법학회지 제22권 제1호(2007. 6.), 129-130면. 케이프타운 협약 및 의정서에 관한 자세한 논의는 석광현, "항공기에 대한 국제적 담보거래 -케이프타운협약과 항공기의정서를 중심으로-", 국제거래법연구 제12집(2004); 석광현·조영균, "국제 항공기금융에 관한 법적 문제점", Business, Finance & Law 제18호(2006. 7.).
3) 인천지방법원 2010. 11. 26.자 2010타기2797 결정.

은 아니고 엔진이 부착된 항공기로부터 독립하여 다른 항공기에 설치될 수 있다. 항공기의 엔진은 항공기 가격의 상당부분을 차지하는데, 물건의 개념에 관한 민법의 일반이론으로는 항공기의 범위를 정하기에 적절하지 않으므로, 현행법상으로도 그에 대한 체계적인 법률적 취급을 위하여 엔진에 대한 별도의 등록제도를 도입하거나, 항공기의 범위를 명확히 함으로써 소유권 또는 저당권 등 항공기에 대한 물권관계를 명확히 할 필요가 있다는 견해도 제기된다.4)

(3) 이에 대해 우리 물권법의 일반원칙과 모순될 뿐 아니라 굳이 엔진만을 분리하여 취급할 이유가 없다는 반대견해도 있다.5)

다. 검 토

(1) 케이프타운 협약과 의정서를 비준하지 아니함

우리나라는 케이프타운 협약과 의정서를 비준하지 않았고, 항공기등록 관련 법령상 항공기의 엔진은 등록할 근거도 없고 실제로도 항공기등록원부에 등록되지 않는다. 우리나라 법상 항공기는 여러 개의 물건이 각 개성을 잃지 않고 결합하여 단일한 형체를 이루는 합성물(合成物)로서 법률상 단일물과 동일하게 1개의 물건으로 취급된다. 또한 이 사건 항공기의 등록국인 태국도 아직까지 케이프타운 협약과 의정서를 비준하지 아니하였다.

(2) 부속물

물건은 특별한 규정이 없는 한 민법 제98조, 제99조에 의하여 결정되는 규범적 개념으로서, 엔진을 항공기 본체에서 분리할 경우 어느 것도 독립적인 기능을 할 수 없는 점에 비추어 보면, 항공기는 엔진을 포함하여 하나의 물건에 해당한다.6) 회전익 항공기에 부착되어 있는 엔진은 원

---

4) 석광현, "항공기에 대한 국제적 담보거래 ‐케이프타운 협약과 항공기 의정서를 중심으로‐", 국제거래법연구 제12집(2004), 192면.

5) 강인철, "운송장비의 국제담보권에 관한 협약," 저스티스 제32권 제3호(1999. 9.), 130면.

6) 건설기계관리법 시행령 제2조 [별표 1] 제25호가 준설선을 선박 부분과 준설기계 부분을 포함한 하나의 물건으로 규정하고 있는 점, 이 사건 준설선의 선박 부분과 준설기계

칙적으로 항공기를 구성하는 부속물로서 합성물인 항공기의 일부이므로 독립한 물건이라고 볼 수 없다. 특히 회전익 항공기의 엔진은 케이프타운 협약과 의정서에서도 독립한 물건으로 취급하지 아니한다. 그러므로 항공기 엔진을 독립한 물건으로 보고 독립한 물권설정이 가능하도록 규정하고 있는 케이프타운 협약과 의정서를 비준하지 아니한 우리나라에서는 항공기 엔진에 대하여 독립한 물권을 설정할 수 없다.

(3) 종 물

(가) 부합 여부

어떠한 동산이 부동산에 부합(附合)된 것으로 인정되기 위해서는 그 동산을 훼손하거나 과다한 비용을 지출하지 않고서는 분리할 수 없을 정도로 부착·합체되었는지 여부 및 그 물리적 구조, 용도와 기능면에서 기존 부동산과는 독립한 경제적 효용을 가지고 거래상 별개의 소유권의 객체가 될 수 있는지 여부 등을 종합하여 판단하여야 한다.[7] 선박에 장치된 선박용 발동기는 그 발동기만을 분리하여 매도되거나 양도담보로 제공되는 수가 많으므로 부합물이 아니라 종물이고,[8] 선박소유자 아닌 사람이 구입하여 선박에 비치한 나침판과 쌍안경은 이를 선박으로부터 분리함에 있어 훼손이나 비용을 요하지 아니하면, 민법상 부합의 원리에 따라 그 소유권이 선박소유자에게 귀속된다고 볼 수 없다.[9]

(나) 항공기 엔진은 항공기의 종물임

제트비행기에 사용되는 항공기 엔진은 항공기 기체에서 이를 분리할 때 엔진을 훼손하거나 과다한 비용을 지출하지 않고서도 항공기에서 분리할 수 있기 때문에 부합물이라고 보기는 어렵다. 그러나 항공기는 엔진이 없다면 항공기로서 기능을 수행할 수 없고, 엔진은 항공기의 부속품 중

부분이 일체로 제작되어 있어서 분리할 경우 어느 것도 독립적인 기능을 할 수 없는 점 등에 비추어 보면, 이 사건 준설선은 하나의 물건이다. 대법원 2015. 9. 15. 선고 2015다204878 판결.

7) 대법원 2007. 7. 27. 선고 2006다39270 판결.
8) 대법원 1965. 3. 9. 선고 64다1793 판결; 민법 주해 V, 502면.
9) 대법원 1980. 3. 25. 선고 79도3139 판결.

가장 중요한 구성요소이므로, 엔진은 주물(主物)인 항공기 기체의 상용에 공하기 위하여 기체에 부속하게 한 종물(從物)로 보아야 한다.

(4) 스페어 엔진

스페어 엔진은 독립한 물건으로서 동산에 해당하므로, 동산집행의 방법에 의하여 집행한다.[10)

3. 대상사안의 검토

대상사안에서 법원은 이 사건 항공기(제트비행기)에 부착된 엔진에 대하여 독립한 소유권의 객체가 될 수 없다고 판시하였는바, 항공기에 부착된 엔진에 대한 소유권을 공시하는 제도가 없는 우리나라의 상황에서는 타당한 결론이라고 생각한다.

---

10) 권창영, "항공기집행에 관한 법리", 항공우주정책법학회지 제30권 제2호(2015. 12.), 96 면. 스페어 엔진에 대하여 유치권을 행사한 사례로는 대법원 2015. 2. 26. 선고 2014다 17220 판결.

제 2 장

항공기 제한물권과
임대차

[11] 항공기에 대한 유치권

대법원 2014. 4. 10. 선고 2011다29291 판결

I. 사실관계

(1) 원고는 B767-222형 제트기 2대(이 사건 항공기)의 소유자로서 SSA 주식회사에게 이 사건 항공기를 임대해 주었다.

(2) SSA와 그의 대한민국 현지 법인인 주식회사 ATA는 피고(인천국제공항공사)와 사이에 피고가 관리·운영하는 인천국제공항시설 사용에 따른 공항시설사용료 계약과 여객터미널 및 탑승동 내 사무실을 사용하기 위한 업무용시설 임대차계약을 체결한 후 이 사건 항공기를 운항하면서 인천국제공항시설을 이용하였다.

(3) SSA와 ATA가 피고에게 공항시설 사용료와 차임을 납부하지 않자, 피고는 원고에게 위 사용료 및 차임 채권, 냉·난방료, 상수도료, 중수도료, 하수도료, 급수시설사용료, 청소료, 방역료, 국제여객공항이용료, 착륙료, 조명료, 정류료, 수하물처리시설사용료, 탑승교사용료, 계류장사용료, 환승검색료, AC GPS 전력사용료, AC GPS 시설사용료, PCAir 사용료, PCAir 시설사용료, Portable Water 사용료, 관광진흥기금, 항행안전시설사용료, 국제빈곤퇴치기여금 채권에 기하여 이 사건 항공기에 대하여 유치권을 행사한다고 통보하였다.

II. 참조 조문

1. 민 법

제320조(유치권의 내용) ① 타인의 물건 또는 유가증권을 점유한 자는 그 물건이나 유가증권에 관하여 생긴 채권이 변제기에 있는 경우에는 변제를 받을 때까지 그 물건 또는 유가증권을 유치할 권리가

있다.

② 전항의 규정은 그 점유가 불법행위로 인한 경우에 적용하지 아니한다.

제321조(유치권의 불가분성) 유치권자는 채권전부의 변제를 받을 때까지 유치물전부에 대하여 그 권리를 행사할 수 있다.

제322조(경매, 간이변제충당) ① 유치권자는 채권의 변제를 받기 위하여 유치물을 경매할 수 있다.

② 정당한 이유있는 때에는 유치권자는 감정인의 평가에 의하여 유치물로 직접 변제에 충당할 것을 법원에 청구할 수 있다. 이 경우에는 유치권자는 미리 채무자에게 통지하여야 한다.

제323조(과실수취권) ① 유치권자는 유치물의 과실을 수취하여 다른 채권보다 먼저 그 채권의 변제에 충당할 수 있다. 그러나 과실이 금전이 아닌 때에는 경매하여야 한다.

② 과실은 먼저 채권의 이자에 충당하고 그 잉여가 있으면 원본에 충당한다.

제324조(유치권자의 선관의무) ① 유치권자는 선량한 관리자의 주의로 유치물을 점유하여야 한다.

② 유치권자는 채무자의 승낙없이 유치물의 사용, 대여 또는 담보제공을 하지 못한다. 그러나 유치물의 보존에 필요한 사용은 그러하지 아니하다.

③ 유치권자가 전 2항의 규정에 위반한 때에는 채무자는 유치권의 소멸을 청구할 수 있다.

제325조(유치권자의 상환청구권) ① 유치권자가 유치물에 관하여 필요비를 지출한 때에는 소유자에게 그 상환을 청구할 수 있다.

② 유치권자가 유치물에 관하여 유익비를 지출한 때에는 그 가액의 증가가 현존한 경우에 한하여 소유자의 선택에 좇아 그 지출한 금액이나 증가액의 상환을 청구할 수 있다. 그러나 법원은 소유자의 청구에 의하여 상당한 상환기간을 허여할 수 있다.

제326조(피담보채권의 소멸시효) 유치권의 행사는 채권의 소멸시효의 진행에 영향을 미치지 아니한다.

제327조(타담보제공과 유치권소멸) 채무자는 상당한 담보를 제공하고 유치권의 소멸을 청구할 수 있다.

제328조(점유상실과 유치권소멸) 유치권은 점유의 상실로 인하여 소멸한다.

2. 상 법

제58조(상사유치권) 상인간의 상행위로 인한 채권이 변제기에 있는 때에는 채권자는 변제를 받을 때까지 그 채무자에 대한 상행위로 인하여 자기가 점유하고 있는 채무자소유의 물건 또는 유가증권을 유치할 수 있다. 그러나 당사자간에 다른 약정이 있으면 그러하지 아니하다.

3. 민사집행법

제274조(유치권 등에 의한 경매) ① 유치권에 의한 경매와 민법·상법, 그 밖의 법률이 규정하는 바에 따른 경매(이하 "유치권등에 의한 경매"라 한다)는 담보권 실행을 위한 경매의 예에 따라 실시한다.
② 유치권 등에 의한 경매절차는 목적물에 대하여 강제경매 또는 담보권 실행을 위한 경매절차가 개시된 경우에는 이를 정지하고, 채권자 또는 담보권자를 위하여 그 절차를 계속하여 진행한다.
③ 제2항의 경우에 강제경매 또는 담보권 실행을 위한 경매가 취소되면 유치권 등에 의한 경매절차를 계속하여 진행하여야 한다.

Ⅲ. 판시사항

피고가 이 사건 항공기에 대한 유치권의 피담보채권으로 주장하고 있는 이 사건 각 채권의 발생원인·성격 및 비용부담의 주체 등에 비추어 보면, 이 사건 각 채권 중 SSA에 대한 건물임대료 채권은 이 사건 항공기 운항을 위하여 임차한 사무실에 대한 사용료에 해당할 뿐이고, 나머지 채권 또한 이 사건 항공기 자체로부터 발생한 채권이 아니라 항공기의 운항을 위하여 지출된 비용에 대한 것일 뿐이어서, 이 사건 각 채권과 항공기 사이의 견련관계를 인정할 수 없으므로 이 사건 각 채권을 피담보채권으로 하는 이 사건 항공기에 대한 피고의 유치권은 존재하지 않는다.

IV. 해 설

1. 유치권

가. 의 의

(1) 민법상 유치권(留置權)이란 '타인의 물건 또는 유가증권을 점유한 자가 그 물건이나 유가증권에 관하여 생긴 채권을 가지는 경우에 그 채권을 변제받을 때까지 그 물건 또는 유가증권을 유치할 권리'를 말하고(민법 제320조 제1항), 상사유치권은 '상인간의 상행위로 인한 채권이 변제기에 있는 때에는 채권자는 변제를 받을 때까지 그 채무자에 대한 상행위로 인하여 자기가 점유하고 있는 채무자소유의 물건을 유치할 수 있는 권리'를 말한다(상법 제58조).[1]

(2) 유치권 제도는 목적물 점유자에게 일정 요건 하에 '유치권'이라는 법정담보물권의 성립을 인정함으로써 '채권자 평등의 원칙'을 깨뜨려 목적물 점유자의 채권을 특히 보호하고자 인정된 것이다.[2] 이러한 유치권이 인정되는 경우 물건의 소유자는 유치권자의 피담보채권을 변제하지 않는 한 그 물건이나 유가증권을 찾아오지 못하게 되므로 그 채권의 변제가 간접적으로 강제된다. 유치권은 대부분의 경우에 사실상 최우선순위의 담보권으로 작용하여, 유치권자는 자신의 채권을 목적물의 교환가치로부터 일반채권자는 물론 저당권자 등에 대하여도 그 성립의 선후를 불문하여 우선적으로 자기 채권의 만족을 얻을 수 있게 된다. 이와 같이 유치권제도는 "시간에서 앞선 사람은 권리에서도 앞선다"는 일반적 법원칙의 예외로 인정되는 것으로서, 특히 부동산담보거래에 일정한 부담을 주는 것을 감수하면서 마련된 것이다.[3]

(3) 제한물권은 이해관계인의 이익을 부당하게 침해하지 않는 한 자유로이 포기할 수 있는 것이 원칙이다. 유치권은 채권자의 이익을 보호하기

---

[1] 이외에도 상법 제91조(대리상의 유치권), 제111조(위탁매매인의 유치권), 제113조(준위탁매매인의 유치권), 제120조(운송주선인의 유치권), 제147조(운송인의 유치권) 등이 있다.
[2] 곽윤직, 물권법(민법강의 II), 제7판, 박영사(2005년), 282~283면.
[3] 대법원 2011. 12. 22. 선고 2011다84298 판결.

위한 법정담보물권으로서, 당사자는 미리 유치권의 발생을 막는 특약을 할 수 있고 이러한 특약은 유효하다. 유치권 배제 특약이 있는 경우 다른 법정요건이 모두 충족되더라도 유치권은 발생하지 않는데, 특약에 따른 효력은 특약의 상대방뿐 아니라 그 밖의 사람도 주장할 수 있다.[4]

나. 피담보채권

(1) 유치권의 피담보채권은 '그 물건에 관하여 생긴 채권'이어야 한다.[5] 항공기 외부 도장작업을 마친 회사는 도장작업료를 피담보채권으로 하여 항공기에 대하여 유치권이 있다.[6] 또한 항공기 리모델링 및 수리비 채권도 유치권의 피담보채권이 될 수 있다.[7]

(2) 상사유치권은 민사유치권의 성립요건을 변경·완화하여 채권자보호를 강화함으로써 계속적 신용거래를 원활·안전하게 하기 위하여 당사자 사이의 합리적인 담보설정의사를 배경으로 하여 추인된 법정담보물권으로, 민사유치권과 달리 목적물과 피담보채권 사이의 개별적인 견련관계를 요구하지 않는 대신 유치권의 대상이 되는 물건을 '채무자 소유의 물건'으로 한정하고 있어 이러한 제한이 없는 민사유치권과는 차이가 있으나, 민사유치권과 마찬가지로 그 목적물을 동산에 한정하지 않고 '물건 또는 유가증권'으로 규정하고 있는 점에 비추어 보면 상사유치권의 대상이 되는 '물건'에는 부동산도 포함된다.[8]

다. 점 유

민법 제320조에서 규정한 유치권의 성립요건이자 존속요건인 점유는 물건이 사회 통념상 그 사람의 사실적 지배에 속한다고 보이는 객관적 관

---

4) 대법원 2018. 1. 24. 선고 2016다234043 판결.
5) 대법원 2013. 10. 24. 선고 2011다44788 판결. 건물의 옥탑, 외벽 등에 설치된 간판의 경우 일반적으로 건물의 일부가 아니라 독립된 물건으로 남아 있으면서 과다한 비용을 들이지 않고 건물로부터 분리할 수 있는 것이 충분히 있을 수 있고, 그러한 경우에는 특별한 사정이 없는 한 간판 설치공사 대금채권을 그 건물 자체에 관하여 생긴 채권이라고 할 수 없다.
6) 서울남부지방법원 2013. 7. 18. 선고 2012가합474, 2013가합9483 판결.
7) 대법원 2015. 2. 26. 선고 2014다17220 판결.
8) 대법원 2013. 5. 24. 선고 2012다39769 판결.

계에 있는 것을 말하고, 이때 사실적 지배는 반드시 물건을 물리적·현실적으로 지배하는 것에 국한하는 것이 아니라 물건과 사람과의 시간적·공간적 관계와 본권 관계, 타인 지배의 배제 가능성 등을 고려하여 사회관념에 따라 합목적적으로 판단하여야 하고,[9] 위 규정의 점유에는 직접점유뿐만 아니라 간접점유도 포함된다.[10]

라. 증명책임

소극적 확인소송에서는 원고가 먼저 청구를 특정하여 채무발생원인 사실을 부정하는 주장을 하면 채권자인 피고는 권리관계의 요건사실에 관하여 주장·증명책임을 부담하므로, 유치권 부존재 확인소송에서 유치권의 요건사실인 유치권의 목적물과 견련관계 있는 채권의 존재에 대해서는 피고가 주장·증명하여야 한다.[11]

근저당권자는 유치권 신고를 한 사람을 상대로 유치권 전부의 부존재뿐만 아니라 경매절차에서 유치권을 내세워 대항할 수 있는 범위를 초과하는 유치권의 부존재 확인을 구할 법률상 이익이 있고, 심리 결과 유치권 신고를 한 사람이 유치권의 피담보채권으로 주장하는 금액의 일부만이 경매절차에서 유치권으로 대항할 수 있는 것으로 인정되는 경우에는 법원은 특별한 사정이 없는 한 그 유치권 부분에 대하여 일부패소의 판결을 하여야 한다.[12]

마. 대항력

(1) 부동산에 관하여 경매개시결정등기가 된 뒤에 비로소 점유를 이전받아 유치권을 취득한 사람은 경매절차에서 그의 유치권을 주장할 수 없다.[13] 유치권의 성립요건인 유치권자의 점유는 직접점유이든 간접점유이든 관계없지만, 유치권자는 채무자 또는 소유자의 승낙이 없는 이상 그

---

9) 대법원 2009. 9. 24. 선고 2009다39530 판결.
10) 대법원 2013. 10. 24. 선고 2011다44788 판결.
11) 대법원 2016. 3. 10. 선고 2013다99409 판결.
12) 대법원 2016. 3. 10. 선고 2013다99409 판결.
13) 대법원 2005. 8. 19. 선고 2005다22688 판결.

목적물을 타인에게 임대할 수 있는 권한이 없으므로(민법 제324조 제2항), 유치권자의 그러한 임대행위는 소유자의 처분권한을 침해하는 것으로서 소유자에게 그 임대의 효력을 주장할 수 없다. 따라서 소유자의 승낙 없는 유치권자의 임대차에 의하여 유치권의 목적물을 임차한 자의 점유는 민사집행법 제136조 제1항 단서에서 규정하는 '매수인에게 대항할 수 있는 권원'에 기한 것이라고 볼 수 없다.[14]

(2) 목적물에 관하여 채권이 발생하였으나 채권자가 목적물에 관한 점유를 취득하기 전에 그에 관하여 저당권 등 담보물권이 설정되고 이후에 채권자가 목적물에 관한 점유를 취득한 경우 채권자는 다른 사정이 없는 한 그와 같이 취득한 민사유치권을 저당권자 등에게 주장할 수 있다.[15] 또한 가압류등기 또는 체납처분압류등기가 되어 있는 부동산에 관하여 경매개시결정등기가 되기 전에 민사유치권을 취득한 사람은 경매절차의 매수인에게 유치권으로 대항할 수 있다.[16]

(3) 체납처분압류가 되어 있는 부동산이라고 하더라도 그러한 사정만으로 경매절차가 개시되어 경매개시결정등기가 되기 전에 부동산에 관하여 민사유치권을 취득한 유치권자가 경매절차의 매수인에게 유치권을 행사할 수 없다고 볼 것은 아니다.[17]

(4) 채무자 소유의 부동산에 관하여 이미 선행저당권이 설정되어 있는 상태에서 채권자의 상사유치권이 성립한 경우, 상사유치권자는 채무자 및 그 이후 그 채무자로부터 부동산을 양수하거나 제한물권을 설정 받는 자에 대해서는 대항할 수 있지만, 선행저당권자 또는 선행저당권에 기한 임의경매절차에서 부동산을 취득한 매수인에 대한 관계에서는 그 상사유치권으로 대항할 수 없다.[18]

(5) 유치권제도와 관련하여서는 거래당사자가 유치권을 자신의 이익을 위하여 고의적으로 작출함으로써 유치권의 최우선순위담보권으로서의 지

---

14) 대법원 2017. 2. 8.자 2015마2025 결정.
15) 대법원 2014. 12. 11. 선고 2014다53462 판결.
16) 대법원 2014. 4. 10. 선고 2010다84932 판결.
17) 대법원 2014. 3. 20. 선고 2009다60336 전원합의체 판결.
18) 대법원 2013. 3. 28. 선고 2012다94285 판결.

위를 부당하게 이용하고 전체 담보권질서에 관한 법의 구상을 왜곡할 위험이 내재한다. 따라서 개별 사안의 구체적인 사정을 종합적으로 고려할 때 신의성실의 원칙에 반한다고 평가되는 유치권제도 남용의 유치권 행사는 허용될 수 없다.[19]

2. 유치권에 기한 형식적 경매

가. 의 의

유치권자는 유치권에 기한 형식적 경매신청권이 있으므로,[20] 임의경매에서 말하는 담보권자에는 해당하지 아니한다. 강제경매와 담보권실행을 위한 경매는 채권자가 자기채권의 만족을 얻기 위하여 실행한다는 의미에서 실질적 경매라고 부르고, 이에 대응하여 재산의 가격보존 또는 정리를 위한 경매를 보통 형식적 경매라고 부른다. 민법·상법, 그 밖의 법률이 규정하는 바에 따른 경매를 흔히 협의의 형식적 경매라 부르고 여기에 유치권에 의한 경매를 포함시켜 광의의 형식적 경매라고 부르는 것이 일반적이다.[21]

민사집행법(이하 '법') 제274조는 제1항에서 형식적 경매도 담보권 실행을 위한 경매의 예에 따라 실시하도록 하고, 제2항에서 강제경매나 임의경매 우선의 원칙을 규정하고 있으며, 제3항에서 형식적 경매도 이중경매 신청과 유사하게 취급하고 있다. 담보권실행을 위한 경매는 목적재산의 종류에 따라 그 절차를 달리하므로 형식적 경매의 절차도 목적재산의 종류에 따라 달라진다. 따라서 형식적 경매의 목적물이 항공기라면 항공기 경매절차(법 제269조, 제270조)의 예에 따라 실시하여야 한다.

---

19) 대법원 2014. 12. 11. 선고 2014다53462 판결.
20) 차문호, "유치권에 기한 경매", 21세기 민사집행의 현황과 과제(김능환 대법관 화갑기념), 민사집행법연구회(2011), 602~603면.
21) 유치권에 의한 경매를 단순하게 환가를 위한 형식적 경매로 파악하기 곤란하고, 상속재산의 환가를 위한 경매와 같이 채무의 청산을 위한 형식적 경매로 이해하는 것이 타당하다는 견해로는 신국미, "유치권에 의한 경매(민법 제322조)에 관한 의문", 재산법연구 제25권 제1호(2008. 6.), 90면.

나. 경매의 신청

(1) 형식적 경매의 신청도 서면에 의하여 법원에 하여야 한다. 이때 형식적 경매의 성격을 반영하여 경우에 따라서는 신청서의 기재사항 중 채권자·채무자·소유자는 신청인·상대방으로, 담보권과 피담보채권의 표시는 경매신청권의 표시 등으로 바꾸어 기재하여야 한다.

유치권에 의한 경매신청의 경우에는 유치권의 피담보채권의 채무자와 경매목적물의 소유자가 다른 경우가 있다. 강제경매 또는 담보권 실행을 위한 경매절차에서 매수한 목적물에 관하여 전소유자에 대한 공사대금채권으로 매수인에 대하여 유치권을 주장하는 경우 매수인은 민사집행법 제91조 제5항에 의하여 유치권자에게 그 유치권으로 담보하는 채권을 변제할 책임이 있으나 인적 채무까지 인수하는 것은 아니다.[22] 즉 매수인은 유치권자에게 채무자의 채무와는 별개의 독립한 채무를 부담하는 것이 아니라 단지 채무자의 채무를 변제할 책임을 부담하는 것이다.[23] 이러한 경우에는 임의경매에서 채무자와 소유자가 다른 경우에 준하여, 채권자·채무자·소유자로 신청서에 기재하면 된다.

(2) 항공기에 대한 담보권 실행을 위한 경매에는 부동산에 관한 담보권 실행을 위한 경매절차가 상당부분 준용되므로(법 제269조, 제270조), 형식적 경매의 신청서에는 '유치권의 존재 또는 협의의 형식적 경매의 신청권이 있다는 것을 증명하는 서류'를 첨부하여야 한다(법 제264조 제1항, 제274조 제1항). 유치권에 의한 경매의 경우 유치권의 존재를 증명하는 서류로는 유치권의 존재에 관한 확인판결(이유란에 기재된 것이라도 무방하다)이나 공정증서 등이 있으면 가장 확실하겠지만, 이러한 서류가 아니더라도 집행기관에 대하여 유치권의 존재를 증명할 수 있는 서류라고 인정될 수 있으면 충분하다.[24] 따라서 이 서류는 사문서라도 무방하다. 한편 채권이 변제기에 이르지 않을 때에는 유치권이 성립되지 아니하므로(민법 제320조

---

22) 대법원 1996. 8. 23. 선고 95다8713 판결.
23) 대법원 2009. 9. 24. 선고 2009다39530 판결.
24) 대법원 2012. 1. 20.자 2011마2349 결정.

제1항),²⁵⁾ 채권이 변제기에 있다는 것은 유치권에 의한 경매의 실체상 적법요건이지만 담보권 실행의 경우와 마찬가지로 이것을 증명하는 서류를 신청서에 첨부할 필요는 없다.

다. 경매절차의 개시

형식적 경매의 절차를 개시하는 방법 역시 담보권 실행의 절차의 예에 따른다. 따라서 항공기의 경우에는 법원은 당사자의 신청에 따라 경매개시결정을 하고 동시에 그 항공기의 압류를 명하여야 하며(법 제274조 제1항, 제268조, 제83조 제1항), 또한 담보권 실행의 예에 따라 경매개시결정 등록을 촉탁할 필요가 있다(법 제274조 제1항, 제268조, 제94조 제1항). 등록의 효력에 관하여는 다툼이 있다. 형식적 경매에서 압류에 처분제한의 효력을 인정하지 않는 견해에 의하면 이 등록은 단순히 절차의 개시를 공시하는 효력을 가짐에 그친다고 한다.²⁶⁾ 그러나 형식적 경매에서 압류에도 처분제한의 효력을 인정하는 견해에 의하면, 이 등록도 담보권 실행에서 등록과 마찬가지로 처분제한의 등록으로서의 성질을 같이 가지고 있는 것으로 풀이된다.²⁷⁾ 형식적 경매절차에서도 그 예에 의하여 유치권의 부존재 또는 소멸을 이유로 하여 개시결정에 대한 이의를 할 수 있다.

라. 현금화와 매각조건

(1) 소멸주의와 인수주의

부동산에 관한 담보권 실행을 위한 경매에서는 부동산 위에 존재하는 제한물권 등의 부담은 매수인이 인수하는 것(인수주의)이 아니라 매각에 의하여 소멸하는 것이 원칙(소멸주의)이다(법 제268조, 제91조 제2항, 제3항, 제4항). 그러나 형식적 경매의 경우에도 위 소멸주의가 적용되는가에 관하

---

25) 대법원 2011. 10. 13. 선고 2011다55214 판결.
26) 深澤利一, 民事執行の實務(中), 新日本法規(2007), 874면; 浦野雄幸, 條解民事執行法, 商事法務研究會(1985), 893면.
27) 법원실무제요 민사집행 II, 법원행정처(2014), 814면; 주석 민사집행법 VI, 제3판, 한국사법행정학회(2012), 324면; 지석재, "유치권에 의한 경매", 사법논집 제51집, 법원도서관(2011), 335~336면; 注解 民事執行法 (5), 金融財政事情研究會(1995), 376면.

여는 견해가 나누어진다.[28]

(가) 소멸주의

이는 형식적 경매도 담보권 실행을 위한 경매의 예에 의하여 실시하도록 되어 있는 이상 형식적 경매의 성질에 반하지 않는 한 그 경매에도 위 규정이 적용되는 것은 당연하고, 만일 인수주의를 채택하여 저당권의 부담이 있는 항공기를 부담이 있는 대로 매수인에게 인수시켜 매각하면 매수의 신청을 거의 기대할 수 없으므로 매각의 실효를 거두기 위해서는 위 규정의 적용을 긍정할 필요가 있다고 한다.[29]

(나) 인수주의

이는 형식적 경매는 현금화 그 자체를 목적으로 할 뿐 별도로 청구권의 만족 또는 실현이라는 단계에까지 나아가지 아니하므로 항공기에 부담이 있으면 부담이 있는 대로 평가하여 매수인에게 이를 인수시키는 조건으로 현금화를 하면 족하고, 강제경매와 담보권 실행을 위한 경매에서와 같이 민사집행법 제91조 제2항·제3항·제4항을 적용할 것이 아니라고 한다.[30]

(다) 이분설

이는 형식적 경매(광의)를 현금화를 위한 형식적 경매와 청산을 위한 형식적 경매로 나누어 청산을 위한 형식적 경매(예를 들면, 한정승인·재산분리의 경우에 상속채권자나 수증자에게 변제하기 위하여 하는 상속재산의 경매, 파산재단에 속하는 부동산에 대한 경매)와 같이 당해 재산으로부터 변제를 받을 수 있는 각 채권자에 대하여 일괄하여 변제함을 목적으로 행하여지는 경매의 경우에는 위 민사집행법 제91조 제2항, 제3항, 제4항의 적용

---

28) 김수정, "유치권에 의한 경매절차에서 소멸주의 또는 인수주의의 적용 여부", 재판과 판례 제20집, 대구판례연구회(2011), 309~330면; 김영희, "유치권 그리고 인수주의와 소멸주의", 민사판례연구 제36권(2014), 271~324면.

29) 박창렬, "유치권에 의한 부동산경매에 있어서 부담의 소멸여부", 재판실무연구 2012, 광주지방법원(2013), 20면; 坂本倫城, "留置權による競売申立て", 裁判實務大系 (7), 青林書院(1986), 513면.

30) 注釈 民事執行法 (8), 金融財政事情研究会(1995), 288면; 東京地裁 1985. 5. 17. 決定, 判例時報 1181호 111면.

을 긍정하나, 그 외의 형식적 경매, 즉 단순히 현금화 그 자체만을 목적으로 하는 현금화를 위한 형식적 경매에서는 위 규정의 적용을 부정한다.[31]

(라) 판례(소멸주의)

유치권에 의한 경매도 강제경매나 담보권 실행을 위한 경매와 마찬가지로 목적항공기 위의 부담을 소멸시키는 것을 법정매각조건으로 하여 실시되고 우선채권자뿐만 아니라 일반채권자의 배당요구도 허용되며, 유치권자는 일반채권자와 동일한 순위로 배당을 받을 수 있다고 보아야 한다. 다만 집행법원은 항공기 위의 이해관계를 살펴 위와 같은 법정매각조건과는 달리 매각조건 변경결정을 통하여 항공기 위의 부담을 소멸시키지 않고 매수인으로 하여금 인수하도록 정할 수 있다.[32] 유치권에 의한 경매가 소멸주의를 원칙으로 하여 진행되는 이상 강제경매나 담보권 실행을 위한 경매의 경우와 같이 항공기 위의 부담을 소멸시키는 것이므로, 집행법원이 달리 매각조건 변경결정을 통하여 항공기 위의 부담을 소멸시키지 않고 매수인으로 하여금 인수하도록 정하지 않은 이상 집행법원으로서는 매각기일 공고에 항공기 위의 부담이 소멸하지 않고 매수인이 이를 인수하게 된다는 취지를 기재할 필요가 없다.[33]

그러나 부동산에 관한 강제경매 또는 담보권 실행을 위한 경매절차에서 매수인은 유치권자에게 그 유치권으로 담보하는 채권을 변제할 책임이 있고(법 제91조 제5항, 제268조), 유치권에 의한 경매절차는 목적물에 대하여 강제경매 또는 담보권 실행을 위한 경매절차가 개시된 경우에는 정지되도록 되어 있으므로(법 제274조 제2항), 유치권에 의한 경매절차가 정지된 상태에서 그 목적물에 대한 강제경매 또는 담보권 실행을 위한 경매절차가 진행되어 매각이 이루어졌다면, 유치권에 의한 경매절차가 소멸주의를 원칙으로 하여 진행된 경우와는 달리 그 유치권은 소멸하지 않는다.[34]

또한 유체동산의 유치권자가 민사집행법 제274조 제1항, 제271조에 따

---

31) 이우재, 민사집행법에 따른 배당의 제문제, 진원사(2008), 1403~1404면.
32) 대법원 2011. 6. 15.자 2010마1059 결정(부동산), 대법원 2011. 6. 17.자 2009마2063 결정(부동산), 대법원 2011. 8. 18. 선고 2011다35593 판결(부동산).
33) 대법원 2011. 6. 15.자 2010마1059 결정(부동산).
34) 대법원 2011. 8. 18. 선고 2011다35593 판결(부동산).

라 유치권에 의한 경매를 신청하고 집행관에게 그 목적물을 제출하여 유치권에 의한 경매절차가 개시된 때에도 그 목적물에 대한 유치권자의 유치권능은 유지되고 있다고 보아야 하므로, 유치권에 의한 경매절차가 개시된 유체동산에 대하여 다른 채권자가 민사집행법 제215조에 정한 이중압류의 방법으로 강제집행을 하기 위해서는 채권자의 압류에 대한 유치권자의 승낙이 있어야 한다. 그런데도 유치권에 의한 경매절차가 개시된 유체동산에 대하여 유치권자의 승낙 없이 민사집행법 제215조에 따라 다른 채권자가 강제집행을 위하여 압류를 한 다음 민사집행법 제274조 제2항에 따라 유치권에 의한 경매절차를 정지하고 채권자를 위한 강제경매절차를 진행하였다면, 그 강제경매절차에서 목적물이 매각되었더라도 유치권자의 지위에는 영향을 미칠 수 없고 유치권자는 그 목적물을 계속하여 유치할 권리가 있다고 보아야 한다.[35]

(2) 잉여주의 적용

담보권 실행을 위한 경매에서는 강제경매와 마찬가지로 절차비용 및 우선채권을 변제하고 잉여가 생기지 않으면 경매를 실시할 수 없다는 잉여주의가 적용되는데(법 제268조, 제91조 제1항), 형식적 경매에 관하여도 잉여주의가 적용되는가에 대하여는 견해가 나뉜다.[36] 판례는 유치권에 의한 경매가 소멸주의를 원칙으로 하여 진행되는 이상 유치권에 의한 경매에도 압류채권자에 우선하는 채권자나 압류채권자의 보호를 위하여 민사

---

35) 대법원 2012. 9. 13.자 2011그213 결정.

36) 일본에서는 (i) 잉여주의는 선순위의 권리가 후순위의 권리에 의해서 침해되어서는 안 된다고 하는 물권법 질서의 요청을 부동산집행에서 표현한 것이라는 견해[竹下守夫, "不動産競売における物上負担の取扱い", 不動産執行法の研究, 有斐閣(1977), 94면], (ii) 인수주의를 선택하는 견해의 논리대로 한다면 유치권에 의한 경매가 유치물의 보관에 대한 과다한 비용의 지불 등 보관의 곤란함이 수반되는 경우에 인정되는 것이기 때문에 무잉여가 되더라도 환가를 인정하는 것이 타당하다는 결론에 이르게 되지만, 인수주의가 적용된다고 보는 견해에서도 선순위 담보권이 소멸하지 아니하므로 선순위 권리의 침해에 대한 배려는 불필요하지만 공적 제도인 경매에서 무익한 집행의 배제는 필요하다고 하면서 인수주의를 전제로 하더라도 매각대금에서 집행비용도 얻지 못하는 경매는 실행되어서는 아니 된다는 한도에서 잉여주의를 적용하고 있다[石渡哲, "留置権による競売の売却條件と換價金の處遇", 民事紛爭をぬぐる法的諸問題, 信山社(2000), 466면].

집행법 제91조 제1항이 정한 잉여주의가 준용되어야 하고, 따라서 민사집행법 제102조에 따른 경매절차의 취소규정도 준용되어야 한다고 판시하고 있다.[37]

마. 현금화의 실시와 사후처리

(1) 의 의

민사집행법 제274조 제1항의 규정은 담보권 실행으로서 경매에서 현금화방법에 관한 여러 규정을 형식적 경매에 그대로 이끌어 쓰는 데 주안을 둔 규정이다. 따라서 현금화의 실시와 사후처리의 절차 및 효과는 담보권 실행을 위한 경매의 그것(법 제103조, 제104조, 제144조, 제267조, 제268조 등)과 같이 처리함이 상당하다.

(2) 채무자의 매수신청 허용여부

유치권에 의한 경매에서는 (i) 신청인인 유치권자에게 실체상 청구권이 있고 채무자가 존재하므로 담보권 실행을 위한 경매의 예에 따라 채무자는 매수신청을 할 수 없음이 당연하다는 견해(부정설)[38]와, (ii) 유치권에 의한 경매는 본래 신청인의 채권의 만족을 직접적인 목적으로 하는 것이 아니고 유치물을 장기간 계속하여 유치하여야 한다는 부담으로부터 유치권자를 벗어나도록 하려는 데 직접적인 목적이 있으므로, 유치권에 의한 경매절차에서의 채무자를 담보권 실행을 위한 경매에서의 채무자와 같이 볼 수 없고, 따라서 유치권에 의한 경매에서는 채무자에 의한 매수신청을 허용하여도 무방하다는 견해(긍정설)[39]가 있다. 실무는 부정설의 입장을 취하고 있다.[40]

---

37) 대법원 2011. 6. 17.자 2009마2063 결정(부동산).
38) 주석 민사집행법 VI, 제3판, 333면; 지석재, 343면; 차문호, 624면.
39) 주석 민사집행법 V, 제2판, 한국사법행정학회(2004), 321면.
40) 법원실무제요 민사집행 II, 법원행정처(2014), 819면.

(3) 현금화한 금전의 처리

(가) 배당요구

형식적 경매에서 집행력 있는 정본을 가진 채권자 및 경매개시결정의 등기 후에 가압류를 한 채권자, 즉 일반채권자의 배당요구가 허용되는지 여부에 관하여는 견해가 대립하고 있다. 민사집행법 제88조의 배당요구채권자 중 민법·상법, 기타 법률에 의하여 우선변제청구권이 있는 채권자의 배당요구에 관하여도 부정설[41]과 긍정설[42]이 대립하고 있는데, 판례는 유치권에 의한 경매에 관하여는 우선채권자뿐만 아니라 일반채권자의 배당요구도 허용된다는 입장이다.[43]

(나) 배당절차의 요부

형식적 경매에서 인수주의를 채택하고(인수주의를 채택하게 되면 담보권이 소멸하는 대신 배당요구 없이 당연히 배당을 받게 되는 채권자가 생길 여지가 없다) 배당요구도 허용하지 않는 입장에 서면 배당절차가 존재할 여지가 없게 된다. 형식적 경매에서 소멸주의의 적용을 긍정하는 입장에 서면 배당절차의 필요여부에 관하여 다시 견해가 나뉜다.[44] 판례는 유치권에 의한 경매에 관하여 배당절차를 인정하고 있다.[45]

(다) 신청인에 대한 매각대금의 교부

유치권자는 채권의 변제를 받을 때까지 그 목적물을 유치할 권리가 있을 뿐 매각대금에서 우선변제를 받을 권리는 없다.[46] 그러나 유치권에 의한 경매는 본래 유치물을 금전으로 현금화하는 그 자체를 목적으로 하여 행해지는 것인 만큼, 유치권자는 이후 매각대금 위에 유치권을 행사할 수

---

41) 주석 민사집행법 V, 제2판, 321~322면.
42) 손진홍, "유치권자의 신청에 의한 경매절차", 민사집행법실무연구(재판자료 109집), 법원도서관(2006), 420면.
43) 대법원 2011. 6. 15.자 2010마1059 결정(부동산), 대법원 2011. 6. 17.자 2009마2063 결정(부동산), 대법원 2011. 8. 18. 선고 2011다35593 판결(부동산).
44) 주석 민사집행법 VI, 제3판, 335면.
45) 대법원 2011. 6. 15.자 2010마1059 결정(부동산), 대법원 2011. 6. 17.자 2009마2063 결정(부동산), 대법원 2011. 8. 18. 선고 2011다35593 판결(부동산).
46) 대법원 1996. 8. 23. 선고 95다8713 판결.

있다고 해석하여야 하고 또 달리 매각대금을 공탁하여야 한다는 근거 규정도 없으므로 매각대금을 신청인에게 교부하는 것까지 부정할 수는 없다. 여기서 유치권자가 교부받은 매각대금을 자기의 채권에 충당할 수 있는가가 다시 문제로 되나 학설은 부정설이 다수설이다.[47] 그러나 부정설에 의하더라도 자기의 채권이 금전채권이고 또 그 채무자가 유치물의 소유자인 경우에는 교부받은 매각대금과 자기의 채권을 대등액에서 상계할 수 있다고 해석되므로 결국 이 경우에는 실질적으로는 우선변제를 받게 되는 것과 다름이 없다.[48] 다만 판례와 같이 소멸주의를 유치권에 의한 경매의 법정매각조건으로 한다면 위와 같은 문제가 생길 여지가 없다.

(4) 절차의 정지와 종료

유치권이 없다는 취지의 확정판결의 정본, 형식적 경매의 일시정지를 명하는 재판의 정본 등의 제출이 있는 때에는 절차를 정지하거나 또는 이미 실시한 경매절차를 취소하여야 한다. 형식적 경매의 절차는 담보권 실행의 예에 따라 매각대금의 교부 등의 실시에 의하여 종료되는 외에 신청 취하, 절차의 취소에 의하여 종료된다.

바. 강제경매 또는 담보권 실행으로서의 경매와의 경합

형식적 경매가 진행 중인 목적물에 대하여 강제경매 또는 담보권의 실행을 위한 경매절차(강제경매 등)가 개시된 경우에는 형식적 경매를 정지하고, 채권자 또는 담보권자를 위하여 그 절차를 계속하여 진행하고, 강제경매 또는 담보권 실행을 위한 경매가 취소되면 형식적 경매절차를 속행한다(법 제274조 제2항, 제3항). 양자가 경합한 경우에는 시간적 선후에 관계없이 강제경매 등의 절차에 의하여 속행할 것임을 명백히 하고 있는 것이다. 유치권에 의한 경매절차의 목적물에 대하여 강제경매 또는 담보권 실행을 위한 경매절차가 개시된 경우 선행의 유치권에 의한 경매절차는 정지되어야 하고(법 제274조 제2항), 유치권에 의한 경매절차가 정지된 상

---

47) 차문호, 626면.
48) 주석 민사집행법 VI, 제3판, 335면.

태에서 그 목적물에 대한 강제경매 또는 담보권 실행을 위한 경매절차가 진행되어 매각이 된 경우 그 유치권은 소멸하지 않고 인수된다.[49]

3. 대상사안의 검토

가. 민사유치권의 성립 여부

(1) 대법원의 판단

유치권의 피담보채권은 '그 물건에 관하여 생긴 채권'이어야 한다. 대상사안에서 피고가 이 사건 항공기에 대한 유치권의 피담보채권으로 주장하고 있는 이 사건 각 채권 중 SSA에 대한 건물임대료 채권은 이 사건 항공기 운항을 위하여 임차한 사무실에 대한 사용료에 해당할 뿐이고, 나머지 채권 또한 이 사건 항공기 자체로부터 발생한 채권이 아니라 항공기의 운항을 위하여 지출된 비용에 대한 것이다. 따라서 이 사건 각 채권과 항공기 사이의 견련관계(牽連關係)를 인정할 수 없으므로 이 사건 각 채권을 피담보채권으로 하는 이 사건 항공기에 대한 피고의 유치권은 존재하지 않는다.

(2) 검 토

대법원의 판단은 기본적으로 정당하지만, 정류료·계류장사용료에 대해서도 이 사건 항공기와의 견련관계를 부정한 것에는 동의하기 어렵다. 항공기가 인천국제공항공사에서 관리하는 정류장·계류장에 정류·계류하고 있는 동안, SSA와 ATA는 위 공사에 정류료·계류장사용료를 납부할 의무를 부담한다. 임치계약의 경우에 수치인(受置人)의 노무제공의 결과가 목적물에 그대로 반영되어 있는 경우에는 그 계약상의 보수청구권은 목적물 그 자체로부터 발생한 것으로 보아 견련성을 당연히 인정할 수 있다.[50] 판례는 창고업자가 보관료 징수 등을 위하여 공평의 관점에서 유치권을 보유한다는 입장을 취하고 있다.[51] 그러므로 피고는 정류료·계류장사용료

---

49) 대법원 2011. 8. 18. 선고 2011다35593 판결.
50) 박용석, "유치권 성립요건으로서의 견련성에 관하여", 부산대학교 법학연구 제48권 제2호(2008), 230면.

를 피보전권리로 하여 이 사건 항공기에 유치권을 행사할 수 있다고 보아
야 한다.

나. 상사유치권의 성립 여부

(1) 피고 인천국제공항공사는 인천국제공항을 효율적으로 건설 및 관
리·운영하도록 하고, 세계적인 공항전문기업으로 육성함으로써 원활한 항
공 운송과 국민경제발전에 이바지하게 함을 목적으로 제정된 인천국제공
항공사법에 의하여 설립된 법인이다. 피고 공사에 관하여 위 법 또는 공
공기관의 운영에 관한 법률에 규정된 것을 제외하고는 공기업의 경영구조
개선 및 민영화에 관한 법률과 상법 중 주식회사에 관한 규정을 적용하
되, 다만 상법 제292조는 적용하지 아니한다(인천국제공항공사법 제18조).

(2) 판례는 상법상 회사가 아닌 특수법인의 경우 상인으로 인정하는데
소극적인 입장을 취하고 있다. 따라서 (i) 새마을금고는 우리나라 고유의
상부상조 정신에 입각하여 자금의 조성 및 이용과 회원의 경제적·사회적·
문화적 지위의 향상 및 지역사회개발을 통한 건전한 국민정신의 함양과
국가경제발전에 기여함을 목적으로 하는 비영리법인이므로, 새마을금고가
금고의 회원에게 자금을 대출하는 행위는 일반적으로는 영리를 목적으로
하는 행위라고 보기 어렵고,[52] (ii) 어느 행위가 상법 제46조 소정의 기본
적 상행위에 해당하기 위하여는 영업으로 같은 조 각 호 소정의 행위를
하는 경우이어야 하고, 여기서 영업으로 한다고 함은 영리를 목적으로 동
종의 행위를 계속 반복적으로 하는 것을 의미하는바, 대한광업진흥공사가
광업자금을 광산업자에게 융자하여 주고 소정의 금리에 따른 이자 및 연
체이자를 지급받는다고 하더라도, 이와 같은 대금행위는 같은 법 제1조
소정의 목적인 민영광산의 육성 및 합리적인 개발을 지원하기 위하여 하
는 사업이지 이를 '영리를 목적'으로 하는 행위라고 보기는 어렵다.[53]

(3) 피고 공사가 원고로부터 이 사건 각 채권(사용료 및 차임 채권, 냉·

---

51) 대법원 2009. 12. 10. 선고 2009다61803 판결.
52) 대법원 1998. 7. 10. 선고 98다10793 판결.
53) 대법원 1994. 4. 29. 선고 93다54842 판결.

난방료, 상수도료, 중수도료, 하수도료, 급수시설사용료, 청소료, 방역료, 국제여객공항이용료, 착륙료, 조명료, 정류료, 수하물처리시설사용료, 탑승교사용료, 계류장사용료, 환승검색료, AC GPS 전력사용료, AC GPS 시설사용료, PCAir 사용료, PCAir 시설사용료, Portable Water 사용료, 관광진흥기금, 항행안전시설사용료, 국제빈곤퇴치기여금)을 징수하는 것은 피고 사업 중 하나인 인천국제공항의 관리·운영 및 유지·보수(인천국제공항공사법 제10조 제1항 제4호)를 위한 것 또는 법령상 징수의무가 부여된 것을 이행하는 것이다. 이와 같은 행위는 피고 공사의 설립목적인 인천국제공항의 효율적인 관리·운영을 위한 것이지, 영리를 목적으로 하는 것이라고 보기는 어렵다.

(4) 인천국제공항을 효율적으로 건설 및 관리·운영을 목적으로 설립된 피고 공사가 수행하는 공공적 기능에 비추어 보면, 피고 공사를 상인으로 보기는 어렵다.[54] 따라서 상사유치권은 인정되지 아니한다.

---

54) 변호사의 영리추구 활동을 엄격히 제한하고 그 직무에 관하여 고도의 공공성과 윤리성을 강조하는 변호사법의 여러 규정에 비추어 보면, 위임인·위촉인과의 개별적 신뢰관계에 기초하여 개개 사건의 특성에 따라 전문적인 법률지식을 활용하여 소송에 관한 행위 등에 관한 대리행위와 일반 법률사무를 수행하는 변호사의 활동은, 간이·신속하고 외관을 중시하는 정형적인 영업활동을 벌이고, 자유로운 광고·선전활동을 통하여 영업의 활성화를 도모하며, 영업소의 설치 및 지배인 등 상업사용인의 선임, 익명조합, 대리상 등을 통하여 인적·물적 영업기반을 자유로이 확충하여 효율적인 방법으로 최대한의 영리를 추구하는 것이 허용되는 상인의 영업활동과는 본질적으로 차이가 있고, 변호사의 직무 관련 활동과 그로 인하여 형성된 법률관계에 대하여 상인의 영업활동 및 그로 인한 형성된 법률관계와 동일하게 상법을 적용하지 않으면 아니 될 특별한 사회경제적 필요 내지 요청이 있다고 볼 수도 없으므로, 변호사는 상법 제5조 제1항이 규정하는 '상인적 방법에 의하여 영업을 하는 자'라고 볼 수 없다. 대법원 2011. 4. 22.자 2011마110 결정.

[12] 항공기 근저당권 말소등록 청구

서울고등법원 1998. 10. 30. 선고 97나50437 판결

Ⅰ. 사실관계

(1) 원고 S항공인터내쇼날 주식회사는 항공기 사용사업 및 부정기 운송사업 등을 주된 목적으로 하는 회사이고, 피고 D중공업 주식회사는 항공기 및 그 부품에 대한 제조·조립 및 기타 각종 기계·설비의 제조와 판매 등을 목적으로 하는 회사이다.

(2) 원고는 1994. 5. 15.경 베트남의 항공회사인 베트남 에어 서비스 컴퍼니(Vietnam Air Service Company, 이하 '바스코')와 사이에 바스코와의 합작사업을 통하여 외국투자업체로서 베트남 내의 지역항공사업을 공동운영하기로 하는 내용의 합작투자에 관한 양해각서를 작성한 후 정식 합작투자계약의 체결에 앞서 소형 항공기 1대를 리스하여 바스코에 제공하는 방법으로 합작투자사업을 진행하여 오던 중, 1994. 10.경 위 합작투자사업에 필요한 자금을 유치할 목적으로 피고에게 위 항공기 운항사업에의 참여의사를 타진하였다. 이에 피고는 그 사업의 타당성 등을 검토한 결과 1995. 1. 20.경 원고와 위 베트남 항공기 운항사업을 위하여 50:50 지분의 합작투자계약을 체결하기로 하는 기본합의를 체결함과 동시에 같은 날 1차로 원고에게 5억 원의 자금을 대여하면서 그 담보를 위하여 원고 소유의 이 사건 1번 항공기(종류: 회전익 항공기, 형식: BK117 B-1, 제작사: 일본 Kawasaki 중공업, 정치장: 김포국제공항)에 관하여 근저당권설정등록을 마쳤으며, 그 이외에 액면금 10억 원 상당의 원고 주식에 관하여도 질권을 설정하였다.

(3) 그 후 원·피고는 1995. 2. 18.경 해외에서의 항공기 운항사업을 위하여 싱가포르에서 합작으로 설립 추진 중인 가칭 사이아(Saia)의 명의로 바스코와 사이에, 사이아와 바스코는 각 미합중국화 70만 달러씩 투자하

여 각 50%의 지분으로 합작회사를 설립하여 베트남 국내 및 국제 승객과 화물의 운송사업을 영위하기로 하되, 합작회사의 명칭은 바스코 엘티디 (Vasco Ltd)로 한다는 내용의 협의를 거친 후 기본합의서를 작성하였다.

(4) 원·피고는 같은 달 28.경 바스코 엘티디의 설립를 위한 준비단계로서 먼저 원·피고 사이의 합작사인 사이아의 수권자본금을 싱가포르화 500,000달러, 납입자본금을 싱가포르화 140,000달러로 하여 설립하기로 하는 합작투자계약을 체결하였는데, 다만 합작지분에 관하여는 새로 조정하여 원·피고 사이의 사이아의 주식지분을 30:70으로 하기로 하였고, 피고는 같은 날 원고에게 525,600,000원의 자금을 추가로 대여한 후 그 담보로 액면가 20억 원 상당의 원고 주식에 관하여 질권을 설정하였다.

(5) 위와 같이 원·피고가 베트남 항공운항사업을 위하여 별도의 합작회사인 사이아를 설립하게 된 것은 바스코가 합작사의 조건으로 항공운항 경험이 있는 회사를 원하였고, 피고도 국내에서 베트남 항공운항사업을 위한 합작투자사업에 착수할 경우 국내 경쟁업체에 노출되어 견제가 치열해질 우려가 있었으므로 회사의 설립이 용이한 싱가포르에 사이아라는 지주회사를 설립하게 된 것이고, 사이아는 1995. 4. 27.경 싱가포르에서 설립등기까지 경료함으로써 설립절차를 모두 마치게 되었다.

(6) 그런데 원고는 위 베트남 항공운항사업의 추진 중 자금 사정의 악화로 1995. 4. 8.경 1차 부도가 발생하여 은행거래가 중지되는 등 자금 압박을 받게 되자, 피고에 대하여 베트남 항공기 운항사업의 추진자금 명목으로 조속한 자금 지원을 요청하였고, 이에 피고는 같은 달 15. 160,000,000원을 대여하였다.

(7) 피고는 다시 1995. 4. 18.경 원고로부터 회사의 유지에 필요한 긴급자금의 지원을 요청받게 되자, 1995. 5. 2.에 이르러 피고가 원고에게 450,000,000원을 대여하기로 하는 자금대여약정을 체결하였고, 위 대여금에 대한 담보로 원고는 그 소유의 항공기 4대를 제공하기로 하여 같은 날 위 각 항공기에 대한 근저당권설정계약을 체결하였는바(근저당권설정등록은 5. 9.에 비로소 마쳐졌다), 피고는 위 450,000,000원 중 2억 원은 같은 날 원고에게 지급하였다.

(8) 피고는 나머지 250,000,000원은 그 다음날까지 원·피고 사이의 합작투자계약 내용이 변경되어 새로 체결되어야 이를 원고에게 지급하겠다고 하여, 원·피고는 1995. 5. 3. 같은 해 2. 28.자로 이미 체결한 합작투자계약의 내용을 변경하여 새로운 합작투자계약을 체결하였는데, 그 내용은 합작지분에 관하여 새로 조정을 하여 원·피고 사이의 사이아의 주식지분을 5:95로 하기로 하고, 5명의 이사와 1명의 감사를 두되, 이사 중 1명만을 원고가 지명하고 나머지는 피고가 지명하며, 대표이사는 이사회에서 선임하기로 하는 것이었다.

(9) 한편 원·피고는 합의서도 작성하였는데 그 주된 내용은 "(i) 피고가 원고에게 그 사이 대여한 합계 1,635,600,000원은 쌍방의 합작투자계약 체결과 동시에 합작사 활동을 위한 피고의 투자금액으로 간주한다. (ii) 쌍방 상호 합의를 거쳐 원고가 합작사 설립 이전에 베트남 사업활동을 위한 비용으로 인정되는 금액 중 피고의 대여자금을 상계한 금액은 합작사의 활동을 위한 투자금액으로 간주한다. (iii) 쌍방 상호 합의를 거쳐 피고가 합작사 설립 이전에 베트남 사업활동을 위한 비용으로 인정되는 금액도 합작사 사업을 위한 투자금액으로 간주한다"는 것이었고, 피고는 위 합작투자계약서·합의서가 작성됨과 동시에 원고에게 위 나머지 대여금 250,000,000원을 지급하였다.

(10) 원고는, 1995. 5. 3. 원·피고 사이에 "피고가 원고에게 그 사이 대여한 합계 1,635,600,000원은 쌍방의 합작투자계약 체결과 동시에 합작사 활동을 위한 피고의 투자금액으로 간주한다"는 내용의 합의서가 작성되었는데, 같은 날 최종적인 합작투자계약이 체결되었으니, 원고에 대한 피고의 위 대여금채권은 위 합의에 따라 합작사인 사이아에 대한 투자금으로 전환되어 그 대여금으로서의 성질을 상실한 것이고, 따라서 별지 제1 내지 제5 목록 기재 각 근저당권은 이미 그 피담보채무가 소멸하였다고 주장하면서, 근저당권설정등록의 말소등록을 구하는 소를 제기하였다.

II. 참조 조문

1. 자동차 등 특정동산 저당법

제1조(목적) 이 법은 건설기계, 선박등기법이 적용되지 아니하는 선박, 자동차, 항공기 등 등록의 대상이 되는 동산(動産)의 저당권에 관한 사항을 정하여 그 담보제공에 따른 자금 융통을 쉽게 하고, 저당권자·저당권설정자 및 소유자의 권익을 균형 있게 보호함을 목적으로 한다.

제2조(정의) 이 법에서 사용하는 용어의 뜻은 다음과 같다.

1. "특정동산"이란 등록의 대상이 되는 건설기계, 소형선박, 자동차, 항공기, 경량항공기를 말한다.
2. "등록관청"이란 특정동산에 대한 저당권의 설정등록·변경등록·이전등록 및 말소등록 업무를 담당하는 관청을 말한다.

제3조(저당권의 목적물) 다음 각 호의 특정동산은 저당권의 목적물로 할 수 있다.

4. 항공안전법에 따라 등록된 항공기 및 경량항공기

제4조(저당권의 내용) 저당권자는 채무자나 제3자가 점유를 이전하지 아니하고 채무의 담보로 제공한 특정동산에 대하여 다른 채권자보다 자기채권에 대하여 우선변제를 받을 권리가 있다.

제5조(저당권에 관한 등록의 효력 등) ① 저당권에 관한 득실변경은 담보목적물별로 다음 각 호에 등록하여야 그 효력이 생긴다.

6. 항공안전법 제11조 제1항(같은 법 제121조 제1항에서 준용하는 경우를 포함한다)에 따른 항공기 등록원부

② 특정동산의 저당권에 관한 등록은 설정등록, 변경등록, 이전등록 및 말소등록으로 구분한다.

③ 특정동산의 저당권에 관한 등록의 절차 및 방법에 관하여 필요한 사항은 대통령령으로 정한다.

제6조(등록의 말소에 관한 통지) 등록관청은 저당권이 설정된 특정동산이 다음 각 호의 구분에 따른 어느 하나에 해당하는 경우에는 등록말소의 뜻을 미리 저당권자에게 통지하여야 한다. 다만, 저당권자가 그 특정동산에 대한 등록의 말소에 동의한 경우에는 그러하지

아니하다.

4. 항공기 또는 경량항공기

　가. 항공안전법 제15조 제1항 제3호(같은 법 제121조 제1항에서 준용하는 경우를 포함한다)에 해당하게 되어 말소등록의 신청을 수리한 경우

　나. 항공안전법 제15조 제2항(같은 법 제121조 제1항에서 준용하는 경우를 포함한다)에 따른 최고를 한 후 해당 항공기 또는 경량항공기의 소유자가 기간 내에 말소등록의 신청을 하지 아니하여 직권으로 등록을 말소하려는 경우

제7조(저당권의 행사 등) ① 저당권자는 제6조에 따른 통지를 받으면 그 특정동산에 대하여 즉시 그 권리를 행사할 수 있다.

② 저당권자가 제1항에 따라 저당권을 행사하려는 경우에는 제6조에 따른 통지를 받은 날부터 다음 각 호의 구분에 따른 기간 내에 각각 저당권의 행사 절차를 개시하여야 한다.

4. 항공기 및 경량항공기: 3개월

③ 등록관청은 제2항에 따른 저당권행사의 개시 기한까지 저당권의 행사 절차가 개시되지 아니한 경우에는 특정동산에 대하여 말소의 등록을 할 수 있다. 다만, 저당권자가 그 기간 내에 저당권의 행사 절차를 개시한 경우에는 그 행사 절차가 완료될 때까지 말소등록을 하여서는 아니 된다.

④ 등록관청은 저당권자가 저당권을 행사하여 경매의 매수인이 그 특정동산에 대한 소유권을 취득한 경우에는 특정동산에 대하여 말소등록을 하여서는 아니 된다.

⑤ 매각허가결정이 확정된 경우에는,(중략) 항공기 또는 경량항공기에 관하여는 항공안전법 제15조 제1항 제3호(같은 법 제121조 제1항에서 준용하는 경우를 포함한다)의 사유가 발생하지 아니한 것으로 본다.

제9조(질권설정의 금지) 특정동산은 질권의 목적으로 하지 못한다.

제10조(저당권 말소등록 등의 서류 교부) 저당권자는 채무를 변제하거나 그 밖의 원인으로 저당 채무가 소멸되어 특정동산에 대한 저당권의 말소등록 또는 이전등록의 사유가 발생하면 등록권리자에게 그 특정동산에 대한 저당권의 말소등록 또는 이전등록에 필요한 서류를

지체 없이 교부하여야 한다.

2. 자동차 등 특정동산 저당법 시행령

제2조(저당권의 설정등록) ① 자동차 등 특정동산 저당법(이하 "법"이라 한다) 제2조 제1호에 따른 특정동산에 저당권의 설정등록을 하려는 자는 별지 제1호 서식의 저당권 설정등록 신청서에 저당권 설정계약서 등 설정등록의 원인을 증명하는 서류 및 인감증명서를 첨부하여 다음 각 호의 구분에 따른 등록관청에 제출하여야 한다. 다만, 제4호의 경우에는 법령에 다른 규정이 있는 경우를 제외하고는 등록권리자와 등록의무자 또는 대리인이 국토교통부에 출석하여 신청하여야 한다.

4. 법 제3조 제4호에 따른 항공기 및 경량항공기: 국토교통부장관.

② 저당권의 설정등록을 하려는 자는 저당권 설정등록 신청서에 다음 각 호의 사항을 적어야 한다.

1. 채권액
2. 채무자의 성명이나 명칭, 주소
3. 채권의 변제기(辨濟期), 이자, 이자의 발생 시기 및 지급 시기
4. 조건부 채권의 경우 그 조건
5. 민법 제358조 단서의 약정이 있는 경우 그 약정
6. 일정한 금액을 목적으로 하지 않는 채권을 담보하기 위한 경우에는 그 채권을 담보하는 가격
7. 저당권의 내용이 근저당권인 경우에는 등록 원인이 근저당권 설정계약이라는 뜻과 채권의 최고액

제3조(공동저당 등록) ① 같은 채권을 담보하기 위하여 2개 이상의 특정동산을 목적으로 하는 저당권의 설정등록을 신청하는 경우에는 저당권 설정등록 신청서에 특정동산별로 다음 각 호의 사항을 표시한 목록을 첨부하여야 한다.

3. 2대 이상의 항공기 또는 경량항공기를 목적으로 하는 경우: 항공기등록령 제12조 제1항 제1호부터 제5호까지의 사항

② 제1항의 저당권 설정등록은 같은 종류의 특정동산을 목적으로 하여야 한다.

③ 특정동산에 저당권 설정등록을 한 후 동일한 채권을 담보하기 위하여 같은 종류의 다른 특정동산에 저당권 설정등록을 신청하는 경우에는 신청서에 종전의 저당권 등록 사실을 적어야 한다.

제4조(저당권의 변경등록) ① 저당권의 변경등록을 신청하는 경우에는 별지 제2호 서식의 저당권 변경등록 신청서에 저당권 변경계약서 등 변경등록의 원인을 증명하는 서류 및 인감증명서를 첨부하여야 한다.

② 저당권의 변경등록 신청이 있는 경우에는 변경등록상 이해관계를 가진 제3자가 없을 때 또는 저당권 변경등록 신청서에 등록상 이해관계를 가진 제3자의 승낙서나 그에 대항할 수 있는 재판의 등본을 첨부하여 제출하였을 때에만 부기(附記)로써 변경등록을 한다.

제5조(저당권의 이전등록) ① 저당권의 이전등록을 신청하는 경우에는 별지 제3호 서식의 저당권 이전등록 신청서에 채권의 이전을 증명하는 서류 및 인감증명서를 첨부하여야 한다.

② 채권 일부의 양도 또는 대위변제에 따른 저당권의 이전등록을 신청할 때에는 저당권 이전등록 신청서에 양도 또는 대위변제의 목적인 채권액을 적어야 한다.

③ 저당권의 이전등록은 부기로써 한다.

제6조(저당권의 말소등록) ① 저당권의 말소등록을 신청하는 경우에는 별지 제4호 서식의 저당권 말소등록 신청서에 말소등록의 원인을 증명하는 서류 및 인감증명서를 첨부하여야 한다.

② 등록권리자는 등록의무자의 주소가 분명하지 아니하여 말소등록의 원인을 증명하는 서류를 받을 수 없는 경우에는 다음 각 호의 어느 하나에 해당하는 서류를 첨부하여 단독으로 저당권의 말소등록을 신청할 수 있다.

  1. 민사소송법에 따른 공시최고절차를 거쳐 받은 제권판결(除權判決) 등본

  2. 공탁법에 따른 공탁서, 채권증서 및 채무이행에 관한 약정서

③ 저당권의 말소등록 신청이 있는 경우에는 말소등록상 이해관계를 가진 제3자가 없을 때 또는 저당권 말소등록 신청서에 등록상 이해관계를 가진 제3자의 승낙서나 그에 대항할 수 있는 재판의 등본을 첨부하여 제출하였을 때에만 말소등록을 한다.

제7조(항공기 및 경량항공기에 관한 저당권 말소등록의 특례) ① 국토교통부장관은 항공기등록령 제24조에 따라 공매신청의 등록을 말소하는 경우 해당 항공기 또는 경량항공기에 관하여 저당권이 등록되어 있으면 그 저당권의 등록을 말소하여야 한다.

② 국토교통부장관은 저당항공기 또는 저당경량항공기에 대하여 법 제6조 제4호에 따른 통지를 하였을 때에는 항공안전법에 따른 항공기 등록원부에 그 사실을 적어야 한다.

③ 국토교통부장관은 제2항에 따른 통지를 한 항공기 또는 경량항공기에 관하여 경락(競落)에 의한 이전등록의 촉탁이 있고 이에 의하여 그 등록을 할 때에는 공매신청의 등록 및 제2항에 따른 기재사항을 말소하여야 한다.

제8조(등록된 권리의 우선순위) ① 동일한 특정동산에 등록된 권리의 순위는 등록된 순서에 따른다.

② 부기등록의 순위는 주등록의 순위에 따르고, 주등록의 순위가 같은 부기등록 간의 순위는 등록된 순서에 따른다.

제9조(채권자의 대위) 채권자가 민법에 따라 채무자를 대위하여 등록신청을 하는 경우에는 해당 등록신청서에 채권자·채무자의 성명 또는 명칭, 주소 및 대위 원인을 적어 서명하거나 기명날인하고, 대위 원인을 증명하는 서류를 첨부하여 제출하여야 한다.

제11조(등록의 경정) ① 등록관청은 특정동산에 관한 저당권의 설정·변경·이전 또는 말소의 등록을 한 후 그 등록에 착오가 있거나 누락된 사항이 있음을 발견한 경우에는 다음 각 호에 따른 조치를 취하여야 한다.

1. 착오나 누락이 등록관청의 과오(過誤)로 인한 것인 경우: 부기로써 경정등록(更正登錄)을 하고, 그 뜻을 지체 없이 등록권리자, 등록의무자, 등록명의인 또는 등록에 이해관계를 가진 제3자에게 통지한다. 그 등록이 제9조에 따른 것일 때에는 채권자에게도 통지한다.

2. 착오나 누락이 등록관청의 과오로 인한 것이 아닌 경우: 지체 없이 그 뜻을 등록권리자, 등록의무자 또는 등록명의인에게 통지한다.

② 등록에 관한 착오나 누락으로 인한 경정등록의 신청이 있는 경우

에는 이해관계인이 없거나 신청서에 이해관계인의 승낙서 또는 그
에 대항할 수 있는 재판의 등본을 첨부하였을 때에만 부기로써 경
정등록을 할 수 있다.

III. 판시사항

이 사건 각 항공기에 대한 각 근저당권의 피담보채권인 피고의 원고에
대한 위 대여금채권은 아직도 그대로 존속하므로, 1995. 5. 3.자 합의서의
작성으로 피고의 원고에 대한 대여금채권이 사이아에 대한 투자금으로 전
환되어 대여금채권으로서의 성질을 상실하였음을 전제로 한 원고의 청구
는 이유 없다.

IV. 해　설

1. 저당권제도

가. 저당권의 의의

저당권(抵當權)은 채무자 또는 제3자가 점유를 이전하지 아니하고 채무
의 담보로 제공한 부동산에 대하여 우선변제를 받을 권리이다(민법 제356
조). 동산저당법에 의하면, 등록된 항공기와 경량항공기에 대하여도 저당
권설정이 가능하다(동산저당법 제2조부터 제7조). 저당권자는 항공기의 교환
가치만을 파악하고 항공기의 사용·수익은 저당권설정자에게 맡겨 두기 때
문에, 재화를 효율적으로 활용할 수 있다는 장점이 있다. 저당권의 경우에
도 채무자가 그 소유의 목적물을 담보로 제공하는 경우가 많지만, 채무자
가 아닌 제3자가 채무자를 위하여 담보를 제공할 수도 있는데, 이와 같은
제3자를 물상보증인(物上保證人)이라고 한다.

나. 저당권의 특질

(1) 공시의 원칙

저당권의 존재는 반드시 등기·등록에 의하여 공시되어야 한다는 원칙

이다. 이 원칙은 저당권의 존재에 의하여 일반채권자에게 생각하지 못한 손실을 입히지 않는 것을 목적으로 할 뿐 아니라 저당권 자체가 공시되어 있지 아니한 다른 우선권의 출현에 의하여 위협받지 않는 것을 목적으로 하는 것이다. 저당목적물이 제3자에게 양도된 경우에도 저당권의 효력에 영향을 미치지 않는다. 저당권자의 입장에서는 제3자에 대해서도 저당권을 추급할 수 있다는 의미에서 이를 저당권의 추급효(追及效)라고 한다.

(2) 특정의 원칙

저당권은 하나 또는 수개의 특정·현존하는 목적물 위에만 성립할 수 있다는 원칙이다. 이는 채무자의 전재산을 목적으로 하는 일반 저당권이나 특정한 채권을 보호하기 위하여 특정한 재산 위에 법률상 당연히 성립하는 법정저당권과 같은 제도를 배척하고 저당권이 파악하는 가치의 존재를 확실하게 하기 위한 것이다. 나아가 저당권의 목적인 가치에 객관성을 부여하고 그 존재를 공시하여 독립한 금융거래의 객체로 할 수 있는 기초를 마련하기 위한 것이다.

(3) 순위확정의 원칙

동일한 목적물에 설정된 저당권은 모두 확정된 순위를 갖고 있고 서로 침범하지 않는다고 하는 원칙이다. 그 내용은 두 가지이다. 첫째, 저당권의 순위는 등기의 선후에 의하여 결정되고, 나중에 등기된 저당권보다 후순위로 되지 않는다는 원칙이다. 둘째, 한번 부여된 순위는 선순위의 저당권이 소멸하더라도 그 순위는 상승되지 않는다는 원칙이다. 우리 민법은 첫 번째 의미에서 순위확정의 원칙을 채택하고, 두 번째 의미에서 순위확정의 원칙은 채택하지 아니하였다.

다. 담보물권의 성질

(1) 타물권(他物權)

담보물권은 다른 사람이 소유하는 물건이나 권리 위에 성립한다는 의미에서 타물권이라고 한다. 저당권도 타물권이다. 따라서 자신이 소유하는 물건 또는 권리 위에 저당권이 성립하는 것은 혼동의 예외로서 인정될 뿐이다.

(2) 부종성(附從性)

저당권은 다른 담보물권과 마찬가지로 채권에 부종한다. 우리 민법상 저당권은 특정한 채권의 변제를 담보하는 것을 유일한 목적으로 하여 존재한다. 피담보채권계약이 처음부터 무효이거나 취소되는 때에는 저당권도 무효이거나 소급적으로 효력을 잃는다. 그러나 장래의 채권을 위하여 저당권을 설정하는 것은 저당권의 부종성의 원리에 반하는 것이 아니다(민법 제357조). 채권이 변제, 혼동, 면제, 기타의 사유로 소멸하면 저당권도 이에 따라서 소멸한다. 저당권은 피담보채권과 분리하여 처분하지 못한다(민법 제361조).

(3) 수반성(隨伴性)

저당권은 피담보채권에 수반한다. 즉 피담보채권이 상속·양도 등에 의하여 그 동일성을 유지하면서 승계되면 저당권도 이에 따라 승계된다. 그러나 제3자에게 불이익을 주어서는 안 되므로 물상보증인이 설정한 저당권은 그의 동의가 없으면 수반하지 않는다. 또한 당사자는 특약으로 저당권을 수반하지 않는 것으로 할 수도 있다. 이와 같은 경우 채권은 저당권 없는 무담보의 채권으로 존속한다. 대법원은 담보권의 수반성이란 피담보채권의 처분이 있으면 언제나 담보권도 함께 처분된다는 것이 아니라 채권담보라고 하는 담보권 제도의 존재 목적에 비추어 볼 때 특별한 사정이 없는 한 피담보채권의 처분에는 담보권의 처분도 당연히 포함된다고 보는 것이 합리적이라는 것일 뿐이라고 한다.[1]

(4) 불가분성(不可分性)

저당권은 불가분성이 인정된다(민법 제370조, 제321조). 그러나 공동저당의 경우에는 중요한 예외가 인정된다(민법 제368조).

---

[1] 대법원 2004. 4. 28. 선고 2003다61542 판결.

(5) 물상대위성(物上代位性)

저당권의 목적물이 멸실·훼손 등으로 없어진 경우에 그 대위물에 저당권의 효력이 미치는데, 이를 물상대위라고 한다(민법 제370조, 제342조).

라. 항공기 담보의 특례

정부 또는 금융회사 등은 항공사업자가 항공기를 도입하는 경우에 그 항공기가 항공안전법 제7조에 따른 소유권 취득에 관한 등록을 하기 전이라도 그 항공기를 담보로 하여 융자하여 줄 수 있다(항공사업법 제66조).

마. 저당권에 기한 방해배제청구

저당권자는 원칙적으로 저당목적물의 소유자가 행하는 저당목적물의 사용 또는 수익에 관하여 간섭할 수 없고, 다만 저당목적물에 대한 점유가 저당목적물의 본래의 용법에 따른 사용·수익의 범위를 초과하여 그 교환가치를 감소시키거나, 점유자에게 저당권의 실현을 방해하기 위하여 점유를 개시하였다는 점이 인정되는 등 그 점유로 인하여 정상적인 점유가 있는 경우의 경락가격과 비교하여 그 가격이 하락하거나 경매절차가 진행되지 않는 등 저당권의 실현이 곤란하게 될 사정이 있는 경우에는 저당권의 침해가 인정될 수 있다.[2]

2. 근저당권

가. 의의와 포괄근저당

근저당권(根抵當權)은 담보할 채권의 최고액만을 정하고 채무의 확정을 장래에 유보하여 설정하는 저당권을 말한다. 은행과 물상보증인 사이에 근저당권설정계약을 체결할 때 작성된 근저당권설정계약서에 "주채무자가 은행에 대하여 기왕, 현재 또는 장래에 부담하는 모든 채무를 담보하기 위하여 부동산에 근저당권을 설정한다"는 취지의 기재가 있는 경우 그 기

---

2) 대법원 2005. 4. 29. 선고 2005다3243 판결.

재는 주채무의 종류나 성립시기에 관계없이 모든 채무를 담보하기로 하는 포괄근저당권을 설정한다는 문언이고, 계약서가 부동문자로 인쇄된 일반거래약관의 형태를 취하고 있더라도 이는 처분문서이므로 그 진정성립이 인정되는 때에는 은행의 담보취득행위가 은행대차관계에서 이례에 속하거나 관례를 벗어나는 것이라고 보여지는 등의 특별한 사정이 없는 한 그 계약 문언대로 의사표시의 존재와 내용을 인정하여야 한다.[3]

근저당권설정계약서가 부동문자로 인쇄된 일반거래약관의 형태를 취하고 있다고 하더라도 이는 처분문서이므로 진정 성립이 인정되는 때에는 특별한 사정이 없는 한 계약서의 문언에 따라 의사표시의 내용을 해석하여야 하나, 근저당권설정계약 체결의 경위와 목적, 피담보채무액, 근저당권설정자와 채무자 및 채권자와의 상호관계 등 제반 사정에 비추어 당사자의 의사가 계약서 문언과는 달리 일정한 범위 내의 채무만을 피담보채무로 약정한 취지라고 해석하는 것이 합리적이라고 인정되는 경우에 당사자의 의사에 따라 담보책임의 범위를 제한할 수 있다.[4]

나. 근저당권의 부종성(附從性)

매매잔대금 채무를 지고 있는 부동산 매수인이 매도인과 사이에 소유권이전등기를 경료하지 아니한 상태에서 그 부동산을 담보로 하여 대출받는 돈으로 매매잔대금을 지급하기로 약정하는 한편, 매매잔대금의 지급을 위하여 당좌수표를 발행·교부하고 이를 담보하기 위하여 그 부동산에 제1순위 근저당권을 설정하되, 그 구체적 방안으로서 채권자인 매도인과 채무자인 매수인 및 매도인이 지정하는 제3자 사이의 합의 아래 근저당권자를 제3자로, 채무자를 매도인으로 하기로 하고, 이를 위하여 매도인이 제3자로부터 매매잔대금 상당액을 차용하는 내용의 차용금증서를 작성·교부하였다면, 매도인이 매매잔대금 채권의 이전 없이 단순히 명의만을 제3자에게 신탁한 것으로 볼 것은 아니고, 채무자인 매수인의 승낙 아래 매매잔대금 채권이 제3자에게 이전되었다고 보는 것이 일련의 과정에 나타난

---

3) 대법원 1994. 9. 30. 선고 94다20242 판결.
4) 대법원 2017. 7. 18. 선고 2015다206973 판결.

당사자들의 진정한 의사에 부합하는 해석이므로, 제3자 명의의 근저당권 설정등기는 그 피담보채무가 엄연히 존재하고 있어 그 원인이 없거나 부종성에 반하는 무효의 등기라고 볼 수 없다.[5]

다. 근저당권의 피담보채권의 양도

일반적으로 근저당권부채권의 양도에는 채권양도에 관한 규정(민법 제449조 내지 452조)과 근저당권양도(물권변동)에 관한 규정(민법 제186조)이 함께 적용된다고 본다. 따라서 양 규정에 따른 효력발생요건을 각각 갖추어야 하는바, 근저당권부채권의 양도는 양도인과 양수인 사이의 의사표시만으로 그 효력이 생기지만, 채무자·제3자에게 대항하기 위해서는 근저당권이전의 등록과는 별도로 채권양도의 대항요건(민법 제450조 제1항)을 갖추어야 하고, 또한 근저당권의 양도는 근저당권 이전의 물권적 합의와 그 이전등록이 있어야 효력이 생긴다.

피담보채권과 근저당권을 함께 양도하는 경우에 채권양도는 당사자 사이의 의사표시만으로 양도의 효력이 발생하지만 근저당권이전은 이전등록을 하여야 하므로 채권양도와 근저당권이전등록 사이에 어느 정도 시차가 불가피한 이상 피담보채권이 먼저 양도되어 일시적으로 피담보채권과 근저당권의 귀속이 달라진다고 하여 근저당권이 무효로 된다고 볼 수는 없으나, 위 근저당권은 그 피담보채권의 양수인에게 이전되어야 할 것에 불과하고, 근저당권의 명의인은 피담보채권을 양도하여 결국 피담보채권을 상실한 셈이므로 집행채무자로부터 변제를 받기 위하여 배당표에 자신에게 배당하는 것으로 배당표의 경정을 구할 수 있는 지위에 있다고 볼 수 없다.[6]

라. 후순위근저당권자의 선순위근저당권 소멸청구권

근저당부동산에 대하여 민법 제364조의 규정에 의한 권리를 취득한 제3자는 피담보채무가 확정된 이후에 채권최고액의 범위 내에서 그 확정된

---

5) 대법원 2001. 3. 15. 선고 99다48948 전원합의체 판결.
6) 대법원 2003. 10. 10. 선고 2001다77888 판결.

피담보채무를 변제하고 근저당권의 소멸을 청구할 수 있으나, 근저당 부동산에 대하여 후순위근저당권을 취득한 자는 민법 제364조에서 정한 권리를 행사할 수 있는 제3취득자에 해당하지 아니하므로, 이러한 후순위근저당권자가 선순위근저당권의 피담보채무가 확정된 이후에 그 확정된 피담보채무를 변제한 것은 민법 제469조의 규정에 의한 이해관계 있는 제3자의 변제로서 유효한 것인지 따져볼 수는 있을지언정 민법 제364조의 규정에 따라 선순위근저당권의 소멸을 청구할 수 있는 사유로는 삼을 수 없다.7)

마. 근저당과 근보증의 관계

계속적인 신용거래 관계로부터 장래 발생할 불특정 채무를 보증하기 위해 보증한도액을 정하여 근보증을 하고 아울러 그 불특정 채무를 담보하기 위하여 동일인이 근저당권설정등록을 하여 물상보증도 한 경우에, 근보증약정과 근저당권설정계약은 별개의 계약으로서 원칙적으로 그 성립과 소멸이 따로 다루어져야 하나, 근보증의 주채무와 근저당권의 피담보채무가 동일한 채무인 이상 근보증과 근저당권은 특별한 사정이 없는 한 동일한 채무를 담보하기 위한 중첩적인 담보로서 근저당권의 실행으로 변제를 받은 금액은 근보증의 보증한도액에서 공제되어야 한다.8)

바. 피담보채권의 범위와 충당

(1) 근저당권자가 그 피담보채무의 불이행을 이유로 경매신청한 때에는 그 경매신청시에 근저당권은 확정되는 것이며 근저당권이 확정되면 그 이후에 발생하는 원금채권은 그 근저당권에 의하여 담보되지 않는다.9) 근저당권자가 피담보채권 중 일부만을 청구금액으로 하여 경매신청을 한 경우 그 나머지 부분에 대하여 배당기일까지 청구금액을 확장할 수 있다 하여도 이는 경매신청시까지 이미 발생한 원금 채권 및 그에 대한 경매신청

---

7) 대법원 2006. 1. 26. 선고 2005다17341 판결.
8) 대법원 2004. 7. 9. 선고 2003다27160 판결.
9) 대법원 1988. 10. 11. 선고 87다카545 판결.

후의 지연손해금 채권에 대한 것이고 경매신청 이후에 발생한 원금채권은 그 근저당권에 의하여 담보되지 아니한다.[10]

(2) 담보권 실행을 위한 경매에서 배당된 배당금이 담보권자가 가지는 수개의 피담보채권 전부를 소멸시키기에 부족한 경우에는 민법 제476조에 의한 지정변제충당은 허용될 수 없고, 채권자와 채무자 사이에 변제충당에 관한 합의가 있었다고 하여 그 합의에 따른 변제충당도 허용될 수 없으며, 획일적으로 가장 공평타당한 충당방법인 민법 제477조 및 제479조의 규정에 의한 법정변제충당의 방법에 따라 충당하여야 한다. 이러한 법정변제충당은 이자 또는 지연손해금과 원본 간에는 이자 또는 지연손해금과 원본의 순으로 이루어지고, 원본 상호 간에는 그 이행기의 도래 여부와 도래 시기, 그리고 이율의 고저와 같은 변제이익의 다과에 따라 순차적으로 이루어지나, 다만 그 이행기나 변제이익의 다과에 있어 아무런 차등이 없을 경우에는 각 원본 채무액에 비례하여 안분하게 되는 것이다.[11]

(3) 원래 저당권은 원본, 이자, 위약금, 채무불이행으로 인한 손해배상 및 저당권의 실행비용을 담보하는 것이며, 채권최고액의 정함이 있는 근저당권에서 이러한 채권의 총액이 그 채권최고액을 초과하는 경우, 적어도 근저당권자와 채무자 겸 근저당권설정자와의 관계에서는 위 채권 전액의 변제가 있을 때까지 근저당권의 효력은 채권최고액과는 관계없이 잔존채무에 여전히 미친다.[12]

3. 대상사안의 검토

가. 당사자의 주장요지

(1) 원 고

1995. 5. 3. 원·피고 사이에 "피고가 원고에게 그 사이 대여한 합계 1,635,600,000원은 쌍방의 합작투자계약 체결과 동시에 합작사 활동을 위

---

10) 대법원 1991. 9. 10. 선고 91다17979 판결.
11) 대법원 2000. 12. 8. 선고 2000다51339 판결.
12) 대법원 2001. 10. 12. 선고 2000다59081 판결.

한 피고의 투자금액으로 간주한다"는 내용의 합의서가 작성되었는데, 같은 날 최종적인 합작투자계약이 체결되었으니, 원고에 대한 피고의 위 대여 금채권은 위 합의에 따라 합작사인 사이아에 대한 투자금으로 전환되어 그 대여금으로서의 성질을 상실한 것이고, 따라서 별지 제1 내지 제5 목록 기재 각 근저당권은 이미 그 피담보채무가 소멸하였다.

(2) 피 고

1995. 5. 3.자 합의서 상의 쌍방의 합작투자계약체결과 동시에 합작사 활동을 위한 피고의 투자금액으로 간주한다는 조항의 취지는, 원·피고 사이의 합작투자목적인 베트남에서의 항공기 운항사업을 위한 바스코와의 합작투자계약이 성사되어 바스코 엘티디가 설립될 경우 피고의 원고에 대한 대여금을 위 바스코 엘티디에 대한 투자금으로 간주한다는 의미이지, 베트남 항공기 운항사업을 위한 준비단계로서 원·피고 사이의 편의를 위하여 형식적으로 설립된 것에 불과한 사이아를 위한 투자금으로 인정한다는 것이 아니고, 한편 위 베트남 항공기 운항사업은 베트남 항공 운항청으로부터 사업인가를 얻을 수 있을 지 불투명한 상태이고, 바스코와의 합작투자계약도 성사되지 않은 상태이므로, 결국 피고의 원고에 대한 대여금채권은 아직도 그대로 존재하는 것이다.

나. 인정사실

(1) 피고는 원·피고가 바스코와의 합작투자를 통하여 베트남 내의 항공기 운항사업에 참여하고자 하는 목적에서 원고에게 수차례에 걸쳐서 자금을 제공하였고 이를 제공할 때마다 대여금이라는 점을 분명히 하기 위하여 각 대여시마다 자금대여약정서를 작성하였던 것인데, 아직 베트남 내의 항공기 운항사업의 성사, 즉 바스코와의 합작사의 설립이 불투명한 상태에서 갑자기 위 대여금을 출자금으로 전환할 만한 특별한 사정이 없었다. 이러한 사정은 피고 측에서 베트남 항공운항청으로부터 운항회사인가에 관한 부정적인 답변을 들은 후 곧바로 별지 제2 내지 5목록 기재 각 항공기에 대하여 근저당권설정등록을 마친 점에 비추어 더욱 분명해진다.

(2) 피고는 원고에게 1995. 1. 20. 및 같은 해 2. 28. 자금을 대여할 때 원고 소유의 항공기 및 원고의 주식을 담보로 제공받아 이 담보를 유지하고 있었는데도 위 합의서 작성시 위 담보의 처리에 관하여 아무런 언급이 없었을 뿐만 아니라, 위 합의서 작성과 함께 이루어진 450,000,000원의 대여에서 원고에게 별지 제2 내지 5목록 기재 각 항공기를 담보로 제공할 것을 다시 요구하였고, 원고는 이에 위 각 항공기에 관하여 근저당권설정계약서를 작성하여 주어 결국 위 각 항공기에 관하여 근저당권이 설정되었는바, 원고의 주장과 같이 위 합의의 내용이 그때 같이 작성된 합작투자계약 체결과 동시에 대여금을 투자금으로 간주하기로 한 것이라면, 피고가 위와 같이 위 각 항공기에 관하여 추가로 근저당권을 취득하게 된 이유를 합리적으로 설명할 수 없다.

(3) 원·피고 사이의 합작투자회사인 사이아는 바스코와의 합작투자계약 체결을 위하여 편의상 싱가포르에 자본금 싱가포르화 140,000달러의 규모로 설립하기로 한 명목상의 회사에 불과할 뿐만 아니라, 위 합의서가 작성되기 이전인 1995. 4. 27. 이미 설립을 마쳤고, 싱가포르법상 사이아 명의로는 항공기등록조차 할 수 없었다.

(4) 따라서 합의서 작성 당시 원·피고의 의사는 바스코와의 합작투자계약이 체결되어 당초 예정했던 합작사인 바스코 엘티디가 창설되고 이 합작사가 베트남에서의 항공기 운항사업을 수행할 수 있게 될 경우 그때까지의 피고의 원고에 대한 대여금 및 원고의 위 베트남 항공기 운항사업을 위한 영업활동비 등 시장개척비를 위 베트남 항공기 운항사업, 즉 바스코 엘티디의 활동을 위한 각자의 투자금으로 인정하기로 하는 취지였다고 해석하는 것이 상당하다.

다. 결 론

위 인정사실에 의하면, 별지 제1 내지 제5 목록 기재 각 항공기에 대한 각 근저당권의 피담보채권인 피고의 원고에 대한 위 대여금채권은 아직도 그대로 존속한다고 보아야 한다. 따라서 위 합의서의 작성으로 피고의 원고에 대한 대여금 채권이 사이아에 대한 투자금으로 전환되어 대여

금채권으로서의 성질을 상실하였음을 전제로 한 원고의 청구는 이유 없다.[13]

---

13) 회전익항공기에 등록된 근저당권의 피담보채무는 소멸시효 완성으로 소멸하였다는 이유로 위 항공기의 제3취득자인 원고의 근저당권말소청구를 인용한 사례로는 서울중앙지방법원 2010. 10. 28. 선고 2010가합45048 판결(제1심, 원고 승소), 서울고등법원 2011. 7. 21. 선고 2010나110451 판결(항소기각).

[13] 항공기 임대차계약

인천지방법원 부천지원 2011. 10. 6. 선고 2011가합695 판결[1]

Ⅰ. 사실관계

(1) 원고(임대인)는 피고(임차인)와 사이에 (i) 2010. 6. 7. KA-32T/ HL9299 헬기 1대(이하 '1호기')에 관하여, (ii) 2010. 7. 19. KA-32T/ HL9400 헬기 1대(이하 '2호기')에 관하여 각 임대차계약을 체결하였다.

(2) 원고는 피고에게 1호기를 2010. 6. 10. 인도하였다가 2010. 11. 1. 반환받았고, 2호기를 2010. 7. 28. 인도하였다가 2010. 10. 22. 반환받았다. 피고는 2010. 6. 10. 1호기의 임대차보증금 7,500만 원, 2010. 7. 28. 2호기 임대차보증금 7,500만 원을 원고에게 각 지급하였다.

(3) 피고가 2010. 11. 1. 원고에게 1호기를 반환하던 날 점검을 위해 실시한 시험비행결과 VHF #2(초단파 무선전화 송수신기)가 작동하지 않고, Master Warning Light가 꺼지지 않으며, Audio Signal에 잡음이 발생하는 현상이 발견되었고, 위 결함들에 대한 수리비는 14,613,120원이다.

(4) 원고는 피고에 대하여, 1, 2호기 임대차계약과 관련하여 합계 343,658,017원[= (i) 1호기의 임대료 일부, 유류정산금 등 미지급금 합계 58,031,758원 + (ii) 2호기의 임대기간 중 최소운항시간을 초과한 47시간의 추가임대료 1억 1,475만 원 + (iii) 1호기 결함으로 인하여 2010. 11. 2.부터 2010. 12. 23.까지 52일간 헬기를 운항하지 못한 운휴손해 1억 4,300만 원, (iv) 1호기 수리비 14,613,120원 + (v) 원고가 파견한 러시아 정비사의 인건비·항공료 등 합계 13,263,139원]의 지급을 구하는 소를 제기하였다.

---

1) 서울고등법원 2013. 3. 28. 선고 2011나90363 판결(항소기각).

Ⅱ. 참조 조문

1. 민 법

제618조(임대차의 의의) 임대차는 당사자 일방이 상대방에게 목적물을 사용, 수익하게 할 것을 약정하고 상대방이 이에 대하여 차임을 지급할 것을 약정함으로써 그 효력이 생긴다.

제623조(임대인의 의무) 임대인은 목적물을 임차인에게 인도하고 계약 존속중 그 사용, 수익에 필요한 상태를 유지하게 할 의무를 부담한다.

제624조(임대인의 보존행위, 인용의무) 임대인이 임대물의 보존에 필요한 행위를 하는 때에는 임차인은 이를 거절하지 못한다.

제625조(임차인의 의사에 반하는 보존행위와 해지권) 임대인이 임차인의 의사에 반하여 보존행위를 하는 경우에 임차인이 이로 인하여 임차의 목적을 달성할 수 없는 때에는 계약을 해지할 수 있다.

제626조(임차인의 상환청구권) ① 임차인이 임차물의 보존에 관한 필요비를 지출한 때에는 임대인에 대하여 그 상환을 청구할 수 있다.

② 임차인이 유익비를 지출한 경우에는 임대인은 임대차종료시에 그 가액의 증가가 현존한 때에 한하여 임차인의 지출한 금액이나 그 증가액을 상환하여야 한다. 이 경우에 법원은 임대인의 청구에 의하여 상당한 상환기간을 허여할 수 있다.

2. 항공안전법

제9조(항공기 소유권 등) ① 항공기에 대한 소유권의 취득·상실·변경은 등록하여야 그 효력이 생긴다.

② 항공기에 대한 임차권(賃借權)은 등록하여야 제3자에 대하여 그 효력이 생긴다.

3. 1호기 임대차계약 주요 내용

제4조(항공기의 정비)

1. 피고는 항공기 현장정비를 위한 현장 상주 정비인원을 2인 이상

현장에 파견하여 항공기를 원고로부터 인수받은 상태를 유지, 관리한다.

2. 원고는 상기 시간 주기 점검을 제외한 모든 정비를 원고의 비용과 책임하에 수행한다.

3. 피고의 운영상 과실로 인한 정비의 경우 피고의 비용과 책임으로 원고가 수행한다.

4. 계약만료 전 중도에 항공기를 반납시 제13조 제3항에 의거 피고는 항공기를 인수받을 시와 동일한 감항성이 유지되는 상태로 반납하여야 한다.

제10조(임대료)

1. 피고는 계약기간 중 최소비행시간 138시간을 보장하며 매월 30시간으로 나누어 지불한다. 임대료는 시간당 250만 원(부가세 별도)으로 한다.

2. 제10조 제1항에서 명시한 임대료는 원고의 항공기 운용 고정비용 및 시간당 정비충당금의 합산이다.

3. 본 계약에 대하여, 계약개시 시점에 1개월 임대료를 보증금으로써 피고가 원고에게 2010. 6. 9.까지 선납하고 임대료는 1개월마다 정산한 후 확정하여 피고가 원고에게 지불한다.

제11조(계약기간)

1. 본 계약의 계약기간은 2010. 6. 9.부터 2010. 10. 24.(138일)이다.

2. 항공기 인수/도 시점은 2010. 6. 9.이며 인도지연시 원고는 피고에게 10일 경과시점부터 1일 당 50만 원의 지체상금을 지불한다.

3. 임차기간 중 통상적인 주기점검기간(100시간 4일, 300시간 12일) 이외에 원고의 항공기 또는 정비일정상 입고지연, 부품미확보 등의 이유로 정비가 지연될 시는 본 계약상의 임대기간에서 제외한다.

제12조(계약의 해지)

3. 해지시 임차요금은 해지 월의 말일(계약일 기준)까지 계상한다.

제13조(항공기 성능검사)

1. 원고와 피고는 항공기 인수 및 인계시점에서 각자의 부담으로 Power Assurance 점검을 포함한 시험비행을 실시한다. 확인된

결함은 각자의 비용으로 수정한다. 다만 제7조 제5항의 합의시 보험료는 피고의 부담으로 할 수 있다.

2. 매월 1회 원고는 항공기의 FRD기록장치를 장찰하여 기록사항을 분석한다. 이 경우 원고는 대체품의 장착 또는 기타의 방법으로 항공기 운항에 지장이 없도록 한다. FRD 분석결과 피고의 과실로 이상 사항이 확인되었을 시 피고의 비용으로 원상복구한다.

제14조(항공기의 반환)

1. 계약이 해지된 때에는 피고의 비용으로 항공기를 원고가 지정하는 장소에서 반환, 인계하여야 한다. 이때, 항공기가 인수될 당시와 같은 감항능력을 유지하도록 해야 하며, 제3조에 따라 개조된 경우 원고의 요청에 따라 본 계약체결 당시의 원상으로 복구한다.

제16조(부칙)

피고의 요구시, 원고는 러시아 KA-32 기체 정비사 1인을 피고에게 파견하며, 비용은 월급여 미화 3천불 이외에 숙식 등 체재비, 6개월 단위의 왕복항공권, 의료보험 및 치료비, 휴대전화 및 인터넷 제공비, 러시아 숙소 유선 TV방송비 등 관련경비를 원고에게 지불하여야 한다.

4. 2호기 임대차계약 주요내용

제4조(항공기의 정비)

1. 피고는 항공기 현장정비를 위한 현장 상주 정비인원을 2인 이상 현장에 파견하여 항공기를 원고로부터 인수받은 상태를 유지, 관리한다.

2. 항공기의 자체결함이 아닌 정기점검의 경우 25시간, 50시간은 피고의 책임하에 수행하고, 100시간 점검은 원고의 책임하에 시행하되 피고는 원고의 부족한 장비에 대하여 최대한 지원한다.

3. 피고의 운영상 과실로 인한 정비의 경우 피고의 비용과 책임으로 원고가 수행한다.

4. 계약만료 전, 중도에 항공기를 반납시 제13조 제1항에 의거 피고는 항공기를 인수받을 시와 동일한 감항성이 유지되는 상태로 반납하여야 한다.

제10조(임대료)

1. 피고는 계약기간 중 최소비행시간 매일 1시간을 보장하며 매월 30시간으로 나누어 지불한다. 임대료는 시간당 250만 원(부가세 별도)으로 한다.

2. 제10조 제1항에서 명시한 임대료는 원고의 항공기 운용 고정비용 및 시간당 정비충당금의 합산이다.

3. 본 계약에 대하여, 계약개시 시점에 1개월 임대료를 보증금으로써 피고가 원고에게 인수전 시험비행 완료 즉시 지불하고, 임대료는 1개월 마다 정산한 후 확정하여 피고가 원고에게 지불한다.

제11조(계약기간)

1. 본 계약의 계약기간은 2010. 7. 23.부터 2010. 10. 21.이다.

2. 항공기 인수/도 시점은 2010. 7. 23.이며 인도지연시 원고는 피고에게 10일 경과시점부터 1일 당 50만 원의 지체상금을 지불한다.

3. 임차기간 중 통상적인 주기점검기간(100시간 4일, 300시간 12일) 이외에 원고의 항공기 또는 정비일정상 입고지연, 부품미확보 등의 이유로 정비가 지연될 시는 본 계약상의 임대기간에서 제외한다.

제12조(계약의 해지)

3. 해지시 임차요금은 해지 월의 말일(계약일 기준)까지 계상한다.

제13조(항공기 성능검사)

1. 원고와 피고는 항공기 인수 및 인계시점에서 각자의 부담으로 Power Assurance 점검을 포함한 시험비행을 실시한다. 확인된 결함은 각자의 비용으로 수정한다. 다만 제7조 제5항의 합의시 보험료는 피고의 부담으로 할 수 있다.

2. 매월 1회 원고는 항공기의 FRD 기록장치를 장착하여 기록사항을 분석한다. 이 경우 원고는 대체품의 장착 또는 기타의 방법으로 항공기 운항에 지장이 없도록 한다. FRD 분석결과 피고의 과실로 이상 사항이 확인되었을 시 피고의 비용으로 원상복구한다.

제14조(항공기의 반환)

1. 계약이 해지된 때에는 피고의 비용으로 항공기를 원고가 지정하는 장소에서 반환, 인계하여야 한다. 이때, 항공기가 인수될 당

시와 같은 감항능력을 유지하도록 해야 하며, 제3조에 따라 개조된 경우 원고의 요청에 따라 본 계약체결 당시의 원상으로 복구한다.

Ⅲ. 판시사항

1호기에 관한 임대차계약서 규정에 의하면, 임차인인 피고는 자신이 인도받은 항공기와 동일한 감항능력이 있는 상태의 항공기를 반환할 의무가 있고, 인계시 발생된 결함에 대하여 비용부담의 책임이 있는바, 피고가 2010. 6. 10. 1호기를 인도받을 때 실시한 시험비행에서는 별다른 이상증세가 나타나지 않았으나, 2010. 11. 1. 피고가 원고에게 1호기를 반환하던 날 실시된 시험비행에서는 VHF #2(초단파 무선전화 송수신기), Master Warning Light, Audio Signal 결함이 발견된 사실이 인정되고, 위 결함 부분은 항공기의 감항성과 관련이 있는 것으로 보이므로, 피고는 위 결함에 대한 수리비 14,613,120원을 부담할 책임이 있다.

Ⅳ. 해 설

1. 항공기 임대차계약

가. 의 의

항공기 임대차계약은 임대인이 임차인에게 항공기를 사용·수익하게 할 것을 약정하고 임차인이 이에 대하여 차임을 지급할 것을 약정함으로써 그 효력이 생긴다(민법 제618조). 항공기 임대차계약은 당사자 사이의 합의로 성립하지만(諾成契約), 제3자에게 대항하기 위해서는 임차권등록을 요한다(항공안전법 제9조 제2항).

나. 임대차보증금

임대차보증금은 임대차계약 종료 후 목적물을 임대인에게 인도할 때까지 임대차에 따라 발생하는 임차인의 모든 채무를 담보하므로, 그 피담보채무 상당액은 임대차관계 종료 후 목적물이 반환될 때 별도의 의사표시 없이 임대차보증금에서 당연히 공제되는 것이 원칙이다.[2] 임대차계약의 종료에 의하여 발생된 임차인의 목적물반환의무와 임대인의 연체차임 등을 공제한 나머지 보증금의 반환의무는 동시이행의 관계에 있으므로, 임대차계약 종료 후에도 임차인이 동시이행의 항변권을 행사하여 임차 항공기를 계속 점유하여 온 것이라면, 임대인이 임차인에게 보증금반환의무를 이행하였다거나 현실적인 이행의 제공을 하여 임차인의 항공기 인도의무가 지체에 빠지는 등의 사유로 동시이행의 항변권을 상실하지 않는 이상, 임차인의 항공기에 대한 점유는 불법점유라고 할 수 없으며, 따라서 임차인으로서는 이에 대한 손해배상의무도 없다.[3]

다. 부당이득 반환

항공기에 관한 임대차계약이 종료된 이후 이를 임대인에게 반환하지 않고 계속 점유·사용하는 자는 그 점유기간 동안 항공기의 사용·수익에 따른 차임 상당액을 부당이득으로 반환할 의무가 있다.[4] 또한 불법점유를 당한 항공기의 소유자로서는 불법점유자에 대하여 그로 인한 임료 상당 손해의 배상이나 부당이득의 반환을 구할 수 있고, 다만 불법점유가 없었더라도 소유자에게 임료 상당 이익이나 기타 소득이 발생할 여지가 없는 특별한 사정이 있는 때에는 손해배상이나 부당이득반환을 청구할 수 없지만, 그와 같은 특별한 사정에 관하여는 손실이 발생하지 않았음을 주장하는 쪽에서 증명할 책임을 진다.[5]

라. 임차인의 목적물반환의무

임대차 목적물이 화재 등으로 인하여 소멸됨으로써 임차인의 목적물 반환의무가 이행불능이 된 경우에, 임차인은 이행불능이 자기가 책임질 수 없는 사유로 인한 것이라는 증명을 다하지 못하면 목적물 반환의무의

---

2) 대법원 2017. 10. 12. 선고 2016다277880 판결.
3) 대법원 2017. 10. 12. 선고 2017다224630 판결.
4) 대법원 2012. 5. 10. 선고 2012다4633 판결.
5) 대법원 2017. 6. 15. 선고 2015다77717 판결.

이행불능으로 인한 손해를 배상할 책임을 지며, 화재 등의 구체적인 발생 원인이 밝혀지지 아니한 때에도 마찬가지이다. 또한 이러한 법리는 임대차 종료 당시 임대차 목적물 반환의무가 이행불능 상태는 아니지만 반환된 임차 항공기가 화재로 인하여 훼손되었음을 이유로 손해배상을 구하는 경우에도 동일하게 적용된다.

한편 임대인은 목적물을 임차인에게 인도하고 임대차계약 존속 중에 그 사용·수익에 필요한 상태를 유지하게 할 의무를 부담하므로(민법 제623조), 임대차계약 존속 중에 발생한 화재가 임대인이 지배·관리하는 영역에 존재하는 하자로 인하여 발생한 것으로 추단된다면, 그 하자를 보수·제거하는 것은 임대차 목적물을 사용·수익하기에 필요한 상태로 유지하여야 하는 임대인의 의무에 속하며, 임차인이 하자를 미리 알았거나 알 수 있었다는 등의 특별한 사정이 없는 한, 임대인은 화재로 인한 목적물 반환의무의 이행불능 등에 관한 손해배상책임을 임차인에게 물을 수 없다.[6]

2. 대상사안의 검토

가. 1호기 임대료, 유류정산금 등 미지급금

피고가 원고에게 1호기의 임대료 일부, 유류정산금 등 합계 58,031,758원을 미지급한 사실은 다툼이 없으므로, 피고는 원고에게 미지급금 58,031,758원을 지급할 의무가 있다.

나. 2호기 임대료

(1) 원고의 주장요지

원고는 피고와 사이에 1일 비행시간이 1시간을 초과하는 해당일의 각 초과시간 합계분에 대하여 누적 운항시간에 따른 임대료 외에 별도로 시간당 250만 원으로 계산한 임대료를 추가지급하기로 약정하였다고 주장하였다.

---

6) 대법원 2017. 5. 18. 선고 2012다86895 전원합의체 판결.

(2) 인정사실

피고가 2호기를 인수받았다가 반환한 2010. 7. 29.부터 2010. 10. 22. 까지의 총 누적비행시간이 82시간 20분(=1,231시간 59분-1,149시간 30분)인 사실, 피고는 위 임대기간 중 일부 비행일에는 1시간을 초과하여 운항하였는데, 1일 비행시간이 1시간을 초과하는 해당 비행일의 각 초과시간 합계가 총 2,824분(약 47시간)인 사실이 인정되었다.

또한 (i) 1호기와 2호기에 대한 각 임대차계약 체결일시가 2010. 6. 7. 및 2010. 7. 19.로 근접하고, 위 각 임대차계약은 모두 동종의 헬기에 관한 임대차계약으로서 그 시간당 임대료, 1일당 최소 1시간 보장에 관한 내용, 기타 임대차계약조건에 관한 내용이 거의 유사하여 1호기와 2호기의 임대료 산정방법을 달리 정하였다고 보기 어려운 점, (ii) 1호기의 임대료 산정방법은 총 임대기간에 해당하는 138일 동안 최소비행시간 138시간의 운항임대료를 보장(매월 30시간으로 나누어 지급)하기로 하여, 임대료는 총 임대기간 중의 누적운항시간에 시간당 임대료 250만 원을 곱하는 방법으로 임대료를 산정하도록 하고 있는 점(1호기에 관한 임대차계약서 제10조 제1항의 "계약기간 중 최소비행시간 138시간 보장"이라는 문구와 2호기에 관한 임대차계약서 제10조 제1항의 "계약기간 중 최소비행시간 매일 1시간 보장"이라는 문구는, 모두 계약기간 중 1일 1시간을 보장한다는 것으로서 그 의미에 특별한 차이는 없는 것으로 보인다), (iii) 원고는 2010. 8. 27. 및 2010. 9. 30. 피고에게 2호기에 관한 임대료지급을 청구함에 있어 1호기에 관한 임대료 산출방법과 마찬가지로 임대기간 중 월별 총 누적운항시간에 시간당 임대료인 250만 원을 곱하여 산출한 임대료를 기준으로 임대료를 청구하였던 점[원고는 2010년 8월말에는 누적운항시간 33시간, 2010년 9월말에는 30시간을 기준으로 계산된 임대료를 청구하였는데, 2010. 9. 30. 2호기의 총 누적비행시간 28시간이 최소보장비행시간(30시간)에 미달하자, 최소보장비행시간 30시간을 기준으로 산출한 임대료를 청구하였다], (iv) 원고와 피고는 2호기 임대료와 관련하여 2010년 8월 및 9월에는 별다른 문제를 제기하지 않은 채 1호기와 마찬가지 방법으로 임대료를 산정하여 청구하고 지급하였던 점, (v) 그런데 2호기 임대기간의 종료일 무렵 원, 피고 사이에 2호기 임대기간의 기산일 및 종료일에 다툼이 발생하여 총 임대일수에 차이가 있어 임대료가 지급되지 못하였던 것으로 보이는 점, (vi) 원고는 당초 2호기에 대해서도 1호기와 마찬가지 방법으로 임대료를 산정하면서, 다만 임대료를 지급하여야 할 임대기간을 2010. 7. 23.부터 2010. 10. 31.까지 101일로 주장하여 101시간으로 계산한 임대료를 청구하였던 점 등이 인정되었다.

(3) 판 단

위 인정사실에 의하면, 2호기에 관한 임대료는 1호기와 마찬가지로 임대기간 동안 1일 1시간을 보장하되 임대료 지급방법만 매월 30시간으로 나누어 지급하기로 약정하였다고 봄이 상당하다. 따라서 피고는 2010. 7. 28. 2호기를 인수받아 2010. 10. 22. 반환할 때까지 85일간 2호기를 운항하였고, 위 임차기간 중 총 82시간 20분 동안 항공기를 운항하였으며 이는 임대기간 중 최소보장운항시간인 85시간(총 임대일수 85일×1일/1시간)에 미달되므로, 2호기 임대료는 총 2억 3,375만 원(=85일×250만 원 ×1.1)이 된다. 한편, 피고가 원고에게 임대료로 2010. 8. 31.에 9,075만 원(8월분), 2010. 10. 7.에 8,250만 원(9월분)을 지급하였고, 2호기 임대차 보증금으로 7,500만 원을 지급한 사실은 다툼이 없으므로, 위 합계 2억 4,825만 원에서 2호기 임대료 2억 3,375만 원을 공제하면, 원고로부터 피고에게 보증금 중 1,450만 원이 반환되어야 한다.

다. 1호기 수리비

(1) 1호기에 관한 임대차계약서 제4조, 제13조, 제14조의 규정에 의하면, 임차인인 피고는 자신이 인도받은 항공기와 동일한 감항능력이 있는 상태의 항공기를 반환할 의무가 있고, 인계시 발생된 결함에 대하여 비용 부담의 책임이 있다.

(2) 피고가 2010. 6. 10. 1호기를 인도받을 때 실시한 시험비행에서는 별다른 이상증세가 나타나지 않았으나, 2010. 11. 1. 피고가 원고에게 1호

기를 반환하던 날 실시된 시험비행에서는 VHF #2(초단파 무선전화 송수신기), Master Warning Light, Audio Signal 결함이 발견된 사실이 인정되고, 위 결함 부분은 항공기의 감항성과 관련이 있는 것으로 보이므로, 피고는 위 결함에 대한 수리비 14,613,120원을 부담할 책임이 있다.

라. 운휴손해

(1) 1호기 임대차계약서 제4조, 제13조의 규정에 의하면, 피고가 결함 수정비용을 부담하는 경우에도 원고가 정비를 수행하도록 정하고 있으므로 1호기 정비책임은 원고에게 있어서, 정비기간 동안의 항공기 운휴책임을 피고에게 물을 수 없다.

(2) 또한 1호기 임대차계약서 제4조, 제11조에 의하면, 임차기간 중 통상적인 주기점검기간 이외의 수리는 원고의 비용과 책임으로 수행하고, 정비일정상 입고 지연, 부품미확보 등의 이유로 정비가 지연될 시에는 임대차계약상 임대기간에서 제외하고 있는 점에 비추어 보더라도, 1호기 반환시 발생한 결함에 대하여 임차인인 피고에게 임대차계약서 제13조, 제14조에 따라 결함의 수리비를 청구할 수 있음은 별론으로 하더라도, 위 수리를 위한 부품확보기간·정비기간 동안의 항공기 운휴책임을 피고에게 물을 수는 없다.

(3) 법원은, 2010. 11. 2. 이후 52일간 1호기에 대한 운항기록이 없는 사실은 인정되나, 그러한 사정만으로는 위 기간 중 1호기의 결함으로 인하여 운항이 불가능하였다는 점을 인정하기에는 부족하고, 위 운항기록이 없는 52일의 기간이 결함정비에 소요될 상당한 기간이라는 증명도 없으므로, 원고의 이 부분 주장은 이유 없다고 판단하였다.

마. 러시아 정비사의 인건비 등 지급채무 여부

(1) 1호기 임대차계약서 부칙 제16조에 의하면, 피고의 요청시 원고는 러시아 정비사를 파견하고 피고는 원고에게 정비사 인건비 등을 지급하기로 약정하였고, 러시아 정비사가 피고 회사에서 정비업무를 담당하였던 사실이 인정되었다.

(2) 법원은 러시아 정비사가 원고 회사에 고용된 근로자로서 피고 회사에 파견되어 이 사건 임대차계약에 따라 정비업무를 담당하였다는 점을 인정하기에 부족하고, 달리 이를 인정할 만한 증거가 없다는 이유로, 원고의 이 부분 주장을 배척하였다.

바. 피고의 변제공탁 주장에 대한 판단

(1) 피고는 제1심 판결 선고 후 원고 앞으로 1호기의 임대료 등 미지급금 39,574,325원 및 지연이자를 공탁(供託)함으로써 변제하였다는 취지로 주장하였다.

(2) 피고가 제1심 판결 선고 후인 2011. 10. 20. '피고가 제1심 판결에서 인용된 돈 중 일부를 현실제공하려고 하였으나 원고가 수령을 거절하였음'을 공탁원인 사실로 하여 인천지방법원 부천지원 2011년 금제3009호로 41,471,724원을 변제공탁하였다.[7]

(3) 가집행으로 인한 변제의 효력은 확정적인 것이 아니고 어디까지나 상소심에서 그 가집행의 선고 또는 본안판결이 취소되는 것을 해제조건으로 하여 발생하는 것에 지나지 않으므로, 제1심 가집행선고부 판결에 기하여 피고가 그 가집행선고 금액을 지급하였다 하더라도 항소심 법원으로서는 이를 참작함이 없이 당해 청구의 당부를 판단하여야 하는 것이다.[8]

(4) 가집행선고부 판결에 기한 집행의 효력은 확정적인 것이 아니고 후일 본안판결 또는 가집행선고가 취소·변경될 것을 해제조건으로 하는 것이다. 즉 가집행선고에 의하여 집행을 하였다고 하더라도 후일 본안판결의 일부 또는 전부가 실효되면 이전의 가집행선고부 판결에 기하여는 집행을 할 수 없는 것으로 확정이 되는 것이다. 따라서 가집행선고에 기

---

7) 채무자가 공탁원인이 있어서 공탁에 의하여 그 채무를 면하려면 채무액 전부를 공탁하여야 하고, 일부의 공탁은 그 채무를 변제할 때 일부의 제공이 유효한 제공이라고 시인될 수 있는 특별한 사정이 있는 경우를 제외하고는 채권자가 이를 수락하지 아니하는 한 그에 상응하는 효력을 발생할 수 없다. 대법원 2008. 7. 10. 선고 2008다10051 판결.

8) 대법원 1993. 10. 8. 선고 93다26175 판결. 피고가 지급한 돈이 가집행선고로 인한 지급물이라면 그로 인하여 원고의 부당이득반환청구권이 소멸할 리 없으므로, 원심이 이를 임의변제로 보아 원고승소의 제1심판결을 취소하고 원고의 청구를 기각한 것은 잘못이나 결과적으로 승소한 피고로서는 이에 대하여 상고를 제기할 이익이 없다(대법원 1993. 6. 8. 선고 93다14233 판결).

하여 이미 지급받은 것이 있다면 이는 법률상 원인이 없는 것이 되므로 부당이득으로서 반환하여야 한다. 위와 같은 가지급물 반환신청은 가집행에 의하여 집행을 당한 채무자가 별도의 소를 제기하는 비용·시간 등을 절약하고 본안의 심리절차를 이용하여 신청의 심리를 받을 수 있는 간이한 길을 터놓은 제도로서 그 성질은 본안판결의 취소·변경을 조건으로 하는 예비적 반소에 해당한다.[9]

(5) 피고가 제1심 판결에 불복하여 항소함으로써 제1심에서 인용된 금액에 대하여 다투고 있는 점에 비추어 보면, 피고가 공탁한 돈은 비록 변제공탁의 형식을 취하였으나 채무자인 피고가 제1심 판결에 붙은 가집행에 기한 강제집행을 면하기 위하여 공탁한 것이어서 확정적으로 변제의 효과가 발생하는 것으로 볼 수 없다.[10]

(6) 따라서 피고의 변제 주장은 부당하다.

---

9) 대법원 2011. 8. 25. 선고 2011다25145 판결.
10) 대법원 1994. 11. 11. 선고 94다22446 판결.

제 3 장

항공기 민사보전

[14] 항공기 가압류

인천지방법원 2014. 5. 21.자 2014카합724 결정

Ⅰ. 사실관계

(1) S는 2007. 1. 26. W로부터 이 사건 항공기(항공기의 종류: 제트기, 항공기의 국적 및 등록마트: HS-SSA, 항공기의 기종: B767-222)를 매수하기로 하였고, 2007. 2. 13. 채무자 G 유한회사(대한민국 법인)는 위 당사자들과 사이에 위 매매계약상 S가 가지는 매수인 지위를 이어받기로 하는 수정계약을 체결하였다.

(2) 채무자는 W로부터 이 사건 항공기를 매수하고 매매대금을 모두 지급한 후 S가 한국과 태국을 오가는 노선을 대상으로 운송허가와 운항증명을 받게 하기 위하여 위 항공기를 태국 민간항공국(Civil Aviation Authority of Thailand, 'CAAT')에 등록하였다. CAAT가 발행한 등록확인서에는 채무자가 소유자, S가 점유자로 기재되어 있다.

(3) 채무자는 이 사건 항공기를 2008. 12.부터 채권자 인천국제공항공사가 관리하는 인천국제공항 정치장에 정류시켰다. 채무자가 2012. 2.부터 2014. 3.까지 공항시설사용료로 채권자에게 지급할 금액은 1,299,691,735원에 이른다.

(4) 채권자는 2014. 5. 9. 인천지방법원에 2014카합724호로 위 공항시설사용료 청구권을 피보전권리로 하여 이 사건 항공기에 대한 유체동산가압류를 신청하였다.[1] 법원은 2014. 5. 12. 담보제공명령을 발령하였고, 채

---

[1] 이 사건 항공기는 태국에 등록된 외국항공기이므로, 민사집행법상 유체동산으로 취급한다. 우리나라에서는 외국항공기에 대한 강제집행의 방법에 관하여는, (i) 특별한 규정이 없는 이상 원칙으로 돌아가서 동산집행방법에 의하여야 한다는 견해, (ii) 민사집행법 제186조가 준용되므로 선박집행에 준하여 집행할 수 있다는 견해 등이 제기되고 있으나, 법원 실무는 동산집행설의 입장을 취하고 있다. 자세한 논의는 [18] 외국항공기에 대한 강제집행 참조.

권자가 담보를 제공하자 2014. 5. 21. 이 사건 항공기에 대한 가압류결정을 발령하였다.

(5) 채권자는 2014. 5. 27. 인천지방법원 집행관에게 2014가450호로 유체동산가압류 집행을 위임하였고, 집행관은 2014. 6. 2. 이 사건 항공기에 대하여 유체동산가압류집행을 완료하였다.

(6) 채권자는 이 사건 피보전권리를 청구채권으로 하여 2014. 6. 2. 인천지방법원으로부터 2014차5056 지급명령을 발령받았고, 위 지급명령은 2014. 8. 5. 확정되었다.

II. 참조 조문

1. 민사집행법(이하 '법')

> **제276조(가압류의 목적)** ① 가압류는 금전채권이나 금전으로 환산할 수 있는 채권에 대하여 동산 또는 부동산에 대한 강제집행을 보전하기 위하여 할 수 있다.
>
> ② 제1항의 채권이 조건이 붙어 있는 것이거나 기한이 차지 아니한 것인 경우에도 가압류를 할 수 있다.
>
> **제277조(보전의 필요)** 가압류는 이를 하지 아니하면 판결을 집행할 수 없거나 판결을 집행하는 것이 매우 곤란할 염려가 있을 경우에 할 수 있다.
>
> **제278조(가압류법원)** 가압류는 가압류할 물건이 있는 곳을 관할하는 지방법원이나 본안의 관할법원이 관할한다.
>
> **제279조(가압류신청)** ① 가압류신청에는 다음 각 호의 사항을 적어야 한다.
>
> 1. 청구채권의 표시, 그 청구채권이 일정한 금액이 아닌 때에는 금전으로 환산한 금액
> 2. 제277조의 규정에 따라 가압류의 이유가 될 사실의 표시
>
> ② 청구채권과 가압류의 이유는 소명하여야 한다.
>
> **제280조(가압류명령)** ① 가압류신청에 대한 재판은 변론 없이 할 수 있다.

② 청구채권이나 가압류의 이유를 소명하지 아니한 때에도 가압류로 생길 수 있는 채무자의 손해에 대하여 법원이 정한 담보를 제공한 때에는 법원은 가압류를 명할 수 있다.

③ 청구채권과 가압류의 이유를 소명한 때에도 법원은 담보를 제공하게 하고 가압류를 명할 수 있다.

④ 담보를 제공한 때에는 그 담보의 제공과 담보제공의 방법을 가압류명령에 적어야 한다.

제281조(재판의 형식) ① 가압류신청에 대한 재판은 결정으로 한다.

② 채권자는 가압류신청을 기각하거나 각하하는 결정에 대하여 즉시항고를 할 수 있다.

③ 담보를 제공하게 하는 재판, 가압류신청을 기각하거나 각하하는 재판과 제2항의 즉시항고를 기각하거나 각하하는 재판은 채무자에게 고지할 필요가 없다.

제282조(가압류해방금액) 가압류명령에는 가압류의 집행을 정지시키거나 집행한 가압류를 취소시키기 위하여 채무자가 공탁할 금액을 적어야 한다.

Ⅲ. 판시사항

채무자 소유의 이 사건 항공기를 가압류한다.

채무자는 다음 청구금액을 공탁하고 집행정지 또는 집행취소를 신청할 수 있다.

청구채권의 내용 : 2012. 2.부터 2014. 3.까지 공항시설사용료 청구권

청구금액 : 금 1,299,691,735원

Ⅳ. 해 설

1. 가압류의 개관

가. 보전처분의 의의

사법상의 권리·의무에 관하여 다툼이 있는 경우 권리의 확정과 실현에

많은 시간이 소요된다. 이로 인하여 시간의 흐름에 따라 채무자의 재산상태 등이 변하여 채권자가 '권리를 위한 투쟁(Der Kampf ums Recht)'에서 최종적으로 승리하였다 하더라도 채권자에게 아무런 실익도 없는 결과가 발생할 수 있다. 이와 같이 자력구제를 원칙적으로 금지하고 있는 현행 법제도하에서 권리보호의 실효성을 확보하기 위해서는 통상의 법적 절차에 의하여 권리를 확정·실현할 때까지 채권자를 잠정적으로 보호하는 제도가 필요하게 된다. 민사집행법 제4편 보전처분에서 규율하고 있는 제도로는 가압류(假押留), 다툼의 대상에 관한 가처분(假處分), 임시의 지위를 정하기 위한 가처분이 있다. 이 사건에서는 가압류가 문제되었으므로, 이에 관하여 간략하게 살펴보기로 한다.

나. 가압류의 피보전권리

(1) 금전채권

가압류는 금전채권이나 금전으로 환산할 수 있는 채권의 집행을 보전하기 위한 것이므로(법 제276조 제1항), 금전채권이나 금전으로 환산할 수 있는 채권이 피보전권리적격을 갖는다. 금전채권이란 일정액의 금전의 지급을 목적으로 하는 채권을 말하는 것으로서, 반드시 민법상 채권에 한하지 않고, 민사집행법 제2편 제2장 '금전채권에 기초한 강제집행'상의 금전채권과 동일하다. 금전채권이라면 그 채권액 전부의 보전을 위해서뿐만 아니라 일부의 보전을 위하여도 가압류를 할 수 있다.[2] 특정금전채권은 특정물의 인도를 목적으로 하는 채권으로서 순전히 특정물채권에 지나지 아니하므로, 다툼의 대상에 관한 가처분의 대상이 될 수 있으나 가압류의 피보전권리는 될 수 없다. 민법 제378조는 외국통화채권의 채무자에게 우리나라 통화로 변제할 수 있는 대용권을 인정하고 있다. 이와 같이 외국통화채권에 관하여는 외국통화의 청구·재판·집행이 가능하므로, 외국통화채권도 가압류의 피보전권리가 될 수 있다.[3]

---

2) 수원지방법원 2009. 4. 1. 선고 2008가단13568 판결.
3) 물품대금채권 미화 70,000달러를 가압류의 피보전권리로 인정한 사례로는 대법원 1997. 5. 9. 선고 96다48725 판결.

(2) 금전으로 환산할 수 있는 채권

금전으로 환산할 수 있는 채권이란 특정물의 이행 그 밖의 재산상의 청구권이 채무불이행에 의하여 손해배상채권으로 변하거나, 강제집행 불능시의 대상청구권과 같이 '금전채권으로 바뀔 수 있는 채권'을 말한다. 이러한 경우 본래의 채권에 관하여는 다툼의 대상에 관한 가처분을 신청하여야 하나, 본래의 청구권이 손해배상채권 등 금전채권으로 변경된 때에는 가압류의 피보전권리가 될 수 있다. 그러나 가압류명령을 발령할 당시에 금전채권으로 되어 있을 필요는 없다.

(3) 조건부·기한부 채권

채권은 조건이 붙어 있는 것이거나 기한이 차지 아니한 것이라도 무방하다(법 제276조 제2항). 따라서 기한이 도래하지 아니한 채권,[4] 조건미성취의 채권, 동시이행의 항변권이나 유치권이 부착되어 있는 채권, 대항요건을 구비하지 아니한 채권은 모두 피보전권리의 적격이 있다. 해제조건부권리는 조건이 성취되지 않는 동안에는 무조건부 권리와 같다. 그러나 조건의 성취가 불확실한 경우에는 피보전권리로 인정하기 어려운 경우도 있다. 가압류의 피보전권리는 가압류신청 당시 확정적으로 발생되어 있어야 하는 것은 아니고,[5] 이미 그 발생의 기초가 존재하는 한 조건부 채권이나 장래에 발생할 채권도 가압류의 피보전권리가 될 수 있다.[6] 보증인의 주채무자에 대한 장래의 구상권,[7] 어음법상 상환청구권, 상대방이 패소할 경우 그에 대한 소송비용상환청구권 등이 이에 해당한다. 수급인의 보수청구권은 도급계약의 성립과 동시에 발생하고 단지 그 행사시기에 특약이 없는 한 일을 완성한 후에 도래하는 것이며,[8] 고용계약상 보수청구권

---

4) 大審院 1933. 6. 7. 判決, 評論 22권 民訴 240면.
5) 가압류이의재판의 심리종결시까지 피보전권리의 요건이 구비된 이상 가압류를 인가할 필요가 있으므로, 변경에 의하여 피보전권리로 추가되는 권리가 가압류의 재판 당시 아직 발생하지 아니한 권리라 하더라도 이를 피보전권리로 변경할 수 있다. 대법원 1996. 2. 27. 선고 95다45224 판결.
6) 대법원 1993. 2. 12. 선고 92다29801 판결.
7) 대법원 1993. 2. 12. 선고 92다29801 판결.
8) 大審院 1933. 6. 7. 判決, 評論 22권 民訴 240면.

도 고용계약 성립과 동시에 발생하고 단지 그 행사의 시기가 노무제공 후에 도래하는 것이므로, 이러한 채권을 위해서도 가압류가 가능하다.

(4) 통상의 강제집행에 적합한 권리일 것

가압류는 민사집행법상 금전채권에 관한 강제집행을 보전하기 위한 제도이므로 그 피보전권리는 통상의 강제집행방법에 따라 집행이 가능한 권리이어야 한다. 따라서 특수한 절차에 따라 집행되는 청구권(국세징수절차에 의하여 집행할 수 있는 조세채권 등), 통상은 강제집행이 가능하나 특별한 사유로 인하여 집행할 수 없는 청구권(부제소특약, 부집행특약이 있는 경우, 파산에 의하여 면책된 채권, 자연채무의 이행을 구하는 것 등)은 가압류의 피보전권리가 될 수 없다. 단지 본안의 소를 제기할 수 없다는 사유만으로 반드시 피보전권리적격이 없다고 할 수 없는데, 중재합의가 있는 청구권은 본안의 소를 제기할 수는 없어도 중재판정에 법원의 승인 또는 집행판결을 얻어 강제집행을 할 수 있으므로 그 보전을 위하여 가압류를 할 수 있는 것(중재법 제10조)이 그 예이다. 압류 또는 가압류된 채권은 이에 기한 강제집행절차에서 압류·현금화·변제 중 압류의 단계까지는 집행이 가능하므로,[9] 가압류의 피보전권리가 되는 데 지장이 없다.

다. 보전의 필요성

(1) 집행불능 또는 집행의 현저한 곤란

가압류의 보전의 필요성은 가압류를 하지 아니하면 판결 등 집행권원을 집행할 수 없거나 집행하는 것이 매우 곤란할 염려가 있을 경우에 인정된다(법 제277조). 집행불능이나 현저한 곤란은 법률적 개념 또는 사실

---

9) 집행채권자의 채권자에 의하여 집행채권이 압류된 경우에도 그 후 추심명령이나 전부명령이 행하여지지 않은 이상 집행채권의 채권자는 여전히 집행채권을 압류한 채권자를 해하지 않는 한도 내에서 그 채권을 행사할 수 있는데, 채권압류명령은 비록 강제집행절차에 나간 것이기는 하나 채권전부명령과는 달리 집행채권의 환가나 만족적 단계에 이르지 아니하는 보전적 처분으로서 집행채권을 압류한 채권자를 해하는 것이 아니기 때문에 집행채권에 대한 압류의 효력에 반하는 것은 아니므로, 집행채권에 대한 압류는 집행채권자가 그 채무자를 상대로 한 채권압류명령에는 집행장애사유가 될 수 없다. 대법원 2000. 10. 2.자 2000마5221 결정.

평가적 개념으로서 일반조항에 해당한다. 민사집행법 제277조는 판결만
들고 있으나 집행권원은 이에 한정되지 아니한다. 가압류이유의 판단은
채권자의 주관적인 우려가 아니라 객관적 기준에 의한 합리적인 판단에
따라 결정되어야 한다.[10]

(2) 구체적인 가압류이유

보전이유는 피보전권리의 금액, 채무자의 직업, 경력, 신용상태, 자산의
상황 등을 종합적으로 고려하여 객관적으로 판단하여야 한다. 채권자는
집행불능·집행곤란의 사유를 구성하는 구체적 사실을 표시하여 심리의 대
상으로 특정하여야 하고, 집행불능 또는 집행곤란은 개개의 사건에서 구
체적으로 확인된 사실에 근거를 두어야 한다. 민사집행법 제279조 제1항
제2호가 "가압류의 이유가 될 사실을 표시"하도록 규정하고 있는 것도 이
를 의미한다. 채권자는 통상 조사할 수 있는 범위 내에서 채무자의 자산
상황(부동산의 유무), 부채의 상황(알고 있는 범위 내에서 구체적으로), 채권
자의 청구에 대한 채무자의 응답(내용증명우편 등에 의하여 법적 조치를 전
제로 한 독촉의 유무, 채무자가 지급을 거절한 이유와 합리성), 채무자의 영업
상황(영업을 축소하고 있는지 여부, 대표자가 행방불명인 상황 등), 채무자의
경제적 파탄을 직접적으로 시사하는 사실의 유무(파산 등의 신청, 임의정리
의 통지, 자금부족을 이유로 한 유가증권의 부도 등) 등에 관하여 구체적으로
주장·소명하여야 한다. 집행불능·집행곤란을 가져오는 위험은 채무자에
의하여 발생할 수도 있지만 반드시 채무자에 의하여 발생할 필요는 없다.
또한 집행이 실패로 돌아갈 위험도 채무자가 집행을 실패하게 할 의도를
전제로 하지 않는다.[11] 가압류이유가 되는 위험은 크게 채무자의 행위, 제
3자의 행위, 자연현상으로 나눌 수 있다.

---

10) RGZ 67, 367, 369; BFH, WM 1988, 1352, 1354; BFH, BB 1978, 1203.
11) BFH, BB 1978, 1203.

라. 관할 법원

(1) 목적물의 소재지를 관할하는 법원

가압류에서는 가압류할 물건이 있는 곳(목적물의 소재지)을 관할하는 지방법원이 관할법원이 된다(법 제278조). 목적물소재지의 법원이 보전소송의 관할권을 갖는 것은 국내에 본안의 관할법원이 존재하지 않는 경우에 중요한 의미를 갖는다. 목적물소재지를 관할하는 지방법원의 관할권은 가사사건처럼 본안이 특별법원의 전속관할에 속하는 사건에도 적용된다.[12] 위에서 말하는 물건은 유체물에 한정되는 것이 아니고, 민사집행법 제48조 제1항의 '목적물'과 같은 의미로서, 동산·부동산·채권(법 제223조)·기타 재산권(법 제251조)을 포함한다. 그러나 제한적으로 '재산이 있는 곳의 특별재판적'을 규정하고 있는 민사소송법 제11조에 의하여 목적물소재지의 관할이 축소되지는 않는다.[13] 가압류할 물건이 동산이나 부동산인 경우에는 그 동산이나 부동산이 물리적으로 존재하는 곳의 지방법원이 관할법원이 된다. 채권자가 동산가압류를 신청할 때 목적물을 특정하지 아니한 경우에는 채무자소유의 동산이 있다고 추측되는 채무자의 주소·영업소·창고 등이 해당법원의 관할구역 안에 있다는 것을 증명하면 충분하다. 권리이전에 등기·등록이 필요한 그 밖의 재산권에 대한 가압류는 등기·등록을 하는 곳을 관할하는 지방법원이 관할한다(민사집행규칙 제213조 제1항).

(2) 본안의 관할법원

본안의 관할법원도 가압류의 관할법원이 된다(법 제278조). 본안의 관할법원은 본안이 계속되어 있는 법원 또는 본안이 계속될 수 있는 법원을 모두 포함한다. 본안이란 피보전권리·법률관계의 존부를 확정하는 민사재판절차를 말한다.[14] 채권자가 반드시 원고일 필요는 없으므로 소극적 확인소송도 이에 해당한다. 통상의 민사소송뿐만 아니라 독촉절차,[15] 제소전

---

12) OLG Frankfurt NJW-RR 1988, 1350.
13) BGH WM 1991, 1692.
14) OLG Düsseldorf NJW 1977, 2034.
15) OLG Frankfurt AnwBl 1980, 282; 大審院 1901. 12. 21. 判決, 民錄 7권 11호 78면.

화해절차, 조정절차 등도 모두 본안에 포함된다. 법원에 본안이 계속16) 중이라면 그 법원이 본안의 관할법원으로서 보전소송의 관할법원이 된다. 본안이 1심법원에 계속 중이면 그 1심법원에 보전신청을 하여야 한다(법 제311조 본문). 본안이 항소심에 계속 중이면 그 항소법원에 하여야 한다(법 제311조 단서). 항소법원은 항소제기시부터 상고제기시까지 본안의 관할법원이 된다.17) 본안이 상고심에 계속 중일 때에는 상고심은 사실심리를 하기에 적당하지 아니하고 집행법원으로서도 부적합하기 때문에 1심법원이 보전사건의 관할법원이 된다.18)

본안이 계속되기 전이라면 장차 본안의 소가 제기될 때 이를 관할할 수 있는 법원이 본안의 관할법원이 된다. 따라서 이때에는 본안의 관할법원이 여러 개 있을 수 있고, 그 중 어느 법원에 신청하여도 좋다(전속관할의 경합). 보전소송에서는 합의관할이 성립할 여지가 없지만, 본안에 관하여 합의관할이 있는 경우에는 본안의 관할법원으로서 보전소송의 관할권이 있게 된다.19)

마. 심리 및 재판

가압류사건의 심리는 법원실무상 원칙적으로 서면심리에 의하고, 일부

---

16) 본안소송의 계속은 소장부본이 피고에게 송달된 때 생긴다. 대법원 1992. 5. 22. 선고 91다41187 판결.

17) BGH Rpfleger 1976, 178; OLG Köln WRP 1976, 784; OLG Schleswig NJW-RR 1992, 317, 318.

18) 대법원 1969. 3. 19.자 68스1 결정; 다만 대법원 2002. 4. 24.자 2002즈안4 결정은 기록이 상고심에 송부된 경우에 한하여 위와 같은 결론에 도달하는 것처럼 판시하고 있으나, 상고장이 항소법원에 접수되면 이심의 효력이 발생하므로, 기록의 송부여부와는 관계없다고 보아야 한다.

19) 그러나 관할합의가 무효인 경우에는 보전사건의 관할이 생기지 아니한다. 대법원 2008. 12. 16.자 2007마1328 결정은 "사업자와 고객 사이에서 사업자의 영업소를 관할하는 지방법원으로 전속적 관할합의를 하는 내용의 약관조항이 고객에 대하여 부당하게 불리하다는 이유로 무효라고 보기 위해서는 그 약관조항이 고객에게 다소 불이익하다는 점만으로는 부족하고, 사업자가 그 거래상의 지위를 남용하여 이러한 약관조항을 작성·사용함으로써 건전한 거래질서를 훼손하는 등 고객에게 부당하게 불이익을 주었다는 점이 인정되어야 한다. 그리고 전속적 관할합의 약관조항이 고객에게 부당한 불이익을 주는 행위인지 여부는 그 약관조항에 의하여 고객에게 생길 수 있는 불이익의 내용과 불이익 발생의 개연성, 당사자들 사이의 거래과정에 미치는 영향, 관계 법령의 규정 등 제반 사정을 종합하여 판단하여야 한다"고 판시하였다.

법원에서는 채권자대면심문을 실시하고 있다. 가압류재판은 결정의 형식으로 한다(법 제281조 제1항). 가압류신청을 인용하는 재판을 가압류명령이라고 하는데, 가압류명령에는 사건과 당사자·법정대리인·소송대리인을 표시하는 외에 다음의 사항을 기재한다.

(1) 피보전권리 및 그 금액

피보전권리(청구채권)는 중복신청의 유무, 가압류의 효력 범위, 본안소송의 적법성, 본집행으로의 이행 유무를 판정하는 기준이 되므로 어떤 금전채권의 집행을 보전하기 위한 것인지를 본안소송과 관련지어 식별·특정할 수 있도록 간략하고 요령있게 표시한다. 사건기록의 보존을 신속히 하고, 기록이 폐기된 후라도 가압류결정문만으로 본안사건의 집행권원에 의한 집행에 지장이 없도록 할 뿐만 아니라 이의나 취소신청에 대비할 수 있도록 하기 위한 것이다. 청구금액은 가압류해방금액 산정의 기준이 되고, 가압류집행의 한도가 되며, 가압류한 채권에 대하여 배당을 하게 될 때 그 기준금액이 되기도 하므로 명확하게 기재한다. 피보전권리가 복수이면 청구채권의 내용란에 각별로 그 내용과 금액 등을 기재한 후, 청구금액란에 그 합계액을 기재한다.

(2) 담보에 관한 사항

채권자가 담보를 제공한 때에는 그 담보와 담보방법을 기재한다(법 제280조 제4항). 현금공탁의 경우에는 "담보로 ○○원을 공탁하게 하고"라고 기재한다. 보증보험증권사본을 첨부하지 아니하고 보증보험증권번호만 기재하는 경우에는 "담보로 공탁보증보험증권(○○보험주식회사 증권번호 제○○호)을 제출받고"라고 기재하고, 보증보험증권사본을 첨부하는 경우에는 "담보로 별지 첨부의 지급보증위탁계약을 맺은 문서를 제출받고"라고 기재한다. 담보의 제공을 조건으로 가압류명령을 하는 때에는 "담보로 ○○원을 공탁하는 것을 조건으로"라고 기재한다.

(3) 가압류의 선언

가압류명령의 주문으로서 피보전권리의 보전을 위하여 채무자의 재산을 가압류한다는 선언을 하게 된다. 가압류한다는 것은 채무자의 재산에 관한 처분권을 박탈하여 그것을 확보하는 것을 의미한다. 그 주문은 "채무자 소유의 별지 목록 기재 항공기를 가압류한다"라는 선언의 형식으로 표현되며 목적재산에 따라 그 부수적 표현이 달라진다.

(4) 목적재산

가압류의 목적물은 채무자의 일반재산이며 동산, 부동산을 불문한다. 집행법상 동산에는 유체동산뿐 아니라 채권 그 밖의 재산권도 포함된다. 주문에는 보통 "채무자 소유의 별지 목록 기재의 항공기를 가압류한다"고 기재한다. 유체동산 가압류에서는 특히 그 범위를 특정하지 않고, "채무자 소유의 유체동산을 가압류한다"고 쓴다. 유체동산의 경우에는 집행관의 집행에 의하여 목적물이 특정되므로 원칙적으로 가압류명령시에 피압류물을 특정할 필요는 없으나, 이 사건과 같이 항공기가압류를 하는 경우에는 가압류할 항공기를 특정하여 가압류명령을 발령하여야 한다.

(5) 해방공탁금의 표시

가압류명령에는 가압류의 집행을 정지시키거나 집행한 가압류를 취소시키기 위하여 채무자가 공탁할 금액을 적어야 한다(법 제282조). 이를 해방금 또는 해방공탁금이라고 부른다. 가압류는 금전청구권을 보전하기 위한 수단이므로, 집행목적재산 대신 상당한 금전을 공탁하면 구태여 가압류집행을 할 필요 없이 채권보전의 목적을 달할 수 있게 되므로 채무자로 하여금 불필요한 집행을 당하지 않도록 마련한 제도이다. 따라서 가압류명령을 발령할 때에는 해방금액을 기재하여야 하고, 그 전액을 공탁하였을 때에는 반드시 집행한 가압류를 취소하여야 한다. 해방공탁금은 가압류의 집행정지나 취소로 인한 채권자의 손해를 담보하는 것이 아니고 가압류의 목적재산에 갈음하는 것이므로,[20] 소송비용의 담보에 관한 규정이 준용되지 않고, 채권자는 여기에 대하여 우선변제권이 없다. 해방금액을 결정하는 기준에 대하여는 여러 가지 견해가 있으나 실무상으로는 통상

---

20) 대법원 1996. 10. 1.자 96마162 전원합의체 결정.

청구채권의 금액과 같은 금액으로 하고 있다. 가압류해방금은 가압류목적물에 갈음하는 것이므로 금전에 의한 공탁만이 허용되고, 유가증권에 의한 공탁은 그 유가증권이 실질적 통용가치가 있는 것이라고 하더라도 허용되지 않는다.[21]

해방금을 공탁한 채무자는 가압류명령을 발령한 법원에 공탁서 및 절차비용을 제출하여 집행취소를 신청하여야 한다. 법원은 결정으로 집행한 가압류를 취소하여야 하고(법 제299조 제1항), 취소결정은 확정되지 않더라도 효력이 있다(법 제299조 제4항). 그러나 가압류집행만 취소될 뿐이고 가압류명령의 효력은 존속한다.[22]

바. 가압류집행의 효력

(1) 처분금지의 효력

(가) 상대적 효력

가압류명령의 집행은 가압류의 목적물에 대하여 채무자가 매매, 증여, 담보권설정, 그 밖에 일체의 처분을 금지하는 효력을 생기게 한다. 일본 민사소송법 시행 직후에는 가압류에 절대적 효력을 인정하여 이에 반하는 처분행위의 등기를 수리하지 않았다. 그러나 가압류의 목적이 장차 목적물을 현금화하여 그로부터 금전적 만족을 얻는 데 있으므로, 그러한 목적달성에 필요한 범위를 넘어서까지 채무자의 처분행위를 막을 필요는 없기 때문에[23] 나중에는 상대적 효력을 인정하게 되었다.[24] 그 결과 처분행위의 당사자 사이에서는 그들 사이의 거래행위가 전적으로 유효하고, 단지 그것을 가압류채권자 또는 가압류에 기한 집행절차에 참가하는 다른 채권자에 대하여 주장할 수 없음에 그친다(상대적 효력).[25] 만약 채무자와 제3취득자 사이의 거래행위가 있은 후에 가압류가 취소·해제되는 경우, 피보전권리가 소멸하는 경우, 가압류가 무효인 것으로 판명된 경우[26] 등에는

---

21) 대법원 1996. 10. 1.자 96마162 전원합의체 결정.
22) LAG Hamburg MDR 1982, 605.
23) 대법원 1998. 11. 13. 선고 97다57337 판결.
24) 大審院 1914. 12. 24. 判決, 民錄 20집 1166면.
25) 대법원 1987. 6. 9. 선고 86다카2570 판결, 대법원 1994. 11. 29.자 94마417 결정.

채무자와 제3취득자 사이의 거래행위는 유효하게 된다. 가압류채무자가 가압류에 반하는 처분행위를 한 경우 그 처분의 유효를 가압류채권자에게 주장할 수 없지만,[27] 이러한 가압류의 처분제한의 효력은 가압류채권자의 이익보호를 위하여 인정되는 것이므로 가압류채권자는 그 처분행위의 효력을 긍정할 수도 있다.

(나) 상대적 효력의 내용

가압류의 효력이 상대적이라고 할 경우에, 그 상대적 무효를 주장할 수 있는 자의 범위에 관하여는 (i) 가압류에 반하는 처분행위는 당해 가압류채권자뿐만 아니라 그 집행절차에 참가한 다른 모든 채권자에 대한 관계에서도 그 효력을 주장할 수 없고, 다만 가압류가 취소나 취하 등에 의하여 실효된 경우에만 유효하게 될 뿐이라는 견해(절차상대효),[28] (ii) 가압류에 반하는 처분행위는 가압류채권자 및 처분행위 전에 집행에 참가한 자에 대한 관계에서만 무효일 뿐 처분행위 후에 집행에 참가한 채권자에 대하여는 그 처분의 유효를 주장할 수 있다는 견해(개별상대효)[29]가 대립하고 있는데, 판례는 후자의 입장을 취하고 있다.

이에 의하면, (i) 가압류 후에 저당권을 취득한 자는 가압류권자와 동순위로 배당을 받고, 저당권자보다 후순위의 일반채권자도 배당요구를 하였을 경우에는 각 채권자에게 안분배당을 한 후 담보물권자가 후순위 일반채권자의 배당을 흡수한다.[30] (ii) 가압류 후 목적물이 제3자에게 양도된 경우 양도 전에 목적물을 압류·가압류한 채권자들이 모두 만족을 받고

---

26) 대법원 1982. 10. 26. 선고 82다카884 판결, 대법원 1996. 6. 14. 선고 96다14494 판결.

27) 부동산에 가압류등기가 경료되면 채무자가 당해 부동산에 관한 처분행위를 하더라도 이로써 가압류채권자에게 대항할 수 없게 되는바, 여기서 처분행위라 함은 당해 부동산을 양도하거나 이에 대해 용익물권, 담보물권 등을 설정하는 행위를 말하고 특별한 사정이 없는 한 점유의 이전과 같은 사실행위는 이에 해당하지 않는다. 부동산에 가압류등기가 경료되어 있을 뿐 현실적인 매각절차가 이루어지지 않고 있는 상황 하에서는 채무자의 점유이전으로 인하여 제3자가 유치권을 취득하게 된다고 하더라도 이를 처분행위로 볼 수는 없다. 대법원 2011. 11. 24. 선고 2009다19246 판결.

28) 일본 民事執行法은 구 민사소송법과는 달리 절차상대효설을 채택하였다. 注解 民事執行法 (6), 第一法規(1984), 378면.

29) 最高裁 1964. 9. 29. 判決, 民集 18권 7호 1541면.

30) 대법원 1994. 11. 29.자 94마417 결정, 대법원 2008. 2. 28. 선고 2007다77446 판결.

난 후 잉여가 있으면 제3취득자에게 교부한다.[31) (iii) 가압류 후 목적물이
제3자에게 양도된 후에는 구소유자에 대한 채권자들은 배당요구를 할 수
없다.[32)

(다) 객관적 범위

개별상대효설에 의하면, 가압류의 처분금지적 효력은 목적물의 교환가
치 중 피보전권리에 대응하는 목적물의 교환가치에만 미치고, 제3취득자
는 완전한 권리를 취득하기 위하여 저촉처분이 있기 전까지의 가압류채권
액만 변제하면 되며, 그 처분 후에 추가·확장된 채권까지 변제할 필요는
없다.[33) 판례도 가압류 집행 후 가압류목적물의 소유권이 제3자에게 이전
된 경우 가압류채권자는 가압류목적물의 매각대금에서 가압류결정 당시의
청구금액을 넘어서는 이자와 소송비용채권을 배당받을 수 없고,[34) 가압류
의 처분금지의 효력이 미치는 객관적 범위는 가압류결정에 표시된 청구금
액에 한정되므로 가압류의 청구금액으로 채권의 원금만이 기재되어 있다
면 가압류채권자가 가압류채무자에 대하여 원금채권 외에 그에 부대하는
이자 또는 지연손해금 채권을 가지고 있다고 하더라도 가압류의 청구금액
을 넘어서는 부분에 대하여는 가압류채권자가 처분금지의 효력을 주장할
수 없다고 한다.[35)

(2) 사용·관리·수익에 관한 효력

가압류집행은 채무자에 대하여 처분금지의 제한에만 그치지 않고 그

---

31) 대법원 1992. 2. 11. 선고 91누5228 판결.
32) 대법원 1998. 11. 13. 선고 97다57337 판결.
33) 이와 달리 절차상대효설에 의하면, 가압류의 처분금지효력은 집행채권 또는 피보전채권
   의 금액의 여하에 불구하고 목적물의 교환가치 전체에 미치고, 저촉처분에 의한 제3취
   득자가 완전한 물권을 취득하려면, 그 처분 후에 추가 또는 확장된 채권 및 배당요구채
   권액까지 변제하여야 하거나, 그 처분 후에 압류·가압류 채권자에 의하여 추가 또는 확
   장된 채권액까지 변제하여야 한다.
34) 대법원 1998. 11. 10. 선고 98다43441 판결.
35) 가압류에서 본압류로 이행된 후에는 민사집행법 제53조 제1항의 적용을 받게 되므로
   가압류 후 본압류로의 이행 전에 가압류의 목적물의 소유권을 취득한 제3취득자로서는
   가압류의 청구금액 외에, 그 가압류의 집행비용 및 본집행의 비용 중 가압류의 본압류
   로의 이행에 대응하는 부분까지를 아울러 변제하여야만 가압류에서 이행된 본압류의 집
   행배제를 구할 수 있다. 대법원 2006. 11. 24. 선고 2006다35223 판결.

목적달성을 위한 범위 내에서 가압류목적물의 사용·관리·수익까지 제한하는 효력이 있는 것이 원칙이다. 부동산이 가압류된 경우에는 채무자가 목적물의 이용·관리의 권리를 갖지만(법 제291조, 제83조 제2항), 강제관리를 위한 가압류의 경우 채무자는 부동산의 이용·관리 및 그 수익의 처분이 금지된다(법 제291조, 제163조, 제172조 제1항). 채권 기타 재산권에 대한 가압류는 제3채무자의 채무자에 대한 지급을 금지하므로 채무자는 수익을 할 수 없다.

사. 외국항공기에 대한 가압류집행

외국항공기에 대한 가압류결정을 받은 가압류권자는 가압류집행을 마쳐야 배당요구를 할 수 있으므로, 가압류 대상인 항공기에 대하여 이미 경매신청채권자 등에 의하여 선행 집행(선박집행준용설에 따르면 감수·보존처분)이 되어 있다고 하더라도 별도로 가압류집행을 하여야 하고, 그러한 집행을 하지 아니한 채 선행 집행(선박집행준용설에 따르면 감수·보존처분)을 원용하거나 가압류결정만으로 적법한 배당요구가 있었다고 할 수는 없다.[36)

2. 대상사안의 검토

(1) 대상사안에서 피보전권리는 금전채권이므로 채권자는 보전처분 중 가압류를 선택하였다.

(2) 가압류사건은 목적물 소재지 법원이 되는바, 이 사건 항공기가 정치되어 있는 곳은 인천국제공항이므로, 인천지방법원에 관할권이 있다.

(3) 법원은 가압류명령을 발령하면서 해방금액도 기재하였는바, 법원 실무례에 의하면 해방금액은 청구금액과 일치하는 것이 일반적이다.

(4) 외국항공기에 대한 강제집행의 방법에 관하여는, (i) 특별한 규정이 없는 이상 원칙으로 돌아가서 동산집행방법에 의하여야 한다는 견해,[37) (ii) 민사집행법 제186조가 준용되므로 선박집행에 준하여 집행할

---

36) 대법원 2011. 9. 8. 선고 2009다49896 판결.
37) 법원실무제요 민사집행 Ⅲ, 법원행정처(2014), 80면; 주석 민사집행법 Ⅴ, 제3판, 한국

수 있다는 견해[38] 등이 제기되고 있으나, 법원 실무는 동산집행설의 입장을 취하고 있다.[39] 외국항공기에 대한 가압류에 관하여도 선박가압류준용설[40]과 유체동산가압류설[41]의 견해 대립이 있다. 대상결정과 집행에서는 유체동산가압류설을 채택하였는바, 이는 외국항공기의 성질에 비추어 보면 타당한 견해라고 생각한다.

사법행정학회(2012), 136~137면.

38) 남기정, 실무 강제집행법 7, 육법사(1989), 168면.

39) 법원실무제요 민사집행 Ⅲ, 법원행정처(2014), 80면; 인천지방법원 2016. 10. 5.자 2014본4442 결정.

40) 주석 민사집행법 Ⅶ, 제4판, 한국사법행정학회(2018), 69면.

41) 법원실무제요 민사집행 Ⅳ, 법원행정처(2014), 267면.

[15] 항공기 처분금지가처분

서울중앙지방법원 2015. 5. 15.자 2015카단803989 결정

Ⅰ. 사실관계

(1) 채무자 H항공기술개발 주식회사는 이 사건 항공기(항공기 제작자 및 형식: Cessna Aircraft Company C-172S, 수량: 2대)에 관하여 소유권이전등록을 마친 국내 법인이고, 채권자는 위 항공기를 채무자에게 명의신탁하였다고 주장하는 사람이다.

(2) 채권자는 2011. 11. 9.부터 2012. 5. 14.까지 채무자 대표이사 J 명의의 계좌에 10차례에 걸쳐 합계 675,308,000원을 송금하였고, 채무자는 2012. 1. 6. 이 사건 항공기를 구입하여 채무자 명의로 소유권이전등록을 하였다.

(3) 채권자는, 채무자와의 명의신탁계약을 해지하였으므로 채무자는 이 사건 항공기에 관하여 채권자에게 명의신탁해지를 원인으로 한 소유권이전등록절차를 이행할 의무가 있다고 주장하면서, 2015. 4. 7. 서울중앙지방법원에 채무자를 상대로 위 항공기에 관한 소유권이전등록을 구하는 소를 제기하였고, 2015. 5. 1. 서울중앙지방법원에 이 사건 항공기에 대한 처분금지가처분을 신청하였다.

(4) 법원은 2015. 5. 7. 채권자에게 담보제공명령을 발령하였고, 채권자는 2015. 5. 14. 담보로 지급보증위탁계약을 체결한 문서(공탁보증보험증권 6,000만 원)를 제출하였다. 이에 법원은 2015. 5. 15. 이 사건 항공기의 처분을 금지하는 가처분결정을 발령하였고, 2015. 6. 2. 항공기등록원부에 가처분기입등록이 마쳐졌다.

II. 참조 조문

1. 민사집행법(이하 '법')

> **제300조(가처분의 목적)** ① 다툼의 대상에 관한 가처분은 현상이 바뀌면 당사자가 권리를 실행하지 못하거나 이를 실행하는 것이 매우 곤란할 염려가 있을 경우에 한다.
>
> ② 가처분은 다툼이 있는 권리관계에 대하여 임시의 지위를 정하기 위하여도 할 수 있다. 이 경우 가처분은 특히 계속하는 권리관계에 끼칠 현저한 손해를 피하거나 급박한 위험을 막기 위하여, 또는 그 밖의 필요한 이유가 있을 경우에 하여야 한다.
>
> **제301조(가압류절차의 준용)** 가처분절차에는 가압류절차에 관한 규정을 준용한다. 다만, 아래의 여러 조문과 같이 차이가 나는 경우에는 그러하지 아니하다.
>
> **제303조(관할법원)** 가처분의 재판은 본안의 관할법원 또는 다툼의 대상이 있는 곳을 관할하는 지방법원이 관할한다.
>
> **제305조(가처분의 방법)** ① 법원은 신청목적을 이루는 데 필요한 처분을 직권으로 정한다.
>
> ② 가처분으로 보관인을 정하거나, 상대방에게 어떠한 행위를 하거나 하지 말도록, 또는 급여를 지급하도록 명할 수 있다.
>
> ③ 가처분으로 부동산의 양도나 저당을 금지한 때에는 법원은 제293조의 규정을 준용하여 등기부에 그 금지한 사실을 기입하게 하여야 한다.
>
> **제307조(가처분의 취소)** ① 특별한 사정이 있는 때에는 담보를 제공하게 하고 가처분을 취소할 수 있다.
>
> ② 제1항의 경우에는 제284조, 제285조 및 제286조 제1항 내지 제4항·제6항·제7항의 규정을 준용한다.

III. 판시사항

채무자는 이 사건 항공기에 대하여 양도, 저당권 설정, 그 밖에 일체의 처분을 하여서는 아니 된다.

Ⅳ. 해 설

1. 다툼의 대상에 관한 가처분

가. 의 의

다툼의 대상(계쟁물, 係爭物)에 관한 가처분(계쟁물가처분)은 특정물에 관한 이행청구권의 강제집행을 보전하기 위하여 다툼의 대상에 대한 채무자의 권리를 잠정적으로 제한하는 것이다.

나. 관할법원

(1) 본안의 관할법원

가처분사건은 본안의 관할법원 또는 다툼의 대상이 있는 곳을 관할하는 지방법원이 관할한다(법 제303조). 본안의 관할법원(Gericht der Hauptsache)은 본안이 계속되어 있는 법원 또는 본안이 계속될 수 있는 법원을 모두 포함한다. 법원에 본안이 계속 중이라면 그 법원이 본안의 관할법원으로서 보전소송의 관할법원이 된다. 본안이 1심법원에 계속 중이면 그 1심법원에 보전신청을 하여야 한다(법 제311조 본문). 본안이 항소심에 계속 중이면 그 항소법원에 하여야 한다(법 제311조 단서). 본안이 상고심에 계속 중일 때에는 1심법원이 보전사건의 관할법원이 된다.[1] 본안이 계속되기 전이라면 장차 본안의 소가 제기될 때 이를 관할할 수 있는 법원이 본안의 관할법원이 된다.

(2) 다툼의 대상이 있는 곳

가처분의 경우 다툼의 대상이 있는 곳을 관할하는 지방법원도 관할법원이 된다(법 제303조). '다툼의 대상'이란 민사집행법 제300조 제1항의 다

---

[1] 대법원 1969. 3. 19.자 68스1 결정; 다만 대법원 2002. 4. 24.자 2002즈합4 결정은 기록이 상고심에 송부된 경우에 한하여 위와 같은 결론에 도달하는 것처럼 판시하고 있으나, 상고장이 항소법원에 접수되면 이심의 효력이 발생하므로, 기록의 송부여부와는 관계없다고 보아야 한다.

툼의 대상에 관한 가처분에서의 다툼의 대상보다 넓은 의미로, 같은 조
제2항의 다툼이 있는 권리관계에 관하여 가처분하여야 할 유체물·무체물
을 모두 포함한다.[2] 계쟁물가처분은 피보전권리의 대상이 특정물이므로,
특정물소재지가 계쟁물소재지가 된다. 부동산점유이전금지가처분의 경우에
는 부동산소재지가, 동산·채권·부동산 등 특정물에 대한 처분금지가처분
의 경우에는 처분을 금지하는 특정물의 소재지가 계쟁물소재지가 된다.
권리이전에 등기·등록이 필요한 그 밖의 재산권에 대한 가처분은 등기·등
록을 하는 곳을 관할하는 지방법원이 관할한다(민사집행규칙 제216조, 제
213조 제1항).

다. 피보전권리

(1) 특정물에 관한 이행청구권

계쟁물가처분은 계쟁물의 현상이 바뀌면 채권자가 권리를 실행하지 못
하거나 이를 실행하는 것이 매우 곤란할 염려가 있을 경우에 허용되므로
(법 제300조 제1항), 그 피보전권리는 원칙적으로 금전채권을 제외한 특정
물에 관한 이행청구권이다.[3] 이행청구권은 물권적 청구권, 채권적 청구권
모두를 포함한다. 반드시 제3자에 대한 대항요건을 갖추지 않아도 좋다.
다만 예외적으로 금전채권이라도 금전채권의 귀속 자체에 다툼이 있는 때
에 그 채권이 자기에게 귀속한다고 주장하는 채권자가 이것을 다투는 자
를 채무자로 하여 제3자에 대한 금전채권의 처분이나 추심을 금지하고 실
체상의 채무자를 제3채무자로 하여 채무자에 대한 금전채권의 지급금지를
명하는 경우에도 계쟁물가처분이 허용된다.[4] 헌법재판소의 정당해산결정
으로 해산된 정당의 예금계좌에 대하여 국가가 잔여재산국고귀속청구권을
피보전권리로 하여 환수조치를 취하기 위해서는 가압류가 아니라 처분금
지가처분을 신청하여야 한다.[5]

---

2) 大審院 1921. 10. 15. 判決, 民錄 27집 1788면; 山崎潮, 民事保全法の解說, 財團法人
法曹會(1994), 223면.
3) 대법원 1998. 9. 18. 선고 96다44136 판결.
4) 인천지방법원 1993. 7. 23. 선고 92카합4287 판결, 서울서부지방법원 2016. 1. 27.자
2015카합50607결정.

계쟁물가처분은 그 피보전권리가 특정물에 관한 이행청구권이므로 가처분의 결정 및 집행에서 그 대상목적물인 계쟁물이 명확히 특정되어야 한다.[6] 대체물이라도 채권자나 집행관이 집행의 목적물을 특정할 수 있는 경우(한정적 종류채권), 예를 들면 대체물에 관하여 일정한 수량이 정하여져 있는 경우에는 채무자의 점유 중에 있는 동종·동질·동량의 물건에 대하여 집행관이 특정하여 인도집행하는 것이 가능하므로(법 제257조) 그에 대한 가처분이 가능하다. 그러나 부대체물인 불특정물(아파트 1채)을 인도받을 채권은 채권자에게 특정할 수 있는 권리가 주어져 있는 경우가 아니면 채무자의 특정이 없는 한 집행의 목적물이 정해지지 않으므로 가처분을 할 수 없다.

계쟁물은 가처분에 의하여 보전될 강제집행의 대상이 될 수 있는 물건이어야 하므로, 제3자 소유의 물건은 가처분의 대상이 될 수 없다.[7] 등록원부상 진실한 소유자의 소유권에 방해가 되는 부실등록이 존재하는 경우에 그 등록명의인이 허무인 또는 실체가 없는 단체인 때에는 소유자는 그와 같은 허무인 또는 실체가 없는 단체 명의로 실제 등록행위를 한 사람에 대하여 소유권에 기한 방해배제로서 등록행위자를 표상하는 허무인 또는 실체가 없는 단체명의의 등록말소를 구할 수 있고, 이와 같은 말소청구권을 보전하기 위하여 실제 등록행위를 한 사람을 상대로 처분금지가처분을 할 수 있다.[8]

---

5) 서울중앙지방법원 2014. 12. 30.자 2014카합81220 결정; 민법 제80조 제3항에 규정된 해산한 법인의 잔여재산의 국고귀속을 '특정승계'라고 보는 것과 마찬가지로 정당법 제48조 제2항에 따른 국고귀속도 특정승계이다. 따라서 국가의 해산정당(해산으로 청산 중인 정당)에 대한 권리는 특정물에 대한 권리이므로, 그 보전처분으로서 가처분 신청이 가능함은 별론으로 하고, 현재 신청인이 피보전권리로 주장하고 있는 국가의 해산정당에 대한 권리를 금전채권의 강제집행을 보전하기 위한 가압류의 피보전권리로 볼 수는 없다(광주지방법원 2015. 1. 6.자 2014카합967 결정).
6) 채권자 회사가 상대방 회사가 보관 중인 자사의 제품에 대한 가처분을 신청하면서 그 대상 물건을 품목·규격·수량·가격 등으로만 표시하여 가처분결정도 이와 같은 방식으로 목적물을 표시하였으나, 상대방 회사의 소재지에 다른 회사의 제품으로서 위 가처분 목적물로 표시된 것과 동일한 명칭과 규격을 가진 제품이 혼합되어 있는 경우, 위 가처분 결정은 계쟁물이 특정되어 있지 않은 경우로서 그에 따른 집행관의 집행처분은 무효라고 볼 수밖에 없다. 대법원 1999. 5. 13.자 99마230 결정.
7) 대법원 1996. 1. 26. 선고 95다39410 판결.
8) 대법원 2008. 7. 11.자 2008마615 결정.

계쟁물에 관한 이행청구권에서 그 의무의 내용에는 물건의 인도나 철거, 물건에 대한 권리의 이전이나 설정과 같은 작위의무, 물건의 소유 또는 이용에 관한 부작위의무 또는 출입을 허용하는 의무와 같은 수인의무 등이 포함된다. 그러나 물건을 대상으로 하지 않는 단순한 작위청구권(강연 또는 출연청구권)이나 단순한 부작위청구권(경업금지청구권) 등은 현재의 물적 상태를 유지함으로써 보전될 수 없는 것이므로, 계쟁물가처분에 의하여 보전될 청구권에 포함되지 아니한다.

(2) 청구권이 성립하여 있을 것

계쟁물에 대하여 가처분명령을 발령하려면 그 청구권이 이미 성립하였거나 적어도 그 내용, 주체 등을 특정할 수 있을 정도로 요건이 갖추어져야 한다. 계쟁항공기에 관하여 실체상 아무런 권리가 없는 사람의 신청에 의하여 처분금지가처분결정이 발령되었다면, 그에 기한 가처분등록이 마쳐졌다 하더라도 그 가처분권리자는 가처분의 효력을 채무자나 제3자에게 주장할 수 없으므로, 그 가처분등록 후에 항공기 소유권이전등록을 마친 자는 가처분권리자에 대하여도 유효하게 소유권을 취득하였음을 주장할 수 있다.[9]

차용금채무를 담보하기 위하여 항공기에 관하여 채권자 명의의 가등록[10] 및 본등록이 경료되었는데, 채무자가 아직 위 차용금채무를 변제하지 아니한 상태에서 채무변제를 조건으로 한 말소등록청구권을 보전하기 위하여 항공기에 관한 처분금지가처분결정을 얻어 그 기입등록을 마친 경우, 위 처분금지가처분의 피보전권리가 될 말소등록청구권은 가처분 당시까지도 발생하지 아니하였음이 분명하여 위 가처분결정은 담보목적항공기에 대한 담보권행사로서의 처분행위를 방지할 효력이 없고, 그 후 채권자가 담보권을 행사하여 위 항공기를 처분하고 그 등록까지 마쳤다면 채무자가 차용금채무의 변제를 조건으로 가등록 및 본등록의 말소를 구하는 것은 이행불능상태에 빠졌고, 따라서 위 처분금지가처분의 피보전권리는

---

9) 대법원 1995. 10. 13. 선고 94다44996 판결(부동산), 대법원 1999. 10. 8. 선고 98다38760 판결(부동산).
10) 항공기등록령 제26조~제30조에서 항공기 가등록에 관하여 규정하고 있다.

소멸되었다고 보아야 한다.[11]

피보전권리는 가처분신청 당시 확정적으로 발생되어 있어야 하는 것은 아니고 이미 그 발생의 기초가 존재하고 그 내용이나 주체 등을 특정할 수 있을 정도의 요건만 갖추어져 있으면, 조건부·부담부 청구권이라 할지라도 그 피보전권리로 될 수 있다.[12] 또한 기한부 청구권, 동시이행의 항변권이나 유치권이 부착되어 있는 청구권도 무방하지만, 단순한 기대를 보전하기 위한 가처분은 허용되지 아니한다.

법원의 형성판결에 의하여 비로소 발생하는 청구권도 피보전권리의 적격을 갖는다. 사해행위취소에 의한 원상회복청구권을 피보전권리로 하여 처분금지가처분을 발령하거나,[13] 부동산의 공유지분권자가 공유물분할의 소를 본안으로 제기하기에 앞서 그 승소판결이 확정됨으로써 취득할 부분에 대한 소유권을 피보전권리로 하여 부동산 전부[14] 또는 다른 공유자의 공유지분[15]에 대한 처분금지가처분을 발령하는 것도 가능하다.

(3) 통상의 강제집행에 적합한 권리일 것

계쟁물가처분은 실체적 청구권의 장래의 집행을 위한 것이므로 그 피보전권리는 후에 강제집행이 가능한 것이어야 한다. 따라서 소송으로 청구할 수 없는 '자연채무', 소송상 청구는 가능하나 집행이 불가능한 '책임 없는 채무' 등은 피보전권리가 되지 못한다.

(4) 계쟁물의 현상에 관한 것일 것

계쟁물가처분은 계쟁물의 현상이 변경되는 불안을 제거하는 것을 목적으로 한다. 민법 제208조에 의하면 점유권에 기인한 소는 본권에 관한 이유로 재판하지 못하므로, 점유권을 피보전권리로 하는 때에는 본권이 존

---

11) 대법원 1993. 7. 13. 선고 93다20870 판결(부동산), 대법원 2002. 8. 23. 선고 2002다 1567 판결(부동산).
12) 대법원 2002. 8. 23. 선고 2002다1567 판결, 대법원 2002. 9. 27.자 2000마6135 결정.
13) 대법원 2006. 8. 24. 선고 2004다23110 판결, 대법원 2008. 3. 27. 선고 2007다85157 판결. 그러나 가액배상을 구하는 경우에는 가압류를 신청하여야 한다.
14) 대법원 2002. 9. 27.자 2000마6135 결정.
15) 대법원 2013. 6. 14.자 2013마396 결정.

재하지 아니하더라도 오로지 점유관계에 기하여 피보전권리의 존부를 판단하여야 하지만,[16] 보전의 필요성에 관하여는 신중한 검토가 필요하다. 목적물의 점유자인 가처분채권자가 그 소유권을 갖지 아니하여 결국에는 불법점유자로 된다 하더라도 그 목적물을 인도할 때까지는 점유권을 가지므로, 가처분으로 그 방해의 예방이나 그 밖의 조치를 청구할 수 있다.[17]

(5) 판례상 인정된 처분금지가처분의 피보전권리

소유권에 기한 말소등기청구권 또는 이전등기청구권,[18] 매매계약·대물변제계약·양도담보계약[19]·지역권설정등기계약 등 계약상 이전등기청구권, 공유물분할청구권,[20] 재산분할청구권,[21] 건물철거·토지인도청구권, 가등기에 기한 본등기·본등기승낙청구권,[22] 사해행위취소권,[23] 부당이득반환청구권[24] 등은 처분금지가처분의 피보전권리가 될 수 있다. 저당권설정등기청구권도 부동산처분금지가처분의 피보전권리가 될 수 있다.[25] 판례는 임차

---

16) 最高裁 1952. 5. 6. 判決, 民集 6권 496면.

17) 대법원 1967. 2. 21. 선고 66다2635 판결.

18) 대법원 2002. 4. 26. 선고 2000다30578 판결, 대법원 2007. 6. 28. 선고 2006다85921 판결.

19) 대법원 2007. 10. 12 선고 2005다42750 판결.

20) 대법원 2002. 9. 27.자 2000마6135 결정.

21) 가정법원의 전속관할에 속한다.

22) 소유권이전청구권을 보전하기 위한 가등기는 구 부동산등기법 제3조에 의하여 등기사항임이 명백하므로 그 가등기상의 권리 자체의 처분을 금지하는 가처분은 같은 법 제2조에서 말하는 처분의 제한에 해당되어 등기사항에 해당되지만, 가등기에 터잡아 본등기를 하는 것은 그 가등기에 기하여 순위보전된 권리의 취득(권리의 증대 내지 부가)이지 가등기상의 권리 자체의 처분(권리의 감소 내지 소멸)이라고는 볼 수 없으므로 가등기에 기한 본등기절차의 이행을 금지하는 취지의 가처분은 등기사항이 아니어서 허용되지 아니한다. 대법원 1978. 10. 14.자 78마282 결정, 대법원 1992. 9. 25. 선고 92다21258 판결, 대법원 2007. 2. 22. 선고 2004다59546 판결.

23) 대법원 1996. 10. 29. 선고 96다23214 판결.

24) 부당이득의 반환은 법률상 원인 없이 취득한 이익을 반환하여 원상으로 회복하는 것을 말하므로, 배당절차에서 작성된 배당표가 잘못되어 배당을 받아야 할 채권자가 배당을 받지 못하고 배당을 받을 수 없는 사람이 배당받는 것으로 되어 있을 경우, 배당금이 실제 지급되었다면 배당금 상당의 금전지급을 구하는 부당이득반환청구를 할 수 있지만 아직 배당금이 지급되지 아니한 때에는 배당금지급청구권의 양도에 의한 부당이득의 반환을 구하여야지 그 채권 가액에 해당하는 금전의 지급을 구할 수는 없고, 그 경우 집행의 보전은 가압류에 의할 것이 아니라 배당금지급금지가처분의 방법으로 하여야 한다. 대법원 2013. 4. 26.자 2009마1932 결정.

25) 서울남부지방법원 2010. 1. 13.자 2009카단12719 결정. 한편 일본에서는 구법하의 판례

권에 기한 인도청구권도 처분금지가처분의 피보전권리가 될 수 있음을 긍정하고 있다.[26) 채권양도인이 양수인을 상대로 양도계약의 부존재·무효 등을 주장하는 경우, 양수인이 양도인을 상대로 그 존재를 주장하는 경우, 채권의 이중양도에서 양수인 일방이 다른 양수인에 대하여 우선권을 주장하는 경우 등에는 채권의 양도·추심 등 금지가처분을 구할 수 있다. 차용금채무를 담보하기 위하여 부동산에 관하여 채권자명의의 가등기 및 본등기가 경료된 경우에 채무자들이 아직 그 차용금채무를 변제하지 아니한 상태라 할지라도, 채무변제를 조건으로 한 말소등기청구권을 보전하기 위하여 그 담보목적부동산에 관하여 처분금지가처분을 신청할 수도 있다.[27) 수탁자가 신탁종료 후 비용보상 등을 받기 위하여 신탁재산에 대하여 자조매각권을 행사할 수 있는 경우, 신탁재산의 귀속권리자로 지정된 수익자는 수탁자에 대하여 비용보상의무 등을 아직 이행하지 아니한 상태라 하더라도 신탁재산에 대한 소유권이전등기청구권을 보전하기 위하여 그 신탁재산에 대하여 처분금지가처분을 신청할 피보전권리가 있다.[28)

라. 보전의 필요성

(1) 의 의

계쟁물가처분은 현상이 바뀌면 당사자가 권리를 실행하지 못하거나 이를 실행하는 것이 매우 곤란할 염려가 있을 경우에 허용된다(법 제300조 제1항). 피보전권리가 특정물청구권이라는 점에서 피압류물은 특정물청구권의 목적물이 되고, 보전의 필요성은 가압류와는 달리 피압류물에 관한 사유로 한정된다. 실무상 당사자 항정효(恒定效)를 위한 점유이전금지가처

는 적극설(東京高裁 1960. 11. 8. 判決, 下民集 11권 2407면; 東京高裁 1970. 11. 11. 下民集 21권 1430면)과 소극설(東京地裁 1959. 8. 19. 判決, 判例タイムズ 98호 59면; 東京地裁 1970. 6. 15. 判決, 判例時報 614호 75면)이 대립하였으나, 현행 민사보전법은 제53조에서 保全登記制度를 규정하여 입법적으로 해결하였다.
26) 대법원 1984. 4. 16.자 84마7 결정, 대법원 1988. 4. 25. 선고 87다카458 판결; 横浜地裁 1962. 11. 2. 判決, 下民集 13권 2225면. 이에 대하여 소극적인 견해로는 東京高裁 1964. 9. 22. 決定, 下民集 15권 2237면.
27) 대법원 2002. 8. 23. 선고 2002다1567 판결.
28) 대법원 2009. 1. 30. 선고 2006다60991 판결.

분과 사해행위취소청구권을 피보전권리로 하는 처분금지가처분이 가장 많은 수를 차지한다.

(2) 내 용

계쟁물현상의 변경은 보전할 청구권의 목적물을 멸실·훼손하는 것, 급박한 수선이 필요함에도 이를 하지 않는 것,[29] 물건의 과도한 사용,[30] 무기한의 임차권을 설정하거나 양도담보설정 후 물건사용 등과 같은 과다이용,[31] 물건의 대량염가판매,[32] 계약에 위반한 채권자의 처분행위, 물건을 이전하거나 양도하는 것 등에 의하여 생긴다. 채권자는 권리실현의 불능·현저한 곤란을 가져오는 급박한 위험이 있는 객관적인 사실을 주장하여야 한다. 이는 단순히 채권자의 주관적인 염려(subjektive Besorgnis)만으로는 충분하지 않고, 법원에 의하여 객관적인 위험(objektive Gefahr)으로 인정되어야 한다.[33]

일본의 경우 채권자가 채무자에게 점유를 허락한 점유이전금지가처분에서, 피보전권리에 관하여 고도의 소명을 요구하고 있는 이상 채무자가 집행방해적인 처분행위를 할 가능성이 높다는 이유로 그동안의 경위를 적은 보고서 등 주관적인 소명방법으로 일응 충분하다는 경우와, 이러한 것만으로는 부족하고 채무자의 종전의 행동에 관한 객관적인 자료 등 엄격한 소명을 요구하는 경우로 나누어진다.[34] 우리나라 실무상 계쟁물가처분의 경우 피보전권리가 인정되면 보전의 필요성은 당연히 인정된다는 전제 아래,[35] 보전의 필요성에 대한 별다른 주장이나 소명이 없어도 가처분신

---

29) LG Frankfurt ZMR 1968, 172.
30) OLG Frankfurt NJW 1960, 827.
31) OLG Karlsruhe NJW 1994, 3362, 3364; OLG Düsseldorf MDR 1984, 411; LG Ravensburg NJW 1987, 139; LG Braunschweig MDR 1993, 757.
32) OLG München WM 1984, 307.
33) OLG Köln ZIP 1988, 445; KG NJW 1993, 1480.
34) 成田晉司, "審理の対象(3) - 占有移轉禁止の仮処分の被保全権利と必要性-", 民事保全法の実務の現状100, 40~41면; 처분금지가처분의 경우에도 객관적인 자료에 의하여 보전의 필요성을 소명하는 것이 쉽지 않기 때문에, 보전신청에 이르게 된 보고서 등 주관적인 소명자료에 의하도록 하는 경우가 많다고 한다. 土屋毅, "審理の対象(4) - 処分禁止の仮処分の被保全権利と必要性-", 民事保全法の実務の現状100, 43면.
35) 대법원 2005. 10. 17.자 2005마814 결정.

청을 인용하고 있다.

마. 심 리

신청서가 적법한 방식인 것으로 인정되면 판사는 신청사건을 심리하는 방법을 선택한다. 심리의 방식에는 서면심리, 채권자심문, 쌍방심문, 임의적 변론 등이 있는데, 사건의 성질에 따라 적정한 심리방식을 택한다. 실무상 가압류, 계쟁물가처분 사건에서는 주로 서면심리의 방식을 선택하고,[36] 임시지위가처분 사건에서는 주로 쌍방심문의 방식을 선택한다.

바. 소 명

(1) 보전소송에서 사실의 인정은 소명(疏明, Glaubhaftmachung)에 의한다(법 제279조 제2항, 제301조). 이는 보전처분은 피보전권리의 존부를 확정하는 것이 아니라 그 집행보전을 위하여 잠정적인 조치를 취하는 것에 불과하고, 보전소송은 성질상 피보전권리 및 보전의 필요성에 관하여 신속하게 판단할 필요가 있기 때문이다.[37] 이와 달리 소명제도를 연혁적으로 볼 때 로마법상의 간이심리(summatim cognoscere)와 악의의 선서 (juramentum calumniae)에 뿌리를 두고 발전하였음을 들어, 소명으로 입증(立證)[38]할 사항은 사실상의 주장이 진실이라는 것이 아니라 그 진실에

---

36) 실무상 심문은 기일을 열지 않는 경우와 여는 경우로 구분하고 있다[법원실무제요 민사소송 Ⅱ, 법원행정처(2017), 937면은 "심문이란 당사자, 그 밖의 이해관계인에게 적당한 방법으로 서면 또는 말로 개별적으로 진술할 기회를 주는 것을 말하며 공개법정에서 행할 것을 요하지 않는다"고 서술하고 있다. 또한 법원실무제요 민사집행 Ⅲ, 법원행정처(2014), 575면은 "심문기일을 열지 않는 경우에는 채무자에게 심문서를 보내어 그 심문서 도달 후 일정한 기일 내에 서면으로 의견을 진술할 것을 최고하면 된다"고 서술하고 있다]. 그러나 이 책에서는 심문을 기일에 당사자를 소환하여 판사의 면전에서 구술로 진술할 기회를 부여하는 대면심문(일본에서는 審尋이라는 용어를 사용한다)과, 서면으로 의견을 진술할 기회를 부여하는 서면심문으로 구분하여 사용한다.

37) 注釈 民事保全法 (上), 社團法人 民事法情報センター(1999), 207면; 신속의 요청은 약식소송의 지상명령이고 신속성은 약식소송의 생명이기 때문에, 신속의 요청과 적정·공평의 요청이 충돌할 때는 후자에 대해 전자를 우선하지 않으면 안 된다. 松浦馨, "民事保全法制定の意味と將來の課題", 民事保全法の基本構造, 西神田編集室(1995), 17면.

38) 2002. 7. 1.부터 시행된 민사소송법에서는 '증명'(넓은 의미)이라는 용어를 사용하지만, 소명과 구별되는 좁은 의미의 증명과 혼동할 우려가 있으므로, 이 책에서는 구 민사소송법상 용어인 '입증'을 사용한다.

대한 당사자의 성의, 즉 그 신청이 남용되거나 경솔하게 이루어진 것이
아니라는 점이고, 이러한 입증은 사실상의 주장이 진실인 것 같다고 여기
게 하는 증거방법의 제출에 의하여 이루어진다고 보아 소명에 권리남용방
지의 의미를 인정하는 견해도 있다.[39]

(2) 소명은 증명보다는 낮은 정도의 개연성으로 법관으로 하여금 확실
할 것이라는 추측을 얻게 한 상태 또는 그와 같은 상태에 이르도록 증거
를 제출하는 당사자의 노력을 말한다.[40] 증명이 법관의 확신을 얻기 위한
상태인 것에 비하여 소명은 심증의 정도가 낮다.[41]

(3) 소명은 즉시 조사할 수 있는 증거에 의하여야 한다(민소법 제299
조). '즉시 조사할 수 있는 증거'란 그 증거방법이 시간적으로 즉시 조사할
수 있는 상태에 있고, 장소적으로 심리가 행하여지는 그 장소에 현재하여
조사를 위하여 사전에 또는 새삼스럽게 법원의 준비행위를 필요로 하지
아니하여, 그 심리기간 내에 조사를 마칠 수 있는 증거를 의미한다. 즉시
조사할 수 있는 증거방법으로는 법원이 변론을 열었을 경우에는 즉석에서
제출할 수 있는 서증이나 검증물, 재정증인, 감정인 또는 당사자본인의 신
문 등을 들 수 있고, 법원이 변론을 열지 않고 서면심리나 심문만을 하는
경우라면 서증, 검증물, 참고인신문 등을 들 수 있다.

(4) 법원은 사건의 성질과 발령하여야 할 보전명령의 내용 등을 살펴
채무자에게 항변사실을 주장·입증할 기회를 주는 것이 상당하다고 인정하
면 당사자평등의 원칙상 채무자심리를 하여야 한다. 그러나 사건에 따라

---

39) Planck, Lehrbuch des deutschen Zivilprozessrechts, Bd. I(1887), S.360f(尾形慶次
郎, "疎明についての諸問題", 判例タイムズ 10권 1호, 3~5면에서 재인용).

40) BGH VersR 1976, 928, 929; BVerfG 38, 35, 39.

41) 일본에서는 증명과 소명을 수치로 표현하는 견해가 다음과 같이 제기되고 있다. 오석락,
입증책임론(신판), 박영사(1996), 239~240면.

구 분	田中和夫	村上博巳	石井良三	倉田卓次
합리적 의심없는 증명	90~100%	90~99%		
명백하고 설득력 있는 증명		80~90%		
증거의 우월	80%	70~80%		
증 명			70~80%	80%
소 명		55~70%	60%	60~80%

서는 채무자에게 방어방법을 제출할 기회를 부여할 필요가 있어도 성질상 급박하여 채무자에게 심리의 기회를 부여할 여유가 없거나, 채무자를 심리하게 되면 보전명령의 목적을 달성할 수 없는 경우(법 제304조 단서)에는 채무자를 심리할 수 없다. 이러한 경우에는 채권자에게 일반적으로 예상할 수 있거나 채권자가 주장·제출한 자료에 의하여 통상 제기될 수 있는 '항변사실의 부존재'나 '채무자의 항변에 대한 재항변사실'을 소명하게 하여야 한다.[42] 이와 같이 채권자일방심리사건에 한하여 주장·입증책임을 사실상 전환하도록 해석하는 것이 보전소송의 목적으로 인하여 침해되는 채무자의 절차적 기본권을 어느 정도 보완함으로써 당사자평등주의를 잠정적으로 실현할 수 있다고 생각한다. 따라서 채권자가 위와 같은 소명을 하지 아니한 경우에는 곧바로 보전신청을 기각하여서는 안 되지만, 채권자가 통상 용이하게 제출할 수 있는 반대사실에 대한 소명자료를 합리적인 이유 없이 제출하지 아니한 경우에는 심리전체의 취지로서 피보전권리·보전이유의 존재에 대한 소명에 부정적인 영향을 미치므로, 요건사실에 대한 소명부족으로 보전신청이 기각되는 경우가 많을 것이다.

사. 담 보

보전처분은 피보전권리의 존부에 관한 확정적 판단 없이 소명으로 사실을 인정하고 채무자의 재산을 동결하고 일정한 행위를 금지시키거나 임시의 법률관계 등을 형성하는 강제처분을 집행하는 것이기 때문에, 채무자는 위법·부당한 보전처분으로 인하여 손해를 입게 되는 수가 있다. 가압류에 관한 담보규정(법 제280조)은 제301조에 의하여 가처분에도 준용된

---

42) Friedrich Stein/Martin Jonas/Christian Berger, Kommentar zur Zivilprozess ordnung, Bd. 9, §§ 916~1068 EG ZPO, 22. Aufl., J.C.B. Mohr(2002), S.62; 채권자가 명의신탁약정에 따라 1976. 3. 4. 채무자 명의로 소유권보존등기를 경료하였다고 주장하면서, 2009. 11. 30. 부당이득반환을 원인으로 한 소유권이전등기청구권을 피보전권리로 하여 부동산처분금지가처분을 신청한 사건(서울남부지방법원 2009카단12116호)에서, 법원은 2009. 12. 2. 채권자에게 "피보전권리가 소멸시효로 완성되지 않았음을 소명하라"는 내용으로 보정명령을 발령하였고, 채권자는 2009. 12. 4.자 보정서에서 "채무자는 2000. 9. 6. '채권자의 요청이 있을 경우 언제든지 소유권의 명의를 환원해 주겠다'고 하였고, 이는 민법 제168조 제3호 소정의 승인에 해당하므로 소멸시효가 중단되었다"고 주장하였다.

다. 보전소송에서 채권자가 제공하는 담보는 민사집행법상 담보의 일종으로 소송비용의 담보에 관한 민사소송법 제120조 제1항, 제121조 내지 제126조의 규정이 준용된다(민소법 제127조). 한편 민사소송법 제123조는 "담보권리자는 담보물에 대하여 질권자와 동일한 권리가 있다"고 규정하고 있고, 보전소송상의 담보에 관하여도 이를 준용하고 있다(법 제19조 제3항).

담보의 제공은 금전 또는 법원이 인정하는 유가증권을 공탁하거나 대법원규칙이 정하는 바에 따라 지급을 보증하겠다는 위탁계약을 맺은 문서를 제출하는 방법으로 한다(민소법 제122조). 지급보증위탁계약(실무상 공탁보증보험계약이라고 한다)은 보험계약자인 보전처분신청채권자 등의 부당신청으로 인하여 피보험자인 채무자가 손해배상청구권에 관한 집행권원을 받은 경우 이의 변제를 보험자가 보증하는 보증보험계약이다.[43] 지급보증위탁계약을 맺은 문서를 제출하는 방법으로 담보를 제공하려면 미리 법원의 허가를 받아야 한다(민소규칙 제22조 제1항).

아. 재 판

(1) 계쟁물가처분은 특정물에 관한 이행청구권의 보전을 위한 것이므로, 채무자에게 특정물의 처분을 제한하는 형태로 주문을 기재한다. 보전재판에는 보전신청을 배척한 각하·기각결정과 보전신청을 인용한 보전명령이 있는데, 보전신청을 배척한 재판에 대한 불복절차는 즉시항고에 의하고, 보전명령에 대한 불복절차는 보전이의와 보전취소에 의한다.

(2) 보전이의절차는 보전명령에 대하여 채무자가 보전명령이 형식적·실체적 요건을 흠결하였다는 이유로 보전명령을 발령한 법원에 대하여 그 보전명령의 취소·변경 및 보전신청의 기각을 구하는 불복절차이다. 이와 같이 보전명령에 대하여 특수한 불복절차가 마련되어 있으므로 결정에 대한 통상의 불복방법, 즉 항고나 재항고는 허용되지 아니하며,[44] 보전명령과 내용이 서로 저촉되는 제2의 보전명령을 받음으로써 사실상 선행보전

---

43) 대법원 1999. 4. 9. 선고 98다19011 판결.
44) 대법원 1991. 3. 29.자 90마819 결정, 대법원 1999. 4. 20.자 99마865 결정, 대법원 2005. 9. 15.자 2005마726 결정, 대법원 2008. 5. 13.자 2007마573 결정, 대법원 2008. 12. 22.자 2008마1752 결정.

처분을 폐지·변경하거나 그 집행을 배제하는 목적을 달성하는 것은 허용되지 아니한다.[45]

(3) 보전취소절차는 일단 유효하게 발령된 보전명령을 새로운 재판에 의하여 실효시키고자 하는 것으로서 일종의 형성소송이다. 취소사유에는 (i) 채권자가 본안의 제소명령을 기간 내에 이행하지 않은 경우(법 제287조 제3항), (ii) 보전처분 후 사정의 변경이 있는 경우(법 제288조 제1항 제1호), (iii) 가압류에서 채무자가 법원이 명한 담보를 제공하는 경우(법 제288조 제1항 제2호), (iv) 보전집행 후 3년간 본안의 소를 제기하지 아니한 경우(법 제288조 제1항 제3호), (v) 가처분에서 특별한 사정이 있는 경우 (법 제307조) 등이 있다.

자. 처분금지가처분의 효력

(1) 집행의 효력발생시기

처분금지가처분은 그 집행방법인 등록에 의하여 효력이 발생한다.[46] 가처분명령이 발령되었다 하더라도 아직 가처분등록이 마쳐지기 전에 가처분채무자가 그 가처분의 내용에 위반하여 처분행위를 하고 그에 기하여 제3자 명의로 소유권이전등록 등이 마쳐졌다면 그 등록은 완전히 유효하고 단지 위 명령이 집행불능이 될 따름이다.[47] 처분금지가처분 이전에 가처분채무자로부터 제3자에의 양도나 그 밖의 처분행위가 있었다 하더라도 그 등록이 가처분등록 이후에 마쳐진 경우에는 제3취득자가 가처분채권자에게 대항할 수 없다.[48] 처분금지가처분이 경료된 항공기가 경매로 매각된 경우 소유자에게 배당된 잉여금에 처분금지가처분의 효력은 미치지 아니하므로, 가처분채권자는 소유자가 잉여금을 지급받기 전에 잉여금지급청

---

45) 대법원 1992. 6. 26.자 92마401 결정.
46) 처분금지가처분의 등기는 가처분명령의 효력발생요건이 아니라 선의의 제3자에 대한 대항요건으로 보는 견해로는 권성 외 4인, 가처분의 연구(개정판), 박영사(2002), 12~17면.
47) 대법원 1997. 7. 11. 선고 97다15012 판결.
48) 부동산물권변동에 관하여 등기를 대항요건으로 보는 일본도 이와 같은 견해를 취하고 있다. 最高裁 1955. 10. 25. 判決, 民集 9권 1678면; 最高裁 1950. 12. 26. 判決, 民集 9권 2114면.

구권에 대하여 다시 지급금지가처분 또는 가압류를 집행하여야 한다.[49] 항공기에 처분금지가처분결정을 받아 가처분집행까지 마친 경우, 피보전채권의 실제 존재 여부를 불문하고 가처분이 되어 있는 항공기는 매매나 담보제공 등에 있어 그렇지 않은 항공기보다 불리할 수밖에 없는 점, 가처분집행이 되어 있는 항공기의 가처분집행이 해제되면 가처분 부담이 없는 항공기를 소유하게 되는 이익을 얻게 되는 점 등을 고려하면 가처분권리자로서는 가처분 유지로 인한 재산상 이익이 인정되고, 그 후 가처분의 피보전채권이 존재하지 않는 것으로 밝혀졌더라도 가처분의 유지로 인한 재산상 이익이 있었던 것으로 보아야 한다.[50]

저당권설정등록청구권을 보전하기 위한 처분금지가처분의 등록이 이미 되어 있는 항공기에 관하여 그 후 소유권이전등록이나 처분제한의 등록 등이 이루어지고, 그 뒤 가처분채권자가 본안소송의 승소확정으로 피보전권리 실현을 위한 저당권설정등록을 하는 경우에, 가처분등록 후에 이루어진 소유권이전등록이나 처분제한의 등록 등 자체가 가처분채권자의 저당권 취득에 장애가 되는 것은 아니어서 등록이 말소되지는 않지만, 가처분채권자의 저당권 취득과 저촉되는 범위에서는 가처분등록 후에 등록된 권리의 취득이나 처분의 제한으로 가처분채권자에게 대항할 수 없다. 또한 저당권설정등록청구권을 보전하기 위한 처분금지가처분의 등록 후 피보전권리 실현을 위한 저당권설정등록이 되면, 그 후 가처분등록이 말소되더라도 여전히 가처분등록 후에 등록된 권리의 취득이나 처분의 제한으로 가처분채권자의 저당권 취득에 대항할 수 없다.[51]

(2) 처분행위의 효력

처분금지가처분명령이 집행된 경우 가처분에 의한 처분금지의 효력은 가처분채권자의 권리를 침해하는 한도에서만 생기므로, 가처분채권자는 피보전권리의 한도에서 가처분위반의 처분행위의 효력을 부정할 수 있다.[52]

---

49) 민사집행법 실무연구 II, 재판자료 제117집, 369~370면.
50) 대법원 2011. 10. 27. 선고 2010도7624 판결.
51) 대법원 2015. 7. 9. 선고 2015다202360 판결.
52) 대법원 2006. 8. 24. 선고 2004다23127 판결.

처분금지가처분이 등록되면 채무자 및 제3자에 대하여 구속력을 갖는다는 것은 그 등록 후에 채무자가 가처분의 내용에 위배하여 제3자에게 목적항공기에 관하여 양도·담보권설정 등의 처분행위를 한 경우에 채권자가 그 처분행위의 효력을 부정할 수 있다는 것을 의미한다.53) 공유물을 경매에 붙여 매각대금을 분배할 것을 명하는 판결은 경매를 조건으로 하는 특수한 형성판결로서 공유자 전원에 대하여 획일적으로 공유관계의 해소를 목적으로 하는 것인바, 가처분채권자가 가처분채무자의 공유 지분에 관하여 처분금지가처분등록을 마친 후에 가처분채무자가 나머지 공유자와 사이에 위와 같이 경매를 통한 공유물분할을 내용으로 하는 화해권고결정을 받아 이를 확정시켰다면, 다른 특별한 사정이 없는 한 이는 처분금지가처분에서 금하는 처분행위에 해당한다.54) 그러나 처분금지가처분이 등록되었으나 그 가처분 당시의 가처분채무자 명의의 등록이 원인무효인 관계로 확정판결에 의해 말소되어 전소유자의 소유명의로 복귀되는 경우는 금지되는 처분행위에 해당하지 않는다.55)

(3) 효력을 부정할 수 있는 시기

가처분채권자가 가처분위반행위의 효력을 부정할 수 있는 시기는 본안소송에서 승소확정판결을 받거나 이와 동일시할 수 있는 사정이 발생한 때이며,56) 단순히 가처분채권자인 지위만으로는 가처분채무자로부터 목적항공기의 소유권이전등록을 경료받은 제3자에 대하여 말소등록을 청구하는 등 위법한 처분행위의 효력을 부인할 수 없다.57) 따라서 가처분채권자의 권리가 본안에서 확정될 때까지는 가처분등록 후의 처분행위라도 등록이 허용되고,58) 그 제3취득자는 비록 목적항공기에 관하여 처분금지가처분등록이 되어 있더라도 그 항공기가 임대된 경우에는 임차인에게 차임의

---

53) 民事保全手續の實務, 378~379면.
54) 대법원 2017. 5. 31. 선고 2017다216981 판결.
55) 대법원 1996. 8. 20. 선고 94다58988 판결.
56) 대법원 2009. 9. 24. 선고 2009다32928 판결, 대법원 2017. 5. 31. 선고 2017다216981 판결.
57) 대법원 1992. 2. 14. 선고 91다12349 판결, 대법원 1996. 3. 22. 선고 95다53768 판결.
58) 대법원 1999. 7. 9. 선고 98다13754 판결.

지급을 청구할 수 있으며, 가처분채무자에게 목적항공기의 인도를 구할 수 있고, 가처분채무자를 상대방으로 하는 타인의 강제집행에 대하여 제3자이의의 소를 제기할 수 있으며, 제3취득자의 채권자도 제3취득자를 채무자로 하여 목적항공기에 대하여 강제집행이나 보전처분을 할 수 있다. 그러나 처분금지가처분 등록이 경료되었다고 하여도 나중에 그 가처분이 취하 또는 처분금지가처분재판이 취소되는 등으로 그 가처분등록이 적법하게 말소되거나 가처분채권자가 본안소송에서 패소확정되어 그 가처분이 취소당할 운명에 있게 되면, 위 가처분등록 이후에 마쳐진 소유권이전 또는 저당권설정 등록은 완전히 유효하게 된다.59)

(4) 주관적 범위

판례는 가처분위반의 처분행위는 가처분채무자와 그 상대방 및 제3자 사이에서는 유효하고 단지 가처분채권자에게만 대항할 수 없다는 견해(상대적 효력설)를 취하고 있다.60) 채권자가 채무자와 제3채무자 사이에 체결된 항공기매매계약에 기한 소유권이전등록청구권을 보전하기 위해 채무자를 대위하여 제3채무자의 항공기에 대한 처분금지가처분을 신청하여 가처분명령을 발령받은 경우에는 피보전권리인 소유권이전등록청구권을 행사한 것과 같이 볼 수 있으므로, 채무자가 그러한 채권자대위권행사사실을 알게 된 후 그 매매계약을 합의해제함으로써 채권자대위권의 객체인 항공기 소유권이전등록청구권을 소멸시켰다 하더라도 이로써 채권자에게 대항할 수 없고, 그 결과 제3채무자 또한 그 계약해제로써 채권자에게 대항할 수 없다.61)

(5) 객관적 범위

가처분에 의한 처분금지의 효력은 가처분채권자의 권리를 침해하는 한도에서만 생기므로 가처분채권자는 피보전권리의 한도에서 가처분위반의

---

59) 대법원 1976. 4. 27. 선고 74다2151 판결, 대법원 2000. 10. 6. 선고 2000다32147 판결.
60) 대법원 2000. 10. 6. 선고 2000다32147 판결, 대법원 2004. 5. 14. 선고 2004다13601 판결.
61) 대법원 2007. 6. 28. 선고 2006다85921 판결.

효력을 부정할 수 있다(실체적 효력설).[62] 임차권설정등록청구권 보전을 위한 가처분등록 후 설정된 저당권의 실행이 있다고 하더라도 선행된 가처분등록과 임차권설정등록청구를 인용한 본안판결에 기하여 제3자에게 대항할 수 있으므로, 임차권자는 그 가처분등록 후에 마쳐진 근저당권설정등록의 말소를 구할 수 없다.[63]

(6) 피보전권리가 없는 것으로 확정된 경우

항공기에 관하여 실체상 아무런 권리가 없는 사람의 신청에 따라 처분금지가처분명령이 발령되었다면, 그에 기한 가처분등록이 마쳐졌다 하더라도 그 가처분 권리자는 가처분의 효력을 채무자나 제3자에게 주장할 수 없으므로, 그 가처분등록 후에 항공기소유권이전등록을 마친 자는 가처분권리자에 대하여도 유효하게 소유권을 취득하였음을 주장할 수 있다.[64] 가처분등록의 피보전권리가 본안판결에 의하여 부정적으로 확정된 이상 가처분은 아무런 효력이 없는 것이어서 위 가처분 후에 항공기를 경락받은 매수인은 가처분권리자에 대하여도 유효하게 소유권을 취득하였다고 주장할 수 있다.[65] 그러나 그 처분금지가처분등록이 실효됨이 없이 그 본안에서 가처분채권자가 승소한 경우에는 제3자는 가처분채무자로부터 양수한 권리를 확정적으로 취득할 수 없게 된다.[66]

(7) 대위에 의한 처분금지가처분

가처분등록 후에 어떤 경로로 그 피보전권리를 실현하는 내용의 등록이 경료된 경우 그 등록은 유효하다는 것이 판례의 태도이다.[67] 항공기가 A→B→C 순으로 순차 양도된 경우, C가 B를 대위하여 B가 A에 대하여 가지는 소유권이전등록청구권을 보전하기 위하여 A를 상대로 항공기에 대

---

62) 대법원 1984. 6. 16.자 84마7 결정.
63) 대법원 1984. 4. 16.자 84마7 결정.
64) 대법원 1999. 10. 8. 선고 98다38760 판결, 대법원 2003. 6. 13. 선고 2003다15525 판결.
65) 대법원 2008. 10. 27.자 2007마944 결정.
66) 대법원 1965. 8. 24. 선고 65다1118 판결.
67) 대법원 1991. 4. 12. 선고 90다9407 판결.

한 처분금지가처분결정을 받아 집행한 후에 A가 B에게 소유권이전등록을 경료하더라도 가처분에 위배되는 것이 아니므로 유효하며, B 명의의 등록에 터잡아 C가 아닌 D 명의로 경료된 소유권이전등록도 유효하다.[68] 이와 달리 항공기가 A→B→C→D 순으로 순차 매도된 경우에 D가 C, B를 순차 대위하여 A를 상대로 처분금지가처분을 하였는데 A로부터 C 앞으로 중간생략의 소유권이전등록이 경료된 경우 이 등록은 처분금지가처분에 위배되어 D에게 대항할 수 없다.[69]

(8) 채권자취소권에 기한 가처분

채권자가 수익자를 상대로 사해행위취소로 인한 원상회복을 위하여 소유권이전등록말소청구권을 피보전권리로 하여 그 목적항공기에 대한 처분금지가처분을 발령받은 경우, 그 후 수익자가 계약의 해제 또는 해지 등의 사유로 채무자에게 그 항공기를 반환하는 것은 가처분채권자의 피보전권리인 채권자취소권에 의한 원상회복청구권을 침해하는 것이 아니라 오히려 그 피보전권리에 부합하는 것이므로 위 가처분의 처분금지효력에 저촉된다고 할 수 없다.[70]

2. 항공기집행 신청 전의 항공기등록증명서 등의 인도명령

가. 의 의

항공기에 대한 집행의 신청 전에 항공기등록증명서등을 받지 아니하면 집행이 매우 곤란할 염려가 있을 경우에는 정치장이 있는 곳을 관할하는 지방법원(정치장이 없는 때에는 대법원규칙이 정하는 법원)은 신청에 따라 채무자에게 항공기등록증명서등을 집행관에게 인도하도록 명할 수 있다. 급박한 경우에는 항공기가 있는 곳을 관할하는 지방법원도 이 명령을 할 수 있다(법 제187조, 제175조 제1항). 항공기 집행의 관할법원은 항공기가 있는 곳(항공기소재지)의 지방법원이나(법 제187조, 제173조), 항공기가 특정

---

68) 대법원 1989. 4. 11. 선고 87다카3155 판결, 대법원 1994. 3. 8. 선고 93다42665 판결.
69) 대법원 1998. 2. 13. 선고 97다47897 판결.
70) 대법원 2008. 3. 27. 선고 2007다85157 판결.

한 비행장에 착륙한 후에 경매신청을 하더라도 집행되기 전에 이륙·이동하면 항공기등록증명서등을 수취할 수 없게 됨으로써 집행불능에 빠지는 수가 있다. 위 규정은 이러한 불합리를 제거하기 위하여 일종의 보전처분으로서 채권자로 하여금 항공기 집행의 신청 전에 미리 수취명령(인도명령)을 받아 항공기의 착륙을 기다려 바로 항공기등록증명서등을 수취할 수 있게 하였다.

나. 인도명령의 절차

위 인도명령은 채권자의 신청에 따라 관할법원이 결정 형식으로 발령한다. 이는 성질상 일종의 단행적 보전처분에 해당하나, 담보의 제공을 요하지는 않는다. 이 신청을 할 때에는 집행력 있는 집행권원의 정본을 붙이고, 그 신청서에 인도명령 발령의 요건을 소명하는 문서와 항공기소재지를 증명하는 문서, 항공기가 채무자 소유임을 증명하는 문서 및 항공기가 집행적격 있는 항공기임을 증명하는 문서를 붙여야 한다. 신청서에는 1,000원의 인지를 붙이고 이를 접수한 때에는 사건번호를 부여하여 독립한 집행사건으로 기록을 조제한다(민사접수서류에 붙일 인지액 및 그 편철방법 등에 관한 예규). 인도명령에 따른 재판에 대하여는 즉시항고를 할 수 있다(법 제187조, 제175조 제3항). 인도명령에 대한 즉시항고에는 민사집행법 제15조 제6항이 적용되어 집행정지의 효력이 없다.[71]

다. 인도명령의 집행

위 인도명령은 상대방인 채무자에게 송달하여야 함은 물론이나, 그 송달이 있기 전에도 집행할 수 있다. 신청인에 대한 고지에 의하여 곧바로 집행력이 발생하고, 집행문을 받을 것을 요하지 않는다. 그리고 인도명령이 상대방에게 송달된 날부터 2주가 지나면 집행하지 못한다(법 제187조, 제175조 제4항, 제292조 제2항, 제3항). 인도명령은 채권자의 신청을 받은 집행관이 채무자(또는 그 대리인인 기장)로부터 항공기등록증명서등을 인도받는 방법으로 집행한다. 집행관이 항공기등록증명서등을 받은 때에는 즉

---

71) 법원실무제요 민사집행 Ⅲ, 법원행정처(2014), 40면.

시 그 취지를 채무자 및 국토교통부장관에게 통지하여야 한다(규칙 제106조, 제96조). 또 집행관이 항공기등록증명서등을 수취하려 하였으나 그 목적을 달성하지 못하였더라도 그 사유를 법원에 신고할 필요가 없다. 인도명령신청의 비용 및 결정의 집행비용은 공익비용으로서 비용을 예납한 집행채권자는 뒤에 신청한 항공기 집행의 배당절차에서 최우선적으로 그 비용을 변상받는다.

라. 항공기 집행으로의 이행

위 인도명령은 장래의 항공기 집행을 쉽게 하기 위한 보전처분의 성질을 가지므로 인도명령이 집행되면 빠른 기간 내에 항공기 집행으로 이행되는 것이 바람직하다. 그 취지에 따라 민사집행법 제187조, 제175조 제2항은 집행관은 항공기등록증명서등을 인도받은 날부터 5일 내에 채권자로부터 항공기 집행을 신청하였음을 증명하는 문서를 제출받지 못한 때에는 그 항공기등록증명서등을 채무자에게 반환하도록 규정함으로써 간접적으로 채권자의 항공기 집행신청을 강제하고 있다. 위 신청에 따른 경매개시결정을 할 때는 이미 인도명령이 집행되었어도 민사집행법 제187조, 제174조에 의한 항공기등록증명서등의 수취·제출명령을 하여야 한다. 이 경우에는 민사집행법 제174조 제1항에 의한 수취명령을 받은 집행관이 항공기등록증명서등을 수취한 때(자기가 보관 중인 경우에는 사건의 사무분배에 의하여 당해 집행관으로 된 때)가 경매개시결정의 송달이나 등록보다 앞서는 것이 통상적이므로, 민사집행법 제187조, 제174조 제2항에 따라 그 수취한 때에 압류의 효력이 생긴다.

3. 대상사안의 검토

(1) 이 사건에서 채권자는 이 사건 항공기에 관하여 명의신탁 해지를 이유로 한 소유권이전등록청구권을 보전하기 위하여 가처분을 신청하였다. 피보전권리가 특정물인 이 사건 항공기에 관한 소유권이전등록청구권이므로 처분금지가처분을 선택한 것은 적정하다. 만약 항공기의 인도청구권을 목적으로 한다면, 점유이전금지가처분을 선택할 수도 있다.

(2) 서울중앙지방법원은 본안의 관할법원으로서 이 사건 가처분사건에 관한 관할법원이 된다.[72] 채무자에 대한 소장부본은 공시송달명령에 의하여 2015. 7. 28. 송달된 것으로 간주되었지만, 채무자가 관할에 대한 항변을 제기하지 아니하여 변론관할이 인정되었다. 따라서 이 사건 가처분 신청 당시 관할은 존재하지 아니하였지만, 사후에 본안의 관할이 인정된 경우에 해당한다.

(3) 법원은 담보로 지급보증위탁계약을 체결한 문서를 제출할 수 있도록 하는 담보제공명령을 발령하였는바, 실무상 처분금지가처분의 경우에는 담보를 현금으로 제공할 것을 명하는 것보다는 위와 같이 지급보증위탁계약을 체결한 문서나 일부 현금과 혼합하여 담보제공을 명하는 것이 일반적이다. 채권자가 본안에서 승소하여 판결이 확정된 경우에는 관할 행정청에 가처분 이후에 등록된 것으로 채권자에게 대항하지 못하는 권리에 관한 등록말소를 신청할 수 있다.

(4) 대상사안은 항공기에 대한 처분금지가처분사건으로서 선례적인 가치가 있다.

---

72) 채권자 주소지는 서울 동작구, 채무자 주소지는 서울 송파구, 이 사건 항공기의 정치장은 김포공항이었다.

[16] 항공기 엔진 집행에 관한 이의

인천지방법원 2010. 11. 26.자 2010타기2797 결정

Ⅰ. 사실관계

(1) 신청인(채권자) SB 유한회사(대한민국 법인)는 집행권원에 기하여 피신청인 JS(싱가포르 법인) 소유의 항공기(B767-222)에 부착되어 있는 항공기 엔진에 대하여 인천지방법원 2010본5485호로 유체동산압류를 신청하였다.

(2) 인천지방법원 집행관은 2010. 8. 5. 항공기 엔진에 대하여 유체동산압류를 시도하였으나, "엔진은 분리되어 있을 때만 유체동산 집행대상이 되지만, 이 사건 엔진은 항공기에서 분리되어 있지 않았으므로 집행할 수 없다"는 이유로 집행불능을 선언하였다.

(3) 신청인은 인천지방법원 2010타기2797호로 집행에 관한 이의를 신청하였고, 인천지방법원 판사는 2010. 11. 26. "항공기 엔진이 항공기로부터 분리되어 독립된 동산으로 거래될 때에 보통의 동산과 같이 취급하여야 한다"는 이유로 집행관에게 항공기 엔진에 대한 유체동산집행의 실시를 명하였다.

Ⅱ. 참조 조문

1. 민사집행법(이하 '법')

제16조(집행에 관한 이의신청) ① 집행법원의 집행절차에 관한 재판으로서 즉시항고를 할 수 없는 것과, 집행관의 집행처분, 그 밖에 집행관이 지킬 집행절차에 대하여서는 법원에 이의를 신청할 수 있다.

② 법원은 제1항의 이의신청에 대한 재판에 앞서, 채무자에게 담보를 제공하게 하거나 제공하게 하지 아니하고 집행을 일시 정지하도록

명하거나, 채권자에게 담보를 제공하게 하고 그 집행을 계속하도록
명하는 등 잠정처분(暫定處分)을 할 수 있다.

③ 집행관이 집행을 위임받기를 거부하거나 집행행위를 지체하는 경우
또는 집행관이 계산한 수수료에 대하여 다툼이 있는 경우에는 법
원에 이의를 신청할 수 있다.

제17조(취소결정의 효력) ① 집행절차를 취소하는 결정, 집행절차를 취
소한 집행관의 처분에 대한 이의신청을 기각·각하하는 결정 또는
집행관에게 집행절차의 취소를 명하는 결정에 대하여는 즉시항고를
할 수 있다.

② 제1항의 결정은 확정되어야 효력을 가진다.

2. 민 법

제100조(주물, 종물) ① 물건의 소유자가 그 물건의 상용에 공하기 위
하여 자기소유인 다른 물건을 이에 부속하게 한 때에는 그 부속물
은 종물이다.

② 종물은 주물의 처분에 따른다.

제257조(동산간의 부합) 동산과 동산이 부합하여 훼손하지 아니하면 분
리할 수 없거나 그 분리에 과다한 비용을 요할 경우에는 그 합성
물의 소유권은 주된 동산의 소유자에게 속한다. 부합한 동산의 주
종을 구별할 수 없는 때에는 동산의 소유자는 부합 당시의 가액의
비율로 합성물을 공유한다.

3. 국제사법

제19조(물권의 준거법) ① 동산 및 부동산에 관한 물권 또는 등기하여
야 하는 권리는 그 목적물의 소재지법에 의한다.

② 제1항에 규정된 권리의 득실변경은 그 원인된 행위 또는 사실의
완성 당시 그 목적물의 소재지법에 의한다.

제20조(운송수단) 항공기에 관한 물권은 그 국적소속국법에 의하고, 철
도차량에 관한 물권은 그 운행허가국법에 의한다.

III. 판시사항

항공기 엔진을 훼손하거나 과다한 비용을 지출하지 않고서도 항공기에서 분리할 수 있고, 항공기 엔진이 항공기로부터 분리되어 독립된 동산으로 거래될 때에 보통의 동산과 같이 취급하여야 하는바, 이 사건 항공기 엔진은 항공기 부합물이나 종물이 아니므로, 유체동산의 집행대상이 될 수 있다.

IV. 해 설

1. 집행에 관한 이의

가. 의 의

집행법원의 집행절차에 관한 재판으로서 즉시항고를 할 수 없는 것과 집행관의 집행처분, 그 밖에 집행관이 지킬 집행절차에 대하여서는 법원에 이의신청을 할 수 있다(법 제16조 제1항). 집행관이 집행위임을 거부하거나 집행행위를 지체하는 경우 또는 집행관이 계산한 수수료에 관하여 이의가 있는 때에도 집행에 관한 이의신청으로 다툴 수 있다(법 제16조 제3항).

나. 이의의 대상

(1) 집행법원의 집행절차에 관한 재판으로서 즉시항고를 할 수 없는 것

즉시항고가 허용되는 집행법원의 재판에 대하여는 집행에 관한 이의를 신청할 수 없다. 여기서 재판이란 법원 또는 법관(또는 사법보좌관)의 판단행위를 가리키고 재판에 해당하는 한 그것이 집행처분의 성질을 가졌는지 여부를 묻지 않는다. 따라서 공휴일과 야간 집행의 허가(법 제8조)에 대하여도 집행에 관한 이의신청을 할 수 있다. 그러나 재판이 아닌 사실행위(예를 들면, 매각물건명세서의 작성, 법 제105조 제1항)에 대하여는 집행에 관한 이의신청을 할 수 없다는 견해와 이를 제외하는 경우 사실상 불복방법이 없다는 점에서 그 유추적용이 가능하다는 견해로 나뉘어 있다.[1] 집행절차란 집행신청에 의하여 개시된 구체적인 집행절차를 말하고 그 준비를 위한 절차는 이에 포함되지 아니하므로, 집행문을 내어달라는 신청이 거절된 때에는 집행에 관한 이의신청을 할 수 없다.

공탁사유신고 각하결정에 대한 불복방법,[2] 경매절차취소사유가 있음에도 집행법원이 취소결정을 하지 않을 경우의 불복방법,[3] 경매절차에서 배당기일에 불출석한 채무자가 자신에게 공탁된 배당 잔여액의 출급을 위하여 집행법원에 지급위탁서의 송부와 자격증명서의 교부를 신청하였다가 거절당한 경우의 불복방법,[4] 가처분결정취소재판정본의 제출에 따른 간접강제결정취소결정에 대한 불복방법,[5] 가처분해제신청서가 위조되었다고 주장하는 가처분채권자가 법원의 촉탁에 의하여 말소된 가처분기입등기의 말소회복을 구하는 방법,[6] 집행법원이 최고가매수신고인임이 명백한 사람에 대하여 특별한 사정없이 매각허가여부의 결정을 하지 아니하는 경우의 불복방법,[7] 집행권원상의 청구권을 양도한 채권자가 집행력이 소멸한 이행권고결정서의 정본에 기하여 강제집행절차에 나아간 경우의 불복방법,[8] 배당기일부터 1주 이내에 청구이의의 소제기사실 증명서류와 그 소에 기한 집행정지재판의 정본이 제출되지 않았는데도 집행법원이 채권자에 대한 배당을 중지하였다가 청구이의의 소의 결과에 따라 추가배당절차를 밟는 경우 채권자의 불복방법,[9] 집행취소서류의 제출에 의하여 집행처분을 취소하는 재판에 대한 불복방법[10]은 모두 집행에 관한 이의신청이다.

---

1) 법원실무제요 민사집행 Ⅰ, 법원행정처(2014), 87면.
2) 대법원 1997. 1. 13.자 96그63 결정.
3) 대법원 1997. 11. 11.자 96그64 결정.
4) 대법원 1999. 6. 18.자 99마1348 결정.
5) 대법원 2000. 3. 17.자 99마3754 결정.
6) 대법원 2000. 3. 24. 선고 99다27149 판결, 대법원 2010. 3. 4.자 2009그250 결정.
7) 대법원 2008. 12. 29.자 2008그205 결정.
8) 대법원 2008. 2. 1. 선고 2005다23889 판결.
9) 다만 채권자가 집행에 관한 이의신청 대신 추가배당표에 대하여 배당이의를 하고 당초 배당표대로 배당을 실시해 달라는 취지로 배당이의의 소를 제기하였다면, 배당이의의 소를 심리하는 법원은 소송경제상 당초 배당표대로 채권자에게 배당을 실시할 것을 명한다는 의미에서 추가배당표상 배당할 금액을 당초 배당표와 동일하게 배당하는 것으로 추가배당표를 경정하여야 한다. 대법원 2011. 5. 26. 선고 2011다16592 판결.

(2) 집행관의 집행처분, 그 밖에 집행관이 지킬 집행절차

집행관의 집행처분은 집행관이 집행기관으로서 하는 법률효과를 수반하는 처분을 말한다. 따라서 집행관이 집행기관이 되는 유체동산에 대한 금전집행이나 물건 인도청구의 집행 등에서 집행관이 한 처분에 대하여는 집행에 관한 이의신청으로 불복할 수 있다. 집행관이 집행법원의 보조기관으로서 하는 직무행위, 예를 들어 현황조사(법 제85조), 경매의 실시(법 제107조)라든가, 또는 집행관 외 집행법원의 보조기관이 하는 직무행위, 예를 들어 대체집행의 수권결정에 기하여 채권자나 채권자의 위임을 받은 제3자가 실시하는 대체적 작위행위(법 제260조, 민법 제389조) 등도 이의신청의 대상이 되는가에 관하여는 긍정설과 부정설로 견해가 나뉘어 있다.[11] 집행관이 지킬 집행절차는 집행관의 집행처분 외에 집행관이 집행에서 지켜야 하는 절차를 말한다. 예를 들면, 법률효과를 수반하지 않는 집행관의 사실행위(법 제7조 제2항에 의하여 행하는 저항배제를 위한 원조 등)가 위법한 경우, 집행관이 집행기록의 열람을 거부하는 경우 등이 이에 해당한다.

(3) 집행관의 집행위임의 거부, 집행행위의 지체 및 수수료

집행관이 집행을 위임받기를 거부하거나 집행행위를 지체하는 경우에 집행에 관한 이의를 신청할 수 있다(법 제16조 제3항 전단). 이는 집행행위를 고의로 하지 않는 경우뿐만 아니라 태만으로 지연하는 경우도 포함한다. 집행법원이 집행처분을 지체하는 경우에도 집행에 관한 이의신청을 할 수 있는가에 관하여는 긍정설과 부정설이 있다.[12] 집행관이 계산한 수수료에 대하여 다툼이 있는 경우에도 집행에 관한 이의를 신청할 수 있다(법 제16조 제3항 후단).

---

10) 대법원 2011. 11. 10.자 2011마1482 결정.
11) 법원실무제요 민사집행 I, 법원행정처(2014), 89면.
12) 법원실무제요 민사집행 I, 법원행정처(2014), 90면.

다. 이의사유

원칙적으로 집행법원 또는 집행관이 스스로 조사·판단할 수 있는 사항에 한한다. 주로 절차상의 사유가 되겠지만, 집행법원 또는 집행관이 스스로 조사·판단할 수 있는 사항이라면 실체상 사유(법 제40조, 제41조)도 예외적으로 이의사유가 된다. 집행권원의 내용인 청구권의 부존재, 소멸 또는 외관상의 명의나 점유가 실체상 권리와 부합하지 않는 것을 다투는 것은 청구에 관한 이의의 소나 제3자이의의 소로 하여야 한다.

라. 이의의 절차

(1) 관 할

집행법원이 관할법원이 된다. 집행관의 집행행위에 대하여는 그 집행절차를 실시할 곳이나 실시한 곳을 관할하는 지방법원이 집행법원으로 된다(법 제3조 제1항). 그 중 토지관할은 전속관할이다(법 제21조). 집행법원 이외의 법원에 이의가 신청된 때에는 민사소송법 제34조를 준용하여 관할법원에 이송하여야 한다(법 제23조 제1항). 따라서 집행에 관한 이의신청만이 인정되고 즉시항고가 허용되지 아니하는 경우 이에 대하여 불복하면서 제출한 서면의 제목이 '즉시항고장'이고 그 끝부분에 '항고법원 귀중'이라고 기재되어 있다 하더라도 이를 집행에 관한 이의신청으로 보아 처리하여야 하므로, 집행법원이 그 불복사건을 항고법원으로 보냈다면 항고법원으로서는 그 사건기록을 집행법원으로 보내 집행법원으로 하여금 그 신청의 당부에 대하여 판단하도록 하여야 한다.[13]

(2) 당사자적격

이의신청은 집행기관의 위법한 처분에 대하여 불복의 이익이 있는 집행채권자, 집행채무자 및 제3자가 할 수 있다. 이의절차는 편면적인 것이므로 상대방이 없으나, 실무에서는 그 재판에 대하여 대립하는 이해관계가 있는 사람을 상대방으로 정하여 심리하고 결정문에도 그를 상대방을

---

13) 대법원 2000. 3. 17.자 99마3754 결정.

표시하여 주는 예가 많다. 그러나 집행관이 집행위임이나 실시를 거부하여 이의신청에 이른 때에도 집행관은 상대방으로 되지 않는다.

(3) 신 청

(가) 이의신청은 집행법원이 실시하는 기일에 출석하여 하는 경우가 아니면 서면으로 하여야 한다[민사집행규칙(이하 '규칙') 제15조 제1항]. 기일에 이의신청을 하는 경우, 예를 들어 집행법원이 실시하는 기일인 배당기일 등에 이의신청을 하는 경우에는 법원사무관등의 참여 아래 직접 법원에 신청하는 것이므로 말로 하는 신청도 허용된다. 이 경우 참여한 법원사무관등은 기일조서에 신청취지와 이유의 요지를 기재하여야 한다(민소법 제161조 제3항 준용). 매각기일 등은 집행관이 실시하는 기일이므로 여기서 말하는 기일에 들어가지 않는다. 이의신청에 상대방의 표시는 필요하지 않으나, 심리에서는 대립하는 이해관계인을 상대방으로 정하여 관여시키는 경우가 많다.

신청서에는 1,000원의 인지를 붙여야 한다(민사소송 등 인지법 제9조 제5항 제4호, 민사접수서류에 붙일 인지액 및 그 편철방법 등에 관한 예규). 말로 하는 신청(구술신청)의 경우에는 조서에 인지를 붙인다(민사소송 등 인지법 제1조). 이의신청을 하는 때에는 이의의 이유를 구체적으로 밝혀야 한다(규칙 제15조 제2항). 이는 절차지연 등의 의도로 정당한 이유 없이 집행에 관한 이의신청을 하는 것을 막기 위한 것이다. 따라서 이의의 이유를 밝히지 아니하는 때에는 바로 신청을 각하할 수 있다. 다만 집행에 관한 이의신청은 즉시항고에 비하여 간이한 불복방법이므로 즉시항고이유의 기재방법(규칙 제13조)과 같은 정도를 요구하는 것은 아니고 그 이유를 구체적으로 밝히는 것으로 충분하다. 그리고 집행에 관한 이의신청에는 즉시항고에서의 항고이유서 제출강제주의(법 제15조 제3항)와 같은 규정이 없으므로 이의재판 당시까지 이유를 추가하는 것이 가능하다.

(나) 이의신청은 원칙적으로 집행이 개시된 뒤에 하여야 한다. 다만 집행관이 집행의 위임을 거부하는 경우에는 집행개시와 상관없이 이의를 신청할 수 있다. 집행절차가 종료한 후에는 이의신청이 허용되지 않는

다.[14] 다만 집행관의 수수료 계산에 대한 이의신청은 집행종료 후에도 할 수 있다.

(다) 신청서가 제출되면 민사집행사건(사건부호 '타기')으로 접수하여 사건번호와 사건명을 부여하고 집행사건부에 전산입력한 후 별도기록으로 만든다.

(4) 심 리

집행법원의 재판은 변론 없이 할 수 있다(법 제3조 제2항). 집행법원은 집행처분을 하는 데 필요한 때에는 이해관계인, 그 밖의 참고인을 심문할 수 있다(규칙 제2조). 증명의 정도에 관하여서는 특별한 규정이 없으므로 소명으로는 부족하고 증명이 있어야 한다. 이의의 재판에서도 당사자가 신청하지 아니한 사항이나 신청의 범위를 넘어서는 재판할 수 없다.

(5) 재 판

집행에 관한 이의신청에 대한 재판은 결정으로 한다. 변론을 거친 경우에도 같다. 이의신청에 정당한 이유가 있다고 인정한 때에는 그 집행처분을 허가하지 않는다든가 또는 집행관에게 특정한 집행을 하여야 한다는 취지를 선언한다. 이의신청이 부적법하다고 인정한 때에는 그 신청을 각하할 것이고, 정당한 이유가 없다고 인정한 때에는 기각한다. 집행불허의 재판이 선언되면 신청인은 그 재판의 정본을 집행기관에 제출하여 집행처분의 취소를 구할 수 있다(법 제49조 제1호, 제50조).

이의신청을 전부 또는 일부 인용한 결정은 신청인과 상대방에게 고지하여야 하지만, 이의신청을 기각하거나 각하한 결정은 신청인에게만 고지하면 된다(규칙 제7조 제1항 제2호, 제2항). 다만 민사집행법 제16조 제2항의 잠정처분이 이루어진 경우에는 이의신청을 기각하거나 각하한 경우에도 신청인과 상대방에게 고지하여야 한다(규칙 제7조 제1항 제4호). 집행에 관한 이의신청에 대한 재판은 결정으로 이루어지므로 기판력이 없다. 그러나 동일 사유에 기하여 다시 집행에 관한 이의신청을 하는 것은 정당한

---

14) 대법원 1996. 7. 16.자 95마1505 결정.

이익이 없어 허용되지 않는다.

(6) 불복방법

집행에 관한 이의신청에 대한 재판 중 ① 집행절차를 취소하는 결정, ② 집행절차를 취소한 집행관의 처분에 대한 이의신청을 기각·각하하는 결정, ③ 집행관에게 집행절차의 취소를 명하는 결정 및 ④ 경매개시결정에 대한 이의신청에 관한 재판에 대하여만 즉시항고를 할 수 있다(법 제17조 제1항, 제86조 제3항). 위 ①, ②, ③의 재판에 대하여 즉시항고를 인정한 것은 이들 재판으로 하나의 집행절차가 목적을 달성하지 못한 채 종료하게 됨으로써 이 단계에서 항고를 인정하지 않으면 상급심의 판단을 받을 기회를 상실하기 때문이고(다만 집행관은 상급기관인 집행법원의 감독을 받는 지위에 있으므로 위 재판에 대하여 불복할 수 없고 이에 따라야 할 뿐이다), 위 ④의 재판에 대하여 즉시항고를 인정한 것은 경매개시결정이 이해관계인에게 미치는 영향이 매우 크기 때문이다. 집행에 관한 이의신청에 대한 재판 중 그 밖의 경우, 즉 이의신청을 기각한 경우나 위 ①, ②, ③, ④의 재판에 해당하지 않는 경우에 대하여는 불복이 허용되지 아니하여 특별항고만이 가능하다.[15] 집행에 관한 이의신청에 대한 재판 중 위 ①, ②, ③의 재판은 확정되어야 효력을 가지지만(법 제17조 제2항), 위 ④의 재판(다만 경매개시결정에 대한 이의신청을 받아들여 집행절차를 취소하는 결정은 위 ①의 재판에 해당한다)이나 나머지 재판은 즉시 효력을 가진다.

(7) 잠정처분

민사집행은 집행에 관한 이의신청에 의하여 정지되지 않는다. 그러나 법원은 그 이의신청에 대한 재판에 앞서 채무자에게 담보를 제공하게 하거나 제공하게 하지 아니하고 집행을 일시정지 하도록 명하거나 채권자에게 담보를 제공하게 하고 그 집행을 계속하도록 명하는 등 잠정처분을 할 수 있다(법 제16조 제2항). 이 잠정처분의 재판은 민사집행의 신청인과 상대방에게 고지하여야 한다(규칙 제7조 제1항 제4호). 명문의 규정은 없으나

---

15) 대법원 2008. 5. 22.자 2008그90 결정.

민사집행법 제15조 제9항을 유추하여 잠정처분의 재판에 대하여는 불복할 수 없으므로, 특별항고만 가능하다. 잠정처분의 재판은 집행법원이 직권으로 하는 것이고 당사자에게 신청권이 있는 것이 아니므로, 당사자의 잠정처분신청은 단지 법원의 직권발동을 촉구하는 의미밖에 없다. 따라서 즉시항고의 경우와 마찬가지로 법원은 이 신청에 대하여는 재판을 할 필요가 없고, 설령 법원이 이 신청을 거부하는 재판을 하였다고 하여도 불복이 허용될 수 없으므로 그에 대한 불복은 특별항고도 부적법하다.

(8) 사법보좌관의 처분에 대한 이의신청

사법보좌관규칙 제3조 제2호는 사법보좌관이 집행에 관한 이의신청의 대상이 되는 처분을 하였을 경우 이해관계인이 민사집행법 제16조 제1항에 따라 이의신청을 하고, 이에 대한 재판은 판사가 담당하도록 하였다. 이러한 절차는 해당 처분을 판사가 한 경우와 원칙적으로 같다.

2. 항공기 엔진의 법적 성질

가. 케이프타운 협약과 의정서

사법통일을 위한 국제연구소(UNIDROIT)는 ICAO와 공동으로 국제적으로 이동하는 장비(항공기, 철도차량과 우주자산)에 대한 국제적 권리에 관한 협약을 제정하기 위한 작업을 추진하였고, 마침내 2001. 10. 29.부터 11. 16.까지 남아프리카공화국에서 개최된 외교회의에서 '이동장비에 대한 국제적 권리에 관한 협약 및 항공기의정서(Convention on International Interests in Mobile Equipment and Aircraft Protocol, 케이프타운 협약과 의정서)'를 채택하였다.[16]

케이프타운 협약과 의정서에 의하면 항공기에 대한 권리는 엔진에 미친다[의정서 Article Ⅰ 제2항(c)]. 엔진에 대한 소유권 기타 권리는 엔진을 항공기에 설치하거나 항공기로부터 분리하는 것에 의하여 영향을 받지 아니한다(의정서 Article ⅩⅣ 제3항). 따라서 엔진은 항공기에 부합하지 않

---

16) 이강빈, "케이프타운 협약 및 의정서상 항공기 장비의 국제담보권에 관한 법적 제도", 항공우주정책·법학회지 제22권 제1호(2007. 6.), 129~130면.

고 엔진에 대한 소유자 또는 임대인은 엔진의 설치에도 불구하고 여전히 권리를 보유한다. 이는 항공기 엔진은 고가이고, 이동성이 있는 독립한 단위로서 항공기 기체(機體)와는 독립하여 금융의 대상이 되기도 하며, 항공기 사이에 엔진이 통상적으로 교환되는 점을 반영한 것이다. 이 점에서 항공기 의정서는 부합의 법리(doctrine of accession)에 따른 권리이전(title transfer)의 원칙이 아니라 권리추급(title-tracking)의 원칙을 취한 것이다. 다만 분리된 엔진을 매수한 자와 항공기의 소유자·임대인 간의 우열은 협약(제29조)에 의한다.

나. 우리나라의 논의

(1) 우리나라는 케이프타운 협약과 의정서를 비준하지 않았고, 항공기 등록 관련 법령상 항공기의 엔진은 등록할 근거도 없고 실제로도 항공기 등록원부에 등록되지 않는다. 우리나라 법상 항공기는 여러 개의 물건이 각 개성을 잃지 않고 결합하여 단일한 형체를 이루는 합성물(合成物)로서 법률상 단일물과 동일하게 1개의 물건으로 취급된다.

(2) 항공기의 엔진은 법률상·사실상 항상 항공기와 함께 처분되는 것은 아니고 엔진이 부착된 항공기로부터 독립하여 다른 항공기에 설치될 수 있다. 항공기의 엔진은 항공기 가격의 상당부분을 차지하는데, 물건의 개념에 관한 민법의 일반이론으로는 항공기의 범위를 정하기에 적절하지 않으므로, 현행법상으로도 그에 대한 체계적인 법률적 취급을 위하여 엔진에 대한 별도의 등록제도를 도입하거나, 항공기의 범위를 명확히 함으로써 소유권 또는 저당권 등 항공기에 대한 물권관계를 명확히 할 필요가 있다는 견해가 있다.[17] 이에 대해 우리 물권법의 일반원칙과 모순될 뿐 아니라 굳이 엔진만을 분리하여 취급할 이유가 없다는 견해도 있다.[18]

(3) 생각건대 회전익항공기에 부착되어 있는 엔진은 항공기를 구성하는 부속물로서 합성물인 항공기의 일부이므로 독립한 물건이라고 볼 수

---

17) 석광현, "항공기에 대한 국제적 담보거래 – 케이프타운 협약과 항공기 의정서를 중심으로–", 국제거래법연구 제12집(2004), 192면.
18) 강인철, "운송장비의 국제담보권에 관한 협약," 저스티스 제32권 제3호(1999. 9.), 130면.

없다. 즉 물건은 특별한 규정이 없는 한 민법 제98조, 제99조에 의하여 결정되는 규범적 개념으로서, 엔진을 항공기 본체에서 분리할 경우 어느 것도 독립적인 기능을 할 수 없는 점에 비추어 보면, 항공기는 엔진을 포함하여 하나의 물건에 해당한다.[19] 한편 제트항공기에 부착된 제트엔진은 주물(主物)인 항공기 기체의 상용에 공하기 위하여 기체에 부속하게 한 종물(從物)로 보아야 한다. 그러므로 항공기 엔진을 독립한 물건으로 보고 독립한 물권설정이 가능하도록 규정하고 있는 케이프타운 협약과 의정서를 비준하지 아니한 우리나라에서는 항공기 엔진에 대하여 독립한 물권을 설정할 수 없다. 이와 달리 스페어 엔진은 독립한 물건으로서 동산에 해당하므로, 동산집행의 방법에 의하여 집행한다.[20]

3. 대상사안의 검토

가. 집행관과 법원의 견해 대립

대상사안에서 집행관은 "엔진은 분리되어 있을 때만 유체동산집행대상이 되지만, 이 사건 엔진은 항공기에서 분리되어 있지 않았으므로 집행할 수 없다"는 이유로 집행불능을 선언하였다.

이에 대하여 법원은 항공기 엔진을 훼손하거나 과다한 비용을 지출하지 않고서도 항공기에서 분리할 수 있고, 항공기 엔진이 항공기로부터 분리되어 독립된 동산으로 거래될 때에 보통의 동산과 같이 취급하여야 하므로, 항공기 엔진은 항공기 부합물이나 종물이 아니라고 보았다.

---

19) 건설기계관리법 시행령 제2조 [별표 1] 제25호가 준설선을 선박 부분과 준설기계 부분을 포함한 하나의 물건으로 규정하고 있는 점, 이 사건 준설선의 선박 부분과 준설기계 부분이 일체로 제작되어 있어서 분리할 경우 어느 것도 독립적인 기능을 할 수 없는 점 등에 비추어 보면, 이 사건 준설선은 하나의 물건이다. 대법원 2015. 9. 15. 선고 2015다204878 판결.

20) 권창영, "항공기집행에 관한 법리", 항공우주정책법학회지 제30권 제2호(2015. 12.), 96면. 스페어 엔진에 대하여 유치권을 행사한 사례로는 대법원 2015. 2. 26. 선고 2014다17220 판결.

나. 엔진의 법적 지위

(1) 부합에 관한 판례

어떠한 동산이 부동산에 부합(附合)된 것으로 인정되기 위해서는 그 동산을 훼손하거나 과다한 비용을 지출하지 않고서는 분리할 수 없을 정도로 부착·합체되었는지 여부 및 그 물리적 구조, 용도와 기능면에서 기존 부동산과는 독립한 경제적 효용을 가지고 거래상 별개의 소유권의 객체가 될 수 있는지 여부 등을 종합하여 판단하여야 한다.[21] 회전익항공기 엔진은 케이프타운 협약과 의정서에서도 독립한 물권의 설정을 허용하고 있지 아니하므로, 부합물로 보는 것이 타당하다.

선박에 장치된 선박용 발동기는 그 발동기만을 분리하여 매도되거나 양도담보로 제공되는 수가 많으므로 부합물이 아니라 종물이고,[22] 선박소유자 아닌 사람이 구입하여 선박에 비치한 나침판과 쌍안경은 이를 선박으로부터 분리함에 있어 훼손이나 비용을 요하지 아니하면, 민법상 부합의 원리에 따라 그 소유권이 선박소유자에게 귀속된다고 볼 수 없다.[23]

(2) 엔진은 항공기의 종물임

회전익항공기 엔진과는 달리, 이 사건 항공기 엔진과 같은 제트엔진은 항공기 기체에서 이를 분리할 때 엔진을 훼손하거나 과다한 비용을 지출하지 않고서도 항공기에서 분리할 수 있기 때문에 부합물이라고 보기는 어렵다. 그러나 제트항공기는 엔진이 없다면 항공기로서 기능을 수행할수 없고, 제트엔진은 항공기의 부속품 중 가장 중요한 구성요소이므로, 제트엔진은 주물(主物)인 항공기 기체의 상용에 공하기 위하여 기체에 부속하게 한 종물(從物)로 보아야 한다.

---

21) 대법원 2007. 7. 27. 선고 2006다39270 판결.
22) 대법원 1965. 3. 9. 선고 64다1793 판결, 민법 주해 V, 502면.
23) 대법원 1980. 3. 25. 선고 79도3139 판결.

다. 종물에 대한 강제집행은 불가능함

종물에 대해서만 강제집행을 할 수 없다.[24] 독일 민사소송법(ZPO) 제865조 제2항[25]은 이를 명문으로 규정하고 있고, 독일 판례[26]와 학설[27]도 같은 입장을 취하고 있다. 종물만 강제집행의 대상으로 할 수 있다면 물건의 경제적 가치를 부당하게 손상시키는 것이 되고, 이를 금지하더라도 개인의 권리를 부당하게 제한한다고는 할 수 없기 때문이다.[28] 따라서 대상사안에서 항공기 엔진에 대하여만 유체동산압류집행이 가능하다고 판시한 법원의 결정은 부당하다.

---

24) 민법 주해 II, 72면; 주석 민법 총칙(2), 한국사법행정학회(2010), 316면.
25) **제865조(동산집행과의 관계)**
   ① 부동산에 대한 강제집행은, 토지와 권리의 경우에는 저당권의 효력이 미치는 물건, 선박이나 건조 중인 선박의 경우에는 선박저당권의 효력이 미치는 물건도 포함한다.
   ② 이러한 물건이 종물인 경우에는 압류할 수 없다. 그 밖의 경우에는 그 물건에 대한 압류가 부동산에 대한 강제집행의 한 방법으로 행하여진 경우가 아닌 한, 그 물건은 동산에 대한 강제집행의 대상이 된다.
26) RGZ 59, 88; OLG München DGVZ 1956, 57.
27) Münchener Kommentar Zivilprozessordnung §§ 803~1060, Bd. 3*, 2. Aufl. C. H. Beck(2001), 469~475면.
28) 민법 주해 II, 72면; 주석 민법 총칙(2), 한국사법행정학회(2010), 316면.

[17] 항공기 가압류집행에 대한 제3자이의의 소

인천지방법원 2009. 11. 12. 선고 2009가합8303 판결

I. 사실관계

(1) S(태국 법인)는 2007. 1. 26. W로부터 이 사건 항공기(항공기의 종류: 제트기, 항공기의 국적 및 등록마트: HS-SSA, 항공기의 기종: B767-222)를 매수하기로 하였고, 2007. 2. 13. 원고 G 유한회사(대한민국 법인)는 위 당사자들과 사이에 위 매매계약상 S가 가지는 매수인 지위를 이어받기로 하는 수정계약을 체결하였다.

(2) 원고는 2007. 3. 2. 이 사건 항공기를 S에게 임대하면서, S가 이 사건 항공기를 운항하면서 얻은 수입으로 원고에 대한 대출원리금, 임대료, 위 항공기의 잔존가치를 지급하기로 하였는데, 주요 내용은 다음과 같다.

제2조(항공기 임대) ① 원고는 이 사건 항공기의 소유자로 위 항공기를 S에 임대하고, S는 원고로부터 위 항공기를 임차한다.

② 원고는 현재 또는 향후에 이 사건 항공기나 항공기 부품의 사용 또는 특정 목적에 대한 이들의 소유권, 시장성, 상품성 등에 대한 책임을 지지 않는다.

제6조(소유권, 등록) ① S는 임대차계약 기간에 이 사건 항공기의 소유권이 원고에게 귀속됨을 인정하고 동의한다.

제13조(구매의무와 의무구매가격) 임대차 기간의 만료일 이후 S는 원고로부터 이 사건 항공기 잔존가치 상당 금액을 원고에게 지급하고 위 항공기를 구매할 것을 합의한다.

---

(3) 원고는 2008. 12. 9. S가 임대료 등의 지급의무를 이행하지 않음을 이유로 위 임대차계약을 해지하였다. 한편 석유제품 도매업을 하는 피고

JS(싱가포르 주식회사)는 S에게 납품한 항공유 대금채권을 피보전권리로 하
여 2009. 3. 9. 인천지방법원 2009카합414호로 이 사건 항공기를 목적물
로 하는 가압류결정을 받고, 같은 달 25일 위 항공기에 대한 가압류집행
을 완료하였다.

(4) 원고는 이 사건 항공기의 소유자라고 주장하면서,[1] 2009. 5. 13.
피고를 상대로 인천지방법원 2009가합8303호로 제3자이의의 소를 제기하
였다.

II. 참조 조문

1. 민사집행법(이하 '법')

제48조(제3자이의의 소) ① 제3자가 강제집행의 목적물에 대하여 소유
권이 있다고 주장하거나 목적물의 양도나 인도를 막을 수 있는 권
리가 있다고 주장하는 때에는 채권자를 상대로 그 강제집행에 대한
이의의 소를 제기할 수 있다. 다만, 채무자가 그 이의를 다투는 때
에는 채무자를 공동피고로 할 수 있다.

② 제1항의 소는 집행법원이 관할한다. 다만, 소송물이 단독판사의 관
할에 속하지 아니할 때에는 집행법원이 있는 곳을 관할하는 지방법
원의 합의부가 이를 관할한다.

③ 강제집행의 정지와 이미 실시한 집행처분의 취소에 대하여는 제46
조 및 제47조의 규정을 준용한다. 다만, 집행처분을 취소할 때에는
담보를 제공하게 하지 아니할 수 있다.

제168조(준용규정) 제3자가 부동산에 대한 강제관리를 막을 권리가 있
다고 주장하는 경우에는 제48조의 규정을 준용한다.

---

1) 제1심(인천지방법원 2009. 11. 12. 선고 2009가합8303 판결)과 항소심(서울고등법원
2010. 5. 12. 선고 2009나118268 판결)은 S가 원고에게 임대료 등을 지급하지 않아 원
고와 S 사이의 임대차계약이 해지됨으로써 원고가 위 항공기에 대한 점유권을 가지게
되고 대한민국 관계 법령에 근거하여 설립된 원고가 위 등록확인서의 소지자가 되었으
므로 위 등록확인서가 무효가 되었지만, 이는 S가 위 항공기를 태국에서 운항할 수 없
게 되었음을 의미할 뿐, 위와 같이 등록확인서가 무효가 되었다는 사실만으로는 원고가
위 항공기의 소유자가 아니라고 보기 어렵다고 판시하였다. 이 글에서는 원고가 이 사
건 항공기의 소유자임을 전제로 논의를 진행한다.

> **제275조(준용규정)** 이 편에 규정한 경매 등 절차에는 제42조 내지 제44조 및 제46조 내지 제53조의 규정을 준용한다.

Ⅲ. 판시사항

1. 피고가 S에 대한 인천지방법원 2009카합414호 사건의 집행력 있는 가압류결정 정본에 의하여 2009. 3. 25. 이 사건 동산[2)]에 대하여 한 가압류집행을 불허한다.

2. 이 법원이 2009카기1174 강제집행정지 신청사건에 관하여 2009. 5. 18. 한 강제집행정지를 인가한다.

3. 소송비용은 피고가 부담한다.

4. 제2항은 가집행할 수 있다.

Ⅳ. 해 설

1. 제3자이의의 소

가. 의 의

제3자이의(第三者異議)의 소(訴)란 집행의 목적물에 대하여 제3자가 소유권을 가지거나 목적물의 양도나 인도를 막을 수 있는 권리를 가진 때 그 제3자가 채권자를 상대로 자신의 권리를 침해하는 강제집행에 대하여 이의를 주장하고 집행의 배제를 구하는 소이다(법 제48조). 본래 강제집행은 채무자에 속하는 책임재산만을 대상으로 하여야 하나, 집행절차에서 집행기관은 목적물이 채무자의 책임재산에 속하는가, 어떤가 하는 실질적 심사를 할 수가 없다. 유체동산의 집행에서 채무자가 점유하는 물건 또는 제3자가 점유하는 물건으로서 제출을 거부하지 않는 물건이라면 압류할 수가 있고(법 제189조 제1항, 제191조), 부동산이나 선박에 대한 집행에서 등기사항증명서의 제출이나 만일 채무자의 소유로 등기되지 아니한 경우

---

2) 이 사건 항공기는 태국 국적의 외국항공기이므로, 동산집행규정이 준용된다.

에는 채무자 명의로 등기할 수 있다는 것을 증명할 서류의 제출이 있으면 압류할 수 있으며(법 제81조 제1항 제1호, 제2호, 제177조 제1항), 채권과 그 밖의 재산권에 대한 집행에서 그것이 채무자에게 귀속된다는 취지의 채권자의 진술(법 제225조, 제226조)만으로 압류명령을 발령할 수 있다.

이와 같이 민사집행법은 외관적 징표를 기준으로 집행할 수 있고(외관주의), 이는 집행의 신속이 강하게 요청되기 때문이나, 이렇게 되어서는 채무자의 책임재산에 속하지 아니하는 재산이나 채무자 이외의 제3자의 재산상 권리에 대하여 집행이 되고 이를 침해할 경우가 생긴다. 집행이 일정한 외관을 기준으로 하여 행하여지는 한 책임재산 이외의 물건에 대하여 집행행위가 있더라도 당연히 위법이 되는 것은 아니므로, 집행에 관한 이의신청(법 제16조)이나 즉시항고(법 제15조)로써 불복할 수 없는 것이 보통이다(제3자가 집행절차의 위법을 이유로 집행취소를 구하는 것이라면 집행이의를 신청하는 것이 가능하지만, 집행절차의 위법을 이유로 하는 것이 아니라 실체적 권리의 침해를 이유로 집행의 배제를 구하는 것이라면 집행이의를 신청할 수 없다). 따라서 위와 같이 실질적으로 부당한 집행에 의하여 권리침해를 받은 제3자를 구제할 목적으로 소로써 집행에 대한 이의를 주장할 기회를 준 것이 이 소이며, 제3자가 원고로 되기 때문에 제3자이의의 소라고 한다. 특히 소의 형식으로 한 것은 다툼의 내용이 실체적 권리에 관한 것이므로 필수적 변론에 의한 판결절차에서 심판하는 것이 적당하기 때문이다.

나. 적용범위

(1) 제3자이의의 소는 모든 재산권을 대상으로 하는 집행에 대하여 적용된다. 강제집행에 의하여 실현되는 청구권의 종류는 묻지 아니한다. 가압류 또는 가처분명령에 기한 집행에 대하여도 적용되며 금전채권에 기초한 집행은 물론, 비금전채권에 기초한 집행에서도 제기할 수 있다. 집행의 대상이 유체동산이건 부동산이건 묻지 아니하고, 채권·그 밖의 재산권을 목적으로 하는 집행에 대하여서도 제기할 수 있다.

(2) 집행기관이 집행관이건 집행법원이건 묻지 아니한다. 강제집행의

방법이 적법한 경우에는 물론, 그 집행이 다른 이유로 집행절차상 위법이기 때문에 집행에 관한 이의를 신청할 수 있거나 즉시항고를 제기할 수 있는 경우에도 제3자이의의 소를 제기할 수 있다. 담보권의 실행을 위한 경매절차에서도 제3자이의의 소를 제기할 수 있으며(법 제275조), 강제관리를 저지하는 권리를 주장하는 경우에도 준용된다(법 제168조).

(3) 그러나 파산관재인의 현금화에 대하여는 제3자이의의 소를 제기할 수 없고, '채무자 회생 및 파산에 관한 법률'에서 정한 환취권(還取權)을 행사하는 방법에 의하여야 한다(채무자회생법 제407조 내지 제410조).

다. 이의의 원인

제3자이의의 소에서 이의의 원인은 제3자가 "강제집행의 목적물에 대하여 소유권이 있다고 주장하거나 목적물의 양도나 인도를 막을 수 있는 권리가 있다고 주장하는 것"이다. 이 경우 양도나 인도를 막을 수 있는 권리는 압류가 있을 때 제3자에게 귀속되어 있는 동시에 사실심의 최종 변론종결시까지 존재하지 아니하면 안 된다. 양도나 인도를 막을 수 있는 권리로 중요한 것은 다음과 같다.

(1) 소유권

제3자가 집행목적물에 대한 소유권을 가지고 있다는 것은 집행을 막는 권리의 대표적인 것이다. 그러나 소유권이전등록청구권은 압류채권자에 대항할 수 있는 권리가 아니므로 이에 해당하지 아니하고(법 제92조 참조),[3] 명의신탁자도 이 소를 제기할 수 없다.[4]

경매개시결정 후에 소유권을 취득한 사람은 채권자에 대항할 수 있는 경우가 아니면 이 소를 제기할 수 없지만,[5] 집행 후에 취득한 권리라고 하더라도 특별히 권리자가 집행채권자에게 대항할 수 있는 경우라면 그 권리자는 제3자이의의 소를 제기할 수 있다.[6] 가압류집행이 형식적으로는

---

3) 대법원 1980. 1. 29. 선고 79다1223 판결.
4) 대법원 2007. 5. 10. 선고 2007다7409 판결.
5) 대법원 1976. 8. 24. 선고 76다216 판결, 대법원 1982. 9. 14. 선고 81다527 판결.
6) 대법원 1988. 9. 27. 선고 84다카2267 판결.

채권 확보를 위한 집행절차라고 하더라도 그 자체가 법이 보호할 수 없는 반사회적 행위에 의하여 이루어진 것임이 분명한 경우 그 집행의 효력을 그대로 인정할 수 없으므로, 가압류집행 후 본집행으로 이행하기 전에 가압류 목적물의 소유권을 취득한 사람은 그 가압류집행에 터 잡은 강제집행절차에서 그 집행의 배제를 구할 수 있고,[7] 선행의 가압류가 사망자를 상대로 한 것이어서 무효인 경우에도 무효의 가압류 결정에 기한 가압류집행 후에 소유권을 취득한 사람이 제3자이의의 소에 의하여 가압류집행의 배제를 구할 수 있다.[8]

강제경매개시결정 후 소유권을 취득한 제3자는 집행채권이 변제 그 밖의 사유로 소멸된 경우에도 청구이의의 소에 의하여 집행권원의 집행력이 배제되지 아니한 이상 그 경매개시결정이 취소될 수 없고 그 결정이 취소되지 않는 동안에는 집행채권이 변제되었다는 사유만으로 소유권을 집행채권자에게 대항할 수 없으므로 제3자이의의 소에 의하여 그 강제집행의 배제를 구할 수 없으나, 가압류 후 강제경매개시결정 전에 항공기를 양수한 제3취득자의 변제로 인하여 가압류의 피보전권리가 소멸한 경우에 그 제3취득자는 가압류채권자에 대한 관계에서도 소유권 취득을 대항할 수 있게 되므로 제3자이의의 소가 가능하다.[9]

가압류만 되어 있을 뿐 아직 본압류로 이행되지 아니한 단계에서는 가압류채권자가 그 가압류의 집행비용을 변상받을 수 없기 때문에 제3취득자가 가압류의 집행비용을 고려함이 없이 그 처분금지의 효력이 미치는 객관적 범위에 속하는 청구금액만을 변제함으로써 가압류 집행의 배제를 소구할 수 있지만, 가압류에서 본압류로 이행된 후에는 민사집행법 제53조 제1항의 적용을 받게 되므로 가압류 후 본압류로의 이행 전에 가압류 목적물의 소유권을 취득한 제3취득자로서는 가압류의 청구금액 외에, 그 가압류의 집행비용 및 본집행의 비용 중 가압류의 본압류로의 이행에 대응하는 부분까지를 아울러 변제하여야만 가압류에서 이행된 본압류의 집

---

7) 대법원 1997. 8. 29. 선고 96다14470 판결.
8) 대법원 1982. 10. 26. 선고 82다카884 판결.
9) 대법원 1982. 9. 14. 선고 81다527 판결.

행배제를 구할 수 있다.[10]

(2) 공유권

공유자 중 1인에 대한 집행권원으로 공유물 전부에 대하여 집행이 행하여질 때에는 다른 공유자는 제3자이의의 소를 제기할 수 있다. 다만 부부 공유인 유체동산은 예외이다(법 제190조).

(3) 점유·사용을 내용으로 하는 물권

유치권은 인도를 저지하는 권리로서 이러한 권리를 침해하는 집행에 대하여는 이 소를 제기할 수 있다. 그러나 부동산 강제경매에서는 이러한 권리에 기한 점유사용이 방해받지 아니하므로(법 제83조 제2항), 이의의 사유가 되지 않는다. 반면 강제관리에서는 이의의 사유가 된다.

(4) 점유권

점유권자는 채권자에 대하여 집행을 수인할 이유가 없으므로 직접점유, 간접점유를 불문하고 점유가 방해되는 한 이 소를 제기할 수 있다.[11] 이는 주로 유체동산집행에서 문제되며, 부동산 강제경매는 점유를 방해하지 아니하므로 점유권을 이의의 사유로 할 수 없다. 제3자 점유하의 유체동산을 그 승낙을 얻지 않고 압류한 때에는 제3자는 집행에 관한 이의신청도 할 수 있다.

(5) 채무자에 대한 채권적 청구권

집행목적물을 집행채무자로부터 인도 내지 반환받을 수 있는 채권적 청구권을 가지고 있는 사람이 이 소를 제기할 수 있는가는 경우에 따라 다르다. 집행목적물이 집행채무자의 재산에 속하지 아니한 경우에 임대차, 사용대차, 위임, 임치 등 집행채무자와 사이의 계약관계에 따라 채무자에 대하여 목적물의 반환을 구하는 채권적 청구권(예를 들면, 임대물반환청구권)을 가지고 있는 제3자는 집행에 의한 양도나 인도를 막을 이익이 있으

---

10) 대법원 2006. 11. 24. 선고 2006다35223 판결.
11) 대법원 2009. 4. 9. 선고 2009다1894 판결.

므로 이 소를 제기할 수 있다.[12] 이에 반하여 집행목적물이 채무자의 재산에 속하는 경우에는 제3자가 채무자와 사이의 매매, 증여, 임대차 등 계약에 따라 채무자에 대하여 인도·이전등록을 구할 수 있다 하더라도 이러한 채권적 청구권만으로는 채권자에 대항할 수 없으므로 이 소를 제기할 수 없다.[13]

(6) 양도담보권

담보권설정자가 여전히 점유하고 있는 양도담보의 목적 동산을 담보권설정자의 일반채권자가 압류한 경우에 문제되는데, 양도담보권자는 제3자에 대하여 소유권을 주장할 수 있으므로 그 목적물에 대하여 설정자의 일반채권자가 집행한 경우에는 이 소를 제기할 수 있다.[14] 집행증서를 소지한 동산양도담보권자는 제3자이의의 소에 의하지 아니하고, 집행증서에 의한 담보목적물에 대한 이중압류의 방법으로 배당절차에 참가하여 선행한 동산압류에 의하여 압류가 경합된 양도담보권설정자의 일반채권자에 우선하여 배당을 받을 수도 있다.[15]

(7) 처분금지가처분

처분금지가처분의 대상이 된 재산에 대하여 다른 채권자로부터 강제집행이 있을 때 가처분권리자가 그 가처분의 존재를 이유로 하여 제3자이의의 소를 제기할 수 있는가에 관하여 적극설(가처분우위설)과 소극설(강제집행우위설)이 대립하고 있다. (i) 적극설은 강제집행절차에 의한 양도도 임의양도의 경우와 마찬가지로 가처분채권자에게 대항할 수 없으므로 가처분권리자는 그 실체법상의 권리 여하를 묻지 않고 위 강제집행 목적물의 양도를 저지할 권리를 가지고 있고 따라서 이 소를 제기할 수 있다고 한다. (ii) 소극설은 가처분명령이 있다는 사실만으로 가처분권리자에게 이 소를 제기할 자격을 인정한다면 가처분의 본안소송에서 피보전권리의 존

---

12) 대법원 2003. 6. 13. 선고 2002다16576 판결.
13) 대법원 1980. 1. 29. 선고 79다1223 판결.
14) 대법원 1999. 9. 7. 선고 98다47283 판결.
15) 대법원 2004. 12. 24. 선고 2004다45943 판결.

부가 확정되지 아니한 단계에서 피보전권리가 인정된 것과 동일한 효과를 부여하는 것이 되어 부당하다고 한다. 소극설이 타당하나, 이에 의하더라도 가처분권리자가 본안소송에서 승소판결을 받으면 강제집행의 결과를 부인할 수 있기 때문에, 실무에서는 일단 강제집행을 개시한 후 가처분의 운명이 최종적으로 결정될 때까지 절차의 진행을 정지하여 둔다.[16]

2. 제3자이의의 소송절차

가. 소제기의 시기

(1) 제3자이의의 소는 강제집행을 전제로 하므로 강제집행 개시 후 종료 전에 한하여 제3자이의의 소를 제기할 수 있다.[17] 그러므로 강제집행 개시 전 또는 종료 후의 제3자이의의 소는 부적법한 것으로 각하된다. 금전채권에 기초한 항공기 또는 동산에 대한 강제집행절차에서 물건에 대한 매각절차가 종료하고 배당절차만을 남겨놓고 있는 경우 강제집행절차는 종료되지 않았지만 제3자이의의 소의 이익이 있는지에 관하여는 문제가 있고, 이는 매수인이 매각물건에 대한 소유권을 취득하는지 여부와 제3자이의의 소에서 승소한 제3자가 매각대금에 대한 권리를 취득하는가의 문제와 관련된다. 판례는 "물건에 대한 매각절차는 종료되었으나 배당절차는 아직 종료되지 아니한 경우, 경매 목적물의 매수인이 유효하게 소유권을 취득한다면 경매절차에서 집행관이 영수한 매각대금은 경매목적물의 대상물로서 제3자이의의 소에서 승소한 사람이 그 대상물에 대하여 권리를 주장할 수 있으므로, 매각절차가 종료되었다고 하더라도 배당절차가 종료되지 않은 이상 제3자이의의 소는 여전히 소의 이익이 있다"고 하였다.[18]

(2) 강제집행의 우려가 있다는 사정만으로는 원칙적으로 제3자이의의 소의 제기 필요성이 있다고 볼 수 없다. 그러나 예외적으로 물건 인도청구의 집행(법 제257조, 제258조)에서는 강제집행의 대상이 일정하여 이에 대한 집행은 개시 후 즉시 종료되므로, 제3자의 이의를 실효 있게 하기

---

16) 법원실무제요 민사집행 I, 법원행정처(2014), 317~318면.
17) 대법원 1996. 11. 22. 선고 96다37176 판결.
18) 대법원 1997. 10. 10. 선고 96다49049 판결.

위해서는 강제집행의 우려(이 우려는 집행권원의 존재와 동시에 발생하고 집행문의 부여가 있음을 요하지 아니한다)가 있으면 제3자이의의 소를 제기할 수 있다. 이 경우에도 민사집행법 제48조 제3항, 제46조에 의한 잠정처분을 할 수 있다.

(3) 제3자이의의 소는 강제집행이 실재하면 족하고 강제집행이 절차규정에 위배되는가의 여부도 문제되지 않는다. 제3자이의의 소송 계속 중에 강제집행이 종료된 경우에는 소의 이익이 없어 부적법하게 된다.[19] 이때에는 부당이득반환청구나 손해배상청구로 소를 변경할 수 있다.

나. 당사자적격

(1) 제3자이의의 소의 원고는 강제집행의 목적물에 대하여 양도 또는 인도를 저지할 권리가 있음을 주장하는 제3자이다. 제3자란 집행권원 또는 집행문에 채권자, 채무자 또는 그 승계인으로 표시된 사람 이외의 사람이다. 따라서 채무자는 그 목적물이 자기의 것이 아닌 타인의 재산이라는 것을 이유로 제3자이의의 소를 제기할 수 없고, 승계집행문으로 인하여 피고의 승계인으로 표시된 사람이 집행권원의 집행력 배제를 구하는 소는 제3자이의의 소가 아니다.[20] 그러나 파산관재인과 같은 직무상의 채무자가 파산재단의 재산이 아닌 자기의 고유재산에 대하여 집행처분을 받은 경우라든지, 상속인이 한정승인을 하여 상속재산의 한도에서 이행판결이 선고되었는데 자기의 고유재산에 대하여 집행처분을 받은 경우에는 예외적으로 원고가 될 수 있다.

(2) 본소의 피고는 목적물에 대하여 집행을 하는 채권자이다. 채권자의 승계인이 피고가 되기 위해서는 이를 위하여 집행문이 부여된 경우에 한한다. 따라서 집행채권에 대한 양도가 있더라도 양수인이 집행문의 부여를 받지 아니한 동안에는 양도인을 피고로 하여야 하며 양수인이 피고가 되는 것은 아니다. 집행관과 같은 집행기관이나 채무자는 피고 적격이 없다.

(3) 채무자가 집행목적물의 귀속 또는 목적물에 대한 제3자의 권리의

---

19) 대법원 1996. 11. 22. 선고 96다37176 판결.
20) 대법원 1992. 10. 27. 선고 92다10883 판결.

존부를 다투는 때에는 제3자는 채권자와 채무자를 공동피고로 할 수 있다(법 제48조 제1항 단서). 이 경우 채무자에 대한 소는 실체법상 권리에 기한 이행 또는 확인의 소로서 채권자에 대한 제3자이의의 소와는 성격을 달리하나 편의상 이들 청구를 병합한 것이다. 이 경우의 공동소송은 통상 공동소송이며 필수적 공동소송이 아니다.

다. 관 할

(1) 이 소는 집행법원의 관할에 속한다(법 제48조 제2항). 유체동산에 대한 강제집행에서 압류와 경매가 다른 장소에서 행하여져 집행법원이 둘 이상인 때에는 최초의 압류가 있은 곳을 관할하는 지방법원이 집행법원으로서 본소의 관할법원이 된다고 하는 견해와 경매를 실시하는 곳을 관할하는 지방법원도 본소의 관할법원이 된다는 견해가 있다. 부동산가압류, 채권가압류, 부동산처분금지가처분에서 집행법원은 보전처분을 한 법원이고(법 제293조 제2항, 제296조 제2항, 제301조, 제305조 제3항), 유체동산에 대한 보전처분의 집행법원에 대하여는 특별한 규정이 없으므로 집행절차를 실시할 곳이나 실시한 곳을 관할하는 지방법원이 집행법원이 된다(법 제3조). 다만 채권이나 부동산에 대한 보전집행에서 항소심법원이 본안의 관할법원으로서 보전처분을 한 경우에 본소의 관할법원이 어느 법원이 되는가에 관하여는 위 민사집행법의 규정에도 불구하고 제1심법원의 관할에 속한다.

(2) 사물관할은 소송목적의 값에 따라 결정된다. 단독판사의 관할에 속하지 아니할 때에는 집행법원이 있는 곳을 관할하는 지방법원의 합의부가 이를 관할한다(법 제48조 제2항 단서). 시·군법원에서 한 보전처분에 대한 제3자이의의 소의 관할법원은 시·군법원이 있는 곳을 관할하는 지방법원 또는 지방법원지원이 된다(법 제22조 제2호).

라. 소의 제기

(1) 가압류집행에 대하여 제3자이의의 소가 제기되고 있는 동안 가압류가 본압류로 이행한 때에는 원고는 본집행(강제집행)의 배제를 구하는

소로 변경하여야 한다. 제3자이의의 소에서도 반소를 제기할 수 있다. 예를 들면 유체동산의 압류에 대하여 소유자라는 이유로 제3자이의의 소가 계속되고 있을 때 그 소유권 취득원인인 증여계약을 사해행위로서 취소를 구하는 반소를 제기하는 것과 같다.

(2) 본소의 소송목적의 값은 집행권원에서 인정된 권리의 가액을 한도로 한 원고의 권리의 가액을 기준으로 한다(민사소송 등 인지규칙 제16조 제4호). 즉 소유권일 때에는 그 물건의 가액, 점유권일 때에는 그 물건가액의 3분의 1 등이다(인지규칙 제10조).

마. 심 리

본안의 심리는 제3자가 주장하는 이의사유의 존부에 한정되며 집행의 적부에는 미치지 아니한다. 증명책임 또한 일반원칙에 따라 원고인 제3자가 부담하며 이의사유인 실체적 권리는 변론종결시에 존재하여야 하고 소송계속 중에 소멸한 때에는 청구가 배척된다. 제3자이의의 소가 계속하고 있는 동안에 집행이 목적을 이루어 완결되거나 종국적인 취소로 종료된 때에는 소의 이익이 없다. 집행이 채권자에 의한 임의의 취하에 의하여 종료된 때에도 마찬가지이다. 본소의 판결에 의하여 취소되는 것은 이의의 대상이 된 목적물에 대한 구체적 집행처분만이며 그 구체적 집행처분에 대한 이의권의 존부가 기판력에 의하여 확정되는 데 지나지 않는다. 따라서 재도(再度)의 동일물에 대한 집행에 대해서도 앞에 있는 본소의 승소판결을 가지고 그 취소를 구할 수는 없다.

바. 판 결

심리한 결과 이의가 이유 있다고 인정될 때에는 통상 청구의 취지에 따라 강제집행의 불허가 선언된다. 이 판결은 제3자의 집행이의권의 존부를 확정하는 것이고 제3자의 소유권에 대한 존부를 확정하지 아니한다. 청구의 일부가 이유 있는 경우에는 그 부분을 특정하여 집행불허의 선고를 하고 나머지 청구는 기각하여야 한다. 이 판결에 관하여는 직권으로 민사집행법 제46조의 명령(잠정처분)을 내리고 이미 내린 명령을 취소·변경 또는 인가할 수 있으며(법 제48조 제3항, 제47조 제1항), 이에 대하여는 직권으로 가집행의 선고를 하여야 한다(법 제48조 제3항, 제47조 제2항). 가집행의 선고에 대하여는 불복할 수 없다(법 제48조 제3항, 제47조 제3항). 원고승소판결이 확정되더라도 집행이 당연히 실효되는 것은 아니고, 그 재판의 정본을 집행기관에 제출하여야 비로소 집행이 종국적으로 정지되고 집행처분은 취소된다(법 제49조 제1호, 제50조).

사. 잠정처분

(1) 본소가 제기되어도 이미 개시된 강제집행이 당연히 정지되지는 않는다(법 제48조 제3항, 제46조 제1항). 다만 민사집행법 제46조, 제47조의 규정을 준용하여 청구에 관한 이의의 소에서와 마찬가지로 강제집행의 정지와 이미 실시한 집행처분의 취소를 할 수 있도록 하고 있다(법 제48조 제3항). 청구이의의 소와 다른 것은 담보를 제공하게 하지 아니하고도 집행처분의 취소를 할 수 있다는 점(법 제48조 제3항 단서)과 정지·취소의 대상이 원고가 주장하는 피압류재산에 대한 집행에만 한정되고 집행권원에 기한 집행의 일반적 정지·취소는 허용되지 아니한다는 점이다. 이 잠정처분의 재판에 대하여 불복할 수 없다는 명문의 규정은 없지만 판례는 불복할 수 없다고 해석하고 있다.[21] 잠정처분의 신청을 기각한 결정에 대하여서도 불복할 수 없지만, 특별항고는 가능하다. 제3자이의의 소가 계속되지 아니한 상태에서 한 잠정처분의 재판은 부적법하므로 특별항고로 다툴 수 있다.[22]

(2) 신청서에는 1,000원의 인지가 첨부되어야 하고, 신청서가 접수되면 신청사건부에 전산입력하며 본안사건기록과 별도로 기록을 만들어야 하고, 잠정처분결정의 정본을 본안사건기록에 편철하여야 한다(민사접수서류에 붙일 인지액 및 그 편철방법 등에 관한 예규).

---

21) 대법원 1963. 3. 30.자 63마5 결정.
22) 대법원 1986. 5. 30.자 86그76 결정.

3. 대상사안의 검토

(1) 대상사안에서 원고는 이 사건 항공기의 소유자이므로, 피고의 이 사건 항공기에 대한 가압류집행에 대하여 제3자이의의 소를 제기할 수 있다.

(2) 대상판결은 원고의 청구를 인용하여, 피고가 S에 대한 인천지방법원 2009카합414호 사건의 집행력 있는 가압류결정 정본에 의하여 2009. 3. 25. 이 사건 항공기에 대하여 한 가압류집행을 불허하였다.

(3) 또한 수소법원은 2009카기1174 강제집행정지 신청사건에 관하여 위 법원이 2009. 5. 18. 한 강제집행정지를 인가하면서, 주문 제4항에서 가집행을 선고하였다.

(4) 대상판결은 외국항공기 가압류집행에 대한 제3자이의의 소에 관한 선례적인 사건으로 그 의의가 크다.

제**4**장

항공기 집행

[18] 외국항공기에 대한 강제집행

인천지방법원 2016. 10. 5.자 2014본4442 결정

Ⅰ. 사실관계

(1) 채무자 JS(싱가포르 법인)는 이 사건 항공기(종류: 제트기, 국적 및 등록마트: HS-SSA, 기종: B767-222, 제조사: 보잉)[1]의 소유자이고, 채권자 인천국제공항공사는 채무자에 대하여 공항시설사용료 채권을 가지고 있다. 위 채권자는 2014. 5. 9. 인천지방법원 2010. 1. 29. 선고 2009가합13428 판결(청구금액 404,439,237원)을 집행권원으로 하여 이 사건 항공기에 대하여 인천지방법원 2014본4442호[2]로 강제집행을 신청하였다.

(2) 인천지방법원 집행관은 2014. 5. 13. 이 사건 항공기에 대하여 유체동산압류집행을 시도하였으나, 압류목적물이 특정되지 않아 집행불능이 되었다. 그 후 압류목적물이 특정되었고, 이 사건 항공기에 대하여는 2014가450호로 이미 유체동산가압류집행이 이루어져 있었기 때문에, 집행관은 2014. 6. 2. 항공기에 대하여 추가압류집행을 실시하였다.

(3) 주식회사 K감정평가법인은 이 사건 항공기를 감정한 후, 2015. 10. 6. 기준으로 1,485,000,000원에 이른다는 감정평가서를 집행관에게 제출하였다(이 사건 항공기는 1982년 제작되었고, 채무자는 2007년도에 520만 미합중국 달러에 매수하여 400만 달러의 수리비를 지출하였으며, 2008. 12. 초순경부터 인천국제공항에 계류 중인 점 등을 고려하였다).

(4) 집행관은 2015. 12. 4. 제1차 경매기일을 '2015. 12. 29.'로 정하여 이해관계인에게 통지하였다. 호가경매(呼價競賣)로 진행된 제1차 경매기일 (2015. 12. 29.), 제2차 경매기일(2016. 1. 27.), 제3차 경매기일(2016. 3.

---

1) 같은 기종의 항공기 2대가 집행목적물이 되었으나, 편의상 배당이의사건번호가 앞선 항공기 1대에 관하여만 논의를 진행한다.
2) 이외에도 2009본5840, 2010본5485, 2015본6093, 2015본6283, 2009가57, 2009가203, 2014가450 등 다수의 본집행과 가압류집행이 경합되어 있었다.

23.), 제4차 경매기일(2016. 5. 11.), 제5차 경매기일(2016. 7. 13.)에서는 모두 적법한 매수신청이 없어서 유찰되었다.

(5) 제6차 경매기일인 2016. 10. 5. SAK가 최고가인 249,584,000원에 매수신청을 하였다. 집행관은 최고액을 3회 부른 후, 신청인의 이름·매수신청의 액·그에게 매수를 허가한다는 취지를 고지하였다.

(6) 집행관은 배당협의기일을 2016. 11. 10. 11:00로 정하여 통지하였고, 매각대금 249,604,836원 중 집행비용 10,322,941원을 공제한 나머지 239,281,895원을 채권자 인천국제공항공사에게 53,578,392원, N에게 150,360,908원, M화재해상보험에게 8,655,648원, JS에게 44,618,933원을 각 배당하는 내용으로 배당계산서를 작성하였다. 위 배당협의기일에서 채권자 N은 채권자 인천국제공항공사, M화재해상보험, JS에 대한 배당액 전액에 관하여 배당협의에 대한 이의를 신청하였다.

(7) 집행관은 배당할 금원을 인천지방법원 2016금10890로 공탁한 후, 2016. 11. 16. 인천지방법원 2016타배880호로 배당액 공탁사유를 신고하였으며, 2017. 5. 24. 배당기일이 진행되었다.[3] 위 배당기일에서 N은 나머지 채권자들에 대한 배당액 전액에 관하여 이의를 제기하였고, 2017. 5. 30. 인천지방법원 2017가단222695호로 배당이의의 소를 제기하였다.

Ⅱ. 참조 조문

1. 민사집행법(이하 '법')

제187조(자동차 등에 대한 강제집행) 자동차·건설기계·소형선박(자동차 등 특정동산 저당법 제3조 제2호에 따른 소형선박을 말한다) 및 항공기(자동차 등 특정동산 저당법 제3조 제4호에 따른 항공기 및 경량항공기를 말한다)에 대한 강제집행절차는 제2편 제2장 제2절부터 제4절까지의 규정에 준하여 대법원규칙으로 정한다.

---

3) 같은 날 매각된 다른 항공기에 대하여는 동일한 당사자들 사이에서 인천지방법원 2016 타배879호로 배당절차가 진행되었고, N이 다른 채권자들에 대하여 배당이의를 제기한 후, 2017. 5. 30. 인천지방법원 2017가단222701호로 배당이의의 소를 제기하였다.

제188조(집행방법, 압류의 범위) ① 동산에 대한 강제집행은 압류에 의하여 개시한다.

② 압류는 집행력 있는 정본에 적은 청구금액의 변제와 집행비용의 변상에 필요한 한도안에서 하여야 한다.

③ 압류물을 현금화하여도 집행비용 외에 남을 것이 없는 경우에는 집행하지 못한다.

제189조(채무자가 점유하고 있는 물건의 압류) ① 채무자가 점유하고 있는 유체동산의 압류는 집행관이 그 물건을 점유함으로써 한다. 다만, 채권자의 승낙이 있거나 운반이 곤란한 때에는 봉인(封印), 그 밖의 방법으로 압류물임을 명확히 하여 채무자에게 보관시킬 수 있다.

② 다음 각 호 가운데 어느 하나에 해당하는 물건은 이 법에서 유체동산으로 본다.

1. 등기할 수 없는 토지의 정착물로서 독립하여 거래의 객체가 될 수 있는 것
2. 토지에서 분리하기 전의 과실로서 1월 이내에 수확할 수 있는 것
3. 유가증권으로서 배서가 금지되지 아니한 것

③ 집행관은 채무자에게 압류의 사유를 통지하여야 한다.

제191조(채무자 외의 사람이 점유하고 있는 물건의 압류) 채권자 또는 물건의 제출을 거부하지 아니하는 제3자가 점유하고 있는 물건은 제189조의 규정을 준용하여 압류할 수 있다.

제198조(압류물의 보존) ① 압류물을 보존하기 위하여 필요한 때에는 집행관은 적당한 처분을 하여야 한다.

② 제1항의 경우에 비용이 필요한 때에는 채권자로 하여금 이를 미리 내게 하여야 한다. 채권자가 여럿인 때에는 요구하는 액수에 비례하여 미리 내게 한다.

③ 제49조 제2호 또는 제4호의 문서가 제출된 경우에 압류물을 즉시 매각하지 아니하면 값이 크게 내릴 염려가 있거나, 보관에 지나치게 많은 비용이 드는 때에는 집행관은 그 물건을 매각할 수 있다.

④ 집행관은 제3항의 규정에 따라 압류물을 매각하였을 때에는 그 대금을 공탁하여야 한다.

제199조(압류물의 매각) 집행관은 압류를 실시한 뒤 입찰 또는 호가경매의 방법으로 압류물을 매각하여야 한다.

제200조(값비싼 물건의 평가) 매각할 물건 가운데 값이 비싼 물건이 있
는 때에는 집행관은 적당한 감정인에게 이를 평가하게 하여야 한다.

제202조(매각일) 압류일과 매각일 사이에는 1주 이상 기간을 두어야
한다. 다만, 압류물을 보관하는 데 지나치게 많은 비용이 들거나,
시일이 지나면 그 물건의 값이 크게 내릴 염려가 있는 때에는 그
러하지 아니하다.

제203조(매각장소) ① 매각은 압류한 유체동산이 있는 시·구·읍·면(도
농복합형태의 시의 경우 동지역은 시·구, 읍·면지역은 읍·면)에서
진행한다. 다만, 압류채권자와 채무자가 합의하면 합의된 장소에서
진행한다.

② 매각일자와 장소는 대법원규칙이 정하는 방법으로 공고한다. 공고
에는 매각할 물건을 표시하여야 한다.

제215조(압류의 경합) ① 유체동산을 압류하거나 가압류한 뒤 매각기일
에 이르기 전에 다른 강제집행이 신청된 때에는 집행관은 집행신청
서를 먼저 압류한 집행관에게 교부하여야 한다. 이 경우 더 압류할
물건이 있으면 이를 압류한 뒤에 추가압류조서를 교부하여야 한다.

② 제1항의 경우에 집행에 관한 채권자의 위임은 먼저 압류한 집행관
에게 이전된다.

③ 제1항의 경우에 각 압류한 물건은 강제집행을 신청한 모든 채권자
를 위하여 압류한 것으로 본다.

④ 제1항의 경우에 먼저 압류한 집행관은 뒤에 강제집행을 신청한 채
권자를 위하여 다시 압류한다는 취지를 덧붙여 그 압류조서에 적어
야 한다.

제220조(배당요구의 시기) ① 배당요구는 다음 각 호의 시기까지 할 수
있다.

1. 집행관이 금전을 압류한 때 또는 매각대금을 영수한 때

2. 집행관이 어음·수표 그 밖의 금전의 지급을 목적으로 한 유가증
   권에 대하여 그 금전을 지급받은 때

② 제198조 제4항에 따라 공탁된 매각대금에 대하여는 동산집행을 계
속하여 진행할 수 있게 된 때까지, 제296조 제5항 단서에 따라 공
탁된 매각대금에 대하여는 압류의 신청을 한 때까지 배당요구를 할
수 있다.

제222조(매각대금의 공탁) ① 매각대금으로 배당에 참가한 모든 채권자를 만족하게 할 수 없고 매각허가된 날부터 2주 이내에 채권자 사이에 배당협의가 이루어지지 아니한 때에는 매각대금을 공탁하여야 한다.

② 여러 채권자를 위하여 동시에 금전을 압류한 경우에도 제1항과 같다.

③ 제1항 및 제2항의 경우에 집행관은 집행절차에 관한 서류를 붙여 그 사유를 법원에 신고하여야 한다.

2. 민사집행규칙(이하 '규칙')

제106조(강제집행의 방법) 항공법에 따라 등록된 항공기(다음부터 "항공기"라 한다)에 대한 강제집행은 선박에 대한 강제집행의 예에 따라 실시한다(다만, 현황조사와 물건명세서에 관한 규정 및 제95조 제2항의 규정은 제외한다). 이 경우 법과 이 규칙에 "등기"라고 규정된 것은 "등록"으로, "등기부"라고 규정된 것은 "항공기등록원부"로, "등기관"이라고 규정된 것은 "국토교통부장관"으로, "정박"이라고 규정된 것은 "정류 또는 정박"으로, "정박항" 또는 "정박한 장소"라고 규정된 것은 "정류 또는 정박하는 장소"로, "운행"이라고 규정된 것은 "운항"으로, "수역"이라고 규정된 것은 "운항지역"으로, "선박국적증서"라고 규정된 것은 "항공기등록증명서"로, "선적항" 또는 "선적이 있는 곳"이라고 규정된 것은 "정치장"으로, "선적항을 관할하는 해운관서의 장"이라고 규정된 것은 "국토교통부장관"으로 보며, 법 제174조 제1항 중 "선장으로부터 받아"는 "받아"로, 제95조 제1항 중 "및 선장의 이름과 현재지를 적어야 한다."는 "를 적어야 한다."로 고쳐 적용한다.

제107조(평가서 사본의 비치 등) ① 법원은 매각기일(기간입찰의 방법으로 진행할 경우에는 입찰기간의 개시일)의 1월 전까지 평가서의 사본을 법원에 비치하고, 누구든지 볼 수 있도록 하여야 한다.

② 법원사무관등은 평가서의 사본을 비치한 날짜와 그 취지를 기록에 적어야 한다.

Ⅲ. 해 설

1. 강제집행의 의의

가. 등록된 항공기와 경량항공기

(1) 민사집행법이 규율하고 있는 강제집행, 담보권 실행을 위한 경매, 민법·상법 그 밖의 법률의 규정에 의한 경매 및 보전처분을 '넓은 의미의 민사집행'이라고 할 수 있고, 위 절차 중 보전처분을 제외한 절차, 즉 강제집행, 담보권 실행을 위한 경매, 민법·상법 그 밖의 법률 규정에 의한 경매를 '좁은 의미의 민사집행'이라고 할 수 있다(법 제1조). 보전처분절차는 보전명령을 얻기 위한 보전소송절차와 그 보전명령을 집행하기 위한 보전집행절차의 두 가지로 구성되어 있어서 좁은 의미의 민사집행절차와 구분되지만, 그 중 보전집행절차에는 강제집행절차를 준용하기 때문에 민사집행법에서 함께 규정하고 있다.

(2) 등록된 항공기·경량항공기에 대한 강제경매는 채권자가 금전의 지급을 목적으로 하는 청구권의 만족을 얻기 위하여 채무자 소유의 항공기에 대하여 행하는 강제집행을 말한다.[4] 항공기는 민법상으로는 동산이지만, 일반 유체동산에 비하여 비교적 고가이고, 항공기·경량항공기는 부동산과 마찬가지로 등록의 대상이 되며(항공안전법 제7조, 제121조 제1항), 권리변동에 관하여 등록을 성립요건으로 하고(항공안전법 제9조 제1항, 제121조 제1항), 항공기·경량항공기에 대하여는 저당권의 설정이 인정되는 등(자동차 등 특정동산 저당법 제5조, 제3조 제4호), 실체법적으로 부동산과 유사하게 취급하고 있으므로, 민사집행법은 등록항공기·경량항공기에 대한 강제경매에 관하여 기본적으로 부동산·선박의 강제경매에 관한 규정에 따르도록 하고 있다(법 제187조, 제172조). 항공기 집행의 절차도 부동산강제경매절차와 마찬가지로 목적물 압류, 현금화, 채권변제의 3단계절차로 진

---

4) 항공기강제경매사건으로는 채권자가 2018. 1. 23. 춘천지방법원 속초지원 2018타경 10093호로 항공기강제경매를 신청하였고(청구금액 51,000,000원), 법원은 2018. 2. 1. 강제경매개시결정을 하였으나, 채권자가 2018. 12. 29. 경매신청을 취하하여 위 사건이 종결된 사례가 있다.

행된다.

나. 초경량비행장치와 미등록된 항공기·경량항공기

(1) 등록능력이 없는 초경량비행장치에 대하여는 동산집행의 방법에 의하여 집행한다.[5] 등록항공기에 대하여 임의경매 진행 도중에 그 항공기에 관한 등록이 적법하게 말소되었다면 등록된 항공기로서 경매절차를 속행할 수 없다.[6]

(2) 현실적으로 항공기등록이 되어 있지 않더라도 등록할 수 있는 항공기·경량항공기에 대한 강제집행은 동산집행의 방법에 따라 실시한다.[7] 등록능력은 있으나 아직 미등록인 대한민국 항공기에 대하여 항공기 집행을 할 때에는, 미등기부동산처럼 즉시 채무자 명의로 등록할 수 있음을 증명하는 서류(법 제172조, 제81조 제1항 제2호)를 붙여야 한다는 규정은 적용되지 아니한다(규칙 제106조 제1항 제1문 단서).

다. 외국항공기에 대한 집행

(1) 항공기 국적의 의의

항공기도 자연인과 마찬가지로 국적을 가진다(시카고협약 제17조, 항공안전법 제8조). 항공기의 국적은 주권행사나 국제사법상 준거법 결정[8] 등과 관련하여 중요한 의미를 가지며, 강제집행에서도 외국항공기는 다르게 취급된다.

(2) 외국항공기에 대한 강제집행

항공기의 국적에 관하여 우리나라는 소유자국적주의를 채택하고 있다(항공안전법 제8조). 항공기에 관한 실체법상 권리의 내용·효력 등은 원칙적으로 그 등록국의 법령(실체법)에 의하여야 하나, 외국항공기라도 우리나라의 영공 내에 있거나 우리나라의 비행장·공항구역·이착륙장에 정류하

---

5) 법원실무제요 민사집행 Ⅲ, 법원행정처(2014), 80면.
6) 대법원 1978. 2. 1.자 77마378 결정(선박).
7) 주석 민사집행법 Ⅴ, 제3판, 136~137면.
8) 항공기에 관한 물권은 그 국적소속국법에 의한다(국제사법 제20조 전단).

고 있을 때에는 우리나라의 집행권이 미치고, 집행절차에 관하여는 법정
지법(lex fori)인 우리나라의 절차법이 적용된다. 따라서 외국항공기도 강
제집행의 대상이 되고, 그 집행은 동산집행의 방법에 의한다.[9] 여기서 외
국항공기에는 외국 국적을 가진 항공기뿐 아니라 무국적기도 포함되고,
국적국에서의 등록 유무를 불문한다. 외국항공기는 등록할 수 없다(항공안
전법 제10조 제2항).

(3) 외국항공기에 대한 집행방법

독일 강제경매법(Zwangsversteigerungsgesetz) 제171조h[10]는, 외국항공
기의 집행은 독일 국적 항공기에 대한 집행규정(제171조a부터 제171조g까
지)을 준용하되, 등록원부에 등록함으로 인하여 생기는 규정(제171조i부터
제171조n까지)은 준용하지 않는다고 규정하여, 선박집행준용설의 입장을
취하고 있다.[11]

일본에서는 민사집행규칙(民事執行規則, 2012. 7. 17. 최종 개정) 제84조
에서 일본 항공법 제5조의 규정에 따라 신규 등록된 항공기·회전익항공기
에 한하여 항공기 집행의 대상이 된다고 규정하고 있으므로,[12] 그 밖의

---

9) 법원실무제요 민사집행 III, 법원행정처(2014), 80면; 주석 민사집행법 V, 제3판,
   136~137면.
10) ZVG § 171h [Sondervorschriften für ausländische Luftfahrzeuge]
    Auf die Zwangsversteigerung eines ausländischen Luftfahrzeugs sind die
    Vorschriften in §§ 171a bis 171g entsprechend anzuwenden, soweit sich nicht aus
    den §§ 171i bis 171n anderes ergibt.
11) 외국항공기에 대한 반환·인도청구권의 집행은 독일 항공법(Luftfahrzeuge-Rechtegesetz)
    제99조 제1항, 제106조 제1항에 따라 부동산이나 선박에 대한 집행방법과 동일하다
    [GVGA § 125 Zwangsvollstreckung in Ansprüche auf Herausgabe oder Leistung
    von unbeweglichen Sachen und eingetragenen Schiffen, Schiffsbauwerken,
    Schwimmdocks, inländischen Luftfahrzeugen, die in der Luftfahrzeugrolle
    eingetragen sind, sowie ausländischen Luftfahrzeugen, Kindl/Meller-Hannich/
    Wolf, Gesamtes Recht der Zwangsvollstreckung, 3. Auflage 2015]. 또한 독일 연방
    조세기본법(Abgabenordnung) 제306조 제2항도 외국항공기에 대한 압류·체납절차를 독
    일 국적 항공기에 준하여 취급하도록 규정하고 있다[Fritsch Koenig, Abgabenordnung
    (AO), Auflage 2014, § 306 Vollstreckung in Ersatzteile von Luftfahrzeugen, Rn.
    3].
12) [航空機執行についての船舶執行の規定の準用]
    第八十四条 航空法(昭和二十七年法律第二百三十一号)第五条に規定する新規登録がさ
    れた飛行機及び回転翼航空機(以下「航空機」という。)に対する強制執行については,法
    第二章第二節第二款(法第百二十一条において準用する法第五十七条及び法第六十二条

비행선이나 외국항공기는 동산집행의 대상이 된다는 입장을 취하고 있다.[13]

우리나라에서는 외국항공기에 대한 강제집행의 방법에 관하여는, (i) 특별한 규정이 없는 이상 원칙으로 돌아가서 동산집행방법에 의하여야 한다는 견해,[14] (ii) 민사집행법 제186조가 준용되므로 선박집행에 준하여 집행할 수 있다는 견해[15] 등이 제기되고 있으나, 법원 실무는 동산집행설의 입장을 취하고 있다.[16]

(4) 경매절차의 특칙에서 적용되지 않는 규정

대한민국 항공기 외의 항공기에 대하여 강제경매신청을 하는 때에는 그 항공기가 채무자의 소유임을 증명하는 문서와 그 항공기가 항공안전법 제7조 본문, 제121조 제1항에 규정된 항공기·경량항공기임을 증명하는 문서를 붙여야 한다는 규정은 적용되지 아니한다(규칙 제106조, 제95조 제2항 제2호). 외국항공기의 등록원부는 국내에 존재하지 아니하여 압류등기나 매각으로 인한 소유권이전등록 등의 촉탁이 현실적으로 불가능하므로, 외국항공기에 대한 강제집행에는 등록원부에 기입할 절차에 관한 규정을 적용하지 아니 한다(법 제187조, 제186조).

외국선박에 관한 판례[17]의 입장을 유추적용하면, 위 규정은 국내에 외국항공기의 등록원부가 있을 수 없으므로 경매개시결정 등을 촉탁할 수 없다는 취지일 뿐이고, 외국항공기에 대한 집행절차에서 경매개시결정 전

を除く。)及び前款(第七十七条,第七十九条並びに第八十三条において準用する第二十八条,第三十条の二,第三十条の四及び第三十一条を除く。)の規定を準用する。(第1文).
13) 飯沼總合法律事務所 編集, 「民事執行実務マニュアル」, 株式会社 ぎょうせ(2008), 304면; 福永有利,「民事執行法·民事保全法」, 제2판, 有斐閣(2011), 168면; 松本博之, 民事執行保全法, 弘文堂(2011), 231면; 阿部士郎·峰隆男, "船舶·航空機の強制執行と競売関係", 判例タイムズ 418号(1980. 9. 10.), 55면; 布施聰六, "執行官覚書 第6回 動産執行の対象", 金融法務事情 1339号(1992. 12. 5.), 42면.
14) 법원실무제요 민사집행 Ⅲ, 법원행정처(2014), 80면; 주석 민사집행법 Ⅴ, 제3판, 136~137면.
15) 남기정, 실무 강제집행법 7, 육법사(1989), 168면.
16) 법원실무제요 민사집행 Ⅲ, 법원행정처(2014), 80면; 인천지방법원 2016. 10. 5.자 2014본4442 결정.
17) 대법원 2004. 10. 28. 선고 2002다25693 판결(선박).

에 등록국의 법률에 따라 저당권을 설정하고 등록(공시절차)을 갖춘 저당
권자가 배당표 확정 이전에 이러한 사실을 증명하였다면 이러한 외국항공
기의 저당권자도 등록원부에 기입된 항공기 위의 권리자로서 민사집행법
제88조의 배당요구를 하였는지 여부와 상관없이 배당을 받을 수 있다.

라. 유체동산집행의 개관

(1) 유체동산에 대한 강제집행은 '금전채권에 기초한 강제집행(제2편 제
2장)' 중 동산에 대한 강제집행(제4절)의 일종(제2관)으로 분류된다. 유체동
산에 대한 금전집행은 집행관이 실시하는 것이 원칙이다. 집행관은 독립·
단독의 사법기관으로서 스스로 법령을 해석하고 집행할 권한이 있다. 유
체동산집행에 관하여 채권자가 경합하고 배당하여야 할 금전이 각 채권자
를 만족시키기에 부족하며 채권자와 사이에 배당협의가 이루어지지 않은
경우에 실시할 배당절차는 집행법원이 담당한다.

(2) 채권자가 집행관에게 집행신청(집행위임)을 하면 집행관은 채무자
소유의 유체동산 중 압류금지물건(법 제195조)을 제외하고 압류를 실시한
후(법 제188조 내지 제192조), 압류물을 입찰 또는 호가경매의 방법으로(법
제199조 이하) 또는 적당한 매각의 방법으로(법 제209조, 제210조) 현금화
한다. 다만 법원은 직권 또는 압류채권자, 배당요구채권자, 채무자의 신청
에 따라 일반 현금화의 방법에 의하지 아니하는 다른 방법에 의한 현금화
나 다른 장소에서의 매각 또는 집행관 이외의 자에 의한 매각 등 특별한
현금화방법을 명할 수 있다(법 제214조).

(3) 집행관은 채권자가 한 사람인 경우에는 압류한 금전 또는 압류물
을 현금화한 대금을 압류채권자에게 인도하여야 한다(법 제201조 제1항).
공동집행(법 제222조 제2항), 이중압류(법 제215조) 또는 배당요구의 결과
채권자가 여러 사람인 경우 집행관은 압류금전 또는 매각대금으로 각 채
권자의 채권과 집행비용의 전부를 변제할 수 있는 때에는 각 채권자에게
채권액을 교부하고 나머지가 있으면 채무자에게 교부하여야 한다(규칙 제
155조 제1항). 그러나 그것으로 각 채권자의 채권과 집행비용의 전부를 변
제할 수 없는 때에는 채권자 사이에 배당협의가 이루어지면 그 협의에 따

라 배당을 실시하고, 만약 협의가 이루어지지 아니하면 집행관은 그 매각대금을 공탁한 후(법 제222조 제1항, 제2항, 규칙 제155조 제2항 내지 제4항, 제156조) 그 사유를 집행법원에 신고하여야 한다(법 제222조 제3항, 규칙 제157조). 위 공탁 및 사유신고가 있으면 집행법원은 배당절차를 개시하게 된다(법 제252조 제1호).

2. 외국항공기 집행 절차

가. 압류절차

(1) 강제집행의 신청(집행위임)

유체동산의 집행은 채권자가 집행기관인 집행관에게 서면으로 집행신청을 함으로써 개시된다(법 제4조). 유체동산에 대한 강제집행신청서에는 (i) 채권자·채무자와 그 대리인의 표시, (ii) 집행권원의 표시, (iii) 강제집행 목적물인 유체동산이 있는 장소, (iv) 집행권원에 표시된 청구권의 일부에 관하여 강제집행을 구하는 때에는 그 범위 등을 적고, 집행력 있는 정본을 붙여야 한다(규칙 제131조). 강제집행 목적물인 유체동산이 있는 장소를 특히 적도록 한 것은, 동산의 경우에는 그 특성상 목적물이 있는 곳을 명확하게 표시함으로써 압류의 대상이 될 수 있는 동산을 특정하기 때문이다. 유체동산에 대한 강제집행신청서에는 집행력 있는 정본을 붙여야 한다(법 제28조 제1항). 신청을 받은 집행관은 집행력 있는 정본을 사건기록에 붙여 두었다가 사건이 종료된 후에 압류채권자 또는 채무자에게 교부하게 된다(법 제256조, 제159조). 집행관은 집행신청을 받은 때에는 신청인에게 수수료 기타 비용의 계산액을 예납시킬 수 있고 예납을 하지 않으면 위임에 응하지 아니하거나 사무를 행하지 아니할 수 있다(집행관수수료규칙 제25조). 집행관은 집행위임을 받으면 집행사건기록표지를 작성하여 집행기록을 조제한다. 집행신청이 있는 때에는 집행관은 신청인이 반대의 의사를 표시하지 않은 이상 바로 집행을 개시할 일시를 정하여 신청인에게 통지하여야 하고, 그 집행을 개시할 일시는 특별한 사정이 없는 한 신청을 받은 날부터 1주 안의 날로 정하여야 한다(규칙 제3조).

(2) 집행관의 관할구역

집행관은 각 지방법원 및 그 지원에 소속되어 있고(법원조직법 제55조, 집행관법 제2조), 그 임명받은 본원 또는 지원의 관할구역 내에서만 직무집행을 할 수 있음이 원칙이다(집행관규칙 제4조 제1항). 다만 동시에 집행할 여러 개의 물건이 동일 지방법원 관할구역 내인 본원과 지원 또는 지원 상호 간의 관할에 산재해 있는 경우에는 소속 지방법원장의 허가를 얻어 이를 집행할 수 있다(집행관규칙 제4조 제2항).

(3) 압류의 방법

압류는 원칙적으로 집행관이 채무자가 점유하고 있는 유체동산을 점유함으로써 한다(법 제189조 제1항 본문). 채권자의 승낙이 있거나 운반이 곤란한 때에는 집행관은 압류물을 채무자에게 보관하게 할 수 있다. 이때에는 봉인(封印) 그 밖의 방법으로 압류물임을 명확히 하여야 한다(법 제189조 제1항 단서). 집행관은 채권자 또는 제출을 거부하지 아니하는 제3자가 점유하고 있는 유체동산을 압류하는 경우에는 채무자에게 보관위임하는 경우에 준하여 압류물을 그 채권자 또는 제3자의 보관에 위임할 수 있다(법 제191조, 제189조). 집행관이 유체동산을 압류한 때에는 압류조서를 작성하여야 한다(법 제10조 제1항). 압류조서에는 집행한 날짜와 장소, 집행의 목적물과 그 중요한 사정의 개요, 집행참여자의 표시, 집행참여자의 서명날인, 집행참여자에게 조서를 읽어주거나 보여주고 그가 이를 승인하고 서명날인한 사실 및 집행관의 기명날인 또는 서명이 포함되어야 하고(법 제10조 제2항), 집행참여자가 서명날인을 할 수 없는 경우에는 그 이유를 적어야 한다(법 제10조 제3항). 집행관이 유체동산을 압류한 때에는 그 사유를 채무자에게 통지하여야 한다(법 제189조 제3항).

(4) 압류물의 보존과 점검

유체동산의 압류는 집행관이 그 물건을 점유함으로써 하고, 채무자 등에게 압류물을 보관시킨 경우에도 압류물에 대한 집행관의 점유는 계속되는 것이므로 집행관은 선량한 관리자로서 압류물을 보존하여야 한다. 집행관이 채무자·채권자 또는 제3자에게 압류물을 보관시킨 때에는 보관자의 표시, 보관시킨 일시·장소와 압류물, 압류표시의 방법과 보관조건을 적은 조서를 작성하여 보관자의 기명날인 또는 서명을 받아야 한다(규칙 제136조 제1항). 압류물의 보존을 위한 처분에 비용이 필요한 때에는 집행관은 그 비용을 채권자로 하여금 미리 내게 하여야 하며 채권자가 여럿인 때에는 요구하는 액수에 비례하여 미리 내게 하여야 한다(법 제198조 제2항).

집행관이 압류물을 직접 점유·보관하지 아니하고 채무자 또는 채권자나 제3자에게 보관시킨 경우에 압류채권자 또는 채무자의 신청이 있거나 그 밖에 필요하다고 인정하는 때에는 압류물의 보관상황을 점검하여야 하고(규칙 제137조 제1항), 그 점검 결과 압류물에 부족 또는 손상이 있을 경우에는 보관자가 아닌 채권자 또는 채무자에게 그 취지를 통지하여야 한다(같은 조 제2항 후단). 점검 시에는 점검조서를 작성하여야 하고, 이 조서에는 압류물의 부족 또는 손상의 유무와 정도 및 이에 관하여 집행관이 취한 조치를 적어야 한다(같은 조 제2항 전단).

(5) 압류의 경합(이중압류)

유체동산을 압류하거나 가압류한 뒤 매각기일에 이르기 전에 다른 강제집행이 신청된 때에는 집행관은 이미 압류된 물건 외에 더 압류할 물건이 있는지의 여부를 조사하여 그러한 물건이 있으면 이를 추가압류하여 집행신청서와 추가압류조서를 먼저 압류한 집행관에게 교부하고, 그러한 물건이 없으면 집행신청서만을 먼저 압류한 집행관에게 교부하여야 한다(법 제215조 제1항). 뒤에 압류하는 채권자는 앞에 압류한 채권자와 다른 사람임이 보통이지만, 같은 채권자라도 다른 채권에 기하여 다시 강제집행의 신청을 한 때에는 이중압류를 하여야 하며, 동일한 채권이라도 그 청구금액을 확장하기 위하여서는 이중압류를 하여야 한다.

이중압류는 이미 압류 또는 가압류가 실시된 이후에 한하고, 그 이전에는 동시압류로 될 뿐이다. 그 종기는 매각기일까지이다. 동산집행에서 이중압류는 우선변제청구권이 없는 일반채권자가 배당에 참가할 수 있는 유일한 방법이므로 일면에서는 배당요구의 시적 한계와 일치시킬 필요가 있지만, 초과압류의 금지(법 제188조 제2항), 무잉여압류의 금지(법 제188조 제3항), 매각의 한도(법 제207조)와의 관계상 매각기일에 이르기 이전에 매각할 물건의 범위를 어느 정도 확정할 필요가 있으므로 민사집행법 제215조 제1항은 이중압류의 시적 한계를 매각기일까지로 정하고 있다. 여기서 '매각기일에 이르기 전'이란 '첫 매각기일'이 아니라 '실제로 매각이 된 매각기일에 이르기 전'을 의미한다.[18] 이중압류채권자는 집행채권자로서 압류물의 매각대금으로부터 자기 채권액에 비례하여 배당받을 수 있는 지위에 서게 된다. 이중압류가 이루어지면 뒤에 집행신청을 한 채권자의 집행위임은 먼저 압류한 집행관에게 이전된다(법 제215조 제2항). 이중압류가 이루어지면 각 압류한 물건은 강제집행을 신청한 모든 채권자를 위하여 압류한 것으로 본다(법 제215조 제3항).

나. 현금화절차

(1) 호가경매의 원칙

유체동산의 매각방법은 기일입찰(규칙 제151조), 호가경매(법 제199조, 규칙 제145조 내지 제150조), 적당한 방법에 의한 매각(법 제209조 후문, 제210조 전단), 특별한 현금화명령이 있는 경우(법 제214조)로 나누어져 있다. 그런데 민사집행규칙은 유체동산매각의 방법에 관하여 동산의 특성을 고려하여 호가경매(呼價競賣)를 원칙적인 방법으로서 이에 대하여 먼저 규정하고(규칙 제145조 내지 제150조), 입찰에 관하여는 호가경매에 관한 규정 및 부동산의 입찰에 관한 규정을 준용하는 형식을 취하고 있다(규칙 제151조). 호가경매를 할 때는 채권자의 별도 신청이나 법원의 별도 명령이 필요 없다. 호가경매는 일반 공중의 매수신청을 허용하여 여러 사람의 자유경쟁에 의하여 공정성을 확보함과 동시에 가급적 높은 가격으로 현금화되도록 하는 것이다.

---

18) 대법원 2011. 1. 27. 선고 2010다83939 판결.

(2) 값비싼 물건의 평가

집행관은 압류시 초과압류를 하지 않기 위하여 스스로 압류물의 가액을 평가하여야 하나 압류물이 값비싼 물건인 경우에는 집행관이 평가하기 곤란하다. 따라서 압류 후에 집행관은 압류물 중 값비싼 물건에 관하여는 적당한 감정인에게 그 평가를 하게 하여야 한다(법 제200조). 값비싼 물건의 감정인은 목적물의 객관적 거래가격을 평가하기에 족한 정도의 지식과 경험을 갖고 있는 자이면 되고, 특히 고도의 전문적 지식이나 경험을 가진 자에 한하지 아니한다. 감정인은 집행관이 선임한다. 값비싼 물건에 대한 평가액은 초과압류 등의 판단기준이 될 뿐만 아니라 호가경매에 있어서도 참고로 되는 것이므로 늦어도 매각기일까지는 선임되어야 한다. 채권자나 채무자가 집행관의 감정인 선임에 이의가 있을 때에는 집행에 관한 이의를 할 수 있으나, 기피신청은 할 수 없다.

감정의 방법에는 집행관이 현장에 가지 않고 감정인에게 감정사항을 기재한 서면(평가감정촉탁서)으로 감정지시하는 '감정위탁'과 감정인을 대동하고 현장에 가서 감정사항을 직접 지시하는 '통상의 감정'이 있다. 통상의 감정에서는 집행관은 감정조서를 작성하여야 한다(법 제10조). 감정인은 사건의 표시, 유체동산의 표시, 유체동산의 평가액과 평가일, 평가액 산출의 과정 및 그 밖에 집행관이 명한 사항을 적은 평가서를 정하여진 날까지 집행관에게 제출하여야 한다(규칙 제144조 제2항).

집행관은 감정인에게 민사소송비용법의 규정에 따른 일당·여비와 상당한 감정료를 지급하여야 하고, 그 비용은 수수료로서 집행신청인에게 예납시킬 수 있다. 집행신청인이 감정에 필요한 비용을 예납하지 아니하는 때에는 집행관은 감정을 명하지 아니하고 그 위임에 응하지 않을 수 있으며(집행관수수료규칙 제25조 제1항), 집행관 집행미제사건 등 처리지침(행정예규 496호)이 정한 절차에 따라 취하간주시킬 수 있다. 값비싼 물건에 대한 감정인의 평가액은 단순히 호가경매의 참고자료가 됨에 불과하므로, 평가액 이하로 매각하여도 지나치게 낮은 가격이 아니라면 위법은 아니다.

(3) 호가경매기일의 지정

집행관이 호가경매의 방법으로 유체동산을 매각하는 때에는 현금화를 위한 경매기일의 일시와 장소를 정하여야 한다(규칙 제145조 제1항 전문). 보통 압류물을 보관하는 데 지나치게 많은 비용이 들거나 시일이 지나면 그 물건의 값이 크게 내릴 염려가 있는 때와 같이 특별히 조기매각을 해야 할 경우를 제외하고는 압류 후 빠른 시일 내에 압류물의 평가절차 등을 거쳐 경매기일을 지정하여야 한다.

호가경매기일은 원칙적으로 압류일부터 1주 이상 기간을 두어야 한다 (법 제202조 본문). 압류의 경합(법 제215조 제1항)에 의하여 추가압류를 한 때에는, 그 추가압류물이 동일한지 여부에 따라 추가압류일과 매각일 사이에 1주 이상 기간을 두어야할지 여부를 결정한다. 호가경매기일은 부득이한 사정이 없는 한 압류일부터 1월 안의 날로 정하여야 한다(규칙 제145조 제1항 후문). 이는 절차의 신속처리와 아울러 사실상 간접강제의 목적을 달성하기 위하여 압류만을 한 채 장기간 방치하는 것을 방지하려는 취지도 포함되어 있다. 여기서 부득이한 사정이라 함은 감정인의 평가에 장기간을 요하는 경우, 압류물이 특수한 동산이어서 매수희망자를 충분히 모으기 위하여 시간이 소요되는 경우 등을 말한다.

(4) 호가경매기일의 변경, 연기, 속행

호가경매기일은 그 기일 도래 후 집행관이 매각절차를 시작함으로써 개시된다. 그 개시 전에 호가경매기일의 지정을 취소하고 다른 호가경매기일을 지정하는 것을 '호가경매기일의 변경'이라고 하고, 일단 기일을 개시하였으나 매각을 실시하지 아니하고 기일을 종료하여 호가경매실시를 위한 새 기일을 지정하는 것을 '연기'라고 하며, 기일을 개시하여 매각을 실시하였으나 매수신고인이 없는 등의 사유로 경매를 종료하지 아니하고 새로운 호가경매기일을 지정하는 것을 '호가경매기일의 속행'이라고 한다. 감정인 또는 집행관의 압류물에 대한 평가액에 비하여 매우 낮은 가액의 매수신청이 있는 경우에는 부동산매각과 달리 최저매각가격제도를 두고 있지 않는 유체동산매각의 특성상 채무자 보호를 위하여 이를 허가하지 아니하고 직권으로 호가경매기일을 속행할 수 있다.

(5) 호가경매장소

호가경매는 압류한 유체동산이 있는 시·구·읍·면(도농복합형태의 시의 경우 동지역은 시·구, 읍·면지역은 읍·면)에서 행하는 것이 원칙이다(법 제203조 제1항 본문). 따라서 집행관은 압류를 행한 시·구·읍·면(도농복합형태의 시의 경우 동지역은 시·구, 읍·면지역은 읍·면) 내라면 어떠한 장소를 호가경매장소로 정하여 매각하여도 무방하다.

(6) 호가경매의 공고와 통지

집행관은 호가경매기일의 3일 전까지 공고사항(매각일자, 장소, 매각할 물건, 사건의 표시, 평가서의 사본을 비치하는 때에는 그 비치장소와 누구든지 볼 수 있다는 취지, 매수신고를 할 수 있는 사람의 자격을 제한한 때에는 그 제한의 내용, 매각할 유체동산을 호가경매기일 전에 일반인에게 보여주는 때에는 그 일시와 장소, 대금지급기일을 정한 때에는 매수신고의 보증금액과 그 제공방법 및 대금지급일 등)을 공고하여야 한다(법 제203조 제2항, 규칙 제146조 제1항). 공고방법은 민사집행규칙 제11조에 규정된 절차에 의한다(법 제203조 제2항). 집행관은 위와 같이 호가경매를 공고하는 외에 경매의 일시와 장소를 각 채권자·채무자·압류물 보관자에게 통지하여야 한다(규칙 제146조 제2항).

(7) 호가경매의 실시

호가경매는 미리 정한 일시·장소에서 집행관이 매각조건을 정하여 이를 고지하고 매각할 압류물에 대하여 매수의 신청을 최고하여 개시하고 최고가매수신고인을 매수인으로 고지한 다음 매각대금과 서로 맞바꾸어 매각물을 매수인에게 인도함으로써 종결한다(법 제205조 제2항). 집행관은 호가경매기일 또는 그 기일 전에 매각할 유체동산을 일반인에게 보여주어야 한다(규칙 제148조 제1항). 호가경매는 호가경매기일에 매수신청의 액을 서로 올려가는 방법으로 한다(규칙 제147조 제4항, 제72조 제1항). 매수신청인은 더 높은 액의 매수신청이 있을 때까지 신청액에 구속되므로(규칙 제 147조 제4항, 제72조 제2항), 임의로 그 신청을 철회할 수 없다. 매수신청 은 그보다 더 높은 액의 매수신청이 있거나 매각의 고지 없이 호가경매가 종결된 때에는 실효된다. 매각허가는 최고가매수신청인에 대하여 그 신청 을 허가하는 것으로서, 집행관은 매각에 참가한 자에게 매수신청을 위한 충분한 기회를 부여한 후 집행관이 매수신청의 액 가운데 최고의 것을 3 회 부른 후 그 신청을 한 사람의 이름·매수신청의 액 및 그에게 매수를 허가한다는 취지를 고지하여야 한다(법 제205조 제1항, 규칙 제147조 제2항 본문).

(8) 대금의 지급과 목적물의 인도

호가경매기일에서 매수가 허가된 때에는 민사집행법 제205조 제2항, 제3항 후문의 해석상 그 기일이 마감되기 전에 매각대금을 지급하여야 한 다(규칙 제149조 제1항 본문). 다만 집행관은 압류물의 매각가격이 고액으 로 예상되는 때에는 호가경매기일부터 1주 안의 날을 대금지급일로 정할 수 있고(규칙 제149조 제2항), 이 경우 집행관은 매수신고의 보증금액과 그 제공방법 및 대금지급일을 공고하여야 한다(규칙 제146조 제1항 제6호). 이 에 따라 대금지급일이 정하여진 때에는 매수신고를 하려는 사람은 매수신 고의 보증을 제공하여야 한다. 집행관은 대금지급일을 정하여 호가경매를 실시한 때에는 대금지급일에 대금이 지급되었는지 여부를 기록에 적어야 한다(규칙 제149조 제7항). 집행관은 대금과 서로 맞바꾸어(상환하여) 매각 물을 매수인(최고가매수신청인)에게 인도하여야 한다(법 제205조 제2항). 유 체동산 경매에서 매수인은 매매대금을 납부하고 목적물을 인도받은 때에 해당 동산에 대한 소유권을 취득하고, 집행관으로서는 경매 목적물의 소 유권에 대한 다툼이 없도록 하고 매매대금을 납부한 매수인이 그 목적물 을 언제든지 가져갈 수 있는 상태에 둠으로써 인도의무를 다한 것이라고 보아야 한다.

(9) 호가경매조서의 작성

집행관이 매각기일을 실시한 때에는 호가경매조서를 작성하여야 한다 (법 제10조, 규칙 제6조, 제150조, 제151조 제3항). 호가경매조서는 집행관의 집행행위의 내용을 명백히 하고 그 절차가 적법·공정하게 이루어졌음을 담보하는 것이므로 그 기재의 오류나 흠은 매각의 효력에는 영향이 없다. 호가경매조서에는 민사집행법 제10조 제2항 각 호의 사항과 민사집행규칙 제6조 제1항 각 호의 사항 외에, (i) 매수인의 표시·매수신고가격 및 대금의 지급 여부, (ii) 적법한 매수신고가 없는 때에는 그 취지, (iii) 대금지급일을 정하여 호가경매를 실시한 때에는 대금지급일과 매수인의 매수신고보증의 제공방법 등을 적어야 한다(규칙 제150조 제1항).

다. 배당요구

(1) 의 의

금전채권은 궁극적으로는 채무자의 일반재산을 현금화하여 만족을 얻게 되므로 채무자의 일반재산은 모든 채권자를 위한 공동담보를 이룬다. 그러한 채권자 중의 일부가 채무자의 특정재산에 대하여 강제집행, 즉 현금화를 위한 조치에 착수한 경우에, 다른 채권자가 그 절차에 참가하여 채무자의 재산을 현금화하여 얻게 될 매각대금 중에서 자기의 채권액에 해당하는 금액의 지급을 구하기 위하여 그 집행절차에 참가하는 것이 배당요구제도이다.

유체동산집행에서는 실체법상 우선변제청구권이 있는 자에 한하여 배당요구를 할 수 있도록 되어 있으므로(법 제217조), 집행력 있는 정본을 가지지 아니한 자는 아예 배당에서 제외되고, 집행력 있는 정본을 가진 자라도 민사집행법 제215조에 따라 이중압류하지 않는 이상 배당절차에 참가할 수 없다. 압류 이전에 목적물을 가압류한 채권자는 압류채권자에 해당하므로 당연히 배당을 받게 된다. 압류한 유체동산의 공유자임을 주장하는 배우자는 배당요구가 아닌 지급요구를 하여야 한다(법 제221조). 배당요구와 배우자의 지급요구는 집행관에게 하여야 한다(법 제218조, 제

221조 제2항). 집행관은 실체법상 우선변제청구권이 있는 자의 배당요구가 있는 경우에는 그 사유를 배당에 참가한 채권자와 채무자에게 통지하여야 한다(법 제219조).

(2) 배당요구의 시기와 종기

배당요구의 시기에 관하여 특별한 규정은 없으나 집행개시 후, 즉 집행관이 압류할 물건의 소재지에 이르러 압류할 물건을 수색하기 시작함으로써 집행에 착수한 때부터라고 할 수 있다. 압류물을 매각하여 현금화하는 경우에는 집행관이 매각대금을 영수한 때까지 배당요구를 할 수 있다(법 제220조 제1항 제1호 후단). 일반적으로 매각물의 인도는 대금지급과 서로 맞바꾸어야(상환하여야) 하는 것이 원칙이므로(법 제205조 제2항) 집행관의 매각대금영수는 매각결정기일에 이루어지게 된다. 다만 특별매각조건 또는 집행법원의 특별현금화명령에 의하여 매각물의 인도일과 대금지급기일을 달리 정한 경우에는 매각결정기일이 아니라 그 대금지급기일에 집행관이 대금을 영수한 때가 배당요구의 종기로 된다.

(3) 외국항공기에 등록된 담보물권자

외국항공기에 대한 집행절차에서 항공기에 관한 등록원부가 현실적으로 제출되기 곤란하여 항공기등록원부상 권리관계를 확인하기 어려운 사정이 있다고 하더라도, 이러한 사정만으로 외국항공기에 대하여 기적국(機籍國)의 법률에 따라 저당권(기타 등록된 담보권)을 설정하고 등록(공시절차)을 갖춘 적법한 저당권자를 민사집행법 제88조에서 규정하고 있는 법률상 우선변제권이 있는 채권자와 동일시할 수는 없으므로, 외국항공기에 대한 집행절차에서 경매개시결정 전에 기적국의 법률에 따라 저당권을 설정하고 등록(공시절차)을 갖춘 저당권자가 배당표 확정 이전에 이러한 사실을 증명하였다면 이러한 외국항공기의 저당권자도 등록원부에 기입된 항공기 위의 권리자로서 배당요구와 상관없이 배당을 받을 수 있다.[19]

---

19) 대법원 2004. 10. 28. 선고 2002다25693 판결(선박).

라. 변제절차

(1) 집행관에 의한 매각대금 등의 교부

유체동산집행에서 매각대금 또는 압류금전을 교부 또는 배당받을 자는 (i) 압류채권자, (ii) 민사집행법 제220조의 기간 내에 배당요구를 한 우선변제청구권 있는 채권자, (iii) 민사집행법 제221조의 규정에 따라 지급요구를 한 배우자이다.

압류채권자에는 선행가압류채권자 및 이중압류채권자가 포함된다. 교부 또는 배당하여야 할 매각대금 또는 압류금전은 집행비용을 뺀 잔액이다 (법 제53조 제1항). 집행관은 매각대금 등을 교부한 때에는 채권자로부터 집행력 있는 정본 또는 채권증서를 제출받아 채무자에게 교부하고 채권의 일부를 교부받는 채권자(일부청구의 경우)에게는 집행력 있는 정본 또는 채권증서를 제출하게 하여 그 사유를 덧붙여 적어 반환하고 채권자로부터 영수증서를 제출받아 채무자에게 교부하여야 한다(법 제42조).

배당협의는 배당의 순위와 내용, 즉 어느 채권자에게 얼마의 금액을 배당할 것인가에 관하여 각 채권자의 의견을 조정하는 것이다. 집행관은 민사집행법 제222조 제1항에 규정된 매각허가된 날부터 2주 이내의 일시를 배당협의기일로 지정하고 각 채권자에게 그 일시와 장소를 서면으로 통지하여야 한다(규칙 제155조 제2항 전문). 통지에는 매각대금 또는 압류금전, 집행비용, 각 채권자의 채권액 비율에 따라 배당될 것으로 예상되는 금액을 적은 배당계산서를 붙여야 한다(규칙 제155조 제2항 후문).

집행관은 배당협의기일까지 채권자 간에 배당협의가 이루어진 경우에는 당초의 배당계산서에 따라, 배당협의기일에 채권자 전원의 협의로 배당계산서와 다른 내용의 협의가 이루어진 경우에는 그 협의에 따라 배당계산서를 다시 작성하여, 각각 배당을 실시하고(규칙 제155조 제3항), 배당협의가 이루어지지 아니한 때에는 바로 매각대금을 공탁하고 사유신고를 하여야 한다(규칙 제155조 제4항, 법 제222조).

(2) 집행법원에 의한 배당

집행관은, (i) 채권자가 한 사람인 경우 또는 채권자가 두 사람 이상으로서 매각대금 등으로 각 채권자의 채권과 집행비용의 전부를 변제할 수 있는 경우 불확정채권에 대한 교부액(규칙 제156조 제1항, 제155조 제1항), (ii) 그 전부를 변제할 수 없더라도 배당협의기일까지 채권자간에 배당협의가 이루어진 경우에 불확정채권에 대한 교부액(규칙 제156조 제1항, 제155조 제3항), (iii) 매각대금 등으로 채권자 전부를 만족하게 할 수 없고 배당협의도 이루어지지 아니한 경우에는 그 매각대금 등(규칙 제155조 제4항)을 공탁하고 집행절차에 관한 서류를 첨부하여 그 사유를 집행법원에 신고하여야 한다(법 제222조 제3항).

집행법원은 사유신고의 내용에 따라 민사집행법 제252조 이하의 규정에 따른 배당을 실시하거나 정지조건이 있는 채권에 대하여는 그 조건성취 여부에 따라, 불확정기한이 있는 채권에 대하여는 그 기한의 도래에 따라, 가압류채권에 대하여는 본안소송의 결과에 따라, 배당이의의 소가 제기된 경우에는 그 결과에 따라, 각각 채권자 또는 채무자에게 지급한다.

3. 대상사안의 검토

(1) 대상사안에서 집행관은 외국항공기에 대하여 유체동산집행방법을 선택하였다. 이는 외국항공기에 대하여 등록을 전제로 한 규정을 적용할 수 없기 때문에 타당하다고 생각한다. 한편 이 사건 항공기에는 인천지방법원 2009. 3. 9.자 2009카합414 동산가압류 결정 정본에 기하여 2009. 3. 25. 동산가압류집행이 완료되는 등 다수의 본집행 또는 가압류집행이 이미 완료되었기 때문에, 집행관은 추가압류를 실시하였다. 우선변제권이 없는 일반채권자로서는 유체동산집행에서 배당받기 위해서는 추가압류를 하여야 하기 때문이다.

(2) 집행관은 2009본5840 사건에서 2009. 11. 3. 항공기에 탑재되어 있는 로그북을 발견하고 그 사본을 소유자인 JS에게 발급하고 현장점검을 완료하였다. 이후에도 2010. 4. 1.부터 다음날까지 점검을 한 후 점검조서

를 작성하였다. 한편 채무자는 정치장(定置場)인 인천국제공항의 정류료가
고가라는 이유로 정치장을 양양국제공항으로 이전해달라는 취지로 2009.
11. 30. 압류물 장소 이전 신청을 제기하였으나, 집행관은 이를 받아들이
지 아니하였다. 위와 같은 신청은 집행관의 직권발동을 청구하는 것이므
로, 별도의 재판을 필요로 하지 않는다.

(3) 집행관은 2009. 6. 2. 이 사건 항공기의 보관인을 SS에서 인천국제
공항공사로 변경하는 것으로 '가압류물(항공기) 보관인 변경' 결정을 하고,
항공기 보관인 변경조서를 작성하였다.

(4) 선박집행의 경우에는 선박의 감수·보존조치가 필요하고, 감수·보존
비는 집행비용에 포함되므로, 위 비용을 예납하는 채권자는 최우선변제를
받을 수 있다. 그러나 이 사건에서는 항공기 정치비용은 유치권자·가압류
권자인 인천국제공항공사가 부담하였으므로, 감수·보존비와는 달리 집행
비용으로 인정되지 아니한다.

(5) 대상사안은 외국항공기에 대한 최초의 집행사례라는 점에서 의의
가 크다.

(6) 한편 태국은 제네바 협약[20]을 비준하여 1968. 1. 8. 발효되었으나,
로마 협약,[21] 케이프타운 협약과 의정서[22]는 비준하지 아니하였다.

---

[20] 항공기에 대한 권리의 국제적 승인에 관한 협약(제네바 협약)[Convention on the International Recognition of Rights in Aircraft (Geneva Convention), 1948. 6. 19. 채택, 1953. 9. 17. 발효].
[21] 항공기의 가압류에 관한 일부규칙의 통일을 위한 협약(로마 협약)[Convention for the Unification of Certain Rules Relating to the Precautionary Attachment of Aircraft(Rome Convention), 1933. 5. 29. 채택, 1937. 1. 12. 발효].
[22] 이동장비에 대한 국제적 권리에 관한 협약 및 항공기 의정서(케이프타운 협약과 의정서)[Convention on International Interests in Mobile Equipment and Aircraft Protocol, 2001. 11. 16. 채택, 2006. 3. 1. 발효].

[19] 항공기 임의경매

울산지방법원 2017. 11. 20.자 2016타경12283 결정

Ⅰ. 사실관계

(1) 주식회사 D에어는 2013. 11. 18. 등록번호 HL5123로 신규 등록한 이 사건 항공기(물건종별: 비행기, 소재지: 울산광역시 북구 송정로 522 울산공항, 형식: AT-802, 이륙중량: 7,257kg, 제작년도: 2011. 4. 26., 제작사: Air Tractor Inc., 운항일지 기준 운항시간: 564.40h, 특별감항증명서상 유효기간: 2015. 12. 9.~2016. 12. 8.)의 소유자이다.

(2) 채권자 N은행은 2013. 12. 6. 채무자를 주식회사 D조경으로 하여 이 사건 항공기에 근저당권을 설정하였다. 채무자가 근저당권 피담보채무를 변제하지 아니하자, 채권자는 2016. 9. 27. 울산지방법원에 2016타경12283호로 항공기 임의경매를 신청하였다(청구금액 551,719,948원).

(3) 위 경매법원은 2016. 10. 11. 임의경매개시결정을 하였고, 배당요구종기일을 2017. 2. 3.로 결정하였다. 감정평가서에 의하면 항공기의 감정가는 1,299,200,000원으로 평가되었다(유사 기종 최신 항공기는 25~30억 원인데, 이 사건 항공기는 28억 원 선에서 구입한 것으로 평가하였고, 중고로 구매한 것으로 탐문되었으며, 2013. 4. 이후 비행하지 않은 것으로 조사되었다). 매각물건명세서에 의하면, 조사된 임차 내역은 없고, 항공기에 관한 권리 또는 가처분으로서 매각으로 그 효력이 소멸되지 아니하는 것은 해당사항이 없는 것으로 조사되었다.

(4) 제1차 매각기일은 2017. 4. 25.로 지정되었으나 유찰되었고, 그 이후 5차 매각기일까지 계속 유찰되었다. 법원은 2017. 10. 10. 제6차 매각기일(2017. 9. 26.)에서 최저매각가격 425,722,000원보다 높은 481,000,000원(감정가 대비 37.02%)에 매수신고를 한 최고가매수신고인에게 매각허가결정을 선고하였다.

(5) 이 사건 경매절차의 이해관계인으로는, 교부권자 울산광역시 북구, 동울산세무서, 국민건강보험공단 울산중부지사, 임금채권자 L, 배당요구권자 근로복지공단, 가압류권자 C, Y 등이 있다.

(6) 그러나 법원은 2017. 11. 3. 대금지급기한을 추후로 지정한 후, 2017. 11. 20. 경매개시결정이 있는 날로부터 2월이 경과하기까지 집행관이 이 사건 항공기에 대한 항공안전법 제52조 제2항, 항공안전법 시행규칙 제113조의 각 서류들을 인도받지 못하였다는 이유로, 민사집행법 제183조, 제187조, 제268조에 의하여 경매개시결정을 취소하고 경매신청을 기각하였다.

Ⅱ. 참조 조문

1. 민사집행법(이하 '법')

> **제270조(자동차 등에 대한 경매)** 자동차·건설기계·소형선박(「자동차 등 특정동산 저당법」 제3조 제2호에 따른 소형선박을 말한다) 및 항공기(「자동차 등 특정동산 저당법」 제3조 제4호에 따른 항공기 및 경량항공기를 말한다)를 목적으로 하는 담보권 실행을 위한 경매절차는 제264조부터 제269조까지, 제271조 및 제272조의 규정에 준하여 대법원규칙으로 정한다.

2. 민사집행규칙(이하 '규칙')

> **제196조(항공기에 대한 경매)** 항공기를 목적으로 하는 담보권 실행을 위한 경매에는 제106조, 제107조, 제195조(다만, 제5항을 제외한다) 및 법 제264조 내지 법 제267조의 규정을 준용한다. 이 경우 제195조 제1항 중 "정박항 및 선장의 이름과 현재지를 적어야 한다"는 "정류 또는 정박하는 장소를 적어야 한다"로 고쳐 적용하며, 제195조 제2항에 "선박국적증서"라고 규정된 것은 "항공기등록증명서"로 본다.

Ⅲ. 판시사항

이 사건 경매개시결정이 있는 날로부터 2월이 경과하기까지 집행관이
이 사건 항공기에 대한 항공안전법 제52조 제2항, 항공안전법 시행규칙
제113조의 각 서류들을 인도받지 못하였음이 기록상 명백하므로, 민사집
행법 제183조, 제187조, 제268조에 의하여 이 사건 항공기에 대하여 경매
법원이 2016. 10. 11.자로 한 경매개시결정을 취소하고, 이 사건 경매신청
을 기각한다.

Ⅳ. 해 설

1. 항공기 임의경매 절차의 개관

가. 의 의

(1) 부동산에 관한 규정 준용

항공기는 민법상 동산(動産)이지만, 일반 유체동산에 비하여 비교적 고
가이고, 항공기·경량항공기는 부동산과 마찬가지로 등록의 대상이 되며(항
공안전법 제7조, 제121조 제1항), 권리변동에 관하여 등록을 성립요건으로
하고(항공안전법 제9조, 제121조 제1항), 항공기·경량항공기에 대하여는 저
당권의 설정이 인정되는 등(자동차 등 특정동산 저당법 제5조, 제3조 제4호),
실체법적으로 부동산과 유사하게 취급되고 있다. 민사집행법은 등록항공기
에 대한 강제경매에 관하여 기본적으로 부동산·선박의 강제경매에 관한
규정에 따르도록 하고 있다(법 제187조, 제172조). 항공기 집행의 절차도
부동산강제경매절차와 마찬가지로 목적물 압류, 현금화, 채권변제의 3단계
절차로 진행된다.

(2) 강제경매절차의 준용

항공기를 목적으로 하는 담보권 실행을 위한 경매(임의경매) 절차에는
선박·항공기 강제경매에 관한 규정(법 제172조 내지 제186조, 규칙 제106조,

제107조)과 담보권 실행을 위한 부동산·선박 경매에 관한 규정(법 제264조 내지 제269조, 규칙 제195조)이 준용된다(법 제270조, 규칙 제196조).[1] 경매의 대상이 되는 항공기는 등록된 항공기·경량항공기이며, 여기의 담보권에 해당하는 권리로는 자동차 등 특정동산 저당법에 의한 항공기저당권이 있다.

(3) 임의경매와 강제경매의 차이점

(가) 집행권원의 요부

강제경매에 관해서는 집행권원(執行權原)[2]의 존재를 요한다. 그러나 임의경매절차에서는 피담보채권의 변제를 받기 위한 경매의 신청권이 인정되므로(민법 제363조 제1항) 집행권원이 필요하지 않고, 그 신청에도 집행력 있는 정본은 요구하지 않으며, 담보권의 존재를 증명하는 서류를 내도록 되어 있다(법 제264조 제1항).

(나) 공신적 효과가 인정되는 범위

(i) 강제경매는 집행력 있는 정본이 존재하는 경우에 한하여 국가의 강제집행권의 실행으로서 실시되므로, 일단 유효한 집행력 있는 정본에 기하여 매각절차가 완결된 때에는 후일 그 집행권원에 표상된 실체상의 청구권이 당초부터 부존재·무효라든가 매각절차 완결 시까지 변제 등의 사유로 인하여 소멸되거나 재심에 의하여 집행권원이 폐기된 경우라 하더라도 매각절차가 유효한 한 매수인은 유효하게 목적물의 소유권을 취득한다. 즉 강제경매에는 공신적 효과가 있다.[3]

(ii) 이에 반하여 임의경매에 관해서는 담보권자의 담보권에 기한 경매의 실행을 국가기관이 대행하는 것에 불과하므로 담보권에 이상이 있으면 그것이 매각허가결정의 효력에 영향을 미치게 되므로 경매의 공신적 효과

---

1) 구 항공법에 의하여 등록된 항공기를 목적으로 하는 담보권의 실행을 위한 경매절차에는 선박에 대한 담보권의 실행을 위한 경매절차의 예에 의하므로, 구 민사소송법 제615조의2의 일괄매각의 규정은 항공기를 목적으로 하는 담보권의 실행을 위한 경매절차에도 적용되고, 이는 경매에 갈음하는 입찰절차에도 마찬가지이다. 대법원 2001. 8. 22.자 2001마3688 결정.
2) 민사집행법이 제정되어 시행되기 전에는 채무명의(債務名義)라는 용어를 사용하였다.
3) 대법원 1990. 12. 11. 선고 90다카19098 판결, 대법원 1991. 2. 8. 선고 90다16177 판결.

는 부정됨이 원칙이다. 즉 임의경매에서는 강제경매의 경우와는 달리 집행법원이 담보권 및 피담보채권의 존부를 심사하여 담보권의 부존재·무효, 피담보채권의 불발생·소멸 등과 같은 실체상의 하자가 있으면 경매개시결정을 할 수 없으며, 나아가 이러한 사유는 매각불허가 사유에 해당하고, 이를 간과하여 매각허가결정이 확정되고 매수인이 매각대금을 완납하여 소유권이전등록을 마쳤다 하더라도 매수인은 매각항공기의 소유권을 취득하지 못한다.[4]

(iii) 다만 임의경매에 관하여는 다음과 같은 경우에 예외적으로 경매의 공신적 효과가 인정된다. 즉 실체상 존재하는 저당권에 기하여 경매개시결정이 있었다면, 그 후 저당권이 소멸되었거나(예를 들면, 저당권설정계약이 해지된 경우) 변제 등에 의하여 피담보채권이 소멸되었더라도 경매개시결정에 대한 이의 또는 매각허가결정에 대한 항고에 의하여 매각절차가 취소되지 아니한 채 매각절차가 진행된 결과 매각허가결정이 확정되고 매각대금이 완납되었다면 매수인은 적법하게 매각항공기의 소유권을 취득한다(법 제270조, 제267조).[5] 민사집행법 제267조가 매수인의 부동산 취득은 담보권 소멸로 영향을 받지 않는다고 규정하고 있으나, 이는 경매개시결정 후에 담보권이 소멸된 경우에만 적용되고 경매개시결정 전에 이미 담보권이 소멸한 경우에는 적용되지 않는다는 것이다.[6]

나. 임의경매신청

(1) 신청서

담보권실행을 위한 경매신청서에는 채권자·채무자·소유자와 그 대리인의 표시, 담보권과 피담보채권의 표시, 담보권 실행의 대상인 항공기의 표시,[7] 피담보채권의 일부에 대하여 담보권 실행을 하는 때에는 그 취지와 범위 등을 기재하는 외에(규칙 제192조) 항공기의 정류 또는 정박항[8]을 적

---

4) 대법원 1999. 2. 9. 선고 98다51855 판결, 대법원 2012. 1. 2. 선고 2011다68012 판결.
5) 대법원 1992. 11. 11.자 92마719 결정, 대법원 2001. 2. 27. 선고 2000다44348 판결.
6) 대법원 1999. 2. 9. 선고 98다51855 판결.
7) 등록된 항공기에 대하여는 항공기등록원부에 기재되어 있는 사항을 그대로 적으면 된다.
8) 항공기는 정류장을, 수상항공기는 정박항을 기재한다.

어야 한다(규칙 제196조, 제195조 제1항). 신청서에는 5,000원의 인지를 붙여야 한다(민사접수서류에 붙일 인지액 및 그 편철방법 등에 관한 예규). 그밖에 담보권의 부존재 또는 소멸을 경매개시결정에 대한 이의신청의 사유로 삼을 수 있는 점(법 제265조)이나 경매절차정지에 관한 특칙(법 제266조), 대금완납에 따른 매수인의 항공기취득은 담보권의 소멸로 영향을 받지 않는 점(법 제267조) 등은 부동산임의경매와 같다(규칙 제196조).

(2) 담보권의 존재를 증명하는 서류

담보권의 존재를 증명하는 서류를 붙여야 하고, 담보권의 승계가 있는 때에는 승계를 증명하는 서류도 붙여야 한다(법 제264조). 현행법상 등록이 물권변동의 성립요건이므로, 담보권의 등록이 되어 있는 등록사항증명서가 주로 이용될 것이다.

(3) 등록사항증명서

이는 등록된 항공기의 경우에 적용된다(법 제177조 제1항 제2호). 등록된 항공기의 경우에는 등록이 항공기 소유의 성립요건일 뿐만 아니라, 당해 항공기에 대한 각종 권리관계를 밝히기 위하여도 항공기등록사항증명서가 요구되는 것이다. 채권자는 공적 장부를 주관하는 국토교통부가 멀리 떨어진 곳에 있는 때에는 위 등록사항증명서를 보내주도록 집행법원에 신청함으로써 등록사항증명서의 첨부에 갈음할 수 있다(법 제177조 제2항). 위 송부청구신청서에는 인지를 붙이지 않으며 신청서는 집행기록에 가철한다. 위 송부청구신청을 하려면 그 등록사항증명서의 교부에 소요되는 수수료 및 왕복 우편료를 법원에 납부하여야 한다. 법원사무관등은 위 신청이 있는 경우에는 국토교통부장관에게 등록사항증명서의 송부촉탁을 한다.

(4) 정류 또는 정박증명서

정류 또는 정박증명서, 즉 항공기가 집행법원의 관할구역 안에 정류 또는 정박하고 있다는 것을 증명하는 서면에 관하여는 명문의 규정은 없으나, 항공기경매신청을 받은 법원이 그 항공기에 대한 강제집행의 관할법원이라는 것을 증명하기 위해 신청서에 위 서류를 붙일 필요가 있다. 다만 정류 또는 정박증명서의 제출을 강제할 법률적 근거는 없으므로 그 부제출을 이유로 경매신청을 각하할 수는 없다. 정류 또는 정박증명서는 사인이 작성한 증명서 또는 경매신청인 측에서 작성한 확인서 또는 조사보고서라도 무방하다.[9]

(5) 그 밖의 첨부서류

대리인에 의하여 경매신청을 하는 경우에는 그 대리권을 증명하는 위임장(또는 가족관계증명서), 경매개시결정등기의 등록면허세 영수필확인서, 등록신청수수료 등을 제출하여야 한다.

(6) 비용의 예납

항공기에 대한 경매를 신청하는 때에는 채권자는 강제집행에 필요한 비용으로서 법원이 정하는 금액을 미리 내야 한다(법 제18조 제1항). 강제집행에 필요한 비용은 항공기의 감정료, 매각수수료 등의 각종 수수료와 송달료이다. 항공기경매에서 항공기에 대한 압류의 효력이 발생한 때부터 매각대금 지급까지의 기간 동안에 항공기의 정류 또는 정박을 위하여 발생한 정류 또는 정박료는 집행비용에 해당한다.[10]

다. 집행법원

항공기에 대한 경매는 압류 당시에 그 항공기가 있는 곳을 관할하는 지방법원을 집행법원으로 하고(법 제270조, 제269조, 제187조, 제173조), 이는 전속관할이다(법 제21조). 항공기는 고도의 이동성을 가지고 있어 이에 대한 집행은 목적물을 일정한 장소에 정류 또는 정박시켜 현금화할 필요가 있으므로, 부동산과는 달리 정치장(定置場) 이외의 소재지를 기준으로 한다(항공기소재지주의). 여기의 지방법원에는 지방법원 지원도 포함된다(규칙 제98조 참조). '그 항공기가 있는 곳'이란 정류 또는 정박 비행장을 말하지만, 항공기가 비행장에 정류하고 있는 경우만을 말하는 것은 아니고 그 외에 항공기가 소재하고 있는 곳도 포함하는 것으로 넓게 해석하여

---

9) 법원실무제요 민사집행 III, 법원행정처(2014), 18면.
10) 대법원 1998. 2. 10. 선고 97다10468 판결(선박).

야 한다. 따라서 항공기가 비행장 내에 정류하고 있는 경우뿐만 아니라, 주기장(駐機場)에 계류 중인 경우 그 소재지도 포함한다. 또 수리·개조 등을 위하여 수리창·정비창에 들어가 있는 경우도 여기에 해당한다.

라. 경매개시결정(압류절차)

(1) 심 리

임의경매신청에 대한 심리는 심문기일이나 변론기일을 열어 할 수도 있으나 변론이나 심문 없이 서면에 의하여 심리하는 것이 통상적이다. 심리의 결과 신청의 요건을 갖추었다고 판단되면 경매개시결정을 하고, 만약 요건에 흠이 있고 그 흠이 보정될 수 없는 것이면 결정으로 신청을 각하한다. 보정할 수 있는 것이면 보정을 명한다. 신청의 이유가 없으면 기각한다. 경매신청을 기각하거나 각하하는 재판에 대하여는 즉시항고를 할 수 있다(법 제268조, 제187조, 제172조, 제83조 제5항).

(2) 경매개시결정의 내용과 송달

경매개시결정에는 (i) 채권자, 채무자, 소유자의 이름·주소, (ii) 채권자, 채무자, 소유자의 대리인이 있는 때에는 대리인의 표시, (iii) 항공기의 표시, (iv) 청구금액, (v) 항공기에 대하여 경매절차를 개시한다는 취지, (vi) 채권자를 위하여 항공기를 압류한다는 취지의 선언, (vii) 정류 또는 정박명령, (viii) 항공기등록증명서등 수취·제출명령, (ix) 결정 연월일 등을 적고, 판사[11]가 서명날인(법 제187조, 제172조, 제83조, 제174조, 제176조) 또는 기명날인한다(법 제23조 제1항, 민사소송법 제224조 제1항). 경매개시결정은 소유자에게 송달하여야 한다. 실무상으로는 채무자에게도 송달해주고 있다.

---

11) 법원조직법 제54조 제2항, 사법보좌관규칙 제2조 제1항에서 부동산, 자동차·건설기계·소형선박에 대한 강제경매절차, 담보권의 실행을 위한 경매절차, 유치권 등에 의한 경매절차 등을 사법보좌관의 업무로 규정하고 있다. 그러나 선박, 항공기에 대한 강제집행은 사법보좌관의 업무에서 제외되어 있으므로, 판사가 집행을 담당하고 있다.

(3) 경매개시결정등록의 촉탁

이미 등록되어 있는 항공기의 경우 법원이 경매개시결정을 하면 법원 사무관등은 즉시 그 사유를 항공기등록원부에 기입하도록 국토교통부장관에게 경매개시결정등록을 촉탁하여야 한다(법 제187조, 제172조, 제94조 제1항).

(4) 항공기등록증명서등의 제출

법원은 경매개시결정을 한 때에는 집행관에게 항공기등록증명서, 그 밖에 항공기운항에 필요한 문서(이하 '항공기등록증명서등')를 받아 법원에 제출하도록 명하여야 한다(법 제187조, 제174조 제1항, 규칙 제106조). 이는 경매개시결정과 함께 압류항공기의 운항에 필요한 서류를 받게 하여 법률상 그 항공기의 운항이 불가능한 상태에 둠으로써 압류의 실효성을 확보하려는 규정이다. 수취·제출명령의 대상인 문서는 항공기등록증명서, 그 밖에 항공기 운항에 필요한 문서이다. 국토교통부장관은 항공안전법 제7조에 따라 항공기를 등록하였을 때에는 신청인에게 항공기등록증명서를 발급하여야 한다(항공안전법 제12조). 항공기를 운항하려는 자 또는 소유자 등은 해당 항공기에 국토교통부령으로 정하는 서류를 탑재하여 운용하여야 하므로(항공안전법 제52조), 이들 서류가 수취·제출명령과 인도명령의 대상이 된다.

(5) 수취명령의 집행불능과 경매개시결정의 취소

집행관이 민사집행법 제187조, 제174조 제1항의 명령에 따라 항공기등록증명서등을 수취하려 하였으나 그 목적을 달성하지 못한 때에는 그 사유를 법원에 서면으로 신고하여야 한다(규칙 제106조, 제97조). 이 경우 집행관은 집행불능조서를 작성하여야 한다(법 제10조). 제174조 제1항에 의한 수취명령의 집행이 불능으로 된 때에만 신고하면 족하고, 제175조 제1항의 인도명령의 집행이 불능으로 된 때에는 신고할 필요가 없다(규칙 제106조, 제97조 참조). 한편 경매개시결정이 있은 날부터 2월이 지나기까지 집행관이 항공기등록증명서등을 넘겨받지 못하고 항공기가 있는 곳이 분명하지 아니한 때에는 집행법원이 경매절차를 취소할 수 있다(법 제187조, 제183조).

마. 항공기 집행절차의 이해관계인

항공기 집행에 관여할 수 있는 이해관계인에는 (i) 압류채권자와 집행력 있는 정본에 의한 배당요구채권자, (ii) 채무자, 소유자, (iii) 항공기등록원부에 기입된 항공기 위의 권리자(항공기저당권자 및 항공기임차인), (iv) 항공기 위의 권리자로서 그 권리를 증명한 사람(항공기에 대하여 조세 등의 교부청구를 한 주관관청) 등이 있다. 소유자는 채무자와는 달리 매수신청인이 될 수 있다.[12]

바. 현금화와 배당

(1) 현금화

(가) 항공기에 대한 집행에서 현금화와 배당절차는 부동산강제경매의 규정이 준용된다(법 제187조, 제172조, 규칙 제106조, 제105조). 따라서 집행법원은 경매개시결정에 따른 압류의 효력이 생긴 때(그 경매개시결정 전에 다른 경매개시결정이 있은 경우를 제외한다)에는 절차에 필요한 기간을 감안하여 배당요구를 할 수 있는 종기를 첫 매각기일 이전으로 정하고(법 제187조, 제84조 제1항), 위 배당요구의 종기[13] 결정은 경매개시결정에 따른 압류의 효력이 생긴 때부터 1주 이내에 하여야 하며(법 제187조, 제84조 제3항), 매각의 준비단계에서 조세 그 밖의 공과금을 주관하는 공공기관에 대하여 그 항공기에 관한 채권의 유무, 그 원인 및 액수(원금·이자·비용,

---

12) 법원실무제요 민사집행 Ⅱ, 법원행정처(2014), 710면.
13) 민사집행법 제84조 제6항은 법원이 특별히 필요하다고 인정하는 경우에는 배당요구의 종기를 연기할 수 있다고 규정하고 있는바, 주채무자 소유 부동산에 대한 강제경매절차에서 집행법원이 배당요구의 종기를 결정하였는데, 보증인이 채무를 대위변제한 후 주채무자에 대한 구상권을 행사하는 과정에서 위 종기를 준수하지 못하여 그 연기를 구하여 온 경우에, 집행법원은 경매절차의 진행 경과, 보증인이 위 종기를 준수하지 못한 데에 귀책사유가 있는지 여부, 위 종기를 준수하지 못한 기간의 크기, 채권자 등 이해관계인이나 경매절차에 미치는 영향 등을 고려하여 특별히 필요하다고 인정하는 경우에 한하여 배당요구의 종기를 연기할 수 있고, 위와 같은 사유로 배당요구종기 연기 신청을 인용하거나 기각하는 집행법원의 결정은 위 조항에 따른 재량에 의한 것이다. 대법원 2013. 7. 25. 선고 2013다204324 판결.

그 밖의 부대채권을 포함한다)를 배당요구의 종기까지 법원에 신고하도록 최고한다(법 제187조, 제84조 제4항).

(나) 항공기 집행에는 현황조사와 물건명세서에 관한 규정을 적용하지 아니한다(규칙 제106조 제1문 단서). 항공기 집행에서는 대항력 있는 임차권이 있는 경우라도 등록 여부만으로 권리관계를 손쉽게 확인할 수 있고, 부동산이나 선박과는 달리 항공기 내에 독립된 점유자가 있는 상황도 보통 상정하기 어렵다.[14] 이러한 점을 고려하여 항공기 집행에서는 매수인에게 대항할 수 있는 권리의 조사를 주된 목적으로 하는 현황조사를 실시하지 아니하고, 또한 매수희망자에게 매각에 의하여 효력을 잃지 않는 권리의 존부를 알려 주는 것을 주된 목적으로 하는 물건명세서도 작성하지 아니한다. 항공기 집행에서는 현황조사보고서와 물건명세서를 작성하지 아니하는 대신 매수희망자들에게 필요한 정보를 제공하기 위하여 '평가서'를 일반인에게 보여주어 매각을 실시한다. 법원은 매각기일(기간입찰의 방법으로 진행할 경우에는 입찰기간의 개시일)의 1월 전까지 평가서의 사본을 법원에 비치하고 누구든지 볼 수 있도록 하여야 하며(규칙 제107조 제1항), 법원사무관등은 평가서의 사본을 비치한 날짜와 그 취지를 기록에 적어야 한다(같은 조 제2항). 다만 부동산과 선박경매절차에서 평가서의 사본 비치에 갈음하여 전자통신매체로 공시할 수 있도록 하였으나(규칙 제55조 단서, 제105조 참조), 항공기의 경우에는 매수희망자가 특수한 계층으로 제한되어 있을 가능성이 많으므로 전자통신매체를 통한 평가서의 사본비치에 관하여는 별도로 규정하지 않고 있다.

(다) 법원은 최저매각가격을 정하여 부동산의 매각과 동일한 매각방법에 의하여 매각한다. 남을 가망이 없는 경우에는 소정의 절차를 거쳐 채권자로부터 보증의 제공을 받든지, 경매절차를 취소하여야 한다(법 제187조, 제102조). 위와 같은 절차가 끝난 후에는 집행법원은 매각기일과 매각결정기일을 정하여 공고하며 이해관계인에게 통지하고(법 제187조, 제104조), 집행관에 대하여 매각명령을 발령하게 된다.

---

14) 법원실무제요 민사집행 III, 79면.

(2) 집행비용

집행비용으로는 송달료, 수수료 등 법원의 집행실시비용 외에 감수·보존비용이 있다.

(가) 법원의 결정에 따른 감수·보존비용

법원의 결정에 따른 감수·보존비용은 감수·보존인으로 집행관이 선정된 경우이든 항공기관리회사가 선정된 경우이든 집행비용에 해당한다. 실무상 채권자가 사적으로 계약을 체결한 항공기관리회사로 하여금 항공기 감수·보존업무를 맡도록 하는 사례가 있는데, 이 경우에도 집행비용으로 볼 수 있는지가 문제된다. 감수·보존행위는 채권자 전원의 공동이익을 위하여 한 행위이므로, 실무상 법원이 정한 기준의 범위 내에서는 이를 집행비용으로 인정하고 있다.

(나) 경매개시결정 전에 한 가압류의 집행에 따른 감수·보존결정에 의한 비용

항공기가압류신청을 하면서 동시에 감수·보존신청을 하여 항공기경매개시결정 전부터 감수·보존처분이 되었다가 그 후 경매신청에 이른 경우, 경매개시결정 전의 감수·보존비용도 집행비용에 해당하는지가 문제된다. 이에 대하여 판례[15]는, 항공기의 가압류 및 감수·보존에 따른 집행비용은 민사집행법 제291조, 제53조 제1항에 의하여 집행채무자의 부담이 되고 채권자의 본안 승소확정판결 집행시 별도의 집행권원 없이 회수할 수 있으므로, 본안소송에서 이를 불법행위로 인한 손해라고 하여 별도로 소구할 이익이 없는 집행비용이라는 입장을 취하고 있다. 가압류집행에 대하여는 강제집행에 관한 규정이 준용되므로(법 제291조), 가압류의 집행에 소요된 비용은 집행비용으로 된다. 가압류채권자가 아닌 다른 채권자의 신청에 의하여 항공기가 집행된 경우에도 가압류의 집행에 소요된 비용은 역시 집행비용으로 보아야 한다.

(3) 배 당

항공기에 대한 강제집행에서 채권자들에 대한 배당순위는 부동산에 대

---

15) 대법원 1979. 2. 27. 선고 78다1820 판결(선박).

한 강제집행과 동일하다. 가압류대상인 항공기에 대하여 이미 경매신청채권자 등에 의하여 감수·보존처분이 되어 있다고 하더라도 이를 원용할 수 없고 별도로 가압류집행을 하여야 한다.[16] 매각재산에 조세채권의 법정기일 전에 설정된 저당권에 의하여 담보되는 채권이 있는 경우를 예로 들면, 배당순위는 다음과 같다.

① 제1순위: 집행비용

② 제2순위: 저당물의 제3취득자가 그 부동산의 보존·개량을 위하여 지출한 필요비·유익비(민법 제367조). 저당물에 관한 소유권을 취득한 자도 민법 제367조 소정의 제3취득자에 해당한다.[17]

③ 제3순위: 최종 3개월분 임금과 최종 3년간의 퇴직금 및 재해보상금(근로기준법 제38조 제2항, 근로자퇴직급여 보장법 제12조 제2항)

④ 제4순위: 집행의 목적물에 대하여 부과된 국세, 지방세와 가산금('당해세'. 국세기본법 제35조 제1항 제3호, 지방세기본법 제99조 제1항 제3호)

⑤ 제5순위: 국세 및 지방세의 법정기일 전에 설정등록된 저당권에 의하여 담보되는 채권(국세기본법 제35조 제1항 제3호, 지방세기본법 제99조 제1항 제3호). 담보가등록권리자가 집행법원이 정한 기간 안에 채권신고를 한 경우도 같다.

⑥ 제6순위: 근로기준법 제38조 제2항 및 근로자퇴직급여 보장법 제12조 제2항의 임금 등을 제외한 임금, 기타 근로관계로 인한 채권(근로기준법 제38조 제1항 본문, 근로자퇴직급여 보장법 제12조 제1항 본문)

⑦ 제7순위: 국세·지방세 및 이에 관한 체납처분비, 가산금 등의 징수금(국세기본법 제35조 제1항 본문, 지방세기본법 제99조 제1항 본문)

⑧ 제8순위: 국세 및 지방세의 다음 순위로 징수하는 공과금 중 납부기한이 저당권 설정등록 후인 고용보험료 및 산업재해보상보험료, 국민건강보험료, 국민연금보험료 등

⑨ 제9순위: 일반채권(일반채권자의 채권과 재산형·과태료 및 국유재산법상 사용료·대부료·변상금채권)

---

16) 대법원 2011. 9. 8. 선고 2009다49896 판결(선박).
17) 대법원 2004. 10. 15. 선고 2004다36604 판결.

사. 항공기의 점유자에 대한 항공기등록증명서 등의 인도명령

(1) 의 의

항공기 임의경매에서도 집행절차 중 항공기를 압류장소에 정류 또는 정박하고, 집행관이 항공기등록증명서등을 수취하여 제출하여야 하며, 감수·보존처분을 하는 등 항공기 집행의 확보를 위한 조치를 취하여야 하고, 이러한 조치를 취하지 못하고 항공기의 소재가 분명하지 아니한 때에는 법원이 경매절차를 취소할 수 있음은 항공기 강제경매의 경우와 같다(법 제270조, 제269조, 규칙 제196조, 제195조 참조). 한편 법원은 경매신청인의 신청에 따라 신청인에게 대항할 수 있는 권원을 가지지 아니한 항공기의 점유자에 대하여 항공기등록증명서등을 집행관에게 인도할 것을 명할 수 있다(규칙 제196조, 제195조 제2항).

(2) 인도명령의 내용

위 규정에 따른 인도명령의 내용은 항공기의 점유자에 대하여 항공기등록증명서등을 집행관에게 인도하도록 명하는 것이다. 채무자 또는 소유자로부터 항공기등록증명서등을 수취하기 위한 명령(법 제174조, 제269조, 제270조)은 집행관에 대한 직무명령임에 비하여, 민사집행규칙 제196조, 제195조 제2항의 명령은 집행관에 대한 직무명령이 아니다. 그 결과 채권자가 인도명령을 집행하기 위해서는 집행관에게 그 집행을 신청(위임)하여야 한다.[18]

(3) 명령의 상대방

인도명령의 상대방은 신청인에게 대항할 수 있는 권원을 갖지 아니한 항공기의 점유자이다. 상대방이 이러한 점유자에 해당하는 사실은 신청인이 소명하여야 한다. 항공기의 점유자가 그 권원으로 신청인에게 대항할 수 있는지는 등록에 의하여 결정된다. 이 경우 임차인이 대항할 수 없는 담보권이 존재하여도 신청인의 담보권에 대항할 수 있는 때에는 인도명령

---

18) 법원실무제요 민사집행 Ⅲ, 71면.

을 발령할 수 없게 된다.

(4) 즉시항고

위 신청에 관한 재판에 대하여는 즉시항고를 할 수 있으므로(규칙 제 196조, 제195조 제3항) 위 신청을 각하·기각하는 재판 또는 인도명령에 대하여는 즉시항고를 할 수 있다. 점유자 이외에도 소유자 등 이해관계를 갖는 사람은 점유자가 신청인에게 대항할 수 있는 권원을 가지고 있음을 이유로 하여 즉시항고를 제기할 수 있다.

(5) 송달 전의 집행

위 인도명령은 상대방에게 송달되기 전에도 집행할 수 있다(규칙 제196 조, 제195조 제4항). 인도명령은 즉시항고를 할 수 있는 재판이라는 측면에서 보면 신청인 및 상대방인 항공기의 점유자에 대하여 고지하여야 하는데(규칙 제7조 제1항 제2호), 만일 인도명령을 집행 전에 송달하면 점유자가 항공기를 이륙·이동시켜 집행이 불가능하게 될 우려가 있기 때문이다.

아. 감수·보존처분

(1) 의 의

항공기는 경매절차 중에는 압류장소에 정류 또는 정박시켜 두는 것을 원칙으로 한다(법 제187조, 제176조 제1항). 그러나 부동산과 달리 이동이 가능하고 항공기의 은닉·훼손 등에 의한 가치감소 등의 위험이 있으므로 이를 방지하여 경매절차의 수행을 확실하게 하고 그 가격을 유지하게 하기 위하여, 법원은 채권자의 신청에 따라 감수인을 선임하여 항공기를 감수(監守)하도록 하거나 그 보존(保存)에 필요한 처분을 명할 수 있도록 하였다(법 제187조, 제178조 제1항).[19] 이는 항공기등록증명서등의 수취제도

---

19) 독일 강제경매법(Zwangsversteigerungsgesetz) 171조g도 항공기에 대한 감수 (Bewachung)· 보존(Verwahrung)에 관하여 규정하고 있다. 항공기의 가압류에 관하여는 민사소송법(Zivilprozessordnung) 제931조가 적용되는 것이 아니라, 특별법인 항공법(Luftfahrzeuge‐Rechtegesetz) 제99조 제2항이 적용된다[Mayer, Beck'scher Online‐ Kommentar, ZPO §931 Vollziehung in eingetragenes Schiff oder Schiffsbauwerk, Vorwerk/Wolf, 18. Edition, 2015. 9. 1., Rn. 10].

(법 제187조, 제174조, 제175조)와 함께 압류의 실효성을 확보하기 위한 장치이다. 감수처분과 보존처분은 원래 별개의 처분이다. 감수는 주로 항공기의 이동을 방지하기 위한 처분을 말하고(규칙 제106조, 제103조 제2항), 보존은 주로 항공기의 효용 또는 가치의 변동을 방지하기 위한 처분을 말한다(규칙 제106조, 제103조 제3항). 따라서 감수처분은 성질상 감수인이 직접 항공기를 점유할 필요가 있으나, 보존처분은 반드시 항공기의 점유를 필요로 하지는 않는다.

(2) 감수·보존처분의 신청과 명령

(가) 신청

감수·보존처분은 채권자의 신청이 있어야만 발령할 수 있다. 그 신청은 서면으로 하여야 한다(법 제4조). 항공기감수·보존신청서에는 1,000원의 인지를 붙여야 하고, 이를 접수한 때에는 사건번호를 부여한 다음 집행사건기록에 합철한다(그 표지에 감수·보존처분신청사건 번호를 병기하여야 한다. 민사접수서류에 붙일 인지액 및 그 편철방법 등에 관한 예규). 신청은 경매개시결정 전에도 할 수 있으나(규칙 제106조, 제102조 참조), 적어도 경매신청과 동시 또는 그 이후이어야 하고 경매신청 이전에는 신청할 수 없다. 항공기에 대한 가압류의 경우에도 감수·보존처분을 할 수 있다(규칙 제209조, 제106조, 제102조, 제103조).

(나) 비용

채권자는 감수·보존처분신청을 할 때 집행비용으로서 법원이 정하는 금액을 미리 내야 한다. 예납하지 않으면 법원은 신청을 각하하거나 감수·보존집행절차를 취소할 수 있다. 예납 불이행으로 인한 신청 각하, 집행절차 취소결정에 대해서는 즉시항고가 가능하다(법 제18조).

(다) 감수·보존명령의 내용

채권자가 감수·보존처분을 신청하고 비용을 예납하면 법원은 결정으로 감수·보존명령을 발령한다. 이는 경매개시결정 전에도 할 수 있다(규칙 제106조, 제102조). 위 감수·보존명령의 내용은 집행관 그 밖에 적당하다고 인정되는 사람을 감수인 또는 보존인으로 정하고 감수 또는 보존을 명하는 것이다(규칙 제106조, 제103조 제1항). 감수·보존명령은 채무자(또는 기장)에게 송달하여야 하며 채권자에게도 적당한 방법으로 고지하여야 한다. 실무상 감수·보존명령은 신속성·밀행성을 위하여 채권자의 위임에 따라 집행관송달을 통하여 경매개시결정정본과 같이 송달하고 있다.[20]

(3) 감수·보존처분의 집행

(가) 집행의 방법

감수·보존명령을 독립한 집행권원으로 보기는 어렵고 항공기에 대한 경매개시결정에 따르는 부수적인 집행처분이라고 보는 통설에 따르면, 감수·보존인은 별도로 집행위임을 기다리지 아니하고 스스로 항공기를 점유하고 감수·보존에 해당하는 행위를 할 권한을 가진다. 다만 감수·보존인을 채권자가 위임하는 집행관으로 정한 명령이 발령된 경우에는 그 명령의 취지에 따라 채권자의 특정 집행관에 대한 집행위임이 필요하다. 채무자가 임의로 항공기를 인도하지 않는 경우에는 감수인은 독립된 집행기관은 아니므로 직접 강제력을 사용하여 채무자로부터 항공기의 점유를 취득할 수는 없고, 채권자 또는 감수인이 집행관에게 항공기의 인도집행을 위임하여야 한다.

(나) 감수명령의 집행 내용

감수명령의 집행은 채무자의 점유를 풀고 감수인이 항공기를 점유하여 항공기의 이동을 방지하기 위하여 필요한 조치를 취하는 것이므로(규칙 제106조, 제103조 제2항), 예를 들면 항공기를 일정한 장소에 계류시키고 무단이동을 방지하기 위하여 조종장치를 봉인하거나 엔진의 열쇠를 보관하는 등의 조치를 취하는 방법으로 한다.

(다) 보존명령의 집행 내용

보존명령의 집행에서는 보존인이 반드시 항공기를 점유할 필요는 없고 항공기의 효용 또는 가치의 변동을 방지하기 위하여 필요한 조치를 취하

---

20) 법원실무제요 민사집행 III, 45면.

면 되므로(규칙 제106조, 제103조 제3항), 예를 들어 항공기가 손괴된 경우에 정비창에서 수리하게 하는 등의 조치를 하면 된다. 또 그러한 구체적 집행처분의 필요 여부를 결정하기 위하여 보존인이 정기적으로 항공기를 점검하는 것도 보존명령의 집행에 해당한다.

(라) 감수·보존명령의 집행 내용

감수·보존명령을 중복하여 한 보통의 경우에는(규칙 제106조, 제103조 제4항) 감수·보존인이 위와 같은 집행처분을 적당하게 실시할 수 있다. 감수·보존인은 항공기를 점검한 결과 특별한 조치를 취할 필요가 있으면 집행법원에 그 보고서와 비용청구서를 제출할 수 있다. 또 채권자나 감수인의 집행위임에 의하여 항공기의 인도집행을 한 집행관은 집행조서(감수·보존처분집행조서)를 작성하여야 하고, 항공기를 점검한 때에는 점검조서를 작성하여야 한다.

(4) 감수·보존처분의 효력

(가) 압류의 효력발생

항공기압류의 효력은 개시결정의 송달시나 압류의 등록시 또는 감수·보존처분의 집행이나 항공기등록증명서등의 수취시 중 가장 빠른 시점에 발생하는 것이 된다. 그러나 감수·보존처분의 집행에 의하여 압류의 효력이 생겼다 하더라도 압류의 등록이 없는 한 이를 제3자에게 대항할 수 없으므로, 감수·보존처분의 집행 후라도 압류의 등록 전에 항공기가 제3자에게 양도되어 그 이전등록이 된 때에는 집행법원의 경매개시결정등기의 촉탁은 각하되어야 하고, 집행법원은 경매절차를 취소하여야 한다(법 제187조, 제172조, 제96조).

(나) 감수·보존처분의 효력지속시기

감수·보존처분은 매각허가결정이 확정된 후 매수인이 매각대금을 납부하여 소유권을 취득할 때까지 존속한다.

(다) 감수명령에 위반한 이륙·이동의 효력

감수명령의 집행에 의하여 감수인이 압류된 항공기를 감수하고 있는 동안에 항공기가 압류장소로부터 이륙·이동한 경우에는 감수인은 당해 항공기를 회항하게 하여 이를 다시 점유할 수 있다. 이러한 회항의 현실적인 집행을 위해서는 집행관에게 집행위임을 하여야 한다. 그러나 항공기의 소재가 불명하거나 소재가 확인되더라도 국외에 있을 때에는 항공기의 감수명령의 집행은 사실상 불가능하므로 집행법원은 채권자에게 일정한 기간 내에 이를 회항시킬 것을 명하고, 그 기간 내에 회항되지 않으면 집행불능을 이유로 경매절차를 취소할 수밖에 없다.[21]

2. 대상사안의 검토

(1) 이 사건 항공기는 울산공항에 정치되어 있으므로, 경매사건은 울산지방법원의 전속관할에 속한다. 채무자가 근저당권 피담보채무를 변제하지 않자, 채권자가 근저당권에 기하여 경매를 신청한 것이므로 임의경매절차가 개시되었다. 저당권자가 그 피담보채무의 불이행을 이유로 경매신청한 때에는 그 경매신청시에 근저당권은 확정되는 것이며 근저당권이 확정되면 그 이후에 발생하는 원금채권은 그 근저당권에 의하여 담보되지 않는다.[22]

(2) 그러나 이 사건에서는 경매개시결정이 있은 날부터 2월이 지나기까지 집행관이 항공기등록증명서등을 넘겨받지 못하였기 때문에 집행법원은 경매개시결정을 취소하고, 경매신청을 기각하였다. 따라서 이 사건은 매각허가결정이 선고되었음에도 매각대금에서 집행비용을 공제한 나머지 배당금액이 배당순위에 따라 배당되는 배당절차까지 가지 못하고 경매사건이 종결되었다.

---

21) 법원실무제요 민사집행 III, 48면.
22) 대법원 1988. 10. 11. 선고 87다카545 판결.

[20] 항공기 일괄매각

대법원 2001. 8. 22.자 2001마3688 결정

Ⅰ. 사실관계

(1) S항공인터내쇼날 주식회사(이하 'S항공') 소유의 이 사건 회전익항 공기 3대는 모두 주식회사 T항공시스템(이하 'T항공')에 임대하고, T항공은 다시 이를 경상남도 등의 지방자치단체에 일정기간 전대(轉貸)하여 이용하 고 있다. S항공은 T항공에 이 사건 항공기를 각각 2회에 나누어 별도로 임대하였고, 이 사건 항공기들은 모두 촬영용·화물운송용·여객운송용 등 의 용도로 개별적으로 이용할 수 있다.

(2) 신청채권자 워싱턴타임즈 에이비에이션 인코퍼레이션은 이 사건 항공기 3대에 대하여 담보권에 기한 경매를 신청하면서, 중견 부정기 항 공운송업체들로 하여금 3대의 항공기를 일괄로 매수할 수 있는 기회를 주 는 것이 매각대금을 높일 수 있을 것이라고 하면서 일괄매각방식[1]에 의한 진행을 청구하였다.

(3) 집행법원은 이 사건 항공기들에 대하여 일괄매각결정을 하였다. 이 에 대하여 S항공은 일괄매각결정이 위법하다는 이유로 매각허가결정에 대 하여 항고를 제기하였다.

(4) 항고법원[2]은 이 사건 항공기들은 모두 T항공에 임대된 후 그 회사 가 경상남도 등의 지방자치단체에 일정기간 전대하는 방식으로 사용되어 왔으므로 사실상 관리 및 이용에서 어느 정도의 견련관계(牽連關係)가 있 고, 이를 개별매각할 경우의 매각가격이 일괄매각할 경우에 비하여 고가 로 형성된다고 단정하기 어려우며, 일괄매각방식에 의한 항공기 매도가

---

[1] 구 민사소송법 당시의 사건으로, '일괄입찰'이라는 용어를 사용하였다. 이해의 편의상 현 행 민사집행법상 용어인 '일괄매각'으로 변경하였다.
[2] 서울지방법원 2001. 5. 15.자 2001라1168 결정.

거래실정에 전혀 어긋난다고 보기 어렵고, 개별매각을 하더라도 고가로 매수하겠다는 매수희망자가 있다고 인정할 만한 충분한 자료도 없는 사정에 비추어, 집행법원이 이 사건 항공기들을 일괄매각방식으로 경매절차를 진행한 것이 재량의 정도를 벗어나 이 사건 매각허가결정을 불허할 정도로 중대한 하자가 있다고는 인정되지 않는다는 이유로 항고를 배척하였다.

II. 참조 조문

1. 민사집행법(이하 '법')

> **제98조(일괄매각결정)** ① 법원은 여러 개의 부동산의 위치·형태·이용관계 등을 고려하여 이를 일괄매수하게 하는 것이 알맞다고 인정하는 경우에는 직권으로 또는 이해관계인의 신청에 따라 일괄매각하도록 결정할 수 있다.
>
> ② 법원은 부동산을 매각할 경우에 그 위치·형태·이용관계 등을 고려하여 다른 종류의 재산(금전채권을 제외한다)을 그 부동산과 함께 일괄매수하게 하는 것이 알맞다고 인정하는 때에는 직권으로 또는 이해관계인의 신청에 따라 일괄매각하도록 결정할 수 있다.
>
> ③ 제1항 및 제2항의 결정은 그 목적물에 대한 매각기일 이전까지 할 수 있다.
>
> **제99조(일괄매각사건의 병합)** ① 법원은 각각 경매신청된 여러 개의 재산 또는 다른 법원이나 집행관에 계속된 경매사건의 목적물에 대하여 제98조 제1항 또는 제2항의 결정을 할 수 있다.
>
> ② 다른 법원이나 집행관에 계속된 경매사건의 목적물의 경우에 그 다른 법원 또는 집행관은 그 목적물에 대한 경매사건을 제1항의 결정을 한 법원에 이송한다.
>
> ③ 제1항 및 제2항의 경우에 법원은 그 경매사건들을 병합한다.
>
> **제100조(일괄매각사건의 관할)** 제98조 및 제99조의 경우에는 민사소송법 제31조에 불구하고 같은 법 제25조의 규정을 준용한다. 다만, 등기할 수 있는 선박에 관한 경매사건에 대하여서는 그러하지 아니하다.

제101조(일괄매각절차) ① 제98조 및 제99조의 일괄매각결정에 따른 매각절차는 이 관의 규정에 따라 행한다. 다만, 부동산 외의 재산의 압류는 그 재산의 종류에 따라 해당되는 규정에서 정하는 방법으로 행하고, 그 중에서 집행관의 압류에 따르는 재산의 압류는 집행법원이 집행관에게 이를 압류하도록 명하는 방법으로 행한다.

② 제1항의 매각절차에서 각 재산의 대금액을 특정할 필요가 있는 경우에는 각 재산에 대한 최저매각가격의 비율을 정하여야 하며, 각 재산의 대금액은 총대금액을 각 재산의 최저매각가격비율에 따라 나눈 금액으로 한다. 각 재산이 부담할 집행비용액을 특정할 필요가 있는 경우에도 또한 같다.

③ 여러 개의 재산을 일괄매각하는 경우에 그 가운데 일부의 매각대금으로 모든 채권자의 채권액과 강제집행비용을 변제하기에 충분하면 다른 재산의 매각을 허가하지 아니한다. 다만, 토지와 그 위의 건물을 일괄매각하는 경우나 재산을 분리하여 매각하면 그 경제적 효용이 현저하게 떨어지는 경우 또는 채무자의 동의가 있는 경우에는 그러하지 아니하다.

④ 제3항 본문의 경우에 채무자는 그 재산 가운데 매각할 것을 지정할 수 있다.

⑤ 일괄매각절차에 관하여 이 법에서 정한 사항을 제외하고는 대법원규칙으로 정한다.

제264조(부동산에 대한 경매신청) ① 부동산을 목적으로 하는 담보권을 실행하기 위한 경매신청을 함에는 담보권이 있다는 것을 증명하는 서류를 내야 한다.

② 담보권을 승계한 경우에는 승계를 증명하는 서류를 내야 한다.

③ 부동산 소유자에게 경매개시결정을 송달할 때에는 제2항의 규정에 따라 제출된 서류의 등본을 붙여야 한다.

제268조(준용규정) 부동산을 목적으로 하는 담보권 실행을 위한 경매절차에는 제79조 내지 제162조의 규정을 준용한다.

제270조(자동차 등에 대한 경매) 자동차·건설기계·소형선박(자동차 등 특정동산 저당법 제3조 제2호에 따른 소형선박을 말한다) 및 항공기(자동차 등 특정동산 저당법 제3조 제4호에 따른 항공기 및 경량항공기를 말한다)를 목적으로 하는 담보권 실행을 위한 경매절차

는 제264조부터 제269조까지, 제271조 및 제272조의 규정에 준하여 대법원규칙으로 정한다.

2. 민사집행규칙(이하 '규칙')

제52조(일괄매각 등에서 채무자의 매각재산 지정) 법 제101조 제4항 또는 법 제124조 제2항의 규정에 따른 지정은 매각허가결정이 선고되기 전에 서면으로 하여야 한다.

제106조(강제집행의 방법) 항공법에 따라 등록된 항공기(다음부터 "항공기"라 한다)에 대한 강제집행은 선박에 대한 강제집행의 예에 따라 실시한다(다만, 현황조사와 물건명세서에 관한 규정 및 제95조 제2항의 규정은 제외한다). 이 경우 법과 이 규칙에 "등기"라고 규정된 것은 "등록"으로, "등기부"라고 규정된 것은 "항공기등록원부"로, "등기관"이라고 규정된 것은 "국토교통부장관"으로, "정박"이라고 규정된 것은 "정류 또는 정박"으로, "정박항" 또는 "정박한 장소"라고 규정된 것은 "정류 또는 정박하는 장소"로, "운행"이라고 규정된 것은 "운항"으로, "수역"이라고 규정된 것은 "운항지역"으로, "선박국적증서"라고 규정된 것은 "항공기등록증명서"로, "선적항" 또는 "선적이 있는 곳"이라고 규정된 것은 "정치장"으로, "선적항을 관할하는 해운관서의 장"이라고 규정된 것은 "국토교통부장관"으로 보며, 법 제174조제1항 중 "선장으로부터 받아"는 "받아"로, 제95조 제1항 중 "및 선장의 이름과 현재지를 적어야 한다."는 "를 적어야 한다."로 고쳐 적용한다.

제107조(평가서 사본의 비치 등) ① 법원은 매각기일(기간입찰의 방법으로 진행할 경우에는 입찰기간의 개시일)의 1월 전까지 평가서의 사본을 법원에 비치하고, 누구든지 볼 수 있도록 하여야 한다.

② 법원사무관등은 평가서의 사본을 비치한 날짜와 그 취지를 기록에 적어야 한다.

제195조(선박에 대한 경매) ① 선박을 목적으로 하는 담보권 실행을 위한 경매 신청서에는 제192조에 규정된 사항 외에 선박의 정박항 및 선장의 이름과 현재지를 적어야 한다.

② 법원은 경매신청인의 신청에 따라 신청인에게 대항할 수 있는 권

원을 가지지 아니한 선박의 점유자에 대하여 선박국적증서등을 집행관에게 인도할 것을 명할 수 있다.

③ 제2항의 신청에 관한 재판에 대하여는 즉시항고를 할 수 있다.

④ 제2항의 규정에 따른 결정은 상대방에게 송달되기 전에도 집행할 수 있다.

제196조(항공기에 대한 경매) 항공기를 목적으로 하는 담보권 실행을 위한 경매에는 제106조, 제107조, 제195조(다만, 제5항을 제외한다) 및 법 제264조 내지 법 제267조의 규정을 준용한다. 이 경우 제195조 제1항 중 "정박항 및 선장의 이름과 현재지를 적어야 한다"는 "정류 또는 정박하는 장소를 적어야 한다"로 고쳐 적용하며, 제195조 제2항에 "선박국적증서"라고 규정된 것은 "항공기등록증명서"로 본다.

Ⅲ. 판시사항

(1) 민사집행법 제98조에서 일괄매각의 요건으로 수개의 부동산의 상호간 이용관계에서 견련성(牽連性)을 요구하고 있는 것은 일괄매각 여부를 전적으로 집행법원의 재량에 맡기게 되면 당사자나 사회적 관점에서 일괄매각이 불필요한 경우에도 경매절차의 간이화를 위하여 안이하게 일괄매각의 방법이 채택될 우려가 있고, 불필요하게 일괄매각을 하게 되면 최저매각가격이 지나치게 높아지게 되어 오히려 매수희망자를 감소시키는 결과가 될 수 있기 때문이다.

(2) 집행법원은 그 재량에 의하여 수개의 항공기를 일괄하여 동일인에게 매수시키는 것이 상당하다고 인정하는 것만으로는 민사집행법 제98조를 적용하여 수개의 항공기에 대한 일괄매각을 할 수는 없고, 그러한 수개의 항공기 상호간의 이용관계에서 견련성이 있어야 하는 것이며, 항공기 상호간의 이용관계에서 견련성은 집행법원이 일괄매각의 상당성을 판단하는 경우에 요건의 예시가 아니고, 일괄매각의 상당성을 판단하는 유일한 기준이 되는 것이므로, 상호간 이용관계에서 견련성이 없는 수개의 항공기의 경우에는 설사 일괄매각을 함으로써 보다 높은 가액으로 또는

보다 신속하게 매각할 수 있을 가능성이 있다고 하더라도 그것만으로는 일괄하여 경매하는 것은 허용되지 아니한다.

IV. 해 설

1. 일괄매각

가. 개별매각의 원칙

(1) 하나의 매각절차에서 여러 개의 항공기를 매각하는 경우에 최저매각가격의 결정과 매각의 실시를 각 항공기별로 하는 방법과 여러 개의 항공기 전부를 일괄하여 하는 방법이 있는 바, 전자를 개별매각 또는 분할매각이라 하고, 후자를 일괄매각이라 한다.

(2) 민사집행법 제124조 제1항에서 여러 개의 부동산을 매각하는 경우에 한 개의 부동산의 매각대금으로 모든 채권자의 채권액과 강제집행비용을 변제하기에 충분하면 다른 부동산의 매각을 허가하지 아니한다고 규정하고 있기 때문에, 민사집행법은 개별매각을 원칙으로 하고 있다. 따라서 여러 개의 부동산을 동시에 매각하는 집행법원이 일괄매각결정을 한 바 없었다면 그 부동산들은 개별 매각된다.[3] 개별매각은 법정매각조건은 아니므로, 경매목적 항공기가 2대 이상 있는 경우에 개별매각으로 할 것인지 또는 일괄매각으로 할 것인지는 집행법원의 재량에 의하여 결정할 성질의 것이다.[4] 따라서 법원은 이해관계인의 합의가 없어도 일괄매각을 명할 수 있고, 또 일단 정한 매각방법을 재량으로 다른 방법으로 변경할 수도 있다.[5]

(3) 경매목적 부동산이 2개 이상 있는 경우에 그것이 동일한 담보제공자에 귀속되는 한에 있어서는 분할경매로 할 것인지 또는 일괄경매로 할 것인지는 집행법원의 재량에 의하여 결정할 성질의 것이지만, 그와 같은 집행법원의 자유재량은 제한이 없는 것이 아니고 토지와 그 지상건물이

---

3) 대법원 1994. 8. 8.자 94마1150 결정.
4) 대법원 1964. 6. 24.자 64마444 결정.
5) 법원실무제요 민사집행 II, 법원행정처(2014), 173면.

동시에 매각되거나 토지와 건물이 하나의 기업시설을 구성하고 있는 경우
및 2필지 이상의 토지를 매각함에 있어서 분할매각에 의하여 일부 토지만
매각되면 나머지 토지가 맹지가 되어 값이 현저히 하락하게 될 경우와 같
이 분할경매를 하는 것보다 일괄경매를 하는 것이 현저히 고가로 매각할
수 있다고 인정되는 경우 등 여러 개의 부동산의 위치·형태·이용관계 등
을 고려하여 이를 일괄매수하게 하는 것이 알맞다고 인정되는 경우에는,
집행법원으로서는 일괄경매가 부당하다거나 일괄경매를 할 수 없다고 볼
사유가 없는 한 일괄경매의 방법에 의하여 경매절차를 진행하는 것이 타
당하고, 이것을 개별 부동산별로 분할경매하는 것은 재량권의 범위를 넘
는 행위이다.6)

나. 일괄매각이 허용되지 아니한 경우

(1) 여러 개의 재산을 일괄매각하는 경우에 그 가운데 일부의 매각대
금으로 모든 채권자의 채권액과 강제집행비용을 변제하기에 충분하면 다
른 재산의 매각을 허가하지 아니한다(법 제101조 제3항 본문). 이 경우에
채무자는 그 재산 가운데 매각할 것을 지정할 수 있다(법 제101조 제4항).
그 지정은 매각허가결정이 선고되기 전에 서면으로 하여야 한다(민사집행
규칙 제52조). 다만 (i) 토지와 그 위의 건물을 일괄매각하는 경우, (ii) 재
산을 분리하여 매각하면 그 경제적 효용이 현저하게 떨어지는 경우, (iii)
채무자의 동의가 있는 경우에는 과잉매각금지의 원칙이 적용되지 않는다
(법 제101조 제3항 단서).

(2) 일괄매각을 하는 것보다 개별매각을 하는 편이 보다 고가로 매각
될 수 있으리라고 예상되는 경우에도 일괄매각을 할 수 없다.

다. 견련성과 관계없이 일괄매각하는 경우

(1) (i) 이해관계인 전원의 합의가 있는 경우, (ii) '공장 및 광업재단
저당법'에 의한 당연 일괄매각의 경우, (iii) 민법 제365조에 따라 토지·건
물을 같이 매각하는 경우7) 등에는 견련성과 관계없이 일괄매각을 하여야

---

6) 대법원 2003. 8. 19.자 2003마803 결정.

한다.

(2) 이와 달리, 견련성이 인정되지 않더라도 일괄매각을 하게 되면 개별매각보다 고가로 매각될 가능성이 있는 경우에도 일괄매각을 할 수 있는지 여부가 대상사안에서 문제되었다.[8]

라. 일괄매각결정의 하자와 불복방법

(1) 일괄매각결정이 위법한 경우

(가) 일괄매각 요건을 갖추지 못한 경우 : 매각목적물 사이에 아무런 견련관계가 없는데도 집행법원의 편의만을 위하여 일괄매각을 한 경우의 일괄매각결정은 위법하다.

(나) 개별매각을 하여야 하는데 일괄매각을 한 경우 : 과잉매각 금지의 원칙상 개별매각을 하여야 함에도 일괄매각을 하는 경우나, 일괄매각을 하는 것보다 개별매각을 하는 편이 보다 고가로 매각될 수 있으리라고 예상되는 경우 일괄매각을 하게 되면 일괄매각결정은 위법하다.

(다) 일괄매각의 결정방법이나 절차, 시기 등에 잘못이 있는 경우 : 일괄매각의 결정을 하면서 결정문을 작성하지 않거나 일괄매각결정을 공고하지 않은 경우 또는 매각목적물에 대한 매각기일 이후에 일괄매각결정을 한 경우에는 일괄매각결정 절차가 위법하다.

(2) 불복방법

(가) 일괄매각결정에 불복있는 자는 집행에 관한 이의를 신청할 수 있다(법 제16조 제1항). 이 경우 1,000원의 인지를 첨부하여야 한다. 이의신청이 접수되면 '타기'사건으로 별개의 사건으로 사건부에 등재하고, 사안의 내용에 따라 신청인과 채권자 등을 심문하고 결정한다. 매각허가 이후에는 매각허가에 대한 이의 또는 매각허가결정에 대한 항고로만 다툴 수 있다.

---

7) 대법원 1998. 4. 28.자 97마2935 결정.
8) 법원실무제요 민사집행 II, 법원행정처(2014), 179면에서는 일괄매각을 하게 되면 개별매각보다 '현저히' 고가로 매각될 가능성이 있는 경우 이를 긍정하고 있다.

(나) 사법보좌관제도가 도입되면서 사법보좌관이 일괄매각결정을 한 경우에는 사법보좌관규칙 제3조 제2호에 따라서 이해관계인이 '집행에 관한 이의신청'을 하고, 이에 대한 재판은 판사가 담당하도록 하였는데, 이 경우에도 이의신청은 집행법원이 실시하는 기일에 출석하여 하는 경우가 아니면 서면으로 하여야 하고, 이의의 이유를 구체적으로 밝혀야 하며, 1,000원의 인지를 붙여야 한다. 이러한 사법보좌관의 일괄매각결정에 대한 이의신청에 대하여 판사는 결정으로 재판한다. 이의신청이 부적법하다고 인정한 때에는 그 신청을 각하하고, 이유가 없을 때에는 이의신청을 기각한다. 이의신청의 사유가 있다고 인정한 때에는 대상이 되는 집행처분의 내용에 맞추어 적당한 취지의 결정을 해야 한다. 즉 개개의 집행처분을 취소하고 새로운 처분을 한다는 취지를 선언한다.

(다) 채권자의 경매신청이 없고 경매법원의 경매개시결정 및 목적물에 대한 압류절차도 없었던 부동산을 일괄매각한 경우에 그 매각은 당연 무효이므로 매수인은 그 부동산에 대한 소유권을 취득할 수 없다.[9]

2. 대상사안의 검토

가. 항공기 입찰에 대한 부동산일괄매각 규정의 준용

민사집행법 제268조는 부동산을 목적으로 하는 담보권의 실행을 위한 경매절차에 민사집행법 제98조 내지 제101조를 준용하고 있고, 제270조는 항공기를 목적으로 하는 담보권의 실행을 위한 경매절차에는 제268조를 준용하고 있으며, 항공기를 목적으로 하는 담보권 실행을 위한 경매절차에 관하여 민사집행규칙 제196조는 항공기에 대한 강제집행에는 선박에 대한 강제집행의 예에 의한다는 민사집행규칙 제106조를 준용하고 있는 바, 결국 항공안전법에 의하여 등록된 항공기를 목적으로 하는 담보권의 실행을 위한 경매절차에는 선박에 대한 담보권 실행을 위한 경매절차의 예에 의하므로, 민사집행법상 부동산 일괄매각 규정은 항공기를 목적으로 하는 담보권의 실행을 위한 경매절차에도 적용되고, 이는 경매에 갈음하

---

9) 대법원 1991. 12. 10. 선고 91다20722 판결.

는 입찰절차에도 마찬가지이다.

나. 이 사건 항공기들 상호간의 이용관계의 견련성 유무

(1) S항공이 T항공에 이 사건 항공기를 각각 2회에 나누어 별도로 임대하고 있는 점, 이 사건 항공기들은 모두 촬영용·화물운송용·승객운송용 등의 용도로 개별적으로 이용할 수 있는 점, 이 사건 항공기들의 기능이나 구조 등의 상호간의 이용관계에서 최고가매수인이 이 사건 항공기들을 함께 이용하는 것이 객관적으로 예견된다고 할 수 없는 점 등에 비추어 보면, 이 사건 항공기들 상호간에 이용관계의 견련성이 있다고 볼 수 없다.

(2) 그 밖에 원심이 내세우고 있는 나머지 사실들은 이 사건 항공기들 상호간의 이용관계에서 견련성을 인정할 만한 사정이라기보다는 항공기들 상호간의 이용관계에서 견련성이 인정되는 경우에 집행법원이 그 재량에 의하여 일괄입찰을 하여 동일인에게 매수시키는 것이 상당하고 볼 수 있는 사정들에 지나지 아니한다.

다. 견련성이 없는 경우 일괄매각결정의 효력

(1) 항공기 상호간의 이용관계에서 견련성은 집행법원이 일괄매각의 상당성을 판단할 때 요건의 예시가 아니고, 일괄매각의 상당성을 판단하는 유일한 기준이 된다. 따라서 상호간의 이용관계에서 견련성이 없는 수개의 항공기의 경우에는 설사 일괄매각을 함으로써 보다 높은 가액으로 또는 보다 신속하게 매각할 수 있을 가능성이 있다고 하더라도 그것만으로는 일괄하여 매각하는 것은 허용되지 아니한다.

(2) 위 인정사실에 의하면, 이 사건 항공기들 상호간의 이용관계에서 견련성이 있다고 단정하기 어려우므로 일괄매각의 요건을 갖추지 못하였다. 일괄매각의 요건을 갖추지 못하였는데도 집행법원이 일괄매각결정을 하게 되면 최저입찰가격이 지나치게 높아지게 되어 매수희망자를 감소시키는 결과를 초래하게 되는 것이 명백하므로, 이 사건 매각절차에는 일괄매각결정에 중대한 하자가 있다. 따라서 이 사건 매각허가결정은 위법하므로 취소되어야 한다.

[21] 항공기 집행에서 배당이의

인천지방법원 2018. 10. 15. 선고 2017가단222695 판결

Ⅰ. 사실관계

(1) 채무자 JS(싱가포르 법인)는 이 사건 항공기(종류: 제트기, 국적 및 등록마트: HS-SSA, 기종: B767-222, 제조사: 보잉)의 소유자이고, 채권자 인천국제공항공사는 채무자에 대하여 공항시설사용료 채권을 가지고 있다. 위 채권자는 2014. 5. 9. 인천지방법원 2010. 1. 29. 선고 2009가합13428 판결(청구금액 404,439,237원)을 집행권원으로 하여 이 사건 항공기에 대하여 인천지방법원 2014본4442호로 강제집행을 신청하였다.

(2) 제6차 경매기일인 2016. 10. 5. SAK가 최고가인 249,584,000원에 매수신청을 하였다. 집행관은 최고액을 3회 부른 후, 신청인의 이름·매수신청의 액·그에게 매수를 허가한다는 취지를 고지하였다.

(3) 집행관은 배당협의기일을 2016. 11. 10. 11:00로 정하여 통지하였고, 매각대금 249,604,836원 중 집행비용 10,322,941원을 공제한 나머지 239,281,895원을 채권자 인천국제공항공사에게 53,578,392원, N에게 150,360,908원, M화재해상보험에게 8,655,648원, JS에게 44,618,933원을 각 배당하는 내용으로 배당계산서를 작성하였다. 위 배당협의기일에서 채권자 N은 채권자 인천국제공항공사, M화재해상보험, JS에 대한 배당액 전액에 관하여 배당협의에 대한 이의를 신청하였다.

(4) 집행관은 배당할 금원을 인천지방법원 2016금10890로 공탁한 후, 2016. 11. 16. 인천지방법원 2016타배880호로 배당액 공탁사유를 신고하였으며, 2017. 5. 24. 배당기일이 진행되었다. 위 배당기일에서 N은 나머지 채권자들에 대한 배당액 전액에 관하여 이의를 제기하였고, 2017. 5. 30. 인천지방법원 2017가단222695호로 배당이의의 소를 제기하였다.

(5) 배당이의의 소에서 원고 N은, 배당절차에서 안분배당의 기준이 된

원고의 채권액 중 지연손해금 부분이 누락되어 실제 채권액보다 과소하게 인정되었으므로, 이를 전제로 안분된 이 사건 배당표상 인천국제공항공사, M에 대한 각 배당액도 감액 경정되어야 한다고 주장하였다.

Ⅱ. 참조 조문

1. 민사집행법(이하 '법')

제145조(매각대금의 배당) ① 매각대금이 지급되면 법원은 배당절차를 밟아야 한다.

② 매각대금으로 배당에 참가한 모든 채권자를 만족하게 할 수 없는 때에는 법원은 민법·상법, 그 밖의 법률에 의한 우선순위에 따라 배당하여야 한다.

제146조(배당기일) 매수인이 매각대금을 지급하면 법원은 배당에 관한 진술 및 배당을 실시할 기일을 정하고 이해관계인과 배당을 요구한 채권자에게 이를 통지하여야 한다. 다만, 채무자가 외국에 있거나 있는 곳이 분명하지 아니한 때에는 통지하지 아니한다.

제147조(배당할 금액 등) ① 배당할 금액은 다음 각 호에 규정한 금액으로 한다.

1. 대금

2. 제138조 제3항 및 제142조 제4항의 경우에는 대금지급기한이 지난 뒤부터 대금의 지급·충당까지의 지연이자

3. 제130조 제6항의 보증(제130조 제8항에 따라 준용되는 경우를 포함한다.)

4. 제130조 제7항 본문의 보증 가운데 항고인이 돌려 줄 것을 요구하지 못하는 금액 또는 제130조 제7항 단서의 규정에 따라 항고인이 낸 금액(각각 제130조 제8항에 따라 준용되는 경우를 포함한다.)

5. 제138조 제4항의 규정에 의하여 매수인이 돌려줄 것을 요구할 수 없는 보증(보증이 금전 외의 방법으로 제공되어 있는 때에는 보증을 현금화하여 그 대금에서 비용을 뺀 금액)

② 제1항의 금액 가운데 채권자에게 배당하고 남은 금액이 있으면, 제

1항 제4호의 금액의 범위안에서 제1항 제4호의 보증 등을 제공한 사람에게 돌려준다.

③ 제1항의 금액 가운데 채권자에게 배당하고 남은 금액으로 제1항 제4호의 보증 등을 돌려주기 부족한 경우로서 그 보증 등을 제공한 사람이 여럿인 때에는 제1항 제4호의 보증 등의 비율에 따라 나누어 준다.

제148조(배당받을 채권자의 범위) 제147조 제1항에 규정한 금액을 배당받을 채권자는 다음 각 호에 규정된 사람으로 한다.

1. 배당요구의 종기까지 경매신청을 한 압류채권자
2. 배당요구의 종기까지 배당요구를 한 채권자
3. 첫 경매개시결정등기전에 등기된 가압류채권자
4. 저당권·전세권, 그 밖의 우선변제청구권으로서 첫 경매개시결정 등기전에 등기되었고 매각으로 소멸하는 것을 가진 채권자

제149조(배당표의 확정) ① 법원은 채권자와 채무자에게 보여 주기 위하여 배당기일의 3일전에 배당표원안(配當表原案)을 작성하여 법원에 비치하여야 한다.

② 법원은 출석한 이해관계인과 배당을 요구한 채권자를 심문하여 배당표를 확정하여야 한다.

제150조(배당표의 기재 등) ① 배당표에는 매각대금, 채권자의 채권의 원금, 이자, 비용, 배당의 순위와 배당의 비율을 적어야 한다.

② 출석한 이해관계인과 배당을 요구한 채권자가 합의한 때에는 이에 따라 배당표를 작성하여야 한다.

제151조(배당표에 대한 이의) ① 기일에 출석한 채무자는 채권자의 채권 또는 그 채권의 순위에 대하여 이의할 수 있다.

② 제1항의 규정에 불구하고 채무자는 제149조 제1항에 따라 법원에 배당표원안이 비치된 이후 배당기일이 끝날 때까지 채권자의 채권 또는 그 채권의 순위에 대하여 서면으로 이의할 수 있다.

③ 기일에 출석한 채권자는 자기의 이해에 관계되는 범위 안에서는 다른 채권자를 상대로 그의 채권 또는 그 채권의 순위에 대하여 이의할 수 있다.

제152조(이의의 완결) ① 제151조의 이의에 관계된 채권자는 이에 대하여 진술하여야 한다.

② 관계인이 제151조의 이의를 정당하다고 인정하거나 다른 방법으로
합의한 때에는 이에 따라 배당표를 경정(更正)하여 배당을 실시하
여야 한다.

③ 제151조의 이의가 완결되지 아니한 때에는 이의가 없는 부분에 한
하여 배당을 실시하여야 한다.

제153조(불출석한 채권자) ① 기일에 출석하지 아니한 채권자는 배당표
와 같이 배당을 실시하는 데에 동의한 것으로 본다.

② 기일에 출석하지 아니한 채권자가 다른 채권자가 제기한 이의에
관계된 때에는 그 채권자는 이의를 정당하다고 인정하지 아니한 것
으로 본다.

제154조(배당이의의 소 등) ① 집행력 있는 집행권원의 정본을 가지지
아니한 채권자(가압류채권자를 제외한다)에 대하여 이의한 채무자
와 다른 채권자에 대하여 이의한 채권자는 배당이의의 소를 제기하
여야 한다.

② 집행력 있는 집행권원의 정본을 가진 채권자에 대하여 이의한 채
무자는 청구이의의 소를 제기하여야 한다.

③ 이의한 채권자나 채무자가 배당기일부터 1주 이내에 집행법원에
대하여 제1항의 소를 제기한 사실을 증명하는 서류를 제출하지 아
니한 때 또는 제2항의 소를 제기한 사실을 증명하는 서류와 그 소
에 관한 집행정지재판의 정본을 제출하지 아니한 때에는 이의가 취
하된 것으로 본다.

제155조(이의한 사람 등의 우선권 주장) 이의한 채권자가 제154조 제3
항의 기간을 지키지 아니한 경우에도 배당표에 따른 배당을 받은
채권자에 대하여 소로 우선권 및 그 밖의 권리를 행사하는 데 영
향을 미치지 아니한다.

제156조(배당이의의 소의 관할) ① 제154조 제1항의 배당이의의 소는
배당을 실시한 집행법원이 속한 지방법원의 관할로 한다. 다만, 소
송물이 단독판사의 관할에 속하지 아니할 경우에는 지방법원의 합
의부가 이를 관할한다.

② 여러 개의 배당이의의 소가 제기된 경우에 한 개의 소를 합의부가
관할하는 때에는 그 밖의 소도 함께 관할한다.

③ 이의한 사람과 상대방이 이의에 관하여 단독판사의 재판을 받을

것을 합의한 경우에는 제1항 단서와 제2항의 규정을 적용하지 아니한다.

제157조(배당이의의 소의 판결) 배당이의의 소에 대한 판결에서는 배당액에 대한 다툼이 있는 부분에 관하여 배당을 받을 채권자와 그 액수를 정하여야 한다. 이를 정하는 것이 적당하지 아니하다고 인정한 때에는 판결에서 배당표를 다시 만들고 다른 배당절차를 밟도록 명하여야 한다.

제158조(배당이의의 소의 취하간주) 이의한 사람이 배당이의의 소의 첫 변론기일에 출석하지 아니한 때에는 소를 취하한 것으로 본다.

제159조(배당실시절차·배당조서) ① 법원은 배당표에 따라 제2항 및 제3항에 규정된 절차에 의하여 배당을 실시하여야 한다.

② 채권 전부의 배당을 받을 채권자에게는 배당액지급증을 교부하는 동시에 그가 가진 집행력 있는 정본 또는 채권증서를 받아 채무자에게 교부하여야 한다.

③ 채권 일부의 배당을 받을 채권자에게는 집행력 있는 정본 또는 채권증서를 제출하게 한 뒤 배당액을 적어서 돌려주고 배당액지급증을 교부하는 동시에 영수증을 받아 채무자에게 교부하여야 한다.

④ 제1항 내지 제3항의 배당실시절차는 조서에 명확히 적어야 한다.

제160조(배당금액의 공탁) ① 배당을 받아야 할 채권자의 채권에 대하여 다음 각호 가운데 어느 하나의 사유가 있으면 그에 대한 배당액을 공탁하여야 한다.

1. 채권에 정지조건 또는 불확정기한이 붙어 있는 때
2. 가압류채권자의 채권인 때
3. 제49조 제2호 및 제266조 제1항 제5호에 규정된 문서가 제출되어 있는 때
4. 저당권설정의 가등기가 마쳐져 있는 때
5. 제154조 제1항에 의한 배당이의의 소가 제기된 때
6. 민법 제340조 제2항 및 같은 법 제370조에 따른 배당금액의 공탁청구가 있는 때

② 채권자가 배당기일에 출석하지 아니한 때에는 그에 대한 배당액을 공탁하여야 한다.

제161조(공탁금에 대한 배당의 실시) ① 법원이 제160조 제1항의 규정

에 따라 채권자에 대한 배당액을 공탁한 뒤 공탁의 사유가 소멸한 때에는 법원은 공탁금을 지급하거나 공탁금에 대한 배당을 실시하여야 한다.

② 제1항에 따라 배당을 실시함에 있어서 다음 각 호 가운데 어느 하나에 해당하는 때에는 법원은 배당에 대하여 이의하지 아니한 채권자를 위하여서도 배당표를 바꾸어야 한다.

1. 제160조 제1항 제1호 내지 제4호의 사유에 따른 공탁에 관련된 채권자에 대하여 배당을 실시할 수 없게 된 때

2. 제160조 제1항 제5호의 공탁에 관련된 채권자가 채무자로부터 제기당한 배당이의의 소에서 진 때

3. 제160조 제1항 제6호의 공탁에 관련된 채권자가 저당물의 매각대가로부터 배당을 받은 때

③ 제160조 제2항의 채권자가 법원에 대하여 공탁금의 수령을 포기하는 의사를 표시한 때에는 그 채권자의 채권이 존재하지 아니하는 것으로 보고 배당표를 바꾸어야 한다.

④ 제2항 및 제3항의 배당표변경에 따른 추가 배당기일에 제151조의 규정에 따라 이의할 때에는 종전의 배당기일에서 주장할 수 없었던 사유만을 주장할 수 있다.

III. 판시사항

집행력 있는 정본을 가진 채권자, 경매개시결정이 등기된 뒤에 가압류를 한 채권자, 민법·상법, 그 밖의 법률에 의하여 우선변제청구권이 있는 채권자는 배당요구종기까지 배당요구를 한 경우에 한하여 비로소 배당을 받을 수 있고, 적법한 배당요구를 하지 아니한 경우에는 실체법상 우선변제청구권이 있는 채권자라 하더라도 매각대금으로부터 배당을 받을 수 없으며, 배당요구종기까지 배당요구한 채권자라 할지라도 채권의 일부 금액만을 배당요구한 경우 배당요구종기 이후에는 배당요구하지 아니한 채권을 추가하거나 확장할 수 없고, 이는 추가로 배당요구를 하지 아니한 채권이 이자 등 부대채권이라 하더라도 마찬가지이다. 다만 경매신청서 또

는 배당요구종기 이전에 제출된 배당요구서에 배당기일까지의 이자 등 지급을 구하는 취지가 기재되어 있다면 배당대상에 포함된다.

Ⅳ. 해 설

1. 배당이의의 소

가. 의 의

배당이의의 소는 배당표에 배당을 받는 것으로 기재된 자의 배당액을 줄여 자신에게 배당이 되도록 하기 위하여 배당표의 변경 또는 새로운 배당표의 작성을 구하는 것으로서, 배당기일에 배당표에 대한 이의가 완결되지 아니하면 이의를 한 채권자 또는 집행력 있는 집행권원의 정본을 가지지 않은 채권자에 대하여 이의를 한 채무자는 이의의 상대방을 피고로 배당이의의 소를 제기하고 배당기일부터 1주 이내에 집행법원에 그 사실을 증명하여야 한다. 위에 해당하는 자가 배당기일부터 1주 이내에 배당이의의 소제기증명을 제출하지 못하면 이의가 취하된 것으로 보아(법 제154조 제3항), 일단 유보된 배당절차가 다시 속행되어 배당이 실시되기 때문에 이 소는 배당절차에서 배당의 실시를 막는 데 필요불가결한 수단이다.

나. 배당이의의 소와 부당이득반환청구의 소의 관계

(1) 배당절차에서 민법·상법, 그 밖의 법률에 의하여 우선변제청구권이 있는 채권의 순서대로 배당을 받는 것이 이상적이나, 실제로 배당을 받아야 할 채권자가 배당을 받지 못하고 배당을 받지 못할 자가 배당을 받은 경우가 발생할 수 있다. 이 경우에 배당을 받지 못한 채권자는 배당을 받지 못할 자이면서도 배당을 받은 자를 상대로 배당이의를 하고 나아가 배당이의의 소를 제기하여 구제를 받는 것이 원칙이겠지만, 적법한 배당요구를 하지 못하였거나, 배당기일에 적법하게 이의를 하지 못하였거나 또는 이의는 하였으나 배당이의의 소제기 및 증명기간을 준수하지 못하여 배당이의의 소를 통하여 구제받을 수 없게 된 경우에 배당을 받지 못한

채권자가 배당을 받지 못할 자이면서도 배당을 받았던 자를 상대로 부당이득반환청구를 할 수 있는가 하는 문제가 있다.

이에 관하여 민사집행법 제155조는 이의한 채권자가 배당이의의 소제기 증명기간을 지키지 아니한 경우에도 배당표에 따른 배당을 받은 채권자에 대하여 소로 우선권 및 그 밖의 권리를 행사하는 데 영향을 미치지 아니한다고 규정하고 있다. 이와 관련하여 대법원은 일관되게, 배당을 받아야 할 채권자가 배당을 받지 못하고 배당을 받지 못할 자가 배당을 받은 경우에는 배당을 받지 못한 채권자로서는 배당에 관하여 이의를 하였는지 여부 또는 형식상 배당절차가 확정되었는가의 여부에 관계없이 배당을 받지 못할 자이면서도 배당을 받았던 자를 상대로 부당이득반환청구권을 갖는다고 판시하고 있다.[1] 이에 의하면 위 민사집행법 제155조는 배당표에 대한 이의를 한 채권자의 권리구제방안을 반드시 배당이의의 소에 한정하는 것은 아니라는 취지의 규정일 뿐이고, 부당이득반환을 구하기 위하여 적어도 적법한 배당이의가 있을 것을 요구하는 것은 아니다. 근저당권은 물권으로서 불법말소되었다고 하더라도 권리가 소멸되는 것은 아니어서 첫 경매개시결정등기 전에 등기되어 있던 근저당권자는 불법말소 후 회복등기를 하지 않았다고 하더라도 배당요구 없이도 당연히 배당을 받을 수 있는 자에 해당하므로, 경매절차에서 배당을 받지 못한 경우 그 근저당권자는 경매절차에서 실제로 배당받은 자에 대하여 부당이득반환청구를 할 수 있다.[2]

(2) 대법원은 실체법상 우선변제청구권이 있는 채권자라고 하더라도 그가 적법한 배당요구를 하지 아니하여 배당에서 제외된 경우에는 배당받은 후순위 채권자를 상대로 부당이득의 반환을 청구할 수 없다고 판시하고 있는데,[3] 대법원 판결들을 종합하면, 배당받은 채권자를 상대로 부당이득반환을 청구할 수 있는 채권자는 적어도 민사집행법 제148조의 배당받을 채권자의 범위에 해당하여야 한다.

---

1) 대법원 2011. 2. 10. 선고 2010다90708 판결.
2) 대법원 2002. 10. 22. 선고 2000다59678 판결.
3) 대법원 2005. 8. 25. 선고 2005다14595 판결.

(3) 적법한 배당요구를 한 우선변제청구권이 있는 채권자가 배당을 받지 못하고 권리 없는 자가 배당을 받았다고 하더라도, 그로 인하여 손해를 입은 사람, 즉 부당이득반환을 구할 수 있는 사람은 그 배당이 잘못되지 않았더라면 배당을 받을 수 있었던 사람이다.[4]

(4) 배당이의소송은 대립하는 당사자인 채권자들 사이의 배당액을 둘러싼 분쟁을 상대적으로 해결하는 것에 지나지 아니하고, 그 판결의 효력은 오직 소송당사자인 채권자들 사이에만 미칠 뿐이므로,[5] 어느 채권자가 배당이의소송에서의 승소확정판결에 기하여 경정된 배당표에 따라 배당을 받은 경우에도, 그 배당이 배당이의소송에서 패소확정판결을 받은 자 아닌 다른 배당요구채권자가 배당받을 몫까지도 배당받은 결과가 되면 그 다른 배당요구 채권자는 위 법리에 의하여 배당이의소송의 승소확정판결에 따라 배당받은 채권자를 상대로 부당이득반환청구를 할 수 있다.[6]

(5) 배당이의의 소에서 패소의 본안판결을 받은 당사자가 그 판결의 확정 후 상대방에 대하여 위 본안판결에서 확정된 배당액에 대하여 부당이득반환 청구의 소를 제기한 경우, 배당이의의 소의 본안판결이 확정되면 이의가 있었던 배당액에 관한 실체적 배당수령권의 존부의 판단에 기판력이 생기므로 당사자는 그 배당수령권의 존부에 관하여 위 배당이의의 소의 본안판결의 판단과 다른 주장을 할 수 없고, 법원도 이와 다른 판단을 할 수 없다.[7]

다. 소송요건

(1) 소송목적의 값의 산정

배당이의의 소에서 원고가 소로 주장하는 이익(민소법 제26조 제1항)은 원고의 이의가 인용될 경우에 배당표의 변경 또는 새로운 배당표의 작성에 의하여 원고가 받게 되는 이익이므로, 배당이의의 소에서 소송목적의

---

4) 대법원 2000. 10. 10. 선고 99다53230 판결.
5) 대법원 2007. 12. 27. 선고 2007다52980 판결.
6) 대법원 2012. 4. 26. 선고 2010다94090 판결.
7) 대법원 2000. 1. 21. 선고 99다3501 판결.

값의 산정은 채권자가 원고일 경우에는 이의신청으로 상대방 채권자의 채권을 부인한 그 액수에 의할 것이 아니라, 배당증가액, 즉 당초의 배당표에 의한 원고의 배당액과 변경 또는 새로운 배당표의 작성에 의한 배당액의 차액을 표준으로 하여야 하며(민사소송 등 인지규칙 제16조 제6호), 채무자가 원고일 경우에는 감소배당액, 즉 피고에 대한 당초의 배당표에 의한 배당액과 새로운 배당표에 의한 배당액의 차액을 표준으로 하여야 한다. 이자, 지연손해금, 비용의 청구에 대한 배당액 부분도 소송의 부대목적으로 되는 것은 아니므로 소송목적의 값에 합산하여야 할 것이다(민소법 제27조).

(2) 제소기간

배당이의의 소는 이의를 한 배당기일부터 1주 이내에 제기하여야 한다(법 제154조 제3항). 배당이의의 소가 소정의 기간 내에 제기되었으나 소제기증명서를 소정기간 경과 후에 제출한 경우에, 집행법원으로서는 아직 배당이 실시되지 아니하였더라도, 이를 기간을 준수하여 증명한 것과 마찬가지로 취급할 수 없다.

(3) 관할법원

배당이의의 소는 배당을 실시한 집행법원이 속한 지방법원의 관할로 한다(법 제156조 제1항 본문). 이는 전속관할이다(법 제21조). 여러 개의 배당이의의 소가 제기된 경우에 한 개의 소를 합의부가 관할하는 때에는 그 밖의 소도 함께 관할한다(법 제156조 제2항). 이의한 사람과 상대방이 이의에 관하여 단독판사의 재판을 받을 것을 합의한 경우에는 민사집행법 제156조 제1항 단서와 제2항의 규정에 의하여 합의부관할에 속하는 사건도 단독판사가 재판할 수 있다(법 제156조 제3항).

(4) 소의 이익

채권자가 배당이의의 소를 제기하기 위해서는 그 이의가 인용되면 자기의 배당액이 증가되는 경우이어야 한다.[8] 따라서 배당기일에 다른 채권자가 이의를 정당하다고 하거나 채권자들 사이에 배당에 관하여 다른 방법으로 합의가 성립된 때에는 그 채권자들 사이에는 이의권이 소멸되고 배당표는 확정되는 것이므로 소의 이익이 없게 된다. 이의가 있으면 배당법원은 그 부분에 대한 배당실시를 유보하고 배당표 가운데 이의가 없이 확정된 부분에 대하여 배당을 실시할 것이지만, 배당법원의 잘못으로 이의의 대상이 된 부분까지 배당을 실시하여 버린 때에도 역시 소의 이익이 없게 된다.[9]

(5) 원고적격

원고로서의 당사자적격이 있는 자는 배당표에 대한 실체상의 이의를 한 채권자 또는 채무자인데, 그 중 채권자는 반드시 배당기일에 출석하여 이의를 한 채권자만이 원고적격을 인정받지만,[10] 채무자는 배당기일에 출석하여 이의를 한 경우뿐 아니라 배당기일에 불출석하였더라도 배당표원안이 비치된 이후에 배당기일이 끝날 때까지 서면으로 이의한 경우에도 (법 제151조 제1항, 제2항) 원고적격이 인정된다. 적법하게 배당요구를 하지 못한 채권자는 배당기일에 출석하여 배당표에 대한 실체상의 이의를 신청할 권한이 없으므로, 그러한 자가 배당기일에 출석하여 배당표에 대한 이의를 신청하였다고 하더라도 이는 부적법한 이의신청에 불과하고, 그 자에게는 배당이의의 소를 제기할 원고적격이 없다.[11]

(6) 피고적격

피고로서의 당사자적격이 있는 자는 보통 배당이의의 상대방 채권자 또는 채무자로서 그 이의를 정당한 것으로 승인하지 아니한 자, 다시 말하면 배당이의에 의하여 자기에 대한 배당액(채무자의 경우에는 잉여금)이 줄어드는 자이다. 채권자에 대하여 이의를 한 경우 채무자까지 피고로 할 필요는 없고, 다만 채무자는 각 채권자가 정당한 배당액을 수령하는데 이해관계가 있으므로 정당한 배당수령권자라고 생각되는 당사자측에 보조참

가를 할 수 있다. 그러나 채무자에게 잉여금이 지급되는 것으로 배당표가
작성된 경우에는 채무자도 배당요구채권액을 전액 변제받지 못한 채권자
가 제기한 배당이의의 소의 피고가 될 수 있다.

라. 소송절차

(1) 증명책임

원고의 공격방법이나 피고의 방어방법에 대한 증명책임의 분배는 일반
원칙에 따른다. 따라서 배당채권에 관해 권리근거사실(배당표의 성립사실)
의 증명책임은 피고인 채권자에게 있고, 권리의 장애 또는 소멸사유를 구
성하는 사실의 증명책임은 원고에게 있다. 그러므로 원고는 배당이의사유
를 구성하는 사실에 대하여 주장·증명하여야 하므로, 피고의 채권이 가장
된 것임을 주장하여 배당이의를 신청한 원고는 이에 대하여 증명책임을
부담한다.[12]

피고는 배당채권의 권리근거사실이나 원고의 채권에 대한 소멸·변경·
장애가 되는 사실을 증명하면 된다. 또한 원고가 피고보다 선순위 또는
동순위임을 청구원인으로 한 경우에 원고가 주장하는 순위대로 배당표를
작성하더라도 피고의 배당액에 변함이 없다거나 또는 원고가 주장하는 것
이상이라는 사실은 피고가 증명하여야 한다.

(2) 소의 변경

배당이의의 소가 제소기간 내에 제기되지 않았다든가, 기간 내에 제소
가 되었으나 집행법원에 대한 제소 등의 증명이 기간을 경과한 경우에는
부당이득반환청구의 소로 변경할 수 있다. 위 두 소는 배당수령권의 존부
라고 하는 동일한 이익에 청구의 기초를 둔 것이기 때문이다.[13] 따라서
소의 변경이 배당이의의 소의 첫 변론기일 전에 된 경우에는 원고가 첫
변론기일에 출석하지 아니한 때에도 소를 취하한 것으로 보아서는 안 된
다. 다만 소의 변경 전에 원고가 첫 변론기일에 출석하지 아니하여 이미

---

12) 대법원 1997. 11. 14. 선고 97다32178 판결.
13) 대법원 2000. 1. 21. 선고 99다3501 판결.

소취하의 효력이 발생한 뒤에는 소를 변경할 여지도 없다.

(3) 원고 불출석에 의한 소의 취하 간주

배당이의의 소에서 소를 제기한 원고가 첫 변론기일에 출석하지 아니한 때에는 소를 취하한 것으로 본다(법 제158조). 이 경우 소취하간주의 효력은 법률상 당연히 발생되므로, 수소법원이 속행기일을 지정한 경우에도 그 간주의 효과가 소멸되지 아니한다. 본 규정에서 첫 변론기일이라 함은 최초로 지정된 변론기일을 말하는 것이 아니라 최초로 변론을 하게된 기일을 말한다. 또한 이러한 취하간주는 원고가 제1심에서의 첫 변론기일에 불출석한 경우를 말하므로 제2회 이후의 변론기일이나 항소심의 기일에는 적용이 없다. 그러나 위 변론기일에는 변론준비기일이 포함되지 않는다. 즉 배당이의 소송에서 원고가 변론준비기일에 출석한 적이 있더라도 첫 변론기일에 불출석하면 소를 취하한 것으로 간주한다.[14)]

마. 판 결

(1) 원고패소의 경우

배당이의의 소도 일반소송과 마찬가지로 소송요건이 갖추어져 있지 않으면 부적법한 소로서 각하하는 판결을 한다. 소각하의 판결이 확정되면 처음부터 채권자가 이의를 하였으나 이의소송을 제기하지 아니한 것과 동일한 것으로 되어 당초의 배당표가 그대로 확정된다.

한편 원고의 배당이의가 이유없을 경우에는 청구기각의 판결을 한다. 이 판결이 확정된 때도 당초의 배당표가 그대로 확정된다. 당초의 배당표가 그대로 확정된 경우 집행법원의 법원사무관등은 당초에 작성한 배당표에 따라 배당을 실시할 수 있게 된다.

(2) 원고승소의 경우

채권자가 제기한 배당이의의 소에서 원고의 청구가 전부 또는 일부 이유있는 경우에는 종국판결로써 그 이유있는 한도에서 배당표상의 피고에

---

14) 대법원 2007. 10. 25. 선고 2007다34876 판결.

대한 배당액을 삭제 또는 감액함과 동시에 그 배당액을 원고에게 배당하도록 정하여야 하고(법 제157조 전문), 다만 이를 정하는 것이 적당하지 아니하다고 인정한 때에는 판결에서 배당표를 다시 만들고 다른 배당절차를 밟도록 명하여야 한다(법 제157조 후문). 한편 배당이의 청구를 인용하는 판결에는 가집행선고를 붙이지 못한다.

배당이의의 소의 판결의 효력은 오직 소송당사자인 채권자들 사이에만 미칠 뿐이므로, 다툼이 있는 배당부분에 관하여 배당받을 채권자와 그 액수를 정할 때에는 피고의 채권이 존재하지 않는 것으로 인정되는 경우에도, 이의신청을 하지 아니한 다른 채권자의 채권을 참작함이 없이 그 계쟁 배당부분을 원고가 가지는 채권액의 한도 내에서 구하는 바에 따라 원고의 배당액으로 하고 그 나머지는 피고의 배당액으로 유지하여야 한다.[15)

(3) 추가배당·재배당 및 배당표의 재조제

일단 작성된 배당표를 집행법원이 후에 변경하거나 다시 작성하여 배당을 실시하는 절차를 추가배당 및 재배당이라고 한다. 실무상 종전 배당표상 배당받는 것으로 기재된 채권자에 대한 배당액의 전부 또는 일부를 당해 채권자가 배당받지 못하는 것으로 확정된 경우에 그 채권자의 배당액에 대하여 이의를 하였는지에 관계없이 배당에 참가한 모든 채권자를 대상으로 배당순위에 따라 추가로 배당하는 절차(법 제161조 제2항, 제3항)를 '추가배당'이라고 하고, 배당이의의 소의 결과에 따라 배당이의의 소의 원고와 피고 사이에서만 다시 배당하는 절차를 '재배당'이라 한다.

한편 일단 작성된 배당표의 전부 또는 일부를 무시하고 그 부분에 대하여 새로운 배당표를 작성하는 행위를 실무상 '배당표의 재조제'라고 한다. 배당표가 재조제되는 경우는 크게 세 가지가 있는데, 첫 번째는 배당표작성에 대한 절차적 하자를 이유로 제기된 집행에 관한 이의가 받아들여져 배당표가 취소된 경우이고, 두 번째는 추가배당의 경우이며, 세 번째는 채권자가 제기한 배당이의의 소의 판결의 결과 재배당이 필요하게 된

---

15) 대법원 2007. 12. 27. 선고 2007다52980 판결.

경우이다.

2. 대상사안의 검토

가. 배당요구채권의 확정

(1) 집행력 있는 정본을 가진 채권자, 경매개시결정이 등기된 뒤에 가압류를 한 채권자, 민법·상법, 그 밖의 법률에 의하여 우선변제청구권이 있는 채권자는 배당요구종기까지 배당요구를 한 경우에 한하여 비로소 배당을 받을 수 있다. 적법한 배당요구를 하지 아니한 경우에는 실체법상 우선변제청구권이 있는 채권자라 하더라도 매각대금으로부터 배당을 받을 수 없다.

(2) 배당요구종기까지 배당요구한 채권자라 할지라도 채권의 일부 금액만을 배당요구한 경우 배당요구종기 이후에는 배당요구하지 아니한 채권을 추가하거나 확장할 수 없고, 이는 추가로 배당요구를 하지 아니한 채권이 이자 등 부대채권이라 하더라도 마찬가지이다. 다만 경매신청서 또는 배당요구종기 이전에 제출된 배당요구서에 배당기일까지의 이자 등 지급을 구하는 취지가 기재되어 있다면 배당대상에 포함된다.[16]

(3) 배당요구는 채권의 원인과 액수를 적은 서면으로 하여야 하고, 그 배당요구서에는 집행력 있는 정본 또는 그 사본, 그 밖에 배당요구의 자격을 소명하는 서면을 붙여야 하며(민사집행규칙 제48조), 이때 채권의 원인은 채무자에 대하여 배당요구채권자가 가지는 원인채권을 특정할 수 있을 정도로 기재하면 충분하지만, 집행력 있는 정본에 의하지 아니한 배당요구인 경우에는 채무자로 하여금 채권이 어느 것인가를 식별할 수 있을 정도로 그 채권의 원인에 관한 구체적인 표시가 필요하다.[17]

(4) 이러한 법리는 조세채권에 의한 교부청구를 하는 경우에도 동일하게 적용되므로, 조세채권이 구 지방세법(2010. 3. 31. 법률 제10221호로 전부 개정되기 전의 것) 제31조 제1항 및 제2항 제3호에 따라 법정기일에 관

---

16) 대법원 2012. 5. 10. 선고 2011다44160 판결.
17) 대법원 2015. 6. 11. 선고 2015다203660 판결.

계없이 근저당권에 우선하는 당해세에 관한 것이라고 하더라도, 배당요구 종기까지 교부청구한 금액만을 배당받을 수 있을 뿐이다. 그리고 당해세에 대한 부대세의 일종인 가산금 및 중가산금의 경우에도, 교부청구 이후 배당기일까지의 가산금 또는 중가산금을 포함하여 지급을 구하는 취지를 배당요구종기 이전에 명확히 밝히지 않았다면, 배당요구종기까지 교부청구한 금액에 한하여 배당받을 수 있다.[18]

나. 원고 주장의 부당성

원고는 강제집행신청 당시 신청서에 청구금액으로 집행권원에 기한 원금과 2009. 7. 17.까지의 이자만으로 기재하였고, 그 이후 이 사건 배당절차의 배당요구종기까지 별도의 채권계산서를 제출하지 않았다. 그러므로 이 사건 배당절차에서 배당대상이 되는 원고의 채권은 집행권원에 기한 원금과 2009. 7. 17.까지의 이자에 한정되고, 그 이후의 이자채권은 배당대상의 채권에 포함되지 않는다. 따라서 원고의 이 사건 청구는 이유 없다.

---

18) 대법원 2012. 5. 10. 선고 2011다44160 판결.

[22] 항공기에 대한 미등록 우선변제권의 효력

Creston Aviation, Inc. v. Textron Financial Corp., 900 So. 2d 727
(Fla. Dist. Ct. App. 2005)

Ⅰ. 사실관계

(1) Tack I, Inc.는 이 사건 항공기의 소유자로서, 위 항공기를 피항소인 Textron Financial Corporation에 양도담보로 제공하였다. Tack I이 채무를 변제하지 못하자, 피항소인이 이 사건 항공기의 소유자가 되었다.

(2) 위와 같이 소유권이 변동될 당시 항소인 Creston Aviation, Inc.가 이 사건 항공기에 대한 정비채권 등을 피보전채권으로 하는 우선변제권을 주장하면서 이 사건 항공기를 점유하고 있었다.

(3) 피항소인은 항소인의 우선변제권이 플로리다 주법(州法)에 의하여 등록된 것이 아니어서 무효라고 주장하면서 법원에 동산압류에 대한 이의 (writ of replevin)를 신청하였다. 항소인은 피항소인이 플로리다 주법 제 78.068(3)조에 의하여 결정 전 담보(pre-judgment replevin bond)를 제공 하자, 이 사건 항공기의 점유를 해제하였다.

(4) 그 후 항소인은 피항소인에 대하여는 우선변제권을 주장하면서 반소를 제기하고, Tack I에 대하여는 연료비와 정비료의 청구를 구하는 소를 병합하여 제기하였다.

(5) 항소인은 Oklahoma시에 있는 미연방 항공청 등록사무소(Federal Aviation Administration's Aircraft registry)에 이 사건 우선변제권을 등록하 였으나, 플로리다 주법 제329.51조에 의하여 이 사건 우선변제권이 발생 한 Broward County에는 위 우선변제권을 등록하지 않았다.

(6) 제1심은 항소인이 플로리다 주법에 의하여 우선변제권을 등록하 지 않았으므로, 항소인의 우선변제권은 집행력이 없다고 판시하였다. 이

에 대하여 항소인은, 이 사건 우선변제권은 미연방 항공청 등록소에 등록되었고, 이 경우 우선변제권에 관한 사항은 연방법에 의하여 전점(專占, preemption)되었으므로, 플로리다 주법은 적용되지 않는다고 주장하였다.

Ⅱ. 참조 조문

1. 미연방법 제49장 운송

제44108조 양도, 임차권, 담보의 유효성[1]

(a) 신청 전 유효성 - 44107 (a) (1), (2)에 의하여 등록되어야 할 양도, 임차권, 담보권은 등록을 위하여 신청이 접수되기 전까지는 오로지 (1) 양도, 임차권, 담보권자, (2) 그 사람의 상속인 및 수탁자, (3) 양도, 임차권, 담보권을 통지받은 사람에게만 효력이 있다.

(b) 유효 기간 - 본 장 44107조에 의하여 양도, 임차권, 담보권이 등록된 경우, 양도, 임차권, 담보권은 신청일부터 다른 등록없이 제3자에 대항할 수 있다. 다만,

---

1) 49 U.S. Code § 44108. Validity of conveyances, leases, and security instruments
   (a) Validity Before Filing. — Until a conveyance, lease, or instrument executed for security purposes that may be recorded under section 44107(a)(1) or (2) of this title is filed for recording, the conveyance, lease, or instrument is valid only against —
   (1) the person making the conveyance, lease, or instrument;
   (2) that person's heirs and devisees; and
   (3) a person having actual notice of the conveyance, lease, or instrument.
   (b) Period of Validity. — When a conveyance, lease, or instrument is recorded under section 44107 of this title, the conveyance, lease, or instrument is valid from the date of filing against all persons, without other recordation, except that —
   (1) a lease or instrument recorded under section 44107(a)(2)(A) or (B) of this title is valid for a specifically identified engine or propeller without regard to a lease or instrument previously or subsequently recorded under section 44107(a)(2)(C) or (D); and
   (2) a lease or instrument recorded under section 44107(a)(2)(C) or (D) of this title is valid only for items at the location designated in the lease or instrument.

(1) 본 장 44107(a)(2)(A), (B)에 의하여 특정 엔진과 프로펠러에 관하여 등록된 임차권, 담보권은 제44107조 (a)(2)(C), (D)에 의하여 등록되기 전후에 관계없이 유효하다.

(2) 본 장 44107(a)(2)(C), (D)에 의하여 등록된 임차권과 담보권은 지정된 장소와 품목에 한하여 효력이 있다.

2. 플로리다 주법

제329.01조 민간항공기에 관한 등록[2]

미국의 민간항공기 또는 그 일부에 대한 소유권이나 소유권에 영향을 미치는 사항으로서 등록의무가 있는 사항은 미연방 항공청 등록사무소 또는 미국 법에 의해 지정되는 기타 사무소에 등록될 때까지 그 항공기 또는 그 일부에 대하여 그 사항과 관련된 자 이외의 자에 대하여는 효력이 없으며, 다만 그 사람의 상속인, 수탁자, 실제 통지를 받은 사람에 대해서는 등록 없이도 효력이 있다. 위와 같이 등록된 사항은 이 주에서 추가 등록 없이도 효력이 있다. 이 조의 규정에 의하여 등록될 필요가 있는 사항은 등록일로부터 효력이 있으며, 이행일로부터 효력이 발생하는 것은 아니다.

제329.51조 노동, 용역, 연료, 자재공급으로 인한 항공기우선특권과 통지[3]

---

2) 329.01 Recording instruments affecting civil aircraft. — No instrument which affects the title to or interest in any civil aircraft of the United States, or any portion thereof, is valid in respect to such aircraft, or portion thereof, against any person, other than the person by whom the instrument is made or given, the person's heirs or devisee, and any person having actual notice thereof, until such instrument is recorded in the office of the Federal Aviation Administrator of the United States, or such other office as is designated by the laws of the United States as the one in which such instruments should be filed. Every such instrument so recorded in such office is valid as to all persons without further recordation in any office of this state. Any instrument required to be recorded by the provisions of this section takes effect from the date of its recordation and not from the date of its execution.

3) 329.51 Liens for labor, services, fuel, or material expended upon aircraft; notice. — Any lien claimed on an aircraft under s. 329.41 or s. 713.58 is enforceable when the lienor records a verified lien notice with the clerk of the circuit court in the county where the aircraft was located at the time the labor, services, fuel, or material was last furnished. The lienor must record such lien notice within 90 days after the time the labor, services, fuel, or material was last furnished. The notice must state the name of the lienor; the name of the owner;

제329.41조 또는 제713.58조에 규정된 항공기우선특권은 우선특권자가 노동, 용역, 연료 또는 자재가 마지막으로 제공된 시점에 항공기가 위치한 카운티의 순회 재판소 법원사무관에게 우선특권의 등록을 신청하고 법원사무관이 이를 등록한 경우에 집행력이 발생한다. 우선특권자는 노동, 용역, 연료 또는 자재가 마지막으로 제공된 날부터 90일 이내에 우선특권 등록신청을 접수하여야 한다. 등록신청서에는 우선특권자의 이름, 소유자의 이름, 우선특권자가 노동·용역·연료·자재를 공급한 항공기에 대한 정보, 우선특권을 행사하는 채권액, 공급이 완료된 날짜 등을 기재하여야 한다. 이 조항은 제329.01조에 기재된 항공기에 대한 우선권이나 우선특권자의 의무에 영향을 미치지 아니 한다.

3. 항공기등록령

제26조(가등록의 대상 및 신청방법) ① 가등록은 소유권, 임차권 또는 저당권의 설정, 이전, 변경 또는 소멸에 관한 청구권을 보전하려는 경우에 한다. 그 청구권이 시기부(始期附)이거나 정지조건부(停止條件附)인 경우 또는 장래에 확정될 것인 경우에도 같다.

② 가등록권리자는 제10조 제1항에도 불구하고 가등록의무자의 승낙이나 가등록을 명하는 법원의 가처분명령이 있을 때에는 단독으로 가등록을 신청할 수 있다.

제27조(가등록을 명하는 가처분명령) ① 제26조 제2항에 따른 가처분명령은 해당 항공기의 정치장을 관할하는 지방법원이 가등록권리자의 신청으로 가등록 원인사실의 소명이 있는 경우에 할 수 있다.

② 제1항의 신청을 각하한 결정에 대해서는 「비송사건절차법」을 준용하여 즉시항고를 할 수 있다.

제28조(가등록에 의한 본등록의 순위) 가등록에 의한 본등기를 한 경우 본등록의 순위는 가등록의 순위에 따른다.

제29조(가등록에 의하여 보전되는 권리를 침해하는 가등록 이후 등록의

---

a description of the aircraft upon which the lienor has expended labor, services, fuel, or material; the amount for which the lien is claimed; and the date the expenditure was completed. This section does not affect the priority of competing interests in any aircraft or the lienor's obligation to record the lien under s. 329.01.

직권말소) ① 국토교통부장관은 가등록에 의한 본등록을 하였을 때에는 국토교통부령으로 정하는 바에 따라 가등록 이후에 된 등록으로서 가등록에 의하여 보전되는 권리를 침해하는 등록을 직권으로 말소하여야 한다.

② 국토교통부장관은 제1항에 따라 가등록 이후의 등록을 말소하였을 때에는 지체 없이 그 사실을 말소된 권리의 등록명의인에게 통지하여야 한다.

제30조(가등록의 말소) ① 가등록의 말소는 가등록명의인이 신청할 수 있다.

② 제1항에도 불구하고 가등록명의인의 승낙서 또는 그에 대항할 수 있는 판결의 정본 또는 등본을 첨부한 경우에는 등록상 이해관계 있는 자가 가등록의 말소를 신청할 수 있다.

Ⅲ. 판시사항

(1) 연방항공법(Federal Aviation Act of 1958)의 이행을 위하여 연방항공청(FAA) 오클라호마시에 미국에서 거래되는 민간항공기의 소유권, 담보권 또는 항공기의 소유권에 영향을 주는 우선변제권에 관한 등록을 위하여 등록사무소를 운영하고 있다. 담보권이나 우선변제권이 등록되기 전에는 통지를 받은 자, 상속인, 수탁자에 대하여만 유효하지만, 신청이 접수된 이후에는 제3자에 대항할 수 있다.[4]

(2) 우선변제권의 순위를 결정하는 경우 연방항공법의 규정이 주법에 우선하여 적용되지만,[5] 우선변제권의 효력 유무는 주법에 의해 결정된다.[6] 연방대법원은 FAA에 등록하지 않더라도 우선변제권을 인정하는 일리노이 주법보다 FAA에 등록을 요한다는 연방법이 우선 적용된다고 판시

---

4) Aircraft Trading & Servs., Inc. v. Braniff, Inc., 819 F.2d 1227 (2d Cir.1987).

5) State Securities Co. v. Aviation Enterprises, Inc., 355 F.2d 225 (10th Cir.1966); Pope v. National Aero Finance Co., Inc., 236 Cal. App. 2d 722, 46 Cal. Rptr. 233 (1965).

6) Texas National Bank of Houston v. Aufderheide, 235 F. Supp. 599 (E.D.Ark.1964); Aircraft Investment Corp. v. Pezzani & Reid Equipment Co., 205 F. Supp. 80 (E.D.Mich.1962).

하였다.[7]

(3) 항공기에 등록된 기술자의 우선변제권이 통지되어야 한다는 연방법이 플로리다 주에서 우선변제권을 집행하기 위하여 필요한 요건을 배제한다는 신청인의 주장은 이유 없다. 따라서 플로리다 주법에 따른 우선변제권의 요건을 갖추지 못한 신청인의 우선변제권은 효력이 없다.

IV. 해 설

1. 미국의 경매제도

(1) 미국 연방법상 강제집행에 관한 법규정은 사법 및 사법절차에 관한 법률 중 강제집행 및 재판상 매각에 관한 단지 7개의 조문이 있을 뿐이고,[8] 연방민사소송규칙(Federal Rules of Civil Procedure)[9]에서도 연방법원의 강제집행절차는 원칙적으로 그 법원이 위치한 각 주의 강제집행의 실무 및 절차에 따르도록 규정하고 있으므로, 미국에서 통일된 강제집행법은 없는 셈이다.[10]

(2) 미국의 경매제도는 재판절차에 의한 경매절차인 사법경매(司法競賣, Judicial Foreclosure)와 재판절차에 의하지 않는 경매절차인 비사법경매(Nonjudicial Foreclosure)가 있다. 사법경매는 담보권을 실행하기 위해서는 집행권원이 필요하고, 채무자가 채무불이행에 빠진 후에 담보권자가 소를 제기하여 담보권실행에 관한 법원 판결에 기하여 경매를 실행하는 것을 말한다. 사법경매의 절차는 각 주별로 다소 차이가 있지만, 주로 담보권자가 법원에 소를 제기하고, 법원이 담보권 및 피담보채권의 존재, 채무불이행 여부 등에 관하여 심리한 후 담보권을 실행한다는 취지로 판결을 선고한다. 그 후 신문 등에 매각공고를 하고, 보안관(Sherif) 등이 경매

---

7) Philko Aviation, Inc. v. Shacket, 462 U.S. 406, 103 S. Ct. 2476, 76 L. Ed. 2d 678 (1983).
8) U.S.C.A. §§2001~2007.
9) Federal Rules of Civil Procedure, §69.
10) 김종호, "미국 캘리포니아 주의 강제집행절차 실무연구", 법률실무연구 제2권 제1호 (2014. 4.), 133, 141면.

의 방법에 의해 목적 부동산을 매각한 후 배당을 실시함으로써 종료되는 것이 일반적이다.[11]

(3) 비사법경매는 담보권설정계약의 경우 채무자나 담보부동산의 소유자가 담보권자 또는 제3자에게 목적 부동산의 매각권한(Power of Sale)을 부여하고, 채무자가 채무불이행에 빠진 후 매각권한을 가진 자가 스스로 또는 제3자에게 위탁하여 경매를 실행하는 것을 말한다. 비사법경매의 절차는 담보권설정계약에서 매각권한을 부여받은 자가 채무자 등 이해관계인에게 담보권실행의 취지를 통지하고, 신문 등에 매각공고를 하며, 매각권한자가 스스로 또는 제3자에게 위탁하여 경매의 방법으로 목적 부동산을 매각한 후 배당을 실시함으로써 종료된다.[12]

(4) 사법경매와 비사법경매가 모두 채택된 36개 주 중에서 뉴욕주 등에는 사법경매가 주로 활용되고 있지만, 대부분의 주에서는 비사법경매가 더 많이 활용되고 있다. 비사법경매는 사법경매와는 달리 담보권을 실행하기 위한 판결이 필요하지 않기 때문에, 사법경매에 비하여 신속하고 비용을 절감할 수 있기 때문이다. 한편 사법경매와 비사법경매에서는 인수주의가 채택되어 후순담보권은 소멸하지만, 실행담보권보다 선순위담보권은 소멸하지 않고 매수인에게 인수된다.[13]

2. 우선변제권

가. 의 의

항공기에 대한 우선변제권에는 저당권, 가등록(假登錄)담보권, 임금채권, 조세채권 등이 있으나, 선박우선특권에 대응하는 항공기우선특권은 인정되지 아니한다. 대상사안은 우리나라에 존재하지 않는 항공기우선특권에 관한 사항이지만, 우리나라에서도 항공기에 대한 가등록제도가 인정되는 바, 단순한 순위보전을 위한 가등록이 아니라 담보 목적으로 가등록을 이용하는 경우가 있다. 이 때 우선변제권에 관한 논의는 대상사안과 유사한

---

11) 류창호, "부동산 민간경매에 관한 연구", 외법논집 제35권 제2호(2011. 5.), 124면.
12) 류창호, 124면.
13) 류창호, 124면.

측면이 존재한다. 이하에서는 부동산에 관한 '가등기 담보 등에 관한 법률'(이하 '가등기담보법')과 판례의 법리를 유추하여 항공기에 대한 가등록 담보권에 관하여 살펴보기로 한다.

나. 가등록담보권자의 채권신고

(1) 가등록담보권자는 목적 항공기에 대한 강제경매나 임의경매절차에 참가하여 우선변제를 받을 수 있고 이 경우에 순위는 가등록담보권을 저당권으로 보고 그 담보가등록이 된 때에 그 저당권의 설정등록이 행하여진 것으로 본다. 다만 저당권과는 달리 가등록담보권의 경우에는 첫 경매개시결정등기 전에 등기된 것으로서 매각에 의하여 소멸되는 때에도 채권신고의 최고기간까지 채권신고를 한 경우에 한하여 배당받을 수 있는데,[14] 이것은 가등록담보권의 경우 등록원부에 담보목적의 가등록인 취지가 기재되어 있지 않고 단지 소유권이전등록청구권보전을 위한 가등록이라고만 기재되어 있어 등록원부에 적힌 내용만으로 그 가등록이 담보목적의 가등록인가의 여부를 알 수 없고, 또 담보목적의 가등록이라 하더라도 피담보채권의 공시가 없기 때문이다.

(2) 그러므로 소유권이전에 관한 가등록이 되어 있는 항공기에 관하여 경매개시결정이 있으면 집행법원은 가등록권리자에 대하여 그 가등록이 담보가등록인 경우에는 그 내용 및 채권(이자 기타의 부수채권을 포함한다)의 존부, 원인 및 금액을, 담보가등록이 아닌 경우에는 그 내용을 법원에 신고할 것을 상당한 기간을 정하여 최고하여야 한다.

최고는 경매개시결정에 의한 압류의 효력이 생긴 후 배당요구의 종기를 정한 직후에 하고, 최고에 따른 신고기간은 민사집행법 제84조 제4항의 최고와 마찬가지로 배당요구의 종기로 하는 것이 바람직하다. 만일 집행법원이 경매개시결정을 할 때 이 최고를 누락한 때에는 배당요구의 종기 이후라도 다시 상당한 기간을 정하여 최고하여야 한다.

(3) 그런데 가등록의 내용이 밝혀지지 않고서는 잉여의 유무를 판단할

---

14) 대법원 2008. 9. 11. 선고 2007다25278 판결.

수 없고, 또 이 최고가 가등록권리자에게 미치는 영향이 크므로 가급적 서면에 의하여 최고를 함이 바람직하다. 실무에서는 신고가 없는 경우에 는 일단 그 가등록을 순수한 소유권이전청구권보전을 위한 가등록으로 보 고 있다. 판례는 권리신고가 되지 않아 담보가등록인지 순위보전의 가등 록인지 알 수 없는 경우에도 그 가등록이 등록기록상 최선순위이면 집행 법원으로서는 일단 이를 순위보전을 위한 가등록으로 보아 매수인에게 그 부담이 인수될 수 있다는 취지를 매각물건명세서에 기재한 후 그에 기하 여 매각절차를 진행하면 족한 것이지, 반드시 그 가등록이 담보가등록인 지 순위보전의 가등록인지 밝혀질 때까지 매각절차를 중지하여야 하는 것 은 아니라고 한다.[15] 먼저 경매개시결정을 한 사건이 취하 등에 의하여 종료되고 뒤에 경매개시결정을 한 사건으로 경매가 속행되는 경우에는 앞 의 압류와 뒤의 압류의 중간에 등록된 가등록권리자에 대하여도 최고하여 야 한다.

(4) 최고를 받은 가등록권리자는 법원이 정한 상당한 기간 내에 채권 신고를 한 경우에 한하여 매각대금의 배당을 받을 수 있는데, 이와 관련 하여 일부 실무에서는 담보목적의 가등록으로 밝혀지면 최고기간 내에 채 권신고를 하지 않더라도 실권효를 인정하지 아니하고 배당기일까지 배당 요구가 들어오면 배당을 하여 주는 처리방식을 취하고 있으나, 이러한 실 무는 경매기일을 정하기 전에 잉여의 유무를 판단하는 자료를 수집하여 경매절차의 속행 여부를 결정짓기 위하여 위 최고제도를 둔 본래의 취지 에 어긋난다.[16]

다. 배당절차

(1) 가등록담보권자가 채권신고를 한 경우에는 민사집행법 제84조 제4 항의 채권신고서를 제출한 효과가 있고 그 순위에 따라 우선적으로 매각 대금에서 배당받을 수 있다.

(2) 가등록담보권자의 배당순위는 담보가등록이 된 때에 저당권의 설

---

15) 대법원 2003. 10. 6.자 2003마1438 결정.
16) 법원실무제요 민사집행 Ⅱ, 법원행정처(2014), 483면.

정등록이 행하여진 것으로 보아 저당권의 배당순위를 정하는 것과 같은 판단을 하면 되지만, 권리신고를 하지 않아 담보가등록인지 일반가등록인지 알 수 없는 경우에는 일단 순위보전을 위한 가등록으로 보아 처리한다. 따라서 그 가등록이 최선순위이면 매수인에게 그 부담이 인수되므로 배당 및 말소하여서는 안 되고, 그 가등록보다 선순위의 담보권이나 또는 가압류가 있으면 함께 말소하되, 가등록이 말소되더라도 채권신고가 없으므로 배당하지 않는다.

(3) 가등록담보권자가 경매에 의하여 우선변제를 받을 수 있는 채권의 범위에 관하여 명문의 규정이 없으나, 판례는 다른 담보권자와 일반채권자의 이익을 보호하기 위하여 가등록담보권에 의하여 담보되는 채권의 범위에 관하여도 민법 제360조의 준용을 허용하고 있다.[17]

(4) 채권자와 채무자 또는 물상보증인이 가등록담보권설정계약을 체결할 때 가등록 이후에 발생될 채무도 가등록항공기의 피담보범위에 포함시키기로 한 약정(근담보가등록)은 가등록담보권의 존재가 가등록에 의하여 공시되므로 후순위권리자로 하여금 예측할 수 없는 위험에 빠지게 하는 것도 아니므로, 채권자와 채무자가 가등록담보권설정계약을 체결하면서 가등록 이후에 발생한 채권도 후순위권리자에 대하여 우선변제권을 가지는 가등록담보권의 피담보채권에 포함시키기로 약정할 수 있고, 가등록담보권을 설정한 후에 채권자와 채무자의 약정으로 새로 발생한 채권을 기존 가등록담보권의 피담보채권에 추가할 수도 있다.

그러나 가등록담보권 설정 후에 후순위권리자나 제3취득자 등 이해관계 있는 제3자가 생긴 상태에서 새로운 약정으로 기존 가등록담보권에 피담보채권을 추가하거나 피담보채권의 내용을 변경·확장하는 경우에는 이해관계 있는 제3자의 이익을 침해하게 되므로, 이러한 경우에는 피담보채권으로 추가·확장한 부분은 이해관계 있는 제3자에 대한 관계에서는 우선변제권 있는 피담보채권에 포함되지 않는다.[18]

(5) 집행법원에서 담보가등록을 최선순위의 가등록으로 보아 매각물건

---

17) 대법원 2012. 9. 13. 선고 2012다32874 판결.
18) 대법원 2011. 7. 14. 선고 2011다28090 판결.

명세서에 그 부담이 인수될 수 있다는 취지를 기재한 후 매각절차를 진행하여 매각되었더라도, 매수인이 매각대금을 모두 지급함으로써 소유권을 취득하였다면 담보가등록권리는 소멸되고 그 후에 경료된 위 가등록의 본등록은 원인을 결여한 무효의 등기가 된다.[19]

(6) 최선순위이어서 매각절차에서 말소되지 않은 가등록이라 할지라도 그것이 후에 담보가등록이었고 그 피담보채무가 소멸했음에도 가등록에 기한 본등록이 경료되고 그에 따라 가등록 후 매수인의 소유권이전등록이 직권 말소된 경우 매수인은 소유권에 기한 방해배제청구로서 직접 가등록 및 그에 기한 본등록의 말소등록을 청구할 수 있다.[20]

라. 청산의무와 가등록의 말소

(1) 가등기담보법 제3조에는 채권자가 담보계약에 의한 담보권을 실행하여 그 담보목적부동산의 소유권을 취득하기 위해서는 그 채권의 변제기 후에 같은 법 제4조에 규정한 청산금의 평가액을 채무자 등에게 통지하여야 하고, 이 통지에는 통지 당시의 목적부동산의 평가액과 민법 제360조에 규정된 채권액을 명시하여야 하며, 그 통지를 받은 날로부터 2월의 청산기간이 경과하여야 한다고 규정되어 있고, 가등기담보법 제4조 제1항 내지 제3항에는 채권자는 위의 통지 당시의 목적부동산의 가액에서 피담보채권의 가액을 공제한 청산금을 지급하여야 하고, 담보부동산에 관하여 이미 소유권이전등기를 마친 경우에는 청산기간 경과 후 청산금을 채무자 등에게 지급한 때에 목적부동산의 소유권을 취득하고, 담보가등기를 마친 경우에는 청산기간이 경과하여야 그 가등기에 기한 본등기를 청구할 수 있으며, 청산금의 지급채무와 부동산의 소유권이전등기 및 인도채무는 동시이행의 관계에 있다고 규정되어 있고, 같은 법 제4조 제4항에서는 "제1항부터 제3항까지의 규정에 어긋나는 특약으로서 채무자 등에게 불리한 것은 그 효력이 없다. 다만, 청산기간이 지난 후에 행하여진 특약으로서 제3자의 권리를 침해하지 아니하는 것은 그러하지 아니 하다"고 규정되어

---

19) 대법원 1994. 4. 12. 선고 93다52853 판결.
20) 대법원 2010. 5. 13. 선고 2010다15080 판결.

있다.

이러한 규정의 취지는 항공기에 대한 담보가등록에도 준용된다고 보아야 하므로, 위 각 규정을 위반하여 담보가등록에 기한 본등록이 이루어진 경우에는 그 본등록은 무효이고, 다만 가등록권리자가 청산금의 평가액을 채무자 등에게 통지한 후 채무자에게 정당한 청산금을 지급하거나 지급할 청산금이 없는 경우에는 채무자가 그 통지를 받은 날로부터 2월의 청산기간이 경과하면 위 무효인 본등록은 실체적 법률관계에 부합하는 유효한 등록이 될 수 있을 뿐이며, 그 증명책임은 이를 주장하는 자에게 있다고 보아야 한다.[21]

(2) 채무자 등이 채권담보의 목적으로 마친 소유권이전등록의 말소를 구하기 위해서는 그때까지의 이자와 손해금을 포함한 피담보채무액을 전부 지급함으로써 그 요건을 갖추어야 한다.[22]

---

21) 대법원 2010. 8. 19. 선고 2009다90160 판결.
22) 대법원 2018. 6. 15. 선고 2018다215947 판결.

[23] 항공기 집행에 대한 양수인의 집행정지신청

Lewistown Propane Company v. Ford, 42 P.3d 229 (Mont. 2002)

I. 사실관계

(1) 프로판, 비료 등을 판매하는 몬태나주 회사인 원고 Lewistown Propane Company는 피고 Ford에게 프로판가스를 판매하였으나, Ford는 물품대금을 지급하지 아니하였다. Ford는 1999. 9. 8. 원고에게 프로판가스대금 28,503.62달러를 연 10%의 비율로 계산한 이자를 가산하여 6개월 이내에 지급하겠다는 내용의 약속어음(Promissory Note)을 발행하였다.

(2) 원고는 1999. 12. 14. 미지급 프로판가스 대금을 받기 위하여 Ford와 그 가족을 상대로 약속어음금의 지급을 구하는 소를 제기하였다. Ford는 약속어음 지급기일 하루 전인 2000. 3. 7. 원고의 청구에 대하여 다투지 아니하고 인정한다는 내용의 판결사전자인서면(判決事前自認書面, Confession of Judgment)[1]을 제출하였다.

(3) Ford는 2000. 2. 11. Raymond Becky에게 이 사건 항공기를 매도하였으나, 양도인과 양수인 모두 몬태나주 또는 FAA 어느 곳에도 항공기 매도에 관한 등록을 하지 아니하였다.

(4) 원고는 판결사전자인서면을 집행하기 위하여 몬태나 교통부 항공국(Montana Department of Transportation Aeronautics Division)과 FAA에 이 사건 항공기의 소유권에 관한 사항을 문의하였다. 원고는 이 사건 항공기 등록원부에 의하여, Ford가 소유자로 등록되어 있고, 저당권이나 기타 우선변제권 등 항공기에 관한 등록이 전혀 없으며, Ford가 FAA에 매년 등록비를 납부하였다는 것을 확인하였다.

(5) 원고는 2000. 7. 7. 판결사전자인서면을 집행권원으로 하여 집행문

---

1) 채무자가 채권자 주장의 채무를 자인하고, 채무의 이행을 해태하는 경우에는 채무자에 대한 판결이 등록되는 것을 지시하는 서면.

(writ of execution)을 부여받은 후, 약 1주일 후에 Ford 소유의 항공기 (1974 Super Piper Cub Aircraft PA18-150)를 압류하였고, 이후 위 항공기를 점유하였다. 원고는 2000. 7. 17. Ford에게 항공기집행사실을 통지하면서, 집행권원상 채권을 만족하기 위하여 이 사건 항공기를 매각할 것이라고 고지하였다.

(6) Becky는 법원에 집행에 관한 이의를 제기하였고, 법원은 2000. 7. 24. 위 신청을 인용하였다. 또한 Becky는 강제집행정지를 구하는 신청을 제기하였고, 법원은 이를 인용하였다. 그 후 법원은 2000. 10. 23. 이 사건 항공기에 대하여 강제집행을 불허하는 결정을 발령하였고, 이에 따라 법원은 원고에게 이 사건 항공기를 Becky에게 인도할 것을 명령하였다. 원고는 위 결정에 대하여 불복하면서, 항고를 제기하였다.

II. 참조 조문

1. 미연방법 제49장 운송

> **제44108조 양도, 임차권, 담보의 유효성**
> (a) 신청 전 유효성 - 44107 (a) (1), (2)에 의하여 등록되어야 할 양도, 임차권, 담보권은 등록을 위하여 신청이 접수되기 전까지는 오로지 (1) 양도, 임차권, 담보권자, (2) 그 사람의 상속인 및 수탁자, (3) 양도, 임차권, 담보권을 통지받은 사람에게만 효력이 있다.
> (b) 유효 기간 - 본 장 44107조에 의하여 양도, 임차권, 담보권이 등록된 경우, 양도, 임차권, 담보권은 신청일부터 다른 등록없이 제3자에 대항할 수 있다.

2. 민사집행법(이하 '법')

> **제48조(제3자이의의 소)** ① 제3자가 강제집행의 목적물에 대하여 소유권이 있다고 주장하거나 목적물의 양도나 인도를 막을 수 있는 권리가 있다고 주장하는 때에는 채권자를 상대로 그 강제집행에 대한

이의의 소를 제기할 수 있다. 다만, 채무자가 그 이의를 다투는 때
에는 채무자를 공동피고로 할 수 있다.

② 제1항의 소는 집행법원이 관할한다. 다만, 소송물이 단독판사의 관
할에 속하지 아니할 때에는 집행법원이 있는 곳을 관할하는 지방법
원의 합의부가 이를 관할한다.

③ 강제집행의 정지와 이미 실시한 집행처분의 취소에 대하여는 제46
조 및 제47조의 규정을 준용한다. 다만, 집행처분을 취소할 때에는
담보를 제공하게 하지 아니할 수 있다.

제168조(준용규정) 제3자가 부동산에 대한 강제관리를 막을 권리가 있
다고 주장하는 경우에는 제48조의 규정을 준용한다.

제275조(준용규정) 이 편에 규정한 경매 등 절차에는 제42조 내지 제
44조 및 제46조 내지 제53조의 규정을 준용한다.

Ⅲ. 판시사항

(1) 양도인 Ford와 양수인 Becky 모두 연방법에 의한 소유권이전등록
을 하지 않았다. 원고는 집행권원을 지닌 채권자로서 FAA의 등록원부에
의하여 이 사건 항공기에 관한 권리가 부여된다. 원고가 이 사건 항공기
에 대한 집행을 개시할 때, 양수인은 소유권이전등록을 하지 않은 상태였
으므로 원고에 대항할 수 없고, 따라서 원고의 집행을 배제할 수 없다.

(2) 양도인과 양수인은, 원고의 집행 착수 이후 이 사건 항공기에 관하
여 소유권이전등록을 마쳤음에도 원고는 그 때까지 원고의 권리를 등록하
지 않았으므로, 소유권이전등록 후에는 양수인의 권리가 원고보다 우선한
다고 주장한다. 그러나 양도인과 양수인은 이 사건 항공기에 관한 소유권
이전등록 당시 원고의 압류상태를 알고 있었으므로, 선의의 제3자라고 할
수 없다. 따라서 악의의 제3자인 양도인과 양수인은 원고에게 대항할 수
없다.

IV. 해 설

1. 미국법상 항공기집행에서 우선순위

가. 1958년 연방항공법

1958년 연방항공법 제503조 제c항은 "항공기의 양도 또는 1958년 연방항공법에 의하여 등록의무가 있는 사항을 FAA에 등록하기 전에는 제3자에게 대항할 수 없다"고 규정하고 있다.[2] 연방의회의 목적은 일반인이 항공기에 대한 법적 이해관계를 쉽게 확인할 수 있도록 항공기등록에 관하여 중앙집권적이고 투명한 등록사무소를 설립하는데 있다.[3] 이와 같은 제도하에서, 경합하는 권리 상호간의 우선순위는 주법에 의하여 결정되지만, 주법에 의하여 우선순위를 인정받기 위해서는 먼저 연방법에 의하여 FAA에 등록되어야 한다. 대상사안에서는 집행채권자와 연방법에 의한 등록을 하지 아니한 항공기의 양수인 사이에서 누구에게 우선권이 있는지를 결정하는 것이 문제되었다.

나. 판 례

(1) 유사한 사안에서 하와이 항소법원은 양수사실을 등록하지 아니한 양수인은 집행채권자에게 대항하지 못한다고 판시하였다.[4] 이와 달리 연방항소법원과 애리조나 항소법원은, 집행채권자의 권리는 채무자의 권리에서 유래한 것이므로 선의의 양수인에게 대항할 수 없다고 판시하였다.[5]

(2) 몬태나주법에 의하면, 부동산에 대한 집행채권자는 집행채무자의 이해관계인이므로, 양수인[6]이나 미등록 저당권자[7]에 대항할 수 없다.

---

2) 위 조항과 연방통일상법전 제9조와의 관계에 관한 논의로는 David W. Evans, "The Impact of the Federal Aviation Act of 1958 on Buyers in the Ordinary Course of Business", 48 Journal of Air Law and Commerce 835(1983) 참조.

3) Philko Aviation, Inc. v. Shacket (1983), 462 U.S. 406.

4) Bank of Honolulu v. Davids (1985), 6 Haw.App. 25, 709 P.2d 613.

5) Compass Ins. Co. v. Moore (8th Cir. 1986), 806 F.2d 796;   General Dynamics Corp. v. Zantop Int'l Airlines (Ct. App. 1985), 147 Ariz. 92, 708 P.2d 773.

6) Hannah v. Martinson (1988), 232 Mont. 469.

7) Vaughn v. Schmalsle (1890), 10 Mont. 186.

다. 대상사안의 검토

(1) 이 사건 항공기는 동산이다. 그러므로 동산물권의 변동에 관한 판례가 대상사안의 해결에 적합하다. Kovacich v. Norgaard 판결[8]에서는, 채권자가 트럭을 압류하기 전에 채무자가 트럭을 양도하였다. 양수인이 트럭양수를 등록하기 전에 채권자가 트럭을 압류한 경우, 법원은 양수인이 취득한 강제집행정지결정(writ of prohibition to stop the sale)을 취소하였다.

(2) Kovacich v. Norgaard 판결의 법리를 대상사안에 적용하면, 양수인 Becky는 연방법에 의한 소유권이전등록을 하지 않았기 때문에, 이 사건 항공기를 압류한 원고에게 대항할 수 없다.

(3) 양도인 Ford와 양수인 Becky은 원고가 압류사실을 FAA에 등록하기 전에 이 사건 항공기의 양수사실을 등록하였으므로, 양수인의 권리가 원고보다 우선한다고 주장한다. 그러나 양도인과 양수인은 이 사건 항공기에 관한 소유권이전등록 당시 원고의 압류상태를 알고 있었으므로, 선의의 제3자라고 할 수 없다.[9] 따라서 악의의 제3자인 양도인과 양수인은 압류권자인 원고에게 대항할 수 없다.

(4) 그렇다면 압류채권자인 원고의 권리가 양수인 Becky보다 우선하는바, 이 사건 항공기에 대하여 강제집행을 불허하는 원심결정은 위법하므로 취소되어야 한다.

2. 우리나라 집행법상 압류채권자와 미등록양수인의 우선순위

가. 제3자이의의 소

제3자이의(第三者異議)의 소(訴)란 집행의 목적물에 대하여 제3자가 소유권을 가지거나 목적물의 양도나 인도를 막을 수 있는 권리를 가진 때 그 제3자가 채권자를 상대로 자신의 권리를 침해하는 강제집행에 대하여

---

8) (1986), 221 Mont. 26.
9) Philko Aviation, Inc. v. Shacket (1983), 462 U.S. at 409-10.

이의를 주장하고 집행의 배제를 구하는 소이다(법 제48조). 집행이 일정한 외관을 기준으로 하여 행하여지는 한 책임재산 이외의 물건에 대하여 집행행위가 있더라도 당연히 위법이 되는 것은 아니므로 집행에 관한 이의 신청(법 제16조)이나 즉시항고(법 제15조)로써 불복할 수 없는 것이 보통이다. 따라서 위와 같이 실질적으로 부당한 집행에 의하여 권리침해를 받은 제3자를 구제할 목적으로 소로써 집행에 대한 이의를 주장할 기회를 준 것이 이 소이며, 제3자가 원고로 되기 때문에 제3자이의의 소라고 한다.

나. 항공기에 대한 소유권 양도와 이의의 원인

(1) 제3자이의의 소에서 이의의 원인은 제3자가 "강제집행의 목적물에 대하여 소유권이 있다고 주장하거나 목적물의 양도나 인도를 막을 수 있는 권리가 있다고 주장하는 것"이다. 제3자가 집행목적물에 대한 소유권을 가지고 있다는 것은 집행을 막는 권리의 대표적인 것이다. 그러나 소유권이전등록청구권은 압류채권자에 대항할 수 있는 권리가 아니므로 이에 해당하지 아니하고(법 제92조 참조),[10] 명의신탁자도 이 소를 제기할 수 없다.[11]

(2) 경매개시결정 후에 소유권을 취득한 사람은 채권자에 대항할 수 있는 경우가 아니면 이 소를 제기할 수 없지만,[12] 집행 후에 취득한 권리라고 하더라도 특별히 권리자가 집행채권자에게 대항할 수 있는 경우라면 그 권리자는 제3자이의의 소를 제기할 수 있다.[13] 가압류집행이 형식적으로는 채권 확보를 위한 집행절차라고 하더라도 그 자체가 법이 보호할 수 없는 반사회적 행위에 의하여 이루어진 것임이 분명한 경우 그 집행의 효력을 그대로 인정할 수 없으므로, 가압류집행 후 본집행으로 이행하기 전에 가압류 목적물의 소유권을 취득한 사람은 그 가압류집행에 터 잡은 강제집행절차에서 그 집행의 배제를 구할 수 있고,[14] 선행의 가압류가 사망

---

10) 대법원 1980. 1. 29. 선고 79다1223 판결.
11) 대법원 2007. 5. 10. 선고 2007다7409 판결.
12) 대법원 1976. 8. 24. 선고 76다216 판결, 대법원 1982. 9. 14. 선고 81다527 판결.
13) 대법원 1988. 9. 27. 선고 84다카2267 판결.
14) 대법원 1997. 8. 29. 선고 96다14470 판결.

자를 상대로 한 것이어서 무효인 경우에도 무효의 가압류 결정에 기한 가압류집행 후에 소유권을 취득한 사람이 제3자이의의 소에 의하여 가압류집행의 배제를 구할 수 있다.[15]

(3) 강제경매개시결정 후 소유권을 취득한 제3자는 집행채권이 변제 그 밖의 사유로 소멸된 경우에도 청구이의의 소에 의하여 집행권원의 집행력이 배제되지 아니한 이상 그 경매개시결정이 취소될 수 없고 그 결정이 취소되지 않는 동안에는 집행채권이 변제되었다는 사유만으로 소유권을 집행채권자에게 대항할 수 없으므로 제3자이의의 소에 의하여 그 강제집행의 배제를 구할 수 없으나, 가압류 후 강제경매개시결정 전에 항공기를 양수한 제3취득자의 변제로 인하여 가압류의 피보전권리가 소멸한 경우에 그 제3취득자는 가압류채권자에 대한 관계에서도 소유권 취득을 대항할 수 있게 되므로 제3자이의의 소가 가능하다.[16]

(4) 가압류만 되어 있을 뿐 아직 본압류로 이행되지 아니한 단계에서는 가압류채권자가 그 가압류의 집행비용을 변상 받을 수 없기 때문에 제3취득자가 가압류의 집행비용을 고려함이 없이 그 처분금지의 효력이 미치는 객관적 범위에 속하는 청구금액만을 변제함으로써 가압류 집행의 배제를 소구할 수 있지만, 가압류에서 본압류로 이행된 후에는 민사집행법 제53조 제1항의 적용을 받게 되므로 가압류 후 본압류로의 이행 전에 가압류 목적물의 소유권을 취득한 제3취득자로서는 가압류의 청구금액 외에, 그 가압류의 집행비용 및 본집행의 비용 중 가압류의 본압류로의 이행에 대응하는 부분까지를 아울러 변제하여야만 가압류에서 이행된 본압류의 집행배제를 구할 수 있다.[17]

다. 결 론

따라서 대상사안과 유사한 사건이 우리나라 법원에 계속된다면, 압류채권자가 항공기에 대한 소유권자가 아닌 소유권이전등록청구권[18]을 지닌

15) 대법원 1982. 10. 26. 선고 82다카884 판결.
16) 대법원 1982. 9. 14. 선고 81다527 판결.
17) 대법원 2006. 11. 24. 선고 2006다35223 판결.
18) 항공안전법 제7조는 "항공기를 소유하거나 임차하여 항공기를 사용할 수 있는 권리가

것에 불과한 미등록양수인보다 우선하므로, 양수인은 압류채권자에게 대항할 수 없다는 결론에 도달하게 된다.

있는 자(이하 "소유자등"이라 한다)는 항공기를 대통령령으로 정하는 바에 따라 국토교통부장관에게 등록을 하여야 한다. 다만, 대통령령으로 정하는 항공기는 그러하지 아니하다"고 규정하고 있으므로, 미등록양수인은 항공기의 소유자가 될 수 없고, 양도인에 대하여 소유권이전등록청구권을 지닌 것에 불과하다.

제 **5** 장

항공기 제작과 금융

[24] 항공기 제작사의 제조물책임

대법원 2003. 9. 5. 선고 2002다17333 판결

Ⅰ. 사실관계

(1) 대한민국 공군소령 L, 공군대위 M은 1994. 3. 3. 14:22경 대한민국 공군 소유의 UH-60 블랙호크 헬리콥터(이하 '이 사건 헬기')에 공군참모총장 J, 그의 처 K, 부관 N, 정비사 S를 태우고 청주의 공군사관학교에 가기 위하여 서울 용산에서 이륙하였는데, 위 헬기는 17분 정도 후 경기 ○○군 ○○면 ○○리 상공을 지나가던 중 갑자기 추락하여 탑승자 전원이 사망하였다(이하 '이 사건 사고'). 원고 X는 탑승자들의 상속인들이고, 피고 B는 이 사건 헬기를 대한민국에 판매한 대한민국 주식회사이며, 피고 C는 위 헬기를 제작하여 피고 B에게 판매한 미국 회사이다.

(2) L은 위 헬기의 정조종사로, M은 부조종사, S는 정비사로서 1994. 3. 3. 12:45경부터 13:08경까지 위 헬기의 기능을 점검하기 위한 기능비행을 실시한 다음, 같은 날 14:06경 수원기지를 출발하여 14:19경 용산기지에 도착하자 14:22경 J, K, N을 헬기에 태운 후 용산기지를 이륙하였다. 당시 용산기지에는 눈이 내리고 있었고 기온도 낮아서 이륙 후 헬기가 상승할 때 L, M은 내부 히터를 켰고 14:25경 엔진 방빙(防氷, anti-ice)장치와 방풍유리(windshield) 방빙장치를 작동하였다.

(3) L, M은 용산기지를 이륙할 당시에는 시계(視界) 비행방식(visual flight rules)으로 헬기를 운항하였으나, 비행예정경로상 기상이 악화되었음을 깨닫고 계기비행방식(instrument flight rules)으로 운항하기로 하고 14:27경 J로부터 계기비행방식 운항승인을 받았다. L, M은 같은 날 14:30경 오산관제소에 계기비행의 인가를 요청하였으나 인가가 지연되자 계기비행에 대비하여 헬기의 고도를 3,500피트(feet)까지 상승시켰다. 14:34경 오산관제소로부터 계기비행을 위한 고도(6,000피트)와 방향을 지시받고 구

름 속에서 계기비행 상태를 유지하면서 4,000피트 상공을 통과하여 계속 상승하고 있었다.

(4) 그 무렵 M은 헬기 조종이 평소와 약간 다르다고 느끼다가 14:38 경 5,800피트 상공에서 헬기의 자세가 비정상적인 것 같다고 말하였고, 14:39경 5,500피트까지 강하하고 있을 때 속도가 적다고 3회 반복하여 말하였으며 그 직후 헬기가 급격히 강하하기 시작하였다. 이 때 M이 헬기가 거꾸로 된 것 같다고 말하였고 L은 헬기의 자세를 정확히 파악하지 못하고 있다가 곧 헬기가 거꾸로 되었다고 판단하고 헬기의 자세를 회복시키기 위하여 사이클릭 스틱(cyclic stick)을 급격하게 끌어올렸다. 이 때 헬기의 주회전날개 중 하나가 후방동체에 부딪히고 다시 그 주회전날개가 회전하면서 몇 차례 동체에 부딪힘으로써 후방동체부분이 떨어져 나가고 헬기는 회전하면서 추락하였다.

(5) 원고는, 이 사건 사고는 위 헬기의 조종사들이 피토 히트 스위치 (Pitot heat switch)를 켰음에도 불구하고 피토 히트가 제대로 작동하지 않아 피토 튜브(Pitot tube)가 결빙되었거나 그게 아니면 위 헬기의 방빙·제빙 능력을 넘는 심각한 기상상황을 접하여 피토 튜브가 결빙되었거나 또는 전자기 간섭으로 인하여 스태빌레이터(stabilator)가 오작동함으로써 발생하였을 가능성이 높고, 설령 위 사고가 조종사들이 피토 히트 스위치를 켜지 않아 피토 튜브가 결빙되어 발생하였다고 하더라도 위 헬기에는 설계상의 결함 또는 지시·경고상의 결함이 있어 그것이 위 사고원인이 되었다고 주장하였다. 원고는, 피고 C는 위 헬기의 제조회사로서 제조물책임이 있고, 피고 B는 위 헬기를 대한민국에 판매하고 피고 C의 사이에 기술이용권 및 기술원조계약을 체결한 회사로서 제조회사인 피고 C와 동일한 제조물책임이 있으므로, 위 사고로 인하여 X가 입은 손해를 배상할 책임이 있다는 것을 청구원인으로 하여 이 사건 소를 제기하였다.

(6) 제1심[1]은 X의 청구를 기각하였고, 항소심[2]도 X의 항소를 기각하였다. 이에 대하여 X는 대법원에 상고를 제기하였다.

---

1) 서울지방법원 2000. 11. 9 선고 97가합51570 판결.
2) 서울고등법원 2002. 1. 17 선고 2000나60199 판결.

Ⅱ. 참조 조문

1. 민 법

제750조(불법행위의 내용) 고의 또는 과실로 인한 위법행위로 타인에게 손해를 가한 자는 그 손해를 배상할 책임이 있다.

제751조(재산 이외의 손해의 배상) ① 타인의 신체, 자유 또는 명예를 해하거나 기타 정신상 고통을 가한 자는 재산 이외의 손해에 대하여도 배상할 책임이 있다.

② 법원은 전항의 손해배상을 정기금채무로 지급할 것을 명할 수 있고 그 이행을 확보하기 위하여 상당한 담보의 제공을 명할 수 있다.

제752조(생명침해로 인한 위자료) 타인의 생명을 해한 자는 피해자의 직계존속, 직계비속 및 배우자에 대하여는 재산상의 손해없는 경우에도 손해배상의 책임이 있다.

제756조(사용자의 배상책임) ① 타인을 사용하여 어느 사무에 종사하게 한 자는 피용자가 그 사무집행에 관하여 제삼자에게 가한 손해를 배상할 책임이 있다. 그러나 사용자가 피용자의 선임 및 그 사무감독에 상당한 주의를 한 때 또는 상당한 주의를 하여도 손해가 있을 경우에는 그러하지 아니하다.

② 사용자에 갈음하여 그 사무를 감독하는 자도 전항의 책임이 있다.

③ 전2항의 경우에 사용자 또는 감독자는 피용자에 대하여 구상권을 행사할 수 있다.

제757조(도급인의 책임) 도급인은 수급인이 그 일에 관하여 제삼자에게 가한 손해를 배상할 책임이 없다. 그러나 도급 또는 지시에 관하여 도급인에게 중대한 과실이 있는 때에는 그러하지 아니하다.

제758조(공작물등의 점유자, 소유자의 책임) ① 공작물의 설치 또는 보존의 하자로 인하여 타인에게 손해를 가한 때에는 공작물점유자가 손해를 배상할 책임이 있다. 그러나 점유자가 손해의 방지에 필요한 주의를 해태하지 아니한 때에는 그 소유자가 손해를 배상할 책임이 있다.

② 전항의 규정은 수목의 재식 또는 보존에 하자있는 경우에 준용한다.

③ 전2항의 경우에 점유자 또는 소유자는 그 손해의 원인에 대한 책

임있는 자에 대하여 구상권을 행사할 수 있다.

2. 제조물책임법

제1조(목적) 이 법은 제조물의 결함으로 발생한 손해에 대한 제조업자 등의 손해배상책임을 규정함으로써 피해자 보호를 도모하고 국민생활의 안전 향상과 국민경제의 건전한 발전에 이바지함을 목적으로 한다.

제2조(정의) 이 법에서 사용하는 용어의 뜻은 다음과 같다.

1. "제조물"이란 제조되거나 가공된 동산(다른 동산이나 부동산의 일부를 구성하는 경우를 포함한다)을 말한다.

2. "결함"이란 해당 제조물에 다음 각 목의 어느 하나에 해당하는 제조상·설계상 또는 표시상의 결함이 있거나 그 밖에 통상적으로 기대할 수 있는 안전성이 결여되어 있는 것을 말한다.

   가. "제조상의 결함"이란 제조업자가 제조물에 대하여 제조상·가공상의 주의의무를 이행하였는지에 관계없이 제조물이 원래 의도한 설계와 다르게 제조·가공됨으로써 안전하지 못하게 된 경우를 말한다.

   나. "설계상의 결함"이란 제조업자가 합리적인 대체설계(代替設計)를 채용하였더라면 피해나 위험을 줄이거나 피할 수 있었음에도 대체설계를 채용하지 아니하여 해당 제조물이 안전하지 못하게 된 경우를 말한다.

   다. "표시상의 결함"이란 제조업자가 합리적인 설명·지시·경고 또는 그 밖의 표시를 하였더라면 해당 제조물에 의하여 발생할 수 있는 피해나 위험을 줄이거나 피할 수 있었음에도 이를 하지 아니한 경우를 말한다.

3. "제조업자"란 다음 각 목의 자를 말한다.

   가. 제조물의 제조·가공 또는 수입을 업(業)으로 하는 자

   나. 제조물에 성명·상호·상표 또는 그 밖에 식별(識別) 가능한 기호 등을 사용하여 자신을 가목의 자로 표시한 자 또는 가목의 자로 오인(誤認)하게 할 수 있는 표시를 한 자

제3조(제조물 책임) ① 제조업자는 제조물의 결함으로 생명·신체 또는

재산에 손해(그 제조물에 대하여만 발생한 손해는 제외한다)를 입은 자에게 그 손해를 배상하여야 한다.

② 제1항에도 불구하고 제조업자가 제조물의 결함을 알면서도 그 결함에 대하여 필요한 조치를 취하지 아니한 결과로 생명 또는 신체에 중대한 손해를 입은 자가 있는 경우에는 그 자에게 발생한 손해의 3배를 넘지 아니하는 범위에서 배상책임을 진다. 이 경우 법원은 배상액을 정할 때 다음 각 호의 사항을 고려하여야 한다.

1. 고의성의 정도
2. 해당 제조물의 결함으로 인하여 발생한 손해의 정도
3. 해당 제조물의 공급으로 인하여 제조업자가 취득한 경제적 이익
4. 해당 제조물의 결함으로 인하여 제조업자가 형사처벌 또는 행정처분을 받은 경우 그 형사처벌 또는 행정처분의 정도
5. 해당 제조물의 공급이 지속된 기간 및 공급 규모
6. 제조업자의 재산상태
7. 제조업자가 피해구제를 위하여 노력한 정도

③ 피해자가 제조물의 제조업자를 알 수 없는 경우에 그 제조물을 영리 목적으로 판매·대여 등의 방법으로 공급한 자는 제1항에 따른 손해를 배상하여야 한다. 다만, 피해자 또는 법정대리인의 요청을 받고 상당한 기간 내에 그 제조업자 또는 공급한 자를 그 피해자 또는 법정대리인에게 고지(告知)한 때에는 그러하지 아니하다.

제3조의2(결함 등의 추정) 피해자가 다음 각 호의 사실을 증명한 경우에는 제조물을 공급할 당시 해당 제조물에 결함이 있었고 그 제조물의 결함으로 인하여 손해가 발생한 것으로 추정한다. 다만, 제조업자가 제조물의 결함이 아닌 다른 원인으로 인하여 그 손해가 발생한 사실을 증명한 경우에는 그러하지 아니하다.

1. 해당 제조물이 정상적으로 사용되는 상태에서 피해자의 손해가 발생하였다는 사실
2. 제1호의 손해가 제조업자의 실질적인 지배영역에 속한 원인으로부터 초래되었다는 사실
3. 제1호의 손해가 해당 제조물의 결함 없이는 통상적으로 발생하지 아니한다는 사실

제4조(면책사유) ① 제3조에 따라 손해배상책임을 지는 자가 다음 각

호의 어느 하나에 해당하는 사실을 입증한 경우에는 이 법에 따른
손해배상책임을 면(免)한다.

1. 제조업자가 해당 제조물을 공급하지 아니하였다는 사실
2. 제조업자가 해당 제조물을 공급한 당시의 과학·기술 수준으로는
   결함의 존재를 발견할 수 없었다는 사실
3. 제조물의 결함이 제조업자가 해당 제조물을 공급한 당시의 법령
   에서 정하는 기준을 준수함으로써 발생하였다는 사실
4. 원재료나 부품의 경우에는 그 원재료나 부품을 사용한 제조물
   제조업자의 설계 또는 제작에 관한 지시로 인하여 결함이 발생
   하였다는 사실

② 제3조에 따라 손해배상책임을 지는 자가 제조물을 공급한 후에 그
제조물에 결함이 존재한다는 사실을 알거나 알 수 있었음에도 그
결함으로 인한 손해의 발생을 방지하기 위한 적절한 조치를 하지
아니한 경우에는 제1항 제2호부터 제4호까지의 규정에 따른 면책
을 주장할 수 없다.

제5조(연대책임) 동일한 손해에 대하여 배상할 책임이 있는 자가 2인
이상인 경우에는 연대하여 그 손해를 배상할 책임이 있다.

제6조(면책특약의 제한) 이 법에 따른 손해배상책임을 배제하거나 제한
하는 특약(特約)은 무효로 한다. 다만, 자신의 영업에 이용하기 위
하여 제조물을 공급받은 자가 자신의 영업용 재산에 발생한 손해에
관하여 그와 같은 특약을 체결한 경우에는 그러하지 아니하다.

제7조(소멸시효 등) ① 이 법에 따른 손해배상의 청구권은 피해자 또는
그 법정대리인이 다음 각 호의 사항을 모두 알게 된 날부터 3년간
행사하지 아니하면 시효의 완성으로 소멸한다.

1. 손해
2. 제3조에 따라 손해배상책임을 지는 자

② 이 법에 따른 손해배상의 청구권은 제조업자가 손해를 발생시킨
제조물을 공급한 날부터 10년 이내에 행사하여야 한다. 다만, 신체
에 누적되어 사람의 건강을 해치는 물질에 의하여 발생한 손해 또
는 일정한 잠복기간(潛伏期間)이 지난 후에 증상이 나타나는 손해
에 대하여는 그 손해가 발생한 날부터 기산(起算)한다.

제8조(민법의 적용) 제조물의 결함으로 인한 손해배상책임에 관하여 이

법에 규정된 것을 제외하고는 민법에 따른다.

부칙 <법률 제6109호, 2000. 1. 12.>

① (시행일) 이 법은 2002년 7월 1일부터 시행한다.

② (적용례) 이 법은 이 법 시행 후 제조업자가 최초로 공급한 제조물 부터 적용한다.

Ⅲ. 판시사항

(1) 일반적으로 제조물을 만들어 판매하는 자는 제조물의 구조, 품질, 성능 등에서 현재의 기술 수준과 경제성 등에 비추어 기대가능한 범위 내의 안전성을 갖춘 제품을 제조하여야 하고, 이러한 안전성을 갖추지 못한 결함으로 인하여 그 사용자에게 손해가 발생한 경우에는 불법행위로 인한 배상책임을 부담하게 되는 것인바, 그와 같은 결함 중 주로 제조자가 합리적인 대체설계를 채용하였더라면 피해나 위험을 줄이거나 피할 수 있었음에도 대체설계를 채용하지 아니하여 제조물이 안전하지 못하게 된 경우를 말하는 소위 설계상의 결함이 있는지 여부는 제품의 특성 및 용도, 제조물에 대한 사용자의 기대와 내용, 예상되는 위험의 내용, 위험에 대한 사용자의 인식, 사용자에 의한 위험회피의 가능성, 대체설계의 가능성 및 경제적 비용, 채택된 설계와 대체설계의 상대적 장단점 등의 여러 사정을 종합적으로 고려하여 사회통념에 비추어 판단하여야 한다.

(2) 제조물에 대한 제조상 내지 설계상의 결함이 인정되지 아니하는 경우라 할지라도, 제조업자 등이 합리적인 설명, 지시, 경고 기타의 표시를 하였더라면 당해 제조물에 의하여 발생될 수 있는 피해나 위험을 줄이거나 피할 수 있었음에도 이를 하지 아니한 때에는 그와 같은 표시상의 결함(지시·경고상의 결함)에 대하여도 불법행위로 인한 책임이 인정될 수 있고, 그와 같은 결함이 존재하는지 여부에 대한 판단을 함에 있어서는 제조물의 특성, 통상 사용되는 사용형태, 제조물에 대한 사용자의 기대의 내용, 예상되는 위험의 내용, 위험에 대한 사용자의 인식 및 사용자에 의한 위험회피의 가능성 등의 여러 사정을 종합적으로 고려하여 사회통념에

비추어 판단하여야 한다.

Ⅳ. 해 설

1. 제조물책임

가. 적용 법리

제조자의 고의 또는 과실을 전제로 하지 않는 엄격책임으로서의 제조물책임은 제조물책임법(2000. 1. 12. 법률 제6109호)에서 새로이 도입되었고, 같은 법 부칙 규정에 의하여 2002. 7. 1. 이후 공급된 제조물에 대하여 적용되는 것이어서 이 사건 헬기에는 적용될 여지가 없다. 따라서 이 사건에서 법원이 판단한 결함으로 인한 책임이란 모두 제조자의 기대가능성을 전제로 한 과실책임의 일환이라 볼 수 있으므로, 이 사건에 적용되는 법조문은 불법행위에 관한 민법 제750조가 된다. 다만 현재에는 제조물책임법이 시행되고 있으므로, 이에 관한 논의도 함께 검토하기로 한다.[3)]

한편 제조물책임법의 가장 큰 특징은 제조업자에게 제조물의 결함으로 인한 손해에 관하여 원칙적인 무과실책임을 부담시킴으로써 종래 불법행위법상의 과실책임원칙을 수정하여 제조물로 인하여 피해를 입은 소비자의 증명책임을 경감하여 소비자의 보호를 한층 높이려는 데 있다.

나. 제조물책임의 기본법리

(1) 의 의

일반적으로 제조물을 만들어 판매하는 자는 제조물의 구조, 품질, 성능 등에서 현재의 기술 수준과 경제성 등에 비추어 기대가능한 범위 내의 안전성을 갖춘 제품을 제조하여야 하고, 이러한 안전성을 갖추지 못한 결함으로 인하여 그 사용자에게 손해가 발생한 경우에는 불법행위로 인한 배상책임을 부담하게 된다.[4)] 이와 달리 제조물에 상품적합성이 결여되어 제

---

3) 무인항공기에 관한 제조물책임의 법리는 김선이, "무인항공기 결함에 대한 제조물책임의 적용 연구", 항공우주정책·법학회지 제30권 제1호(2015. 6.).

4) 대법원 2004. 3. 12. 선고 2003다16771 판결.

조물 그 자체에 발생한 손해는 제조물책임의 적용대상이 아니므로, 하자담보책임으로서 그 배상을 구하여야 한다.[5]

(2) 제조물의 개념

제조물책임의 대상이 되는 '제조물'은 원재료에 설계·가공 등의 행위를 가하여 새로운 물품으로 제조 또는 가공된 동산(動産)으로서 상업적 유통에 제공되는 것을 말하고, 여기에는 여러 단계의 상업적 유통을 거쳐 불특정 다수 소비자에게 공급되는 것뿐만 아니라 특정 소비자와의 공급계약에 따라 그 소비자에게 직접 납품되어 사용되는 것도 포함된다.[6]

물건의 본질상 동산에 해당되지만 등기나 등록제도가 구비되어 있어 부동산에 준하여 다루어지고 있는 항공기·선박 등은 제조물책임법상 제조물에 해당하는지 여부가 문제된다.[7] 항공기·선박 등에 등기·등록제도를 두고 있는 취지는 그 물건을 둘러싼 권리관계를 보통의 동산보다 명확히 해야 할 필요성을 달성하는 데에 있다. 그러므로 물권관계를 다루는 것이 아니라 책임관계를 규율하기 위한 제조물책임법의 적용을 위해서 1차적으로 제조물인지를 판단하는데 이와 같은 등기·등록제도는 별다른 의미를 갖지 못한다. 법정책적인 관점에서 등기·등록제도가 있는 항공기·선박의 경우 단지 등록제도가 존재한다는 이유만으로 제조물의 영역에서 배제한다면 그 대상면에서 본법의 적용영역이 현저히 축소되어 제조물책임법 제정의 실효성을 거두기 어렵다.[8] 따라서 항공기를 부동산으로 취급하는 물권법의 취지와는 달리, 제조물책임법의 취지를 손실의 분산 기능을 수행하는 데서 찾는다면, 항공기에 대하여도 제조물책임법이 적용된다고 보아야 한다.[9]

---

5) 대법원 1999. 2. 5. 선고 97다26593 판결, 대법원 2000. 7. 28. 선고 98다35525 판결.
6) 대법원 2013. 7. 12. 선고 2006다17539 판결.
7) 박동진, "제조물책임법상 제조물의 개념", 비교사법 제10권 제4호(2003), 290면.
8) 박동진, 291면.
9) 권대우, "제조물책임에서의 제조물과 결함의 개념", 디지털경제시대의 소비자보호와 법(Ⅱ)(2002), 15면; 김천수, "제조물책임법상 제조물의 개념: 미국 제조물책임 리스테이트먼트와 비교하여", 성균관법학 제16권 제1호(2004), 59면.

(3) 제조물에 대하여만 발생한 재산상 손해는 제외됨

제조물책임이란 제조물에 통상적으로 기대되는 안전성을 결여한 결함으로 인하여 생명·신체 또는 재산에 손해가 발생한 경우에 제조업자 등에게 지우는 손해배상책임인데, '제조물에 대하여만 발생한 재산상 손해'는 여기서 제외된다(제조물책임법 제3조 제1항). 그리고 '제조물에 대하여만 발생한 재산상 손해'에는 제조물 자체에 발생한 재산상 손해뿐만 아니라 제조물의 결함 때문에 발생한 영업손실로 인한 손해도 포함되므로, 그 손해는 제조물책임법의 적용 대상이 아니다.[10]

(4) 제조물책임을 부담하는 제조업자

제조물책임을 부담하는 제조업자는 제조물의 제조·가공 또는 수입을 업으로 하는 자 또는 제조물에 성명·상호·상표 기타 식별 가능한 기호 등을 사용하여 자신을 제조업자로 표시하거나 제조업자로 오인시킬 수 있는 표시를 한 자를 말하고, 정부와의 공급계약에 따라 정부가 제시한 제조지시에 따라 제조물을 제조·판매한 경우에도 제조물에 결함이 발생한 때에는 제조물책임을 부담한다.[11]

어떤 자가 제조회사와 대리점 총판 계약이라고 하는 명칭의 계약을 체결하였다고 하여 곧바로 상법 제87조의 대리상으로 되는 것은 아니고, 그 계약 내용을 실질적으로 살펴 대리상인지의 여부를 판단하여야 하는바, 제조회사와 대리점 총판 계약을 체결한 대리점이 위 제조회사로부터 스토어(노래방기기 중 본체)를 매입하여 위 대리점 스스로 10여 종의 주변기기를 부착하여 노래방기기 세트의 판매가격을 결정하여 위 노래방기기 세트를 소비자에게 판매한 경우에는 위 대리점을 제조회사의 상법상 대리상으로 볼 수 없고, 또한 제조회사가 신문에 자사 제품의 전문취급점 및 A/S센터 전국총판으로 위 대리점을 기재한 광고를 한 번 실었다고 하더라도, 전문취급점이나 전국총판의 실질적인 법률관계는 대리상인 경우도 있고

---

10) 대법원 2015. 3. 26. 선고 2012다4824 판결.
11) 대법원 2013. 7. 12. 선고 2006다17539 판결.

특약점인 경우도 있으며 위탁매매업인 경우도 있기 때문에, 위 광고를 곧 제조회사가 제3자에 대하여 위 대리점에게 자사 제품의 판매에 관한 대리권을 수여함을 표시한 것이라고 보기 어렵다.[12]

(5) 제조물책임에서 결함과 하자담보책임에서 하자의 구별

(가) 의의

제조물책임에서 결함(defect, Fehler)이 하자담보책임에서의 하자(flaw, Sachmangel)와 구별되는 개념인지 여부가 문제된다. 결함이라는 용어는 제조물책임법에서 비로소 나타나는 개념이나, 하자라는 개념은 우리 민법상 하자담보책임(민법 제580조), 공작물 등의 점유자·소유자의 책임(민법 제758조) 등에서 나타나고 있다.

(나) 견해의 대립

구별긍정설은 제조물의 흠을 '제조물의 사용가치 내지는 상품성에 기하는 하자'와 '제조물의 안전성에 기하는 결함'의 두 종류로 나누고 제조물책임은 후자에 관한 것으로 한정된다고 한다.[13]

구별부정설은 하자와 결함을 강학상 구별할 수 있고 통상 제조물책임에서 제품이 마땅히 갖추어야 할 안전성을 갖추지 못한 것을 결함이라고 정의하기는 하지만, 제품이 마땅히 갖추어야 할 안전성을 갖추지 못한 것을 무엇이라고 정의하느냐의 문제에 불과할 뿐 이를 반드시 결함이라고 정의하여야 하는 것은 아니고 결함과 하자를 구별하여야 할 실익이 있는 것은 아니라고 한다.[14]

(다) 검토

제조물책임에서 결함은 그 제조물의 통상 예견되는 사용에서 생명·신체 또는 재산에 부당한 위험을 발생시킬 안전성의 결여인 반면, 하자담보

---

12) 대법원 1999. 2. 5. 선고 97다26593 판결.
13) 김상용, "제조물책임의 법리구성", 인권과 정의 제217호, 대한변호사협회(1994. 9.), 31면; 대법원 2000. 7. 28. 선고 98다35525 판결.
14) 전창조, "소비자보호의 사법적 처리에 관한 연구 -제조물책임을 중심으로-", 아카데미 논총 제5집(1977), 215면; 민경도, "제조물책임", 경사 이회창선생 화갑기념, 법과 정의 (1995), 623~624면; 대법원 1992. 11. 24. 선고 92다18139 판결.

책임에서의 하자는 제조물의 상품성 결여로 매수인의 이용상 이익의 상실 내지 감소 및 상품의 가치감소에 대한 책임이다. 따라서 제조물책임은 제조물의 결함에 의하여 소비자에게 생명·신체·기타 재산상의 손해가 발생한 경우 그 손해의 배상책임이고, 하자담보책임은 매수인이 그 매매목적물의 하자로 인하여 이를 이용할 수 없음에 대한 매도인의 책임으로 구성하는 구별긍정설이 타당하다.[15)]

(라) 성능보장

제작공급계약에서 제조자가 제품의 성능을 정상가동 후 일정기간 보장하고 성능보장기간 내에 발생하는 하자에 대하여는 무상수리를 하여야 하되 소비자가 사용불가라고 판단할 때에는 제조자는 즉시 재제작납품 하기로 약정한 경우, 위 성능보장은 제작공급계약 당사자 사이에서 계약목적물에 결함 내지 하자가 있는 경우에 제조자가 이를 보수·교환하는 등 불완전이행을 추완할 것을 약속한 이행담보의 약정으로서 그 보장기간은 이행담보기간에 지나지 않는다.[16)]

(6) 국제재판관할

물품을 제조·판매하는 제조업자에 대한 제조물책임 소송에서 손해발생지의 외국 법원에 국제재판관할권이 있는지 여부를 판단하는 경우에는 제조업자가 그 손해발생지에서 사고가 발생하여 그 지역의 외국 법원에 제소될 것임을 합리적으로 예견할 수 있을 정도로 제조업자와 손해발생지 사이에 실질적 관련성이 있는지를 고려하여야 한다.[17)] 제조물의 결함으로 인하여 발생한 손해를 배상한 제조물 공급자 등이 제조업자를 상대로 외국 법원에 구상금 청구의 소를 제기한 경우에도 제조업자가 그 외국 법원에 구상금 청구의 소를 제기당할 것임을 합리적으로 예견할 수 있을 정도로 제조업자와 그 법정지 사이에 실질적 관련성이 있는지를 고려하여야 한다.[18)]

---

15) 권영문, "제조물책임에 있어서 결함의 개념과 하자와의 구별", 판례연구 제26집, 부산지방법원(2015), 449면.
16) 대법원 1992. 11. 24. 선고 92다18139 판결.
17) 대법원 1995. 11. 21. 선고 93다39607 판결.

미국 플로리다 주에 본점을 둔 A가 국내 기업인 B사가 미국 뉴욕 주에 본점을 둔 C에 주문자상표부착방식으로 제작·수출한 전기압력밥솥을 다시 구매하여 미국 전역에 판매하였다가, 위 밥솥의 하자로 피해를 입은 소비자들에게 손해배상금을 지급하고 합의한 다음, B와 그로부터 분할·설립된 D를 상대로 미국 뉴욕 남부 연방지방법원에 구상금 청구의 소를 제기하여 D로 하여금 구상금 지급을 명하는 판결을 선고받은 경우, D와 미국 뉴욕 주 사이에 실질적 관련성이 있다고 보기 어렵기 때문에 위 법원에 국제재판관할권은 인정되지 아니한다.[19]

다. 결함의 종류

(1) 제조물책임법상 결함

제조물책임법 제2조는 결함의 종류를 제조상의 결함, 설계상의 결함 및 표시상의 결함으로 구분하면서도, 그 밖에 통상적으로 기대할 수 있는 안전성이 결여되어 있는 것을 결함의 개념에 포함시키고 있으므로, 안전성의 결여는 결함의 유형에서 공통적 징표이다.

(2) 제조상 결함

물품을 제조·판매하는 제조업자 등은 그 제품의 구조, 품질, 성능 등에서 그 유통 당시의 기술 수준과 경제성에 비추어 기대 가능한 범위 내의 안전성과 내구성을 갖춘 제품을 제조·판매하여야 할 책임이 있다.

오늘날 일반 국민에게 널리 보급된 대표적 가전제품인 텔레비전은 제조자가 설정한 내구연한이 다소 경과되었다 하더라도 사회통념상 이를 소비자의 신체나 재산에 위해를 가할 수 있는 위험한 물건으로는 여겨지지 아니하므로, 텔레비전의 제조업자는 그 내구연한이 다소 경과된 이후에도 제품의 위험한 성상에 의하여 소비자가 손해를 입지 않도록 그 설계 및 제조과정에서 안전성을 확보해야 할 고도의 주의의무를 부담하는바, 텔레비전이 비록 그 내구연한으로부터 1년 정도 초과된 상태라 하더라도 그

---

18) 대법원 2015. 2. 12. 선고 2012다21737 판결.
19) 대법원 2015. 2. 12. 선고 2012다21737 판결.

정상적인 이용상황 하에서 폭발한 이상 제조상 결함을 인정할 수 있다.[20]

(3) 설계상 결함

제조자가 합리적인 대체설계를 채용하였더라면 피해나 위험을 줄이거나 피할 수 있었음에도 대체설계를 채용하지 아니하여 제조물이 안전하지 못하게 된 경우를 말하는 '설계상의 결함'이 있는지 여부는 제품의 특성 및 용도, 제조물에 대한 사용자의 기대의 내용, 예상되는 위험의 내용, 위험에 대한 사용자의 인식, 사용자에 의한 위험회피의 가능성, 대체설계의 가능성 및 경제적 비용, 채택된 설계와 대체설계의 상대적 장단점 등의 여러 사정을 종합적으로 고려하여 사회통념에 비추어 판단하여야 한다.[21]

(4) 지시·경고상 결함

제조업자 등이 합리적인 설명, 지시, 경고 기타의 표시를 하였더라면 당해 제조물에 의하여 발생될 수 있는 피해나 위험을 줄이거나 피할 수 있었음에도 이를 하지 아니한 때에는 그와 같은 표시상의 결함(지시·경고상 결함)에 대하여도 불법행위로 인한 책임이 인정될 수 있고, 그와 같은 결함이 존재하는지 여부에 대한 판단을 할 때에는 제조물의 특성, 통상 사용되는 사용형태, 제조물에 대한 사용자의 기대의 내용, 예상되는 위험의 내용, 위험에 대한 사용자의 인식 및 사용자에 의한 위험회피의 가능성 등의 여러 사정을 종합적으로 고려하여 사회통념에 비추어 판단하여야 한다.[22]

라. 증명책임

고도의 기술이 집약되어 대량으로 생산되는 제품에 성능 미달 등의 하자가 있어 피해를 입었다는 이유로 제조업자 측에게 민법상 일반 불법행위책임으로 손해배상을 청구하는 경우에, 일반 소비자로서는 제품에 구체

---

20) 대법원 2000. 2. 25. 선고 98다15934 판결.
21) 대법원 2014. 4. 10. 선고 2011다22092 판결.
22) 대법원 2004. 3. 12. 선고 2003다16771 판결, 대법원 2014. 4. 10. 선고 2011다22092 판결.

적으로 어떠한 하자가 존재하였는지, 발생한 손해가 하자로 인한 것인지를 과학적·기술적으로 증명한다는 것은 지극히 어렵다. 따라서 소비자 측으로서는 제품이 통상적으로 지녀야 할 품질이나 요구되는 성능 또는 효능을 갖추지 못하였다는 등 일응 제품에 하자가 있었던 것으로 추단할 수 있는 사실과 제품이 정상적인 용법에 따라 사용되었음에도 손해가 발생하였다는 사실을 증명하면, 제조업자 측에서 손해가 제품의 하자가 아닌 다른 원인으로 발생한 것임을 증명하지 못하는 이상, 제품에 하자가 존재하고 하자로 말미암아 손해가 발생하였다고 추정하여 손해배상책임을 지울 수 있도록 증명책임을 완화하는 것이 손해의 공평·타당한 부담을 지도 원리로 하는 손해배상제도의 이상에 맞다.[23]

이와 같이 제조물책임에서 증명책임을 완화하는 것은 일반적으로 그 제품의 생산과정을 전문가인 제조업자만이 알 수 있어서 그 제품에 어떠한 결함이 존재하였는지, 그 결함으로 인하여 손해가 발생한 것인지 여부를 일반인으로서는 밝힐 수 없는 특수성이 있어서 소비자측이 제품의 결함 및 그 결함과 손해의 발생과의 사이의 인과관계를 과학적·기술적으로 증명한다는 것은 지극히 어렵다는 정보의 편재 내지 불균형을 감안하여 손해의 공평·타당한 부담을 이루기 위한 것이다.[24]

그러므로 특별한 사정이 없는 한 제조업자나 수입업자로부터 제품을 구매하여 이를 판매한 자가 그 매수인에 대하여 부담하는 민법 제580조 제1항의 하자담보책임에는 제조업자에 대한 제조물책임에서의 증명책임 완화의 법리가 유추적용된다고 할 수 없다.[25]

2. 대상사안의 검토

가. 사고 경위

(1) 헬기의 조종사들은 용산기지에서 이륙할 때까지도 시계비행방식으로 운항할 생각을 가지고 있다가 기상이 예상보다 나쁜 점을 감안하여 운

---

23) 대법원 2013. 9. 26. 선고 2011다88870 판결.
24) 대법원 2000. 2. 25. 선고 98다15934 판결, 대법원 2004. 3. 12. 선고 2003다16771 판결.
25) 대법원 2011. 10. 27. 선고 2010다72045 판결.

항 도중에 계기비행방식으로 운항하기로 하고 헬기의 고도를 높여 구름 속으로 운항하기 시작한 것이므로, 수원기지에서 이륙할 당초에는 높은 고도에서 헬기를 운항할 계획이 없었을 것으로 보이는 점에 비추어 보면, 위 헬기의 조종사들은 수원기지에서 이륙할 당시 피토 히트를 작동하지 않았고 그 후 사고 당시까지도 이를 작동하지 아니하여 피토 튜브의 결빙을 초래하였다.

(2) 결국 이 사건 사고는 사고조사위원회의 결론과 같이 헬기 조종사들이 피토 히트를 켜지 않은 채 결빙 상황에서 운항하다가 피토 튜브가 결빙되고 그 때문에 헬기의 속도가 점차 감속되는 것처럼 인식되어 스태빌레이터의 뒷전이 아래쪽으로 향하고 헬기의 앞쪽이 아래쪽으로 향하게 되었는데도, 조종사들이 이러한 상황을 인식하지 못한 채 헬기의 속도를 증가시킴으로써 헬기가 급강하게 되었으며 뒤늦게 헬기의 자세가 비정상적이라는 점을 인식한 조종사들이 헬기의 자세를 회복하려고 사이클릭 스틱을 잡아당길 때 헬기의 주회전날개가 동체를 충격함으로써 발생하였다.

나. 비행 중 구름을 만났을 때 대처방법에 관한 경고의 부재

(1) 원고들은, 조종사들이 피토 히트 스위치를 켰음에도 불구하고 위 헬기의 방빙·제빙 능력을 넘는 냉각 물방울(Supercooled Large Droplets, 빙점 이하로 냉각된 큰 물방울들을 말한다) 구름을 만나 피토 튜브가 결빙됨으로써 위 사고가 발생하였을 가능성이 있고, 피고 C가 위 헬기의 조종사들에게 이러한 구름의 영향 및 비행 중 이를 만났을 때의 대처방법에 관하여 적절한 경고를 하지 않았다고 주장하였다.

(2) 법원은, 위 사고 당시 조종사들이 피토 히트 스위치를 켜지 않았고, 위 헬기가 사고 당시 피토 히트의 방빙능력을 넘는 구름을 접하였다고 인정할 증거는 없다는 이유로 위 주장을 배척하였다.

다. 전자기간섭 방지기능 전선의 미사용

(1) 원고들은, 이 사건 헬기와 기본적으로 같은 기종으로서 피고 C가 미국 해군에 판매하는 시호크(Sea Hawk) 헬기는 전자기간섭 방지기능이

있는 전선(wire)을 사용하고 있는데도 이 사건 헬기에는 그러한 전선을 사용하지 않고 핀 필터 어댑터만을 사용함으로써 전자기간섭에 충분한 대비를 하지 못하는 등으로 설계상의 결함이 있고, 이 사건 사고는 전자기간섭으로 인하여 발생하였을 가능성이 높다고 주장하였다.

(2) 법원은 (i) 사고조사위원회의 조사 결과 위 헬기는 위 사고 당시의 비행 도중 무선전화기, 인터폰, 타칸(tacan) 등을 몇 차례 사용한 것이 밝혀진 사실을 인정할 수 있으나, 그러한 사실만으로 사고 당시 위 헬기가 전자기간섭 방지장치와 관련하여 통상적으로 기대되는 안전성·내구성을 갖추지 못하였다고 단정할 수는 없고, (ii) 오히려 사고 직후 사고조사위원회가 위 헬기의 스태빌레이터에 대한 전자기간섭 여부를 확인하기 위하여 위 헬기와 같은 기종의 헬기에 대하여 엔진을 가동한 후 타칸과 무선전화기를 작동하면서 전자기간섭 여부를 관찰한 결과 스태빌레이터나 사이클릭 스틱에 영향이 나타나지 않았던 사실을 인정하였다. 결국 위 사고가 전자기간섭으로 인하여 발생하였다고 인정할 증거가 없고, 나아가 위 헬기의 전자기간섭 방지장치와 관련하여 피고 C가 기술수준과 경제성에 비추어 통상적으로 기대되는 안전성·내구성을 갖추지 못한 설계를 하였다고 인정할 만한 증거도 없다는 이유로 위 주장을 배척하였다.

라. 스태빌레이터에 관련된 장치의 장착

(1) 원고들은, 위 헬기는 스태빌레이터가 피토 튜브로부터 전달되는 속도정보에 따라 움직이기 때문에 피토 튜브가 결빙되는 경우 스태빌레이터의 작동에 영향을 미쳐 헬기의 운항에 위험을 초래하게 되므로 피토 튜브의 결빙을 방지하여야 하는 데도 불구하고, 피고 C가 헬기에 피토 히트 자동작동장치, 피토 히트 스위치를 켜지 않았음을 경고하는 장치, 피토 튜브가 결빙되었음을 경고하는 장치, 피토 튜브가 결빙되어 스태빌레이터가 제대로 작동될 수 없는 경우에 스태빌레이터를 포함한 자동항법장치(Auto Flight Control System, AFCS)의 작동을 자동으로 중단시켜 스태빌레이터를 수동으로 작동시키도록 하는 장치 등을 장착하지 아니한 설계상의 결함이 있다고 주장하였다.

(2) 위 헬기의 기종인 SH-60 블랙호크 헬기에 원고들이 주장하는 위 각종 장치를 설치함으로써 피토 튜브의 결빙을 막거나 결빙에 대비하는 것이 기술적으로 불가능하지 않은 사실, 위 사고 후 대한민국공군은 UH-60 헬기의 조종사들에게 헬기운항시 항상 피토 히트를 켜도록 지시하였고, 피고 C도 미국 육군 및 해군에 같은 기종의 헬기를 이륙시키기 전에 항상 피토 히트를 켜게 하도록 권고한 사실이 인정되었다.

한편 (i) 원고들이 주장하는 각종 장치를 설치할 경우에는 조종사의 업무를 덜어주고 피토 튜브 결빙에 따른 사고가 예방될 수 있기는 하나, 반면 위와 같은 장치를 설치하는 데는 추가적인 비용이 소요되고 헬기의 구조가 복잡해지며 그 장치가 고장이 나는 경우에 조종사가 이를 간과할 수 있는 위험성이 있는 단점이 있는 사실, (ii) 헬기는 통상적인 비행고도가 여객기·전투기 등의 고정익항공기보다 현저히 낮기 때문에 피토 튜브가 결빙될 수 있는 환경에서 비행하는 경우가 상대적으로 적은 사실, (iii) 위 헬기 기종의 조종사들은 피토 튜브와 스태빌레이터의 작동원리, 피토 튜브가 결빙되는 경우 스태빌레이터에 나타날 수 있는 오작동, 스태빌레이터가 제대로 작동되지 않는 경우에 취하여야 할 조치 등에 대하여 교육을 받는 사실, (iv) 피토 튜브가 결빙되어 스태빌레이터의 뒷전이 아래로 내려가고 헬기의 앞쪽이 아래를 향하게 되더라도 그것만으로 즉시 헬기의 운항에 심각한 위험을 초래하는 것은 아니며 조종사가 계기판을 통하여 헬기의 자세를 파악하고 이를 정상으로 회복시키거나 스태빌레이터를 수동으로 조절하는 조치를 취함으로써 이에 대처할 수 있는 사실, (v) 위 헬기 조종실의 계기판에는 두 개의 외부 온도계(free-air temperature gauge), 착빙율 지시계(ice rate meter), 헬기의 앞부분이 향하고 있는 각도를 나타내는 수직상황표 시계(vertical situation indicator), 스태빌레이터의 상태를 표시하는 스태빌레이터 위치계 등이 설치되어 있는 사실이 인정되었다.

(3) 법원은 위 인정사실을 들어, 고정익항공기와는 통상적인 비행상황에 차이가 있는 헬기를 운항할 때 항상 피토 히트를 작동시키고 있어야 할 필요는 없으므로, 헬기운항시에 피토 히트가 무조건 작동되도록 하는

장치를 설치하지 않고 구체적인 결빙 상황에 맞추어 피토 히트를 작동시키도록 한 것을 들어 위 헬기의 결함이라고 하기는 어렵고(위 사고 후 대한민국 공군이 위 헬기 기종의 조종사들에게 헬기 운항시 항상 피토 히트를 켜도록 지시하였다고 하여도 그것만으로 종전까지 필요한 경우에만 피토 히트를 켜도록 한 것이 헬기의 결함이었다고는 볼 수 없다), 따라서 피토 히트 자동작동장치를 설치하지 않은 것을 설계상 결함이라고 할 수 없다고 판단하였다.

(4) 위 헬기는 고도로 교육받고 훈련된 비행전문가인 조종사들에 의하여 조종됨을 전제로 설계된 것인 점을 감안하면, 피토 히트를 작동시켜야 할 상황에 대하여 교육을 받은 조종사들이 각종 계기판이나 조종실 주위의 상황을 통하여 피토 튜브가 결빙될 수 있는 상황임을 쉽게 확인할 수 있는 이상 특정 상황에서 피토 히트를 작동하지 않은 데 대한 경고장치가 반드시 필요한 것이라고 보기도 어렵고, 설사 피토 히트 스위치를 켜지 않아 피토 튜브가 결빙되었다 하더라도 조종사들은 계기판의 속도계·수직상황표시계 등을 통하여 스태빌레이터의 비정상적인 작동을 알 수 있고 스태빌레이터를 수동조절함으로써 이에 대처할 수 있으므로, 피토 튜브 결빙 경고장치나 스태빌레이터를 자동적으로 수동전환시키는 장치가 반드시 필요한 것이라고 할 수 없다. 따라서 피고 C에게 조종사들이 합리적으로 기대되는 조치를 하지 아니하는 경우까지 대비하여 원고들이 주장하는 안전장치를 설치하기 위하여 비용을 들이고 시스템을 복잡하게 만들도록 요구할 수는 없고, 피고 C가 그러한 안전장치를 갖추지 않았다고 하여 위 헬기에 통상적으로 기대되는 안전성이 결여되었다고 할 수도 없다.

(5) 원고들은, 미국 연방항공규정(Special Federal Aviation Regulation) 제25.1326조[26]에서 조종사가 피토 히트 스위치를 켜지 않았거나 스위치가

---

26) Title 14-Aeronautics and Space
   Chapter Ⅰ - FEDERAL AVIATION ADMINISTRATION, DEPARTMENT OF TRANSPORTATION
   Subchapter C - AIRCRAFT
   Part 25 - AIRWORTHINESS STANDARDS: TRANSPORT CATEGORY AIRPLANES
   Subpart F - Equipment
   Subjgrp - Instruments: Installation

켜졌지만 피토 히트가 작동되지 않는 경우 경고등이 들어오도록 하여야 한다고 규정하고 있는 것에 비추어 볼 때, 이 사건 헬기에도 피토 히트 스위치를 켜지 않았을 경우 경고등이 켜지도록 설계되었어야 한다고 주장 하였다. 그러나 미국 연방항공규정은 민간항공기에 적용될 뿐 군사용 항 공기에는 적용되지 않으므로, 위 헬기가 미국 연방항공규정이 요구하는 안전장치를 모두 갖추어야 한다고 볼 수 없다.

마. 피토 튜브의 작동불량 분석

(1) 원고들은, 피고 C가 위 헬기기종을 개발하는 초기단계에 '작동불량 유형 및 영향 분석(Failure Modes And Effects Analysis, FMEA)'을 실시하 면서 피토 히트가 제대로 작동하지 않는 경우 항공기가 추락할 수 있다는 점을 예측하지 못하였을 뿐 아니라 헬기에 설치된 두 개의 피토 튜브가 모두 결빙되어 작동하지 않을 경우에 관한 분석을 하지 않아서 이에 대비 한 설계를 하지 않았다고 주장하였다.

(2) 증거조사 결과, (i) '작동불량 유형 및 영향 분석'은 어떤 시스템이 나 부품을 개발하는 초기단계에 시스템 또는 부품의 잠재적 불량을 분석 하여 그것이 전체 시스템에 단계적으로 미치는 영향을 밝히고 그 불량 유 형을 심각성에 따라 분류함으로써 시스템의 설계를 개선하는 절차를 말하 는 사실, (ii) 피고 C가 1973. 6. 22. '불량 유형, 영향 및 중대성 분석 (Failure Modes, Effects And Criticality Analysis, FMECA)'를 실시하였는바, 그 결과 중 피토 히트 스위치에 결함이 있는 경우에 관하여 시스템에 대

Section 25.1326 – Pitot heat indication systems
    If a flight instrument pitot heating system is installed, an indication system must
    be provided to indicate to the flight crew when that pitot heating system is not
    operating. The indication system must comply with the following requirements:
        (a) The indication provided must incorporate an amber light that is in clear
            view of a flight crewmember.
        (b) The indication provided must be designed to alert the flight crew if either
            of the following conditions exist:
        (1) The pitot heating system is switched "off".
        (2) The pitot heating system is switched "on" and any pitot tube heating
            element is inoperative.

한 영향은 "피토 튜브가 가열되지 않는다(no heat to pitot tube)"고 하고
도 그로 인한 2차적인 결함(dependent failure)은 "없다(none)"고 분석한
사실, (iii) 한편 피고 C가 1978. 4. 11. 실시한 FMEA에서는 좌측 피토
튜브가 막힌 경우와 우측 피토 튜브가 막힌 경우에 각각 어떠한 결과가
초래되는지를 분석하면서 각각의 경우 조종실의 공기속도지시계, 비행컴퓨
터 및 자동항법장치의 센서에 잘못된 정보가 주어짐으로써 스태빌레이터
의 자동작동이 어려워진다고 보고 그와 같은 결함을 알 수 있는 방법으로
는 공기속도지시계가 지시를 하지 않거나 스태빌레이터 및 자동항법장치
의 주의등이 켜지며 이에 대한 대책으로는 스태빌레이터를 수동으로 작동
할 수 있다고 하였으나, 양쪽의 피토 튜브가 모두 막힌 경우에 대한 분석
은 이루어지지 않은 사실 등이 인정되었다.

(3) 그러나 이 사건 헬기의 기종에 대한 FMEA가 모든 경우를 상정하
여 실시되지 않았다고 하더라도, 위 헬기 기종의 조종사들은 피토 튜브가
결빙되면 스태빌레이터의 작동에 영향을 미치게 되는 점과 스태빌레이터
의 작동에 문제가 있는 경우 이를 수동으로 작동하도록 교육받았으므로,
피고 C는 피토 튜브의 결빙이 초래하는 효과를 알고 있었으며 이에 대처
하는 방법을 조종사들에게 경고하였고, 결국 위 FMEA의 내용이 위 헬기
의 설계상의 결함을 가져왔다고 할 수는 없다.

바. 지시·경고상 결함

(1) 원고들은, 위 헬기에는 스태빌레이터의 작동이 피토 튜브로부터 영
향을 받는 특징이 있음에도 피고 C는 위 사고 발생 전까지 헬기의 운항
중에는 피토 히트를 반드시 켜라고 경고한 바 없고, 또 계기비행방식으로
비행할 때 피토 튜브의 결빙과 그에 따른 위험 및 대응책을 적절하게 경
고하지도 아니한 지시·경고상의 결함이 있었다고 주장하였다.

(2) 증거 조사 결과, (i) 이 사건 헬기의 사용설명서 중 이륙 전 절차
의 '경고' 부분은 위 사고 전에는 "대기온도 4℃ 이하의 가시습기 속에서
운항할 때에는 피토 히트 및 방빙 장치를 켠다(pitot heat and anti-ice will
be on during operations in visible moisture with ambient temperature of

4℃ and below)"라고 기재되어 있다가 사고 후에는 위 기재 내용 중 'will be'를 'shall be'로 바꾸고 "결빙상태에서 피토 히트를 켜지 않았을 때는 비행 중 스태빌레이터의 뒷전이 자동적으로 내려갈 수 있다. 이 상황에서 는 수동조절스위치를 이용하여 스태빌레이터를 0도로 조절하여야 한다"는 내용이 추가된 사실, (ii) 위 사고 당시 위 헬기의 사용설명서 제9편 '긴급 상황에서의 절차' 중 제84항에서는 "명령하지 않은(uncommanded) 상하자 세의 변동이 스태빌레이터의 이상으로 인하여 발생할 수 있다", "스태빌레 이터의 자동 또는 수동 방식 작동 중에 경고음 또는 주의등의 점등이 없 이 스태빌레이터 이상이 발생할 미미한 가능성이 있다", "명령하지 않은 하향자세(nose down)가 일어나는 경우. 3. 사이클릭의 조절스위치로써 하 향자세를 바로잡는 데 필요한 만큼 조절할 것, 4. 수동조절스위치로써 속 도가 40노트 이상이면 0도로 조절하고 40노트 이하이면 최저 위치로 조 절할 것"이라고 기재되어 있는 사실이 인정되었다.

(3) 위 사고 전에도 피고 C는 사용설명서에서 스태빌레이터의 비정상 적인 작동이 발생할 수 있는 점과 이에 대한 대책을 설명하고 있었고, 위 헬기의 특성상 스태빌레이터의 비정상적인 작동이 피토 튜브의 결빙 때문 에 초래될 수도 있음은 조종사들도 쉽게 짐작할 수 있다고 보이므로, 피 토 튜브의 결빙에 따른 스태빌레이터의 비정상적인 작동에 대처하는 방법 에 관하여는 충분한 경고가 있었으며, 이륙전 절차의 '경고'란에 추가적으 로 기재된 내용은 위 긴급상황에서의 절차에 기재된 내용을 피토 튜브와 관련한 내용으로 다시 기재한 것에 불과하다.

사. 결 론

따라서 위 헬기에 설계상 또는 지시·경고상 결함이 있다는 원고들의 주장은 이유 없다.

[25] 한국형 헬기 개발사업과 대금 정산

서울중앙지방법원 2014. 2. 13. 선고 2013가합510017 판결

Ⅰ. 사실관계

가. 당사자의 지위

원고는 항공기, 우주선, 위성체, 산업용 가스터빈 및 그 부품에 대한 설계, 제조, 판매, 개조 등 항공 관련 사업을 수행하는 회사이고, 피고 대한민국의 소관기관 방위사업청은 방위력 개선사업, 군수물자의 조달 및 방위산업의 육성 등 방위사업에 관한 사무를 관장하는 국가기관으로 이 사건 헬기개발사업의 발주기관이며, 피고 국방과학연구소는 병기, 장비 및 물자에 관한 기술적 조사 연구개발 및 시험 등을 담당하는 특수법인으로 서 이 사건 임무탑재장비 개발사업의 발주기관이다.

나. 계약의 체결

(1) 피고 대한민국은 군이 운용 중이던 노후화된 외국산 헬기를 국산화하여 전력화함과 아울러 군용 헬기는 물론 민수 헬기에도 사용할 수 있는 민·군 겸용 구성품을 개발하여 장차 민간에서 사용하는 헬기를 독자적으로 생산할 수 있는 기반을 마련하고자, 한국형 기동헬기를 국내 연구개발을 통하여 획득하는 것을 목표로 2005년경부터 '한국형 헬기 개발사업' (Korean Helicopter Program, 이하 'KHP사업')을 산업자원부와 방위사업청의 주관 하에 국책사업으로 추진하기로 결정하였다.

(2) 이 사건 KHP사업에 관하여 원고, 피고 국방과학연구소 및 한국항공우주연구원 등이 공동으로 개발주관사업자로 참여하였는데, 원고는 분담된 체계 및 구성품 개발업무 수행, 체계규격서 작성, 체계개발동의서 작성, 개발시험평가 수행 및 운용시험평가 지원을 통하여 체계개발을 종합

적으로 주관하고 체계결합을 책임지는 역할을, 피고 국방과학연구소 및 한국항공우주연구원은 이를 지원하고 민·군 겸용 핵심구성품 및 군용 핵심구성품 일부를 책임지는 역할을 각기 담당하기로 하였다.

(3) 이에 피고 대한민국 산하 방위사업청은 2006. 6. 7. 원고와 사이에 '한국형헬기 민군겸용 핵심구성품 개발 협약'(이하 '이 사건 협약')을 체결하였다. 그 주요 내용은 헬기기술자립화사업으로서 기어박스 등 12개 부품 및 기술을 개발하는 것이고, 협약금액은 133,015,000,000원(정부출연 106,412,005,000원, 업체투자 26,602,995,000원)이며, 협약기간은 2006. 6. 1.부터 2012. 6. 30.까지, 납품일자는 2008. 10. 30.부터 2012. 6. 30. 까지로 되어 있다.

다. 계약의 이행

(1) 위와 같이 원고와 피고 대한민국 사이에 2006. 6. 7. 납품일자 2012. 6. 30.로 하고 최종납품 후 2개월 이내 원가정산자료를 피고 대한민국에 제출하면 6개월 이내에 최종 계약금액을 확정하기로 하는 일반개산계약 형태의 계약(이하 '제1계약')을 체결하였고, 원고는 그 납품일자에 이행을 완료하였다.

(2) 원고와 피고 국방과학연구소는 2006. 8. 24. 한국형헬기 임무탐재장비 통합 임무컴퓨터 소프트웨어 개발사업(이하 '이 사건 임무탐재장비 개발사업')에 관하여 계약금액 51,515,617,000원, 납품일자 2012. 6. 20.로 하고 최종납품 후 45일 이내 원가정산자료를 피고 국방과학연구소에 제출하면 6개월 이내에 최종 계약금액을 확정하기로 하는 일반개산계약 형태의 계약(이하 '제2계약')을 체결하였고, 원고는 그 납품일자에 이행을 완료하였다.

라. 이 사건 각 계약의 정산과정

(1) 이 사건 각 계약은 무기개발사업의 특성상 계약을 체결하는 때에 계약금액을 확정할 수 있는 원가자료가 없어 계약이행 후에 계약금액을 확정하는 방식인 일반개산계약의 형태로 체결되었는바, 계약 이행 후 피

고들은 아래와 같은 방법으로 정산하여 물품 대금을 지급하였다.

(2) 제1계약에 관하여, 피고 대한민국은 원고가 주장하는 실제발생원가 797,479,451,022원에서 부당하게 산정된 잔업비 1,382,161,184원 및 설계결함으로 인한 비용 3,735,590,164원을 공제한 정산원가 792,361,699,674원에서 7,361,699,674원을 감액·조정하여 785,000,000,000원을 최종적인 계약금액으로 확정하였다.

(3) 제2계약에 관하여, 피고 국방과학연구소는 원고가 주장하는 실제발생원가 64,422,216,503원에서 부당하게 산정된 잔업비 210,520,133원을 공제한 정산원가 64,211,696,370원에서 766,398,370원을 감액·조정하여 63,445,298,000원을 최종적인 계약금액으로 확정하였다.

(4) 피고들은 원고에게 위와 같은 정산가격을 통보하며 이 가격으로 이 사건 각 계약의 수정계약을 체결하고자 하였으나, 원고가 이에 부동의하면서 2013. 3. 14. 서울중앙지방법원 2013가합510017호로 그 차액 상당의 지급을 구하는 소를 제기하였다.

II. 참조 조문

1. 국가를 당사자로 하는 계약에 관한 법률(이하 '국가계약법')

제5조(계약의 원칙) ① 계약은 서로 대등한 입장에서 당사자의 합의에 따라 체결되어야 하며, 당사자는 계약의 내용을 신의성실의 원칙에 따라 이행하여야 한다.

2. 국가를 당사자로 하는 계약에 관한 법률 시행령

제9조(예정가격의 결정기준) ① 각 중앙관서의 장 또는 계약담당공무원은 다음 각 호의 가격을 기준으로 하여 예정가격을 결정하여야 한다.
1. 적정한 거래가 형성된 경우에는 그 거래실례가격(법령의 규정에 의하여 가격이 결정된 경우에는 그 결정가격의 범위 안에서의 거래실례가격)
2. 신규개발품이거나 특수규격품등의 특수한 물품·공사·용역 등 계

약의 특수성으로 인하여 적정한 거래실례가격이 없는 경우에는 원가계산에 의한 가격. 이 경우 원가계산에 의한 가격은 계약의 목적이 되는 물품·공사·용역 등을 구성하는 재료비·노무비·경비와 일반관리비 및 이윤으로 이를 계산한다.

3. 공사의 경우 이미 수행한 사업을 토대로 축적한 실적공사비로서 중앙관서의 장이 인정한 가격

4. 제1호 내지 제3호의 규정에 의한 가격에 의할 수 없는 경우에는 감정가격, 유사한 물품·공사·용역등의 거래실례가격 또는 견적가격

② 제1항의 규정에 불구하고 해외로부터 수입하고 있는 군용물자부품을 국산화한 업체와 계약을 체결하려는 경우에는 그 수입가격 등을 고려하여 방위사업청장이 인정한 가격을 기준으로 하여 예정가격을 결정할 수 있다.

③ 각 중앙관서의 장 또는 계약담당공무원은 제1항의 규정에 의하여 예정가격을 결정함에 있어서는 계약수량, 이행기간, 수급상황, 계약조건 기타 제반여건을 참작하여야 한다.

제70조(개산계약) ① 각 중앙관서의 장 또는 계약담당공무원은 법 제23조의 규정에 의하여 개산계약을 체결하고자 할 때에는 미리 개산가격을 결정하여야 한다.

② 각 중앙관서의 장은 제1항의 규정에 의하여 개산계약을 체결하고자 할 때에는 입찰 전에 계약목적물의 특성·계약수량 및 이행기간 등을 고려하여 원가검토에 필요한 기준 및 절차 등을 정하여야 하며, 이를 입찰에 참가하고자 하는 자가 열람할 수 있도록 하여야 한다.

③ 계약담당공무원은 제1항의 규정에 의하여 개산계약을 체결한 때에는 이를 감사원에 통지하여야 하며, 계약의 이행이 완료된 후에는 제9조 및 제2항의 규정에 의한 기준 등에 따라 정산하여 소속중앙관서의 장의 승인을 얻어야 한다.

3. 방위사업법

제22조(성능개량) ① 방위사업청장은 운용 중인 무기체계 또는 생산단계에 있는 무기체계의 성능 및 품질향상을 위하여 성능개량을 추진

할 수 있다.

② 제1항의 규정에 불구하고 무기체계의 운용환경이 현저히 변경되거나 무기체계의 중대한 운용성능이 변경되는 경우에는 제15조의 규정에 의한 소요결정절차에 따라 추진한다.

③ 제1항의 규정에 의한 성능개량의 추진절차 등에 관하여 필요한 사항은 국방부령으로 정한다.

제46조(계약의 특례 등) ① 정부는 방산물자와 무기체계의 운용에 필수적인 수리부속품을 조달하거나 제18조 제4항에 따라 연구 또는 시제품생산(이와 관련된 연구용역을 포함한다)을 하게 하는 경우에는 단기계약·장기계약·확정계약 또는 개산계약을 체결할 수 있다. 이 경우 「국가를 당사자로 하는 계약에 관한 법률」 및 관계법령의 규정에 불구하고 계약의 종류·내용·방법, 그 밖에 필요한 사항은 대통령령으로 정한다.

② 제1항의 규정에 의한 계약을 체결하는 경우에 그 성질상 착수금 및 중도금을 지급할 필요가 있다고 인정되는 때에는 당해 연도 예산에 계상된 범위 안에서 착수금 및 중도금을 지급할 수 있다. 이 경우 지급된 착수금 및 중도금은 당해 계약의 수행을 위한 용도 외에 사용하여서는 아니 된다.

③ 제1항의 규정에 의한 계약을 체결하는 경우에 원가계산의 기준 및 방법과 제2항의 규정에 의한 착수금 및 중도금의 지급기준· 지급방법 및 지급절차는 국방부령으로 정한다. 이 경우 국방부장관은 미리 기획재정부장관과 협의하여야 한다.

④ 제1항의 규정에 의한 계약 중 장기계약을 체결한 경우에 지급되는 착수금 및 중도금에 대하여는 「국가를 당사자로 하는 계약에 관한 법률」 및 관계법령의 규정에 불구하고 계약물품을 최종납품할 때까지 정산을 유예할 수 있다.

4. 방위사업법 시행령

제61조(계약의 종류·내용 및 방법 등) ① 법 제46조 제1항의 규정에 의한 계약은 다음 각 호와 같이 구분하여 체결한다.

9. 일반개산계약 : 계약을 체결하는 때에 계약금액을 확정할 수 있

는 원가자료가 없어 계약금액을 계약이행 후에 확정하고자 하는 경우

② 제1항 제3호부터 제6호까지, 제8호부터 제10호까지 및 제12호에 따른 계약을 체결하여 계약의 이행이 완료된 후에는 「국가를 당사자로 하는 계약에 관한 법률 시행령」 제70조 제3항의 규정에 의하여 방위사업청장의 승인을 얻어야 한다. 다만, 부대조달로 계약을 체결하여 계약의 이행이 완료된 후에는 「국가를 당사자로 하는 계약에 관한 법률 시행령」 제70조 제3항에도 불구하고 각군 참모총장 또는 국방부직할기관의 장의 승인을 얻어야 한다.

5. 방산원가대상물자의 원가계산에 관한 규칙

제2조 8. 정산원가란 개산계약 체결분에 대한 계약금액의 결정을 위하여 해당 계약을 이행할 때에 실제 발생된 원가자료를 기초로 하여 당초의 개산원가를 수정한 원가를 말한다.

제28조 ② 정산원가 계산에서 재료비·직접노무비 및 직접경비는 계약이행을 위하여 실제 발생된 원가 자료를 기준으로 하고, 간접노무비·간접경비·일반관리비·투하자본보상비 및 이윤은 해당 계약의 납품일 현재 시행되는 기준을 적용하여 계산한다.

6. 방위산업에 관한 계약사무 처리규칙

제2조 1. 계약금액이란 확정계약의 경우에는 계약을 체결할 때 예정가격에 기초하여 계약당사자가 합의하여 정하는 금액을 말하고, 개산계약의 경우에는 계약이행 중 또는 계약이행 후에 산정된 실제발생원가에 기초하여 결정된 금액을 말한다.

9. 실제발생원가란 계약이행기간 중 또는 계약이행 후에 획득한 원가자료에 기초하여 방산원가대상물자의 원가계산에 관한 규칙에 따라 산정한 총원가를 말한다.

제32조 계약은 개산가격에 따라 체결하고 계약금액은 계약이행 후 방산원가대상물자의 원가계산에 관한 규칙에 따라 산정된 실제발생원가에 기초하여 정산한다.

7. 방위사업관리규정

제610조(형상통제) ① 형상통제는 다음 각 호의 사유에 의한 형상 및 형상식별서의 변경을 통제하는 활동으로서 기술변경·규격완화 및 면제로 구분하며, 기술변경의 등급과 규격완화 및 면제의 세부적인 분류는 제611조 내지 제613조에 의한다.

1. 결함사항의 시정
2. 운용상 또는 군수지원상 요구를 충족하기 위한 변경
3. 순기비용의 효과적인 절감
4. 승인된 생산일정의 지연방지
5. 최신기술 적용 및 성능개선
6. 규격적합성 검토 결과 이의사항 반영

⑨ 통합사업관리팀장은 개발 및 양산중인 무기체계의 형상통제를 함에 있어 초도생산사업의 기술변경으로 소요되는 비용은 사업예산으로 반영할 수 있으며, 예산부족이나 형상통제기간의 과다소요 등 기계획된 사업의 일부로 형상통제를 추진하기 곤란하다고 판단되는 경우에는 법 제22조의 규정에 의하여 성능개량을 추진할 수 있다.

제614조(면제승인시 감액처리) 면제 승인 대상품목의 감액처리는 감액 업무처리지침에 따르며, 감액처리지침에 해당되지 않은 품목에 대한 면제승인 및 감액처리는 사업관리부서 및 소요군이 동의할 경우 군수조달분 과위원회에서 결정할 수 있다.

8. 방산원가 대상물자의 원가계산에 관한 시행규칙

제6조 ② 규칙 제11조 제1항 단서조항에 의거 소요량을 산출하는 경우에는 다음 각 호의 소비량을 포함하지 아니한다.

3. 고의 또는 중대한 과실 및 부적절한 관리로 인하여 발생한 소비량

Ⅲ. 판시사항

이 사건 각 계약은 군용 헬기 및 그 임무탐재장비 등을 개발하는 것을

목적으로 하고 있고 이는 방산물자에 해당하므로, 방위사업법 제46조 제1항에 따라 계약의 종류·내용·방법 등에 있어 방위사업법령이 국가계약법보다 우선 적용된다. 일반개산계약(一般槪算契約)은 연구 또는 시제생산 등 원가자료 획득이 곤란한 경우 계약이행 후 산정된 실제 발생원가를 기초로 계약금액을 정하는 방식인바, 계약이행 후 실제발생 원가에 따라 정산한 결과를 조정해야 할 필요성이 적고 오히려 임의적 조정은 계약상대방에게 부당하게 불리할 수 있어 불합리한 점, 국가가 사경제 주체로서 일방당사자가 되어 계약을 체결하면서 예산 부족을 이유로 계약금액을 감액하는 것은 심히 부당한 점, 일반개산계약에서 피고들에게 정산 원가의 감액·조정할 권한이 있다고 해석하는 것은 대등한 입장에서 계약이 체결되고 신의성실의 원칙에 따라 이행되어야 한다는 국가계약법 제5조의 취지에도 반할 우려가 있는 점 등을 종합하여 보면, 국가계약법 시행령 제9조 제3항이 정산원가를 조정할 수 있다는 근거가 될 수 없고 다른 특별한 법적 근거도 없다.

IV. 해 설

1. 설계결함으로 인한 비용 불인정의 적법 여부

가. 당사자의 주장

(1) 피고 대한민국은, 형상통제심의회에서 기술변경 승인을 하면서 원고의 귀책사유가 존재하는 경우 비용불인정 또는 설계결함 판정을 한 것이고, 이에 대해서 원고도 동의하였으므로 그 비용 상당을 원가로 계산하지 않은 것은 적법하다고 주장하였다.

(2) 원고는, 개발사업의 특성상 시행착오가 수반될 수밖에 없어 전체적으로 설계보완 또는 설계개선에 해당하고 원고만의 귀책사유라고 보기도 어려우며, 형상통제심의회에서의 비용불인정 또는 설계변경은 방위력개선사업관리규정 제330조 제2항에 따른 '기술변경'에 해당되고 '면제'에 해당되지 않는 한 계약금액을 감액할 수 없으므로, 피고 대한민국이 비용불인

정 또는 설계결함 판정을 하고 그 비용을 원가로 계산하지 않은 것은 부적법하다고 주장하였다.

나. 판 단

(1) 한국형 헬기를 연구·개발하여 납품하는 것이 제1 계약의 목적이자 원고의 기본적 의무이므로, 그 과정에서 피고의 통제나 승인을 거쳤다고 하더라도 결함이 발생하였다면 피고측의 지시·요구 등에 의한 것이 아닌 한 원칙적으로 원고의 책임이라고 보는 것이 타당하다.

(2) 개발사업의 특성상 시행착오가 수반될 수밖에 없기는 하지만 그러한 점을 고려하여 총 1,066건의 형상통제 중 900건에 대해서는 정당한 기술변경 사유로 판정하여 소요비용을 인정하였고, 이 사건에서 문제가 되는 166건은 2010년 시제기(試製機)를 제작하여 임시규격을 확정한 후에 발생한 결함에 관한 것이다.

(3) 개개의 설계변경 사유를 보더라도 결함(하자)으로 인하여 승인된 것으로 보이고, 당시 형상통제심의회에 참석했던 위원들 역시 설계보완이나 개선과 구별하여 결함에 따라 기술변경을 승인한 것이라는 취지의 사실확인서를 제출하였다.

(4) 방위사업관리규정 제610조 제1항에 의하면 결함시정 또는 성능개선 등을 형상통제의 사유로 들고 있고 이에 따라 기술변경·규격완화 및 면제를 할 수 있도록 규정하고 있는바, 형상통제심의회에 결함에 의한 것인지 개선을 위한 것인지, 즉 귀책사유의 존부를 판정할 권한이 있다.

(5) 방위사업 관리규정 제614조에 의하면 형상통제심의회에서 면제승인을 한 경우에만 감액할 수 있도록 규정하고 있으나, 이는 계약금액의 감액에 해당하는 규정일 뿐 기술변경으로 인하여 증가된 비용을 지급하여야 하는가는 별개의 문제이다.

(6) 오히려 방위사업관리규정 제610조 제9항은 "초도생산사업의 기술변경으로 소요되는 비용은 사업예산으로 반영할 수 있다"고 규정하여 필수적이 아니라 임의적으로 지급하도록 규정하고 있다.

(7) 기술변경의 경우 결함에 의한 것과 개선을 위한 것이 모두 원인이

될 수 있는데, 결함에 의하여 기술변경이 이루어진 경우 그 비용까지 인정하는 것은 계약법의 일반원칙이나 형평의 원칙에 비추어 부당하고, 이는 성능개량의 경우 그 비용을 인정할 수 있다는 방위사업관리규정 제610조 제9항 후단 및 방위사업법 제22조의 해석에 비추어 보더라도 그러하다.

다. 결 론

위와 같은 사정을 종합하면, 피고 대한민국이 설계결함에 의한 기술변경으로 인한 비용을 원가에 계산하지 않은 것은 적법하고, 그 지급을 구하는 원고의 청구는 이유 없다.

2. 정산원가 조정의 적법 여부

가. 당사자의 주장

(1) 원고는, 방위사업법령이나 관련 행정규칙에 비추어 보더라도 실제 발생원가로 계산한 정산원가를 조정할 근거가 없으므로 조정·감액을 이유로 미지급한 돈을 지급할 의무가 있다고 주장하였다.

(2) 피고들은, 방위사업법 시행령 제61조 제2항의 규정에 의하면 일반개산계약을 체결하여 계약의 이행이 완료된 후 국가계약법 시행령 제70조 제3항의 규정에 의하여 방위사업청장의 승인을 얻도록 규정하고 있고, 국가계약법 시행령 제70조 제3항은 같은 시행령 제9조 및 제2항의 규정에 의한 기준 등에 따라 정산하도록 규정하고 있으며, 제9조 제3항은 계약담당공무원이 예정가격을 결정할 때 계약수량, 이행기간, 수급상황, 계약조건 기타 제반 여건을 참작하도록 규정하고 있으므로, 이에 근거하여 정산원가를 조정한 것은 적법하다고 주장하였다.

나. 이 사건 계약에 적용되는 법령

이 사건 각 계약은 군용 헬기 및 그 임무탑재장비 등을 개발하는 것을 목적으로 하고 있고 이는 방산물자에 해당하므로 방위사업법 제46조 제1항에 따라 계약의 종류·내용·방법 등에 있어 방위사업법령이 국가계약법

보다 우선 적용된다. 그러나 방위사업법 제46조 제1항에 따른 방위사업법 시행령 제61조 제1항에서는 일반개산계약을 체결할 수 있음을 규정하면서, 제2항에서 계약 이행 완료 후 국가계약법 시행령 제70조 제3항에 따라 방위사업청장의 승인을 얻도록 규정하고 있으며 그 승인은 제9조의 기준에 따르도록 규정되어 있다. 따라서 이 사건 계약에 방위사업법이 적용된다고 하여 국가계약법 및 그 시행령의 적용이 배제되는 것은 아니다.

다. 판 단

(1) 국가계약법 시행령 제9조는 본래 예정가격의 결정 기준에 관한 것으로서 예정가격은 낙찰자, 계약상대방 또는 계약금액을 결정하는 기준 등으로 삼기 위하여 입찰 또는 계약체결 전에 작성하는 것을 말하는바, 확정계약 체결 전에 미리 그 가격을 예측하는 것으로 변동의 요소가 크고 그에 따라 적절히 조정할 여지를 두는 것이 제9조 제3항의 취지로 보아야 한다.

(2) 일반개산계약은 연구 또는 시제생산 등 원가자료 획득이 곤란한 경우 계약이행 후 산정된 실제 발생원가를 기초로 계약금액을 정하는 방식인바, 계약이행 후 실제발생 원가에 따라 정산한 결과를 조정해야 할 필요성이 적고 오히려 임의적 조정은 계약상대방에게 부당하게 불리할 수 있어 불합리하다.

(3) 국가계약법 시행령 제9조 제3항에서 예정가격 조정의 고려요소인 계약수량, 이행기간, 수급상황, 계약조건 등은 실제발생원가에 이미 반영되어 더 이상 이를 근거로 정산원가를 조정하여야 한다고 보기는 어렵다.

(4) 피고들의 내부적인 예정가격결정 실무를 보더라도 그 고려요소 역시 생산방법 및 비용 변동, 이행위험부담, 기초원자재 가격변동 전망 및 추세, 인건비 추세 등 사전예측에 관한 것일 뿐이고, 자재비·인건비 변동 등은 이미 원가계산에 포함되어 더 이상 조정의 여지가 없다고 보는 것이 타당하며, 위와 같이 사전적 예정가격 산정시 고려사항을 사후 정산에 적용·활용하는 것 자체가 모순이다.

(5) 피고들의 주장과 같이, 업체가 제출한 원가자료의 신뢰성이 낮다는

등 원가산정에 본질적 한계가 있다 하더라도, 그 산정 과정을 엄격히 하고 원가금액계산이 적정하지 않은 경우 국가계약법 시행령 제76조에 따라 부정당업자로서 입찰참가자격을 제한하는 등 제재를 가하는 것은 별론으로 하고 이를 근거로 정산원가를 일률적으로 감액하는 것은 타당하지 않다.

(6) 피고들이 근거로 들고 있는 예산 부족의 경우 제9조 제3항에서 예정하고 있는 고려요소가 아닐 뿐 아니라 원가에 영향을 미치는 요소도 아니고, 국가가 사경제 주체로서 일방당사자가 되어 계약을 체결하면서 예산 부족을 이유로 계약금액을 감액하는 것은 부당하다.

(7) 이 사건 계약 내용은 물론 입찰공고 및 제안요청서 등에서도 정산금액을 감액·조정할 수 있다는 근거를 찾을 수 없고, 일반개산계약에서 피고들에게 정산 원가의 감액·조정할 권한이 있다고 해석하는 것은 대등한 입장에서 계약이 체결되고 신의성실의 원칙에 따라 이행되어야 한다는 국가계약법 제5조의 취지에도 반한다.

라. 결 론

위와 같은 사정을 종합하면, 국가계약법 시행령 제9조 제3항이 정산원가를 조정할 수 있다는 근거가 될 수 없고 다른 특별한 법적 근거도 없다고 보인다. 따라서 피고들은 아무런 근거 없이 정산원가를 감액하였으므로, 원고에게 피고 대한민국은 7,361,699,674원 및 이에 대한 지연손해금을 지급할 의무가 있다.

[26] 국가연구개발사업에서 협약금액 증액청구 소송의 성질

대법원 2017. 11. 9. 선고 2015다215526 판결

Ⅰ. 사실관계

(1) 피고 대한민국은 군이 운용 중이던 노후화된 외국산 헬기를 국산화하여 전력화함과 아울러 군용 헬기는 물론 민수 헬기에도 사용할 수 있는 민·군 겸용 구성품을 개발하여 장차 민간에서 사용하는 헬기를 독자적으로 생산할 수 있는 기반을 마련하고자, 한국형 기동헬기를 국내 연구개발을 통하여 획득하는 것을 목표로 2005년경부터 '한국형 헬기 개발사업'(Korean Helicopter Program, 이하 'KHP사업')을 산업자원부와 방위사업청의 주관하에 국책사업으로 추진하기로 결정하였다.

(2) 이 사건 KHP사업에 관하여 원고 한국항공우주산업 주식회사, 국방과학연구소 및 한국항공우주연구원 등이 공동으로 개발주관사업자로 참여하였는데, 원고는 분담된 체계 및 구성품 개발업무 수행, 체계규격서 작성, 체계개발동의서 작성, 개발시험평가 수행 및 운용시험평가 지원을 통하여 체계개발을 종합적으로 주관하고 체계결합을 책임지는 역할을, 국방과학연구소 및 한국항공우주연구원은 이를 지원하고 민·군 겸용 핵심구성품 및 군용 핵심구성품 일부를 책임지는 역할을 각기 담당하기로 하였다.

(3) 이에 피고 산하 방위사업청(이하 '피고')은 2006. 6. 7. 원고와 사이에 '한국형헬기 민군겸용 핵심구성품 개발' 협약(이하 '이 사건 협약')을 체결하였다. 그 주요 내용은 헬기기술자립화사업으로서 기어박스 등 12개 부품 및 기술을 개발하는 것이고, 협약금액은 133,015,000,000원(정부출연 106,412,005,000원, 업체투자 26,602,995,000원)이며, 협약기간은 2006. 6. 1.부터 2012. 6. 30.까지, 납품일자는 2008. 10. 30.부터 2012. 6. 30.까지로 되어 있다.

(4) 원고는 협약을 이행하는 과정에서 환율변동 및 물가상승 등 외부

적 요인 때문에 협약금액을 초과하는 비용이 발생하였다고 주장하면서, 2013. 4. 30. 서울중앙지방법원 2013가합518172호로 피고 대한민국을 상대로 초과비용의 지급을 구하는 민사상 소를 제기하였다.

II. 참조 조문

1. 행정소송법

제3조(행정소송의 종류) 행정소송은 다음의 네 가지로 구분한다.

1. 항고소송: 행정청의 처분등이나 부작위에 대하여 제기하는 소송
2. 당사자소송: 행정청의 처분등을 원인으로 하는 법률관계에 관한 소송 그 밖에 공법상의 법률관계에 관한 소송으로서 그 법률관계의 한쪽 당사자를 피고로 하는 소송
3. 민중소송: 국가 또는 공공단체의 기관이 법률에 위반되는 행위를 한 때에 직접 자기의 법률상 이익과 관계없이 그 시정을 구하기 위하여 제기하는 소송
4. 기관소송: 국가 또는 공공단체의 기관상호간에 있어서의 권한의 존부 또는 그 행사에 관한 다툼이 있을 때에 이에 대하여 제기하는 소송. 다만, 헌법재판소법 제2조의 규정에 의하여 헌법재판소의 관장사항으로 되는 소송은 제외한다.

제7조(사건의 이송) 민사소송법 제34조 제1항의 규정은 원고의 고의 또는 중대한 과실없이 행정소송이 심급을 달리하는 법원에 잘못 제기된 경우에도 적용한다.

2. 국가를 당사자로 하는 계약에 관한 법률

제19조(물가변동 등에 따른 계약금액 조정) 각 중앙관서의 장 또는 계약담당공무원은 공사계약·제조계약·용역계약 또는 그 밖에 국고의 부담이 되는 계약을 체결한 다음 물가변동, 설계변경, 그 밖에 계약내용의 변경으로 인하여 계약금액을 조정(調整)할 필요가 있을 때에는 대통령령으로 정하는 바에 따라 그 계약금액을 조정한다.

3. 과학기술기본법

제11조(국가연구개발사업의 추진) ① 중앙행정기관의 장은 기본계획에 따라 맡은 분야의 국가연구개발사업과 그 시책을 세워 추진하여야 한다.

② 정부는 국가연구개발사업을 추진할 때에는 다음 각 호에 따라 수행하여야 한다.

1. 정부는 민간부문과의 역할분담 등 국가연구개발사업의 효율성을 제고할 수 있는 방안을 지속적으로 강구하여야 한다.

1의2. 정부는 기업, 교육기관, 연구기관 및 과학기술 관련 기관·단체 간의 협력, 기술·학문·산업 간의 융합 및 창의적·도전적 연구개발이 활성화될 수 있는 방안을 강구하여야 한다.

2. 정부는 연구기관과 연구자에게 최상의 연구환경을 조성하는 등 연구개발 역량을 높이기 위한 지원을 강화하여야 한다.

3. 정부가 국가연구개발사업 관련 제도나 규정을 마련할 경우 연구기관과 연구자의 자율성을 최우선으로 고려하여야 한다.

4. 정부는 소요경비의 전부 또는 일부를 지원하여 얻은 지식과 기술 등을 공개하고 성과를 확산하며 실용화를 촉진하여야 한다.

③ 정부는 국가연구개발사업을 투명하고 공정하게 추진하고 효율적으로 관리하며 각 부처가 추진하는 국가연구개발사업을 긴밀히 연계하기 위하여 다음 각 호에 관한 사항을 정하여야 한다.

1. 국가연구개발사업의 기획, 공고 등에 관한 사항

2. 국가연구개발사업의 과제의 선정, 협약 등에 관한 사항

3. 연구개발 결과의 평가 및 활용 등에 관한 사항

4. 국가연구개발사업의 보안, 정보관리, 성과관리, 연구윤리의 확보 등 연구수행의 기반에 관한 사항

5. 그 밖에 국가연구개발사업의 기획·관리·평가 및 활용 등(이하 "기획등"이라 한다)에 관하여 필요한 사항

④ 중앙행정기관의 장은 소관 국가연구개발사업의 효율적 추진을 위하여 필요하다고 인정하는 경우에는 소관 법령으로 정하는 기관 또는 단체에 국가연구개발사업의 과제 기획등에 관한 업무를 대행하게

할 수 있다. 이 경우 중앙행정기관의 장은 기획등을 대행하는 자 (이하 "전문기관"이라 한다)에 대하여 기획등의 수행에 사용되는 비용의 전부 또는 일부를 지원할 수 있다.

⑤ 국가연구개발사업의 원활한 추진을 위하여 제3항에 따른 국가연구개발사업의 기획등에 관한 사항과 제4항에 따른 전문기관의 업무에 관한 사항은 대통령령으로 정한다.

4. 항공우주산업개발 촉진법

제4조(항공우주산업의 육성) ① 정부는 항공우주산업의 육성을 위하여 다음 각 호의 사업에 관한 시책을 추진하여야 한다.

1. 여객용항공기·화물용항공기 및 무인항공기의 개발에 관한 사업
2. 기동용회전익항공기·공격용회전익항공기의 개발에 관한 사업
3. 우주비행체의 개발에 관한 사업
4. 기기류 및 소재류의 기술개발에 관한 사업
5. 항공기·우주비행체·기기류 및 소재류의 성능검사와 품질검사를 위한 장비개발 및 전문인력양성에 관한 사업
6. 항공기·우주비행체·기기류 및 소재류의 시험·평가 기술의 선진화를 위한 사업
7. 그 밖에 항공우주산업의 발전을 위하여 대통령령이 정하는 사업

② 정부는 제1항의 규정에 의한 사업을 추진하기 위하여 다음 각 호의 1에 해당하는 자로 하여금 사업을 실시하게 할 수 있다.

1. 국·공립연구기관
2. 특정연구기관육성법 제2조의 규정에 의한 특정연구기관, 정부출연연구기관 등의 설립·운영 및 육성에 관한 법률 제8조의 규정에 의하여 설립된 연구기관, 과학기술분야 정부출연연구기관 등의 설립·운영 및 육성에 관한 법률 제8조의 규정에 의하여 설립된 연구기관 및 국방과학연구소법 제3조의 규정에 의하여 설립된 국방과학연구소
3. 고등교육법 제2조의 규정에 의한 대학·산업대학·전문대학 또는 기술대학
4. 「산업기술혁신 촉진법」 제42조의 규정에 의한 전문생산기술연

　　구소
　5. 항공우주산업 및 관련기술과 관련된 기관·단체 또는 사업자로서
　　대통령령이 정하는 자
③ 정부는 제1항의 규정에 의한 항공우주산업의 육성을 위한 사업을
　실시하는 자에 대하여 그 사업에 소요되는 비용의 전부 또는 일부
　를 출연할 수 있다.
④ 제3항의 규정에 의한 출연금의 지급·사용·관리 등에 관하여 필요
　한 사항은 대통령령으로 정한다.

5. 국가연구개발사업의 관리 등에 관한 규정

제2조(정의) 이 영에서 사용하는 용어의 뜻은 다음과 같다.
　1. "국가연구개발사업"이란 중앙행정기관이 법령에 근거하여 연구
　　개발과제를 특정하여 그 연구개발비의 전부 또는 일부를 출연하
　　거나 공공기금 등으로 지원하는 과학기술 분야의 연구개발사업
　　을 말한다.
　10. "출연금"이란 국가연구개발사업의 목적을 달성하기 위하여 국
　　가 등이 반대급부 없이 예산이나 기금 등에서 연구수행기관에
　　지급하는 연구경비를 말한다.
제9조(협약의 체결) ① 중앙행정기관의 장은 제7조에 따라 선정된 연구
　개발과제에 대하여 주관연구기관의 장이 선정 통보를 받은 날부터
　1개월 이내(국제공동연구의 경우에는 선정 통보를 받은 날부터 2개
　월 이내)에 주관연구기관의 장과 다음 각 호의 사항을 우선적으로
　포함하는 협약을 체결하여야 한다.
　1. 연구개발과제계획서
　1의2. 데이터관리계획(중앙행정기관의 장이 필요하다고 인정하는
　　연구개발과제의 경우만 해당한다)
　2. 참여기업에 관한 사항
　3. 연구개발비의 지급방법 및 사용·관리에 관한 사항
　4. 연구개발성과의 보고에 관한 사항
　5. 연구개발성과의 귀속 및 활용에 관한 사항
　6. 연구개발성과의 등록·기탁에 관한 사항

7. 기술료의 징수·사용에 관한 사항

8. 연구개발성과의 평가에 관한 사항

9. 연구윤리 확보 및 연구부정행위의 방지에 관한 사항

10. 협약의 변경 및 해약에 관한 사항

11. 협약의 위반에 관한 조치

12. 연구개발과제계획서, 연구보고서, 연구개발성과 및 참여인력 등 연구개발 관련 정보의 수집·활용에 대한 동의에 관한 사항

13. 연구수행 과정에서 취득(개발하거나 구매하여 취득한 경우를 말한다. 이하 같다)한 연구시설·장비의 등록·관리·공동활용·처분 등에 관한 사항

14. 연구개발과제의 보안관리에 관한 사항

15. 제29조제1항에 따른 연구노트(이하 "연구노트"라 한다)의 작성 및 관리에 관한 사항

16. 「연구실 안전환경 조성에 관한 법률」, 「산업안전보건법」등 관련 법령에 따른 연구실 안전 관련 사항

17. 그 밖에 연구개발에 관하여 필요한 사항

② 중앙행정기관의 장은 제1항에도 불구하고 전문기관의 장과 일괄하여 협약을 체결하거나, 전문기관의 연구개발사업계획을 승인하여 국가연구개발사업을 추진할 수 있다. 이 경우 전문기관의 장은 주관연구기관의 장과 개별적으로 협약을 체결하여야 한다.

③ 중앙행정기관의 장은 제7조 제8항에 따라 선정된 계속과제에 대해서는 다년도 협약을 체결해야 한다. 다만, 중앙행정기관의 장이 예산사정 등을 고려하여 연차별 협약이 필요하다고 인정하는 경우에는 예외로 할 수 있다.

④ 중앙행정기관의 장 또는 전문기관의 장은 제1항부터 제3항까지의 규정에 따라 주관연구기관의 장과 협약을 체결한 경우 연구개발과제의 효율적 관리를 위하여 연구개발과제별 고유번호를 부여하여야 한다.

⑤ 과학기술정보통신부장관은 관계 중앙행정기관의 장과 협의하여 제4항에 따른 연구개발과제별 고유번호의 부여방법을 정하여 고시하여야 한다.

⑥ 중앙행정기관의 장 또는 전문기관의 장은 제1항·제2항(중앙행정기

관의 장이 전문기관의 장과 일괄하여 협약을 체결하는 경우는 제외
한다) 및 제3항에 따른 협약을 전자문서(「전자서명법」 제2조 제3
호에 따른 공인전자서명이 있는 것만 해당한다)로 체결할 수 있다.

⑦ 참여연구원 중에 학생연구원이 있는 경우 제1항 제7호에 따른 기술
료의 사용에 관한 사항에는 학생연구원에 대한 보상금(제23조 제8항
에 따라 지급하는 보상금을 말한다) 지급 기준이 포함되어야 한다.

제10조(협약의 변경) ① 중앙행정기관의 장은 다음 각 호의 어느 하나
에 해당하는 사유가 발생하였을 때에는 협약으로 정하는 바에 따라
협약의 내용을 변경할 수 있다.

1. 중앙행정기관의 장이 협약의 내용을 변경할 필요가 있다고 인정
하는 경우

2. 주관연구기관의 장 또는 전문기관의 장이 주관연구기관·협동연
구기관·공동연구기관·위탁연구기관·연구책임자·연구목표·참여기
업 또는 연구기간 등의 변경을 사유로 협약내용의 변경을 요청
한 경우

3. 제9조 제3항에 따라 다년도 협약을 체결한 연구개발과제(이하
"다년도 협약과제"라 한다)의 경우에는 정부의 예산사정, 해당
연구개발과제의 연차실적·계획서 평가 결과 등에 따라 협약내용
을 변경할 필요가 있는 경우

4. 환율변동 및 국내외 정세변화 등에 따라 국제공동연구의 협약내
용을 변경할 필요가 있는 경우

② 중앙행정기관의 장은 제1항에 따라 협약의 내용을 변경하였을 때
에는 지체 없이 주관연구기관의 장 또는 전문기관의 장에게 변경한
내용을 통보하여야 한다.

Ⅲ. 판시사항

(1) 과학기술기본법 제11조, 구 국가연구개발사업의 관리 등에 관한 규
정(2010. 8. 11. 대통령령 제22328호로 전부 개정되기 전의 것, 이하 '국가연구
개발사업규정') 제2조 제1호, 제7호, 제7조 제1항, 제10조, 제15조, 제20조,
항공우주산업개발 촉진법 제4조 제1항 제2호, 제2항, 제3항 등의 입법 취

지와 규정 내용 등을 종합하면, 국가연구개발사업규정에 근거하여 국가 산하 중앙행정기관의 장과 참여기업인 원고가 체결한 위 협약의 법률관계는 공법관계에 해당하므로 이에 관한 분쟁은 행정소송으로 제기하여야 한다.

(2) 원고가 고의 또는 중대한 과실 없이 행정소송으로 제기하여야 할 사건을 민사소송으로 잘못 제기한 경우, 수소법원으로서는 만약 행정소송에 대한 관할도 동시에 가지고 있다면 이를 행정소송으로 심리·판단하여야 하고, 행정소송에 대한 관할을 가지고 있지 아니하다면 당해 소송이 이미 행정소송으로서의 전심절차 및 제소기간을 도과하였거나 행정소송의 대상이 되는 처분 등이 존재하지도 아니한 상태에 있는 등 행정소송으로서의 소송요건을 결하고 있음이 명백하여 행정소송으로 제기되었더라도 어차피 부적법하게 되는 경우가 아닌 이상 이를 부적법한 소라고 하여 각하할 것이 아니라 관할법원에 이송하여야 한다.

Ⅳ. 해 설

1. 민사소송과 행정소송의 관계

가. 의 의

행정소송은 법원이 공법(公法)상 법률관계에 관한 분쟁에 관하여 행하는 재판절차를 말한다. 공법상 법률관계에 관한 소송이라는 점에서 국가 형벌권의 발동에 관한 소송인 형사소송이나 사법(私法)상 법률관계에 관한 다툼을 심판하는 민사소송과 구별되고, 독립된 재판기관인 법원에 의한 재판이라는 점에서 행정기관이 하는 행정심판과 구별된다. 우리 헌법은, 사법권은 법관으로 구성된 법원에 속하고(헌법 제101조 제1항), 대법원은 명령·규칙 또는 처분이 헌법이나 법률에 위배되는지 여부가 재판의 전제가 된 경우에는 이를 최종적으로 심사할 권한을 가진다(헌법 제107조 제2항)고 하여, 행정소송도 민사·형사소송과 함께 대법원을 최고법원으로 하는 일반법원의 권한에 포함됨을 명시함으로써 행정소송이 사법작용에 속함을 전제로 하고 있다.

행정소송은 행정목적 실현을 위한 공법상 법률관계를 다룬다는 점에서 개인 상호 간의 사법상 법률관계를 다루는 민사소송과 다른 여러 가지 특수성이 있고, 그러한 특수성으로 말미암아 행정소송 절차에 관한 일반법으로서 행정소송법이 별도로 마련되어 있으며, 개별 법률에서 특별한 규정을 둔 경우가 있고, 그러한 명문의 규정이 없더라도 이론상 민사소송 절차와 달리 취급하여야 할 경우가 있다. 행정소송은 항고소송, 당사자소송, 기관소송, 민중소송 등이 있는데(행정소송법 제3조), 민사소송과 구별하기 어려운 것은 당사자소송이다.

나. 당사자소송의 개념

(1) 당사자소송의 대상은 행정청의 처분등을 원인으로 하는 법률관계와 그 밖에 공법상의 법률관계이다. 처분 자체를 대상으로 하는 것이 아니라 법률관계를 대상으로 한다는 점에서 항고소송과 구별된다.

(2) '행정청의 처분등을 원인으로 하는 법률관계'란 처분등에 의하여 발생·변경·소멸된 법률관계를 말한다. 예를 들면, 공무원 면직처분이 무효인 경우 그 처분 자체를 소송의 대상으로 면직처분 무효확인을 구하는 것은 항고소송인 데 반하여, 그 처분이 무효임을 전제로 당사자가 여전히 공무원으로서의 권리·의무를 지니는 공무원의 지위에 있다는 법률관계의 확인을 구하는 것은 당사자소송이다. 그런데 판례의 주류적 태도는 처분을 원인으로 하는 법률관계라도 그 소송물이 사법상 법률관계이면 민사사건이라고 보고 있으므로, 처분을 원인으로 하는 법률관계 중 그 소송물이 공법상 법률관계인 것만 당사자소송의 대상이다.

(3) '그 밖에 공법상의 법률관계'란 처분등을 원인으로 하지 아니한 그 밖에 공법이 규율하는 법률관계를 말한다. 처분의 개입이 없이 법률 자체에 의하여 인정되는 공법상 지위의 취득·상실에 관한 다툼, 공법상 계약 등 일정한 비권력적인 법적 행위에 관한 다툼, 행정처분의 위법 여부에 직접 영향을 미치는 공법관계에 관한 다툼 등이 그 예이다.

(4) 당사자소송의 유형은 민사소송과 마찬가지로 확인소송, 이행소송, 형성소송 등이 모두 포함된다고 보는 것이 일반적이다.

다. 민사소송의 대상과 구분

(1) 구분의 실익

당사자소송은 공법상 법률관계를 대상으로 한다는 점에서 사법관계를 대상으로 하는 민사소송과 구분된다. 당사자소송과 민사소송의 구분은 우선 당사자소송이 행정법원의 전속관할에 속하므로,[1] 그 관할을 확인하기 위해 필요하다. 또한 당사자소송에서는 민사소송과 달리 행정소송법이 정한 피고의 경정(제44조 제1항, 제14조), 관련사건의 병합(제44조 제2항, 제10조 제2항, 제44조 제1항, 제15조), 제3자와 행정청의 소송참가(제44조 제1항, 제16조, 제17조), 소의 종류의 변경(제42조, 제21조), 처분변경으로 인한 소의 변경(제44조 제1항, 제22조), 행정심판기록의 제출명령(제44조 제1항, 제25조), 직권심리(제44조 제1항, 제26조), 판결의 기속력(제44조 제1항, 제30조 제1항) 등에 관한 규정이 적용되므로 그 구분의 실익이 있다.

(2) 구분의 기준

무엇을 기준으로 공법관계와 사법관계를 구분할 것인지에 관하여, 소송물을 기준으로 그것이 공법상의 권리이면 행정사건이고 사법상의 권리이면 민사사건이라는 견해(예를 들면, 공무원지위확인은 행정사건, 소유권확인이나 부당이득반환청구는 민사사건)와 소송물의 전제가 되는 법률관계를 기준으로 양자를 구분하는 견해(예를 들면, 소유권확인소송이라도 행정처분의 무효 등을 원인으로 할 때는 행정사건, 매매계약 무효를 원인으로 할 때는 민사사건)의 대립이 있다. 학자들은 대체로 후자의 견해를 지지하고 있으나, 판례는 전자의 견해에 서 있다.[2]

라. 형식적 당사자소송

형식적 당사자소송은 '행정청의 처분등을 원인으로 하는 법률관계'에 관한 소송에 속한다고 볼 수 있다. 그러나 이 소송은 처분 또는 재결 자

---

1) 대법원 2009. 9. 17. 선고 2007다2428 판결.
2) 대법원 2001. 10. 26. 선고 2000두7520 판결.

체의 공정력을 제거하지 아니한 채 그에 의하여 형성된 법률관계를 다툼
으로써 궁극적으로 처분 또는 재결의 내용을 판결로써 변경하는 것이므로
행정소송법 제3조 제2호 전단을 근거로 일반적으로 인정할 수 없고 개별
법규에 특별규정이 있는 경우에만 허용된다는 것이 통설이다. 현행법상
인정되는 형식적 당사자소송의 예로는, 보상금의 증감에 관한 소송(공익사
업을 위한 토지 등의 취득 및 보상에 관한 법률 제85조 제2항)과 특허무효심
판, 특허권 존속기간의 연장등록무효심판, 권리범위확인심판 또는 그 재심
의 심결에 대한 소 등 지식재산권에 관한 소송(특허법 제187조 단서)을 들
수 있다.

마. 실질적 당사자소송

(1) 공법상 신분·지위 등의 확인소송

공무원이나 국공립학교 학생, 지방의회 의원 등의 신분이나 지위의 확
인을 구하는 소가 당사자소송에 속함은 이론이 없다. 다만 면직처분이나
제적처분 등 처분의 효력 여하에 따라 지위의 유무가 결정되는 때는, 당
사자소송의 형식이 아니라 해당 처분의 무효확인을 구하는 항고소송의 형
식으로 바라는 목적을 달성할 수도 있으므로, 당사자소송으로서 지위확인
의 소가 자주 이용되지는 않는다. 그러나 처분이 개재되어 있지 아니한
때에는 당사자소송으로서 지위확인의 소를 제기할 수밖에 없다. 그 사례
로 국가유공자로서 연금수혜대상자의 지위 확인,[3] 영관 생계보조기금 권
리자의 지위 확인,[4] 훈장을 수여 받은 자의 지위 확인,[5] 정년에 해당하는
지 여부에 관한 다툼 등을 들 수 있다.

국가·지방자치단체와의 채용계약에 의하여 일정 기간 연구업무 등에
종사하는 계약직공무원이 행정청의 일방적 채용계약 해지통고의 효력을
다투는 방법은 그 해지통고를 공권력적 작용으로 볼 수 없어 항고소송에
의할 수 없고, 계약해지 의사표시의 무효확인이나 지위확인을 구하는 당

---

3) 대법원 1991. 9. 24. 선고 90누9292 판결.
4) 대법원 1991. 1. 25. 선고 90누3041 판결.
5) 대법원 1990. 10. 23. 선고 90누4440 판결.

사자소송에 의하여야 한다.[6] 지방계약직 공무원 채용계약의 체결 과정에서 행정청의 일방적 의사표시로 계약이 성립하지 아니하게 된 경우도 마찬가지이다.[7] 도시 및 주거환경정비법의 정비사업시행자로서 행정주체(공법인)인 주택재개발조합 등을 상대로 한 조합원지위의 확인청구는 당사자소송의 대상이다.[8]

(2) 각종 사회보장 급부청구

산업재해보상보험법, 고용보험법, 공무원연금법, 군인연금법, 국가유공자 등 예우 및 지원에 관한 법률, 의료급여법 등 각종 사회보장 관계 법률은 당사자가 관련 급부를 받기 위해서는 그 신청과 이에 대한 행정청의 심사를 거친 인용결정에 의하도록 규정하고 있어, 법령의 요건에 해당하는 것만으로 바로 구체적 청구권이 발생하는 것이 아니라 행정청의 인용결정으로 비로소 구체적 청구권이 발생한다. 그러므로 이러한 경우에는 법령이 규정한 요건에 해당하여 급부를 받을 권리가 있는 자이더라도 행정청의 인용결정 없이 곧바로 급부청구는 허용되지 아니한다. 신청과 그에 대한 행정청의 결정을 기다려 기각결정이 있을 때, 그 결정의 취소를 구하는 항고소송을 제기하는 방법으로 구제를 받을 수밖에 없다.[9] 행정청의 인용결정이 있었음에도 불구하고 급부가 이루어지지 않을 때 그 급부를 청구하는 소는 당사자소송이 된다.

위와 같은 통상의 경우와 달리, 어떤 공법상 급부청구권이 근거 법령상 행정청의 1차적 판단 없이 곧바로 구체적으로 발생한다고 해석된다면, 당사자의 그 지급신청에 대한 행정청의 거부 의사표시는 사실상·법률상 의견을 밝힌 것에 불과하여 처분에 해당한다고 볼 수 없으므로 그 취소를 구하는 항고소송을 제기할 수 없고 당사자소송으로 이행을 구하여야 한다. 그 사례로 석탄산업법에 따른 폐광대책비, 석탄가격 안정지원금, 재해위로

---

6) 대법원 2001. 12. 11. 선고 2001두7794 판결, 대법원 2002. 11. 26. 선고 2002두5948 판결.
7) 대법원 2014. 4. 24. 선고 2013두6244 판결.
8) 대법원 1999. 2. 5. 선고 97누14606 판결.
9) 대법원 2010. 5. 27. 선고 2008두5636 판결.

금 등 청구,[10] 공무원의 연가보상비 청구,[11] 퇴직연금 결정 후 공무원연금 법령의 개정 등으로 퇴직연금 중 일부 금액의 지급이 정지된 경우 미지급 퇴직연금에 대한 지급청구,[12] 지방소방공무원이 소속 지방자치단체를 상대로 한 초과근무수당의 지급청구[13] 등을 들 수 있다.

(3) 손실보상금 청구

손실보상금의 결정절차 및 불복방법에 관하여는 통칙적인 규정이 없이 관계 법률에서 개별적으로 정하고 있을 뿐이다.

(가) 공익사업을 위한 토지 등의 취득 및 보상에 관한 법률 제83조 내지 제87조에 규정된 절차 및 방법에 의하도록 한 경우(국토의 계획 및 이용에 관한 법률 제131조, 도시개발법 제65조 등)에는, 지방토지수용위원회의 재결에 대하여 또는 중앙토지수용위원회의 이의재결을 거친 경우에는 그 이의재결에 대하여 각각 행정소송을 제기할 수 있고, 이 경우 보상액에 대해서만 불복하는 경우에는 소송을 제기하는 자가 토지소유자 또는 관계인일 때에는 사업시행자를, 사업시행자일 때에는 토지소유자 또는 관계인을 각각 피고로 하여 보상액의 증감에 관한 소송(형식적 당사자소송)을 제기하여야 한다. 이 경우 재결절차를 거치지 아니한 채 곧바로 사업시행자를 상대로 손실보상을 청구하는 것은 허용되지 아니한다.[14]

(나) 사업주체인 행정청 또는 제3의 행정청(토지수용위원회 등)이 보상 금액을 결정하도록 하면서, 불복방법에 대하여 특별한 규정이 없는 경우(자연공원법 제73조 등)에는 행정청의 보상금결정의 취소를 구하는 항고소송의 형태로 불복하면 된다.[15]

(다) 전심절차를 거쳐 보상금지급청구의 소를 제기하도록 되어 있는 경우(징발법 제19조, 제24조의2 등)에는 전심절차를 거쳐, 법률에서 재산권 침해와 그에 대한 보상에 대하여서만 정하고 보상금결정방법 및 불복절차

---

10) 대법원 2002. 3. 29. 선고 2001두9592 판결.
11) 대법원 1999. 7. 23. 선고 97누10857 판결.
12) 대법원 2004. 12. 24. 선고 2003두15195 판결.
13) 대법원 2013. 3. 28. 선고 2012다102629 판결.
14) 대법원 2011. 10. 13. 선고 2009다43461 판결.
15) 대법원 1995. 6. 16. 선고 94누14100 판결.

에 관하여 아무런 규정을 두지 않은 경우(광업법 제34조, 문화재보호법 제
46조, 소방기본법 제25조, 수산업법 제81조 등)에는 곧바로, 각 보상금지급
청구의 소를 제기할 수 있다. 판례는 종래 그 권리를 사법상 권리로 보고
민사소송으로 다루어 왔으나,16) 하천법상 손실보상청구권의 법적 성질을
사법상 권리로 보고 이에 대한 쟁송을 민사소송 절차에 의하여야 한다는
종전 판례17)를 변경하여 위 손실보상청구권을 공법상 권리로 보고 그 지
급을 구하거나 손실보상청구권의 확인을 구하는 소송은 공법상 당사자소
송에 의하여야 한다고 판시함에 따라 달리 볼 가능성이 열렸다.18)

(4) 처분등으로 형성된 법률관계를 다투는 소송

과세처분무효를 전제로 한 조세채무부존재 확인소송 등처럼 처분으로
형성된 법률관계 그 자체를 다투는 소송이 당사자소송에 속함은 대체로
견해가 일치되어 있다. 그러나 처분등을 기초로 하면서도 처분으로 형성
된 법률관계 그 자체가 아닌 다른 법률관계를 다투는 소송, 예를 들면, 처
분의 무효 또는 위법으로 인한 부당이득반환 또는 손해배상 청구소송 등
이 당사자소송에 속하는지에 관하여는 견해가 나뉘어 있다. 다수 학자는
소송물의 전제가 되는 법률관계를 기준으로 이를 구분하여 행정소송법 제
3조 제2호 전단의 '행정청의 처분등을 원인으로 하는 법률관계에 관한 소
송'에 속하는 것으로 보아 전형적인 당사자소송으로 이해하는 데 반하여,
판례는 소송물의 성질을 기준으로 이를 구분하여 부당이득반환 또는 손해
배상 청구는 사법상 권리이므로 비록 처분등의 효력이 선결문제가 되어
있다 하더라도 민사소송으로 보아야 한다는 태도를 보이고 있다.19) 대법

---

16) 징발법상 보상금 청구에 관한 대법원 1969. 6. 10. 선고 68다2389 판결, 대법원 1970.
3. 10. 선고 69다1886 판결, 수산업법상 손실보상 청구에 관한 대법원 1996. 7. 26. 선
고 94누13848 판결, 대법원 1998. 2. 27. 선고 97다46450 판결, 대법원 2000. 5. 26.
선고 99다37382 판결, 특정다목적댐법상 손실보상 청구에 관한 대법원 1997. 9. 5. 선
고 96누1597 판결 등.
17) 대법원 1990. 12. 21. 선고 90누5689 판결, 대법원 2003. 5. 13. 선고 2003다2697 판
결 등.
18) 대법원 2006. 5. 18. 선고 2004다6207 전원합의체 판결.
19) 과세처분의 무효를 전제로 한 세금반환 청구에 관한 대법원 1995. 4. 28. 선고 94다
55019 판결, 대법원 1991. 2. 6.자 90프2 결정, 과오납부 세액이나 환급세액의 부당이
득반환에 관한 대법원 2001. 10. 26. 선고 2000두7520 판결, 대법원 2015. 8. 27. 선고

원은 국가의 부가가치세 환급세액 지급의무의 법적 성질은 부당이득 반환 의무가 아니라 부가가치세법령에 의하여 그 존부나 범위가 구체적으로 확 정되고 조세 정책적 관점에서 특별히 인정되는 공법상 의무라고 본 뒤, 납세의무자가 국가를 상대로 부가가치세 환급세액의 지급을 구하는 청구 는 민사소송이 아니라 당사자소송 절차에 따라야 한다고 판단하였다.[20]

(5) 공법상 부당이득금반환 청구소송 및 국가배상청구소송

다수 학자는 행정처분의 효력을 전제로 한 경우는 물론이고 그렇지 아 니한 경우에도 공법상 원인으로 발생한 부당이득금에 관하여는 일반 민사 사건으로 다룰 수 없는 공익상 요청이 있음을 이유로 그 반환청구소송을 당사자소송으로 보아야 한다고 주장하고 있으나, 판례는 소송물이 사법상 의 금전청구권임을 이유로 일반 민사사건으로 취급하고 있다. 국가배상청 구소송도 당사자소송으로 보는 견해가 행정법 학계에서는 다수설이나 판 례는 민사사건으로 다루고 있다.

(6) 공법상 계약에 관한 소송

행정주체 상호간 또는 행정주체와 사인간의 공법상 계약을 둘러싼 분 쟁에 관한 소는 당사자소송이다. 공법상 계약의 무효확인, 공법상 계약에 의한 의무의 확인, 공법상 계약에 따른 의무의 이행, 공법상 계약에 대한 해지 의사표시의 무효확인 등이 그 대상이다. 행정주체가 체결하는 계약 에는 사법상 계약도 있으므로, 행정주체가 당사자인 계약을 둘러싼 분쟁 이 당사자소송의 대상인지는 공법관계와 사법관계의 구별기준에 따라 가 려내야 한다.[21] 공법상 계약을 둘러싼 분쟁이라도 다툼의 대상이 된 구체 적인 행위가 공권력의 행사로서 처분의 성격을 갖는지, 아니면 계약관계 의 한쪽 당사자로서 대등한 지위에서 행하는 의사표시의 성격을 갖는지에 따라 전자는 항고소송의 대상이, 후자는 당사자소송의 대상이 된다.[22]

2013다212639 판결, 위법한 처분으로 인한 국가배상에 관한 대법원 2011. 1. 27. 선고 2008다30703 판결 등.

20) 대법원 2013. 3. 21. 선고 2011다95564 전원합의체 판결.

21) 대법원 2001. 12. 11. 선고 2001두7794 판결.

22) 지방전문직공무원 채용계약 해지의 의사표시에 관한 대법원 1993. 9. 14. 선고 92누

(7) 행정처분의 위법 여부에 직접 영향을 미치는 공법상 법률관계에 관한
소송

행정처분에 이르는 절차적 요건의 존부나 효력 유무에 관한 소송은 그
결과에 따라 행정처분의 위법 여부에 직접 영향을 미치는 공법상 법률관
계에 관한 것이므로 당사자소송의 대상이 된다. 예를 들면, 도시 및 주거
환경정비법상 행정주체인 주택재건축정비사업조합을 상대로 관리처분계획
안 또는 사업시행계획안에 대한 조합 총회결의의 효력 등을 다투는 소송
은 당사자소송에 해당한다.[23]

2. 이 사건 증액소송의 성질

가. 대상사안의 검토

(1) 먼저 과학기술기본법 제11조, 구 국가연구개발사업의 관리 등에 관
한 규정 제2조 제1호, 제7호, 제7조 제1항, 제10조, 제15조, 제20조, 항공
우주산업개발 촉진법 제4조 제1항 제2호, 제2항, 제3항 등의 입법 취지와
규정 내용이 고려대상이 된다. 또한 위 협약에서 국가는 원고에게 '대가'
를 지급한다고 규정하고 있으나 이는 국가연구개발사업규정에 근거하여
국가가 원고에게 연구경비로 지급하는 출연금을 지칭하는 데 다름 아니다.

(2) 위 협약에 정한 협약금액은 정부의 연구개발비 출연금과 참여기업
의 투자금 등으로 구성되는데 위 협약 특수조건에 의하여 참여기업이 물
가상승 등을 이유로 국가에 협약금액의 증액을 내용으로 하는 협약변경을
구하는 것은 실질적으로는 KHP사업에 대한 정부출연금의 증액을 요구하

4611 판결, 전문직공무원인 공중보건의사의 채용계약 해지의 의사표시에 관한 대법원
1996. 5. 31. 선고 95누10617 판결, 계약직공무원에 대한 채용계약 해지의 의사표시에
관한 대법원 2002. 11. 26. 선고 2002두5948 판결, 지방계약직공무원 보수의 삭감에
관한 대법원 2008. 6. 12. 선고 2006두16328 판결, 산업집적활성화 및 공장설립에 관
한 법률에 따른 입주계약의 해지에 관한 대법원 2011. 6. 30. 선고 2010두23859 판결,
읍·면장의 이장에 대한 직권면직행위에 관한 대법원 2012. 10. 25. 선고 2010두18963
판결, 중소기업 정보화지원사업에 따른 지원금 출연을 위하여 중소기업청장이 체결하는
협약의 해지 및 그에 따른 지원금 환수통보에 관한 대법원 2015. 8. 27. 선고 2015두
41449 판결 등.
23) 대법원 2009. 10. 15. 선고 2008다93001 판결.

는 것으로 이에 대하여는 국가의 승인을 얻도록 되어 있다.

(3) 위 협약은 정부와 민간이 공동으로 한국형헬기 민·군 겸용 핵심구성품을 개발하여 기술에 대한 권리는 방위사업이라는 점을 감안하여 국가에 귀속시키되 장차 기술사용권을 원고에게 이전하여 군용 헬기를 제작·납품하게 하거나 또는 민간 헬기의 독자적 생산기반을 확보하려는 데 있다.

(4) KHP사업의 참여기업인 원고로서도 민·군 겸용 핵심구성품 개발사업에 참여하여 기술력을 확보함으로써 향후 군용 헬기 양산 또는 민간 헬기 생산에서 유리한 지위를 확보할 수 있게 된다.

나. 공법상 당사자소송

이러한 점을 종합하면, 국가연구개발사업규정에 근거하여 국가 산하 중앙행정기관의 장과 참여기업인 원고가 체결한 위 협약의 법률관계는 공법관계에 해당하므로, 이에 관한 분쟁은 공법상 법률관계에 관한 소송으로서 행정소송법 제3조 제2호에서 규정하는 당사자소송에 해당한다.

3. 행정소송을 민사소송으로 잘못 제기한 경우

가. 이 송

원고가 고의 또는 중대한 과실 없이 행정소송으로 제기하여야 할 사건을 민사소송으로 잘못 제기한 경우, 수소법원으로서는 만약 행정소송에 대한 관할도 동시에 가지고 있다면 이를 행정소송으로 심리·판단하여야 하고, 행정소송에 대한 관할을 가지고 있지 아니하다면 당해 소송이 이미 행정소송으로서의 전심절차 및 제소기간을 도과하였거나 행정소송의 대상이 되는 처분 등이 존재하지도 아니한 상태에 있는 등 행정소송으로서의 소송요건을 결하고 있음이 명백하여 행정소송으로 제기되었더라도 어차피 부적법하게 되는 경우가 아닌 이상 이를 부적법한 소라고 하여 각하할 것이 아니라 관할법원에 이송하여야 한다.

나. 수이송법원

(1) 이 경우 이송할 법원은 제1심인 서울행정법원인지, 아니면 항소법원인 서울고등법원 행정부인지 문제된다. 이에 관하여 대법원이 제1심 판결까지 취소하고 행정 제1심 법원으로 이송하는 것은 옳지 않고, 이것은 관할이 아니고 재판권의 문제이며 재판권을 행사하는 방식인 절차법을 잘못 적용한 문제이므로 심급관할 위반이 있어 전속관할 위반인 경우를 제외하고는 모든 경우에 고등법원으로 환송하면 된다는 견해가 있다.[24]

(2) 대법원은 이 사건에서 "원심판결을 파기하고, 제1심판결을 취소한다. 사건을 서울행정법원에 이송한다"는 주문을 선고하여, 제1심 법원으로 이송하여야 한다는 입장을 취하였다. 이러한 판례의 입장은, 주택재건축정비사업조합의 관리처분계획에 대하여 그 관리처분계획안에 대한 총회결의의 무효확인을 구하는 소가 관할을 위반하여 민사소송으로 제기된 후에 관할 행정청의 인가·고시가 있었다는 사정만으로 그 소가 이송된 후 부적법 각하될 것이 명백한 경우에 해당한다고 보기 어려워, 위 소는 관할법원인 행정법원으로 이송함이 상당하다고 한 판결[25] 이래, 도시 및 주거환경정비법 제65조 제2항 후단 규정에 따른 정비기반시설의 소유권 귀속에 관한 소송은 공법상 법률관계에 관한 소송으로서 행정소송법 제3조 제2호에서 규정하는 당사자소송에 해당하므로, 원심판결을 파기하고 제1심 판결을 취소하며, 사건을 서울행정법원으로 이송한다고 판시한 최근의 판결에서도 일관되게 유지되고 있다.[26]

---

24) 오정후, "재판권 위반과 절차법의 위법한 적용 ―민사소송법에 따른 행정사건 심리·재판―", 행정법연구 제34호(2012), 107~134면.
25) 대법원 2009. 9. 17. 선고 2007다2428 전원합의체 판결.
26) 대법원 2018. 7. 26. 선고 2015다221569 판결.

[27] 항공기양산 포기로 받은 금전이 외국법인의 국내원천소득인지 여부

대법원 2010. 4. 29. 선고 2007두19447 판결

Ⅰ. 사실관계

(1) 국내사업장이 없는 항공기 제작회사인 미국의 록히드마틴사(이하 '록히드사')가 1996. 7. 16. 고등훈련기 T-50의 주생산업체인 원고 한국항공우주산업 주식회사와 T-50 체계개발사업 및 양산사업에 관하여 기본합의서(Teaming Agreement)를 작성하면서, 장차 양산사업의 가격 산정과 분담업무를 상호협의에 의하여 결정하고 실행하도급계약을 체결하기로 하였을 뿐 록히드사가 양산 참여를 통하여 회수할 수익의 범위나 한도 등에 관하여는 구체적으로 정하지 않았다.

(2) 록히드사와 원고가 1997. 9. 10. 체결한 T-50 체계개발분담 하도급계약서상으로도 록히드사의 양산참여권이 현실화되지 않을 경우 원고는 록히드사가 위 하도급계약에 따라 투자한 2억 4,480만 달러를 조기지급할 의무만을 부담할 뿐 별도의 손해배상의무를 부담하지는 않는 것으로 정해져 있었다.

(3) 록히드사는 이 사건 양산참여권을 포기하는 대가로 8,000만 달러를 지급받기로 한 별도의 약정에 따라, 2003. 12. 22. 원고로부터 그 일부로 3,000만 달러를 지급받았다. 관할 세무서장은 위 3,000만 달러가 재산권에 관한 계약의 위약 또는 해약에 따른 손해배상금으로서, 록히드사에게 현실적으로 발생한 손해의 전보나 원상회복을 위한 배상금이 아니라 록히드사가 장차 양산사업에 참여하였을 경우 얻을 기대이익에 대한 배상금이라는 이유로 법인세 부과처분을 하였다.

(4) 이 사건 양산참여권의 포기대가와 관련하여 국내에서 세금이 면제될 수 있도록 협조를 구하는 국방부장관의 질의에 대하여, 재정경제부장관은 2003. 12. 12. "국내사업장이 없는 미국 법인이 내국법인으로부터

계약의 변경에 따른 권리포기 대가를 지급받는 경우 동 대가는 국내 원천 기타소득에 해당하나, 국내사업장이 없는 미국 법인이 국외에서 마케팅 서비스를 내국법인에게 제공하고 내국법인으로부터 마케팅 서비스 대가를 지급받는 경우 동 대가는 국내 원천 인적용역소득에 해당하지 않습니다. 다만 마케팅 서비스의 실제 제공 여부 및 제공 내용, 제공 장소 등 구체적 내용은 관할 세무서장이 판단할 사항입니다"라는 내용의 검토의견을 회신하였다.

II. 참조 조문

1. 법인세법

> **제93조(외국법인의 국내원천소득)** 외국법인의 국내원천소득은 다음 각 호의 구분에 따른 소득으로 한다.
> 10. 국내원천 기타소득: 제1호부터 제9호까지의 규정에 따른 소득 외의 소득으로서 다음 각 목의 어느 하나에 해당하는 소득
> 나. 국내에서 지급하는 위약금이나 배상금으로서 대통령령으로 정하는 소득

2. 법인세법 시행령

> **제132조(국내원천소득의 범위)** ⑩ 법 제93조 제10호 (나)목에서 "대통령령으로 정하는 소득"이란 재산권에 관한 계약의 위약 또는 해약으로 인하여 지급받는 손해배상으로서 그 명목여하에 불구하고 본래의 계약내용이 되는 지급자체에 대한 손해를 넘어 배상받는 금전 또는 기타 물품의 가액을 말한다.

3. 국세기본법

> **제15조(신의·성실)** 납세자가 그 의무를 이행할 때에는 신의에 따라 성실하게 하여야 한다. 세무공무원이 직무를 수행할 때에도 또한 같다.

Ⅲ. 판시사항

(1) 외국법인이 고등훈련기 양산참여권을 포기하는 대가로 받은 금전은 재산권에 관한 계약의 위약 또는 해약에 따른 손해배상금으로서, 외국법인에게 현실적으로 발생한 손해의 전보나 원상회복을 위한 배상금이 아니라 외국법인이 장차 양산사업에 참여하였을 경우 얻을 기대이익에 대한 배상금이므로, 본래의 계약내용이 되는 지급 자체에 대한 손해를 넘어 배상받는 금전에 해당하여, 구 법인세법 제93조 제11호 (나)목 규정의 외국법인의 국내원천소득에 해당한다.

(2) 고등훈련기 양산참여권의 포기대가와 관련하여 국내에서 세금이 면제될 수 있도록 협조를 구하는 국방부장관의 질의에 대하여 답변한 재정경제부장관의 검토의견은, 외국법인의 국내원천소득에 대한 재정경제부장관의 일반론적인 견해표명에 불과하므로 그에 대하여 신의성실의 원칙이 적용된다고 할 수 없다.

Ⅳ. 해 설

1. 외국법인의 국내원천소득

가. 의 의

(1) 법인세법 제3조 제1항 제2호 등은 내국법인과 달리 외국법인은 원칙적으로 국내원천소득에 대하여만 법인세 납세의무를 지는 것으로 정하고 있다. 법인세법이 외국법인에게 국내원천소득에 대해서만 법인세 납세의무를 인정하고 있는 것은 외국법인에 대하여는 원칙적으로 우리나라의 통치권이 미치지 아니하므로 외국법인의 소득에 대하여 조세를 부과하지 못하는 것은 당연하나, 외국법인이 우리나라 국내에서 소득을 얻기 위하여 한 행위 또는 사실로 인하여 우리나라의 통치권에 영향을 미쳤고 그러한 범위 내에서는 외국법인이라 하더라도 우리나라에 대하여 납세의무를 부담하는 것이 마땅하다고 보기 때문이다.[1] 이처럼 외국법인이 소득을 얻

기 위하여 한 행위 또는 소득발생의 원인을 '소득의 원천'이라고 하고, 그
러한 소득의 원천이 국내에 있는 경우 '국내원천소득'이라고 한다.

(2) 외국법인의 국내원천소득에 대한 과세의 의의는 다음과 같다.[2]

(가) 법인세법이 국내원천소득을 정의함에 있어 제한적 열거주의를 채
택하고 있으므로, 법에 명시적으로 열거되지 아니한 소득은 국내에서 발
생한 것이라 하더라도 한국에서 과세할 수 없다.

(나) 법인세법이나 조세조약에서 국내원천소득을 소득종류별로 구분·열
거하고 있는 것은 그 세율·과세방법 등에서 취급을 달리하기 때문이다.

(다) 조세조약에서 국내발생소득으로 규정된 것이라 할지라도 법인세법
소정의 국내원천소득에 해당되지 않으면 외국법인은 당해 소득에 대하여
납세의무가 없다. 반면 법인세법에서 국내원천소득으로 규정되어 있다 하
더라도 우리나라가 외국과 체결한 조세조약에서 국내발생소득으로 보고
있지 아니하면 조세조약(특별법관계에 있음)이 우선하므로 과세할 수 없다.
따라서 외국법인의 소득이 법인세법 또는 조세조약에서 열거된 소득항목
에 동시에 해당되고, 그 소득의 원천이 국내에 있는 경우라야만 국내원천
소득으로서 과세된다. 다만 외국과 체결한 조세조약이 없는 경우 법인세
법상 국내원천소득에 해당되면 과세된다.

나. 외국법인

(1) 내국법인과 외국법인의 개념

법인세법 제2조 제1호는 "'내국법인'이란 본점, 주사무소 또는 사업의
실질적 관리장소가 국내에 있는 법인을 말한다"고 규정하고, 제3호는 "'외
국법인'이란 본점 또는 주사무소가 외국에 있는 단체(사업의 실질적 관리장
소가 국내에 있지 아니하는 경우만 해당한다)로서 대통령령으로 정하는 기준

---

1) 고영구, "선박용 페인트를 생산하여 판매하는 국내법인이 해외선주들과 해외선주들이
   국내 조선회사에게 발주한 선박에 대하여 국내법인의 페인트가 사용되도록 지정하여 국
   내 조선회사에게 국내법인의 페인트가 납품되는 경우 수수료를 지급하기로 약정하고,
   그 계약에 따라 해외선주들에게 지급한 수수료가 외국법인의 국내원천소득에 해당하는
   지 여부", 대법원판례해설 제55호(2005), 509면.
2) 고영구, 510~511면.

에 해당하는 법인을 말한다"고 규정하고 있다.

(2) 실질적 관리장소

내국법인과 외국법인을 구분하는 기준의 하나인 '실질적 관리장소'란 법인의 사업 수행에 필요한 중요한 관리 및 상업적 결정이 실제로 이루어지는 장소를 뜻하고, 법인의 사업수행에 필요한 중요한 관리 및 상업적 결정이란 법인의 장기적인 경영전략, 기본 정책, 기업재무와 투자, 주요 재산의 관리·처분, 핵심적인 소득창출 활동 등을 결정하고 관리하는 것을 말한다. 법인의 실질적 관리장소가 어디인지는 이사회 또는 그에 상당하는 의사결정기관의 회의가 통상 개최되는 장소, 최고경영자 및 다른 중요 임원들이 통상 업무를 수행하는 장소, 고위 관리자의 일상적 관리가 수행되는 장소, 회계서류가 일상적으로 기록·보관되는 장소 등의 제반 사정을 종합적으로 고려하여 구체적 사안에 따라 개별적으로 판단하여야 한다. 다만 법인의 실질적 관리장소는 결정·관리행위의 특성에 비추어 어느 정도의 시간적·장소적 지속성을 갖출 것이 요구되므로, 실질적 관리장소를 외국에 두고 있던 법인이 이미 국외에서 전체적인 사업활동의 기본적인 계획을 수립·결정하고 국내에서 단기간 사업활동의 세부적인 집행행위만을 수행하였다면 종전 실질적 관리장소와 법인 사이의 관련성이 단절된 것으로 보이는 등의 특별한 사정이 없는 한 법인이 실질적 관리장소를 국내로 이전하였다고 쉽사리 단정할 것은 아니다.[3]

---

3) 대법원 2016. 1. 14. 선고 2014두8896 판결. 국내에 싱가포르법인의 고정사업장이 존재한다고 하기 위해서는, 싱가포르법인이 처분권한 또는 사용권한을 가지는 국내의 건물, 시설 또는 장치 등의 사업상의 고정된 장소를 통하여 싱가포르법인의 직원 또는 지시를 받는 자가 예비적이거나 보조적인 사업활동이 아닌 본질적이고 중요한 사업활동을 수행하여야 하고, 싱가포르법인이 종속대리인을 통해 국내에 고정사업장을 가지고 있다고 하기 위해서는, 대리인이 상시로 계약체결권을 행사하여야 하고 권한도 예비적이거나 보조적인 것을 넘어 사업활동에 본질적이고 중요한 것이어야 한다. 여기서 '본질적이고 중요한 사업활동'인지는 사업활동의 성격과 규모, 전체 사업활동에서 차지하는 비중과 역할 등을 종합적으로 고려하여 판단하여야 한다. 따라서 싱가포르법인이 국내의 고정된 장소나 대리인을 통하여 국내에서 수행하는 사업활동이 본질적이고 중요한 것이 아니라 예비적이거나 보조적인 것에 불과하다면, 싱가포르법인은 국내에 고정사업장이나 종속대리인을 통하여 간주고정사업장을 둔 것으로 볼 수 없다.

(3) 실질과세의 원칙과 기지회사(base company)

국세기본법 제14조 제1항은 실질과세 원칙을 정하고 있는데, 소득이나 수익, 재산, 거래 등 과세대상에 관하여 그 귀속명의와 달리 실질적으로 귀속되는 사람이 따로 있는 경우에는 형식이나 외관에 따라 귀속명의자를 납세의무자로 삼지 않고 실질적으로 귀속되는 사람을 납세의무자로 삼겠다는 것이다. 따라서 재산 귀속명의자는 이를 지배·관리할 능력이 없고 명의자에 대한 지배권 등을 통하여 실질적으로 이를 지배·관리하는 사람이 따로 있으며 그와 같은 명의와 실질의 괴리가 조세 회피 목적에서 비롯된 경우에는, 그 재산에 관한 소득은 재산을 실질적으로 지배·관리하는 사람에게 귀속된 것으로 보아 그를 납세의무자로 보아야 한다.

실질과세 원칙은 비거주자나 외국법인이 원천지국인 우리나라의 조세를 회피하기 위하여 조세조약상 혜택을 받는 나라에 명목회사를 설립하여 법인 형식만을 이용하는 국제거래뿐만 아니라, 거주자나 내국법인이 거주지국인 우리나라의 조세를 회피하기 위하여 소득세를 비과세하거나 낮은 세율로 과세하는 조세피난처에 사업활동을 수행할 능력이 없는 외형뿐인 이른바 '기지회사(base company)'를 설립하고 법인 형식만을 이용함으로써 실질적 지배·관리자에게 귀속되어야 할 소득을 부당하게 유보해 두는 국제거래에도 마찬가지로 적용된다.[4]

(4) 외국의 법인격 없는 사단·재단 기타 단체

외국의 법인격 없는 사단·재단 기타 단체가 구 소득세법(2013. 1. 1. 법률 제11611호로 개정되기 전의 것) 제119조 또는 구 법인세법(2013. 1. 1. 법률 제11607호로 개정되기 전의 것) 제93조에 정한 국내원천소득을 얻어 이를 구성원들에게 분배하는 영리단체에 해당하는 경우, 구 법인세법상 외국법인으로 볼 수 있다면 단체를 납세의무자로 하여 국내원천소득에 대하여 법인세를 과세하여야 하고, 구 법인세법상 외국법인으로 볼 수 없다면 단체의 구성원들을 납세의무자로 하여 그들 각자에게 분배되는 소득금

---

4) 대법원 2018. 12. 13. 선고 2018두128 판결.

액에 대하여 그 구성원들의 지위에 따라 소득세나 법인세를 과세하여야 한다. 그리고 여기서 단체를 외국법인으로 볼 수 있는지 여부에 관하여는 구 법인세법상 외국법인의 구체적 요건에 관하여 본점 또는 주사무소의 소재지 외에 별다른 규정이 없는 이상 단체가 설립된 국가의 법령 내용과 단체의 실질에 비추어 우리나라의 사법상 단체의 구성원으로부터 독립된 별개의 권리·의무의 귀속주체로 볼 수 있는지 여부에 따라 판단하여야 한다.[5)

다. 기타소득에 관한 판례

(1) 대법원 1996. 9. 24. 선고 95누15438 판결

원고가 1986. 12.경 미국 텍사스주에 본점을 두고 있고, 국내에는 사업장을 두고 있지 아니한 외국법인인 텍세일즈 코퍼레이션(이하 '텍세일즈')에게 철제품을 수출하였으나 제품 불량으로 밝혀지자, 수입업자인 텍세일즈는 그 구입처인 뉴욕시 당국에 그로 인한 손해를 배상한 후 원고를 상대로 국내에 손해배상 청구의 소를 제기하여 받은 판결(서울고등법원 90나52841)의 결과에 따라 1994. 6. 3. 원고로부터 그 손해배상금 합계 270,533,443원을 지급받았다. 과세관청은 위 손해배상금은 국내 자산인 소외 법인의 손해배상청구권과 관련하여 받은 것이므로 국내원천소득에 해당한다고 주장하였다.

대법원은, 국내에 사업장을 가지고 있지 않은 외국법인이 내국법인으로부터 지급받은 손해배상금은 '국내에 있는 자산과 관련하여' 제공받은 손해배상금이나 경제적 이익이라고 할 수 없음이 분명하므로, 과세관청이 그 외국법인의 국내원천소득으로 삼은 예상판매액 손실 등 배상금은 구 법인세법 시행령 제122조 제7항 제1호(국내에 있는 부동산과 기타 자산 또는 국내에서 영위하는 사업에 관련하여 받은 보험금, 보상금 또는 손해배상금) 또는 제8호(제1호 내지 제7호 외에 국내에서 행하는 사업이나 국내에서 제공하는 인적용역 또는 국내에 있는 자산에 관련하여 제공받은 경제적 이익으로

---

5) 대법원 2017. 12. 28. 선고 2017두59253 판결.

인한 소득)가 규정하는 어느 소득에도 해당하지 아니한다고 판시하였다.

(2) 대법원 1987. 6. 9. 선고 85누880 판결

국내에 있는 수입업자가 외국법인인 수출업자로부터 원면 등을 수입할 때 그 수입계약상의 약정에 따라 약정기일까지 수입신용장을 개설하지 못함으로 인하여 그 판매자인 외국법인에게 계약금액에다 신용장개설 지연일수와 약정비율을 적용하여 계산한 금액, 즉 이른바 캐링 차지를 지급하게 되었다.

대법원은, 판매자인 외국법인이 국내에 사업장을 가지고 있지 아니하고 판매된 물건도 국내에 있는 것이 아니라면, 지급받은 외국법인의 캐링 차지는 외국법인의 국내원천소득의 하나를 규정하고 있는 법인세법 제55조 제11호, 동법 시행령 제122조 제5항 제1호 및 제7호의 그 어느 것에도 해당하지 아니하므로, 국내에 사업장을 갖지 아니한 외국법인이 지급받은 캐링 차지는 법인세의 과세대상이 될 수 없다고 판시하였다.

(3) 대법원 1997. 12. 9. 선고 97누966 판결

원고는 사우디아라비아국 알코바(Alkhobar)시의 하수처리플랜트 건설공사를 함에 있어 1978. 11. 8. 네덜란드 안틸레스자치령의 법인인 에드비조 엔 브이(Adviso N. V.) 유한회사(이하 '소외 회사')와 사이에 소외 회사가 보유하고 있는 하수처리시스템에 관한 특허기술인 '카루셀 생물학적 산화장치'에 관한 실시계약을 체결하였는데, 원고가 위 특허기술을 사용하고도 그에 따른 실시료를 지급하지 아니하자, 소외 회사는 원고를 상대로 국제중재법원에 중재신청을 하여 1991. 3. 19. 실시료 및 이에 대한 지연이자, 중재신청에 관한 변호사비용, 중재비용 중 원고가 부담할 몫을 소외 회사가 선납한 비용에서 충당한 금액의 지급을 명하는 중재판정을 받고, 이어서 국내법원에서 그에 대한 집행판결을 받은 다음, 원고가 가지고 있던 채권에 대한 압류 및 전부명령을 통하여 1995. 3. 8. 246,963,911원을, 1995. 5. 9. 701,927,024원을 지급받아 그 중 중재비용에 충당된 부분을 제외한 나머지 금원을 변호사비용과 지연손해금 일부에 충당하였다.

대법원은, 외국법인인 소외 회사가 내국법인으로부터 손해배상금 등을 지급받은 경우에 소외 회사가 가지는 손해배상청구권 등을 시행령 제122조 제7항 제1호 또는 제7호가 정하는 국내에 있는 '자산'이라고 볼 수는 없으므로 소외 회사가 받은 손해배상금 등은 위 규정이 정하는 '국내에 있는 자산과 관련하여 받은 손해배상금이나 경제적 이익'이라고 볼 수 없어 국내원천소득에 해당하지 아니한다고 판시하였다.

라. 대상사안의 검토

록히드사가 위 기본합의서에 의하여 확보한 이 사건 양산참여권은 위 체계개발분담 하도급계약에 따라 투자한 2억 4,480만 달러와 대가관계에 있는 투자수익금 내지 이자가 아니라, 원고가 투자 유치 및 협력관계 유지 등을 위하여 록히드사에게 부여한 일종의 인센티브(incentive)로 봄이 상당하다. 따라서 록히드사가 이 사건 양산참여권을 포기하는 대가로 8,000만 달러를 지급받기로 한 별도의 약정에 따라 2003. 12. 22. 원고로부터 그 일부로 지급받은 이 사건 3,000만 달러는 재산권에 관한 계약의 위약 또는 해약에 따른 손해배상금으로서, 록히드사에게 현실적으로 발생한 손해의 전보나 원상회복을 위한 배상금이 아니라 록히드사가 장차 양산사업에 참여하였을 경우 얻을 기대이익에 대한 배상금이다. 이는 본래의 계약내용이 되는 지급 자체에 대한 손해를 넘어 배상받는 금전에 해당하므로, 법인세법 제93조 제10호 (나)목 규정의 외국법인의 국내원천소득에 해당한다.

2. 과세관청의 행위에 대한 신의성실의 원칙

가. 요 건

일반적으로 조세법률관계에서 과세관청의 행위에 대하여 신의성실의 원칙이 적용되기 위해서는, (i) 과세관청이 납세자에게 신뢰의 대상이 되는 공적인 견해를 표명하여야 하고, (ii) 납세자가 과세관청의 견해표명이 정당하다고 신뢰한 데 대하여 납세자에게 귀책사유가 없어야 하며, (iii)

납세자가 그 견해표명을 신뢰하고 이에 따라 무엇인가 행위를 하여야 하고, (iv) 과세관청이 위 견해표명에 반하는 처분을 함으로써 납세자의 이익이 침해되는 결과가 초래되어야 한다.[6] 그러나 과세관청의 의사표시가 일반론적인 견해표명에 불과한 경우에는 위 원칙의 적용이 부정된다.[7]

나. 과세관청의 공적인 견해표명

과세관청의 공적인 견해표명은 원칙적으로 일정한 책임 있는 지위에 있는 세무공무원에 의하여 명시적 또는 묵시적으로 이루어짐을 요하나, 신의성실의 원칙 내지 금반언의 원칙은 합법성을 희생하여서라도 납세자의 신뢰를 보호함이 정의·형평에 부합하는 것으로 인정되는 특별한 사정이 있는 경우에 적용되는 것으로서 납세자의 신뢰보호라는 점에 그 법리의 핵심적 요소가 있는 것이므로, 위 요건의 하나인 과세관청의 공적 견해표명이 있었는지 여부를 판단하는 데 있어 반드시 행정조직상의 형식적인 권한분장에 구애될 것은 아니고 담당자의 조직상 지위와 임무, 당해 언동을 하게 된 구체적인 경위 및 그에 대한 납세자의 신뢰가능성에 비추어 실질에 의하여 판단하여야 한다.[8]

다. 대상사안의 검토

록히드사가 이 사건 양산참여권의 포기대가와 관련하여 국내에서 세금이 면제될 수 있도록 협조를 구하는 국방부장관의 질의에 대하여, 재정경제부장관이 검토의견을 회신한 내용과 답변방식에 비추어 보면, 재정경제부장관의 검토의견은 외국법인의 국내원천소득에 대한 재정경제부장관의 일반론적 견해표명에 불과하므로, 신의성실의 원칙이 적용된다고 할 수 없다.

---

6) 대법원 2009. 10. 29. 선고 2007두7741 판결.
7) 대법원 2001. 4. 24. 선고 2000두5203 판결.
8) 대법원 2019. 1. 17. 선고 2018두42559 판결. 납세자가 구 자유무역협정의 이행을 위한 관세법의 특례에 관한 법률(2015. 12. 29. 법률 제13625호로 전부 개정되기 전의 것) 제10조에 따라 수입신고시 또는 그 사후에 협정관세 적용을 신청하여 세관장이 형식적 심사만으로 수리한 것을 두고 그에 대해 과세하지 않겠다는 공적인 견해 표명이 있었다고 보기는 어렵다고 판시한 사례로는 대법원 2019. 2. 14. 선고 2017두63726 판결.

[28] 특수항공기 공급계약

서울고등법원 2011. 9. 29. 선고 2011나13939 판결[1]

I. 사실관계

(1) 피고 대한민국 산하 조달청은 항공안전본부 항행표준관리센터에서 비행기 착륙을 유도하기 위하여 지상에서 발사된 신호가 올바르게 형성되는지 등을 검사하는데 사용할 비행점검항공기 및 자동비행점검시스템 [Aircraft & AFIS (Automatic Flight Inspection System[2]), 이하 '이 사건 항공기']의 입찰공고를 하였고, 원고 X(대한민국 법인)가 이 사건 항공기의 공급자로 낙찰되었다.

(2) 조달청은 2005. 12. 29. X와 사이에 원고 Y(미국 오클라호마주 소재 법인)가 제작한 이 사건 항공기를 납품하기로 하는 내용의 구매계약(이하 '이 사건 계약')을 체결하였는데, 그 내용은 아래와 같다.

○ 계약목적물: 비행점검용 항공기 및 자동비행점검시스템
○ 대금: 미화 11,186,817.44달러
○ 대금지급조건: 계약체결 후 30일 이내 대금의 3%, 2006. 5. 31.까지 대금의 17%, 2007. 5. 31.까지 대금의 38%, 최종인수완료 후 대금의 42%를 지급

---

1) 이 글은 항공우주정책·학회지 제31권 제2호(2016. 12.)에 게재된 "특수항공기 공급계약의 법적 성질 - 구매규격서상 성능 미달을 이유로 한 계약해제의 정당성-"을 요약한 것이다.
2) 자동비행점검시스템을 의미하고, 이 사건 항공기의 구매규격서에는 AFIS를 ICAO 기준과 FAA 점검요건에 의거하여 지상에 설치한 항행안전시설의 성능평가를 위하여 사용하는 컴퓨터 제어자료수집 및 기록시스템으로 정의하고 있다. 즉 검사대상인 지상시설에서 송출되는 전파신호와 위치기준시스템(Positioning Reference System)으로부터의 위치신호(Position Reference)를 비교하여 지상에서 송출된 신호의 에러를 계산하는 것이다.

○ 인도기일 : 신용장에 기재된 최종선적일(2008. 7. 5.)
○ 준거법 : 대한민국법

(3) 이 사건 항공기에 대한 구매규격서 중 ILS[3] Offset[4] 비행과 관련된 내용은 다음과 같다.

B. Special Conditions

1. 시스템 요구사항

2) AFIS

(1) 요건

a. AFIS는 ICAO Doc 8071 및 FAA order 8200.1. 등에 명시한 정확도가 입증된 장비여야 한다.

(2) 운용능력

a. AFIS는 선정된 비행검사용 항공기 탑재전자장비와 연결되어야 하며, 항공기 탑재전자장비와, 비행 중 수집 정보와 검사에 관련된 신호 등을 상호 송·수신할 수 있어야 한다. 또한 검사자료는 전자동 비행검사용 기록장치에 기록 유지되어야 한다.

---

3) 계기착륙시설(Instrument Landing System), 야간이나 시계(視界)가 나쁠 때 항공기가 일정한 경로를 따라 정확하게 착륙하도록 지향성(指向性) 전파로 항공기를 유도하여 바르게 진입시켜주는 시설이다. 방위각제공시설(LOC, LLZ, Localizer, 활주로 착륙시 활주로 중심선을 찾아가도록 하는 시설, 활주로 중심선 좌우로 VHF 전파를 발사하여 진입 비행기 기준으로 좌측은 90Hz, 우측은 150Hz의 변조신호가 우세하도록 복사전기장을 만들어 활주로 중심선에 있으면 양 신호가 같게 수신되도록 되어 있다), 활공각제공시설(GP, Glide Path, 활주로 착륙시 적절한 진입각을 나타내는 시설, 진입각 아래쪽에 150Hz, 위쪽에 90Hz로 변조되는 UHF 전파를 발사한다. GS, Glide Slope도 같은 용어이다), 위치표지시설(Marker Beacon, 지향성 전파를 수직방향으로 발사하여 진입 중인 항공기에 활주로까지의 거리를 알려주는 시설, 활주로에서부터 6.5~11km 지점에 Outer Marker, 900~1,100m 지점에 Middle Marker, 75~450m 지점에 Inner Marker를 설치한다) 등이 있다.

4) ILS Offset 비행이란 ILS 신호의 평가 및 검사를 위하여 GP의 상하 75μA 점과 LLZ의 좌우 150μA 점을 따라 비행하는 것을 말한다. 그 중 수동비행방식은 조종사가 방위각 또는 활공각을 참조하고 비행검사관의 조언을 받아 비행검사전파선을 기준으로 항공기를 좌우 또는 상하 방향에서 반복적으로 통과시키는 방식이고, 자동비행방식은 ILS Offset 스위치를 조작하여 75μA 또는 150μA 선상을 따라 비행하도록 ILS 신호를 편향(bias)시키고 편향된 신호가 자동조종장치에 연동되어 자동으로 비행을 하는 방식이다.

C. Special Specification

1-2. 자동비행점검시스템(AFIS) 요구사양서

1. 일반요건

 1) AFIS 정의

 (1) AFIS는 ICAO 기준과 FAA 비행점검 용도의 요구조건에 의거하여 지상에 설치한 항행안전시설의 성능평가를 위하여 사용되는 컴퓨터 제어 자료수집 및 기록시스템이다.

2. AFIS의 점검능력

 5) ILS (Category- Ⅰ, Ⅱ, Ⅲ)

 (1) ILS- Ⅰ Mode 또는 Orbit(Arc) 비행(선회비행)

 (2) ILS- Ⅱ Mode 또는 Level 비행(수평비행)

 (3) ILS- Ⅲ Mode 또는 Approach 비행(접근강하비행)

 (4) ILS Offset Flight Mode

 a. 활공각제공시설을 위한 기울기와 평균 운용폭(Tilt and Mean Width for GP) & Cockpit Signal for pilot

 b. 기울기(Tilt) : 수평비행(Level 비행)시 방위각제공시설(Localizer) 좌/우 Offset 150μA

 c. 평균 운용폭(Mean width) : 정상 접근강하비행(Normal Approach)시 Glide path above/below offset 75μA

3. AFIS 시스템 구성

 3) 트랜시버와 각종 수신 Sub-System

 (1) VOR[5]/ILS 검사용 수신기

 a. 기능

 - LLZ(Localizer)/GP(Glide Path) 검사에서 Offset 비행검사를 수행하기 위해 LLZ/GP 신호는 좌측 Autopilot(조종석)에 연동되어야 한다.

4. AFIS Software

 1) 운영 소프트웨어

 (4) 비행검사 Processing : 비행점검을 위한 AFIS의 운영 소프트웨어는 이번 항에 명시된 모든 기능을 수행할 수 있는 능력을 갖추어야 한다.

 b. ILS 점검 기능

 - Offset ILS Mode

· ILS Offset은 검사용 항공기가 localizer Offset (150μA) 좌측 또는 활주로 중심선 오른쪽으로 비행하여야 하고, 정상 GP를 중심으로 75μA 위 또는 아래로 비행을 요한다. ILS 접근 중에는 항공기의 자동조종장치와 연결되어야만 하고, 조종사는 활주로 중심선으로부터의 이격을 보여주는 CDI[6]를 따라 비행하여야 한다.

· AFIS에는 조종사가 Offset 기능을 선택할 수 있는 제어장치를 조종석에 설치하여야 한다. 선택한 Offset은 선택한 바이어스 양만큼 자동조종장치에 그 값을 제공하여야 하고, 항공기는 바이어스를 걸어준 만큼 Offset 비행을 하지만 CDI 상에는 "0" deviation 또는 활주로 중심선을 비행하는 것 같이 보여야 한다.

· AFIS는 다른 측면의 CDI가 실질적인 Offset을 지시하는 동안 한쪽만을 제어할 수 있어야 한다. 이러한 기능을 수행하기 위해 조종사의 ILS Offset 선정을 위해 제어장치를 조종석에 설치하여야 하고, Bus Control Unit은 75μA 또는 150μA Bias를 ILS Offset을 위하여 발생시킬 수 있어야 한다.

(4) 항공기 조종석에 있는 항공기항법 및 자동비행장치는 하니웰(Honeywell)사의 Primus-1000 전자장비 패키지로 되어 있어, 이 사건 항공기에 ILS Offset 비행장치를 장착하기 위해서는 위 회사의 동의 및 협조가 필요하였고, 원고들은 위 회사에 기술협조를 요청하였으나 위 회사로부터 협조거부 통지를 받았다.

(5) 이에 X는 조달청과 항행표준관리센터에 인도기일을 연기하여 줄 것을 요청하여 지체상금을 부과하는 조건으로 인도기일을 2008. 8. 30.로 연기하였고, 하니웰사의 협조 없이도 제작이 가능한 FMS(Flight Management System, 비행관리시스템)를 이용한 RNAV[7] 방식에 따라 비행을 하는 항공기를 제작하도록 동의해달라는 통지를 하였다. 그러나 피고로부터 구매규

---

5) VHF Omni-directional Range, 항행안전시설 중 하나로서 항행 중인 항공기에서 VHF 대역에서 방위각 정보를 제공하는 지상시설.

6) 코스편향지시기, Course Deviation Indicator.

7) 지역항법(aRrea NAVigation). 항행안전무선시설에서 발사하는 전파신호를 항공기 탑재 지역항법장비가 지속적으로 계산해내고, 이 과정에서 임의의 Way-point 또는 이미 저장된 Way-point를 찾아 각각의 Way-point들을 향하는 비행을 하는 방식을 말한다.

격서에 따라 ILS Offset 비행이 가능한 Happy Box[8) 방식에 의한 항공기를 공급하도록 요청받았다.

(6) 원고들은 2008. 8. 22.부터 2008. 9. 3.까지 미국 오클라호마주에 있는 윌로저스공항의 ARINC[9)통합센터에서 이 사건 항공기에 대한 제작사 시험검사를 하면서 원고들이 주장하는 방식에 따라 동일한 경로로 2회 시험비행을 하였지만 ILS 점검 측정치의 오차가 허용범위를 초과하였고, 그 결과 피고로부터 이 사건 항공기에 구매규격서가 요구하는 ILS Offset 비행기능이 없기 때문에 측정치의 오차가 허용범위를 초과하였다는 등의 사유로 불합격 통보를 받았다.

(7) 원고들은 2008. 10. 7. 시험비행 결과는 항공기의 FMS 배선 문제로 인한 것인데 이를 수리한 후 추가 시험비행을 성공적으로 실시하였다면서 이를 포함한 부적합사유의 해결방안을 제출하고, 2008. 10. 9. 피고와 협의 없이 임의로 이 사건 항공기를 국내로 들여오려고 하였다가 피고 측으로부터 인수 거절 및 계약 해지 예정 통보를 받았고, 2008. 10. 20. 구매규격서의 ILS Offset 기능을 만족하기 위한 구체적인 방안을 제출하겠다는 등 부적합사유들에 대한 이행계획서를 제출하였다.

원고들은 2008. 10. 28. 피고로부터 ILS Offset 기능에 관하여 구매규격서 요건에 적합한 구체적인 방법, 항공기와 비행검사장치간 통합작업을 위한 항공기 제작사와 하니웰사 간의 기술적 협의 결과, 구매규격서에 적합한 기능 구현과 자세한 시험비행 결과 등이 포함된 이행계획서의 제출을 요구받고, 2008. 11. 4. ILS Offset 기능에 관하여 이 사건 항공기의 FMS와 항법계산컴퓨터(Navigation Computer Unit) 조합을 이용하는 방안을 추진한 결과, 2008. 9. 마지막 주와 2008. 10. 두 번째 주에 시험비행에 성공하여 2008. 11. 말경까지 이 사건 항공기의 감항성 증명을 위하여

---

8) Happy Box 방식은 점검대상인 ILS 시설에서 송출된 실제 신호를 비행검사기의 자동비행조종장치에 연동시켜 비행검사기가 자동비행이 가능하도록 하는 장치로, Happy Box 방식을 이용하여 Offset 비행을 할 경우 실제 송출된 ILS 신호를 따라 비행검사기가 자동비행을 하면서 실제 송출된 ILS 신호를 AFIS가 수집하고, ILS 신호를 따라 비행한다고 하여 Coupled Flight 방식이라고도 한다.

9) Aeronautical Radio Inc., 미국의 항공운수업자 등에게 항공기의 안전과 정상 운항, 능률 제고에 필요한 통신을 제공하는 통신사업자.

변경사항에 대한 FAA의 부가형식증명(Supplemental Type Certificate)를 받겠다면서 납기 연장을 요청하였다.

(8) 이후에도 원고들은 제작사가 제시한 대안인 FMS를 이용한 ILS Offset 비행으로 구매규격서가 요구하는 ILS Offset 비행검사 목적을 달성할 수 있으므로 대안의 수용을 검토해달라고 요청하였으나, 피고로부터 FMS에서 ILS 신호를 받는 것은 항공기위치를 보정하기 위한 것이고 항공기 유도신호를 만들기 위한 것이 아니며, FMS를 이용한 Offset 비행은 FMS에 내장 또는 입력된 좌표(위도 및 경도)를 기준으로 하는 것으로서 실제 전파신호를 이용하는 것이 아니라는 이유로 수용 불가하다는 검토결과를 통보받았다. 이후 원고들은 대안의 수용 요청과 더불어 ILS Offset 기능 구현을 위한 이행계획서를 제출하였고, 2008. 12. 20. 피고에게 인도기일을 2009. 1. 30.까지로 연장해줄 것을 요청하여 연장을 허가받았다.

(9) 원고들은 2009. 1.경 보완작업이 이루어진 기술사항에 대한 부가형식증명 발급을 위한 시험비행을 실시한 후 부가형식증명을 받았고, 2009. 1. 30. 및 2009. 3. 2. 피고에게 원고들이 제작한 항공기가 사용한 RNAV 방식은 구매규격서가 원하는 방식인 Happy Box 방식과는 다르지만 비행방식의 차이에 불과하여 AFIS의 기능에는 차이가 없고, RNAV 방식은 국제적으로 공인된 방식으로 ICAO 및 FAA에서도 항로시설검사기능에 아무 문제가 없다는 회신을 하였으므로, RNAV 방식에 의한 이 사건 항공기를 인도받을 것을 요청하였으나, 피고로부터 인수를 거절당함과 동시에 규격서의 성능요건에 적합한 ILS Offset 기능이 있는 제품을 납품할 것을 요청받았다.

(10) 피고는 원고 X에게 수차례에 걸쳐 납품 기한을 연장하면서 규격서의 성능요건에 적합한 제품의 납품을 요청하였으나 그 이행이 이루어지지 않자 2009. 2. 25. 더 이상 기한을 연장할 수 없다는 통지를 하고, 2009. 3. 31. 이 사건 항공기가 ILS Offset 비행기능을 충족하지 못하였음을 이유로 이 사건 계약을 해제한다는 내용의 통지를 하였다.

Ⅱ. 참조 조문

1. 민 법

제667조(수급인의 담보책임) ① 완성된 목적물 또는 완성전의 성취된 부분에 하자가 있는 때에는 도급인은 수급인에 대하여 상당한 기간을 정하여 그 하자의 보수를 청구할 수 있다. 그러나 하자가 중요하지 아니한 경우에 그 보수에 과다한 비용을 요할 때에는 그러하지 아니하다.

② 도급인은 하자의 보수에 갈음하여 또는 보수와 함께 손해배상을 청구할 수 있다.

③ 전항의 경우에는 제536조의 규정을 준용한다.

제668조(동전-도급인의 해제권) 도급인이 완성된 목적물의 하자로 인하여 계약의 목적을 달성할 수 없는 때에는 계약을 해제할 수 있다. 그러나 건물 기타 토지의 공작물에 대하여는 그러하지 아니하다.

Ⅲ. 판시사항

(1) 당사자의 일방이 상대방의 주문에 따라 자기 소유의 재료를 사용하여 만든 물건을 공급하기로 하고 상대방이 대가를 지급하기로 약정하는 제작물공급계약은 그 제작의 측면에서는 도급의 성질이 있고 공급의 측면에서는 매매의 성질이 있어 대체로 매매와 도급의 성질을 함께 가지고 있으므로, 그 적용 법률은 계약에 의하여 제작 공급하여야 할 물건이 대체물인 경우에는 매매에 관한 규정이 적용되지만, 물건이 특정의 주문자의 수요를 만족시키기 위한 부대체물인 경우에는 당해 물건의 공급과 함께 그 제작이 계약의 주목적이 되어 도급의 성질을 띠게 된다. 또한 도급계약에 있어 일의 완성에 관한 주장·증명책임은 일의 결과에 대한 보수의 지급을 청구하는 수급인에게 있고, 제작물공급계약에서 일이 완성되었다고 하려면 당초 예정된 최후의 공정까지 일단 종료하였다는 점만으로는 부족하고 목적물의 주요구조 부분이 약정된 대로 시공되어 사회통념상 일반적

으로 요구되는 성능을 갖추고 있어야 한다.

(2) 이 사건 계약의 내용에 비추어 볼 때, 이 사건 계약의 목적물인 이 사건 항공기는 부대체물에 해당하므로 이 사건 계약은 도급의 성질을 가지고, 따라서 이 사건 계약에서 일이 완성되었다고 하려면 이 사건 항공기의 주요구조 부분이 약정된 대로 제작되어 사회통념상 일반적으로 요구되는 성능을 갖추고 있어야 한다.

Ⅳ. 해 설

1. 당사자의 주장

가. 원고 X의 주장

구매규격서에서 ILS Offset 비행이 가능한 Happy Box 방식에 의한 항공기를 납품하도록 규정하고 있으나, RNAV 방식에 의한 이 사건 항공기도 구매규격서에서 정한 방식과 마찬가지로 비행검사목적을 달성할 수 있으므로, 피고의 이 사건 계약해제는 부적법하고, 따라서 피고는 원고 X에게 계약상 잔대금 미화 4,698,463.14달러 중 일부인 10억 원 및 이에 대한 지연손해금을 지급할 의무가 있다.

나. 피고의 주장

구매규격서에서 ILS Offset 비행이 가능한 Happy Box 방식에 의한 항공기를 공급하도록 규정하고 있는바, 원고 X가 공급하려고 하는 이 사건 항공기는 ILS Offset 비행을 할 수 없고, 피고가 원고 X의 요청에 따라 ILS Offset 비행이 가능한 항공기를 공급할 수 있도록 수차례 인도기일을 연기해 주었음에도 이를 이행하지 못하였으므로, 피고의 이 사건 계약해제는 적법하다.

2. 재판의 경과

가. 제1심

제1심[10]은, 비록 RNAV 방식에 의하여도 ILS 지상신호의 검사가 가능하다고 하더라도 원고 X가 주장하는 방식으로 제작된 이 사건 항공기는 구매규격서에서 요구한 ILS Offset 비행기능을 갖추지 못하여 피고가 구매규격서에서 요구한 목적을 달성할 수 없으므로, 이를 이유로 한 피고의 계약해제는 적법하다고 보아 원고 X의 청구를 기각하였다.[11]

나. 항소심

항소심은, 이 사건 계약의 목적물인 이 사건 항공기는 부대체물(不代替物)에 해당하므로 이 사건 계약은 도급의 성질을 가지고, 따라서 이 사건 계약에서 일이 완성되었다고 하려면 이 사건 항공기의 주요구조 부분이 약정된 대로 제작되어 사회통념상 일반적으로 요구되는 성능을 갖추고 있어야 한다는 이유를 추가하여, 원고 X의 항소를 기각하였다.[12]

3. 문제의 소재

가. 경제재의 획득과 계약의 유형

사람이 경제재를 획득하는 방식은 여러 가지가 있다. 먼저 물건을 취득·이용하는 방식으로는 매매, 증여, 소비대차, 임대차, 사용대차 등이 있고, 용역 즉 타인의 노력을 이용하는 방식으로는 고용, 도급, 위임 등이 있다. 특허권, 저작권 등 지식재산권을 취득·이용하는 방식으로는 지식재산권의 양수, 전용실시권 등 이용권의 취득, 영업양수 또는 합병을 통한

---

10) 서울중앙지방법원 2010. 12. 17. 선고 2009가합32275 판결.
11) 제1심은, 원고 Y는 계약당사자가 아니라는 이유로 원고 Y의 청구를 기각하였는바, Y의 청구에 대한 판단은 이 사건의 평석과는 무관하므로, 원고 X의 청구에 관하여만 살펴보기로 한다.
12) 원고 X가 상고를 제기하지 아니하여 확정되었다. 원고 Y는 제1심 판결에 대하여 항소를 제기하였으나 항소심은 원고 Y의 항소를 기각하였고, Y만 항소심 판결에 대하여 상고를 제기하였으나, 대법원은 Y의 상고를 기각하였다(대법원 2012. 1. 27. 선고 2011다93001 판결).

포괄적 이전 등이 있다.

수요자 입장에서는 새로운 기술이 필요한 것인지, 기술이 구현된 물건이 필요한 것인지, 기술을 구현할 수 있는 전문가가 필요한 것인지, 기술 이외에 영업권까지 필요한 것인지 여부를 판단하여 적절한 계약형식을 선택하여야 한다.

타인의 노동력을 사용하여 필요한 물품을 공급받는 방식은 고대 노무 도급제, 중세 부역노동 또는 장인에 의한 도급제를 거쳐 근대 공장제 생산에 따른 매매제로 전환되었다. 그러나 기술의 발전속도가 빨라지고, 새로운 제품에 대한 수요가 증대하는 상황에서는 대량생산에 따른 기성제품의 매매제도로는 한계가 있다. 최근 들어 특수한 수요에 대응하기 위한 제작물공급계약이 점차 증가하는 것도 소비자의 수요가 다양화함에 따른 자연적인 현상이다. 이외에도 첨단기술을 적용한 시제품이나 수요가 한정된 특수목적 제품의 제작물공급계약이 증가하고 있다.

항공우주분야에서도 이 사건에서 문제된 특수 목적 항공기 이외에도 시제기(試製機), 무인비행장치,[13] 우주발사체 등 다양한 형태의 제작물공급계약이 증가하고 있다. 도급인의 입장에서는 거액의 비용을 지출하여 제작물을 공급받기로 예정되어 있었는데, 제품의 품질과 성능의 기준을 제시하는 구매규격서가 부실하거나 성능미달여부를 판단할 만한 능력이 부족한 경우에는 목적 달성 불능 이외에도 막대한 시간과 비용을 소모하게 된다. 수급인으로서도 계약 목적 달성에 필요한 성능과 품질을 갖춘 제작물을 공급할 능력이 없음에도 불구하고 무리하게 계약을 체결하게 되면, 일의 미완성에 따른 매몰비용과 계약해제에 따른 손해배상을 감수하여야 하므로 막대한 손해가 발생한다.

---

13) 일상에서는 Drone이라는 용어를 많이 사용하고 있으나, 항공안전법 시행규칙 제5조 제5호는 '무인비행장치'라는 용어를, 국제민간항공기구(International Civil Aviation Organization, ICAO)에서는 무인항공기시스템(unmanned aircraft systems, UAS)이라는 용어나[ICAO Cir 328, Unmanned Aircraft Systems(UAS), 2011, 1면], 원격조종항공기(remotely piloted aircraft, RPA)라는 용어를 사용하고 있다. 이외에도 무인비행장치(unmanned aerial vehicle, UAV), 무인항공기(unmanned aircraft, UA)라는 용어를 사용하기도 한다[안진영, "세계의 민간 무인항공기시스템(UAS) 관련 규제 현황", 항공우주산업기술동향 제13권 제1호(2015. 7.), 53~54면].

나. 이 사건 계약의 법적 성질의 중요성

이 사건 계약은 국가를 당사자로 하는 계약에 해당하는데, 판례는 국가를 당사자로 하는 계약은 그 본질적인 내용이 사인 간의 계약과 다를 바가 없으므로 그 법령에 특별한 규정이 있는 경우를 제외하고는 사법의 규정 내지 법원리가 그대로 적용된다는 입장을 취하고 있다.14)

대상사안에서 국가는 비행기 착륙을 유도하기 위하여 지상에서 발사된 신호가 올바르게 형성되는지 등을 검사하는데 사용할 비행점검항공기 및 자동비행점검시스템을 X로부터 공급15)받기 위하여 계약을 체결하였으나, X가 제공한 항공기는 구매규격서상 성능요건을 충족하지 못하였기 때문에 이를 이유로 계약을 해제한 것이 정당한지 여부가 문제되었다.

이를 검토하기 위해서는 먼저 특수한 목적을 달성하기 위한 항공기 공급계약의 법적 성질에 관한 논의가 필요하다. 우리 민법상으로 매매와 도급의 법률효과에 많은 차이가 있기 때문에 이는 매우 중요한 문제이다. 다음으로 계약목적을 달성할 수 없는 항공기를 공급한 경우 피고는 이를 이유로 계약을 해제할 수 있는지 살펴보아야 한다.

4. 제작물공급계약

가. 의 의

제작물공급계약(製作物供給契約, Werklieferungsvertrag)이란 당사자의 일방이 상대방의 주문에 따라 자기 소유의 재료를 사용하여 만든 물건을

---

14) 대법원 2012. 12. 27. 선고 2012다15695 판결. 또한 판례에 의하면, 국가가 사인과 계약을 체결할 때에는 국가계약법령에 따른 계약서를 따로 작성하는 등 요건과 절차를 이행하여야 하고, 설령 국가와 사인 사이에 계약이 체결되었더라도 이러한 법령상 요건과 절차를 거치지 아니한 계약은 효력이 없다고 한다(대법원 2015. 1. 15. 선고 2013다 215133 판결).

15) 민사법학에서는 '제조물공급계약'이라는 용어를 주로 사용하고 있다. 항공기제조사업법은 1961. 12. 23. 법률 제866호로 제정되어 1962. 1. 20.부터 시행되었다가, 1978. 12. 5. 법률 제3124호로 시행된 항공공업진흥법 부칙 제2항에 의하여 폐지되었다. 항공우주산업개발 촉진법 제2조 제1호에서는 "항공기를 생산(제조·가공·조립·재생·개조 또는 수리하는 것을 포함하되 항공안전법 제2조 제1호에 따른 항공기의 정비·수리·개조 등 항공기사용자가 그 운항 상의 필요로 행하는 작업을 제외한다)하는 사업"이라는 용어를 사용하고 있다.

공급할 것을 약정하고 이에 대하여 상대방이 대가를 지급하기로 약정하는 계약을 말한다.[16] 한편 대체물의 제작공급계약을 주문판매계약(注文販賣契約, Lieferungskauf)이라고 하면서 제작물공급계약에서 제외하는 견해도 있다.[17] 제작물공급계약은 주문자가 공급자에게 제조 자체에 대해서가 아니라 제조물이 '공급'되는 데 대하여 대가를 지급할 의무를 지는 점에서 전형적 도급계약과 다른데, 여기서 '공급'이란 기본적으로 인도 및 소유권 이전하는 것을 의미하는 것이 일반적이다.[18] 다만 공급자가 제작물을 주문자측의 장소에 설치하고 시운전까지 하는 급부의무까지 지는 경우에는 설치 및 시운전까지 완료되었을 때 '공급'되었다고 한다. 그리고 제작물공급계약은 주문자의 지시가 있으면 이에 따르면서 물품을 제작할 의무를 내포한다는 점에서 전형적 매매계약과 다른 점이 있다. 그러나 제작물공급계약에서는 공급자가 자신이 이미 제작하여 보유하고 있는 물건 중에서 공급하든 자신의 부담으로 조달한 재료로 새로 제작하여 공급하든 상관없는 것이 일반적이다.[19]

판례[20]는 "당사자의 일방이 상대방의 주문에 따라 자기 소유의 재료를 사용하여 만든 물건을 공급하기로 하고 상대방이 대가를 지급하기로 약정하는 제작물공급계약은 그 제작의 측면에서는 도급의 성질이 있고 공급의 측면에서는 매매의 성질이 있어 대체로 매매와 도급의 성질을 함께 가지고 있으므로, 그 적용 법률은 계약에 의하여 제작 공급하여야 할 물건이 대체물(代替物)인 경우에는 매매에 관한 규정이 적용되지만, 물건이 특정의 주문자의 수요를 만족시키기 위한 부대체물(不代替物)인 경우에는 당해

---

16) 대법원 2006. 10. 13. 선고 2004다21862 판결, 대법원 2010. 11. 25. 선고 2010다 56685 판결.

17) 김형배·김규완·김명숙, 민법학강의(이론·판례·사례)(제11판), 신조사(2012), 1485면.

18) 장준혁, "동산의 제작물공급계약의 성질결정", 민사판례연구 제35권(2013. 2.), 446면.

19) 제작물공급계약 가운데에는 건물을 목적물로 하는 것도 있으나, 건물 제작물공급계약은 동산 제작물공급계약과는 다른 속성을 가지고 있다. 건물의 제작물공급계약은 항상 도급계약이라는 견해[김증한·안이준, 신채권각론(하)(제3판), 박영사(1968), 451면], 아파트 분양계약을 "대체물의 주문판매"로서 매매에 해당한다는 견해[이은영, 채권각론(제4판), 박영사(2004), 511면] 등이 있다.

20) 대법원 1996. 6. 28. 선고 94다42976 판결, 대법원 2006. 10. 13. 선고 2004다21862 판결, 대법원 2010. 11. 25. 선고 2010다56685 판결.

물건의 공급과 함께 그 제작이 계약의 주목적이 되어 도급의 성질을 띠게 된다"는 입장을 취하고 있다.

나. 매매와 도급의 구별 실익

제작물공급계약을 매매와 도급 중 어느 쪽으로 취급하느냐는 주로 계약위반(하자담보책임 및 일반채무불이행책임)의 요건 및 효과와 관련하여 논의의 실익이 있다.

(1) 주문자의 책임을 이유로 하는 하자담보책임의 소극적 요건

민법은 주문자에게 하자의 존재 내지 발생에 책임이 있는 경우에 하자담보책임의 성립을 부정한다. 그런데 어떤 제작물공급계약이 매매와 도급 중 어느 쪽으로 성질이 결정되는지에 따라, 주문자의 책임을 이유로 하는 하자담보책임의 소극적 요건이 달라진다.

매매계약의 경우에는 매매계약 체결 시에 "매수인이 하자있는 것을 알았거나 과실로 인하여 이를 알지 못한" 경우에는 매도인의 하자담보책임이 부정된다(민법 제580조 제1항). 어떤 제작물공급계약이 매매계약으로 취급된다면 향후 제조될 물건에 하자가 있을 수밖에 없거나 하자가 발생할 가능성이 높음을 매수인이 알았거나 과실로 알지 못한 경우에는 민법 제580조 제1항에 의하여 매도인은 하자담보책임을 지지 않게 된다.

도급계약의 경우에는 목적물상의 물건상 하자가 "도급인이 제공한 재료의 성질 또는 도급인의 지시에 기인"하는 경우에는 수급인의 하자담보책임이 부정되는 것이 원칙이고(민법 제669조 제1항), 다만 "수급인이 그 재료 또는 지시의 부적당함을 알고 도급인에게 고지하지 아니한 때"에는 도급인은 여전히 하자담보책임을 질 수 있다(제2항).

(2) 공급자의 지시의 부적절함에 대한 주문자의 고지의무

도급계약에서 수급인은 작업의 방법·완성물의 모습 등에 관한 도급인의 지시에 따라야 하지만, 수급인은 도급인의 지시가 부적절함을 알았거나 알 수 있었던 경우에는 이를 도급인에게 고지하여야 한다. 수급인이 이를 게을리한 경우에는 민법 제669조 제1항의 면책을 원용할 수 없다(제 2항). 수급인은 전문가로서 일을 완성시켜야 하는 자이기 때문이다. 제작 물공급계약이 매매로 성질이 결정되는 경우에도 이러한 고지의무가 신의 성실의 원칙에 기하여 인정될 여지는 있지만 항상 당연히 인정되는 것은 아니다.

(3) 공급자의 하자보수의무와 하자보수권의 인정 여부

제작물공급인의 하자담보책임의 내용으로서 주문자가 하자보수청구권 을 가지는지, 공급자가 하자보수권을 가지는지 문제된다. 그런데 민법은 매매와 도급에서 하자담보책임의 효과를 달리 규정하고 있다. 도급인의 하자보수청구권은 민법 제667조 제1항 본문에 명문으로 규정되어 있다. 도급계약에서 하자가 중요하지 않고 그 보수에 과다한 비용을 요하는 경 우에는 하자보수청구권이 인정되지 않지만(민법 제667조 제1항 단서), 제작 물공급계약으로서 도급으로 성질이 결정되면 수급인은 '일의 완성'만이 아 니라 완성도 있는 물건을 제작공급할 의무를 지는 것이므로, 제667조 제1 항 단서의 원용이 쉽지는 않다. 또한 도급계약의 경우 민법에 규정이 없 음에도 불구하고 수급인의 추완권 내지 하자보수권을 인정하는 견해가 있 다.[21]

(4) 대금감액청구권의 인정 여부

매도인의 하자담보책임의 내용으로 인정되는 손해배상청구권은 이미 대금감액적 의미의 손해배상청구권이다. 즉 민법 제580조, 제581조에서는 물건의 하자가 존재하는 만큼 이미 손해가 발생한 것으로 인정된다. 도급 의 경우에는 가치의 비율로써 수급인의 보수를 감액시키는 보수감액청구 권의 인정 여부가 문제되는데, 보수에 갈음하는 손해배상청구(제667조 제2 항 전단)의 한 내용으로서 도급인의 보수감액청구권을 인정하는 것이 보통 이다.

온수생산시스템 설치계약에 관한 시방서 제1조 "히트펌프는 버려지는

---

21) 장준혁, 453면.

폐수의 열원을 흡수하여 65~75℃의 온수를 생산하여 온수탱크에 온수를 공급하게 시공하는 조건이다"라는 부분은 설치계약으로 달성하려는 본질적인 성능에 관한 것으로서 설치계약의 내용으로 볼 수 있는데, 온수탱크를 통하여 여관 난방용으로 공급되는 온수가 42℃에 불과하여 이 사건 온수생산시스템은 위 설치계약에서 약정한 성능을 갖추지 못하였고 이를 이유로 피고(도급인)가 2012. 3. 6.경 설치계약을 해제하였으나, 온수생산시스템이 80% 정도의 성능은 유지하고 있고 이는 피고에게도 상당한 이익이 되므로, 원고(수급인)는 기성고율에 상응하는 80% 부분에 대하여는 공사대금을 청구할 수 있다고 판시한 사례가 있다.[22]

그러나 계약에 의하여 달성하고자 하는 목적이 정량적(定量的)인 것이 아니라 정성적(定性的)인 것이라면, 이와 같은 감액청구권은 인정될 여지가 없다.

(5) 도급인의 해제권의 소급효 제한

판례는 건축도급계약에서 '일의 미완성'을 이유로 한 도급인의 해제에도 불구하고 기성부분에 대해서는 도급계약이 실효되지 않고 기성부분에 상응하는 보수를 지급할 의무가 남는다고 한다.[23] 또한 판례는 소프트웨어 개발·공급계약에 대해서도 수급인이 도급인에게 이미 소프트웨어를 공급하여 설치되어 있고 소프트웨어의 완성도가 87.87%에 달하여 약간의 보완만을 요하는 점, 그럼에도 불구하고 도급인이 수급인의 수정·보완제의를 거절하고 계약해제의 통지를 한 점을 고려요소로 들어, 계약관계의 비소급적 해소만을 인정하였다.[24]

그러나 판례는 제작물공급계약의 모든 형태에 대하여 해제효과 제한법리를 확대적용하지는 않고 있는데, 제작부터 공장 내 설치와 시운전까지 포함하여 주문된 기계(압력여과기)의 제작공급계약이 문제된 사안에서, 대법원은 "제작·설치에 관한 도급계약이 체결된 기계가 공장 내에 설치하는

---

22) 대법원 2015. 7. 9. 선고 2015다15672 판결.
23) 대법원 1992. 12. 22. 선고 92다30160 판결.
24) 대법원 1996. 7. 30. 선고 95다7932 판결.

통상의 기계로서 쉽게 분해하여 재조립할 수 있다면, 토지에 고정적으로 부착하여 용이하게 이동할 수 없는 토지의 정착물이라고 볼 수 없고, 계약해제로 인한 원상회복을 인정한다고 하여 사회·경제적으로 중대한 손실을 초래한다고 볼 수도 없으므로, 그 도급계약에는 민법 제668조 단서가 적용되지 않는다"고 판시하였다.[25]

또한 설계시공일괄입찰 방식의 자동화설비 도급계약에서 도급인의 중도금 지급채무가 일시 이행지체의 상태에 빠졌다 하더라도, 당해 자동화설비에 중대한 하자가 있어 시운전 성공 여부가 불투명하게 된 때에는 도급인으로서는 자신의 대금지급의무와 대가관계에 있는 시운전 성공 시까지는 중도금지급의무의 이행을 거부할 수 있고, 그 하자가 중대하고 보수가 불가능하거나 보수가 가능하더라도 장기간을 요하여 계약의 본래의 목적을 달성할 수 없는 경우에는 중도금채무의 이행을 제공하지 않고 바로 계약을 해제할 수 있으며, 그 계약해제가 신의칙에 반하지 아니한다고 한다.[26]

(6) 공급자의 하자담보책임의 제척기간

도급인은 수급인의 하자담보책임에 기하여 하자보수청구권(민법 제667조 제1항 본문), 손해배상청구권(제667조 제2항 본문), 해제권(제668조 본문), 감액권을 가지는데, 그 구제방법은 인도 후(또는 일의 종료 후) 1년 내에 행사하도록 정하여져 있다(제670조). 이는 제척기간이지만 출소기한이 아니라 재판상 또는 재판외의 권리행사기간에 불과하다는 것이 판례이다.[27]

이와 달리, 매수인은 매도인의 하자담보책임에 기하여 손해배상청구권과 해제권을 가지고, 종류물매매의 경우에는 완전물청구권도 가진다(민법 제581조 제2항).[28] 이는 모두 물건상 하자를 안 날로부터 6개월의 기한에

---

25) 대법원 1994. 12. 22. 선고 93다60632 판결.
26) 대법원 1996. 8. 23. 선고 96다16650 판결.
27) 대법원 2011. 4. 14. 선고 2009다82060 판결.
28) 종류물의 하자로 인한 완전물 급부청구권 행사에 대한 제약은 목적물의 하자가 경미하여 계약의 목적을 달성하는 데 별반 지장이 없고 손해배상이나 하자보수를 통하여 능히 적은 비용으로 매수인에 대한 권리구제의 수단이 마련될 수 있을 것임에도, 완전물 급부의무의 부담을 매도인에게 부과한 결과 매도인이 입게 될 불이익이 지나치게 크고 가

걸린다(제582조). 그런데 판례는 이를 제척기간으로 보면서 재판상 또는 재판외 권리행사기간으로 본다.[29]

판례는, 기계의 제작공급계약이 기계를 주문자의 공장 내에 설치하고 일정기간 동안 시운전을 하여 성능검사를 끝내는 것까지 계약내용으로 되어 있고 그것까지 끝내야 잔대금을 지급받기로 하는 경우에는, 제670조 제1항의 제척기간의 기산점은 기계를 '설치한 날'이 아니라 '시운전까지 하여 성능검사가 끝난 날'이라고 한다.[30]

(7) 상법 제69조의 적용 여부

상인 간의 제작물공급계약에서는 이것을 매매와 도급 중 어느 쪽으로 취급하느냐에 따라 상법 제69조 제1항의 적용 여부가 달라질 수 있다. 상인 간의 매매에서 매수인은 인도를 받은 후 지체 없이 물건을 검사하여야 하고 이때 발견된 하자를 즉시 통지하여야 하며, "즉시 발견할 수 없는 하자"의 경우에는 인도 후 6개월 내에 하자를 통지할 의무를 진다(상법 제69조). 상법에는 민법 제567조와 같은 규정이 없음에도 불구하고 상사매매에 관한 규정이 기타 상사계약에 유추 적용될 수 있는지 문제되는데, 판례는 이러한 유추적용을 부정한다.[31] 따라서 판례에 따르면, 매매로 성질이 결정되는 제작물공급계약에는 상법 제69조 제1항이 적용되지만, 도급으로 성질이 결정되는 제작물공급계약에는 상법 제69조 제1항이 유추적용되지 않는다.

(8) 대금지급의무의 이행기 도래

매수인은 목적물의 인도와 상환으로 대금을 지급하여야 한다(민법 제568조 제2항). 그러므로 어떤 제작물공급계약이 매매로 취급된다면 목적물이 미세한 품질·성능상 미흡한 점이 있더라도 대금채무는 구체적으로 발

혹하여 이러한 완전물 급부청구권의 행사가 신의칙에 반하여 권리남용에 이르게 될 특별한 사정이 있는 경우에 한하여 이를 인정할 수 있다. 서울고등법원 2012. 7. 24. 선고 2011나47796 판결.

29) 대법원 2003. 6. 27. 선고 2003다20190 판결.
30) 대법원 1994. 12. 22. 선고 93다60632 판결.
31) 대법원 1995. 7. 14. 선고 94다38342 판결.

생하여 그 이행기가 도래하고 주문자는 인도와 상환으로 대금을 지급하여야 한다. 도급인은 완성물의 인도와 동시에 또는 일의 완성 후 지체 없이 보수를 지급하여야 한다(제665조 제1항). 그러므로 어떤 제작물공급계약이 도급에 해당한다면 주문자는 '일의 미완성'을 주장하면서 대금지급의무가 아직 발생하지 않고 있다고 주장할 수 있다. 공사가 도중에 중단되어 예정된 최후의 공정을 종료하지 못한 경우에는 공사가 미완성된 것으로 보지만, 공사가 당초 예정된 최후의 공정까지 일응 종료되고 그 주요 구조 부분이 약정된 대로 시공되어 사회통념상 일이 완성되었고 다만 그것이 불완전하여 보수를 하여야 할 경우에는 공사가 완성되었으나 목적물에 하자가 있는 것에 지나지 아니한다고 해석함이 상당하고, 예정된 최후의 공정을 종료하였는지 여부는 수급인의 주장이나 도급인이 실시하는 준공검사 여부에 구애됨이 없이 당해 공사 도급계약의 구체적 내용과 신의성실의 원칙에 비추어 객관적으로 판단할 수밖에 없다.[32]

(9) 주문자의 임의해제권 인정 여부

도급인은 제673조의 임의해제권을 가지지만, 매수인은 이를 가지지 않는다. 제673조의 해제권 행사시 도급인이 배상하여야 하는 손해는 상당인과관계 있는, 제393조가 인정하는 범위 내의 모든 손해이다. 다만 계약해제로 인하여 지출을 면한 비용 등의 손익상계가 인정된다.

(10) 단기소멸시효의 적용 여부

도급받은 자의 공사에 관한 채권은 3년의 단기소멸시효에 걸린다(민법 제163조 제3호). 그러므로 쌍무계약인 도급계약에서 발생하는 도급인의 채권(계약의 본지에 따른 채권만이 아니라 그 채권의 침해에 따른 손해배상청구권 등)은 시효소멸하지 않고 있으면서 수급인의 채권만 먼저 시효소멸하는 결과를 가져올 수 있다.

---

32) 대법원 2012. 4. 13. 선고 2011다104482 판결.

(11) 소유권유보약정의 가부

제작물공급계약이 매매로 성질이 결정되는 경우에는 제작물공급계약에 부수된 약정으로 소유권유보약정을 하는 것이 가능하다. 이 약정은 부합을 방지하는 권원(민법 제256조 제1항 단서)으로서 작용할 수 있다.

승강기를 제작하여 설치·시운전까지 하는 내용의 제작물공급계약에서 공급자가 소유권유보약정이 있었다는 주장을 하였는데, 대법원은 그 제작물공급계약은 부대체물을 목적물로 하는 것이므로 도급에 해당하고, 설치 및 시운전까지 계약내용에 포함된 것으로 보면 되는 것이지, 이를 굳이 혼합계약이라 하면서 제작물공급계약 내에 소유권유보약정에 따라 공급자에게 승강기의 소유권이 여전히 있다고 할 것은 아니라고 보았다.[33]

다. 이 사건 계약의 성질 결정

이 사건 계약의 목적물인 비행점검용 항공기 및 자동비행점검시스템은 부대체물에 해당하므로, 이 사건 계약은 대체가 어렵거나 불가능한 제작물의 공급을 목적으로 하는 계약으로서 도급의 성질을 띠고 있다.

5. 일의 완성과 하자

가. 의 의

보수는 그 완성된 목적물의 인도와 동시에 지급하여야 하고(민법 제665조 제1항), 완성된 목적물 또는 완성 전의 성취된 부분에 하자가 있는 때에는 도급인은 수급인에 대하여 상당한 기간을 정하여 그 하자의 보수를 청구할 수 있으며(제667조 제1항), 완성된 목적물의 하자로 인하여 계약목적을 달성할 수 없을 때에는 계약을 해제할 수 있다(제668조). 그러므로 일이 완성되었는지 여부,[34] 하자가 있는지 여부 및 계약목적을 달성할 수

---

33) 대법원 2010. 11. 25. 선고 2010다56685 판결.
34) 민법 제664조의 '일의 완성'이라는 표현 대신, '약정한 내용대로 일을 완수', '약정한 내용대로 일을 수행', '약정한 내용대로 일을 할' 등으로 개정하여야 한다는 견해로는 박수곤, "도급계약의 현대화를 위한 법정책적 과제", 법과 정책연구 제12집 제4호(2012. 12.), 1759면.

없는 중대한 하자인지 여부는 당사자의 권리·의무 확정에 중요한 의미가 있다.

나. 일의 완성

(1) 판단기준

보통의 경우 당해 도급계약상 예정된 최후의 공정까지 일응 종료하고 주요 부분이 완성된 경우에는 특별한 사정이 없는 한 그 목적물이 완성되었다고 보고 목적물의 하자나 잔여 마무리 작업 부분 등은 하자보수청구 등 하자담보책임에 관한 민법의 규정에 따라서 처리하도록 하는 것이 당사자의 의사 및 법률의 취지에 부합하는 해석이고, 이 때 예정된 최후의 공정이 일응 종료하였는지 여부는 당사자의 주장에 구애됨이 없이 당해 도급계약의 구체적 내용과 신의성실의 원칙에 비추어 객관적으로 판단하여야 한다.[35]

(2) 증명책임

도급계약에서 일의 완성에 관한 주장·증명책임은 일의 결과에 대한 보수의 지급을 청구하는 수급인에게 있고, 제작물공급계약에서 일이 완성되었다고 하려면 당초 예정된 최후의 공정까지 일단 종료하였다는 점만으로는 부족하고 목적물의 주요구조 부분이 약정된 대로 시공되어 사회통념상 일반적으로 요구되는 성능을 갖추고 있어야 한다.[36]

(3) 대상사안의 검토

따라서 이 사건 계약에서 일이 완성되었다고 하려면 이 사건 항공기의 주요구조 부분이 약정된 대로 제작되어 사회통념상 일반적으로 요구되는 성능을 갖추고 있다는 점을 수급인인 원고가 증명하여야 한다.

---

35) 대법원 2004. 9. 23. 선고 2004다29217 판결, 대법원 2012. 4. 13. 선고 2011다104482 판결.
36) 대법원 2006. 10. 13. 선고 2004다21862 판결.

다. 하 자

(1) 독일법에서 하자의 개념[37]

매매계약에서는 독일 민법(Bürgerliches Gesetzbuch , 'BGB') 제434조에
서 하자의 개념을 정의하고, 도급계약에서는 민법 제633조 제2항에서 하
자개념을 정의하고 있는데, 물건하자(Sachmangel)의 개념에 관해서는 매
매계약(§434 BGB)과 도급계약(§633 Abs.2 BGB)에서 거의 유사하게 하자
개념을 규정하고 있다.

(가) 위험이전 시에 물건이 합의된 성상(vereinbarte Beschaffenheit)을
갖추고 있으면 물건하자가 없다(§434 Abs.1 S.1 BGB)고 하여 주관적 하자
개념을 우선시하고 있고, 도급계약에서도 일이 합의된 성상을 갖추면 그
에는 물건하자가 없다(§633 Abs. 2 S.1 BGB)고 규정하고 있다. 이는 인도
받은 물건의 현재의 성상(Ist‐Beschaffenhelt)과 계약적으로 합의된 성상
(Soll‐Beschaffenhelt)과의 사이에서 매수인에게 불리한 상이(相異, un‐
gunstige Abweichung)가 하자라는 기존의 통설적 견해를 받아들인 것이
다.[38]

(나) 하자판단의 기준으로서, 계약당사자가 물건의 성상에 대해서 특별
히 합의하지 않은 경우, 물건이 계약에서 전제가 된 용도(nach dem
Vertrag vorausgesetzte Verwendung)에 적합하다면 하자는 없다(§434
Abs.1 Nr.1 BGB). 도급계약에서도 일이 계약에서 전제가 된 용도에 적합
한 경우 하자가 없다(§633 Abs.2 Nr.1 BGB)고 규정하고 있다.

(다) 하자판단의 기준으로서, 매매물건의 성상에 관하여 당사자의 합의
도 없고 또한 그 전제된 용도도 없는 경우에는, 물건이 통상의 용도
(gewohnliche Verwendung)에 적당하고 동종의 물건에 통상적(ublich)이고
매수인이 물건 종류에 따라 기대할 수 있는 성상(Beschaffenheit)을 갖춘

---

37) München Kommentar Bürgerliches Gesetzbuch Schuldrecht Besonderer Teil Ⅱ, 5.
   Auflage, C.H. Beck, 2009, S.1654~1662; 전경운, "독일법상 매매와 도급에서의 하자
   담보책임과 기술적 표준", 비교사법 제17권 제1호(2010. 3.), 161~167면.
38) 전경운, 162면.

경우에는 하자가 없다(§434 Abs.1 Nr.2 BGB)고 하여, 객관적 하자개념을 규정하고 있다. 도급계약에서도, 일이 통상의 용도에 적합하고 동종의 일에 통상적이고 도급인이 일의 종류에 따라 기대할 수 있는 성상을 갖춘 경우에는 하자가 없다(§633 Abs.2 Nr.2 BGB)고 하여 매매계약과 동일하게 규정하고 있다.

(라) 객관적 하자개념에 의한 물건하자는, 물건이 '통상적 용도'에 적당하지 않거나 동종의 물건에서 통상적이고 매수인이 물건의 종류에 따라 기대할 수 있는 성상을 갖추지 못하면 하자 있는 물건이다. 이 때 무엇이 통상의 용도와 통상의 성상으로 기대될 수 있는지는 거래관념에 의하여 정해지며, 평균적 매수인의 기대가 고려될 수 있다.

(마) 도급계약에서 수급인이 도급받은 일과 다른 일을 완성하거나 일을 과소하게 완성한 경우에는 물건하자와 동일하다(§633 Abs. 2 Nr. 2 S. 2 BGB)고 하여, 다른 물건의 인도와 양적으로 과소인도(Aliud - und Zuweniglieferung)도 물건하자로 규정하고 있다.

(2) 무하자 성상의 척도로서 기술적 표준[39]

(가) 독일표준화연구소(Deutsches Institut fur Normung)의 표준에 대한 개념정의를 보면, "표준은 계획적으로 국가적·지역적 그리고 국제적으로 관심있는 분야에 대하여 공공의 이용을 위하여 물질적·비물질적인 대상에 대하여 공동적으로 행하여진 통일화를 위한 표준화 작업의 결과이다."라고 하고 있다. 유럽경제위원회(Economic Commission for Europe)에서도 기술적 표준은 "학문, 기술, 실무적으로 인정되는 결과에 근거하여 모든 이해관계집단의 공동작업과 합의 및 일반적인 동의 아래 공공사회가 사용할 수 있는 기술적 상술 또는 그 외의 자료로서, 공공의 최대한의 이용을 추구하고 국가적·지역적 또는 국제적으로 승인된 기구에 의하여 동의된 기술적 상세(技術的 詳述, technische Spezifikation) 또는 그 외의 자료를 말한다"고 정의하고 있다.

---

39) München Kommentar Bürgerliches Gesetzbuch Schuldrecht Besonderer Teil Ⅱ, 5. Auflage, S.1658-1659.

(나) 기술적 표준(technische Normen)은 매매계약과 도급계약에서 독일 민법 제434조와 제633조상 물건하자와 관련하여 '계약적으로 합의된 성상'(§434 Abs.1 Nr. 1 BGB)에서 뿐만 아니라 '계약에서 전제된 용도'(§434 Abs.1 Nr.1 BGB), '물건의 통상의 성상'(§434 Abs.1 Nr.2 BGB)에서도 가치 척도로 고려될 수 있다. 계약에서 물건의 기술적 표준에 대한 일치가 당사자의 합의나 계약에서 전제된 용도 또는 물건의 통상의 성상을 통하여 인정되고, 물건이 일정한 기술적 표준의 요구에 상응하지 않는다면 그 물건에는 하자가 있는 것이 된다.[40)]

(3) 판례의 입장

(가) 카탈로그와 검사성적서를 제시한 경우[41)]

매도인이 매수인에게 공급한 기계가 통상의 품질이나 성능을 갖추고 있는 경우, 그 기계에 작업환경이나 상황이 요구하는 품질이나 성능을 갖추고 있지 못하다 하여 하자가 있다고 인정할 수 있기 위해서는, 매수인이 매도인에게 제품이 사용될 작업환경이나 상황을 설명하면서 그 환경이나 상황에 충분히 견딜 수 있는 제품의 공급을 요구한 데 대하여, 매도인이 그러한 품질과 성능을 갖춘 제품이라는 점을 명시적으로나 묵시적으로 보증하고 공급하였다는 사실이 인정되어야만 한다. 매도인이 매수인에게 기계를 공급하면서 당해 기계의 카탈로그와 검사성적서를 제시하였다면, 매도인은 그 기계가 카탈로그와 검사성적서에 기재된 바와 같은 정도의 품질과 성능을 갖춘 제품이라는 점을 보증하였으므로, 매도인이 공급한 기계가 카탈로그와 검사성적서에 의하여 보증한 일정한 품질과 성능을 갖추지 못한 경우에는 그 기계에 하자가 있다고 보아야 한다.

(나) 제작물이 시방서대로 제작되지 아니한 경우

(i) 폐수처리장치[42)]

B가 A에게 설치하여 주기로 한 것과 같은 기종인 C에 설치한 장치의

---

40) BGHZ 139, 16, 19f＝NJW 1998, 2814; BGH NJW-RR 1991, 1445, 1447.
41) 대법원 2000. 10. 27. 선고 2000다30554 판결.
42) 대법원 1996. 6. 28. 선고 94다42976 판결.

성능이 계약 당시 A와 B가 약정한 폐수처리장치의 성능43)에 훨씬 미달되어 계약의 목적을 달성하기에 어려운 것으로 보이는 점, 위 장치의 주요한 부품인 증발튜브관이 시방서대로 제작되지 아니하고 C에 설치된 장치와 같이 순동으로 제작된 점, A는 B에게 문제점을 들어 B가 C에 설치한 동일 기종의 기계장치의 성능 확인을 수차에 걸쳐 요구하였으나 B는 계속하여 이에 응하지 아니한 점 등에 비추어 보면, 기계장치에는 중대한 문제점이 발생하여 장치의 정상작동을 기대하기는 어렵고, 문제점이 상당한 기간 내에 해결될 가망이 없었다고 보이므로, 결국 계약의 목적을 달성할 수 없게 된 때에 해당한다.

(ii) 송풍기44)

송풍기 공급계약의 내용이 된 시방서에는 피고가 원고에게 공급한 이 사건 송풍기들이 24시간 연속으로 대당 연간 4,380시간 동안 가동되어도 아무런 문제가 발생되지 않도록 모든 부품과 기기를 견고하고 내구성 있게 제작할 것을 규정되어 있음에도, 피고가 원고에게 공급한 이 사건 송풍기들의 날개는 현장설치에 부적합한 것이었을 뿐만 아니라, 방사선 투과시험 결과에 의하더라도 전부 최하위 등급이거나 허용한계 밖의 등급에 해당하는 것이어서, 위 송풍기들의 날개는 하자가 있는 제품이다. 피고가 이 사건 송풍기들에 대한 품질검사 방법으로 정한 방사선 투과검사의 부위, 방법 및 그 지정경위, 피고가 원고에게 이 사건 송풍기들을 납품하기 전에 S검사 주식회사를 통하여 한 품질검사 결과 원고에게 납품된 이 사

---

43) 폐수처리용량은 시간당 25t씩 1일 20시간씩 가동하여 1일 합계 500t을 처리할 수 있도록 하고, 폐수정화시설 처리 후의 수질의 오염도가 일정 수치 이하로 될 수 있는 기능을 발휘할 수 있으며, 증발관튜브는 니켈카퍼로 제작 설치하도록 약정하였다. 그러나 A는 B의 이 사건 장치 제작공장에서 가져온 증발관튜브를 검사한 결과 순도 99.75%의 구리로 제작되었음을 밝혀내고 1992. 3. 28. 및 1992. 4. 21. B에게 C에 설치된 장치의 성능확인을 구하였으나, B는 이에 응하지 아니하고 제작 조립된 이 사건 장치의 시운전을 위한 설치만을 고집하자 A는 이 사건 계약을 해제한다고 통보하였다. 한편 B는 A와의 위 계약시 모든 제작품에 대하여 중간검사를 받아야 하고, 이 공사에 사용되는 모든 자재는 현장 반입 전에 A의 승인을 얻은 다음 사용하도록 약정하였음에도, 이러한 의무도 이행하지 아니한 채 위와 같이 시방서에 기재된 대로의 재료를 사용하지도 아니하였다.

44) 대법원 2007. 5. 31. 선고 2006다60236 판결.

건 송풍기들의 날개 가운데 위 회사의 검사를 통해 합격판정을 받지 아니한 것도 포함되어 있는 점, 기타 이 사건 송풍기들 날개의 제작상태, 품질, 하자의 발생시기 및 정도 등에 비추어 보면, 피고는 원고에게 이 사건 송풍기들 날개를 납품할 당시에 위 날개에 하자가 존재한다는 사실을 알면서도 이를 원고에게 고지하지 아니한 사실을 충분히 추인할 수 있다.

(다) 시방서에 따른 범용 부품을 공급한 경우[45]

원고는 색채선별기에 설치할 공기총으로 최대 빈도수 1,000Hz의 공압식 전자밸브인 밸브를 선정하고, 피고로부터 밸브를 1년간 한시적으로 독점공급받기로 하는 계약을 체결하였다. 원고는 밸브를 장착하여 완성한 색채선별기를 국내 및 중국에 있는 정미소 등에 판매하였는데, 색채선별기는 운전 후 2~3개월이 지난 후부터 밸브의 공기누설로 인한 선별력 저하, 공압기(컴프레서)의 과다한 가동·소음 등의 문제점이 발생하였다. 이로 인하여 원고는 색채선별기의 구매업자들에게 밸브 또는 색채선별기를 교체하여 주거나, 지급받은 계약금을 반환하거나 잔대금을 포기하는 등의 손해를 입었다.

원고는, 위 계약은 밸브가 색채선별기의 작동환경에 적합한 밸브임을 전제로 체결되었고, 피고도 색채선별기의 부품으로 사용된다는 점을 알고 밸브를 독점적으로 공급하기로 한 것이므로, 피고는 원고에게 색채선별기의 작동환경에 적합한 밸브를 제공할 의무가 있다고 주장하였다.

법원은 밸브는 범용 부품으로 개발되었고, 밸브와 색채선별기 사이의 적응성 유무는 색채선별기를 개발·제작하는 원고가 시운전 등을 통하여 판단하고 결정할 문제로 그 책임도 원고가 져야 하는 점 등에 비추어 보면, 계약에 따른 피고의 의무는 밸브의 시방서에 정해진 기준과 성능에 맞는 밸브를 공급하는 것일 뿐 색채선별기의 작동환경에 적합한 밸브를 공급할 의무는 없다고 판시하였다.

(라) 건축도급계약

(i) 건축도급계약의 수급인이 설계도면의 기재대로 시공한 경우, 이는

---

45) 대법원 2014. 11. 27. 선고 2012다23351 판결.

도급인의 지시에 따른 것과 같아서 수급인이 그 설계도면이 부적당함을 알고 도급인에게 고지하지 아니한 것이 아닌 이상, 그로 인하여 목적물에 하자가 생겼다 하더라도 수급인에게 하자담보책임을 지울 수는 없다.[46)]

(ii) 사업주체가 아파트 분양계약 당시 사업승인도면이나 착공도면에 기재된 특정한 시공내역 및 시공방법대로 시공할 것을 수분양자에게 제시 또는 설명하였다거나 분양안내서 등 분양광고나 견본주택 등을 통하여 그러한 내용을 별도로 표시하여 분양계약의 내용으로 편입하였다고 볼 수 있는 특별한 사정이 없는 한 아파트에 하자가 발생하였는지 여부는 원칙적으로 준공도면을 기준으로 판단함이 상당하므로, 아파트가 사업승인도면이나 착공도면과 달리 시공되었다고 하더라도 준공도면에 따라 시공되었다면 특별한 사정이 없는 한 이를 하자라고 볼 수 없다.[47)]

(마) 설계용역계약[48)]

당산철교의 설계자인 피고는 강철도교 제작에 적용되는 시방서가 있으면 반드시 이를 적용하여 설계하여야 하는바, 당산철교 설계 당시 당산철교와 같은 리바트결합강철도교의 제작에 적용되는 강철도교제작시방서(1967. 3. 2. 철도청훈령 제1710호로 개정된 것)가 있었으므로 피고로서는 강철도교제작시방서 제7조에 따라 가로보에 세로보를 접합할 때 세로보 복부판의 연결부를 반지름 10㎜ 이상으로 둥글게 원형절취하는 것으로 설계하여야 할 설계용역계약상 의무를 부담하는데, 피고가 이에 반하여 세로보의 연결부를 응력의 집중효과를 유발하여 균열발생을 일으키는 직각절취하는 것으로 설계함으로써 설계용역계약상 의무를 위반하였다.

(바) 대체설계의무[49)]

일반적으로 제조물을 만들어 판매하는 자는 제조물의 구조, 품질, 성능 등에서 현재의 기술 수준과 경제성 등에 비추어 기대가능한 범위 내의 안전성을 갖춘 제품을 제조하여야 하고, 이러한 안전성을 갖추지 못한 결함

---

46) 대법원 1996. 5. 14. 선고 95다24975 판결.
47) 대법원 2014. 10. 27. 선고 2014다22772 판결.
48) 대법원 2015. 9. 15. 선고 2012다14531 판결.
49) 대법원 2003. 9. 5. 선고 2002다17333 판결.

으로 인하여 그 사용자에게 손해가 발생한 경우에는 불법행위로 인한 배상책임을 부담하게 되는 것인바, 그와 같은 결함 중 주로 제조자가 합리적인 대체설계를 채용하였더라면 피해나 위험을 줄이거나 피할 수 있었음에도 대체설계를 채용하지 아니하여 제조물이 안전하지 못하게 된 경우를 말하는 소위 설계상의 결함이 있는지 여부는 제품의 특성 및 용도, 제조물에 대한 사용자의 기대의 내용, 예상되는 위험의 내용, 위험에 대한 사용자의 인식, 사용자에 의한 위험회피의 가능성, 대체설계의 가능성 및 경제적 비용, 채택된 설계와 대체설계의 상대적 장단점 등의 여러 사정을 종합적으로 고려하여 사회통념에 비추어 판단하여야 한다.

(사) 소결

위와 같은 판례에 비추어 보면, 제작물공급계약에서는 도급인이 제시하는 구매규격서가 제작물이 갖추어야 할 성능의 기준이 되므로,50) 수급인이 제작한 물건이 구매규격서상 기준에 미달하여 계약에서 예정하고 있던 품질과 성능을 갖추지 못하면 계약목적을 달성할 수 없으므로 하자가 있다고 볼 수 있다.51) 만약 계약 이행과정에서 당사자 합의로 구매규격서가 변경된 경우에는 최종적으로 확정된 구매규격서가 성능의 기준이 된다. 수급인으로서는 구매규격서대로 제작물을 제작한 경우에는 계약상 의무를 이행한 것으로 보아야 한다.

라. 대상사안의 검토

(1) 구매규격서에서 정한 Happy Box 방식이 아닌 RNAV 방식으로 Offset 비행을 하는 이 사건 항공기를 제작한 것이 계약목적을 달성할 수

---

50) 통상 수급인은 입찰시 계약규정, 검수규정, 현장설명사항 및 시방서 등을 준수할 것을 확약한다(대법원 2004. 11. 25. 선고 2004다48874 판결).

51) 참고로 소프트웨어 개발계약에서는 기능보증, 성능보증, 권리보증이 문제되는데, 개발된 소프트웨어에 대한 성능보증은 당시의 기술수준, 실현가능성, 비용부담, 비용대 효과를 고려하여 합리적이고 타당한 범위에서 그 레벨을 결정하여야 하고, 개발자가 이러한 요소들을 고려하여 성능을 보증을 하면 이는 개발자의 채무가 되므로 만일 개발된 소프트웨어가 이러한 레벨의 성능을 발휘하지 못하면 개발자는 발주자에게 채무불이행책임 또는 하자담보책임을 진다. 정진명, "소프트웨어개발계약의 법적 문제: 개발성과물에 대한 보증을 중심으로", 디지털재산법연구 제5권 제2호(2006), 212~215면.

없는 하자인지에 관하여 법원은 아래와 같은 이유를 들어 하자를 인정하였다.

(가) 이 사건 항공기에 대한 구매규격서에는 ILS 지상신호로부터 좌우 150μA 또는 상하 75μA 지점을 따라 비행하면서 신호를 검사하도록 규정하여 ILS Offset 비행이 가능한 Happy Box 방식에 의한 항공기를 공급할 것을 요구하였으나, 이 사건 항공기는 ILS 지상신호를 따라 비행하는 것이 아니라 RNAV 방식에 따라 이미 정해진 지점(way-point)들을 직선으로 비행하면서 지상신호를 검사하는 것으로 규격서가 요구하는 ILS Offset 비행기능을 갖추지 못하였다.

(나) 원고 X 자신이 당초 ILS Offset 비행이 가능한 항공기의 제작이 가능할 것으로 판단하여 이 사건 항공기의 공급입찰에 참가하였으나, 하니웰사로부터 협조를 얻지 못하여 ILS Offset 비행이 가능한 항공기를 제작하지 못하게 되었고, 위와 같은 기술협조를 받지 못한 책임은 원고들에게 있고, 원고들은 수차례 인도기일을 연장하면서 ILS Offset 비행이 가능한 항공기를 제작하려고 하였으나, 결국 ILS Offset 비행이 아닌 FMS가 계산한 위도 및 경도를 따라 비행하는 RNAV 방식에 의한 항공기를 제작하게 되었다.

(다) 원고 X가 RNAV 방식에 의한 항공기를 납품하도록 동의해 줄 것을 피고 측 조달청 및 항행표준관리센터에 요구하였으나, 조달청 및 항행표준관리센터는 계속하여 구매규격서에 따른 이행을 요구하면서 동의하지 않았다.

(라) RNAV 방식에 의할 경우 항공기가 특정한 지점 즉 시작점을 찾기 위한 비행을 필요로 하나, 구매규격서에서 정한 Happy Box 방식에 의할 경우에는 그와 같은 비행이 필요가 없다.

(마) ICAO, FAA의 회신에 의하면, RNAV 방식에 의한 Offset 비행으로도 ILS 지상신호를 검사하는 것이 가능한 것으로는 보이나, RNAV 방식에 의한 비행검사가 Happy Box 방식에 의한 비행검사와 비교할 때 ILS-I, ILS-II 비행뿐 아니라 ILS-III 비행에서도 더 정확한 검사 결과를 얻을 수 있는 것으로 보이지 않고, RNAV 방식에 의한 활주로 접근을 위해

서는 GPS를 이용해야 하나 아직 국내에선 GPS를 이용한 정밀접근절차가 활용되고 있지 않고 있으며, 원고 X가 주장하는 RNAV 방식에 의한 ILS 지상신호 검사가 이론적으로 가능하더라도, 통합전자체계가 하니웰사의 패키지로 구성되어 있고 이를 전제로 ILS Offset 비행을 예정하였던 이 사건 항공기가 하니웰사와는 별개로 기존의 FMS와 NCU 조합에 의한 RNAV 방식을 토대로 실제 ILS 지상신호의 비행점검에서 규격서의 ILS Offset 비행과 동등 또는 그 이상의 성능을 가진다는 것도 선뜻 믿기 어렵다.

(2) 그렇다면 비록 RNAV 방식에 의하여도 ILS 지상신호의 검사가 가능하다고 하더라도 원고 X가 주장하는 방식으로 제작된 이 사건 항공기는 구매규격서에서 요구한 ILS Offset 비행기능을 갖추지 못하여 피고가 구매규격서에서 요구한 목적을 달성할 수 없으므로, 중대한 하자가 있다고 보아야 한다.

6. 수급인의 담보책임

가. 독일법상 도급계약의 하자담보책임

독일법상 하자담보책임은 2002. 1. 1. 시행된 '채권법 현대화 법률 (Gesetz zur Modernisierung des Schuldrechts)'을 통하여 매매계약과 도급계약에서 현저히 변경되었다. 도급계약에서 하자담보책임을 간략하게 살펴보면 다음과 같다.[52]

(1) 도급계약에서 수급인은 약정한 일을 하자 없이 완성할 의무를 부담하므로(§§631 Abs.1, 633 Abs.1 BGB), 일의 하자가 있는 경우에 도급인은 수급인에게 제635조에 따라서 추완이행청구권을 가진다(§634 Nr.1 BGB). 도급인이 추완을 청구한 경우에 매매계약상의 담보책임과는 달리, 수급인은 그의 선택에 따라 하자를 제거(보수)하거나 일을 새로이 완성(再製作)할 수 있다(§635 Abs.1 BGB). 이러한 도급인의 추완이행청구권은 다른 수급인의 담보책임(자구조치와 사전비용배상청구권, 계약해제권, 보수감액

---

52) 전경운, 154~161면.

권, 손해배상청구권 등)보다 우선적으로 인정된다. 하자제거가 객관적으로 불가능하면 추완이행청구권은 배제되고, 추완이 과도한 비용으로만 가능한 경우에도 수급인은 추완을 거절할 수 있다(§635 Abs.3 BGB).

(2) 도급인은 추완이행청구권에 갈음하여 제637조에 따라 일의 하자를 스스로 제거하고 그에 필요한 비용의 상환을 청구할 수 있다(§634 Nr.2 BGB). 즉 도급인의 자구조치(Selbstvornahme)와 사전비용배상청구권이 인정되는데, 이를 위하여서는 도급인이 수급인에게 추완이행을 위한 상당한 기간을 설정해야 하고, 이 기간이 아무런 효과 없이 경과한 경우에, 도급인이 하자를 스스로 제거하고 그에 필요한 비용의 상환을 청구할 수 있다(§637 Abs.1 BGB). 하자의 제거를 위하여 필요한 비용은 도급인이 수급인에게 미리 지급할 것을 청구할 수 있다(§637 Abs.3 BGB).

(3) 도급인은 추완이행청구권에 갈음하여 제636조, 제323조 및 제326조 제5항에 따라 계약을 해제하거나 제638조에 따라서 보수를 감액할 권리를 가진다(§634 Nr.3 BGB). 도급인의 일의 하자로 인한 해제권에서 일반 급부장애법(Leistungsstörungsrecht)의 중심적 해제규정인 제323조를 지시한 것은 일반 급부장애법의 규정이 적용되도록 하기 위한 것이다. 이에 따라 도급인은 제323조 제1항에 따라 수급인에게 추완을 위하여 상당한 기간을 설정하였으나 그 기간이 헛되이 경과한 경우에 계약을 해제할 수 있다. 이러한 해제권은 형성권으로 되어 있으며, 경미한(unerheblich) 의무 위반인 경우에는 해제권이 인정되지 않는다(§323 Abs.5 S.2 BGB). 그리고 도급인은 해제권 행사에 갈음하여 제638조에 따라서 보수감액권을 가지는데, 보수감액권은 일반 급부장애법에는 규정이 없고 담보책임에만 특별히 인정되는 권리이다. 이에 따라 도급인은 해제에 갈음하여 수급인에 대한 의사표시로써 보수를 감액할 수 있으며, 감액의 경우에 보수는 계약체결 시에 하자 없는 상태의 일의 가치와 실제의 가치 사이에 성립하는 비율에 따라 감축된다(§638 Abs.3 BGB), 보수감액권도 형성권이며, 경미한 의무 위반인 경우에도 보수감액권은 인정된다(§638 Abs.1 S.2 BGB).

(4) 일의 하자의 경우에 도급인은 추완이행, 해제나 보수감액과 더불어 제636조, 제280조, 제281조, 제283조 및 제311a조에 따라 수급인에게 손

해배상을 청구할 수 있다(§634 Nr.4 BGB). 도급인의 손해배상청구권은 제634조 제4호와 여기서 관계를 설정한 일반 급부장애법의 규정 제280조, 제281조 및 제311a조에 의하여 인정되므로, 제636조를 통하여 약간의 보충이 있지만, 결국 손해배상청구권의 법적 기초는 제280조 제1항이 된다. 도급인의 손해배상청구권은 우선적으로 제280조 제3항, 제281조 제1항에 따라서 추완이행을 위하여 상당한 기간을 설정하여야 하며, 또한 하자가 경미한 경우에는 매수인은 급부전부에 갈음한 손해배상의 청구은 인정되지 않는다(§281 Abs.1 S.3 BGB). 급부에 갈음한 손해배상청구로서 추완이행청구권(§281 Abs.4 BGB)과 수급인의 비용으로 하는 자구조치권은 소멸된다. 그 외에 손해배상청구에 갈음하나 계약해제와 보수감액과 더불어 도급인은 제284조에 따라서 무익한 비용지출의 상환을 청구할 권리를 가진다(§634 Nr.4 BGB). 도급인이 하자 없는 일의 획득을 신뢰하여 비용을 지출하고 또 그 지출이 상당한 것인 경우에는 손해배상에 갈음하여 그 비용의 배상을 청구할 수 있다(§284 BGB).

(5) 개정된 독일민법상 일의 하자로 인한 도급인의 추완이행청구권·손해배상청구권·비용배상청구권의 소멸시효를 보면, 물건의 제조·수선·변경이나 이와 관련된 계획 및 감독급부를 실행하는 경우에는 2년의 소멸시효기간이 적용되고(§634a Abs.1 Nr.1 BGB), 건축물 또는 그와 관련된 계획 및 감독급부(예를 들면, 건물의 설계나 시공감리)를 실행하는 경우에는 5년의 소멸시효기간이 적용된다(§634a Abs.1 Nr.2 BGB). 급부가 물건 및 건축물과 관련되는 경우의 소멸시효는 물건 및 건축물의 인수(Abnahme)시로부터 진행된다(§634a Abs.2 BGB). 그러나 수급인이 하자를 알면서 밝히지 않은 경우에는 제634a조 제1항 제1호, 제2호의 경우에도 제195조상의 일반소멸시효기간이 적용되어서 3년의 소멸시효에 걸린다. 물론 건축물의 경우에는 5년의 소멸시효에 걸리므로, 5년이 경과하기 전에는 소멸시효가 완성되지 않는다(§634a Abs.3 S.2 BGB). 그리고 기타 모든 도급계약의 경우에는 도급계약상의 특별소멸시효가 적용되지 않고 제195조상 일반소멸시효기간이 적용되어서 3년의 소멸시효에 걸린다(§634a Abs.1 Nr.3 BGB). 이 경우 소멸시효의 진행은 도급인이 일을 인수한 시점이 아니라, 도급인

이 하자를 인지하거나 중대한 과실로 이를 인지하지 못한 연도가 종료한 때로부터 진행된다(§199 Abs.1 BGB). 도급인의 계약해제권과 보수감액권은 형성권이므로 소멸시효에 걸리지 않는다. 그러나 이들 권리에서도 제218조가 적용되어서 추완이행청구권의 소멸시효가 완성되어 수급인이 이를 원용하는 경우에는 해제권과 보수감액권도 배제된다(§634a Abs.4 BGB).

나. 도급인의 계약해제권

(1) 몰드금형의 하자[53]

이 계약은 대체가 어렵거나 불가능한 제작물의 공급을 목적으로 하는 계약으로 도급의 성질을 띠고 있고, 도급인의 대금지급의무는 그 목적물인 몰드금형이 계약내용인 매입형 와이드 스위치를 양산할 수 있는 성능을 갖추었다는 것이 객관적으로 인정되어야 발생하는데, 판시 사정들에 비추어 보면, 수급인이 제출한 증거들만으로는 몰드금형이 그 성능을 갖추었다고 보기 어렵고, 수급인이 계약에 따른 이 사건 각 몰드금형 제작의무를 이행하지 아니함에 따라 도급인으로부터 상당한 시정기간을 두고 시정을 요구받았음에도 그 시정이 이루어지지 않아 계약에서 정한 약정해제 사유가 발생하였고 도급인의 해제 의사표시로 계약은 적법하게 해제되었다.

(2) 설계시공일괄입찰(Turn-Key Base) 방식에 의한 도급계약[54]

설계시공일괄입찰(Turn-Key Base) 방식에 의한 도급계약이라 함은 수급인이 도급인이 의욕하는 공사 목적물의 설치목적을 이해한 후 그 설치목적에 맞는 설계도서를 작성하고 이를 토대로 스스로 공사를 시행하며 그 성능을 보장하여 결과적으로 도급인이 의욕한 공사목적을 이루게 하여야 하는 계약을 의미한다. 설계시공일괄입찰 방식의 자동화설비 도급계약에서 도급인의 중도금 지급채무가 일시 이행지체의 상태에 빠졌다 하더라도, 당해 자동화설비에 중대한 하자가 있어 시운전 성공 여부가 불투명하

---

53) 대법원 2015. 2. 26. 선고 2014다80099 판결.
54) 대법원 1996. 8. 23. 선고 96다16650 판결.

게 된 때에는 도급인으로서는 자신의 대금지급의무와 대가관계에 있는 시운전 성공 시까지는 중도금지급의무의 이행을 거부할 수 있고, 그 하자가 중대하고 보수가 불가능하거나 보수가 가능하더라도 장기간을 요하여 계약의 본래의 목적을 달성할 수 없는 경우에는 중도금채무의 이행을 제공하지 않고 바로 계약을 해제할 수 있으며, 그 계약해제가 신의칙에 반하지 아니한다.

(3) 소결

이러한 판례의 입장를 요약하면, 수급인은 계약의 본래의 목적을 달성할 수 있을 정도의 성능을 갖추어 일을 완성하여야 하고, (i) 하자가 중대하여 보수가 불가능한 경우, (ii) 보수가 가능하더라도 장기간을 요하여 계약의 본래의 목적을 달성할 수 없는 경우, (iii) 도급인으로부터 상당한 시정기간을 두고 시정을 요구받았음에도 그 시정이 이루어지지 않아 계약의 본래의 목적을 달성할 수 없는 경우에는 도급인은 계약을 해제할 수 있다.

다. 대상사안의 검토

위에서 살펴본 바와 같이, 비록 RNAV 방식에 의하여도 ILS 지상신호의 검사가 가능하다고 하더라도 원고 X가 주장하는 방식으로 제작된 이 사건 항공기는 구매규격서에서 요구한 ILS Offset 비행기능을 갖추지 못하여, 피고가 구매규격서에서 요구한 목적을 달성할 수 없는 중대한 하자가 있고, 이러한 하자는 원고가 보수하는 것이 불가능하므로, 이를 이유로 한 피고의 계약해제는 적법하다(민법 제668조 제1문). 이 경우 보수가 불가능하므로 하자보수의 이행최고를 한다는 것 자체가 무의미하므로 최고(催告)는 불필요하다.[55]

---

55) 주석 민법 채권각칙(4)(제3판), 한국사법행정학회(1999), 249면.

[29] 항공기펀드 운용자의 설명의무

대법원 2015. 2. 26. 선고 2014다17220 판결

Ⅰ. 사실관계

(1) 피고는 간접투자법상 판매회사로서 같은 법상 자산운용회사인 유리자산운용 주식회사(이하 '유리자산운용')와 위탁판매계약을 체결하고 '유리 스카이블루 사모특별투자신탁 제1호'(이하 '이 사건 펀드')의 수익증권을 판매하였고, 원고는 보험업법에 의한 보험사업자로서 피고로부터 이 사건 펀드의 수익증권을 매수한 투자자이다.

(2) 이 사건 펀드는, (i) 주식회사 에이티에이항공(이하 'ATA항공') 관련 특수목적법인(Special Purpose Company)인 스카이블루 유한회사(이하 'SPC')가 발행한 기업어음(이하 '이 사건 어음')을 매입하고, (ii) SPC는 중고 항공기(항공기 동체와 엔진 2기, 이들을 합하여 이하 '이 사건 항공기') 및 스페어 엔진 1기를 구매하여 리모델링 및 수리를 한 후 이를 펀드의 상환을 위한 담보로 제공하고, ATA항공의 계열회사인 태국 법인 Skystar Airways Co., Ltd.(이하 '스카이스타')에 이 사건 항공기 등을 대여하며, (iii) 스카이스타는 항공료 수입으로 SPC에 이 사건 항공기 등 임대료를 지급하고, SPC는 위 임대료로 이 사건 어음을 상환하는 구조로 되어 있다.

(3) 피고의 직원인 소외 1은 2008. 3. 3.경 원고의 직원인 소외 2에게 이 사건 펀드의 구조, 투자위험 및 그 관리방안 등을 설명하면서 원고에게 피고가 작성한 1차 투자제안서를 교부하였고, 2008. 3. 7.경에는 원고에게 2차 투자제안서를 교부하였다.

(4) 원고는 2008. 3. 28. 이 사건 펀드 투자에 관한 심사보고서를 작성하여 이를 기초로 이 사건 펀드에 투자하기로 결정한 후, 2008. 4. 3. 펀드의 수탁회사인 한국외환은행에 개설된 SPC 명의의 계좌로 90억 원을 이체함으로써 펀드의 수익증권을 인수하였고, 한편 우리파이낸셜 주식회사

(이하 '우리파이낸셜')는 펀드와 별도로 SPC에 직접 90억 원을 대여하였다.

(5) SPC는 2007. 12. 27. 이 사건 항공기 등을 매수하고 리모델링 및 수리를 위하여 이 사건 항공기는 중국 수리업체인 Guangzhou Aircraft Maintenance and Engineering Co., Ltd.(이하 'GAMECO')에, 스페어 엔진은 싱가폴 수리업체인 Eagle Service Asia(이하 'ESA')에 각 인도하였다.

(6) SPC는 2008. 4. 7. 기존 차입금 잔액 및 원고의 투자금, 우리파이낸셜의 대출금 중에서 2,460,000,510원을 스카이스타에 이 사건 항공기 등의 수리비로 지급하였는데, 스카이스타는 2008. 5.경부터 유리자산운용에게 당초 예상보다 수리비가 증가하여 추가 비용이 필요하다는 취지로 통지하였다. 유리자산운용이 2008. 11. 24.부터 11. 26.까지 사이에 GAMECO 및 ESA를 방문하여 실사한 결과에 의하면 이 사건 항공기 동체와 엔진에 대하여 부품조달 후 리모델링이 완료될 경우 채무액이 1,294,732달러이고, 스페어 엔진에 대한 잔여 수리비가 1,297,026달러로 총 지급예상액은 약 260만 달러라고 조사되었다.

(7) GAMECO 및 ESA는 위 미지급 리모델링 및 수리비 채권에 기하여 이 사건 항공기 동체 및 스페어 엔진에 대하여 유치권을 행사하였고, 그로 인하여 이 사건 항공기 등을 이용한 사업 진행이 장기간 중단되어 있던 중, GAMECO는 2012. 8. 16. 유리자산운용에 중국 세관 법규에 따른 이 사건 항공기 동체의 중국 내 반입 기간이 이미 도과되어 2012. 11. 15.까지는 위 항공기 동체를 중국에서 반출하여야 하고 그렇지 않을 경우 중국 세관이 이를 압류하여 처분할 것이라는 내용을 통지하였다. 우리파이낸셜과 유리자산운용은 GAMECO와 협의하여 이 사건 항공기 동체를 분해하여 부품과 스크랩 상태로 180,000달러에 매각하였다.

(8) 한편 스카이스타는 이 사건 항공기의 동체 엔진 2기를 임의로 다른 항공기에 부착하여 사용하였는데, 인천국제공항공사가 스카이스타에 대한 채권과 스카이스타가 운항하던 다른 항공기 관련 특수목적법인에 대한 채권에 기하여 위 동체 엔진 2기에 대해 유치권을 행사하고 있다.

(9) 원고는 피고로부터 투자금 상환 명목으로 2008. 7. 3.에 224,115,113원, 2008. 10. 6.에 226,575,256원을 지급받았고, SPC가 한국외환은행에

이 사건 항공기 동체의 매각대금 중 93,236,732원을 지급한 후 유리자산 운용은 이 사건 펀드를 청산하였는데, 이에 따라 원고는 2013. 12. 2. 청산금에서 운용비용을 공제한 잔여금 16,150,602원을 지급받았다.

(10) 원고는 펀드 투자 전인 2007. 10.경 피닉스사모특별자산투자신탁 제5호(이하 '피닉스 펀드')에 45억 원을 투자하였는데, 피닉스 펀드의 구조는 ATA항공 관련 SPC인 그랜드스타 유한회사가 발행하는 기업어음을 매입하고 그랜드스타 유한회사가 그 항공기를 스카이스타에 대여, 운항하여 그 항공료 수입으로 기업어음을 상환하도록 설계되어 있었으며, 위 기업어음이 리파이낸싱(refinancing)되어 조기 상환되면서 원고는 피닉스 펀드로부터 투자수익을 얻은 경험이 있다.

(11) SPC가 이 사건 항공기 등을 구매한 후 수리업체를 통하여 리모델링 및 수리를 거쳐 스카이스타에 대여된다는 점은 이 사건 펀드 설계 단계부터 예정되어 있었고, 원고도 투자제안서 및 피고 측의 설명을 통하여 투자 결정 전에 이미 알고 있었다.

(12) 수리업체가 이 사건 항공기 동체 및 스페어 엔진에 대하여 유치권을 행사한 이유는, 베이징 올림픽으로 인하여 부품조달에 문제가 있고 수리과정에서 엔진에 심각한 결함이 발견되어 소요기간 및 비용이 예상보다 증가하였는데, SPC가 자금 사정으로 수리업체에 수리비를 제때 지급하지 못하였기 때문이다.

(13) 이 사건 펀드 구조상 이 사건 항공기 등이 운항에 사용되기 전에는 SPC가 수익을 창출할 수 없고, SPC는 이 사건 펀드의 상환 및 제반 비용이 부족하게 될 위험에 대비하기 위하여 ATA항공, 스카이스타로부터 부족자금을 차용하기로 하는 내용의 금전소비대차약정을 체결한 바 있다. 그러나 SPC가 수리업체에 이 사건 항공기 등의 수리비를 지급할 수 없는 상황이 발생하였는데도 ATA항공 및 스카이스타는 경영상황 악화로 SPC에 부족자금을 대여할 수 없었다.

(14) 한편 스카이스타가 이 사건 항공기의 동체 엔진을 다른 항공기에 임의로 부착하여 사용함에 따라 다른 항공기 관련 채권자의 권리 행사로 이 사건 동체 엔진이 이 사건 펀드의 담보자산으로서의 실효성을 상실하

는 상황이 발생하였다.

II. 참조 조문

1. 구 간접투자자산 운용업법[1] (이하 '간접투자법')

제19조 (자산운용회사 등의 책임) ① 자산운용회사가 법령, 투자신탁의 약관(이하 "신탁약관"이라 한다) 또는 투자회사의 정관 및 제56조의 규정에 의한 투자설명서(이하 "투자설명서"라 한다)에 위배되는 행위를 하거나 그 업무를 소홀히 하여 간접투자자에게 손해를 발생시킨 때에는 그 손해를 배상할 책임이 있다.

② 자산운용회사가 제1항의 규정에 의한 손해배상책임을 부담하는 경우 관련되는 이사 또는 감사(감사위원회의 위원을 포함한다)에게도 귀책사유가 있는 때에는 자산운용회사는 이들과 연대하여 그 손해를 배상할 책임이 있다.

제56조 (투자설명서) ① 투자신탁의 자산운용회사 또는 투자회사(투자회사가 설립중인 때에는 발기인을 말한다. 이하 이 조에서 같다)는 간접투자증권을 발행하는 경우 투자설명서를 작성하고 그 내용이 법령 및 신탁약관 또는 투자회사의 정관의 내용에 부합하는지 여부에 대하여 수탁회사 또는 자산보관회사의 확인을 받아 이를 판매회사에 제공하여야 한다. 신탁약관 또는 투자회사의 정관의 변경 등에 따라 투자설명서의 내용을 변경하는 경우(대통령령이 정하는 경우를 제외한다)에도 또한 같다.

② 판매회사는 투자자에게 간접투자증권의 취득을 권유함에 있어 제1항의 투자설명서를 제공하고 그 주요내용을 설명하여야 한다.

③ 투자신탁의 자산운용회사 또는 투자회사가 제1항의 규정에 의하여 투자설명서를 작성하거나 그 내용을 변경한 경우에는 판매회사에 제공하기 전에 금융감독위원회에 제출하여야 한다. 다만, 표준신탁약관에 따라 설정된 투자신탁의 경우에는 자산운용협회에 제출하여야 한다.

---

[1] 2007. 8. 3. 법률 제8635호 자본시장과 금융투자업에 관한 법률 부칙 제2조로 폐지.

④ 투자신탁의 자산운용회사 또는 투자회사는 투자설명서에 다음 각
　　호의 사항을 기재하여야 한다.
　　1. 당해 간접투자기구의 운용개념 및 방법
　　2. 투자원금이 보장되지 아니한다는 사실 등 투자위험에 관한 사항
　　3. 당해 간접투자기구의 운용전문인력에 관한 사항
　　4. 과거운용실적이 있는 경우 그 운용실적
　　5. 그 밖에 투자자 보호를 위하여 대통령령이 정하는 사항
⑤ 투자설명서의 제공방법·비용부담 등에 관하여 필요한 사항은 대통
　　령령으로 정한다.

제61조 (판매회사의 책임) 제19조의 규정은 판매회사의 책임에 관하여
　　이를 준용한다.

2. 자본시장과 금융투자업에 관한 법률

제47조(설명의무) ① 금융투자업자는 일반투자자를 상대로 투자권유를
　　하는 경우에는 금융투자상품의 내용, 투자에 따르는 위험, 그 밖에
　　대통령령으로 정하는 사항을 일반투자자가 이해할 수 있도록 설명
　　하여야 한다.
② 금융투자업자는 제1항에 따라 설명한 내용을 일반투자자가 이해하
　　였음을 서명, 기명날인, 녹취, 그 밖의 대통령령으로 정하는 방법
　　중 하나 이상의 방법으로 확인을 받아야 한다.
③ 금융투자업자는 제1항에 따른 설명을 함에 있어서 투자자의 합리
　　적인 투자판단 또는 해당 금융투자상품의 가치에 중대한 영향을 미
　　칠 수 있는 사항(이하 "중요사항"이라 한다)을 거짓 또는 왜곡(불
　　확실한 사항에 대하여 단정적 판단을 제공하거나 확실하다고 오인
　　하게 할 소지가 있는 내용을 알리는 행위를 말한다)하여 설명하거
　　나 중요사항을 누락하여서는 아니 된다.

제48조(손해배상책임) ① 금융투자업자는 제47조 제1항 또는 제3항을
　　위반한 경우 이로 인하여 발생한 일반투자자의 손해를 배상할 책임
　　이 있다.
② 금융투자상품의 취득으로 인하여 일반투자자가 지급하였거나 지급
　　하여야 할 금전등의 총액에서 그 금융투자상품의 처분, 그 밖의 방

법으로 그 일반투자자가 회수하였거나 회수할 수 있는 금전등의 총
액을 뺀 금액은 제1항에 따른 손해액으로 추정한다.

제49조(부당권유의 금지) 금융투자업자는 투자권유를 함에 있어서 다음
각 호의 어느 하나에 해당하는 행위를 하여서는 아니 된다.

1. 거짓의 내용을 알리는 행위
2. 불확실한 사항에 대하여 단정적 판단을 제공하거나 확실하다고
   오인하게 할 소지가 있는 내용을 알리는 행위[2]
3. 투자자로부터 투자권유의 요청을 받지 아니하고 방문·전화 등
   실시간 대화의 방법을 이용하는 행위. 다만, 투자자 보호 및 건
   전한 거래질서를 해할 우려가 없는 행위로서 대통령령으로 정하
   는 행위를 제외한다.
4. 투자권유를 받은 투자자가 이를 거부하는 취지의 의사를 표시하
   였음에도 불구하고 투자권유를 계속하는 행위. 다만, 투자자 보
   호 및 건전한 거래질서를 해할 우려가 없는 행위로서 대통령령
   으로 정하는 행위를 제외한다.
5. 그 밖에 투자자 보호 또는 건전한 거래질서를 해할 우려가 있는
   행위로서 대통령령으로 정하는 행위

Ⅲ. 판시사항

(1) 간접투자법에 의한 판매회사는 투자자에게 투자신탁의 수익구조와
위험요인에 관한 올바른 정보를 제공함으로써 투자자가 그 정보를 바탕으
로 합리적인 투자판단을 할 수 있도록 투자자를 보호하여야 할 주의의무

---

2) 자본시장과 금융투자업에 관한 법률 제49조 제2호는 금융투자업자가 투자권유를 할 때
   '불확실한 사항에 대하여 단정적 판단을 제공하거나 확실하다고 오인하게 할 소지가 있
   는 내용을 알리는 행위'를 금지하고 있다. 여기서 '불확실한 사항에 대하여 단정적 판단
   을 제공하거나 확실하다고 오인하게 할 소지가 있는 내용을 알리는 행위'란 투자자의
   합리적인 투자판단 또는 해당 금융투자상품의 가치에 영향을 미칠 수 있는 사항 중 객
   관적으로 진위가 분명히 판명될 수 없는 사항에 대하여 진위를 명확히 판단해 주거나
   투자자에게 그 진위가 명확하다고 잘못 생각하게 할 가능성이 있는 내용을 알리는 행위
   를 말한다. 나아가 어떠한 행위가 단정적 판단 제공 등의 행위에 해당하는지는 통상의
   주의력을 가진 평균적 투자자를 기준으로 금융투자업자가 사용한 표현은 물론 투자에
   관련된 제반 상황을 종합적으로 고려하여 객관적·규범적으로 판단하여야 한다. 대법원
   2018. 9. 28. 선고 2015다69853 판결.

를 부담한다. 그리고 이러한 투자권유단계에서 판매회사의 투자자 보호의무는 투자자가 일반투자자가 아닌 전문투자자라는 이유만으로 배제된다고 볼 수는 없고, 다만 투자신탁재산의 특성과 위험도 수준, 투자자의 투자경험이나 전문성 등을 고려하여 투자자 보호의무의 범위와 정도를 달리 정할 수 있다.

(2) 간접투자법에 따라 투자신탁의 수익증권을 판매하는 판매회사가 고객에게 수익증권의 매수를 권유할 때에는 투자에 따르는 위험을 포함하여 당해 수익증권의 특성과 주요내용을 명확히 설명함으로써 고객이 그 정보를 바탕으로 합리적인 투자판단을 할 수 있도록 고객을 보호하여야 할 주의의무가 있고 이러한 주의의무를 위반한 결과 고객에게 손해가 발생한 때에는 불법행위로 인한 손해배상책임이 성립하나, 수익증권 투자자가 내용을 충분히 잘 알고 있는 사항이거나 수익증권의 판매를 전문적으로 하는 판매회사로서도 투자권유 당시 합리적으로 예측할 수 있는 투자위험이 아닌 경우에는 그러한 사항에 대하여서까지 판매회사에게 설명의무가 인정된다고 할 수는 없다.

IV. 해 설

1. 투자자 보호의무

가. 금융기관의 설명의무

(1) 고객의 자산을 관리하는 금융기관은 고객에 대하여 선량한 관리자로서의 주의의무를 부담하므로, 고객의 투자목적·투자경험·위험선호의 정도 및 투자예정기간 등을 미리 파악하여 그에 적합한 투자방식을 선택하여 투자하도록 권유하여야 하고, 조사된 투자목적에 비추어 볼 때 고객에게 과도한 위험을 초래하는 거래행위를 감행하도록 하여 고객의 재산에 손실을 가한 때에는 그로 인한 손해를 배상할 책임이 있다. 그러나 투자자가 금융기관의 권유를 받고 어느 특정한 상품에 투자하거나 어떠한 투자전략을 채택한 데에 단지 높은 위험이 수반된다는 사정만으로 일률적으

로 금융기관이 적합성의 원칙을 위반하여 부당하게 투자를 권유한 것이라고 단정할 수는 없으며, 투자자로서도 예상 가능한 모든 위험을 회피하면서 동시에 높은 수익률이 실현될 것을 기대할 수는 없고 위험과 수익률의 조합을 스스로 투자목적에 비추어 선택할 수밖에 없다. 또한 금융기관이 일반 고객과 선물환거래 등 전문적인 지식과 분석능력이 요구되는 금융거래를 할 때에는, 상대방이 그 거래의 구조와 위험성을 정확하게 평가할 수 있도록 거래에 내재된 위험요소 및 잠재적 손실에 영향을 미치는 중요인자 등 거래상 주요 정보를 적합한 방법으로 설명할 신의칙상 의무가 있으나, 계약자나 그 대리인이 그 내용을 충분히 잘 알고 있는 경우에는 그러한 사항에 대하여서까지 금융기관에게 설명의무가 인정된다고 할 수는 없다.[3]

(2) 금융투자업자가 일반투자자를 상대로 투자권유를 하는 경우에는 금융투자상품의 내용, 투자에 따르는 위험, 그 밖에 대통령령으로 정하는 사항을 일반투자자가 이해할 수 있도록 설명하여야 하고, 투자자의 합리적인 투자판단 또는 해당 금융투자상품의 가치에 중대한 영향을 미칠 수 있는 중요사항을 거짓 또는 왜곡하여 설명하거나 중요사항을 누락하여서는 아니 된다(자본시장과 금융투자업에 관한 법률 제47조 제1항, 제3항). 이 경우 금융투자업자가 투자자에게 어느 정도의 설명을 하여야 하는지는 해당 금융투자상품의 특성 및 위험도의 수준, 투자자의 투자경험 및 능력 등을 종합적으로 고려하여 판단하여야 한다.[4]

나. 자산운용회사의 의무

(1) 자산운용회사는 투자신탁을 설정하고 투자신탁재산을 운용하는 자로서 투자신탁에 관하여 제1차적으로 정보를 생산하고 유통시켜야 할 지위에 있고, 투자자도 자산운용회사의 전문적인 지식과 경험을 신뢰하여 자산운용회사가 제공하는 투자정보가 올바른 것이라고 믿고 그에 의존하여 투자판단을 한다. 따라서 자산운용회사는 투자신탁재산의 운용대상이

---

3) 대법원 2010. 11. 11. 선고 2010다55699 판결.
4) 대법원 2018. 9. 28. 선고 2015다69853 판결.

되는 자산과 관련된 제3자가 제공한 운용자산에 관한 정보를 신뢰하여 이를 그대로 판매회사나 투자자에게 제공하는 데에 그쳐서는 아니 되고, 정보의 진위를 비롯한 투자신탁의 수익구조 및 위험요인에 관한 사항을 합리적으로 조사한 다음 올바른 정보를 판매회사와 투자자에게 제공하여야 하며, 만약 합리적인 조사를 거친 뒤에도 투자신탁의 수익구조와 위험요인에 관한 정보가 불명확하거나 불충분한 경우에는 판매회사나 투자자에게 그러한 사정을 분명하게 알려야 할 투자자 보호의무를 부담한다.[5]

(2) 자산운용회사는 간접투자재산을 운용할 때 가능한 범위 내에서 수집된 정보를 바탕으로 간접투자자의 이익에 합치된다는 믿음을 가지고 신중하게 간접투자재산의 운용에 관한 지시를 하여 선량한 관리자로서의 책임을 다할 의무가 있고, 만약 자산운용회사가 이를 위반하여 투자자에게 손해를 가하는 경우 투자자에 대하여 손해배상책임을 진다.

다. 판매회사의 의무

(1) 판매회사는 특별한 사정이 없는 한 자산운용회사에서 제공받은 투자설명서나 운용제안서 등의 내용을 명확히 이해한 후 이를 투자자가 정확하고 균형 있게 이해할 수 있도록 설명하면 되고, 내용이 진실한지를 독립적으로 확인하여 이를 투자자에게 알릴 의무가 있다고 할 수는 없다.

(2) 그러나 판매회사가 투자신탁재산의 수익구조나 위험요인과 관련한 주요 내용을 실질적으로 결정하는 등으로 투자신탁의 설정을 사실상 주도하였다고 볼 만한 특별한 사정이 있는 경우에는 판매회사 역시 자산운용회사와 마찬가지로 투자신탁의 수익구조와 위험요인을 합리적으로 조사하여 올바른 정보를 투자자에게 제공하여야 할 투자자보호의무를 부담한다.

(3) 간접투자법에 의한 판매회사는 투자자에게 투자신탁의 수익구조와 위험요인에 관한 올바른 정보를 제공함으로써 투자자가 그 정보를 바탕으로 합리적인 투자판단을 할 수 있도록 투자자를 보호하여야 할 주의의무를 부담한다. 그리고 이러한 투자권유단계에서 판매회사의 투자자 보호의

---

5) 대법원 2015. 11. 12. 선고 2014다15996 판결.

무는 투자자가 일반투자자가 아닌 전문투자자라는 이유만으로 배제된다고 볼 수는 없고, 다만 투자신탁재산의 특성과 위험도 수준, 투자자의 투자 경험이나 전문성 등을 고려하여 투자자 보호의무의 범위와 정도를 달리 정할 수 있다.

(4) 간접투자법에 따라 투자신탁의 수익증권을 판매하는 판매회사가 고객에게 수익증권의 매수를 권유할 때에는 그 투자에 따르는 위험을 포함하여 당해 수익증권의 특성과 주요내용을 명확히 설명함으로써 고객이 그 정보를 바탕으로 합리적인 투자판단을 할 수 있도록 고객을 보호하여야 할 주의의무가 있고 이러한 주의의무를 위반한 결과 고객에게 손해가 발생한 때에는 불법행위로 인한 손해배상책임이 성립하나, 수익증권 투자자가 그 내용을 충분히 잘 알고 있는 사항이거나 수익증권의 판매를 전문적으로 하는 판매회사로서도 투자권유 당시 합리적으로 예측할 수 있는 투자 위험이 아닌 경우에는 그러한 사항에 대하여서까지 판매회사에게 설명의무가 인정된다고 할 수는 없다.[6]

라. 손해배상책임

(1) 판매회사나 자산운용회사가 투자자에게 투자신탁의 수익구조나 위험요인에 관한 주요 사항을 제대로 설명하지 아니하거나 오해를 일으킬 수 있는 부실한 표시가 기재된 투자설명서 등을 제공하였고, 이를 신뢰한 투자자가 정확한 정보를 제공받았다면 하지 아니하였을 투자를 하여 만기에 투자금을 회수하지 못하는 손해를 입었다면, 그러한 손해는 판매회사나 자산운용회사의 투자자보호의무 위반으로 투자자의 투자에 관한 의사결정권이 침해되어 투자자가 의도하지 아니한 투자위험을 지게 된 결과이므로, 판매회사나 자산운용회사의 투자자보호의무 위반과 투자자의 손해 사이에는 상당인과관계가 있다.[7]

(2) 불법행위로 인한 손해배상책임은 원칙적으로 위법행위 시에 성립하지만, 위법행위 시점과 손해 발생 시점 사이에 시간적 간격이 있는 경

---

6) 대법원 2015. 2. 26. 선고 2014다17220 판결.
7) 대법원 2015. 12. 23. 선고 2013다40681 판결.

우에는 손해가 발생한 때에 성립한다. 손해란 위법한 가해행위로 인하여 발생한 재산상의 불이익, 즉 그 위법행위가 없었더라면 존재하였을 재산상태와 그 위법행위가 있은 후의 재산상태의 차이를 말한다. 또한 손해의 발생 시점이란 이러한 손해가 현실적으로 발생한 시점을 의미하는데, 현실적으로 손해가 발생하였는지 여부는 사회통념에 비추어 객관적이고 합리적으로 판단하여야 한다.

(3) 금융투자업자가 투자자를 상대로 투자권유를 할 때 설명의무나 부당권유 금지의무를 위반하여 일반투자자에게 손해가 발생한 경우 그 손해액은 금융투자상품을 취득하기 위하여 지급한 금전의 총액에서 그 금융투자상품으로부터 회수하였거나 회수할 수 있는 금전의 총액을 뺀 금액(이하 '미회수금액')이다(자본시장과 금융투자업에 관한 법률 제48조 제2항, 제1항 참조). 이와 같이 금융투자업자가 설명의무 등을 위반함에 따른 일반투자자의 손해는 미회수금액의 발생이 확정된 시점에 현실적으로 발생하고, 그 시점이 투자자가 금융투자업자에게 갖는 손해배상청구권의 지연손해금 기산일이 된다. 따라서 금융투자상품을 취득하기 위하여 금전을 지급할 당시에 미회수금액의 발생이 이미 객관적으로 확정되어 있었다면, 금융투자상품을 취득하기 위하여 금전을 지급한 시점이 금융투자업자에 대한 손해배상청구권의 지연손해금 기산일이 된다.[8]

2. 외국 정부의 신규 운항허가 완료 여부

가. 인정사실

(1) 필리핀공항과 두바이공항 사이를 운항하는 이 사건 노선에 대한 두바이 당국의 신규 운항허가 완료 여부는 원고가 이 사건 펀드에 대한 합리적인 투자판단을 할 때 중대한 영향을 미치게 되는 사항인데, 피고 S 증권은 단순히 '관련 인허가는 완료된 상태'라고 기재된 이 사건 투자제안서와 '필리핀 정부 관계기관으로부터 국내외 여객 및 화물항공 운송에 관한 인허가 취득 완료'라고 기재된 이 사건 운용계획서를 원고에게 교부하

---

8) 대법원 2018. 9. 28. 선고 2015다69853 판결.

였을 뿐, 두바이 당국의 신규 운항허가와 관련된 구체적인 내용을 원고에게 설명하거나 관련 자료를 제공하지 아니하였다.

(2) 이 사건 펀드 모집 당시 이 사건 노선에 대한 두바이 당국의 취항허가가 아직 이루어지지 아니하였음에도 이 사건 투자제안서에는 이 사건 항공기가 이 사건 노선에 운항하는 것을 당연한 전제로 하여 매출·비용을 분석하고, 시장의 수요와 노선 현황·유가 상승에 따른 민감도 등을 고려한 영업이익·원리금 상환 등에 대하여 검토하고 있을 뿐만 아니라, 이 사건 항공기가 이 사건 노선을 정기적으로 운항할 수 있는 것을 당연한 전제로 하여 매출을 미리 확정하고 이에 관하여 주식회사 C은행이 보증한 것으로 기재되어 있어, 원고로서는 신규 운항허가가 이루어지지 아니할 위험성을 인식하기 어려웠을 것으로 보였다.

(3) 이 사건 노선에 대한 필리핀 당국의 인허가는 2008. 4. 10. 이미 완료된 반면, 오픈 스카이 정책을 취하고 있다는 두바이 당국의 운항허가는 이 사건 펀드설정일인 2008. 8. 22.까지도 이루어지지 않고 있었으므로, 피고 S증권으로서는 이 사건 노선에 대한 신규 운항허가의 지연 사유 및 신청이 불허될 가능성에 관하여 신뢰할 만한 자료를 가지고 신중히 검토할 필요가 있었음에도 이를 하지 아니한 채 원고에게 두바이 당국은 오픈 스카이 정책을 취하고 있어 신청만 하면 쉽게 운항허가를 받을 수 있는 것처럼 설명하였다.

나. 법원의 판단

피고 S증권은 이 사건 노선에 대한 신규 운항허가가 나지 아니할 위험성을 제대로 설명하지 아니하였고, 그로 인하여 원고가 위와 같은 위험성을 올바르게 인식하지 못한 채 이 사건 펀드에 투자하게 되었으므로, 피고 S증권은 간접투자법상 판매회사가 부담하는 투자자 보호의무를 위반하였다.[9]

---

9) 대법원 2015. 9. 10. 선고 2015다25679 판결.

다. 판매회사의 책임

판매회사가 검토의무를 소홀히 한 잘못이 판매회사가 개인투자자들에게 이 사건 노선과 관련된 인허가가 전부 완료되었다는 취지로 잘못 설명하게 된 것에 관한 원인 중 하나라고 볼 수 있는 경우에는, 위탁판매계약에 따라 정보 조사 의무를 부담하는 자산운용회사는 판매회사에 대하여 손해배상책임을 부담하지 아니 한다.[10)]

3. 대상사안의 검토

(1) 투자위험 중 수리업체가 유치권을 행사함으로써 SPC가 이 사건 항공기 등의 처분권을 제대로 행사할 수 없는 위험과 이 사건 동체 엔진이 펀드 자금의 회수를 위한 담보로서 실효성을 상실할 위험은 판매회사인 피고가 원고에게 이 사건 펀드의 투자를 권유할 당시 합리적으로 예상할 수 있었던 위험이 아니거나 이 사건 펀드의 운용 단계에서 스카이스타의 배임적인 행위로 발생한 것이고, 투자자인 원고로서도 이 사건 펀드의 투자판단에 중요하게 고려하였을 투자위험이라고 할 수 없다.

(2) ATA항공, 스카이스타의 SPC에 대한 부족자금 대여약정은 SPC의 자금부족 상황에 대한 일종의 인적 담보라고 할 수 있는데, 인적 담보의 경우 담보의무자의 자력 범위 내에서 변제가 가능하므로 담보의무자의 자력이 부족한 경우 충분한 변제를 받지 못할 위험이 존재한다는 점은 담보의 성질상 당연한 것으로 별도의 설명이 필요한 사항이라고 보기 어렵다. 그리고 피고가 원고에게 이 사건 펀드에 투자를 권유할 당시 담보의무자인 ATA항공이나 스카이스타의 경영상황이 악화되어 SPC에 부족자금을 대여할 수 없는 상황이 발생할 수 있음을 합리적으로 예상할 수 있었다고 보기도 어렵다.

(3) 설명의무의 대상인 투자위험은 피고가 이 사건 펀드의 투자권유 당시 합리적으로 예상할 수 있었던 위험이 아니거나, 투자자인 원고가 그

---

10) 서울고등법원 2019. 3. 7. 선고 2018나2005483 판결.

내용을 충분히 알고 있는 사항에 해당하므로, 그러한 사항에 대하여서까지 전문투자자라고 할 수 있는 원고에게 수익증권 판매회사인 피고가 설명의무를 부담한다고 할 수 없다.

(4) 따라서 피고는 위와 같은 투자위험에 대한 설명의무를 위반하지 않았다고 보아야 한다.

[30] 비정품 항공윤활유를 공급한 자의 책임

서울중앙지방법원 2018. 12. 19. 선고 2016가합562354 판결

I. 사실관계

가. 윤활유 공급계약의 체결

원고 대한민국은 공군에 공급할 윤활유를 조달하기 위하여 2015. 6. 5. 피고 주식회사 F화학과 사이에 쉘오일사(Shell Oil Company)에서 제조한 Aeroshell Oil 15W-50, LUBRICATING OIL, AIRCRAFT(이하 '이 사건 윤활유') 80드럼을 미화 91,040달러에 공급받기로 하는 계약(이하 '이 사건 계약')을 체결하였고, 2015. 6. 30. 피고로부터 이 사건 윤활유를 공급받았다. 이 사건 계약의 주요 내용은 다음과 같다.

계약 일반조건

16. 계약 해제

　가. 매도인이 이 사건 계약을 불이행하였을 경우 매수인은 이를 매도인에게 문서로 통보하고, 매도인이 통보를 받은 날로부터 50일 내에 계약불이행을 치유하지 않을 경우 매수인은:

　　(1) 이 사건 계약의 전부 또는 일부를 해제·해지하고,

　　(2) 제5조에 규정된 계약이행보증금 전액을 몰수할 수 있으며, (중략) 합리적인 입증 여부에 따라 계약불이행으로 인한 실 손해액이 몰수된 계약이행보증금의 액수를 초과할 경우 매수인은 초과되는 손해에 대한 배상을 매도인으로부터 지급받을 수 있다.

19. 품질보증 및 담보책임

　다. 매수인은 발견된 결함에 대해 지체 없이 매도인에게 전송통지하고, 수리 또는 대체를 요청하며, 매도인은 통지받은 날로부터 30일 이내에 하자구상계획을 매수인에게 제출하여야 하고, 매수인이 통지한 날로부터 최단

시일 내에 자신의 위험과 비용으로 수리 또는 대체를 완료하여야 한다.

사. 결함의 내용과 원인을 조사하기 위한 검사의 결과 매도인의 잘못으로 판명된 경우, 해당 검사로 인해 발생하는 제 경비는 매도인의 부담이며, 수리를 위하여 반품할 경우 필요한 해제, 포장, 운송비 등 제반 비용이나 대체물품의 당초 결함이 발생된 장소까지의 운송비 등 수리·대체를 위한 제반 비용은 매도인의 부담이다.

계약 특수조건

5. 품질보증

다. 물품은 신품이어야 하고 원제작자에 의하여 제작된 완제품이어야 하며 포장용기에 대한 재포장 행위는 금지한다.

자. 결함 발생 시 매도인의 잘못으로 판명된 경우 해당 검사로 인해 발생되는 제반 경비는 매도인의 부담이며 또한 수리·대체를 위하여 반품할 경우, 필요한 해체 포장, 운송비 등 제반 비용이나, 대체 물품의 당초 결함이 발생된 장소까지 운송비 등 수리·대체를 위한 제반 비용은 매도인에서 부담한다.

8. 계약 해제

가. 이 사건 계약 특수조건 미 준수 시 계약불이행으로 간주하여 매수인은 계약을 해제(해지)할 수 있다.

나. 하자 발생 및 후속 조치

(1) 원고 소속 공군 제28전대에서 이 사건 윤활유를 사용하던 중 이 사건 윤활유가 투입된 항공기에서 급격한 진동이 발생하였고, 이에 2016. 1. 25.과 다음날 원고 소속 항공자원관리단 유류시험소에서 이 사건 윤활유에 대한 품질검사를 실시한 결과 회분이 기준치를 초과하여 검출되었다. 원고는 2016. 2. 3. 피고에게 위 검사결과를 근거로 품질 이상으로 인하여 이 사건 윤활유를 더 이상 사용할 수 없음을 통보하였다.

(2) 피고는 2016. 4. 11. 원고에게 이 사건 윤활유를 하자구상하고 이 사건 윤활유 중 남아 있는 59드럼을 반출하겠다는 내용의 공문을 발송한 다음, 2016. 4. 22. 이 사건 윤활유 중 59드럼을 회수하고 윤활유 80드럼을 다시 공급하였다.

(3) 그러나 피고가 2016. 4. 22. 공급한 윤활유에서도 위와 동일한 품질 이상이 발견되었고, 원고는 2016. 7. 29. 피고에게 비정품 윤활유 납품 및 허위서류 제출로 인하여 이 사건 계약을 해제한다고 통보하였다.

다. 피고의 대표자 L에 대한 유죄판결 확정

(1) 피고의 대표자 L은 이 사건 계약에 따라 원고에게 쉘오일사가 제작한 완제품을 포장 용기에 대한 재포장 없이 공급하고, 쉘오일사의 시험성적서 등 품질인증자료를 제출해야 함에도 불구하고, 국내 유류업체로부터 품질미달의 비정품을 구입한 다음 쉘오일사가 제작한 정품인 것처럼 가장하여 이를 원고에게 공급하고 물품대금 명목으로 미화 91,040달러를 지급받았다는 범죄사실로 2017. 6. 8. 특정경제범죄 가중처벌 등에 관한 법률 위반(사기) 등으로 공소제기되어 2018. 2. 6. 서울중앙지방법원으로부터 징역 6년을 선고받았다(2017고합577호).

(2) L이 2018. 7. 23. 항소하였으나 서울고등법원은 2018. 7. 19. 항소기각판결을 선고하였고(2018노620호), 다시 L이 2018. 7. 23. 상고하였으나 대법원이 2018. 10. 25. 상고기각판결을 선고함으로써(2018도12332호) 위 제1심 판결이 확정되었다.

라. 윤활유 검사 및 항공기 엔진 수리

원고는 이 사건 윤활유의 품질 이상 여부를 확인하기 위하여 원고 소속 유류시험소로 하여금 자체 검사를 실시하도록 하였고, 한국석유관리원에 피고가 2016. 4. 22. 공급한 윤활유에 대한 검사를 의뢰하는데 968,000원을 지출하였으며, 원고 소속 군인들로 하여금 이 사건 윤활유가 사용되었던 항공기 엔진을 검사·수리하도록 하였고, 위 항공기 엔진의 부품을 교체하는 비용으로 625,337,255원을 지출하였다.

Ⅱ. 참조 조문

1. 민 법

> **제390조(채무불이행과 손해배상)** 채무자가 채무의 내용에 좇은 이행을 하지 아니한 때에는 채권자는 손해배상을 청구할 수 있다. 그러나 채무자의 고의나 과실없이 이행할 수 없게 된 때에는 그러하지 아니하다.
>
> **제393조(손해배상의 범위)** ① 채무불이행으로 인한 손해배상은 통상의 손해를 그 한도로 한다.
>
> ② 특별한 사정으로 인한 손해는 채무자가 그 사정을 알았거나 알 수 있었을 때에 한하여 배상의 책임이 있다.
>
> **제551조(해지, 해제와 손해배상)** 계약의 해지 또는 해제는 손해배상의 청구에 영향을 미치지 아니한다.

Ⅲ. 판시사항

이 사건 계약은 일반조건 제16조 가.항 제1호의 약정해제권에 기한 원고의 2018. 7. 29.자 해제 의사표시가 피고에게 도달함으로써 해제되었는바, 설령 피고가 원고에게 물품대금을 반환하였다고 하더라도 이는 계약해제로 인한 원상회복에 해당하고, 계약의 해제는 손해배상의 청구에 영향을 미치지 아니하므로, 위와 같이 반환된 물품대금은 피고의 계약 위반으로 인한 손해배상금에서 공제되지 아니한다.

Ⅳ. 해 설

1. 채무불이행으로 인한 손해배상

가. 손해배상책임의 발생

(1) 채무자가 채무의 내용에 좇은 이행을 하지 아니한 때에는 채권자는 손해배상을 청구할 수 있다(민법 제390조 제1문). 계약 상대방의 채무불

이행을 이유로 한 계약의 해지 또는 해제는 손해배상의 청구에 영향을 미치지 아니하지만(민법 제551조), 다른 특별한 사정이 없는 한 그 손해배상책임 역시 채무불이행으로 인한 손해배상책임과 다를 것이 없으므로, 상대방에게 고의 또는 과실이 없을 때에는 배상책임을 지지 아니한다(민법 제390조). 이는 상대방의 채무불이행과 상관없이 일정한 사유가 발생하면 계약을 해지 또는 해제할 수 있도록 하는 약정해지·해제권을 유보한 경우에도 마찬가지이고 그것이 자기책임의 원칙에 부합한다.[1)]

(2) 이와 달리 계약이 합의에 의하여 해제 또는 해지된 경우에는 상대방에게 손해배상을 하기로 특약하거나 손해배상 청구를 유보하는 의사표시를 하는 등 다른 사정이 없는 한 채무불이행으로 인한 손해배상을 청구할 수 없다.[2)]

나. 손해배상의 범위

채무불이행을 이유로 계약을 해제하거나 해지하고 손해배상을 청구하는 경우에, 채권자는 채무가 이행되었더라면 얻었을 이익을 얻지 못하는 손해를 입은 것이므로 계약의 이행으로 얻을 이익, 즉 이행이익의 배상을 구하는 것이 원칙이다. 그러나 채권자는 그 대신에 계약이 이행되리라고 믿고 지출한 비용의 배상을 채무불이행으로 인한 손해라고 볼 수 있는 한도에서 청구할 수도 있다. 이러한 지출비용의 배상은 이행이익의 증명이 곤란한 경우에 증명을 용이하게 하기 위하여 인정되는데, 이 경우에도 채권자가 입은 손해, 즉 이행이익의 범위를 초과할 수는 없다. 채권자가 계약의 이행으로 얻을 수 있는 이익이 인정되지 않는 경우라면, 채권자에게 배상해야 할 손해가 발생하였다고 볼 수 없으므로, 당연히 지출비용의 배상을 청구할 수 없다.[3)]

---

1) 대법원 2016. 4. 15. 선고 2015다59115 판결.
2) 대법원 2013. 11. 28. 선고 2013다8755 판결.
3) 대법원 2017. 2. 15. 선고 2015다235766 판결.

다. 원상회복의무와 이자

한쪽 당사자가 계약을 해제한 때에는 각 당사자는 상대방에 대하여 원상회복의 의무가 있고, 원상회복의무의 이행으로서 수령한 금전을 반환할 때에는 받은 날부터 법정이자를 가산하여 지급하여야 하므로(민법 제548조 제2항), 매매계약이 해제된 경우에도 매도인은 반환할 매매대금에 대하여 받은 날부터 민법이 정한 연 5%의 법정이율에 의한 이자를 가산하여 지급하여야 한다. 그리고 위와 같은 법정이자의 지급은 계약해제로 인한 원상회복의 범위에 속하므로 부당이득반환의 성질을 가지는 것이지 반환의무의 이행지체로 인한 손해배상이 아니다.[4]

라. 위약금의 성질

당사자 사이에 채무불이행이 있으면 위약금을 지급하기로 하는 약정이 있는 경우에 그 위약금이 손해배상액의 예정인지 위약벌인지는 계약서 등 처분문서의 내용과 계약의 체결 경위 등을 종합하여 구체적 사건에서 개별적으로 판단할 의사해석의 문제이고, 위약금은 민법 제398조 제4항에 의하여 손해배상액의 예정으로 추정되지만, 당사자 사이의 위약금 약정이 채무불이행으로 인한 손해의 배상이나 전보를 위한 것이라고 보기 어려운 특별한 사정, 특히 하나의 계약에 채무불이행으로 인한 손해의 배상에 관하여 손해배상예정에 관한 조항이 따로 있다거나 실손해의 배상을 전제로 하는 조항이 있고 그와 별도로 위약금 조항을 두고 있어서 그 위약금 조항을 손해배상액의 예정으로 해석하게 되면 이중배상이 이루어지는 등의 사정이 있을 때에는 그 위약금은 위약벌로 보아야 한다.[5]

마. 손해배상액의 예정

(1) 민법 제398조에서 정하고 있는 손해배상액의 예정은 손해의 발생 사실과 손해액에 대한 증명의 곤란을 덜고 분쟁의 발생을 미리 방지하여

---

4) 대법원 2016. 8. 24. 선고 2016다17668 판결.
5) 대법원 2016. 7. 14. 선고 2013다82944 판결.

법률관계를 쉽게 해결하고자 하는 등의 목적으로 규정된 것이고, 계약 당시 손해배상액을 예정한 경우에는 다른 특약이 없는 한 채무불이행으로 인하여 입은 통상손해는 물론 특별손해까지도 예정액에 포함되고 채권자의 손해가 예정액을 초과한다 하더라도 초과 부분을 따로 청구할 수 없다.6)

(2) 당사자 사이의 계약에서 채무자의 채무불이행으로 인한 손해배상액이 예정되어 있는 경우, 채무불이행으로 인한 손해의 발생 및 확대에 채권자에게도 과실이 있다고 하여도 민법 제398조 제2항에 따라 채권자의 과실을 비롯하여 채무자가 계약을 위반한 경위 등 제반 사정을 참작하여 손해배상 예정액을 감액할 수는 있을지언정 채권자의 과실을 들어 과실상계를 할 수는 없다.7)

(3) 위약벌의 약정은 채무의 이행을 확보하기 위하여 정해지는 것으로서 손해배상의 예정과는 내용이 다르므로 손해배상의 예정에 관한 민법 제398조 제2항을 유추적용하여 감액할 수 없으나, 의무의 강제로 얻어지는 채권자의 이익에 비하여 약정된 벌이 과도하게 무거울 때에는 일부 또는 전부가 공서양속에 반하여 무효로 된다.8)

바. 손해배상채권과 본래 채권과의 동일성

채무불이행으로 인한 손해배상채권은 본래의 채권이 확장된 것이거나 본래의 채권의 내용이 변경된 것이므로 본래의 채권과 동일성을 가진다. 따라서 본래의 채권이 시효로 소멸한 때에는 손해배상채권도 함께 소멸한다.9)

사. 상 계

(1) 민법 제496조는 "채무가 고의의 불법행위로 인한 것인 때에는 그 채무자는 상계로 채권자에게 대항하지 못한다"라고 정하고 있다. 고의의

---

6) 대법원 2012. 12. 27. 선고 2012다60954 판결.
7) 대법원 2016. 6. 10. 선고 2014다200763 판결.
8) 대법원 2015. 12. 10. 선고 2014다14511 판결.
9) 대법원 2018. 2. 28. 선고 2016다45779 판결.

불법행위로 인한 손해배상채권에 대하여 상계를 허용한다면 고의로 불법행위를 한 사람까지도 상계권 행사로 현실적으로 손해배상을 지급할 필요가 없게 되어 보복적 불법행위를 유발하게 될 우려가 있다. 또 고의의 불법행위로 인한 피해자가 가해자의 상계권 행사로 현실의 변제를 받을 수 없는 결과가 됨은 사회적 정의관념에 맞지 않는다. 따라서 고의에 의한 불법행위의 발생을 방지함과 아울러 고의의 불법행위로 인한 피해자에게 현실의 변제를 받게 하려는 데 이 규정의 취지가 있다.

이 규정은 고의의 불법행위로 인한 손해배상채권을 수동채권으로 한 상계에 관한 것이고 고의의 채무불이행으로 인한 손해배상채권에는 적용되지 않는다. 다만 고의에 의한 행위가 불법행위를 구성함과 동시에 채무불이행을 구성하여 불법행위로 인한 손해배상채권과 채무불이행으로 인한 손해배상채권이 경합하는 경우에는 이 규정을 유추적용할 필요가 있다. 이러한 경우에 고의의 채무불이행으로 인한 손해배상채권을 수동채권으로 한 상계를 허용하면 이로써 고의의 불법행위로 인한 손해배상채권까지 소멸하게 되어 고의의 불법행위에 의한 손해배상채권은 현실적으로 만족을 받아야 한다는 이 규정의 입법 취지가 몰각될 우려가 있기 때문이다. 따라서 이러한 예외적인 경우에는 민법 제496조를 유추적용하여 고의의 채무불이행으로 인한 손해배상채권을 수동채권으로 하는 상계를 한 경우에도 채무자가 상계로 채권자에게 대항할 수 없다고 보아야 한다.[10]

(2) 불법행위 또는 채무불이행에 따른 채무자의 손해배상액을 산정할 때에 손해부담의 공평을 기하기 위하여 채무자의 책임을 제한할 필요가 있고, 채무자가 채권자에 대하여 가지는 반대채권으로 상계항변을 하는 경우에는 책임제한을 한 후의 손해배상액과 상계하여야 한다.[11]

---

10) 대법원 2017. 2. 15. 선고 2014다19776 판결.
11) 대법원 2015. 3. 20. 선고 2012다107662 판결.

2. 대상사안의 검토

가. 계약당사자의 확정

피고는 이 사건 계약의 매수인은 원고가 아닌 방위사업청이라고 주장하였다. 방위사업청은 국가를 당사자로 하는 계약에 관한 법률 제6조에 의하여 국방부장관으로부터 이 사건 계약에 관한 사무를 위임받은 원고 산하 행정기관에 불과하고, 원고와 별개의 법인격을 가지지 아니하여 이 사건 계약의 매수인은 원고이므로, 피고의 위 주장은 부당하다.

나. 손해배상책임의 발생

(1) 피고의 주장

피고는, 이 사건 윤활유에 발생한 하자는 피고가 비정품을 공급하였기 때문이 아니라 원고의 보관상 잘못으로 윤활유가 변질되어 발생한 것이라고 주장하였다.

(2) 인정사실

(가) 쉘오일사의 항공용 윤활유 품질 기준은 회분 0.011% 이하, 아연 10ppm 이하인데, 원고 소속 유류시험소에서의 품질검사결과 이 사건 윤활유에서 회분이 0.964% 검출되었고, 한국석유관리원에서 재차 위 윤활유의 품질을 검사한 결과 회분 1.138%, 아연 1,184ppm이 검출되었다.

(나) 쉘오일사는 2017. 1. 6. 원고에게 보낸 이메일에서 1,000ppm을 초과하는 아연 함유량은 차량용 엔진오일에서 흔히 보이는 수치로서 항공용 엔진오일에 고의적으로 아연이 첨가되지 않은 이상, 취급·보관상 부주의에 의하여 위와 같이 높은 수치의 함유량이 나타나지 않는다는 입장을 표명하였다.

(다) 쉘오일사가 2016. 5. 18. 피고의 미국 내 판매 대리점인 제이씨케미컬에게 "피고가 원고에게 공급한 이 사건 윤활유는 쉘오일사가 제조하는 에어로쉘의 위조품임을 확인하였으므로 해당 제품의 생산을 중단하고 재발방지를 위한 합의서를 작성할 것을 요구한다"는 내용의 경고문을

보내자, 피고는 2016. 6. 2. 쉘오일사와 사이에 "피고와 제이씨 케미컬은 에어로쉘 상표를 사용하거나 에어로쉘 상표를 사용한 제품의 생산·판매를 즉시 중단하겠다"는 합의서를 작성하였다.

(3) 검 토

위 인정사실에 비추어 보면, 이 사건 윤활유에 발생한 하자는 피고가 비정품 윤활유를 공급하였기 때문에 발생하였다고 봄이 타당하다. 따라서 피고는 이 사건 계약상 원고에게 쉘오일사가 제조한 정품 윤활유를 공급할 의무가 있음에도 비정품 윤활유를 공급함으로써 이 사건 계약 특수조건 제5조 다.항을 위반하였으므로, 이로 인하여 원고가 입은 손해를 배상할 책임이 있다.

다. 손해배상의 범위

(1) 피고는 이 사건 계약 일반조건 제19조 다.항, 사.항 및 이 사건 계약 특수조건 제5조 다.항, 자.항에 따라 하자의 내용과 원인을 조사하기 위한 검사 결과 피고의 잘못으로 판명된 경우 해당 검사로 인한 비용과 수리를 위한 제반 비용을 부담할 의무가 있으므로, 원고가 이 사건 윤활유의 하자를 규명하기 위하여 한국석유관리원에 검사를 의뢰하면서 지출한 비용 968,000원 및 원고가 이 사건 윤활유가 사용되었던 항공기의 엔진 부품을 교체하는 데 지출한 비용 625,337,255원, 합계 626,305,255원 상당의 손해를 배상할 의무가 있다.

(2) 피고는, 이 사건 윤활유의 하자가 발견된 이후 피고가 원고에게 반환한 물품대금 전액, 피고가 원고에게 지급한 이 사건 윤활유에 대한 검사비용, 위약금, 계약이행보증금이 공제되어야 한다는 취지로 항변하였다. 그러나 이 사건 계약은 이 사건 계약 일반조건 제16조 가.항 제1호의 약정해제권에 기한 원고의 2018. 7. 29.자 해제 의사표시가 피고에게 도달함으로써 해제되었는바, 설령 피고가 원고에게 물품대금을 반환하였다고 하더라도 이는 계약 해제로 인한 원상회복에 해당하고, 계약의 해제는 손해배상의 청구에 영향을 미치지 아니하므로(민법 제551조), 위와 같이 반

환된 물품대금은 피고의 이 사건 계약 위반으로 인한 손해배상금에서 공제되지 아니한다.

라. 결 론

따라서 피고는 원고에게 이 사건 계약의 채무불이행으로 인한 손해배상으로 윤활유 검사 의뢰 비용 968,000원, 항공기 엔진 부품 교체 비용 625,337,255원, 합계 626,305,255원 및 그 중 625,337,255원에 대하여는 원고가 피고에게 위 손해배상금의 이행을 청구한 이 사건 소장 부본이 피고에게 송달된 다음날인 2016. 11. 2.부터, 968,000원에 대하여는 이 사건 청구취지 및 청구원인 변경신청서 부본 송달 다음날인 2018. 3. 1.부터 각 피고가 그 이행의무의 존부 및 범위에 관하여 항쟁함이 상당하다고 인정되는 제1심 판결 선고일인 2018. 12. 19.까지는 민법이 정한 연 5%의, 그 다음날부터 다 갚는 날까지는 소송촉진 등에 관한 특례법이 정한 연 15%[12)]의 각 비율로 계산한 지연손해금을 지급할 의무가 있다.

---

12) 2019. 6. 1.부터 연 12%로 변경되었다.

제 6 장

항공기 운항과 제3자의 권리

[31] 토지소유자의 헬기에 대한 토지상공 통과 금지 청구권

대법원 2016. 11. 10. 선고 2013다71098 판결[1]

Ⅰ. 사실관계

(1) 피고 대한민국 소유의 대전 서구(주소 1 생략) 대 2,926㎡ 지상에는 1985. 9. 16. 설치된 충남지방경찰청 항공대(航空隊)가 위치하고 있으며, 위 항공대에는 헬기가 이·착륙하는 헬기장(이하 '이 사건 헬기장')이 있다.

(2) 이 사건 헬기장은 남동쪽 한 면이 대전 서구(주소 2 생략) 대 3,212㎡(이하 '이 사건 토지')에 접하고 있고, 그 반대쪽인 북서쪽 한 면은 자동차정비업소와 접해 있으며, 남서쪽은 2차로 도로에 접해 있고, 그 도로 반대편에는 갑천이 흐르며, 갑천 너머로 넓은 농경지가 있는 반면, 이 사건 헬기장의 북동쪽으로는 명암마을과 도솔산이 있어 그 방면으로는 헬기가 이·착륙을 할 수 없게 되어 있다. 한편 '충남지방경찰청 항공대의 국지비행 절차도'에 기재된 '장주요도(場周要圖)'에는, 헬기가 좌선회를 하면서 이 사건 토지의 상공을 거쳐서 이 사건 헬기장에 착륙하고, 이륙 시에는 갑천 방향으로 이륙하도록 주요 항로가 그려져 있다.

(3) 충남지방경찰청 항공대는 소형 헬기(7인승) 한 대를 보유하고 있고, 이 사건 헬기장은 응급환자 이송 또는 각종 공공 업무를 위하여 위 헬기뿐만 아니라 다른 경찰청 소속 헬기(15인승, 7인승), 충남·충북소방헬기(14인승) 등의 이·착륙 장소로도 사용되어 왔다. 이 사건 헬기장이 사용된 횟수는 2004년경부터 2008년경까지 충남지방경찰청 소속 헬기가 약 571회, 다른 지방경찰청 및 충남·충북소방헬기가 약 51회(그중 충남소방헬기가 2005. 1. 1.부터 2009. 8. 13.까지 약 27회이다)이고, 이·착륙 당시의 풍향과 지상 및 공중의 장애물을 고려하여 이 사건 토지의 상공을 통과하

---

[1] 이에 대한 평석은 박정대, "토지소유권이 토지 상공에 미치는 범위", 대법원판례해설 제109호(2017), 3~26면.

여 접근하는 방식 또는 갑천 쪽에서 접근하는 방식 등을 선택하여 헬기가 이·착륙하여 왔다.

(4) 이 사건 토지는 이 사건 헬기장이 설치되기 전부터 금남교통운수 주식회사의 차고지로 사용되어 왔으며, 이 사건 토지에 있는 제1심판결 별지 목록 기재 건축물(이하 '이 사건 건축물')은 이 사건 헬기장이 설치되기 약 1년 전인 1984. 7. 10.경부터 위 금남교통운수의 차고지 및 주유소, 정비소로 이용되어 왔다.

(5) 원고는 2008. 2. 13. 대전광역시 서구청장에게 이 사건 토지 지상에 10실의 분향소를 갖춘 지상 4층, 지하 1층 건축면적 640.95㎡, 연면적 3,465.91㎡ 규모로 장례식장 건물을 신축하기 위한 건축허가를 신청하였고, 2008. 8. 19. 서구청장으로부터 이 사건 토지에 관하여 장례식장 건축을 목적으로 한 토지거래허가를 받은 다음, 금남교통운수 주식회사로부터 이 사건 토지를 매수하여 2008. 9. 18. 소유권이전등기를 마쳤다.

(6) 서구청장은 2008. 10. 31. 원고에게, (i) 충남지방경찰청장으로부터 헬기 운항시 하강풍(下降風)으로 인하여 장례식장을 이용하는 사람들의 인명 피해 등이 우려되어 건축허가를 제한할 중대한 공익상 필요가 있다는 의견이 제시되었고, (ii) 명암마을 주민 107명으로부터 이 사건 토지에 장례식장이 입지할 경우 소음, 악취, 주차난, 교통사고 위험, 지가하락 등으로 주거환경이 저해된다는 이유로 집단민원이 지속적으로 발생되고 있다는 등의 사유로 위 건축을 불허가하는 처분(이하 '건축불허가 처분')을 하였다.

(7) 이에 원고는 2008. 11. 25. 서구청장을 상대로 대전지방법원 2008 구합4123호로 건축불허가 처분의 취소를 구하는 소를 제기하였다. 법원은 2009. 9. 30. "이 사건 토지에 장례식장이 입지하게 된다면 이 사건 헬기장에 헬기가 이·착륙하는 경우 발생하는 하강풍으로 인하여 장례식장 이용객들의 인명 피해 우려가 매우 심각할 것으로 판단되고, 이 사건 토지와 민가는 8m 도로를 사이에 두고 있을 뿐이어서 장례식장이 들어설 경우 소음으로 인한 거주환경의 피해가 참을 한도를 넘을 것으로 판단되는 등으로 이 사건 토지에 장례식장의 건축을 제한하여야 할 중대한 공익상 필요가 인정된다"는 이유로 원고의 청구를 기각하는 판결을 선고하였다.

이에 대한 원고의 항소와 상고가 모두 기각되어 그 판결이 그대로 확정되었다.

(8) 원고는 2009. 11. 13. 및 같은 달 19일 이 사건 토지에 관하여 소매점, 일반음식점, 사무소 용도로 건축허가(증축) 및 공작물축조 신청을 하였다. 그러나 서구청장은 2009. 12. 1. 원고에게, (i) 충남지방경찰청장으로부터 헬기 운항 시 하강풍으로 인하여 장례식장을 이용하는 사람들의 인명 피해 등이 우려되어 건축허가를 제한할 중대한 공익상의 필요가 있다는 의견이 제시되었고, (ii) 이 사건 토지는 대전광역시장이 명암마을 거주자의 보건·휴양 및 정서생활의 향상을 위하여 국토의 계획 및 이용에 관한 법률 제25조의 규정에 따라 대전 도시관리계획(공원) 결정을 위한 행정절차를 거쳐 2009. 12. 중에 대전 도시관리계획(공원) 결정 및 고시가 예정되어 있는 지역이므로 위 공익사업의 추진을 위하여 건축허가를 제한할 중대한 공익상의 필요가 있다는 이유로 불허가 처분을 하였다. 이에 원고는 2009. 12. 10. 이 사건 토지에 관하여 단독 주택 용도의 건축허가(증축) 신청을 하였는데, 대전광역시 서구청장은 2009. 12. 17. 위와 같은 이유로 다시 불허가 처분을 하였다.

(9) 원고는 2010. 4. 7. 대전광역시 서구청장에게 이 사건 건축물을 그대로 둔 채, 이 사건 건축물의 용도를 제2종 근린생활시설(사무소)에서 장례식장으로 변경해 달라는 내용의 허가신청을 하였다. 대전광역시 서구청장은 2010. 4. 13. 충남지방경찰청장으로부터 장례식장을 이용하는 이용객들의 안전을 보호하기 위하여 허가를 제한하여야 할 중대한 공익상 필요가 있어 부동의한다는 의견이 있다는 등의 이유로 위 건축물용도변경 허가신청을 불허가한다는 내용의 처분(이하 '용도변경 불허가처분')을 하였다.

(10) 이에 원고는 2010. 10. 11. 서구청장을 상대로 대전지방법원 2010구합4089호로 용도변경 불허가처분의 취소를 구하는 소를 제기하였다. 법원은 2011. 8. 10. "헬기의 하강풍으로 인하여 장례식장에 왕래하는 사람들이나 물건들에 심각한 피해를 입힐 우려가 큰 것으로 보이고, 이는 이 사건 건축물의 용도를 장례식장으로 변경하는 것을 거부할 중대한 공익상의 필요가 있는 경우에 해당된다"는 등의 이유로 원고의 청구를 기각

하는 판결을 선고하였다. 이에 대한 원고의 항소와 상고가 모두 기각되어 위 판결이 그대로 확정되었다.

(11) 원고는 피고 소유의 헬기가 이 사건 토지의 상공을 통과하여 비행하는 등으로 토지의 사용·수익에 대한 방해가 있음을 이유로, 피고에 대하여 이 사건 토지 상공에서의 비행 금지를 청구하는 소를 제기하였다.

(12) 피고는 2013. 8. 27. 이후 이 사건 토지 상공으로 헬기를 운항하지 않았고, 항공대는 2017. 7. 15. 공주시로 이전하였다.

II. 참조 조문

1. 민 법

제211조(소유권의 내용) 소유자는 법률의 범위 내에서 그 소유물을 사용, 수익, 처분할 권리가 있다.

제212조(토지소유권의 범위) 토지의 소유권은 정당한 이익있는 범위 내에서 토지의 상하에 미친다.

제214조(소유물방해제거, 방해예방청구권) 소유자는 소유권을 방해하는 자에 대하여 방해의 제거를 청구할 수 있고 소유권을 방해할 염려 있는 행위를 하는 자에 대하여 그 예방이나 손해배상의 담보를 청구할 수 있다.

III. 판시사항

(1) 토지의 소유권은 정당한 이익이 있는 범위 내에서 토지의 상하에 미치고(민법 제212조), 토지의 상공으로 어느 정도까지 정당한 이익이 있는지는 구체적 사안에서 거래관념에 따라 판단하여야 한다. 항공기가 토지의 상공을 통과하여 비행하는 등으로 토지의 사용·수익에 대한 방해가 있음을 이유로 비행 금지 등 방해의 제거 및 예방을 청구하거나 손해배상을 청구하려면, 토지소유권이 미치는 범위 내의 상공에서 방해가 있어야 할 뿐 아니라 방해가 사회통념상 일반적으로 참을 한도를 넘는 것이어야

한다. 이때 방해가 참을 한도를 넘는지는 피해의 성질 및 정도, 피해이익의 내용, 항공기 운항의 공공성과 사회적 가치, 항공기의 비행고도와 비행시간 및 비행빈도 등 비행의 태양, 그 토지 상공을 피해서 비행하거나 피해를 줄일 수 있는 방지조치의 가능성, 공법적 규제기준의 위반 여부, 토지가 위치한 지역의 용도 및 이용 상황 등 관련 사정을 종합적으로 고려하여 판단하여야 한다.

(2) 항공기의 비행으로 토지 소유자의 정당한 이익이 침해된다는 이유로 토지 상공을 통과하는 비행의 금지 등을 구하는 방지청구와 금전배상을 구하는 손해배상청구는 내용과 요건이 다르므로, 참을 한도를 판단하는 데 고려할 요소와 중요도에도 차이가 있을 수 있다. 그중 특히 방지청구는 그것이 허용될 경우 소송당사자뿐 아니라 제3자의 이해관계에도 중대한 영향을 미칠 수 있으므로, 방해의 위법 여부를 판단할 때는 청구가 허용될 경우 토지 소유자가 받을 이익과 상대방 및 제3자가 받게 될 불이익 등을 비교·형량해 보아야 한다.

(3) 항공기가 토지의 상공을 통과하여 비행하는 등으로 토지의 사용·수익에 방해가 되어 손해배상책임이 인정되면, 소유자는 항공기의 비행 등으로 토지를 더 이상 본래의 용법대로 사용할 수 없게 됨으로 인하여 발생하게 된 재산적 손해와 공중 부분의 사용료 상당 손해의 배상을 청구할 수 있다.

Ⅳ. 해 설

1. Bernstein of Leigh v. Skyview and General Ltd, [1978] QB 479

가. 사실관계

(1) 피고 Skyview and General Ltd는 1974. 8. 3. Kent에 있는 원고 Bernstein of Leigh 소유의 농장(Coppings Farm)을 항공사진 촬영하였고, 그 사진을 원고에 매수하도록 권유하였다.

(2) 원고는 피고가 원고의 동의를 받지 아니하였으므로, 원고의 프라이버시를 중대하게 침해하였다고 주장하였다. 원고는 피고에게 사진을 인도할 것, 네거티브 필름을 원고에게 인도하거나 폐기할 것을 요청하였다. 피고의 경영이사 Arthur Ashley는 만약 위와 같은 원고의 요청을 알았다면, 사진과 네거티브 필름을 폐기하고 앞으로는 이와 비슷한 항공사진을 촬영하지 않을 것이라고 하였다. 그러나 피고의 답장은 18세의 비서가 작성하였는데, 비서는 원고에게 네거티브 필름을 15파운드에 매수할 것을 제안하였다.

(3) 원고는 피고가 원고의 농장사진을 촬영하기 위하여 원고 소유의 토지 상공을 고의로 침범하였으므로, 피고가 원고의 소유권 침해와 프라이버시권 침해를 하였다고 주장하였다. 피고는 원고의 농장에 대하여 항공사진을 촬영한 것은 인정하였으나, 인접한 토지 상공을 지나갔을 뿐 원고 토지의 상공을 지나 간 것은 아니라고 주장하였다. 피고는 원고 농장에서 300피트 높이의 상공 및 토지 경계선에서 바깥쪽으로 30미터 떨어진 곳을 비행하였다고 주장하였다. 원고는 헬기를 이용하여 피고가 촬영하였던 사진을 재현하였는데, 그 결과 피고가 원고의 토지 경계선에서 1,000피트 상공 및 30피트 안쪽을 비행하였다고 주장하였다. 1974년 당시 사진을 촬영한 조종사는 찾을 수 없었으나, 증거에 의하면 피고는 원고 토지의 상공을 비행한 것으로 인정되었다.

(4) 원고는 청구원인에서 오래된 라틴어 법언(cujus est solum ejus est usque ad coelum et ad inferos)[2]을 주장하였다. 토지소유권자는 그 상공에 대하여 일정한 권리가 있다는 것은 오래 전부터 인정되었다. Wandsworth Board of Works v. United Telephone Co (1884) 13 QBD 904 사건에서는 토지소유자에게 토지 상공에 설치되어 있는 전선을 제거할 수 있는 권리를 인정하였고, Gifford v. Dent (1926) 71 SJ 83 사건에서는 원고 소유의 앞마당에 4피트 8인치 돌출하도록 간판을 설치한 피고의 행위는 불법침해(trespass)라고 인정하였다.

---

2) 토지소유권은 그 위로 무한한 상공과 그 지하까지 미친다.

나. 판시사항

(1) 만약 위와 같은 라틴 법언을 문자 그대로 적용한다면, 인공위성이 정원 위를 지나갈 때마다 불법침범에 해당한다는 불합리한 결론에 도달하게 된다. 이 사건에서 쟁점은 토지소유자가 그 토지를 사용·수익할 수 있는 권리와 일반 공중이 과학기술의 발달로 공역사용으로 향유하는 이익을 조정하는 것이다. 이러한 법익균형에 가장 좋은 방법은 토지소유권의 범위를 일반적인 토지의 사용·수익과 토지상공에의 시설물의 설치 등에 필요한 토지상공으로 공역에 대한 소유자의 권리를 제한하고, 그 높이 이상의 공역에 대하여는 일반 공중보다 우선하는 권리는 존재하지 않는다고 선언하는 것이다.

(2) 이러한 법리를 이 사건에 적용하면, 피고가 원고의 토지 상공을 비행하는 것은 불법침해에 해당하지 않고, 설령 피고가 원고 소유의 건물을 촬영하였다고 하더라도 사진촬영행위가 정당한 비행을 불법침해로 변경시키는 것은 아니다. 1949년 민간항공법(Civil Aviation Act 1949) 제40조 제1항(1982년 민간항공법 제76조 제1항에 해당한다)3)에서도 합리적인 높이 이상에서의 비행은 불법침해나 생활방해에 해당하지 않는다고 규정하고 있다. 다만 피고가 지속적으로 원고의 집을 감시하거나 원고의 행동을 일일이 촬영한다면, 법원은 피고의 원고에 대한 프라이버시 침해와 생활방해를 이유로 구제명령을 발령할 수 있다.

---

3) **1982년 민간항공법** (Civil Aviation Act 1982) **제76조** 불법침해, 생활방해, 지상 제3자의 손해에 대한 항공기의 책임
(1) 항공기가 소유물 상공을 비행한 것이 바람, 날씨, 모든 비행상황을 고려하였을 때 합리적이거나 또는 그러한 비행이 항공운항규정과 제62조에 의한 규정을 적법하게 준수하여 일상적인 것이라면, 불법침해 또는 생활방해를 구성하지 아니한다.
76 Liability of aircraft in respect of trespass, nuisance and surface damage
No action shall lie in respect of trespass or in respect of nuisance, by reason only of the flight of an aircraft over any property at a height above the ground which, having regard to wind, weather and all the circumstances of the case is reasonable, or the ordinary incidents of such flight, so long as the provisions of any Air Navigation Order and of any orders under section 62 above have been duly complied with....

2. 소유권에 기한 방지청구로서 비행금지청구

가. 의　의

토지의 소유권은 정당한 이익이 있는 범위 내에서 토지의 상하에 미치는바(민법 제212조), 항공기가 토지의 상공을 통과하여 비행하는 등으로 토지의 사용·수익에 대한 방해가 있는 경우에는 비행 금지 등 방해의 제거 및 예방을 청구할 수 있다.[4]

독일 민법 제1004조 제1항은 "소유권이 점유의 박탈이나 유치 이외의 방법에 의하여 침해된 경우에는 소유자는 방해자에 대하여 그 침해의 배제를 청구할 수 있다. 계속하여 침해될 우려가 있는 경우에는 그 침해의 정지를 청구할 수 있다"고 규정하여 방어청구권이라는 표제하에 침해의 제거를 청구할 수 있는 제거청구권(Beseitigungsanspruch)과 침해가 나타나기 전에 미리 방어할 수 있는 유지청구권(Unterlassungsanspruch)을 인정하고 있다. 제907조 제1항에서는 인접한 토지상의 시설의 존재 또는 그 이용이 자기 토지상에 허용되지 않는 침해를 할 것을 확실히 예견할 수 있는 때에는 설치나 존속을 금지하도록 요구할 수 있다고 규정하여 광범하게 유지청구권을 인정하고 있다. 이 청구권은 방해하는 시설의 제거까지도 할 수 있으므로 제1004조의 일반적인 방어청구권보다 범위가 넓다.[5]

나. 토지소유권이 미치는 범위 내의 상공에서 방해가 있을 것

항공기가 토지의 상공을 통과하여 비행하는 등으로 토지의 사용·수익에 대한 방해가 있음을 이유로 비행 금지 등 방해의 제거 및 예방을 청구

---

4) 인접 대지 위에 건축 중인 아파트가 24층까지 완공되는 경우, 대학교 구내의 첨단과학관에서의 교육 및 연구 활동에 커다란 지장이 초래되고 첨단과학관 옥상에 설치된 자동기상관측장비 등의 본래의 기능 및 활용성이 극도로 저하되며 대학교로서의 경관·조망이 훼손되고 조용하고 쾌적한 교육환경이 저해되며 소음의 증가 등으로 교육 및 연구 활동이 방해받게 된다면, 그 부지 및 건물을 교육 및 연구시설로서 활용하는 것을 방해받게 되는 대학교측으로서는 그 방해가 사회통념상 일반적으로 수인할 정도를 넘어선다고 인정되는 한 그것이 민법 제217조 제1항 소정의 매연, 열기체, 액체, 음향, 진동 기타 이에 유사한 것에 해당하는지 여부를 떠나 그 소유권에 기하여 그 방해의 제거나 예방을 청구할 수 있다. 대법원 1995. 9. 15. 선고 95다23378 판결.
5) 윤철홍, "환경권의 본질과 유지청구권", 민사법학 제17호(1999), 363~364면.

하려면, 토지소유권이 미치는 범위 내의 상공에서 방해가 있어야 한다. '토지소유권이 미치는 범위 내의 상공'에 관한 명확한 기준은 없지만, 지상 100피트 높이로 비행하는 경우 불법침범으로 인정한 판례,[6] 사람·선박·이동수단·건축물에서 500피트 이내의 상공에서 비행을 금지하는 규정[7] 등이 참고자료가 된다.

대상사안에서 법원은, 원고에게는 헬기의 항로로 사용되는 이 사건 토지의 상공부분에 대하여 정당한 이익이 있다고 인정하였다.

다. 방해가 사회통념상 일반적으로 참을 한도를 넘을 것

환경소송에서 방해가 사회통념상 일반적으로 참을 한도를 넘어서는지 여부는 피해의 성질 및 정도, 피해이익의 공공성과 사회적 가치, 가해행위의 태양, 가해행위의 공공성과 사회적 가치, 방지조치 또는 손해회피의 가능성, 공법적 규제 및 인·허가 관계, 지역성, 토지이용의 선후 관계 등 모든 사정을 종합적으로 고려하여 판단하여야 한다.[8]

비행 금지 청구 사건에서는 방해가 참을 한도를 넘는지는 피해의 성질 및 정도, 피해이익의 내용, 항공기 운항의 공공성과 사회적 가치, 항공기의 비행고도와 비행시간 및 비행빈도 등 비행의 태양, 그 토지 상공을 피해서 비행하거나 피해를 줄일 수 있는 방지조치의 가능성, 공법적 규제기준의 위반 여부, 토지가 위치한 지역의 용도 및 이용 상황 등 관련 사정을 종합적으로 고려하여 판단하여야 한다.

라. 손해배상과 방지청구에서 요건의 차이

(1) 위법성단계설

방지청구권의 성립요건으로는 보통 '계속적인 침해의 존재'와 '위법성'을 들고 있는데, 그 중 특히 위법성과 관련하여서는 '위법성단계설'이 주

---

6) Smith v. New England Aircraft Co., 170 N.E. 385, 393 (1930).
7) Civil Aviation: The Rules of the Air and Air Traffic Control Regulations 1985, S.I. 1985/1714, reg. 5(1)(e).
8) 대법원 1995. 9. 15. 선고 95다23378 판결.

장되고 있다. 위법성단계설은 방지청구에서 수인한도가 손해배상청구에서 수인한도보다 더 높게 설정되어야 한다는 이론으로서, 즉 피해가 0부터 출발하여 어느 일정 한도를 넘어서면 손해배상청구권이 인정되고, 피해가 더욱 커져 중지시키지 않으면 매우 곤란한 상황이 발생할 것으로 예상될 정도에 이르러야 비로소 방지청구권이 인정된다는 이론이다. 현재 우리나라 및 일본의 다수설이고,9) 일본 최고재판소도 국도43호선 사건10)에서 "도로 등 시설의 사용금지와 금전에 의한 손해배상은 청구내용이 서로 달라 위법성의 판단에서 각 요소의 중요성을 어느 정도 고려할 지에 대해서는 차이가 있을 수밖에 없으므로, 양 청구의 위법성 유무의 판단이 엇갈리더라도 반드시 불합리하다고 말할 수는 없다"는 취지로 판시하면서, 사용금지청구에 대하여는 피해가 수인한도 내에 있다는 이유로 원고들의 청구를 기각하고 손해배상청구에 대하여는 피해가 수인한도를 초과하였다는 이유로 원고들의 청구를 인용하였다.

이러한 위법성단계설은 특히 가해행위의 공공성 요소를 매우 중시하는데,11) 이에 의할 경우 항공기 소음 피해를 원인으로 한 손해배상청구소송에서는 침해의 위법성이 인정되어 승소하더라도 항공기의 이·착륙 등의 제한을 구하는 방지청구소송에서는 공항 또는 비행장이 가지는 고도의 공공성으로 인하여 위법성이 부정되어 원고 패소판결이 선고될 가능성이 크다.

(2) 판 례

대법원은 도로소음으로 인한 생활방해를 원인으로 소음의 예방 또는 배제를 구하는 방지청구는 금전배상을 구하는 손해배상청구와는 내용과 요건을 서로 달리하는 것이어서 같은 사정이라도 청구의 내용에 따라 고려요소의 중요도에 차이가 생길 수 있고, 방지청구는 그것이 허용될 경우

---

9) 강종선, "항공기소음 관련 민사소송의 제문제", 사법논집 제44집(2007), 317~318면.
10) 最高裁 1995. 7. 7. 判決, 法律時報 67권 11호 12면.
11) 가해행위의 공공성은 손해배상소송에서는 수인한도 판단에 별 영향이 없지만 유지청구소송에서는 위법성의 감쇄(減殺)사유로서 중요한 역할을 하게 된다. 문광섭, "환경침해에 대한 유지청구", 재판자료 제94집, 법원도서관(2002. 7.), 314면.

소송당사자뿐 아니라 제3자의 이해관계에도 중대한 영향을 미칠 수 있어, 방지청구의 당부를 판단하는 법원으로서는 청구가 허용될 경우에 방지청구를 구하는 당사자가 받게 될 이익과 상대방 및 제3자가 받게 될 불이익 등을 비교·교량하여야 한다는 입장을 취하였다.[12]

(3) 대상판결

대상판결도, "항공기의 비행으로 토지 소유자의 정당한 이익이 침해된다는 이유로 토지 상공을 통과하는 비행의 금지 등을 구하는 방지청구와 금전배상을 구하는 손해배상청구는 내용과 요건이 다르므로, 참을 한도를 판단하는 데 고려할 요소와 중요도에도 차이가 있을 수 있다. 그중 특히 방지청구는 그것이 허용될 경우 소송당사자뿐 아니라 제3자의 이해관계에도 중대한 영향을 미칠 수 있으므로, 방해의 위법 여부를 판단할 때는 청구가 허용될 경우 토지 소유자가 받을 이익과 상대방 및 제3자가 받게 될 불이익 등을 비교·형량해 보아야 한다"고 판시하여, 선행판결과 동일하게 위법성단계설의 입장을 취하고 있다.

마. 대상사안의 검토

(1) 인정사실

(가) 이 사건 헬기장에 이·착륙하는 헬기는 '장주요도'의 기재와 달리 착륙 당시의 풍향과 지상 및 공중의 장애물을 고려하여 이 사건 토지를 통과하여 접근하는 방식 외에도 갑천 쪽에서 접근하는 방식을 선택하는 등 피고로서는 이 사건 토지에 미치는 손해를 회피하기 위하여 가능한 한 노력을 하고 있다.

(나) 비행원리상 항공기는 맞바람을 받으면서 이·착륙을 하는 것이 안전하고 뒷바람을 맞으면서 이·착륙을 할 경우에는 헬기 성능초과 및 착륙거리 증가로 위험할 수 있다. 그 때문에 이 사건 헬기장을 둘러싼 지형·지상물 및 이·착륙 당시의 풍향에 따라 헬기가 이 사건 토지 상공을 통과하는 것이 불가피한 경우가 발생할 수 있다. 그런 상황까지 헬기가 이 사

---

12) 대법원 2015. 9. 24. 선고 2011다91784 판결.

건 토지 상공을 통과하는 것을 막을 경우에는 무리하게 갑천 쪽에서 접근하여 착륙을 시도하다가 위험에 처할 여지도 있다.

(다) 원고는 이 사건 토지에 대한 토지거래허가를 받기 이전에 장례식장 건축허가신청을 하면서 2008. 3. 21.경 대전광역시 서구청장으로부터 헬기의 하강풍으로 인한 인적·물적 피해와 비행 안전 등에 대한 대책을 보완하도록 요구를 받았다. 이에 원고는 2008. 8. 20.경 위 서구청장에게 헬기로 인한 사고에 대하여 원고가 모든 책임을 지겠다는 취지의 각서를 제출한 바 있다. 이에 비추어 원고는 이 사건 토지를 매수하기 전에 이미 이 사건 헬기장 및 헬기로 인하여 장례식장 건축허가가 지장을 받았을 수 있다는 점을 알았거나 알 수 있었다고 보인다.

(라) 이 사건 헬기장과 토지는 도심과는 떨어진 도솔산의 남서쪽 자락에 위치하고 있고, 현재 이 사건 토지에서는 적법한 행정절차를 거치지 않은 채 장례식장이 운영되고 있는 것으로 보인다.

(마) 충남지방경찰청장은 원고가 이 사건 토지를 매수하기 23년 전부터 이 사건 헬기장에서 헬기를 운영하여 인명구조 및 긴급환자의 이송, 중요범인 추적 및 실종자 수색 등의 공익업무를 수행하여 왔다. 이 사건 헬기장은 충남지방경찰청 항공대 헬기뿐만 아니라 충남지방경찰청과 다른 지방경찰청, 충청남·북도 소방헬기의 연료보급을 위해 활용되고 있어 그 공공성과 사회적 가치가 크다.

(바) 위와 같은 여러 사정들을 앞에서 본 법리에 따라 살펴보면, 원심 판시와 같은 사정만으로는 이 사건 헬기장에 이·착륙하는 헬기가 이 사건 토지의 상공을 비행하여 통과함으로써 원고의 이 사건 토지 상공에 대한 정당한 이익이 '참을 한도'를 넘어 침해되어 원고가 피고를 상대로 그 금지를 청구할 수 있다고 단정하기 어렵다.

(2) 판단 기준

헬기가 이 사건 토지를 통과할 때의 비행고도 및 비행빈도 등 비행의 태양, 이 사건 헬기장의 사회적 기능, 이 사건 토지 상공을 통한 비행이 금지될 경우 이 사건 헬기장의 운영에 초래되는 영향, 이 사건 헬기장의 운영으로 원고가 받는 실질적 피해와 권리행사 제한의 구체적 내용, 이 사건 토지의 이용 현황 및 활용 가능한 대안 등을 심리하고, 이 사건 헬기장에서 헬기가 이·착륙할 때 이 사건 토지 상공을 통과하는 것이 금지될 경우 소송당사자뿐 아니라 지역 주민 등 일반 국민이 받게 될 이익과 불이익을 비교·형량하고, 공공업무 수행에 초래되는 지장의 내용과 대체방안의 존부 등을 함께 고려하여 헬기가 이 사건 토지 상공을 통과하는 것의 금지를 청구할 수 있는지를 판단하여야 한다.

(3) 대법원의 판단

원심[13]은 위와 같은 점을 충분히 살피지 아니한 채 곧바로 원고가 피고를 상대로 이 사건 토지의 소유권에 터 잡아 헬기가 이 사건 토지 상공을 통과하는 것의 금지를 구할 수 있다고 판단하였다. 이러한 원심의 판단에는 토지 상공의 비행으로 인한 토지소유자의 정당한 이익 침해에서 참을 한도 및 방해의 제거 및 예방 등 방지청구권에 관한 법리를 오해하여 필요한 심리를 다하지 아니함으로써 판결에 영향을 미친 잘못이 있다.

(4) 파기환송 후 항소심에서 소 취하

원고는 파기환송 후 항소심[14]에서 비행 금지 청구의 소를 취하하였다. 이는 피고가 2013. 8. 27. 이후 이 사건 토지 상공으로 헬기를 운항하지 않았고, 충남지방경찰청 항공대는 2017. 7. 15. 공주시로 이전하였기 때문에, 더 이상 비행 금지를 청구할 실익이 없었기 때문인 것으로 보인다.

3. 손해배상청구

가. 불법행위와 손해배상책임

항공기가 토지의 상공을 통과하여 비행하는 등으로 토지의 사용·수익에 방해가 되어 손해배상책임이 인정되면, 그 소유자는 항공기의 비행 등으로 토지를 더 이상 본래의 용법대로 사용할 수 없게 됨으로 인하여 발

---

13) 대전고등법원 2012. 8. 16. 선고 2010가합7823 판결.
14) 대전고등법원 2019. 1. 31. 선고 2016나1364 판결.

생하게 된 재산적 손해와 공중 부분의 사용료 상당 손해의 배상을 청구할
수 있다.

나. 원심의 판단

원심은, 피고가 이 사건 헬기장을 설치·운영함으로써 원고의 이 사건
토지 사용·수익에 제한이 이루어졌고 그 정도가 재산권 행사의 내재적 한
계로 인한 제한의 정도를 넘어서므로, 피고는 이로 인하여 원고가 입은
손해를 배상할 의무가 있다고 판단하였다. 그러면서도, (i) 이 사건 토지
의 임료 상당을 손해로 구하는 것에 대하여는, 피고의 이 사건 헬기장 설
치 및 운영으로 인하여 원고가 이 사건 토지를 전적으로 사용할 수 없다
고 볼 만한 증거가 없고, (ii) 장례식장 설계비 상당의 손해에 대하여는,
이 사건 토지의 이용 제한과 상당인과관계가 없으며, (iii) 이 사건 토지의
공중 부분 사용료에 대하여는, 그 사용료 상당액을 인정할 아무런 증거가
없다는 이유로 원고의 손해배상청구를 전부 기각하였다.

다. 대법원의 판단

이 사건 토지를 본래의 용법대로 사용할 수 없게 됨으로 인하여 발생
하게 된 손해 및 이 사건 토지의 공중 부분 사용료에 관한 원고의 주장이
미흡하고 원고가 그에 대한 증거를 제출하지 않고 있더라도 법원은 적극
적으로 석명권을 행사하여, 이 사건 토지 상공으로 헬기가 비행함으로 인
하여 이 사건 토지가 받는 사용 제한의 정도 및 원고가 이 사건 토지를
본래의 용법에 따라 사용하지 못하게 됨으로 인하여 입은 구체적 손해를
특정하도록 한 다음 손해액에 관한 증명을 촉구하였어야 한다. 또한 공중
부분의 사용료에 관하여도 헬기가 이 사건 토지 상공으로 비행하는 거리·
비행고도·각도·비행횟수 등을 특정하도록 한 다음, 토지 상공의 비행 구
역에 대한 구분지상권에 상응하는 임료 등을 기준으로 삼아 이 사건 토지
의 공중 부분 사용료 액수에 관한 증명을 촉구하였어야 한다. 그럼에도
원심은 그러한 조치를 취하지 아니한 채 원고가 이 사건 토지를 전적으로
사용할 수 없다고 볼 만한 증거가 없다거나 손해액을 인정할 증거가 없다

는 이유만으로 원고의 손해배상청구를 배척하였으니, 거기에는 불법행위로 인한 손해액의 심리에 관한 법리를 오해한 잘못이 있다.

라. 파기환송 후 항소심의 판단

(1) 기초사실

(가) 이 사건 헬기장에서 헬기가 이·착륙할 때 수직 상승 및 하강하는 고도는 매번 동일하지 않지만, 대체적으로 이 사건 헬기장에서 수직으로 약간 상승한 후 이 사건 토지 방향으로 전진하면서 서서히 고도를 높이며 이륙하고, 이 사건 토지 상공에서 헬기장 방향으로 전진하면서 서서히 고도를 낮추며 착륙하였다.

(나) 이 사건 토지 중 별지 도면 (생략) 비행경로선 안쪽 부분이 이 사건 토지 상공으로 헬기가 운항하는데 비행경로로 사용되었고, 이 사건 헬기장에서 주로 이·착륙한 헬기는 미국 K사의 L기종이고, 위 헬기의 주회전 날개 직경은 11.28m이다.

(다) 하강풍은 헬기가 이륙하거나 떠 있기 위하여 로터(rotor) 주위와 끝단에 형성되어 있는 회전성 와류로서 L기종의 경우 50~210도 방향에서 크게 발생하고, 헬기가 공중에 정지해 있는 경우에도 동체를 공중에 띄워 놓기 위하여 하강풍의 힘은 유지되며, 이·착륙장이 아닌 곳에는 지면효과 (Ground Effect)[15]까지 기대할 수 없으나, 하강풍에 따른 영향은 다소 존재한다.

(2) 이 사건 토지 상공으로 헬기가 운항하는데 사용되는 공중 부분의 범위

(가) 이 사건 토지 상공으로 헬기가 운항함으로써 사용할 수 없게 되는 공중 부분의 범위는 대체로 기체 자체의 운항을 위하여 사용하는 공간과 같을 것이다. 그런데 헬기의 운항경로는 헬기의 기종, 기상 상황, 운행 방법, 운행 속도, 운행 시간 등 기타 여러 가지 사정에 따라 편차가 있고, 헬기가 주위에 일으키는 바람·진동·소음 등이 그때그때 어느 정도 변동

---

15) 로터의 회전면 아래로 내려오는 강한 하강풍이 지면에 부딪혀서 다시 위로 올라가는 상향성 기류를 형성하거나 일련의 압축성 기류를 생성하여 양력에 도움을 주는 효과.

폭을 가지고 발생하는 점을 고려하면, 이 사건 헬기가 운항하는데 사용되는 공중 부분의 범위는 기체 자체가 통과하는 부분보다 다소 넓다고 봄이 상당하다.

(나) 비행경로, 전기사업법 제90조의2[16] 제2항 제1호(이 사건 토지 상공으로 헬기가 운항함으로 인하여 토지 사용이 제한되는 것은 토지의 지상에 송전선로가 설치됨으로 인하여 토지 사용이 제한되는 것과 그 제한의 정도 및 범위가 유사하므로 위 규정을 참고한다), 이 사건 헬기의 기종 및 형태, 운행방식과 빈도, 비행하는 거리 및 비행고도·각도 등을 종합하면, 이 사건 헬기 운항으로 영향을 받는 수평 부분의 범위는 비행경로 부분과 이에 더하여 수평적으로는 L기종 헬기의 주회전날개 반지름인 5.64m와 이 사건 헬기의 운행에 영향을 받는 3m를 더한 부분으로 봄이 상당하다.

(다) 이 사건 토지 상공으로 헬기가 운항함으로 인하여 하강풍의 영향이 다소 있는바, (i) 14인승 헬기가 이 사건 헬기장에 착륙하기 위하여 이 사건 토지 상공을 통과하는 경우 강한 하강풍이 발생하는 점, (ii) 헬기가 일정 고도 이상으로 운항하는 도중에는 이·착륙할 때만큼 하강풍이 강하지는 않으나 하강풍이 다소 존재하는 점, (iii) 이 사건 헬기장에서 헬기가 이·착륙하는 장소 자체는 이 사건 토지는 아니지만 헬기의 이·착륙과 일정 고도 이상으로 운항하는 과정에서 이 사건 토지 상공이 간접적으로 영향을 받거나 직접 사용되는 점, (iv) 헬기가 이·착륙할 때 수직 상승 및 하강하는 고도는 일정하지 않아 헬기가 이·착륙하는 과정에서 영향을 받는 이 사건 토지의 범위와 일정 고도 이상으로 운항하는 과정에서 사용되는 범위를 명확하게 구분하기는 어려운 점, (v) 헬기가 이 사건 토지 상

---

16) 제90조의2(토지의 지상 등의 사용에 대한 손실보상) ① 전기사업자는 제89조 제1항에 따른 다른 자의 토지의 지상 또는 지하 공간에 송전선로를 설치함으로 인하여 손실이 발생한 때에는 손실을 입은 자에게 정당한 보상을 하여야 한다.
② 제1항에 따른 보상금액의 산정기준이 되는 토지 면적은 다음 각 호의 구분에 따른다.
1. 지상 공간의 사용: 송전선로의 양측 가장 바깥선으로부터 수평으로 3미터를 더한 범위에서 수직으로 대응하는 토지의 면적. 이 경우 건축물 등의 보호가 필요한 경우에는 기술기준에 따른 전선과 건축물 간의 전압별 이격거리까지 확장할 수 있다.
2. 지하 공간의 사용: 송전선로 시설물의 설치 또는 보호를 위하여 사용되는 토지의 지하 부분에서 수직으로 대응하는 토지의 면적
③ 제1항 및 제2항에 따른 손실보상의 구체적인 산정기준 및 방법에 관한 사항은 대통령령으로 정한다.

공을 통과하는 과정에서 구간마다 하강풍의 범위를 개별적으로 측정하기는 어려운 점과 이 사건 헬기의 기종 및 형태, 운행 방식과 빈도, 비행하는 거리 및 비행고도·각도 등을 종합하면, 이 사건 헬기 운항으로 영향을 받는 수직 부분의 범위는 이 사건 토지 상공으로 헬기가 운항하는 전체 과정에서 평균적으로 하방 5m의 범위가 포함된다고 봄이 상당하다.

(3) 손해배상의 범위

원고가 이 사건 토지의 소유권을 취득한 2008. 9. 18.부터 이 사건 토지의 상공으로 헬기 운항이 중단된 2013. 8. 27.까지 기간 동안 위 공중부분의 구분지상권 임료 상당의 손해가 발생하였고, 감정결과에 의하면 위 공중부분의 구분지상권 임료는 29,785,093원이므로, 피고는 원고에게 이 사건 토지의 상공으로 헬기를 운항함으로 인하여 발생한 29,785,093원의 손해를 배상할 책임이 있다.

마. 평 가

파기 환송 후 항소심 판결은 토지 상공으로 헬기를 운항함으로 인하여 발생한 손해를 인정한 최초의 판결이라는 점에서 의의가 있다. 위 판결에 대하여 원고가 상고를 제기하여 2019. 5. 1. 현재 대법원에 2019다3288호로 재상고심 계속 중인바, 향후 대법원 판결이 주목된다.

[32] 항공방재로 꿀벌이 폐사한 경우 손해배상 책임

창원지방법원 진주지원 2008. 10. 16. 선고 2007가단7153 판결

I. 사실관계

가. 당사자들의 지위

(1) 원고는 경남 산청군 ○○면에서 40여 년 간 양봉업(養蜂業)에 종사해 왔는데, 2006. 6.경 꿀벌 456통을 사육하고 있었다.

(2) 피고 산청군은 밤나무를 키우는 농가들의 요청에 의하여 산림청에서 헬기를 지원받아 피고 산청군 산림조합(이하 '피고 조합')에 밤나무 항공방제(航空防除)의 시행을 위탁하여 매년 2회 밤나무 항공방제를 실시해 왔다.

나. 항공방제 경위

(1) 산림청 훈령인 '산림병해충 방제규정'에 의하면, 밤나무 해충은 산림소유자가 방제하여야 하되, 지상방제가 어려운 지역으로서 산림소유자가 항공방제를 원할 때에는 헬기를 지원할 수 있고, 시장, 군수가 방제예정지 확인, 주민계도, 헬기 이·착륙장 설치 및 헬기 계류시 안전조치, 방제구역의 경계표지 설치, 헬기지원 요청 등 항공방제 실시 준비를 관장하도록 하며, 실행준비업무의 일부를 산림조합에게 대행하게 할 수 있다고 규정하고 있다.

(2) 위 훈령에 따라 피고 산청군은 2006. 5. 3. 피고 조합에 항공방제사업 시행을 위탁하였는데, 그 공문에 의하면 주민계도를 위하여 피고 산청군에서는 일간신문에 게재하고 피고 조합에서는 다른 산업 피해 예방을 위하여 이해관계 당사자를 호별 방문하여 충분히 계도하도록 하고 있고, 읍·면에서는 마을 앰프, 차량 가두 방송 등을 통하여 홍보하도록 하

고 있다.

(3) 피고 조합에서는 각 읍·면별 항공방제 추진위원 12명을 선정하여 2006. 5. 26. 회의를 개최하여 항공방제 사업계획 및 사전 검토·준비사항, 지역별 방제순위 등을 의결하였는데, 그 의결사항에는 앞서 본 바와 같은 호별 방문 계도를 포함한 주민계도 사항이 포함되어 있고, 이전에는 밤나무 항공방제를 산청군 관내의 남부지역부터 실시해 왔으나 2006년에는 원고의 양봉장이 속한 ○○면을 비롯한 북부지역 밤나무 농가들의 민원에 따라 북부지역부터 방제를 실시하기로 하였다.

(4) 피고 산청군은 2006. 6. 20. 같은 해 6. 25.부터 7. 15.까지 사이에 산청군 전역에 항공방제를 실시하되, ○○면 지역에 대하여는 같은 해 6. 25.부터 6. 28. 사이에 방제하는 것으로 공고를 하고, 같은 해 6. 21. 경남도민일보, 경남일보, 경남신문에, 6. 22. 경남매일 등 지역 신문을 통하여, 같은 해 6. 23. 진주 MBC 뉴스를 통하여 항공방제 실시를 알렸다.

(5) 피고 산청군은 방제 실시 전에 산하 읍·면사무소를 통하여 각 마을 이장에게 마을 앰프 방송, 차량 가두 방송 등의 방법으로 마을 사람들에게 방제 실시를 알리도록 지시하였으나, 원고가 속한 마을의 이장은 마을회관에서 만난 몇 명의 사람들에게만 방제 사실을 알렸을 뿐 마을 앰프 방송을 실시하거나 호별 방문을 통하여 알리지 아니하여, 원고는 결국 방제 실시 사실을 몰랐다.

(6) 2005년에는 ○○면 지역에 7월 6일 항공방제가 실시되었으나, 앞서 본 바와 같은 추진위원회의 의결에 따라 그보다 이른 2006. 6. 27. ○○면 지역에 헬기를 이용하여 밤나무 항공방제(이하 '이 사건 항공방제')가 실시되었다.

(7) 이 사건 항공방제에 사용된 농약은 델타메트린을 주성분으로 한 '데시스'라는 상표의 농약인데, 그 농약의 주의사항에는 꿀벌에 피해가 있으므로 꽃이 피어 있는 동안에는 사용하지 말라고 기재되어 있다.

(8) 우리나라의 밤나무 개화시기는 품종과 지역에 따라 다르기는 하나 대체로 6월 7일경부터 7월 2일경까지 사이이고, 산청군 내에서도 ○○면이 속한 북부지역은 남부지역에 비하여 지대가 높고 기온이 낮아 개화시

기가 더 늦다.

다. 항공방제로 인한 꿀벌 폐사

이 사건 항공방제로 인하여 원고가 사육중인 456통 중 163통의 꿀벌이 폐사하게 되었다(원고는 456통의 꿀벌 모두가 폐사하였다고 주장하였다. 법원은 원고가 2006. 8. 28. 최초로 산청군청에 발송한 내용증명에서 163통의 꿀벌이 폐사하였다고 주장하다가 2006. 10. 23. 발송한 내용증명에서 산청군이 책임을 회피하는 사이 200여 통이 더 폐사하였다고 주장하고, 2006. 12. 13. 발송한 내용증명에서는 419통의 꿀벌이 폐사하였다고 주장하였는바, 위와 같이 163통의 꿀벌이 폐사하였다고 주장한 시점도 이 사건 항공방제를 한 지 이미 2개월이 지난 시점이어서 그 이후 폐사한 꿀벌은 항공방제와 인과관계가 있다고 보기 어렵다는 이유로, 위 163통을 이 사건 피해 꿀벌통의 수로 인정하였다).

Ⅱ. 참조 조문

1. 민 법

> **제750조(불법행위의 내용)** 고의 또는 과실로 인한 위법행위로 타인에게 손해를 가한 자는 그 손해를 배상할 책임이 있다.
> **제760조(공동불법행위자의 책임)** ① 수인이 공동의 불법행위로 타인에게 손해를 가한 때에는 연대하여 그 손해를 배상할 책임이 있다.
> ② 공동 아닌 수인의 행위 중 어느 자의 행위가 그 손해를 가한 것인지를 알 수 없는 때에도 전항과 같다.
> ③ 교사자나 방조자는 공동행위자로 본다.
> **제763조(준용규정)** 제393조,[1] 제394조,[2] 제396조,[3] 제399조[4]의 규정

---

[1] 제393조(손해배상의 범위) ① 채무불이행으로 인한 손해배상은 통상의 손해를 그 한도로 한다.
　② 특별한 사정으로 인한 손해는 채무자가 그 사정을 알았거나 알 수 있었을 때에 한하여 배상의 책임이 있다.
[2] 제394조(손해배상의 방법) 다른 의사표시가 없으면 손해는 금전으로 배상한다.
[3] 제396조(과실상계) 채무불이행에 관하여 채권자에게 과실이 있는 때에는 법원은 손해배상의 책임 및 그 금액을 정함에 이를 참작하여야 한다.
[4] 제399조(손해배상자의 대위) 채권자가 그 채권의 목적인 물건 또는 권리의 가액전부를

은 불법행위로 인한 손해배상에 준용한다.

2. 산림병해충 방제규정

제2절 항공방제

제40조(방제 대상지 선정 및 시기) ① 항공방제 대상지는 병해충이 집단적으로 발생한 지역으로서 지상방제가 어려운 지역을 대상지로 선정하여야 한다.

② 제1항에 따른 병해충별 항공방제 대상지 선정 및 시기는 다음 각 호와 같다. 다만, 고속국도·일반국도·철도 주변 또는 관광지 등에 병해충이 발생하여 경관을 저해하는 등 긴급방제를 할 필요가 있다고 인정될 경우에는 그러하지 아니하다.

1. 밤나무해충 : 밤나무단지로서 평균수고 3미터 이상이고 경사가 급하여 지상약제 살포가 어려운 지역. 다만, 항공방제 대상구역과 연접되어있는 경우에는 그러하지 아니하다.
2. 제1호 이외의 병해충 : 병해충별 방제 적기
3. 그 밖에 산림청장이 필요하다고 인정하는 때

제41조(방제대상 제외지역) 다음 각 호의 어느 하나에 해당하는 지역은 항공방제 대상지에서 제외한다.

1. 비행통제구역. 다만, 비행허가를 받은 경우에는 그러하지 아니하다.
2. 고압송전선, 삭도(케이블카) 등으로부터 양쪽 150미터이내에 해당되는 지역
3. 양봉·양잠·양어·수산물(미역, 다시마 등) 및 친환경농산물, 송이·산양삼·잣 등 친환경임산물 등에 피해가 우려되는 지역. 다만, 제43조에 따라 항공방제 실시 전에 충분한 계도로 피해 예방조치를 한 경우에는 그러하지 아니하다.
4. 기타 산림항공기 이·착륙에 지장이 있거나 저해요인이 있는 지역

제42조(방제예정지 확인) ① 예찰·방제기관의 장은 항공방제 실시 5일 전까지 방제예정지를 조사하여 다음 각 호의 사항을 확인하여야

손해배상으로 받은 때에는 채무자는 그 물건 또는 권리에 관하여 당연히 채권자를 대위한다.

한다.

1. 방제 계획면적 및 방제 시기의 적정여부

2. 발생밀도 등으로 보아 항공방제 대상지로서의 적합여부

3. 약제준비 및 적정약제 구입여부

4. 방제실시를 위한 제반 준비사항

② 예찰·방제기관의 장은 제1항에 따른 예정지 확인을 위하여 필요하다고 인정될 때에는 국립산림과학원장 또는 시·도 산림관련 연구기관장에게 현지 확인을 요청할 수 있다.

제43조(주민 등 계도) ① 예찰·방제기관의 장은 방제예정지 및 그 예정지 경계로부터 외곽주변 2킬로미터 이내에 있는 주민 및 이해관계인을 대상으로 방송·신문·마을앰프·현수막 등 알기 쉬운 방법을 활용하여 다음 각 호의 사항을 사전에 계도하여야 한다.

1. 방제일시·방제지역 및 면적

2. 사용약제 및 헥타르 당 사용약량

3. 양봉·양잠·양어장·수산물(미역, 다시마 등) 등의 보호조치

4. 장독·우물뚜껑 등의 개방 금지

5. 노천에서 건조 중인 곡식·채소 등의 보호조치

6. 우천 시 작업연기, 문의처 등 기타 유의사항

② 예찰·방제기관의 장은 자연휴양림이나 공원지역의 경우 제1항 제1호 및 제2호에 관한 사항을 해당 자연휴양림이나 공원 홈페이지에 게시토록 하는 등 항공방제 계획을 사전 공지하여야 하며 탐방객이 피해를 입지 않도록 통제 등 안전조치를 하여야 한다.

제44조(산림항공기 지원요청) ① 산림항공기를 지원 받고자 하는 시·도지사 및 지방산림청장은 무인항공기 등 활용가능한 병해충 예찰·방제 장비를 최대한 활용하고 부득이 산림항공기가 필요한 경우에 한하여 산림청장과 산림항공본부장에게 지원을 요청하여야 한다.

② 제1항에 따른 산림항공기의 지원요청은 당해 연도 산림병해충 예찰·방제계획에 항공방제 계획이 반영되어 있는 경우에는 산림청장의 승인을 받은 것으로 본다.

③ 예찰·방제기관의 장은 산림항공기 계류 시 기체안전을 위하여 산림항공기의 경비 등 필요한 조치를 하여야 한다.

제45조(경계표지) 예찰·방제기관의 장은 별표 4에 따라 방제구역경계에

는 백색 깃발을, 위험지역에는 적색 깃발을 각각 설치하여야 한다.

제46조(방제계획 변경) ① 시·도지사 또는 지방산림청장은 제42조에 따라 예찰·방제기관의 장이 예정지를 확인한 결과 방제지역 또는 방제일정의 변경이 불가피 하다는 보고가 있는 경우에는 기관별 사업량 및 산림항공기 지원기간 범위 내에서 계획을 재조정하고 그 결과를 즉시 산림청장과 산림항공본부장에게 통보하여야 한다.

② 산림항공본부장은 변경계획이 확정되면 산림청장에게 보고하고, 해당 시·도지사 및 지방산림청장에게 통보하여야 한다.

제47조(방제구역 숙지) 예찰·방제기관의 장은 방제 실시 전에 방제담당공무원 또는 위탁·대행자로 하여금 2만 5천분의 1 지형도를 지참하고 산림항공기에 동승하여 구역경계 및 이·착륙장, 위험지역 및 통제지역, 양봉·양잠·양어·목축사항 등 필요한 사항을 조종사에게 알려 주도록 하여야 한다.

제48조(방제실시) 항공방제는 다음 각 호에 따라 실시하여야 한다.

1. 비행고도: 지형조건에 따르되 불가피한 경우를 제외하고는 나무 초두부에서 15미터 이상으로 비행하여 방제. 다만, KA-32의 경우 20미터 이상으로 비행하여 방제

2. 방제시간: 오전 5시~12시 사이에 방제하여야 한다. 다만, 바람이 없고 상승기류가 발생하지 아니하여 방제에 지장이 없다고 판단될 경우에는 방제담당공무원과 조종사가 협의하여 방제시간 연장가능

3. 풍속: 지상 1.5미터에서 초속 5미터 이하인 경우에 방제

4. 방제 기준면적 및 시간

　　가. 1일 비행횟수는 불가피한 경우를 제외하고는 1대당 20회 이내(KA-32의 경우에는 10회 이내) 실시. 다만 1일 비행시간은 4시간 30분 이내로 제한하고 이동을 포함할 경우 5시간 이내로 실시

　　나. 1회 및 1일 항공방제 면적은 불가피한 경우를 제외하고는 다음 기준 이내로 실시

해충별	구분	기종별		
		B206L-3	AS350-B2	KA-32
흰불나방 등 기타해충	1회 1일	13ha 260ha	16ha 320ha	70ha 700ha
밤나무해충	1회 1일	8ha 160ha	10ha 200ha	40ha 320ha

제49조(실시상황 통보) ① 시·도지사 또는 지방산림청장은 항공방제 기간 중 당일의 방제실적과 산림항공기 이동상황을 산림청장 및 산림항공본부장에게 각각 통보하여야 한다.

② 예찰·방제기관의 장은 다음 실시예정지의 시장·군수·구청장 또는 국유림관리소장에게 산림항공기 이동 상황을 통보하여야 한다.

III. 판시사항

산청군(郡) 산림조합이 군(郡)의 위탁을 받아 밤나무 개화시기에 실시한 항공방제로 그 지역 양봉업자가 사육 중인 꿀벌들이 집단 폐사하는 손해를 입은 사안에서, 밤나무 꽃이 피어 있을 때 항공방제를 실시하면 꿀벌들이 농약의 피해를 입을 수 있으므로 항공방제 시기를 정할 때 그러한 요소를 고려하여야 하고, 항공방제 시기를 정한 후에도 미리 피해가 예상되는 사람들에게 통보하여 피해방지 조치를 취할 수 있는 충분한 시간을 준 후 방제를 실시하여야 함에도, 전년도에 비해 시기를 앞당겨 항공방제를 실시하면서 방제 실시 4일 내지 6일 전에 지역 신문과 지역 TV를 통한 공고만 한 채 당초 계획하였던 호별 방문 등 항공방제 실시 통보를 제대로 하지 않은 과실로 인해 이를 알지 못한 양봉업자가 사육하던 꿀벌들이 대량 폐사하는 손해를 입은 것이므로, 산청군은 항공방제의 실시 준비를 관장하는 기관으로서, 산청군 산림조합은 산청군으로부터 항공방제를 위탁받아 실시한 기관으로서, 각자 위 양봉업자에게 그 손해를 배상할 책임이 있다.

Ⅳ. 해 설

1. 공동불법행위에 기한 손해배상책임

가. 성립요건

(1) 민법상 공동불법행위는 객관적으로 관련공동성이 있는 수인의 행위로 타인에게 손해를 가하면 성립하고, 행위자 상호 간에 공모는 물론 의사의 공통이나 공동의 인식을 필요로 하는 것이 아니다. 또한 공동의 행위는 불법행위 자체를 공동으로 하거나 교사·방조하는 경우는 물론 횡령행위로 인한 장물을 취득하는 등 피해의 발생에 공동으로 관련되어 있어도 인정될 수 있다.5)

(2) 민법 제760조 제1항, 제3항의 공동불법행위자에게 불법행위로 인한 손해배상책임을 지우려면, 그 위법한 행위와 원고가 입은 손해 사이에 상당인과관계가 있어야 하고,6) 그 상당인과관계의 유무는 결과발생의 개연성, 위법행위의 태양 및 피침해이익의 성질 등을 종합적으로 고려하여 판단하여야 한다.7)

나. 방조자의 불법행위책임

민법 제760조 제3항은 불법행위의 방조자를 공동불법행위자로 보아 방조자에게 공동불법행위의 책임을 지우고 있다. 방조는 불법행위를 용이하게 하는 직접·간접의 모든 행위를 가리키는 것으로서 손해의 전보를 목적으로 하여 과실을 원칙적으로 고의와 동일시하는 민사법의 영역에서는 과실에 의한 방조도 가능하며, 이 경우의 과실의 내용은 불법행위에 도움을 주지 말아야 할 주의의무가 있음을 전제로 하여 그 의무를 위반하는 것을 말한다. 그런데 타인의 불법행위에 대하여 과실에 의한 방조로서 공동불법행위의 책임을 지우기 위해서는 방조행위와 불법행위에 의한 피해자의

---

5) 대법원 2016. 4. 12. 선고 2013다31137 판결.
6) 대법원 2012. 11. 15. 선고 2010다92346 판결.
7) 대법원 2018. 7. 12. 선고 2017다249516 판결.

손해 발생 사이에 상당인과관계가 인정되어야 하며, 상당인과관계를 판단할 때에는 과실에 의한 행위로 인하여 불법행위를 용이하게 한다는 사정에 관한 예견가능성과 아울러 과실에 의한 행위가 피해 발생에 끼친 영향, 피해자의 신뢰 형성에 기여한 정도, 피해자 스스로 쉽게 피해를 방지할 수 있었는지 등을 종합적으로 고려하여 책임이 지나치게 확대되지 않도록 신중을 기하여야 한다.[8]

다. 부진정연대책임

공동불법행위자로서 타인에게 손해를 연대하여 배상할 책임이 있는 경우 불법행위자들의 피해자에 대한 과실비율이 달라 배상할 손해액의 범위가 달라지는 때에는 누가 그 채무를 변제하였느냐에 따라 소멸되는 채무의 범위가 달라진다. 이때 배상책임이 적은 불법행위자가 전체 손해액의 일부를 변제한 때에는 그보다 많은 배상책임을 지는 불법행위자의 채무는 그 변제금 전액에 해당하는 만큼 소멸하지만, 많은 배상책임을 지는 자가 일부를 변제한 때에는 배상책임이 적은 자의 채무는 그 변제금 전액에 해당하는 채무가 소멸하는 것이 아니라 그 변제금 중 배상책임이 적은 자의 과실비율에 상응하는 부분만큼만 소멸하는 것으로 보아야 한다.[9]

라. 손해배상의 방법

불법행위로 인한 손해배상의 방법에 관하여 규정하고 있는 민법 제763조, 제394조가 정한 '금전'이란 우리나라의 통화를 가리키는 것이어서, 불법행위로 인한 손해배상을 구하는 채권은 당사자가 외국통화로 지급하기로 약정하였다는 등의 특별한 사정이 없는 한 채권액이 외국통화로 지정된 외화채권이라 할 수 없다.[10] 또한 불법행위로 인한 손해배상의 범위는 원칙적으로 불법행위시를 기준으로 산정하여야 하므로,[11] 외화로 표시된 물품대금 상당의 손해배상금을 우리나라 통화로 지급할 것을 명하는 경우

---

8) 대법원 2016. 5. 12. 선고 2015다234985 판결.
9) 대법원 2016. 12. 15. 선고 2016다230553 판결.
10) 대법원 2007. 8. 23. 선고 2007다26455 판결.
11) 대법원 2010. 4. 29. 선고 2009다91828 판결.

그 배상액을 산정할 때는 당사자의 주장에 의하거나 외화채권의 경우처럼 사실심 변론종결 당시를 기준으로 하는 것이 아니라 불법행위시의 외국환 시세에 의하여 우리나라 통화로 환산하여야 한다.[12]

마. 손해배상의 산정

손해가 발생한 사실은 인정되나 구체적인 손해의 액수를 증명하는 것이 사안의 성질상 매우 어려운 경우에 법원은 변론 전체의 취지와 증거조사의 결과에 의하여 인정되는 모든 사정을 종합하여 상당하다고 인정되는 금액을 손해배상 액수로 정할 수 있다(민사소송법 제202조의2). 불법행위로 인한 손해배상청구소송에서 손해가 발생한 사실은 인정되나 구체적인 손해의 액수를 증명하는 것이 사안의 성질상 매우 어려운 경우에 법원은 증거조사의 결과와 변론 전체의 취지에 의하여 밝혀진 당사자들 사이의 관계, 불법행위와 그로 인한 재산적 손해가 발생하게 된 경위, 손해의 성격, 손해가 발생한 이후의 여러 정황 등 관련된 모든 간접사실을 종합하여 적당하다고 인정되는 금액을 손해배상 액수로 정할 수 있다.[13]

바. 위자료

불법행위로 입은 정신적 고통에 대한 위자료 액수에 관하여는 사실심 법원이 제반 사정을 참작하여 직권에 속하는 재량에 의하여 이를 확정할 수 있다.[14]

사. 과실상계

불법행위로 인한 손해배상사건에서 피해자에게 손해의 발생이나 확대에 관하여 과실이 있거나 가해자의 책임을 제한할 사유가 있는 경우에는 배상책임의 범위를 정할 때 당연히 이를 참작하여야 하나, 과실상계 또는 책임제한사유에 관한 사실인정이나 그 비율을 정하는 것은 그것이 형평의

---

12) 대법원 2018. 3. 15. 선고 2017다213760 판결.
13) 대법원 2017. 9. 26. 선고 2014다27425 판결.
14) 대법원 2017. 11. 9. 선고 2017다228083 판결.

원칙에 비추어 현저히 불합리하다고 인정되지 아니하는 한 사실심의 전권
사항에 속한다.[15)

불법행위 또는 채무불이행에 따른 채무자의 손해배상액을 산정할 때에
손해부담의 공평을 기하기 위하여 채무자의 책임을 제한할 필요가 있고,
채무자가 채권자에 대하여 가지는 반대채권으로 상계항변을 하는 경우에
는 책임제한을 한 후의 손해배상액과 상계하여야 한다.[16)

아. 소멸시효

(1) 불법행위가 계속적으로 행하여지는 결과 손해도 역시 계속적으로
발생하는 경우에는 특별한 사정이 없는 한 그 손해는 날마다 새로운 불법
행위에 기하여 발생하는 손해이므로, 민법 제766조 제1항에서 정한 불법
행위로 인한 손해배상청구권의 소멸시효는 그 각 손해를 안 때부터 각별
로 진행된다고 보아야 한다.[17)

(2) 불법행위로 인한 손해배상청구권의 단기소멸시효의 기산점이 되는
민법 제766조 제1항에 정한 '손해 및 가해자를 안 날'이란 손해의 발생,
위법한 가해행위의 존재, 가해행위와 손해의 발생과의 사이에 상당인과관
계가 있다는 사실 등 불법행위의 요건사실에 대하여 현실적이고도 구체적
으로 인식하였을 때를 의미하고, 피해자 등이 언제 불법행위의 요건사실
을 현실적이고도 구체적으로 인식한 것으로 볼 것인지는 개별 사건에서의
여러 객관적 사정을 참작하고 손해배상청구가 사실상 가능하게 된 상황을
고려하여 합리적으로 인정하여야 한다.[18)

(3) 소멸시효를 이유로 한 항변권의 행사도 민법의 대원칙인 신의성실
의 원칙과 권리남용금지의 원칙의 지배를 받는 것이어서, 시효완성 전에
객관적으로 권리를 행사할 수 없는 사실상 장애사유가 있어 권리행사를
기대할 수 없는 특별한 사정이 있는 경우에는 채무자가 소멸시효의 완성
을 주장하는 것은 신의성실의 원칙에 반하는 권리남용으로서 허용될 수

---

15) 대법원 2017. 11. 29. 선고 2016다244743 판결.
16) 대법원 2015. 3. 20. 선고 2012다107662 판결.
17) 대법원 2014. 8. 20. 선고 2012다6035 판결.
18) 대법원 2008. 4. 24. 선고 2006다30440 판결.

없고,[19] 위와 같이 채권자에게 권리의 행사를 기대할 수 없는 객관적인 사실상의 장애사유가 있었던 경우에도 그러한 장애가 해소된 때에는 그로부터 상당한 기간 내에 권리를 행사하여야만 채무자의 소멸시효의 항변을 저지할 수 있다. 이때 권리를 '상당한 기간' 내에 행사한 것으로 볼 수 있는지 여부는 채권자와 채무자 사이의 관계, 손해배상청구권의 발생 원인, 채권자의 권리행사가 지연된 사유 및 손해배상청구의 소를 제기하기까지의 경과 등 여러 사정을 종합적으로 고려하여 판단할 것이다. 다만 소멸시효 제도는 법적 안정성의 달성 및 증명곤란의 구제 등을 이념으로 하므로 그 적용요건에 해당함에도 불구하고 신의성실의 원칙을 들어 시효 완성의 효력을 부정하는 것은 매우 예외적인 제한에 그쳐야 한다. 따라서 위 권리행사의 '상당한 기간'은 특별한 사정이 없는 한 민법상 시효정지의 경우에 준하여 단기간으로 제한되어야 하고, 특히 불법행위로 인한 손해배상청구 사건에서는 매우 특수한 개별 사정이 있어 그 기간을 연장하여 인정하는 것이 부득이한 경우에도 민법 제766조 제1항이 규정한 단기소멸시효기간인 3년을 넘어서는 아니 된다.[20]

2. 대상사안의 검토

가. 손해배상책임의 발생

(1) 피고들의 주의의무 위반

밤나무 꽃이 피어 있을 때 항공방제를 실시할 경우 밤꽃에 꿀을 따러 간 꿀벌들이 농약의 피해를 입을 수 있고, 산청군 북부지역이 밤나무 꽃의 개화시기가 상대적으로 늦어 북부지역에 항공방제를 먼저 실시할 경우 꿀벌의 피해가 더 있을 수 있으므로, 피고들이 항공방제의 시기를 정함에 있어서는 위와 같은 요소도 고려하여야 한다.

항공방제 시기를 정한 후에도 방제 전에 미리 피해가 예상될 수 있는 사람들에게 통보를 하여 그들이 피해방지조치를 취할 수 있는 충분한 시

---

19) 대법원 2014. 1. 16. 선고 2013다205341 판결.
20) 대법원 2013. 5. 16. 선고 2012다202819 전원합의체 판결.

간을 준 후 방제를 실시하여야 하며, 특히 원고의 ○○면 지역은 그 전년
도에 비하여 항공방제 시기가 앞당겨졌으므로 이를 인지하지 못하여 피해
를 입는 사람이 없도록 통보에 더 주의를 기울였어야 함에도, 방제 실시
4일 내지 6일 전에 지역신문과 지역TV를 통한 공고만을 한 채 당초 피고
들이 계획한 호별 방문 등 항공방제 실시 통보를 제대로 하지 아니하였다.

(2) 상당인과관계

(가) 피고들은, 이 사건 항공방제에 사용된 데시스 농약은 저독성 농약
으로서 꿀벌에 피해를 입힐 수 없고, 2006년에 가시응애충으로 인해 전국
적으로 꿀벌들이 폐사를 한 사실이 있어 이 사건 항공방제와 꿀벌들의 집
단폐사와 사이에는 아무런 인과관계가 없다고 주장하였다.

(나) 손해배상청구 소송에서는 가해행위와 손해발생 사이의 인과관계의
고리를 모두 자연과학적으로 증명하는 것은 곤란하거나 불가능한 경우가
대부분이어서, 피해자에게 사실적 인과관계의 존재에 관한 엄밀한 과학적
증명을 요구하는 것은 사실상 사법적 구제를 거부하는 결과가 될 수 있으
므로, 유해한 원인물질이 존재하고 그 원인물질이 피해물건에 도달하여
손해가 발생하였다면, 가해자 측에서 그 무해함을 증명하지 못하는 한 책
임을 면할 수 없다고 보는 것이 형평의 관념에 적합하다.

(다) 데시스 농약이 꿀벌에 피해를 줄 수 있고, 원고는 이 사건 항공방
제 대상지인 ○○면에서 정상적으로 꿀벌사육을 하고 있었는데, 피고들이
항공방제를 실시한 후 꿀벌들이 집단폐사한 사실이 인정되는 이상, 이 사
건 항공방제와 원고 사육 꿀벌의 집단폐사와 사이의 인과관계는 일응 증
명되었다.

(3) 소 결

위와 같은 피고들의 과실로 이를 알지 못한 원고가 아무런 조치를 취
하지 못함으로써 원고가 사육하던 163통의 꿀벌들이 폐사한 손해를 입었
으므로, 피고 산청군은 항공방제의 실시 준비를 관장하는 기관으로서, 피
고 조합은 피고 산청군으로부터 항공방제를 위탁받아 실시한 기관으로서

각자[21] 원고에게 그 손해를 배상할 의무가 있다.

나. 책임의 제한

피고들이 오랜 기간 밤나무 항공방제를 실시해 왔으나 그동안 별다른 피해가 없었고, 산청군 북부지역 밤나무 농가들의 민원에 따라 북부지역부터 항공방제를 실시하기로 결정하였으며, 신문과 TV를 통하여 공고를 하는 등 항공방제로 인한 피해를 줄이기 위한 회의를 열고 계획을 수립·실시하는 등 나름대로 피해예방을 위한 노력을 하였고, 원고로서도 해마다 비슷한 시기에 항공방제가 실시되어 왔으므로 관공서나 주변의 양봉업자들에게 항공방제 예정 시기를 확인해 보는 등의 방법으로 항공방제에 대비할 수 있었음에도 이를 제대로 하지 않은 점이 인정되는바, 이러한 사정을 참작하여 공평의 원칙상 피고들이 배상할 손해액을 전체의 60%로 제한한다.

다. 손해배상의 범위

(1) 피고들이 이 사건 항공방제시 살포한 농약으로 인하여 원고가 사육하던 163개의 꿀벌통에 해당하는 꿀벌들이 폐사하였는바, 특별한 사정이 없는 한 피고들은 각자 위 꿀벌통 163개의 시가에 상당하는 손해액을 배상할 책임이 있다. 증거에 의하면, 2006년도 꿀벌 1통(봉군)의 시가는 140,760원인 사실이 인정되므로, 폐사한 꿀벌통의 손해액은 22,943,880원 (=140,760원×163통)이 된다.

(2) 피고들의 책임은 전체의 60%로 제한되므로, 피고들이 배상할 손해액은 13,766,328원(=22,943,880원×60%)이 된다.

라. 결 론

따라서 피고들은 공동하여 원고에게 13,766,328원 및 이에 대하여 원고가 구하는 청구취지 및 청구원인 변경신청서 부본 송달 다음날인 2008. 9. 10.부터[22] 피고들이 그 이행의무의 존부 및 범위에 관하여 항쟁함이

---

21) 부진정연대책임을 의미하고, 현재 법원에서는 '공동하여'라는 용어를 사용한다.

상당하다고 인정되는 제1심 판결 선고일인 2008. 10. 16.까지는 민법에서 정하는 연 5%의, 그 다음날부터 다 갚는 날까지는 소송촉진 등에 관한 특례법에서 정하는 연 20%[23]의 각 비율로 계산한 지연손해금을 지급할 의무가 있다.

3. Lenk v. Spezia et al.[24]

(1) Yolo County에서 양봉업을 경영하는 원고 Lenk는, 피고가 항공기를 이용하여 토마토 씨앗을 공중 살포하면서 병충해 방지를 위하여 삼산화비소(arsenic of trioxide)가 포함된 살충제 혼합물을 같이 살포하였고, 이로 인하여 원고가 기르던 518통 분량의 꿀벌이 폐사하여 15톤가량의 벌꿀을 채취하지 못하였다는 이유로, 피고를 상대로 손해배상을 청구하였다.[25]

(2) 피고는 살충제를 살포하기 전에 원고에게 살충제의 공중 살포 계획을 미리 알리고, 원고에게 벌통을 이동시키거나 살충제가 꿀벌에 닿지 않도록 벌집 주변에 방호막을 설치할 것을 요청하였다. 그러나 원고는 피고의 요청을 거부하고, 꿀벌을 보호하기 위한 어떠한 조치도 취하지 아니하였다.

(3) 항소법원은 제1심과 마찬가지로, 이 사건 손해는 전적으로 원고의 기여과실(contributory negligence)로 인하여 발생한 것이라는 이유로 원고의 청구를 기각하였다.

---

22) 불법행위로 인한 손해액 산정의 기준시점은 불법행위시이나, 다만 불법행위시와 결과발생시 사이에 시간적 간격이 있는 경우에는 결과가 발생한 때에 불법행위가 완성된다고 보아 불법행위가 완성된 시점, 즉 손해발생시가 손해액 산정의 기준시점이 된다. 대법원 2014. 7. 10. 선고 2013다65710 판결.

23) 2019. 6. 1. 이후 소송촉진 등에 관한 특례법상 지연손해율은 연 12%이다.

24) District Court of Appeal, 3rd District, California, Civ. No. 7574, 1949. 12. 22. 선고.

25) 항공기를 이용하여 살충제 등 독성물질을 공중살포하여 인근 주민의 벌, 동물, 재물 등에 손상을 가한 경우 손해배상책임을 인정한 사례로는 Miles v. A. Arena & Co., 23 Cal.App.2d 680, 73 P.2d 1260; Lundberg v. Bolon, 67 Ariz. 259, 194 P.2d 454; S. A. Gerrard Co., Inc., v. Fricker, 42 Ariz. 503, 27 P.2d 678; Hammond Ranch Corporation v. Dodson, 199 Ark. 846, 136 S.W.2d 484.

[33] 공군의 비행안전구역 사용에 대한 부당이득 반환·손실보상 의무의 존부

서울고등법원 2018. 10. 11. 선고 2018나2034474 판결

Ⅰ. 사실관계

(1) 원고는 수원시 권선구 세류동 소재 대지(이하 '이 사건 부동산')에 관하여 1987. 9. 22.부터 2011. 4. 19.까지 수차례에 걸쳐 소유권이전등기를 마쳤다. 피고 대한민국은 1954. 11. 26.경 이 사건 각 부동산 주변에 K-13 기지를 설치하여 이 사건 변론종결 무렵까지 운영하고 있다.

(2) 공군 제10전투비행단장은 2001. 3. 2. 구 군용항공기지법(2002. 8. 26. 법률 제6720호로 개정되기 전의 것, 이하 '구 군용항공기지법') 제6조, 제21조의2 및 같은 법 시행령 제2조에 의하여 "군용항공기지법에 의거 현재 해당 행정기관에 비치하여 이해관계인이 열람하도록 하고 있는 군용항공기지구역 구역도에 대해 감사원 감사결과를 근거로 1997년 5월 건설교통부에서 보완을 요구해옴에 따라 K-13 기지 군용항공기지구역 구역도를 정밀하게 재작성하였으므로, 항공기 비행안전과 기지의 보호를 위하여 다음과 같이 재고시합니다"라는 내용으로, 기지 비행안전구역 및 비상활주로 비행안전구역 해당지역에 관한 고시를 하였다. 위 고시에 따르면 이 사건 각 부동산이 위치한 수원시 권선구 세류동은 K-13 기지의 비행안전구역 (5구역) 및 K-13 비상활주로의 비행안전구역(제2구역)에 포함되어 있다.

(3) 구 군용항공기지법 등 성격이 유사한 군사시설보호 관련 규제법을 하나의 법률로 통합하는 군사기지 및 군사시설 보호법(이하 '군사기지법')이 2007. 12. 21.자로 제정되었고, 제정 군사기지법 부칙 제6조 제2항은 "이법 시행 당시 종전 군용항공기지법에 따라 지정·고시된 비행안전구역은 이 법에 따른 비행안전구역으로 지정·고시된 것으로 본다"라고 규정하고 있다.

(4) 그 후 피고는 2013. 12. 31. 국방부고시 제2013-475호로 위 세류

동 지역에 관한 비행안전구역 중 K-13 비상활주로의 비행안전구역(제2구역) 지정을 해제(이하 이 사건 각 부동산 상공에 대한 2001. 3. 2.자 비행안전구역 지정 및 2013. 12. 31.자 비행안전구역 일부 지정해제를 통틀어 '이 사건 비행안전구역 지정'이라 한다)하였다.

(5) 원고는 제1심[1]에서 부당이득반환을 청구하다가 항소심에서 부당이득반환 및 손실보상을 선택적으로 청구하였다. 부당이득반환 청구원인으로, 피고가 법률상 원인 없이 원고 소유의 이 사건 부동산 상공에 2001. 3. 2.부터 2013. 12. 31.까지는 지상 13.42m, 해발 41.05m 이상, 2014. 1. 1. 이후는 지상 45m, 해발 71.21m 이상 비행안전구역을 설정하여 배타적으로 사용하면서 원고의 토지소유권이 미치는 범위 내의 상공에서 사용료 상당의 부당이득을 얻고 있고, 원고에 대하여 같은 금액 상당의 손해를 입게 하였으므로, 이를 부당이득으로 원고에게 반환할 의무가 있다고 주장하였다.

(6) 원고는 손실보상 청구원인으로, 피고가 원고 소유의 이 사건 부동산 상공에 비행안전구역을 설정하여 배타적으로 사용하고 있으므로, 원고에게 헌법 제23조 제3항에 따라 정당한 보상을 지급하여야 하고, 비록 군사기지법에 구체적 손실보상규정이 없다고 하더라도, 공익사업을 위한 토지등의 취득 및 보상에 관한 법률(이하 '공익사업법')에 의하여 손실보상금을 지급할 의무가 있다고 주장하였다.

Ⅱ. 참조 조문

1. 구 군용항공기지법(2002. 8. 26. 법률 제6720호로 개정되기 전의 것)

제4조(비행안전구역의 구분과 그 기준) 비행안전구역은 기지의 종류별로 구분하되 그 기준은 다음과 같다. 다만, 지원항공작전기지 중 헬기전용작전기지의 비행안전구역은 국방부령으로 정한다.

　　1. 전술항공작전기지

---

1) 서울중앙지방법원 2018. 6. 27. 선고 2017가합582928 판결.

    마. 제5구역(내부수평면)은 활주로중심선 양끝 지점을 중심으로
한 반경 2,286미터의 원이 제2구역 바깥쪽 변에서 시작하여
제1구역 짧은 변 연장선 교차점까지의 두 원호를 연결(활주
로중심선과 평행하게 연결)하는 선과 제4구역의 긴 변으로
이루어지는 구역으로서 기본표면의 중심선의 높이 중 가장
높은 점을 기준으로 하여 수직상방으로 45미터의 높이를 이
루는 수평인 평면구역으로 하며, 이를 도시하면 별표 1의
제5구역과 같다.

제6조(기지의 위치·종류지정 및 구역의 표지) 기지의 위치 및 종류지정
은 대통령령으로 정하고 기지의 구역은 관할부대장이 이를 고시하
고 필요한 장소에 그 표지를 하여야 한다.

제8조(비행장애물의 설치 등의 금지) ② 비행안전구역 중 제2구역 내지
제6구역 안에서는 그 구역의 표면(이들의 투영면이 일치되는 부분
에 관하여는 이들 중 가장 낮은 표면으로 한다)의 높이 이상인 건
축물·구조물·식물 그 밖의 장애물을 설치·재배하거나 방치하여서
는 아니 된다. 다만, 비행안전구역 중 전술항공작전기지의 제3구
역·제5구역 또는 제6구역과 지원항공작전기지의 제4구역 또는 제5
구역이 도시계획법에 의한 도시계획구역에 해당하는 경우 그 구역
안에서는 자연상태의 지표면으로부터 12미터 높이의 범위안에서
그 구역의 표면높이 이상인 건축물 또는 구조물을 설치할 수 있다.

제9조(비행장애물의 제거명령 및 보상 등) ① 관할부대장은 제8조의 규
정에 저촉되는 장애물에 대하여는 소유자, 기타의 권리를 가진 자
에게 제거를 명하여야 한다.

② 국가는 제1항의 경우에 그 소유자 기타 권리를 가진 자에게 귀책
사유가 없는 때에는 그 제거로 인하여 생긴 손실에 대하여는 정당
한 보상을 지급한다.

제21조의2(비상활주로의 지정 등) ① 국방부장관은 일반국도 또는 고속
국도상이나 그 인근지역에 항공기의 비상이착륙을 위한 비상활주로
를 지정하고 그 비행안전구역을 설정할 수 있다. 이 경우 국방부장
관은 관계행정기관의 장과 미리 협의하여야 한다.

② 국방부장관은 제1항의 규정에 의하여 비상활주로를 지정하고 그
비행안전구역을 설정한 때에는 이를 고시하여야 한다.

③ 제1항의 규정에 의한 비행안전구역은 제1구역·제2구역 및 제3구역으로 구분하되, 그 기준은 다음과 같다.

   2. 제2구역은 기본표면의 양끝 짧은 변 바깥쪽에 연접한 구역으로서 기본표면 양끝의 폭 145미터를 짧은 변으로 하고 그 짧은 변으로부터 2,000미터 떨어진 거리에 있는 945미터의 평행선(활주로중심선의 연장선에서 양쪽 밖으로 각각 472.5미터)을 긴 변으로 하여 이루어지는 사다리꼴형안의 구역으로서 기본표면 양끝으로부터 바깥쪽 상부로 향하는 35분의 1의 경사도를 이루는 구역으로 하며, 이를 도시하면 별표 2의 제2구역과 같다.

④ 제7조 제2항, 제8조 제1항·제2항 본문, 제9조, 제10조, 제16조 제1호 및 제21조의 규정은 비상활주로 및 그 비행안전구역에 관하여 이를 준용한다.

2. 구 군용항공기지법 시행령(2005. 3. 25. 대통령령 제18753호로 개정되기 전의 것)

제2조(기지의 위치 및 종류지정등)

① 법 제6조의 규정에 의한 기지의 위치 및 종류는 별표와 같다.

② 관할부대장은 기지구역을 고시한 때에는 지형도(지번·지목 등이 표시된 축척 2만 5천분의 1이상의 지형도를 말한다. 이하 같다)에 그 기지구역의 구분과 각 비행안전구역별로 건축물등의 제한높이를 표시하여 이를 관계행정기관의 장에게 송부하여야 한다.

③ 제2항의 규정에 의한 지형도를 송부받은 관계행정기관의 장중 그 기지구역을 관할하는 시장·군수 또는 자치구의 구청장은 이를 비치하고 이해관계인이 열람할 수 있게 하여야 한다.

3. 군사기지 및 군사시설 보호법(2016. 1. 19. 법률 제13796호로 개정된 것)

제1조(목적) 이 법은 군사기지 및 군사시설을 보호하고 군사작전을 원활히 수행하기 위하여 필요한 사항을 규정함으로써 국가안전보장에 이바지함을 목적으로 한다.

제2조(정의)

4. "항공작전기지"란 군의 항공작전의 근거지로서 다음 각 목의 것을 말한다.

　가. 전술항공작전기지: 군의 전술항공기를 운용할 수 있는 기지

　나. 지원항공작전기지: 군의 지원항공기를 운용할 수 있는 기지

　다. 헬기전용작전기지: 군의 회전익항공기(회전익항공기)를 운용할 수 있는 기지

　라. 예비항공작전기지: 전시·사변 또는 이에 준하는 비상시에 항공작전기지로 활용할 수 있는 비상활주로, 헬기예비작전기지 및 민간비행장

5. "군용항공기"란 군이 사용하는 비행기·회전익항공기·비행선(飛行船)·활공기(滑空機), 그 밖의 항공기기를 말한다.

8. "비행안전구역"이란 군용항공기의 이착륙에 있어서의 안전비행을 위하여 국방부장관이 제4조 및 제6조에 따라 지정하는 구역을 말한다.

12. "표면높이"란 비행안전구역 안에서의 고도제한 높이로서 별표 1에 따라 산정되는 것을 말한다.

제6조(비행안전구역의 지정범위 등)

① 비행안전구역은 항공작전기지의 종류별로 구분하되, 그 지정범위는 별표 1과 같다.

② 제1항에 따른 항공작전기지의 종류별 위치, 비행안전구역의 지정절차 등에 관하여 필요한 사항은 대통령령으로 정한다.

[별표 1]

1. 전술항공작전기지

　마. 제5구역(내부수평면)은 활주로 중심선 양끝 지점을 중심으로 한 반지름 2,286미터의 원이 제2구역 바깥쪽 변에서 시작하여 제1구역 짧은 변 연장선 교차점까지의 두 원호를 연결(활주로 중심선과 평행하게 연결)하는 선과 제4구역의 긴 변으로 이루어지는 구역으로서 기본표면의 중심선의 높이 중 가장 높은 점을 기준으로 하여 수직상방으로 45미터의 높이를 이루는 수평인 평면구역으로 하며, 이를 도시하면 별표 2의 제5구역과 같다.

4. 예비항공작전기지

가. 비상활주로

(2) 제2구역은 기본표면의 양끝 짧은 변 바깥쪽에 연접한 구역으로서 기본표면 양끝의 폭 145미터를 짧은 변으로 하고, 그 짧은 변으로부터 2,000미터 떨어진 거리에 있는 945미터의 평행선(활주로 중심선의 연장선에서 양쪽 밖으로 각각 472.5미터)을 긴 변으로 하여 이루어지는 사다리꼴형 내의 구역으로서 기본표면 양끝으로부터 바깥쪽 상부로 향하는 35분의 1의 경사도를 이루는 구역으로 하며, 이를 도시하면 별표 5의 제2구역과 같다.

[별표 2]

전술항공작전기지의 비행안전구역

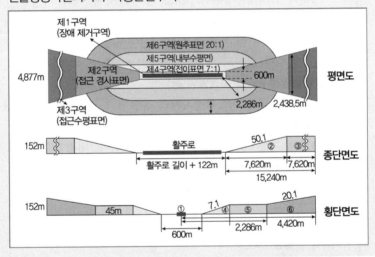

[별표 5]

비상활주로의 비행안전구역

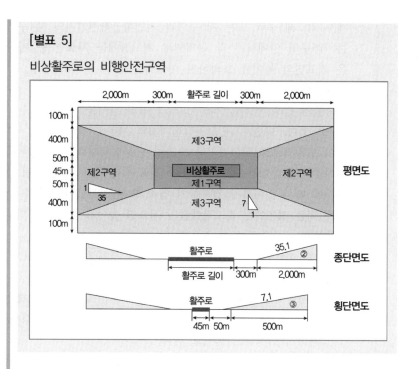

제10조(비행안전구역에서의 금지 또는 제한)

① 누구든지 비행안전구역(예비항공작전기지 중 민간비행장의 비행안전구역을 제외한다) 안에서는 다음 각 호의 어느 하나에 해당하는 행위를 하여서는 아니 된다. 다만, 제3호의 경우 미리 관할부대장 등의 허가를 받은 자에 대하여는 그러하지 아니하다.

2. 제2구역부터 제6구역까지에서 그 구역의 표면높이(이들의 투영면이 일치되는 부분에 관하여는 이들 중 가장 낮은 표면으로 한다) 이상인 건축물의 건축, 공작물·식물이나 그 밖의 장애물의 설치·재배 또는 방치

3. 군용항공기를 제외한 항공기의 비행안전구역 상공의 비행

4. 항공등화의 명료한 인지를 방해하거나 항공등화로 오인할 우려가 있는 유사등화의 설치

5. 비행장애를 일으킬 우려가 있는 연막·증기의 발산 또는 색채유리나 그 밖의 반사물체의 진열

② 제1항 제2호에도 불구하고 비행안전구역 중 전술항공작전기지의

제3구역, 제5구역 또는 제6구역과 지원항공작전기지의 제4구역 또는 제5구역 안에서는 각 구역별로 최고장애물 지표면 중 가장 높은 지표면의 높이를 초과하지 아니하는 범위 안에서 일정 구역의 지표면으로부터 45미터 높이 이내에서 그 구역의 표면높이 이상인 건축물의 건축, 공작물·식물이나 그 밖의 장애물을 설치 또는 재배할 수 있다. 다만, 지원항공작전기지의 제4구역·제5구역의 경계부분이 연속적으로 상승하거나 하강하는 능선형태로 되어 있어서 그 경계부분의 높이가 최고장애물의 지표면 높이의 기준이 됨으로써 본문에 따른 높이까지 건축물의 건축 또는 공작물의 설치를 할 수 없게 되는 경우에는 최고장애물의 지표면 높이가 높은 구역의 최고 장애물을 기준으로 하여 적용한다.

③ 제2항을 적용함에 있어서 각 구역 간의 경계부분에서의 표면높이는 다음 각 호의 구분에 따른다.

1. 전술항공작전기지 비행안전구역 제2구역과 제3구역이 접하는 부분에서는 제3구역의 바깥쪽 상방향으로 50분의 1의 경사면을 초과하지 아니하는 범위로 한다.

2. 전술항공작전기지 비행안전구역의 제4구역이 제5구역과 접하는 부분 및 지원항공작전기지 비행안전구역의 제3구역이 제4구역과 접하는 부분에서는 각각의 경계부분으로부터 상방향으로 7분의 1의 경사면을 초과하지 아니하는 범위로 한다.

3. 전술항공작전기지 비행안전구역의 제2구역이 제6구역과 접하는 부분 및 지원항공작전기지 비행안전구역의 제2구역이 제5구역과 접하는 부분에서는 제2구역의 긴 변으로부터 상방향으로 7분의 1의 경사면을 초과하지 아니하는 범위로 한다.

⑤ 관할부대장등은 제1항 제2호에도 불구하고 비행안전에 지장을 초래하지 아니하는 범위 안에서 각 기지별 지역의 특수성을 고려하여 항공작전기지의 비행안전구역에 있어서 그 구역의 표면높이 이상인 건축물의 건축, 공작물·식물이나 그 밖의 장애물의 설치 또는 재배를 허용할 수 있다.

제11조(장애물 등에 대한 조치 등) ① 관할부대장등(제9조 제1항 제1호의 경우에는 주둔지부대장을 포함한다. 이하 이 조 및 제21조에서 같다)은 제9조·제10조를 위반한 자 또는 그 위반으로 인한 장애물

의 소유자와 그 밖의 권리를 가진 자(이하 "소유자등"이라 한다)에게 퇴거를 강제하거나 장애물의 제거, 그 밖에 필요한 조치를 명할 수 있다.

제20조(손실보상) ① 국방부장관은 다음 각 호의 어느 하나에 해당하는 손실에 대하여 정당한 보상을 하여야 한다. 다만, 그 소유자 및 그 밖의 권리를 가진 자에게 귀책사유가 있을 때에는 그러하지 아니하다.

1. 제9조 제2항에 따른 장애설비등의 사용제한으로 인하여 발생한 손실
2. 제10조 제1항 제1호 또는 제2호에 해당하는 장애물을 제11조 제1항에 따라 제거함으로써 발생한 손실

4. 군사기지 및 군사시설 보호법 시행령(2017. 7. 26. 대통령령 제28211호로 개정된 것)

제6조(항공작전기지의 종류별 위치) 법 제6조 제2항에 따른 항공작전기지의 종류별 위치는 별표 2와 같다.

[별표 2]

항공작전기지의 종류별 위치(제6조 관련)

1. 전술항공작전기지
   사. K − 13 경기도 수원시

4. 예비항공작전기지
   가. 비상활주로: 수원, 나주, 영주, 죽변, 남지, 목포

제10조(비행안전구역의 행위제한 등의 세부기준)

법 제10조 제1항·제4항 및 제5항에 따른 비행안전구역 안에서의 행위제한 등의 세부기준은 별표 5와 같다.

[별표 5]

3. 관할부대장등은 법 제10조제5항에 따라 건축물의 건축 등을 허용

하는 경우 다음 각 목의 기준에 따라 판단하여야 한다.

가. 시계비행절차에 따른 비행 안전에 미치는 영향을 고려할 것

이륙 및 상승 단계: 건물로 인한 고도상승률 증가, 비행장 국지절차에 정해진 이륙 후 최초 선회 시기, 방향 및 고도 변경 등 비행 안전에 미치는 영향

비행장 진입 및 착륙 단계: 건물로 인한 비행경로 및 고도변경 범위 등에 미치는 영향

시계비행 최저고도, 시계비행 기상최저치, 비행장 시계비행경로 등에 미치는 영향

나. 계기비행절차에 따른 비행 안전에 미치는 영향을 고려할 것

표준계기출발절차 및 계기비상출격절차 수행 시 고도상승률, 비행경로, 최초선회시기, 방향 및 고도 변경 등 비행 안전에 미치는 영향

계기비행 접근절차 단계: 고도 강하율, 비행경로 및 고도 변경 등에 미치는 영향

최저안전고도 및 최저유도고도 등 계기비행 최저고도의 변경 및 적용에 미치는 영향

다. 비행 안전에 영향을 미치는 물리적 요소를 고려할 것

이륙 직후 및 긴급착륙절차 등의 비상상황 시 고도 상승·강하율, 비행경로, 고도 변경 등에 미치는 영향과 비행가능구역 축소에 따른 영향

항행안전시설 및 통신시설에 미치는 영향

라. 건축물 등으로 인한 그 밖의 비행환경 변화요인을 고려할 것

마. 군용항공기지별 국지절차 등 각 기지별 지역의 특수성을 고려할 것

바. 위 판단기준에 따른 세부항목은 국방부장관이 정하되, 필요하다고 판단하는 때에는 합참의장 또는 각 군 참모총장이 정하게 할 수 있다.

III. 판시사항

군사기지법의 입법 취지, 규정 내용, 비행안전구역의 정의 및 지정 범위 등을 종합하여 고려하여 보면, 비행안전구역은 국가가 군용항공기의

이착륙에 있어서의 안전비행을 확보하기 위한 목적뿐만 아니라, 아울러 그 과정에서 발생할 수 있는 사고를 방지하고 인근 주민들의 생명·신체·재산을 보호하려는 목적으로 지정하는 것으로서, 그 공공성과 사회적 가치를 인정할 수 있다.

Ⅳ. 해 설

1. 토지소유권과 비행안전구역

가. 토지소유권의 범위

(1) 토지의 소유권은 정당한 이익이 있는 범위 내에서 토지의 상하에 미치고(민법 제212조), 토지의 상공으로 어느 정도까지 정당한 이익이 있는지는 구체적 사안에서 거래관념에 따라 판단하여야 한다.[2]

(2) 헌법 제23조는 "① 모든 국민의 재산권은 보장된다. 그 내용과 한계는 법률로 정한다. ② 재산권의 행사는 공공복리에 적합하도록 하여야 한다. ③ 공공필요에 의한 재산권의 수용·사용 또는 제한 및 그에 대한 보상은 법률로써 하되, 정당한 보상을 지급하여야 한다"고 규정하고 있다. 헌법상 재산권은 토지소유자가 이용가능한 모든 용도로 토지를 자유로이 최대한 사용할 권리나 가장 경제적 또는 효율적으로 사용할 수 있는 권리를 보장하는 것을 의미하지는 않는다. 입법자는 중요한 공익상의 이유로 토지를 일정 용도로 사용하는 권리를 제한할 수 있다. 따라서 토지의 개발이나 건축은 합헌적 법률로 정한 재산권의 내용과 한계 내에서만 가능한 것일 뿐만 아니라 토지재산권의 강한 사회성 내지는 공공성으로 말미암아 이에 대하여는 다른 재산권에 비하여 보다 강한 제한과 의무가 부과될 수 있다.[3]

---

2) 대법원 2016. 11. 10. 선고 2013다71098 판결.
3) 헌법재판소 1998. 12. 24. 선고 89헌마214 결정.

나. 비행안전구역의 지정

(1) 군사기지법은 군사기지 및 군사시설을 보호하고 군사작전을 원활히 수행하기 위하여 필요한 사항을 규정함으로써 국가안전보장에 이바지함을 목적으로 하는 법률로(제1조), 국방부장관은 비행안전구역을 지정하거나 이를 변경 또는 해제할 수 있고(제4조 제1항, 제6조), 비행안전구역 내에서 그 구역의 표면높이 이상인 건축물의 건축, 공작물·식물이나 그 밖의 장애물의 설치·재배 또는 방치행위는 금지되며(제10조 제2항), 관할 부대장 등은 제10조를 위반한 자 또는 그 위반으로 인한 장애물의 소유자와 그 밖의 권리를 가진 자에게 퇴거를 강제하거나 장애물의 제거, 그 밖에 필요한 조치를 명할 수 있다(제11조 제1항).

(2) 비행안전구역은 군용항공기의 이착륙에서의 안전비행을 위하여 국방부장관이 군사기지법 제4조 및 제6조에 따라 지정하는 구역으로(제2조 제8호), 항공작전기지의 비행안전구역 중 제5구역은 '활주로 중심선 양끝 지점을 중심으로 한 반지름 2,286미터의 원이 제2구역 바깥쪽 변에서 시작하여 제1구역 짧은 변 연장선 교차점까지의 두 원호를 연결(활주로 중심선과 평행하게 연결)하는 선과 제4구역의 긴 변으로 이루어지는 구역으로 기본표면의 중심선의 높이 중 가장 높은 점을 기준으로 하여 수직상방으로 45미터의 높이를 이루는 수평인 평면구역'으로 기본표면에서부터 45미터 이상의 구간을 의미하고, 비상활주로에 대한 비행안전구역 중 제2구역은 '기본표면의 양끝 짧은 변 바깥쪽에 연접한 구역으로서 기본표면 양끝의 폭 145미터를 짧은 변으로 하고, 그 짧은 변으로부터 2,000미터 떨어진 거리에 있는 945미터의 평행선(활주로 중심선의 연장선에서 양쪽 밖으로 각각 472.5미터)을 긴 변으로 하여 이루어지는 사다리꼴형 내의 구역으로 기본표면 양끝으로부터 바깥쪽 상부로 향하는 1/35의 경사도를 이루는 구역'으로 기본표면에서부터 13.42미터 이상의 구간을 의미한다.

2. 이 사건 부동산 상공에 관한 원고의 정당한 이익 유무

가. 원고 주장의 전제

원고의 청구원인 주장 내용에 비추어 보면, 원고의 이 사건 청구는 비행안전구역으로 지정된 이 사건 부동산 상공이 이 사건 부동산의 토지소유권이 미치는 범위 내에 있어, 위와 같은 이 사건 부동산 상공에 관하여 이 사건 부동산의 소유자인 원고에게 정당한 이익이 있음을 전제로 한다.

나. 검 토

(1) 비행안전구역의 지정으로 인한 원고의 재산권 제한 여부

제1심 감정인은 제1심법원에 제출한 감정서에서 "이 사건 부동산의 용도지역은 일반상업지역내 상업용으로 주변의 용도지역, 현황여건, 개발잠재력 등을 고려할 때 저층시가지로 분류된다. 토지의 지상 공간을 한시적으로 사용하는 경우에 그 사용 공간 부분 토지의 이용이 저해되는 정도에 따른 적정한 비율인 입체이용저해율 중 건물 등 이용저해율은 인근 토지의 이용상황, 이 사건 부동산의 건축법상 건축가능 층수, 경제적 층수, 현 이용 상태 및 개발잠재력 등을 고려하였을 때, 이 사건 부동산 상공 중 비행안전구역에 해당하는 지상 45m 이상 및 지상 13.42m 이상을 한시적으로 사용하더라도 아무런 저해가 없다"는 취지로 판단하였다. 이에 비추어 볼 때 원고가 이 사건 비행안전구역 지정으로 인하여 이 사건 부동산을 종래의 목적으로 사용하는 것이 제한되거나 금지되는 등의 적극적인 재산권 제한 내지 침해를 입었다고 보기 어렵다.

(2) 원고가 이 사건 부동산 상공의 사용을 시도하였는지 여부

군사기지법 제10조 제5항에서는 "관할부대장등은 비행안전에 지장을 초래하지 아니하는 범위 안에서 각 기지별 지역의 특수성을 고려하여 항공작전기지의 비행안전구역에 있어서 그 구역의 표면높이 이상인 건축물의 건축, 공작물·식물이나 그 밖의 장애물의 설치 또는 재배를 허용할 수 있다"고 규정하여 일정한 경우 토지이용의 가능성을 열어두고 있다. 그런데 원고가 기존에 이 사건 각 부동산 상공의 사용을 시도하였다고 인정할 만한 정황을 찾아볼 수 없다.

(3) 원고의 이 사건 부동산 취득시기와 원고의 인식

피고가 1954. 11. 26.경부터 이 사건 부동산 주변에 K-13 기지를 설치하여 운영해 왔는데, 원고는 그 이후인 1987. 9. 22.부터 2011. 4. 19. 까지 이 사건 부동산의 분할·합병 전 토지들을 취득하였다. 경험칙상 군용항공기지에 활주로가 설치되고, 활주로 및 그 주변 상공을 이용한 군용항공기의 운행이 빈번하게 이루어질 것이라는 사정은 군용항공기지의 목적 및 특성상 충분히 예상 가능하다. 따라서 원고는 이 사건 부동산을 매수할 당시 이미 일정한 사용·수익 제한이 뒤따를 수 있다는 점을 알았거나 알 수 있었다고 봄이 타당하다.

(4) 피고의 규제완화

원고가 이 사건 부동산을 취득한 이후 이 사건 비행안전구역 지정으로 인한 권리 침해 위험이 특별히 증대하였다는 사정을 찾기 어렵고, 오히려 피고는 2013. 12. 31. 기존 비행안전구역 지정 중 K-13 비상활주로의 비행안전구역(제2구역) 지정을 해제함으로써 규제를 완화하였다.

다. 소 결

따라서 비행안전구역으로 지정된 이 사건 부동산 상공에 관하여 원고에게 정당한 이익이 있다고 보기 어렵다.

3. 피고의 부당이득반환의무의 존부

가. 피고의 사용권

위와 같은 군사기지법의 입법취지와 규정내용, 비행안전구역의 지정 목적과 그 범위, 비행안전구역 내에서의 행위 제한에 관한 규정 등을 종합하여 보면, 비행안전구역은 국가가 군용항공기의 이착륙에서의 안전비행을 확보하기 위한 목적으로 지정하는 것이므로, 국가는 군용항공기의 안전한 이착륙을 위하여 군사기지법이 정한 적법한 절차에 따라 비행안전구역으로 지정된 토지의 상공을 사용할 권리가 있다.

나. 피고의 적법한 권원

피고가 군용항공기지법에 따라 이 사건 부동산의 상공을 비행안전구역으로 지정하였고, 군사기지법 부칙 제6조 제2항은 "이 법 시행 당시 군용항공기지법에 따라 지정·고시된 비행안전구역은 이 법에 따른 비행안전구역으로 지정·고시된 것으로 본다"고 규정하고 있다. 이에 따르면 피고는 군사기지법에 따라 적법하게 이 사건 부동산의 상공을 사용하고 있다.

다. 증명책임

민법 제741조는 "법률상 원인 없이 타인의 재산 또는 노무로 인하여 이익을 얻고 이로 인하여 타인에게 손해를 가한 자는 그 이익을 반환하여야 한다"고 정하고 있다. 당사자 일방이 자신의 의사에 따라 일정한 급부를 한 다음 급부가 법률상 원인 없음을 이유로 반환을 청구하는 '급부부당이득'의 경우에는 법률상 원인이 없다는 점에 대한 증명책임은 부당이득반환을 주장하는 사람에게 있다. 이 경우 부당이득의 반환을 구하는 자는 급부행위의 원인이 된 사실의 존재와 함께 그 사유가 무효·취소·해제 등으로 소멸되어 법률상 원인이 없게 되었음을 주장·증명하여야 하고, 급부행위의 원인이 될 만한 사유가 처음부터 없었음을 이유로 하는 이른바 착오 송금과 같은 경우에는 착오로 송금하였다는 점 등을 주장·증명하여야 한다. 이와 달리 타인의 재산권 등을 침해하여 이익을 얻었음을 이유로 부당이득반환을 구하는 '침해부당이득'의 경우에는 부당이득반환 청구의 상대방이 이익을 보유할 정당한 권원이 있다는 점을 증명할 책임이 있다.[4]

라. 결 론

따라서 피고는 이 사건 부동산 상공을 사용할 적법한 권원이 인정되므로, 피고가 법률상 원인 없이 이 사건 부동산 상공에 대한 차임 상당의

---

4) 대법원 2018. 1. 24. 선고 2017다37324 판결.

부당이득을 얻었다고 할 수 없다.[5]

4. 피고의 손실보상의무의 존부

가. 군사기지법의 규정

(1) 군사기지법 제10조는 "비행안전구역 안에서 그 구역의 표면높이 이상인 건축물의 건축, 공작물·식물이나 그 밖의 장애물의 설치·재배 또는 방치" 등 비행안전구역에서 금지 또는 제한되는 행위에 관하여 규정하고 있다.[6]

(2) 구 군용항공기지법 제9조 제1항은 "관할부대장은 비행안전구역 내 비행장애물 등에 대하여 제거를 명하여야 한다"고 규정하고 있고, 같은 조 제2항은 "국가는 제1항의 경우 그 소유자 기타 권리를 가진 자에게 귀책사유가 없는 때에는 그 제거로 인하여 생긴 손실에 대하여 정당한 보상을 지급하여야 한다"고 규정하고 있다.

(3) 군사기지법 제20조 제1항 제2호에서 "비행안전구역 내 그 구역 표면높이 이상인 건축물, 공작물, 식물이나 그 밖의 장애물을 제거하는 경우, 소유자 기타 권리를 가진 자에게 제거로 인하여 발생한 손실에 대하여 정당한 보상을 하여야 한다"고 규정하고 있다.

(4) 그러나 군사기지법에 이 사건과 같이 부동산 상공에 비행안전구역을 설정한 경우에 관한 손실보상규정은 존재하지 않는다.

---

5) 특정 토지가 통제보호구역으로 지정됨으로써 토지소유자의 출입 및 토지의 용도에 따른 사용·수익이 제한될 수 있다는 사정만으로는 국가가 계속적으로 그 토지를 점유·사용하는 것이 허용된다고 할 수 없고, 또한 국가가 그 토지를 점유·사용하면서 실질적인 이익을 얻고 있다고 보기 어려울 것이다. 한편 국가가 그 토지 위에 군사시설 등을 설치하여 그 부지 등으로 계속적, 배타적으로 점유·사용하는 경우에는, 국가가 그 토지를 점유·사용할 수 있는 정당한 권원이 있음을 주장·증명하지 아니하는 이상, 그 토지에 관하여 차임 상당의 이익을 얻고 이로 인하여 원고에게 동액 상당의 손해를 주고 있다고 봄이 타당하므로, 국가는 토지소유자에게 차임 상당의 이득을 부당이득금으로 반환할 의무가 있다. 대법원 2012. 12. 26. 선고 2011다73144 판결.

6) 보호구역 내지 비행안전구역 내에 위치한 토지상에 건축물을 설치하고자 하는 신청에 대한 허가를 함에는 국방부장관 또는 기지부대장과 협의를 하여야 하도록 되어 있고, 이때 국방부장관 또는 기지부대장이 군사목적의 필요상 불가하다는 회신을 하여 온 경우에는 허가를 할 수 없다. 대법원 1992. 9. 22. 선고 91누8876 판결.

나. 합헌성 여부

"비행안전구역 지정으로 인하여 이미 완공된 건축물 등을 제거하는 경우와 같이 토지의 기존 사용 상태를 적극적으로 변형시킴으로써 종래의 목적으로 사용할 수 없거나 실질적으로 사용·수익을 전혀 할 수 없는 예외적인 경우에는 명시적으로 그 손실에 대하여 정당한 보상을 지급하고, 그 외의 경우에는 비행안전구역으로 지정되어 사용·수익이 제한된다고 하더라도 지정 당시 본래의 용도에 따른 사용은 원칙적으로 보장되고 단지 장래에 구역의 지정목적에 반하는 사용방식이 금지된다"는 취지의 관계 법령의 행위제한 규정 및 손실보상 규정 내용 등은 대한민국 헌법 제23조에 따른 합헌적인 법령이라고 보아야 한다.

다. 비행안전구역의 공공성

(1) 군사기지법 제1조는 "이 법은 군사기지 및 군사시설을 보호하고 군사작전을 원활히 수행하기 위하여 필요한 사항을 규정함으로써 국가안전보장에 이바지함을 목적으로 한다"고, 제2조 제8호는 "비행안전구역이란 군용항공기의 이착륙에 있어서의 안전비행을 위하여 국방부장관이 군사기지법 제4조 및 제6조에 따라 지정하는 구역을 말한다"라고 규정하고 있다.

(2) 군사기지법상 비행안전구역 중 제1구역은 항공기의 이·착륙 및 지상 활주에 직접 제공되는 구역을 의미하며, 이외의 구역은 항공기의 계기오차 또는 관제사, 조종사의 실수로 고도가 손실될 수 있는 가능성을 고려하여 장애물과의 충돌위험을 방지하기 위하여 설정되는 구역을 의미하고, 비행안전구역의 설정 가능 범위에 관하여는 관계 법령에 활주로 및 비상활주로를 중심으로 하는 구체적인 수치가 규정되어 있다.

(3) 이러한 군사기지법의 입법 취지, 규정 내용, 비행안전구역의 정의 및 지정 범위 등을 종합하여 고려하여 보면, 비행안전구역은 국가가 군용항공기의 이착륙에서의 안전비행을 확보하기 위한 목적뿐만 아니라, 아울러 그 과정에서 발생할 수 있는 사고를 방지하고 인근 주민들의 생명, 신

체, 재산을 보호하려는 목적으로 지정하는 것으로서, 그 공공성과 사회적 가치를 인정할 수 있다.

라. 결 론

따라서 비행안전구역으로 지정된 이 사건 부동산 상공에 관하여 원고에게 정당한 이익이 인정되지 아니하고, 군사기지법에 이 사건과 같이 부동산 상공에 비행안전구역을 설정한 경우에 관한 손실보상규정은 존재하지 아니하므로, 원고의 손실보상청구는 이유 없다.

[34] 연줄에 걸려 비행기가 추락한 경우 축제 주최자의 책임

인천지방법원 2014. 7. 22. 선고 2013가합32914 판결[1]

Ⅰ. 사실관계

(1) 피고 인천광역시는 2009년 인천방문의 해를 맞아 인천을 세계에 알리고 투자유치를 활성화하고자 2009. 8. 7.부터 2009. 10. 25.까지 '인천세계도시축전'을 주최하고, 위 기간 동안 각종 전시·페스티벌·국제회의 등 행사를 다양하게 진행하였다. 피고는 인천세계도시축전 조직위원회(이하 '도시축전위원회')를 조직하여 구체적인 행사를 주관하도록 하였다.

(2) 피고는 이와 별도로 매년 가을 인천국제공항공사와 함께 개최하였던 경량항공기 전시, 인천공항 소개 등 목적의 행사인 '스카이 페스티벌'을 주최하였는데, 스카이 페스티벌의 피고측 주관부서는 항만공항정책과였다. 도시축전위원회와 항만공항정책과 소속 공무원들은 2009. 9. 26.과 2009. 9. 27. 양일간 인천 세계도시축전 행사장에서 '스카이 페스티벌'의 항공행사 중 일부이던 경비행기 비행(이하 '이 사건 행사')을 인천세계도시축전 축하 행사의 일부로서 인천 연수구 송도동에 있는 인천세계도시축전 행사장 상공에서 진행할 것을 기획하였다.

(3) 이에 따라 이 사건 행사는 인천국제공항공사가 주최하고, 대한민국 항공회가 주관하되, 피고 소속 도시축전위원회와 항만공항정책과는 이에 필요한 행정적 지원을 하기로 협의가 되었다. 대한민국 항공회의 L 기획관리팀장은 산하 단체인 한국경항공회 이사 B와 협의하여 경비행기와 조종사를 모집하고 비행팀을 구성하였다.

(4) 도시축전위원회에서는 관람객을 위한 오락프로그램의 하나로 민속연보존회와 함께 나래연 날리기 행사를 진행하였는데, 이는 매일 10:00경

---

1) 서울고등법원 2015. 5. 13. 선고 2014나2028686 판결로 항소기각되어 확정되었다.

행사장 인근 나무 등에 약 200m 길이의 나래연(긴 줄에 연이 수십개 달린 형태)을 묶어 하늘에 띄웠다가 18:00경 철거하는 방법으로 이루어졌다.

(5) 이 사건 행사 이전인 2009. 9. 11. 대한민국 항공회의 L과 피고의 항만공항정책과 실무담당자인 공무원 J는 이 사건 행사장에 사전답사를 갔는데, 당시 L은 행사장 상공에 떠 있는 나래연을 발견하고 J에게 연이 비행에 위험하니 이 사건 행사 기간에는 철거하여야 한다고 이야기하였다. 이에 J와 항만공항정책과 Y는 도시축전위원회에서 나래연 날리기 행사를 담당하던 피고 소속 공무원 W에게 구두로 이 사건 행사 기간 나래연을 철거하여 줄 것을 요청하였다(다만 항만공항정책과에서 도시축전위원회에 이를 정식공문으로 요청하지는 아니하였다).

(6) 이 사건 행사일인 2009. 9. 26. 10:00에도 이 사건 행사장에 나래연이 설치되었고, 13:00부터 13:30까지 있었던 1차 비행시 조종사들이 상공에 나래연이 있다는 사실을 처음 인지하고, 일부 조종사들이 안전상 이유로 비행을 거부하고 돌아가는 일이 발생하였다. 이에 B가 Y에게 나래연을 제거해 줄 것을 요청하였고, Y가 W에게 요청하여 2차 비행시인 15:00부터 16:00까지는 나래연이 제거되었으나, W는 2차 비행이 종료하자 16:00경 다시 나래연을 설치하였다. 이에 Y는 W에게 17:00경 3차 비행을 앞두고 있으므로 다시 나래연을 철거하여 줄 것을 요청하였는데, W는 Y에게 "지금은 비행시간도 아닌데 왜 연을 내리느냐. 나래연 행사와 함께 이 사건 행사를 진행할 수 있는 방향으로 해보자"라고 말하며 연을 철거하여 주지 않았다.

(7) 그러자 Y는 이와 같은 상황을 L에게 전했고, L은 B에게 전했으며, B는 조종사들에게 나래연의 철거가 되지 않는다고 하니 조심해서 비행을 할 것을 지시하였다. 그러나 3차 비행시 실제로 조종사들이 나래연을 뒤늦게 발견하고 급선회하여 회피 비행을 하게 되는 등 위험한 상황이 발생하였다. 조종사들은 비행을 마친 뒤 B에게 이와 같은 상황을 이야기하였다. 그리고 다음날인 2009. 9. 27.은 기상예보에 기상이 좋지 않을 것으로 예보되자 대한민국 항공회에서는 다음 날 비행은 하지 않기로 결정하였다.

(8) 그런데 2009. 9. 27.이 되자 피고측 공무원이 대한민국 항공회에

비가 오고 있지 않으니 이 사건 행사를 진행하여 줄 것을 갑자기 요청하였고, B는 조종사들을 설득하여 12:50경 급하게 비행을 실시하였다. 한편 W 등 도시축전위원회 담당자들은 이 사건 행사가 취소된 줄로 알고 있었고 평소와 같이 아침에 나래연을 행사장에 설치하였으며, 위 비행 당시에도 나래연이 상공에 떠 있는 상태로 비행이 이루어졌다.

(9) 경비행기 조종사들은 전날 나래연으로 인해 위험한 상황이 있었고, 이를 B에게 이야기했기 때문에 나래연이 철거되었을 것으로 믿고 그대로 비행을 하였는데, 비행에 참여한 경비행기 3대 중 원고 K가 탑승하여 조종하던 원고 C 소유의 S2176 스카이레인저 비행기(이하 '이 사건 비행기')가 12:54경 170m 상공에 떠 있던 나래연줄에 좌측 날개 부분이 걸리면서 중심을 잃고 행사장으로 추락하였다(이하 '이 사건 사고').

(10) 이 사건 사고로 원고 K는 우경골 분쇄 골절, 비골 골절, 양측 가측복사 골절 상해를 입었고 오른쪽 눈 부위가 찢어져 봉합수술을 받았다. 원고 C는 이 사건 비행기가 전파되는 손해를 입었다.

Ⅱ. 참조 조문

1. 국가배상법

제2조(배상책임) ① 국가나 지방자치단체는 공무원 또는 공무를 위탁받은 사인(이하 "공무원"이라 한다)이 직무를 집행하면서 고의 또는 과실로 법령을 위반하여 타인에게 손해를 입히거나, 「자동차손해배상 보장법」에 따라 손해배상의 책임이 있을 때에는 이 법에 따라 그 손해를 배상하여야 한다. 다만, 군인·군무원·경찰공무원 또는 예비군대원이 전투·훈련 등 직무 집행과 관련하여 전사(戰死)·순직(殉職)하거나 공상(公傷)을 입은 경우에 본인이나 그 유족이 다른 법령에 따라 재해보상금·유족연금·상이연금 등의 보상을 지급받을 수 있을 때에는 이 법 및 「민법」에 따른 손해배상을 청구할 수 없다.
② 제1항 본문의 경우에 공무원에게 고의 또는 중대한 과실이 있으면

국가나 지방자치단체는 그 공무원에게 구상(求償)할 수 있다.

제3조(배상기준) ① 제2조 제1항을 적용할 때 타인을 사망하게 한 경우(타인의 신체에 해를 입혀 그로 인하여 사망하게 한 경우를 포함한다) 피해자의 상속인(이하 "유족"이라 한다)에게 다음 각 호의 기준에 따라 배상한다.

1. 사망 당시(신체에 해를 입고 그로 인하여 사망한 경우에는 신체에 해를 입은 당시를 말한다)의 월급액이나 월실수입액(月實收入額) 또는 평균임금에 장래의 취업가능기간을 곱한 금액의 유족배상(遺族賠償)

2. 대통령령으로 정하는 장례비

② 제2조 제1항을 적용할 때 타인의 신체에 해를 입힌 경우에는 피해자에게 다음 각 호의 기준에 따라 배상한다.

1. 필요한 요양을 하거나 이를 대신할 요양비

2. 제1호의 요양으로 인하여 월급액이나 월실수입액 또는 평균임금의 수입에 손실이 있는 경우에는 요양기간 중 그 손실액의 휴업배상(休業賠償)

3. 피해자가 완치 후 신체에 장해(障害)가 있는 경우에는 그 장해로 인한 노동력 상실 정도에 따라 피해를 입은 당시의 월급액이나 월실수입액 또는 평균임금에 장래의 취업가능기간을 곱한 금액의 장해배상(障害賠償)

③ 제2조 제1항을 적용할 때 타인의 물건을 멸실·훼손한 경우에는 피해자에게 다음 각 호의 기준에 따라 배상한다.

1. 피해를 입은 당시의 그 물건의 교환가액 또는 필요한 수리를 하거나 이를 대신할 수리비

2. 제1호의 수리로 인하여 수입에 손실이 있는 경우에는 수리기간 중 그 손실액의 휴업배상

④ 생명·신체에 대한 침해와 물건의 멸실·훼손으로 인한 손해 외의 손해는 불법행위와 상당한 인과관계가 있는 범위에서 배상한다.

⑤ 사망하거나 신체의 해를 입은 피해자의 직계존속(直系尊屬)·직계비속(直系卑屬) 및 배우자, 신체의 해나 그 밖의 해를 입은 피해자에게는 대통령령으로 정하는 기준 내에서 피해자의 사회적 지위, 과실(過失)의 정도, 생계 상태, 손해배상액 등을 고려하여 그 정신적

고통에 대한 위자료를 배상하여야 한다.

⑥ 제1항 제1호 및 제2항 제3호에 따른 취업가능기간과 장해의 등급 및 노동력 상실률은 대통령령으로 정한다.

⑦ 제1항부터 제3항까지의 규정에 따른 월급액이나 월실수입액 또는 평균임금 등은 피해자의 주소지를 관할하는 세무서장 또는 시장·군수·구청장(자치구의 구청장을 말한다)과 피해자의 근무처의 장의 증명이나 그 밖의 공신력 있는 증명에 의하고, 이를 증명할 수 없을 때에는 대통령령으로 정하는 바에 따른다.

Ⅲ. 판시사항

피고 소속 담당 공무원들은 이 사건 행사의 계획 단계에서부터 이 사건 행사와 나래연 날리기 등 다른 행사와의 상충 가능성이나 경량항공기들이 대형을 지어 군중이 밀집하여 있고 비행 장해물이 많은 행사장 상공을 통과할 경우의 위험요소에 대하여 파악하고, 적어도 이 사건 행사와 관련하여 대한민국 항공회에서 위험요소로 지적한 나래연 철거 문제에 관하여 검토하여 적극적으로 행정적 지원을 하여 주었어야 할 직무상 의무가 있었음에도 만연히 자신의 직무를 태만히 하여 권한을 불행사하였으며, 그 권한의 불행사는 현저하게 불합리하였다.

Ⅳ. 해 설

1. 국가배상법상 지방자치단체의 손해배상책임

가. 의 의

(1) 법적 성질

국가배상법 제2조 제1항은 "국가나 지방자치단체는 공무원 또는 공무를 위탁받은 사인(이하 '공무원'이라고 한다)이 직무를 집행하면서 고의 또는 과실로 법령을 위반하여 타인에게 손해를 입히거나, 자동차손해배상보장법에 따라 손해배상의 책임이 있을 때에는 이 법에 따라 그 손해를 배상하여야 한다"라고 규정하고 있다. 국가배상의 법적 성질에 관하여 학설상 공법설과 사법설의 대립이 있는바, 판례는 "공무원의 직무상 불법행위로 손해를 받은 국민이 국가 또는 공공단체에 배상을 청구하는 경우 국가 또는 공공단체에 대하여 그의 불법행위를 이유로 손해배상을 청구함은 국가배상법이 정한 바에 따른다 하여도 이 역시 민사상 손해배상책임을 특별법이 정한데 불과하다"[2]고 하여 사법설의 입장을 취하고 있다.

(2) 국가배상법 제2조 제1항 본문 및 제2항의 입법 취지

공무원의 직무상 위법행위로 타인에게 손해를 끼친 경우에는 변제자력이 충분한 국가 등에게 선임감독상 과실 여부에 불구하고 손해배상책임을 부담시켜 국민의 재산권을 보장하되, 공무원이 직무를 수행할 때 경과실로 타인에게 손해를 입힌 경우에는 그 직무수행상 통상 예기할 수 있는 흠이 있는 것에 불과하므로, 이러한 공무원의 행위는 여전히 국가 등의 기관의 행위로 보아 그로 인하여 발생한 손해에 대한 배상책임도 전적으로 국가 등에만 귀속시키고 공무원 개인에게는 그로 인한 책임을 부담시키지 아니하여 공무원의 공무집행의 안정성을 확보하려는 것이다.

반면 공무원의 위법행위가 고의·중과실에 기한 경우에는 비록 그 행위가 그의 직무와 관련된 것이라고 하더라도 그와 같은 행위는 그 본질에서 기관행위로서의 품격을 상실하여 국가 등에게 그 책임을 귀속시킬 수 없으므로 공무원 개인에게 불법행위로 인한 손해배상책임을 부담시키되, 다만 이러한 경우에도 그 행위의 외관을 객관적으로 관찰하여 공무원의 직무집행으로 보여질 때에는 피해자인 국민을 두텁게 보호하기 위하여 국가 등이 공무원 개인과 중첩적으로 배상책임을 부담하되 국가 등이 배상책임을 지는 경우에는 공무원 개인에게 구상할 수 있도록 함으로써 궁극적으로 그 책임이 공무원 개인에게 귀속되도록 하려는 것이다.[3]

---

2) 대법원 1972. 10. 10. 선고 69다701 판결.
3) 대법원 1996. 2. 15. 선고 95다38677 전원합의체 판결.

나. 요 건

(1) 국가배상책임이 성립하기 위해서는 공무원의 직무집행이 위법하여야 한다. '법령을 위반하여'라고 함은 엄격하게 형식적 의미의 법령에 명시적으로 공무원의 행위의무가 정하여져 있음에도 이를 위반하는 경우만을 의미하는 것은 아니고, 인권존중·권력남용금지·신의성실과 같이 공무원으로서 마땅히 지켜야 할 준칙이나 규범을 지키지 아니하고 위반한 경우를 비롯하여 널리 그 행위가 객관적인 정당성을 결여하고 있는 경우도 포함한다.[4]

(2) 공무원의 직무상 의무 위반으로 인해 타인의 권리·이익이 침해되어 구체적 손해가 발생하여야 한다.[5] 공무원의 직무상 의무 위반으로 국가배상책임이 인정되기 위하여는 공무원의 직무상 의무 위반과 피해자가 입은 손해 사이에 상당인과관계가 인정되어야 한다. 이러한 상당인과관계가 인정되는지를 판단할 때는 일반적인 결과 발생의 개연성은 물론 직무상 의무를 부과하는 법령을 비롯한 행동규범의 목적이나 가해행위의 태양 및 피해의 정도 등을 종합적으로 고려하여야 한다.[6]

공무원이 고의 또는 과실로 그에게 부과된 직무상 의무를 위반하였을 경우라고 하더라도 국가는 그러한 직무상의 의무 위반과 피해자가 입은 손해 사이에 상당인과관계가 인정되는 범위 내에서만 배상책임을 지고, 이 경우 상당인과관계가 인정되기 위하여는 공무원에게 부과된 직무상 의무의 내용이 단순히 공공 일반의 이익을 위한 것이거나 행정기관 내부의 질서를 규율하기 위한 것이 아니고 전적으로 또는 부수적으로 사회구성원 개인의 안전과 이익을 보호하기 위하여 설정된 것이어야 한다.[7]

다. 공무원에 대한 구상권

(1) 국가배상법 제2조는, 공무원이 직무를 집행하면서 고의 또는 과실

---

4) 대법원 2015. 8. 27. 선고 2012다204587 판결.
5) 대법원 2016. 8. 30. 선고 2015두60617 판결.
6) 대법원 2016. 8. 25. 선고 2014다225083 판결.
7) 대법원 2011. 9. 8. 선고 2011다34521 판결.

로 법령을 위반하여 타인에게 손해를 입힌 때에는 국가나 지방자치단체가 배상책임을 부담하고(제1항), 국가 등이 그 책임을 이행한 경우에 해당 공무원에게 고의 또는 중대한 과실이 있으면 그 공무원에게 구상할 수 있다 (제2항)고 규정하고 있다. 이 경우 국가나 지방자치단체는 해당 공무원의 직무내용, 불법행위의 상황과 손해발생에 대한 해당 공무원의 기여 정도, 평소 근무태도, 불법행위의 예방이나 손실분산에 관한 국가 또는 지방자치단체의 배려의 정도 등 제반 사정을 참작하여 손해의 공평한 분담이라는 입장에서 신의칙상 상당하다고 인정되는 한도 내에서 구상권을 행사할 수 있다.[8]

(2) 공무원이 직무수행 중 불법행위로 타인에게 손해를 입힌 경우에 국가 등이 국가배상책임을 부담하는 외에 공무원 개인도 고의 또는 중과실이 있는 경우에는 불법행위로 인한 손해배상책임을 지고, 공무원에게 경과실이 있을 뿐인 경우에는 공무원 개인은 손해배상책임을 부담하지 아니한다. 이처럼 경과실이 있는 공무원이 피해자에 대하여 손해배상책임을 부담하지 아니함에도 피해자에게 손해를 배상하였다면 그것은 채무자 아닌 사람이 타인의 채무를 변제한 경우에 해당하고, 이는 민법 제469조의 '제3자의 변제' 또는 민법 제744조의 '도의관념에 적합한 비채변제'에 해당하여 피해자는 공무원에 대하여 이를 반환할 의무가 없고, 그에 따라 피해자의 국가에 대한 손해배상청구권이 소멸하여 국가는 자신의 출연 없이 채무를 면하게 되므로, 피해자에게 손해를 직접 배상한 경과실이 있는 공무원은 특별한 사정이 없는 한 국가에 대하여 국가의 피해자에 대한 손해배상책임의 범위 내에서 공무원이 변제한 금액에 관하여 구상권을 취득한다고 봄이 타당하다.[9]

라. 위자료

불법행위시와 변론종결시 사이에 장기간의 세월이 경과함으로써 위자료를 산정함에 있어 반드시 참작해야 할 변론종결시의 통화가치 등에 불

법행위시와 비교하여 상당한 변동이 생긴 때에는, 불법행위로 말미암은 위자료배상채무의 지연손해금은 그 위자료 산정의 기준시인 사실심 변론 종결일로부터 발생한다고 보아야 한다.[10]

마. 소멸시효

(1) 국가배상법 제2조 제1항 본문 전단의 국가배상청구권에는 국가배상법 제8조에 의하여 민법 제766조 제1항이 적용되므로, 국가배상청구권은 피해자나 그 법정대리인이 손해 및 가해자를 안 날부터 3년간 이를 행사하지 아니하면 시효로 인하여 소멸하고, 여기서 '손해 및 가해자를 안 날'은 공무원의 직무집행상 불법행위의 존재 및 그로 인한 손해의 발생 등 불법행위의 요건사실에 대하여 현실적이고도 구체적으로 인식하였을 때를 의미하지만, 피해자 등이 언제 불법행위의 요건사실을 현실적이고도 구체적으로 인식한 것으로 볼 것인지는 개별 사건에서 여러 객관적 사정과 손해배상청구가 가능하게 된 상황 등을 종합하여 합리적으로 판단하여야 한다.[11]

(2) 채무자의 소멸시효에 기한 항변권의 행사도 우리 민법의 대원칙인 신의성실의 원칙과 권리남용 금지의 원칙의 지배를 받는 것이어서, 채무자가 시효완성 전에 채권자의 권리행사나 시효중단을 불가능 또는 현저히 곤란하게 하였거나, 그러한 조치가 불필요하다고 믿게 하는 행동을 하였거나, 객관적으로 채권자가 권리를 행사할 수 없는 장애사유가 있었거나, 또는 일단 시효완성 후에 채무자가 시효를 원용하지 아니할 것 같은 태도를 보여 권리자로 하여금 그와 같이 신뢰하게 하였거나, 채권자보호의 필요성이 크고 같은 조건의 다른 채권자가 채무의 변제를 수령하는 등의 사정이 있어 채무이행의 거절을 인정함이 현저히 부당하거나 불공평하게 되는 등의 특별한 사정이 있는 경우에는 채무자가 소멸시효의 완성을 주장하는 것이 신의성실의 원칙에 반하여 권리남용으로서 허용될 수 없다. 그러나 국가에게 국민을 보호할 의무가 있다는 사유만으로 국가가 소멸시효

---

10) 대법원 2013. 3. 28. 선고 2010다108494 판결.
11) 대법원 2012. 4. 13. 선고 2009다33754 판결.

의 완성을 주장하는 것 자체가 신의성실의 원칙에 반하여 권리남용에 해당한다고 할 수는 없으므로, 국가의 소멸시효 완성 주장이 신의칙에 반하고 권리남용에 해당한다고 하려면 앞서 본 바와 같은 특별한 사정이 인정되어야 하고, 또한 위와 같은 일반적 원칙을 적용하여 법이 두고 있는 구체적인 제도의 운용을 배제하는 것은 법해석에 있어 또 하나의 대원칙인 법적 안정성을 해할 위험이 있으므로 그 적용에는 신중을 기하여야 한다.[12]

2. 대상사안의 검토

가. 책임의 성립

(1) 법 리

국가배상법 제2조 제1항 본문에 의하면 국가나 지방자치단체는 공무원 또는 공무를 위탁받은 사인이 직무를 집행하면서 고의 또는 과실로 법령을 위반하여 타인에게 손해를 입힐 경우 그 손해를 배상하여야 한다. 법령에 의해 여러 가지 권한이 부여되어 있는 공무원이 구체적인 직무를 수행할 때 제반 상황에 대응하여 자신에게 부여된 여러 가지 권한을 적절하게 행사하여 필요한 조치를 취할 수 있으므로, 그 권한을 부여한 취지와 목적에 비추어 구체적인 사정에 따라 그 권한의 불행사가 현저하게 불합리하다고 인정되는 경우 그러한 권한의 불행사도 직무상 의무를 위반한 것이 위법하게 된다.[13]

(2) 인정사실

(가) 이 사건 행사와 관련하여 항만공항정책과에서는 대한민국 항공회로부터 나래연 제거에 관한 요청을 받았음에도 도시축전위원회에 공식으로 이와 같은 사항을 요청하지 아니하고 구두로만 요청하였다.

(나) 항만공항정책과 공무원들은 2009. 9. 27. 이 사건 사고가 있었던 비행 전에도 도시축전위원회 측에 취소되었던 이 사건 행사가 재개된 사

---

12) 대법원 2011. 10. 27. 선고 2011다54709 판결.
13) 대법원 2004. 9. 23. 선고 2003다49009 판결.

실을 알리고, 나래연을 제거하여 줄 것을 재차 요청하지도 않았다.

(다) 도시축전위원회에서는 수차례 구두로 항만공항정책과로부터 나래연이 이 사건 행사의 위험요소이니 철거하여 줄 것을 요청받았음에도, 위험성에 대하여 구체적으로 검토하지도 않은 채 만연히 나래연 행사와 함께 진행하여 줄 것을 주장하고 협조하지 않았다.

(3) 판 단

위와 같은 사정을 종합하여 볼 때, 이 사건 행사에 대한 행정적 지원을 하기로 한 피고의 항만공항정책과와 도시축전위원회에 있는 피고 소속 담당 공무원들은 이 사건 행사의 계획 단계에서부터 이 사건 행사와 나래연 날리기 등 다른 행사와의 상충 가능성이나 경량항공기들이 대형을 지어 군중이 밀집하여 있고 비행 장해물이 많은 행사장 상공을 통과할 경우의 위험요소에 대하여 파악하고, 적어도 이 사건 행사와 관련하여 대한민국 항공회에서 위험요소로 지적한 나래연 철거 문제에 관하여 검토하여 적극적으로 행정적 지원을 하여 주었어야 할 직무상 의무가 있었음에도 만연히 자신의 직무를 태만히 하여 권한을 불행사하였으며, 그 권한의 불행사는 현저하게 불합리하였다. 따라서 이와 같은 피고 소속 공무원들의 법령 위반 행위로 인하여 원고들이 손해를 입었으므로, 피고는 원고들의 손해를 배상할 책임이 있다.

나. 책임의 제한

(1) 인정사실

(가) 원고 K 등 비행기 조종사들이 이 사건 사고가 있기 전 날 이 사건 행사장 상공에 나래연이 있다는 것을 인지하게 되었음에도 이 사건 사고 당일 B 등을 통하여 나래연이 있는지 확인하지 아니하고 만연히 나래연이 철거되었을 것으로 믿고 비행에 참여하였다.

(나) 조종자들 사이에 행사장 진입 방향이나 대형, 고도 등에 관한 구체적인 사전 의견 교환이 없었고, 특히 이 사건 사고 당일에는 비행이 갑자기 결정되면서 비행 준비가 부실하였다.

(2) 판　단

법원은 위 인정사실과 항공기의 안전한 비행에 대한 1차적 책임이 조종사에게 있는 점을 감안하여 이 사건 비행기를 조종한 원고 K의 과실의 비율을 40%로 보았다. 그 결과 피고의 원고 K에 대한 책임을 위 과실비율을 제외한 나머지 60%로 제한하였다.

[35] 활주로에서 차량으로 항공기와 충돌한 경우 책임

서울중앙지방법원 2019. 1. 25. 선고 2018가단5006283 판결

Ⅰ. 사실관계

(1) C대학교는 한국농어촌공사로부터 전남 해남군 산이면 진상리 소재 영농활주로(이하 '이 사건 활주로')를 임차하고, 부산지방항공청으로부터 이 사건 활주로에 대한 비행장 외 이착륙허가를 받아 소속 학생들에 대한 비행교육 훈련장으로 사용해 오고 있다. C대학교는 원고(M화재해상보험 주식회사)와 사이에 보험기간을 2015. 6. 13.부터 2016. 6. 12.까지로 하여, C대학교 소유[1] 항공기의 비행 등과 관련하여 발생한 사고로 인한 손해의 담보를 목적으로 하는 항공보험계약을 체결하였다.

(2) C대학교 소속 학생조종사 N이 2016. 5. 17. 15:10경 이 사건 활주로에서 C대학교 소유 교육용 4인승 항공기(등록번호 : HL1188, 이하 '이 사건 항공기')를 조정하여 이착륙(Touch and Go)훈련[2]을 하던 중, 위 활주로를 횡단하던 인근 마을 주민 K 운전의 소형트럭(등록번호 : 97고6136, 이하 '이 사건 차량')을 발견하고 급제동하였으나 미치지 못하고, 이 사건 항공기 우측 날개와 이 사건 차량 후미가 충돌하는 사고가 발생하였다(이하 '이 사건 사고').

사고 당시 학생조종사 N은 활주로 착지 직후 다시 항공기를 이륙하기 위하여 출력을 증가시키기 직전에 전방 100미터 지점에서 활주로를 무단 횡단하는 이 사건 차량을 발견하고 급제동을 하였고, 그에 따라 어느 정도 항공기의 감속이 이루어져 피해 규모가 줄어들 수 있었다. 반면 이 사건 차량 운전자인 K는 이 사건 항공기가 이착륙 훈련을 위하여 활주로

---

1) 권리의무의 주체는 학교법인 C학원이 되어야 하는바, 이 글에서는 판결문에서 설시한대로 C대학교라고 표기하기로 한다.
2) 항공기를 활주로에 착지하였다가 바로 다시 출력을 높여 이륙하는 훈련을 말한다.

접근 중인 것을 전혀 인지하지 못하였다.

(3) 이 사건 활주로는 가장자리를 따라 골이 파져 있고 철조망이 설치되어 있으며 활주로를 교차하여 차량이 횡단할 수 있는 농로에는 차량 진입을 금지한다는 경고문 2개와 함께 5개의 진입 차단봉이 설치되어 있었다. 그런데 이 사건 사고 당시 진입차단봉 5개 중 2개가 불상의 경위로 제거되어 있었고, K는 위와 같이 진입차단봉이 제거된 틈을 이용하여 이 사건 차량을 운전하여 활주로를 횡단할 수 있었다. C대학교는 이 사건 사고 후 위와 같은 진입차단봉 대신에 시건장치가 달린 철제 출입문을 설치하였다.

(4) 이 사건 활주로 주변에 위치하고 있는 마을 주민들이 평소 이 사건 활주로를 무단 횡단하는 사례가 없지 아니하였으나, C대학교는 비행훈련 과정에서 별도의 통제인원을 배치하거나 또는 마을 주민들을 상대로 경고방송을 실시하지는 아니하였다. 부산지방항공청장은 C대학교에 이 사건 활주로에 대한 비행장 외 이착륙허가를 하면서 '인원 탑승시 지상안전요원을 배치하여 탑승자의 안전에 유의할 것'이라는 행정지시를 하였으나, C대학교는 이 사건 활주로에서 이착륙 훈련만을 실시할 뿐 완전 정차하여 인원 탑승을 하고 있지는 아니하였다.[3]

(5) 이 사건 사고로 인해 이 사건 항공기의 우측날개·동체·착륙장치 등이 파손되었고, 이에 대한 국내 수리가 불가능하여 중국에 소재한 수리업체를 통하여 수리가 이루어졌다. C대학교는 원고에게 이 사건 항공기의 수리비·운송비·부대비용을 포함한 302,381,749원을 보험금으로 청구하였으나, 원고는 2017. 12. 14. C대학교에게 손해사정인이 합리적 수리비로 산정한 251,770,529원에서 자기부담금 1,500만 원을 공제한 236,770,529원(= 251,770,529원-1,500만 원)을 보험금으로 지급하였다.

(6) 피고(H해상화재보험 주식회사)는 이 사건 차량에 대하여 보험한도액을 2억 원으로 하는 자동차종합보험계약을 체결한 보험자이다.

---

3) 이 사건 항공기는 무안공항에서 이륙하였고, 이 사건 활주로에서는 이착륙 훈련만 하고 다시 무안공항으로 복귀 예정이었다.

Ⅱ. 참조 조문

1. 상 법

제638조(보험계약의 의의) 보험계약은 당사자 일방이 약정한 보험료를 지급하고 재산 또는 생명이나 신체에 불확정한 사고가 발생할 경우에 상대방이 일정한 보험금이나 그 밖의 급여를 지급할 것을 약정함으로써 효력이 생긴다.

제665조(손해보험자의 책임) 손해보험계약의 보험자는 보험사고로 인하여 생길 피보험자의 재산상의 손해를 보상할 책임이 있다.

제682조(제3자에 대한 보험대위) ① 손해가 제3자의 행위로 인하여 발생한 경우에 보험금을 지급한 보험자는 그 지급한 금액의 한도에서 그 제3자에 대한 보험계약자 또는 피보험자의 권리를 취득한다. 다만, 보험자가 보상할 보험금의 일부를 지급한 경우에는 피보험자의 권리를 침해하지 아니하는 범위에서 그 권리를 행사할 수 있다.

② 보험계약자나 피보험자의 제1항에 따른 권리가 그와 생계를 같이 하는 가족에 대한 것인 경우 보험자는 그 권리를 취득하지 못한다. 다만, 손해가 그 가족의 고의로 인하여 발생한 경우에는 그러하지 아니하다.

제719조(책임보험자의 책임) 책임보험계약의 보험자는 피보험자가 보험기간 중의 사고로 인하여 제3자에게 배상할 책임을 진 경우에 이를 보상할 책임이 있다.

제724조(보험자와 제3자와의 관계) ① 보험자는 피보험자가 책임을 질 사고로 인하여 생긴 손해에 대하여 제3자가 그 배상을 받기 전에는 보험금액의 전부 또는 일부를 피보험자에게 지급하지 못한다.

② 제3자는 피보험자가 책임을 질 사고로 입은 손해에 대하여 보험금액의 한도내에서 보험자에게 직접 보상을 청구할 수 있다. 그러나 보험자는 피보험자가 그 사고에 관하여 가지는 항변으로써 제3자에게 대항할 수 있다.

③ 보험자가 제2항의 규정에 의한 청구를 받은 때에는 지체없이 피보험자에게 이를 통지하여야 한다.

④ 제2항의 경우에 피보험자는 보험자의 요구가 있을 때에는 필요한

서류·증거의 제출, 증언 또는 증인의 출석에 협조하여야 한다.

제726조의2(자동차보험자의 책임) 자동차보험계약의 보험자는 피보험자가 자동차를 소유, 사용 또는 관리하는 동안에 발생한 사고로 인하여 생긴 손해를 보상할 책임이 있다.

2. 자동차손해배상보장법

제1조(목적) 이 법은 자동차의 운행으로 사람이 사망 또는 부상하거나 재물이 멸실 또는 훼손된 경우에 손해배상을 보장하는 제도를 확립하여 피해자를 보호하고, 자동차사고로 인한 사회적 손실을 방지함으로써 자동차운송의 건전한 발전을 촉진함을 목적으로 한다.

제2조(정의) 이 법에서 사용하는 용어의 뜻은 다음과 같다.

1. "자동차"란 「자동차관리법」의 적용을 받는 자동차와 「건설기계관리법」의 적용을 받는 건설기계 중 대통령령으로 정하는 것을 말한다.
2. "운행"이란 사람 또는 물건의 운송 여부와 관계없이 자동차를 그 용법에 따라 사용하거나 관리하는 것을 말한다.
3. "자동차보유자"란 자동차의 소유자나 자동차를 사용할 권리가 있는 자로서 자기를 위하여 자동차를 운행하는 자를 말한다.
4. "운전자"란 다른 사람을 위하여 자동차를 운전하거나 운전을 보조하는 일에 종사하는 자를 말한다.

제5조(보험 등의 가입 의무) ① 자동차보유자는 자동차의 운행으로 다른 사람이 사망하거나 부상한 경우에 피해자(피해자가 사망한 경우에는 손해배상을 받을 권리를 가진 자를 말한다. 이하 같다)에게 대통령령으로 정하는 금액을 지급할 책임을 지는 책임보험이나 책임공제(이하 "책임보험등"이라 한다)에 가입하여야 한다.

② 자동차보유자는 책임보험등에 가입하는 것 외에 자동차의 운행으로 다른 사람의 재물이 멸실되거나 훼손된 경우에 피해자에게 대통령령으로 정하는 금액을 지급할 책임을 지는 「보험업법」에 따른 보험이나 「여객자동차 운수사업법」, 「화물자동차 운수사업법」 및 「건설기계관리법」에 따른 공제에 가입하여야 한다.

Ⅲ. 판시사항

이 사건 사고는 기본적으로 통행이 금지된 이 사건 활주로를 무단 횡단하면서 이착륙하는 비행기가 있는지 제대로 살피지 아니한 K의 과실에 의하여 발생하였다고 봄이 타당하다.

Ⅳ. 해 설

1. 손해배상과 책임보험

가. 의 의

자동차를 운행하다가 타인의 재물을 손괴한 경우 자동차보유자는 불법행위에 기한 손해배상책임을 부담한다. 재물에 대한 침해에 관하여도 그 피해의 정도에 따라, 마치 인신에 대한 침해를 사망의 경우와 상해의 경우로 나누어 고찰하는 것처럼, 물건멸실의 경우와 물건훼손의 경우로 나눌 수 있다. 물적 손해에서도 적극적 손해와 소극적 손해가 생길 수 있다. 파손된 자동차의 수리기간 동안 입게 되는 영업상 손해와 같은 것이 후자의 예이다. 불법행위로 인하여 물건의 가치가 감소된 경우 재산권의 침해로 인한 정신적 손해는 특별사정으로 인한 손해이다.[4]

나. 물건의 멸실로 인한 손해

(1) 교환가격에 의한 배상원칙

(가) 자동차가 타인의 불법행위로 인하여 폐차할 정도로 손괴된 경우 그 손해배상액은 감소된 교환가격인바, 자동차가 출고된 지 45일 만에 사고를 당하였다 하여도 위 법리에 따라 그 손해배상액을 산정하여야 함은 당연하므로, 그 배상액 산정방법으로 그 사고 당시의 교환가격에서 폐차대금을 공제하는 방법을 택하여야 하며, 위 교환가격을 평가할 때 피해자가 차를 구입하면서 지급한 취득세 및 보험료를 참작할 수는 없다.[5]

---

4) 대법원 2004. 3. 18. 선고 2001다82507 전원합의체 판결.

(나) 중고차가 타인의 불법행위로 훼손된 경우 그 사고 당시의 교환가격은 원칙적으로 그것과 동일한 차종·연식·형·같은 정도의 사용상태 및 주행거리 등의 자동차를 중고차시장에서 취득할 때 드는 가액으로 정하여야 하지만, 당사자간에 합의가 있거나 시장가격이 형성되어 있지 않은 경우 등 특별한 사정이 있는 경우에는 과세상 감가상각의 기준인 정액법이나 정률법 등이 사용될 수도 있다.[6]

(다) 불법행위로 물건이 멸실되어 그 교환가격을 배상할 경우 그 가격에는 당해 물건을 통상적인 방법으로 사용·수익함으로써 얻을 수 있는 이익이 포함되어 있고, 이는 자동차가 수리불능일 정도로 손괴되어 그 교환가격의 감소액을 배상할 경우에도 동일한데, 자동차를 통상적으로 사용·수익함으로써 얻을 수 있는 이익이란 그 임료 상당액이어서 그 교환가격의 감소액 이외에 대용차임료를 따로 청구할 수는 없다. 또한 자동차를 사용하여 사업을 경영하던 피해자가 타인의 불법행위로 차를 폐차하고 상해를 입은 고용운전사가 입원치료 등을 받는 동안 다른 자동차를 운전사와 함께 빌려 영업한 경우, 대용차비용 중 운전사의 임금에 해당하는 부분은 차의 통상적인 사용수익으로 인한 이익과 전혀 관계없는 것으로서 불법행위와 상당인과관계 있는 통상의 손해이다.[7]

(2) 수리비용이 교환가격을 상회하는 경우

(가) 사고 당시의 피해차량의 교환가격을 현저하게 웃도는 수리비용을 지출했다 하더라도 이런 경우에는 경제적인 면에서 수리불능으로 보아 사고 당시의 교환가격으로부터 고물(고철)대금을 뺀 나머지만을 손해배상으로 청구할 수 있을 뿐이고, 이렇게 보아야만 손해배상제도의 이상인 공평의 관념에 합치되는 것이며, 따라서 교환가격보다 높은 수리비를 요하는 경우에 굳이 수리를 고집하는 피해자가 있는 경우에는 그 소망을 들어 주어야 하는 것이 사회통념에 비추어 시인되어야 할 특별한 사정이 없는 한

---

5) 대법원 1991. 7. 12. 선고 91다5150 판결.
6) 대법원 2012. 5. 24. 선고 2011다77917 판결.
7) 대법원 1991. 7. 12. 선고 91다5150 판결.

그 수리비 가운데 교환가격을 넘는 부분은 그에게 부담시켜야만 한다.[8]

(나) 영업용 택시는 그 특성상 시중에서 매매가 이루어지지 않고 있고 액화석유가스를 연료로 사용하므로 휘발유를 사용하는 일반의 중고차량으로 대차할 수 없으며 '자동차운수사업인·면허사무처리요령'(건설교통부훈령)의 규정상 대차 가능 차량은 원칙적으로 차령 6월 이내의 자동차이어야 한다는 점 등에 비추어 볼 때, 영업용 택시의 수리비가 교환가격을 초과한다 하더라도 신차를 구입하지 않는 이상 그 수리비를 지불하고 택시를 수리하여 운행할 수밖에 없는 특별한 사정이 인정되므로, 그 수리비 전액을 배상해야 한다.[9]

다. 물건이 훼손된 경우

불법행위로 인하여 물건이 훼손된 경우, 배상을 청구할 수 있는 손해액은 특별한 다른 사정이 없는 한, 수리가 가능한 때에는 그 수리비를, 수리가 불가능한 때에는 그 교환가치(시가)의 감소액을 기준으로 산정하여야 하는바, 피해자가 훼손된 물건을 처분하여 잔존물의 가격에 상당하는 금액을 회수하였다고 하더라도 그 물건의 불법행위 당시의 시가에 상당하는 금액에서 그 잔존물의 가격에 상당하는 금액을 공제한 금액만큼의 손해를 입게 되었다고 볼 것이지, 그 물건의 불법행위 당시의 시가에 상당하는 금액만큼의 손해를 입게 된 것이고 다만 불법행위로 인하여 잔존물의 가격에 상당하는 금액만큼의 이익을 얻게 되었다고 볼 것은 아니다.[10]

라. 휴업손해

(1) 불법행위로 영업용 물건이 멸실된 경우, 이를 대체할 다른 물건을 마련하기 위하여 필요한 합리적인 기간 동안 그 물건을 이용하여 영업을 계속하였더라면 얻을 수 있었던 이익, 즉 휴업손해는 그에 대한 증명이 가능한 한 통상의 손해로서 그 교환가치와는 별도로 배상하여야 하고, 이

---

8) 대법원 2012. 5. 24. 선고 2011다77917 판결.
9) 대법원 1998. 5. 29. 선고 98다7735 판결.
10) 대법원 1991. 8. 27. 선고 91다17894 판결.

는 영업용 물건이 일부 손괴된 경우, 수리를 위하여 필요한 합리적인 기간 동안의 휴업손해와 마찬가지이다.[11]

(2) 영업용 차량이 사고로 인하여 파손되어 그 유상교체나 수리를 위하여 필요한 기간 동안 그 차량에 의한 영업을 할 수 없었던 경우에는 영업을 계속하였더라면 얻을 수 있었던 수익상실은 통상의 손해에 해당된다.[12] 또한 불법행위로 훼손된 자동차를 수리하는 기간 동안의 손해로서 휴차손해와 대차사용료는 선택적 관계에 있어 차주는 휴차손해 대신 대차사용료의 지급을 청구할 수 있다.[13]

마. 교환가치의 하락(격락손해, 格落損害)

(1) 불법행위로 인하여 물건이 훼손되었을 때 통상의 손해액은 수리가 가능한 경우에는 수리비, 수리가 불가능한 경우에는 교환가치의 감소액이 되고, 수리를 한 후에도 일부 수리가 불가능한 부분이 남아있는 경우에는 수리비 외에 수리불능으로 인한 교환가치의 감소도 통상의 손해에 해당한다. 자동차의 주요 골격 부위가 파손되는 등의 사유로 중대한 손상이 있는 사고가 발생한 경우에는, 기술적으로 가능한 수리를 마치더라도 특별한 사정이 없는 한 원상회복이 안 되는 수리 불가능한 부분이 남는다고 보는 것이 경험칙에 부합하고, 그로 인한 자동차 가격 하락의 손해는 통상의 손해에 해당한다고 보아야 한다. 이 경우 그처럼 잠재적 장애가 남는 정도의 중대한 손상이 있는 사고에 해당하는지는 사고의 경위 및 정도, 파손 부위 및 경중, 수리방법, 자동차의 연식 및 주행거리, 사고 당시 자동차 가액에서 수리비가 차지하는 비율, 중고자동차 성능·상태점검기록부에 사고 이력으로 기재할 대상이 되는 정도의 수리가 있었는지 여부 등의 사정을 종합적으로 고려하여, 사회일반의 거래관념과 경험칙에 따라 객관적·합리적으로 판단하여야 하고, 이는 중대한 손상이라고 주장하는 당사자가 주장·증명하여야 한다.[14]

---

11) 대법원 2004. 3. 18. 선고 2001다82507 전원합의체 판결.
12) 대법원 1997. 4. 25. 선고 97다8526 판결.
13) 대법원 1992. 5. 12. 선고 92다6112 판결.
14) 대법원 2017. 5. 17. 선고 2016다248806 판결.

(2) 상법 제724조 제2항에 의하여 피해자에게 인정되는 직접청구권의 법적 성질은 보험자가 피보험자의 피해자에 대한 손해배상채무를 병존적으로 인수한 것으로서 피해자가 보험자에 대하여 가지는 손해배상청구권이고, 피보험자의 보험자에 대한 보험금청구권의 변형 내지는 이에 준하는 권리가 아니다. 그러나 이러한 피해자의 직접청구권에 따라 보험자가 부담하는 손해배상채무는 보험계약을 전제로 하는 것으로서 보험계약에 따른 보험자의 책임 한도액의 범위 내에서 인정되어야 한다.[15] 이러한 피해자의 직접청구권에 따라 보험자가 부담하는 손해배상채무는 보험계약을 전제로 하는 것으로서 보험계약에 따른 보험자의 책임 한도액의 범위 내에서 인정되어야 한다는 취지일 뿐, 법원이 보험자가 피해자에게 보상하여야 할 손해액을 산정하면서 자동차종합보험약관의 지급기준에 구속될 것을 의미하는 것은 아니다.[16]

2. 대상사안의 검토

가. 손해배상책임의 근거

이 사건 자동차의 운행자인 K를 비롯한 이 사건 활주로 주변 주민들은 이 사건 활주로가 비행 훈련장으로 사용되고 있어 출입이 제한되고 있다는 사정을 잘 알고 있었고, C대학교가 비행 훈련 과정에서 별도의 통제인원을 배치하거나 또는 마을 주민들을 상대로 경고방송을 실시할 법적 의무가 있다고는 보이지 아니한다. 따라서 이 사건 사고는 기본적으로 통행이 금지된 이 사건 활주로를 무단 횡단하면서 이착륙하는 비행기가 있는지 제대로 살피지 아니한 K의 과실에 의하여 발생하였다고 봄이 타당하다.

나. 책임의 제한

다만 C대학교로서도 진입차단봉이 훼손되어 차량 출입이 가능한 사정을 방치하는 등 활주로 관리를 철저히 하지 아니한 점, 학생조종사 N이나

---

15) 대법원 2017. 5. 18. 선고 2012다86895, 86901 전원합의체 판결.
16) 대법원 2019. 4. 11. 선고 2018다300708 판결.

동석한 교관이 이착륙 훈련 과정에서 활주로의 상태를 보다 면밀히 살피지 아니한 점 등을 종합하면, 이 사건 사고에서 피해자측 과실은 20%로 봄이 상당하다.

다. 결 론

(1) 피고는 이 사건 사고를 일으킨 이 사건 자동차에 관한 책임보험자이므로, 이 사건 자동차의 운행자인 K가 이 사건 항공기의 소유자인 C대학교에 대하여 부담하는 손해배상금을 지급할 의무가 있다. 한편 원고는 이 사건 항공기에 관한 항공보험자이므로, 보험계약에 기하여 C대학교에게 이 사건 항공기에 대한 손해에 관하여 보험금을 지급하였다. 따라서 C대학교가 가해자인 K에 대하여 가지는 손해배상청구권은 상법 제682조 제1항에 규정된 보험자대위의 법리에 따라 원고에게 이전되었다.

(2) 그렇다면 피고는 원고에게 이 사건 사고로 인한 손해액으로 피해자측 과실비율인 20%를 공제한 201,416,423원(=251,770,529원×80%) 범위 내에서 보험금 한도액에 해당하는 2억 원 및 이에 대하여 원고가 구하는 바에 따라 소장 부본 송달 다음날인 2018. 2. 17.부터 피고가 이행의무의 존재여부나 범위에 관하여 항쟁하는 것이 타당하다고 인정되는 제1심 판결 선고일인 2019. 1. 25.까지는 민법이 정한 연 5%, 그 다음날부터 갚는 날까지는 소송촉진 등에 관한 특례법에서 정한 연 15%의 각 비율로 계산한 지연손해금을 지급할 의무가 있다.

[36] 공군기지법상 건축이 제한되는 토지의 매매계약

서울고등법원 1990. 1. 30. 선고 89나18162 판결

I. 사실관계

(1) 원고 H공영 주식회사와 피고 한국토지개발공사 사이에 1986. 4. 12. 원고가 피고로부터 서울 강동구 장지동, 문정동 소재 가락토지구획 정리사업지구 553블록 1롯트 소재 21,244㎡의 토지(이하 '이 사건 부동산')를 6,200,700,000원에 매수하되, 계약 당일 계약금 620,070,000원을 지급하고, 1986. 5. 11. 중도금 2,480,630,000원을, 1986. 6. 11. 잔금 3,100,000,000원을 각 지급하며, 원고는 매수한 이 사건 부동산을 3년 내에 지정용도로 사용하기로 하는 내용의 매매계약을 체결하였다.

(2) 원고는 이 사건 부동산의 지상에 국민주택규모의 15층 정도인 아파트를 건축할 목적으로 피고와 사이에 이 사건 부동산에 대하여 매매계약을 체결하였는데, 계약 당일 원고는 피고에게 계약금 620,070,000원을 지급하였다.

(3) 이 사건 부동산은 원래 성남시 소재 서울비행장에서의 항공기의 이륙 및 착륙 경로상에 위치하고 있어 비행안전상 장애가 되고, 이 사건 부동산 위에서 기지의 중요지역이 관망되므로 그 지상에 아파트가 신축되면 그 아파트에서 기지의 관찰이 용이한 곳이다.

(4) 이 사건 부동산 지상의 건축허가는 서울기지안전협의회의 협의를 거쳐 결정하여야 하는데, 서울기지안전협의회에서 위와 같은 이유로 공군기지법 제13조 제3항에 의하여 이 사건 부동산의 지상에 원고가 건축하려고 하는 정도 높이의 아파트의 건축을 제한하고 있었다.

(5) 원고는 관할관청인 서울특별시로부터 보안상 이유 등으로 민영주택의 건설이 불가능하다는 취지로 1987. 3. 25. 입지심의신청서를 반려받았고, 원고는 이 사건 부동산 지상에 아파트의 건축허가를 받을 수 없어

서, 결국 이 사건 부동산 지상에는 사실상 아파트를 건축할 수 없었다.

Ⅱ. 참조 조문

1. 민 법

제109조(착오로 인한 의사표시) ① 의사표시는 법률행위의 내용의 중요
부분에 착오가 있는 때에는 취소할 수 있다. 그러나 그 착오가 표
의자의 중대한 과실로 인한 때에는 취소하지 못한다.

② 전항의 의사표시의 취소는 선의의 제3자에게 대항하지 못한다.

제390조(채무불이행과 손해배상) 채무자가 채무의 내용에 좇은 이행을
하지 아니한 때에는 채권자는 손해배상을 청구할 수 있다. 그러나
채무자의 고의나 과실없이 이행할 수 없게 된 때에는 그러하지 아
니하다.

제398조(배상액의 예정) ① 당사자는 채무불이행에 관한 손해배상액을
예정할 수 있다.

② 손해배상의 예정액이 부당히 과다한 경우에는 법원은 적당히 감액
할 수 있다.

③ 손해배상액의 예정은 이행의 청구나 계약의 해제에 영향을 미치지
아니한다.

④ 위약금의 약정은 손해배상액의 예정으로 추정한다.

⑤ 당사자가 금전이 아닌 것으로써 손해의 배상에 충당할 것을 예정
한 경우에도 전4항의 규정을 준용한다.

Ⅲ. 판시사항

(1) 의사표시의 동기에 착오가 있었음을 이유로 표의자가 이를 취소하
기 위해서는 그 동기가 상대방에 표시되고 의사표시 내용의 중요부분의
착오로 인정되어야 한다.

(2) 손해배상 예정액을 감액하기 위한 요건인 '부당성'은 채권자와 채
무자의 지위, 계약의 목적과 내용, 손해배상액을 예정한 동기, 채무액에

대한 예정액의 비율, 예상 손해액의 크기, 당시의 거래관행 등 모든 사정
을 참작하여 일반 사회관념에 비추어 예정액의 지급이 경제적 약자의 지
위에 있는 채무자에게 부당한 압박을 가하여 공정성을 잃는 결과를 초래
하는 경우에 인정된다.

Ⅳ. 해 설

1. 착오를 이유로 한 계약의 취소

가. 의 의

(1) 민법 제109조에서 규정한 바와 같이 의사표시에 착오가 있다고 하
려면 법률행위를 할 당시에 실제로 없는 사실을 있는 사실로 잘못 깨닫거
나 아니면 실제로 있는 사실을 없는 사실로 잘못 생각하듯이 표의자의 인
식과 그 대조사실이 어긋나는 경우라야 하므로, 표의자가 행위를 할 당시
장래에 있을 어떤 사항의 발생이 미필적임을 알아 그 발생을 예기한 데
지나지 않는 경우는 표의자의 심리상태에 인식과 그 대조사실의 불일치가
있다고 할 수 없어 이를 착오로 다룰 수 없다.[1] 그리고 당사자의 합의로
착오로 인한 의사표시 취소에 관한 민법 제109조 제1항의 적용을 배제할
수 있다.[2]

(2) 착오를 이유로 의사표시를 취소하는 자는 법률행위의 내용에 착오
가 있었다는 사실과 함께 그 착오가 의사표시에 결정적인 영향을 미쳤다
는 점, 즉 만일 그 착오가 없었더라면 의사표시를 하지 않았을 것이라는
점을 증명하여야 한다.[3]

(3) 의사표시는 법률행위의 내용의 중요 부분에 착오가 있는 때에는
취소할 수 있고, 의사표시의 동기에 착오가 있는 경우에는 당사자 사이에
그 동기를 의사표시의 내용으로 삼았을 때에 한하여 의사표시의 내용의
착오가 되어 취소할 수 있다.[4] 동기의 착오가 법률행위의 내용 중 중요부

---

1) 대법원 2013. 11. 28. 선고 2013다202922 판결.
2) 대법원 2014. 11. 27. 선고 2013다49794 판결.
3) 대법원 2017. 11. 14. 선고 2014다21021 판결.

분의 착오에 해당함을 이유로 표의자가 법률행위를 취소하려면 그 동기를 당해 의사표시의 내용으로 삼을 것을 상대방에게 표시하고 의사표시의 해석상 법률행위의 내용으로 되어 있다고 인정되면 충분하고 당사자들 사이에 별도로 그 동기를 의사표시의 내용으로 삼기로 하는 합의까지 이루어질 필요는 없지만, 그 법률행위의 내용의 착오는 보통 일반인이 표의자의 입장에 섰더라면 그와 같은 의사표시를 하지 아니하였으리라고 여겨질 정도로 그 착오가 중요한 부분에 관한 것이어야 한다.[5]

(4) 계약당사자 쌍방이 계약의 전제나 기초가 되는 사항에 관하여 같은 내용으로 착오를 하고 이로 인하여 그에 관한 구체적 약정을 하지 아니하였다면, 당사자가 그러한 착오가 없을 때에 약정하였을 것으로 보이는 내용으로 당사자의 의사를 보충하여 계약을 해석할 수도 있으나, 여기서 보충되는 당사자의 의사란 당사자의 실제 의사 내지 주관적 의사가 아니라 계약의 목적·거래관행·적용법규·신의칙 등에 비추어 객관적으로 추인되는 정당한 이익조정 의사를 말한다.[6]

나. 원고의 주장요지

원고는 이 사건 부동산의 지상에 국민주택규모의 아파트 건설이 가능한 것으로 알고 이를 위하여 피고로부터 이 사건 부동산을 매수하였고, 위 매매계약을 체결함에 있어 원고는 피고에 대하여 원고가 이 사건 부동산을 매수하는 목적을 표시하여 원고와 피고 사이에 이 사건 부동산의 용도를 주택건설 용지로 정하여 매수하였다. 그런데 이 사건 부동산은 위 매매계약체결당시부터 그 지상에 아파트 건축을 할 수 없는 부동산으로, 원고가 위 매매계약의 체결 당시 이를 알았더라면 이 사건 부동산을 매수하지 아니하였을 것인데, 원고가 이를 전혀 알지 못하여 위 매매계약을 체결하게 되었다. 따라서 원고에게 이 사건 부동산의 성상에 대하여 착오가 있어 위 매매계약을 체결하게 된 동기에 착오가 있었고 그 동기가 피

---

4) 대법원 2016. 4. 15. 선고 2013다97694 판결.
5) 대법원 2015. 5. 28. 선고 2014다24327 판결.
6) 대법원 2014. 4. 24. 선고 2013다218620 판결.

고에게 표시되었으므로, 원고는 소장부본의 송달로써 위 매매계약을 취소하고 그 원상회복으로서 피고에게 지급한 계약금 620,070,000원의 반환을 구한다.

다. 검 토

(1) 동기의 착오

위 인정사실에 의하면 원고에게 이 사건 부동산의 성상(性狀)에 대하여 착오가 있고 이로 인하여 이사건 부동산을 매수하게 된 동기에 착오가 있었다.

(2) 인정사실

피고가 1986. 3. 14.자 신문지상에 이 사건 부동산을 법상 제한사항과 지장물등 일체를 현황대로 제한경쟁입찰의 방법에 의하여 매각하는데 매수인은 이사건 부동산을 피고가 지정하는 용도로만 사용하여야 한다는 내용의 토지매각공고를 하고, 원고 등에게 입찰자격을 부여하여 같은 달 25. 입찰을 실시한 결과 원고가 최고액입찰자로 결정되어 위와 같이 매매계약을 체결하게 되었다. 매매계약을 체결할 때 원고와 피고 사이에 피고의 지정에 따라 이 사건 부동산의 용도를 단순히 주택건설용지로만 정함과 동시에 원고가 이 사건 부동산을 지정용도 이외의 목적으로 사용할 경우에는 피고가 이 매매계약을 최고없이 해제할 수 있다고 약정하였다. 이 사건 부동산은 그 일부가 제4종미관지구로서 4층 이하의 건물만을 건축하도록 제한되어 있을 뿐 나머지 부분은 고도 47m까지의 건물 건축까지도 가능하다.

(3) 계약 해제의 선행

원고가 착오를 이유로 취소의 의사표시를 하기 전인 1987. 5. 1. 이미 피고가 원고의 채무불이행을 이유로 적법하게 위 매매계약을 해제하였으므로, 취소의 의사표시를 한 소장 부본이 피고에게 송달된 당시에는 이미 그 대상인 위 매매계약이 소급하여 소멸되었다. 따라서 원고의 위 주장은 이유 없다.

2. 이행불능으로 인한 손해배상책임

가. 의 의

(1) 채무불이행으로 인한 손해배상청구권은 현실적으로 손해가 발생한 때에 성립하는 것이고, 이때 현실적으로 손해가 발생하였는지 여부는 사회통념에 비추어 객관적이고 합리적으로 판단하여야 한다.[7]

(2) 채무의 이행이 불능이라는 것은 단순히 절대적·물리적으로 불능인 경우가 아니라 사회생활에서의 경험법칙 또는 거래상의 관념에 비추어 볼 때 채권자가 채무자의 이행의 실현을 기대할 수 없는 경우를 말한다.[8]

(3) 일반적으로 채무불이행으로 인한 손해배상청구에서 그 불이행의 귀책사유에 대한 증명책임은 채무자에게 있고,[9] 채권자의 수령지체 중에 이행불능이 된 경우에도 채권자지체가 발생한 사실에 대한 증명책임은 채무자에게 있다. 또한 부동산에 대한 소유권이전등기의무에 관하여 채무자가 일단 그 이행제공을 하여 채권자가 수령지체에 빠지게 되었다고 하더라도 그 후 목적 부동산이 제3자에게 양도되어 그 소유권이전등기의무의 이행이 불능하게 되었다면, 채무자는 다른 특별한 사정이 없는 한 민법 제401조, 제390조에 따라 상대방에 대하여 자기 채무의 이행불능으로 인한 손해배상채무를 부담한다.[10]

(4) 임대차 목적물이 화재 등으로 인하여 소멸됨으로써 임차인의 목적물 반환의무가 이행불능이 된 경우에, 임차인은 이행불능이 자기가 책임질 수 없는 사유로 인한 것이라는 증명을 다하지 못하면 목적물 반환의무의 이행불능으로 인한 손해를 배상할 책임을 지며, 화재 등의 구체적인 발생 원인이 밝혀지지 아니한 때에도 마찬가지이다. 또한 이러한 법리는 임대차 종료 당시 임대차 목적물 반환의무가 이행불능 상태는 아니지만

---

7) 대법원 2017. 6. 19. 선고 2017다215070 판결.
8) 대법원 2014. 6. 12. 선고 2013다75892 판결.
9) 대법원 1985. 3. 26. 선고 84다카1864 판결.
10) 대법원 2016. 3. 24. 선고 2015다249383 판결.

반환된 임차 건물이 화재로 인하여 훼손되었음을 이유로 손해배상을 구하는 경우에도 동일하게 적용된다.[11]

나. 원고의 주장요지

(1) 원고와 피고 사이에 이 사건 부동산에 대한 매매계약을 체결할 때 부동산의 용도를 아파트의 건설용지로 지정하였고, 설사 위 매매계약 체결시에 위 부동산의 용도를 단순히 주택건설 용지로만 표시하였다 하더라도 이는 아파트를 포함한 모든 주택의 건설이 가능한 용지를 의미하므로, 피고는 원고에게 위 매매계약에 따라 주택의 일종인 위 아파트의 건설에 장애가 없는 토지를 이전하여 줄 의무가 있다.

(2) 그런데 이 사건 부동산은 성남시 소재 서울비행장 부근에 소재하고 있어 보안상 이유 등으로 인하여 아파트의 건설이 불가능하므로, 결국 피고의 원고에 대한 아파트의 건축이 가능한 이 사건 부동산을 이전하여 줄 의무는 피고에게 책임있는 사유로 이행할 수 없게 되었으므로, 피고는 원고에게 이로 인하여 원고가 입게 된 손해를 배상하여 줄 책임이 있다.

(3) 그렇지 않다고 하더라도 피고의 위 이 사건 부동산을 이전하여 줄 의무는 원고나 피고 쌍방에 책임없는 사유로 인하여 이행을 할 수 없게 되었고, 이로 인하여 위 매매계약의 목적을 달성할 수 없게 되었으므로 채무자위험부담의 원칙에 따라 피고는 원고에게 위 계약금 620,070,000원을 반환할 의무가 있다.

다. 검 토

(1) 인정사실

위 매매계약을 체결함에 있어 원고와 피고 사이에 이 사건 부동산의 용도를 단순히 주택건설용지로 약정하였을 뿐이고, 이 사건 부동산을 아파트의 용지로 사용하려고 한 것은 원고의 표시되지 아니한 동기에 불과하며 위 매매계약의 내용으로는 되지 아니하였다. 매매계약시에 원고와

---

11) 대법원 2017. 5. 18. 선고 2012다86895 전원합의체 판결.

피고 사이에 이 사건 부동산의 용도를 주택건설용지로 약정하였다는 것만
으로는 피고가 원고에게 어떠한 형태의 주택의 건설도 가능한 토지를 이
전하여 줄 의무가 있고 따라서 아파트의 건축이 가능한 상태의 이 사건
부동산을 이전하여 줄 의무가 있다고 인정하기에는 부족하다. 원고와 피
고는 매매계약을 체결할 때 원고는 부동산의 권리와 현상태 등에 관하여
상세히 조사·검토한 후 계약을 체결하되 그 계약의 체결 전후에 걸쳐 이
사건 부동산에 부과된 공용징수나 도시계획변경 및 건축제한 등에 대하여
그 현상대로 매수하기로 하고 피고에 대하여 대금의 감액 등 일체의 책임
을 묻지 않기로 약정하였다.

(2) 결 론

따라서 피고는 원고에게 위 매매계약 당시의 현상대로 이 사건 부동산
을 이전하여 줄 의무가 있을 뿐이고 아파트의 건축이 가능한 이 사건 부
동산을 이전하여 줄 의무까지는 없으므로, 피고에게 아파트의 건축이 가
능한 이 사건 부동산을 이전하여 줄 의무가 있음을 전제로 하는 원고의
주장은 이유 없다.

3. 손해배상액의 예정과 감액

가. 의 의

(1) 민법 제398조 제2항은 손해배상의 예정액이 부당히 과다한 경우에
는 법원이 이를 적당히 감액할 수 있다고 규정하고 있고, 금전채무의 불
이행에 관하여 적용을 배제하지 않고 있다. 또한 이자제한법 제6조는 법
원은 당사자가 금전을 목적으로 한 채무의 불이행에 관하여 예정한 배상
액을 부당하다고 인정한 때에는 상당한 액까지 이를 감액할 수 있다고 규
정하고 있다. 따라서 금전채무에 관하여 이행지체에 대비한 지연손해금
비율을 따로 약정한 경우에 이는 손해배상액의 예정으로서 감액의 대상이
된다.

(2) 손해배상 예정액을 감액하기 위한 요건인 '부당성'은 채권자와 채
무자의 지위, 계약의 목적과 내용, 손해배상액을 예정한 동기, 채무액에

대한 예정액의 비율, 예상 손해액의 크기, 당시의 거래관행 등 모든 사정을 참작하여 일반 사회관념에 비추어 예정액의 지급이 경제적 약자의 지위에 있는 채무자에게 부당한 압박을 가하여 공정성을 잃는 결과를 초래하는 경우에 인정된다. 특히 금전채무의 불이행에 대하여 손해배상액을 예정한 경우에는 위에서 든 고려요소 이외에 통상적인 연체금리도 고려하여야 한다. 이와 같이 손해배상의 예정액이 부당한지 여부나 그에 대한 적당한 감액의 범위를 판단하는 기준 시점은 법원이 구체적으로 판단을 하는 때, 즉 사실심의 변론종결 당시이다. 이때 감액사유에 대한 사실인정이나 비율을 정하는 것은 형평의 원칙에 비추어 현저히 불합리하다고 인정되지 않는 한 사실심의 전권에 속하는 사항이다.[12)

나. 원고의 채무불이행과 매매계약의 해제

(1) 인정사실

(가) 매매계약을 체결할 때 원고와 피고 사이에 피고는 원고로부터 그 매매잔대금을 수령한 후에 소유권을 이전하여 주기로 하되(잔대금 지급의무가 소유권이전등기에 필요한 서류 교부나 부동산 인도보다 선이행으로 되어 있다), 원고가 위 매매계약상 약정을 위반하였을 때에는 피고는 위 매매계약을 해제할 수 있고(제14조 제1항), 위 매매계약이 해제되었을 경우에 피고는 원고에게 원고로부터 수납한 대금 중 계약금을 공제한 금액을 반환하고 위 계약금은 피고에게 귀속하기로 약정하였다(제14조 제5항).

(나) 그런데 원고는 위 매매계약체결 후 관계관청에 조회를 하는 등 이 사건 부동산의 지상에 아파트의 건축이 가능하도록 하기 위하여 전력을 기울이다가 그 건축의 가능성이 희박하자 피고에 대한 중도금과 잔대금을 각 지급기일에 지급하지 아니하였다.

(다) 이에 피고가 원고에 대하여 1986. 5. 26. 중도금의 지급을 최고하고 그 후 원고가 잔대금마저 지급하지 아니하자, 같은 해 6. 30. 중도금 및 잔대금의 이행을 최고함을 비롯하여 수회에 걸쳐 그 이행을 최고하여

---

12) 대법원 2017. 7. 11. 선고 2016다52265 판결.

오다가, 1987. 3. 26. 다시 같은 해 4. 30.까지 중도금과 잔대금을 지급하라고 최고하면서 불이행시에는 그 익일자로 위 매매계약을 해제한다는 의사표시를 내용증명우편으로 발송하여 그 무렵 내용증명우편이 원고에게 도달되었다. 그 후 원고는 피고에게 중도금과 잔대금을 그 기한까지도 지급하지 아니하였다.

(2) 검 토

따라서 위 매매계약은 원고의 중도금과 잔대금지급의무의 이행지체로 인하여 1986. 5. 1.자로 적법하게 해제되었다.

다. 원고의 주장요지

이 사건 부동산에 대한 위 매매계약이 원고의 중도금이나 잔대금 지급의무의 지체를 이유로 해제되었다 하더라도 피고가 위 계약금을 몰취하기로 규정한 위 매매계약 제14조 제5항의 규정은 매도인인 피고가 위약하였을 경우에는 계약보증금이 손해배상의 아무런 기준이 될 수 없도록 규정하고 있는 반면, 매수인인 원고가 위약하였을 경우에는 피고가 이를 몰취할 것으로 규정하고 있어 원고에게 현저하게 불리하여 불공정한 규정이므로 약관의 규제에 관한 법률 제6조 제2항 제1호의 규정에 반하여 무효이다. 설령 위 법률에 위반되지 아니한다 하더라도 신의칙에 반하여 무효이므로, 피고에게 위 계약금을 몰취할 권한이 없으며 피고는 원고에게 위 계약금을 반환할 의무가 있고, 그렇지 않더라도 위 매매계약상의 손해배상의 예정액이 부당히 과다하므로, 감액하여 원고에게 이를 반환하여야 한다.

라. 검 토

(1) 약관의 규제에 관한 법률 위반에 관하여

약관의 규제에 관한 법률은 1987. 7. 1.부터 시행되었으므로, 그 시행 전에 체결된 위 매매계약은 그 적용대상이 되지 아니한다.

(2) 신의칙에 반하여 무효인지 여부

위 매매계약은 원고와 피고의 자유로운 의사의 합치에 의하여 체결된 계약이므로 그 약정 중의 일부분인 위 계약금의 몰취에 관한 조항이 비록 원고에게 다소 불리하다는 사정만으로는 이를 불공정한 규정으로 신의칙에 반하여 무효로 된다고 할 수 없다.

(3) 부당하게 과다한 손해배상액의 예정

(가) 원고와 피고가 매매계약을 체결할 때 매수인인 원고가 위약하여 피고가 위 매매계약을 해제할 때에는 위 계약금을 피고에게 귀속시키고 원고는 그 반환청구를 하지 아니하기로 약정한 것은 원고의 채무불이행으로 인한 손해배상액을 예정한 것이다.

(나) 매매계약을 체결하게 된 과정과 원고가 위 매매계약을 이행하지 아니한 동기, 매매계약을 체결함에 있어 원고의 위약으로 인한 손해배상에 대하여는 위와 같이 약정을 하면서도 피고의 위약으로 인한 손해배상에 대하여는 약정을 하지 아니하는 등 위 매매계약의 내용이 원고에 비하여 피고에게 다소 유리한 점, 매매계약이 해제에 이르게 된 경위와 그 기간, 피고는 1985. 11. 22. 경 국가로부터 이 사건 부동산을 매수한 다음 그 직후 별다른 형질변경을 가함이 없이 그대로 원고에게 이를 매도하였다가 위와 같이 위 매매계약을 해제한 후인 1988. 3. 8. 재입찰의 절차를 거쳐 다시 주식회사 G에게 위 매매대금보다 많은 6,610,000,000에 매도한 사실 등에 비추어 보면, 위 손해배상의 예정인 620,070,000원은 부당히 과다하다.

마. 결 론

위와 같은 모든 사정을 참작하면, 원고의 채무불이행으로 인한 손해배상액은 위 금원의 60%인 372,042,000원으로 감액함이 상당하다.

제 **7** 장

항공 소음

[37] 항공 소음에 관한 손해배상책임

대법원 2015. 10. 15. 선고 2013다23914 판결

Ⅰ. 사실관계

가. 원고들의 거주지역

원고들은 광주공항 인근인 광주 광산구 도산동, 송정동, 신촌동 등에 거주하고 있거나 일정 기간 거주하였던 자이다.

나. 광주공항과 광주공군비행장의 연혁과 현황

(1) 연혁 및 현황

광주공항은 1948. 11.경 광주 동구 학동에 처음으로 설치되었다가, 1960. 4.경부터 광주 서구 상무대로 자리를 옮긴 후, 1964. 1.경 현재의 위치인 광주 광산구 신촌동 740-13으로 다시 이전되었다. 광주공항에는 부지 면적 150,599㎡에 길이 2,836m, 너비 45m의 활주로 2본이 설치되어 있다. 민간과 공군은 광주공항을 공동으로 사용하고 있는데, 공군은 1963년경부터 공군비행장으로 사용하고 있다(이 사건에서 민항기의 운항으로 인한 소음은 문제되지 않고 있으므로, 이하 '광주공군비행장'이라 한다).

(2) 비행 현황

광주공군비행장의 비행은 T-50 이글, F-5 팬텀 전투기의 훈련이 주된 것인데, 감정인의 1차 측정 기간(2006. 9. 25.~2006. 10. 1.)에 F-5 팬텀 전투기는 200회, T-50 이글 전투기는 5회, 2차 측정 기간(2007. 4. 2.~ 2007. 4. 8.)에 F-5 팬텀 전투기는 179회, T-50 이글 전투기는 30회 각 출격하였다.

(3) 전투기 운항 패턴

광주공군비행장의 비행훈련은 이륙·착륙·통과·선회·T&G(TOUCH & GO)의 패턴으로 이루어지는데, T&G는 대부분 비행장 활주로에서 이루어지고 있다. 이륙 훈련은 주로 서남단에서 동북단으로 이루어지고, 선회 및 T&G는 주로 시계방향으로 이루어진다.

(4) 공군비행장의 특성

광주공군비행장이 위치한 지역은 종전에는 영산강을 사이에 두고 광주시와 경계를 두고 있다가 광주시가 광역시로 되면서 행정구역상 도시로 포함되었고, 광주공군비행장과 그 주변지역은 당초 비행장이 개설되었을 때와는 달리 그 후 점차 도시화되어 인구가 밀집되는 등으로 비도시지역에 위치한 국내의 다른 비행장과는 구별되는 반면, 도시지역에 위치한 대구공군비행장이나 김포공항과 비교적 유사한 도시지역으로서의 지역적·환경적 특성이 있다.

다. 항공 소음

(1) 항공 소음의 특성

'항공 소음'[1]은 금속성 고주파음으로 상공에서 다량으로 발생하는 충격음이므로 다른 소음원에 비하여 피해지역이 광범위하다. 더구나 일정한 항공일정에 따라 운행되는 민간항공기와 달리 군용기는 군사기밀상 불시에 이착륙이 이루어지고, T&G, 급선회, 편대비행 등 불규칙한 운항 및 군 항공기의 특성으로 발생하는 순간적인 최고소음도나 고주파수 성분의 강도 등으로 주민들이 실제로 느끼는 소음피해가 민간항공기에 비하여 더 큰 경우가 많다.

---

1) 통상 '항공기소음(Aircraft Noise)'이라는 용어를 사용하고 있으나, 엔진 정비나 공중사격·폭격 등에 의한 소음 등 항공 활동으로 인한 소음도 포함할 수 있는 '항공 소음(Aviation Noise)'이 정확한 표현이므로, 이 책에서는 항공 소음이라는 용어를 사용한다.

(2) 항공 소음의 기준

소음·진동관리법 제39조 제1항, 그 시행령 제9조 제1항은 "환경부장관은 항공기소음이 항공기소음한도(공항주변 인근지역: 90웨클, 기타 지역: 75웨클)를 초과하여 공항주변의 생활환경이 매우 손상된다고 인정하는 경우에는 관계기관의 장에게 방음시설의 설치 기타 항공기 소음의 방지를 위하여 필요한 조치를 요청할 수 있다"고 규정하고 있고, 그 시행령 제9조 제2항, 그 시행규칙 제49조, 공항소음 방지 및 소음대책지역 지원에 관한 법률 제5조 제1항, 그 시행령 제2조 제1항, 그 시행규칙 제3조, 구 항공법 시행규칙 제271조는 공항주변 인근지역과 기타지역을 다음과 같이 구분하고 있다.

소음·진동관리법 령상 구분	공항소음대책법 령상 구분	구역		소음영향도(WECPNL)
공항주변 인근지역	소음대책지역	제1종		95 이상
		제2종		90 이상 95 미만
기타 지역		제3종	가 지구	85 이상 90 미만
			나 지구	80 이상 85 미만
			다 지구	75 이상 80 미만

라. 원고의 피해

(1) 소음 정도

광주 공군비행장에서 운용하는 전투기로 인하여 원고 등의 주거지에 발생하는 소음 정도는 별지 2 손해배상 내역표(생략) 중 '소음도'란 기재와 같다. 제1심에서의 감정인의 소음감정 결과에 대하여, 피고는 위 소음감정 결과가 비행경로를 잘못 예측하고, 짧은 기간 동안의 소음도를 예측기준으로 삼고 있으며, 다른 여러 기관의 조사결과와 많은 차이를 보이고 있어 신뢰할 수 없다고 주장하였다. 법원은, 감정인이 약 15개월 동안 감정을 수행하면서 현장조사와 7개 지점에서의 2차례에 걸친 소음측정과 소음

측정결과의 분석 등을 통해 소음지도의 작성 등 감정결과를 도출한 사실
을 인정할 수 있으므로, 피고가 주장한 사정만으로는 위 감정결과의 신뢰
성을 전적으로 배척하기 어렵지만, 위 소음감정결과는 그 측정과정에서
일부 객관적 데이터를 잘못 반영하는 등 일부 보완할 점이 있으므로, 수
인한도 초과지역 여부를 판단할 때 위 소음감정결과의 내용을 일부 보정
하였다.

(2) 소음으로 인한 피해

사람이 일정한 수준 이상의 소음에 장기간 노출된 경우 만성적 불안감,
집중력 저하, 잦은 신경질 등 정신적 고통을 입고, 대화나 전화통화 및 독
서 등의 방해, TV·라디오의 시청 장애, 사고(思考)중단이나 수면방해 등
일상생활을 정상적으로 영위하는 데에 많은 지장을 받으며, 그 정도가 심
한 경우 난청이나 이명 등 신체적 이상이 나타날 가능성이 있다. 원고 등
도 항공소음으로 인하여 위와 같은 피해를 보고 있다.

마. 항공기소음대책

일반적인 항공기소음대책으로 크게는 소음발생원 대책과 공항주변 대
책이 있는데, 소음발생원 대책으로는 저소음 항공기의 도입, 이·착륙 방
식 및 절차의 개선, 야간비행제한 등이 있고, 공항주변 대책으로는 완충
녹지 조성, 이주비 지원, 주택방음공사 보조, TV수신장애대책 보조, 순회
건강진단 등이 있다. 피고는 광주 공군비행장 인근 소음피해를 줄이기 위
하여 주말 훈련이나 정상고도(약 2,000피트)보다 낮은 고도에서의 훈련을
자제하고, 대학 수학능력시험일에는 비행훈련을 하지 않는 등 훈련 일수
를 조절하는 한편, 방음정비고(Hush House)에서 전투기의 엔진을 점검하
고 있다.

바. 원고들의 소 제기

원고들은 광주공군비행장 주변 주거지역에 거주하는 군인·군무원·그
가족들로서, 위 비행장에서 발생하는 소음으로 인하여 피해를 입었다고

주장하면서 피고 대한민국을 상대로 손해배상을 청구하였다.

Ⅱ. 참조 조문

1. 국가배상법

제5조(공공시설 등의 하자로 인한 책임) ① 도로·하천, 그 밖의 공공의 영조물(營造物)의 설치나 관리에 하자(瑕疵)가 있기 때문에 타인에게 손해를 발생하게 하였을 때에는 국가나 지방자치단체는 그 손해를 배상하여야 한다. 이 경우 제2조 제1항 단서, 제3조 및 제3조의 2를 준용한다.

② 제1항을 적용할 때 손해의 원인에 대하여 책임을 질 자가 따로 있으면 국가나 지방자치단체는 그 자에게 구상할 수 있다.

제8조(다른 법률과의 관계) 국가나 지방자치단체의 손해배상 책임에 관하여는 이 법에 규정된 사항 외에는 「민법」에 따른다. 다만, 「민법」 외의 법률에 다른 규정이 있을 때에는 그 규정에 따른다.

Ⅲ. 판시사항

(1) 국가배상법 제5조 제1항에 정한 '영조물의 설치나 관리의 하자'란 공공의 목적에 공여된 영조물이 그 용도에 따라 갖추어야 할 안전성을 갖추지 못한 상태에 있음을 말하고, 여기서 안전성을 갖추지 못한 상태, 즉 타인에게 위해를 끼칠 위험성이 있는 상태란 그 영조물을 구성하는 물적 시설 자체에 있는 물리적·외형적 흠결이나 불비로 인하여 그 이용자에게 위해를 끼칠 위험성이 있는 경우뿐만 아니라 그 영조물이 공공의 목적에 이용될 때 그 이용상태 및 정도가 일정한 한도를 초과하여 제3자에게 사회통념상 수인할 것이 기대되는 한도를 넘는 피해를 입히는 경우까지 포함한다. 그리고 수인한도의 기준을 결정할 때는 일반적으로 침해되는 권리나 이익의 성질과 침해의 정도뿐만 아니라 침해행위가 갖는 공공성의 내용과 정도, 그 지역환경의 특수성, 공법적 규제에 의하여 확보하려는 환

경기준, 침해를 방지 또는 경감시키거나 손해를 회피할 방안의 유무 및 그 난이 정도 등 여러 사정을 종합적으로 고려하여 구체적 사건에 따라 개별적으로 결정하여야 한다.

(2) 소음 등 공해의 위험지역으로 이주하였을 때 그 위험의 존재를 인식하고 그로 인한 피해를 용인하면서 접근한 것으로 볼 수 있다면, 그 피해가 직접 생명이나 신체에 관련된 것이 아니라 정신적 고통이나 생활방해의 정도에 그치고 침해행위에 고도의 공공성이 인정되는 경우에는, 위험에 접근한 후 실제로 입은 피해 정도가 위험에 접근할 당시 인식하고 있었던 위험의 정도를 초과하는 것이거나 위험에 접근한 후 그 위험이 특별히 증대하였다는 등의 특별한 사정이 없는 한 가해자의 면책을 인정할 수도 있다. 그러나 소음 등 공해의 위험지역으로 이주하였더라도 그 위험에 접근할 당시 위험이 존재하는 사실을 정확하게 알 수 없는 경우가 많고 근무지나 가족관계 등의 사정에 따라 불가피하게 위험지역으로 이주할 수도 있으므로, 위험지역에 이주하게 된 경위와 동기 등 여러 사정에 비추어 위험의 존재를 인식하고 그로 인한 피해를 용인하면서 접근한 것으로 볼 수 없는 경우에는 가해자의 면책을 인정할 수 없고 손해배상액의 산정에서 형평의 원칙상 이와 같은 사정을 과실상계에 준하여 감액사유로 고려할 수 있을 뿐이다. 그리고 공군비행장 주변의 항공기 소음 피해로 인한 손해배상 사건에서 공군에 속한 군인이나 군무원의 경우 일반인에 비하여 그 피해에 관하여 잘 인식하거나 인식할 수 있는 지위에 있다는 이유만으로 가해자의 면책이나 손해배상액의 감액에서 달리 볼 수는 없다.

IV. 해 설

1. 항공 소음에 대한 손해배상책임

가. 의 의

항공 소음[2]으로 인한 재산적·정신적 손해의 배상을 구하는 소를 제기

---

2) '소음(騷音)'이란 기계·기구·시설, 그 밖의 물체의 사용 또는 공동주택(주택법 제2조 제

할 때 그 청구원인을 어떻게 구성할 것인가에 관하여는 다음과 같은 3가지 이론이 있다.

(1) 불법행위를 원인으로 한 손해배상책임

항공 소음의 배출에 관여한 자를 상대로 소음배출에 따른 '행위책임'을 묻는 것으로서, 예를 들면, 소음배출 항공기를 운항하는 주체인 항공사 또는 소음배출 항공기들이 집합적으로 취항하는 공항이나 군용비행장의 관리자인 국가 등을 상대로 고의·과실에 의한 위법행위를 이유로 민법 제750조(또는 국가배상법 제2조)에 기한 손해배상책임을 묻는 것이다.

(2) 영조물(또는 공작물)의 하자를 원인으로 한 손해배상책임

공항이나 군용비행장 또는 항공기 그 자체를 영조물(또는 공작물)로 보고, 그 설치·관리(보존)상의 하자에 따른 '상태책임'을 묻는 것으로, 예를

3호에 따른 공동주택을 말한다. 이하 같다) 등 환경부령으로 정하는 장소에서 사람의 활동으로 인하여 발생하는 강한 소리를 말한다(소음·진동관리법 제2조 제1호). '공항소음'이란 공항에 이륙·착륙하는 항공기로부터 발생하는 소음을 말한다(공항소음 방지 및 소음대책지역 지원에 관한 법률 제2조 제1호). 환경부 고시 '소음·진동공정시험기준'에 의하면 소음에 관한 용어정의는 다음과 같다.

  (1) 소음원: 소음을 발생하는 기계·기구, 시설 및 기타 물체를 말한다.
  (2) 반사음: 한 매질중의 음파가 다른 매질의 경계면에 입사한 후 진행방향을 변경하여 본래의 매질중으로 되돌아오는 음을 말한다.
  (3) 배경소음: 한 장소에 있어서의 특정의 음을 대상으로 생각할 경우 대상소음이 없을 때 그 장소의 소음을 대상소음에 대한 배경소음이라 한다.
  (4) 대상소음: 배경소음 외에 측정하고자 하는 특정의 소음을 말한다.
  (5) 정상소음: 시간적으로 변동하지 아니하거나 또는 변동폭이 작은 소음을 말한다.
  (6) 변동소음: 시간에 따라 소음도 변화폭이 큰 소음을 말한다.
  (7) 충격음: 폭발음, 타격음과 같이 극히 짧은 시간동안에 발생하는 높은 세기의 음을 말한다.
  (8) 지시치: 계기나 기록지 상에서 판독한 소음도로서 실효치(rms값)을 말한다.
  (9) 소음도: 소음계의 청감보정회로를 통하여 측정한 지시치를 말한다.
  (10) 등가소음도: 임의의 측정시간동안 발생한 변동소음의 총 에너지를 같은 시간내의 정상소음의 에너지로 등가하여 얻어진 소음도를 말한다.
  (11) 측정소음도: 이 시험방법에서 정한 측정방법으로 측정한 소음도 및 등가소음도 등을 말한다.
  (12) 배경소음도: 측정소음도의 측정위치에서 대상소음이 없을 때 이 시험방법에서 정한 측정방법으로 측정한 소음도 및 등가소음도 등을 말한다.
  (13) 대상소음도: 측정소음도에 배경소음을 보정한 후 얻어진 소음도를 말한다.
  (14) 평가소음도: 대상소음도에 충격음, 관련시간대에 대한 측정소음 발생시간의 백분율, 시간별, 지역별 등의 보정치를 보정한 후 얻어진 소음도를 말한다.

들면 공항이나 군용비행장의 설치·관리자인 국가 또는 항공기의 설치·보존자인 항공사 등에 대하여 국가배상법 제5조(또는 민법 제758조)에 기한 손해배상책임을 묻는 것이다.

(3) 환경정책기본법에 의한 손해배상책임

환경정책기본법 제44조 제1항은 '환경오염의 피해에 대한 무과실책임'이라는 제목으로 "환경오염 또는 환경훼손으로 피해가 발생한 경우에는 해당 환경오염 또는 환경훼손의 원인자가 그 피해를 배상하여야 한다"라고 정하고 있는다. 판례는 위 규정을 손해배상책임의 독립된 근거규정으로 보고 있다.[3] 따라서 항공 소음으로 인하여 재산적·정신적 피해를 입은 사람은 위 조항에 기하여 직접 항공 소음 관련 사업자를 상대로 손해의 배상을 청구할 수 있다.

(4) 판 례

(가) 항공 소음 피해에 관한 우리나라의 재판실무는 공항이나 군용비행장을 국가배상법 제5조의 영조물로 보아 그 설치·관리상의 하자(기능적 하자)를 원인으로 한 손해배상책임론으로 구성하는 것이 일반적이다. 대법원은 "국가배상법 제5조 제1항에 정하여진 '영조물의 설치 또는 관리의 하자'라 함은 공공의 목적에 공여된 영조물이 그 용도에 따라 갖추어야 할 안전성을 갖추지 못한 상태에 있음을 말하고, 여기서 안전성을 갖추지 못한 상태, 즉 타인에게 위해를 끼칠 위험성이 있는 상태라 함은 당해 영조물을 구성하는 물적 시설 그 자체에 있는 물리적·외형적 흠결이나 불비로 인하여 그 이용자에게 위해를 끼칠 위험성이 있는 경우뿐만 아니라 그 영조물이 공공의 목적에 이용됨에 있어 그 이용상태 및 정도가 일정한 한도를 초과하여 제3자에게 사회통념상 참을 수 없는 피해를 입히는 경우까지 포함되고, 사회통념상 참을 수 있는 피해인지의 여부는 그 영조물의 공공성, 피해의 내용과 정도, 이를 방지하기 위하여 노력한 정도 등을 종합적으로 고려하여 판단하여야 한다"[4]고 판시하였다.

---

3) 대법원 2003. 6. 27. 선고 2001다734 판결.

(나) 한편 항공 소음으로 인하여 직접 헌법 제35조의 환경권이 침해되었음을 주장하면서 그 손해의 배상을 청구할 수 있는지 여부가 문제된다. 대법원은 "헌법 제35조 제1항은 환경권을 기본권의 하나로 승인하고 있으므로, 사법의 해석과 적용에서도 이러한 기본권이 충분히 보장되도록 배려하여야 하나, 헌법상 기본권으로서의 환경권에 관한 위 규정만으로는 그 보호대상인 환경의 내용과 범위, 권리의 주체가 되는 권리자의 범위 등이 명확하지 못하여 이 규정이 개개의 국민에게 직접으로 구체적인 사법상의 권리를 부여한 것이라고 보기는 어렵고, 사법적 권리인 환경권을 인정하면 그 상대방의 활동의 자유와 권리를 불가피하게 제약할 수밖에 없으므로, 사법상 권리로서의 환경권이 인정되려면 그에 관한 명문의 법률규정이 있거나 관계 법령의 규정취지나 조리에 비추어 권리의 주체, 대상, 내용, 행사방법 등이 구체적으로 정립될 수 있어야 한다"5)고 판시하여 부정적으로 보고 있다.

나. 원고 적격

항공 소음으로 인하여 피해를 입은 사람은 원고가 될 수 있다. 항공 소음으로 인한 피해는 크게 (i) 재산권 또는 재산상 이익의 침해(예를 들면, 소유하고 있던 부동산의 가치가 하락된 경우, 운영하던 영업을 중단하거나 영업장의 고객이 감소한 경우, 종업원들의 작업능률 또는 생산성이 저하된 경우, 소유하고 있던 가축에 대하여 피해가 발생한 경우,6) 소음영향이 적은 지역으로 이주함으로써 이주비 등 손실이 발생한 경우 등), (ii) 신체·건강에 대한 침해(예를 들면, 소음으로 인한 난청 또는 이명, 불면증, 강박관념, 스트레스 등으로 인한 질병), (iii) 생활방해(예를 들면, 소음 때문에 창문을 개폐하지 못함으로 인한 압박감, 대화나 전화 또는 TV시청 곤란 등) 등 생활이익의 침해로 나누어 볼 수 있다. 재산적 피해의 배상을 구하는 경우에는 자연인뿐만

---

4) 대법원 2004. 3. 12. 선고 2002다14242 판결.
5) 대법원 1995. 5. 23.자 94마2218 결정.
6) 국가가 공군 전투기 비행훈련장으로 설치·사용하고 있는 공군기지의 활주로 북쪽 끝으로부터 4.5km 떨어진 곳에 위치한 양돈장에서 모돈(母豚)이 유산하는 손해가 발생한 사안으로는 대법원 2010. 7. 15. 선고 2006다84126 판결.

아니라 법인도 손해배상청구소송의 원고가 될 수 있겠지만, 신체·건강 또는 생활이익의 침해로 인한 피해의 배상을 구하는 경우에는 성질상 자연인만 원고가 될 수 있다. 실무상으로는 인과관계 증명의 곤란 등으로 인하여 생활방해를 이유로 한 자연인(공항 등 주변지역에 거주하는 주민)의 위자료청구소송이 대부분이다.[7]

다. 피고 적격

(1) 의 의

공항이나 군용비행장을 설치·관리하는 자 또는 항공기를 운항하는 자가 피고가 된다. 공항 등의 설치·관리자와 항공기운항자는 모두 영조물(또는 공작물)의 설치·관리자인 동시에 환경정책기본법상 사업자에 해당하고, 국가배상법 제2조(또는 민법 제750조)의 측면에서 공항 등의 설치·관리자는 주변지역에 대한 소음피해방지의무를 제대로 이행하지 아니한 자, 항공기운항자는 항공기를 통해 직접 소음을 배출하는 행위자에 해당하기 때문이다.

(2) 민간공항 등의 설치·관리자

(가) 대한민국

'공항'이란 공항시설을 갖춘 공공용 비행장으로서 국토교통부장관이 그 명칭·위치 및 구역을 지정·고시한 것을 말한다(공항시설법 제2조 제3호). 국토교통부장관은 공항시설을 유지·관리하고 그 공항시설을 사용하거나 이용하는 자로부터 사용료를 징수할 수 있는 권리를 설정할 수 있고(공항시설법 제26조 제1항), 국가 소유의 비행장시설을 유지·관리하고 그 비행장시설을 사용하거나 이용하는 자로부터 사용료를 징수할 수 있는 권리를 설정할 수 있다(공항시설법 제29조 제1항). 항행안전시설(제6조에 따른 개발사업으로 설치하는 항행안전시설 외의 것을 말한다. 이하 이 조부터 제46조까지에서 같다)은 국토교통부장관이 설치하고(공항시설법 제43조 제1항), 국토

---

7) 강종선, "항공기소음 관련 민사소송의 제논점", 사법논집 제44집, 법원도서관(2007), 270면.

교통부장관 외에 항행안전시설을 설치하려는 자는 국토교통부령으로 정하는 바에 따라 국토교통부장관의 허가를 받아야 한다(제43조 제2항 제1문). 이와 같이 공항시설법은 공항의 설치에 관한 권한과 책임이 원칙적으로 국토교통부장관에게 있는 것으로 규정하고 있다. 따라서 현재 대한민국 내에 있는 모든 민간공항의 설치·관리자는 원칙적으로 대한민국이다.[8]

(나) 공항공사

한국공항공사는 (i) 공항시설법 제2조 제7호 및 제8호에 따른 공항시설 및 비행장시설의 관리·운영사업(한국공항공사법 제9조 제1항 제2호), (ii) 공항소음 방지 및 소음대책지역 지원에 관한 법률에 따른 공항소음대책사업, 주민지원사업 및 그 밖에 대통령령으로 정하는 사업(제9조 제1항 제8호) 등의 사업을 수행하고 있으므로, 공동관리주체로서 손해배상청구소송의 피고가 될 수 있다는 견해가 있다.[9]

이와 달리 김포공항 소음 사건에서 항소심 판결[10]은 "한국공항공사(또는 그 전신인 한국공항공단)는 공항시설을 효율적으로 관리·운영함으로써 항공기운항의 안전과 원활을 기한다는 특별한 목적을 담당시키기 위해 대한민국에 의하여 설립된 법인으로서, 조직·인사·예산을 포함한 전반적인 운영에 있어 건설교통부장관의 구체적인 지휘·감독을 받아 왔고, 이는 공사의 사업목적 중 하나인 '항공기의 이·착륙 시에 발생하는 소음에 대한 방지시설의 설치·관리와 유지·보수'에서도 마찬가지이므로, 독자적으로 소음방지대책을 수립하고 소음방지시설을 설치·유지할 권한과 책임이 있었다고 보기 어려워 민법 제758조에서 말하는 공작물점유자로 볼 수 없고,[11] 소음방지와 관련하여 부과된 법적 의무를 게을리 한 것으로 볼 수도 없다"는 등의 이유로 한국공항공사에 대한 손해배상청구를 기각하였고,

---

8) 서울고등법원 2003. 8. 20. 선고 2002나55207 판결.

9) 손윤하, "항공기소음에 의한 피해구제를 위한 민사소송의 문제점", 법조 제54권 제3호 (2005. 3.), 207면.

10) 서울고등법원 2003. 8. 22. 선고 2002나31133 판결.

11) 공작물책임의 주체로서의 공작물점유자가 되기 위해서는 공작물을 사실상 지배하고 있어야 할 뿐만 아니라 사고방지를 위하여 공작물을 보수·관리할 권한과 책임이 있어야 한다. 대법원 2000. 4. 21. 선고 2000다386 판결.

위 판결은 그대로 확정되었다.

인천국제공항공사도 인천국제공항의 관리·운영 및 유지·보수 등의 사업을 수행하고(인천국제공항공사법 제10조 제1항 제2호), 다만 인천국제공항공사법에는 공항소음대책사업에 관한 규정은 존재하지 않지만, 그 법리는 한국공항공사와 동일하다.

(3) 군용비행장의 설치·관리자

군용공항·군용비행장·항공작전기지의 설치·관리자는 대한민국이다(군사기지 및 군사시설 보호법 제2조 제조). '대한민국과 아메리카합중국 간의 상호방위조약 제4조에 의한 시설과 구역 및 대한민국에서의 합중국 군대의 지위에 관한 협정' 제23조 제5항에 의하면, 공무집행 중인 미군 구성원이나 고용원의 작위나 부작위 또는 미군이 법률상 책임을 지는 기타의 작위나 부작위 또는 사고로서 대한민국 안에서 대한민국 외의 제3자에게 손해를 가한 것으로부터 발생한 청구권은 원칙적으로 대한민국이 대한민국의 법령에 따라 이를 배상하고, '대한민국과 아메리카합중국 간의 상호방위조약 제4조에 의한 시설과 구역 및 대한민국에서의 합중국 군대의 지위에 관한 협정의 시행에 관한 민사특별법' 제2조는 "합중국 군대의 구성원·고용원 또는 한국증원군대의 구성원이 그 직무를 행함에 당하여 대한민국 안에서 대한민국정부 이외의 제3자에게 손해를 가한 때에는 국가는 국가배상법의 규정에 의하여 그 손해를 배상하여야 한다(제1항). 합중국 군대 또는 한국증원군대가 점유·소유 또는 관리하는 토지의 공작물과 기타 시설 또는 물건의 설치나 관리의 하자로 인하여 대한민국정부 이외의 제3자에게 손해를 가한 때에도 전항과 같다(제2항)"고 규정하고 있다. 이러한 규정에 의하면, 국내에 주둔하는 미군 비행장의 경우 그 직접적인 설치·관리자는 미군이라 할지라도 위와 같은 조약 및 특별법의 규정에 의하여 미군 비행장에서 발생한 항공 소음으로 인한 손해배상청구소송의 피고는 대한민국이 된다.[12]

---

12) 매향리 사격장에 관한 대법원 2004. 3. 12. 선고 2002다14242 판결 참조.

(4) 항공기 운항자

공항이나 군용비행장 주변지역에 미치는 항공 소음의 대부분은 항공기의 이·착륙에 의하여 발생하므로, 민간항공기의 경우에는 소유자(또는 임차인)로서 항공기의 운항이익을 가지는 항공사가, 군용항공기의 경우에는 대한민국이 직접적인 소음배출행위자 또는 항공기의 설치·관리자나 환경정책기본법상의 사업자로서 손해배상청구소송의 피고가 될 수 있다.

국토교통부령으로 정하는 항공기의 소유자등은 감항증명을 받는 경우와 수리·개조 등으로 항공기의 소음치(騷音値)가 변동된 경우에는 국토교통부령으로 정하는 바에 따라 그 항공기가 제19조 제2호의 소음기준에 적합한지에 대하여 국토교통부장관의 증명(이하 '소음기준적합증명')을 받아야 하고(항공안전법 제25조 제1항), 소음기준적합증명을 받지 아니하거나 항공기기술기준에 적합하지 아니한 항공기를 운항해서는 아니 된다(같은 조 제2항 제1문).

라. 유책사유(귀책사유)

(1) 환경정책기본법

환경정책기본법은 오염원인자 책임원칙과 환경오염의 피해에 대한 무과실책임을 정하고 있다. 환경정책기본법 제7조는 '오염원인자 책임원칙'이라는 제목으로 "자기의 행위 또는 사업활동으로 환경오염 또는 환경훼손의 원인을 발생시킨 자는 그 오염·훼손을 방지하고 오염·훼손된 환경을 회복·복원할 책임을 지며, 환경오염 또는 환경훼손으로 인한 피해의 구제에 드는 비용을 부담함을 원칙으로 한다"고 규정하고 있다. 환경정책기본법 제44조 제1항은 '환경오염의 피해에 대한 무과실책임'이라는 제목으로 "환경오염 또는 환경훼손으로 피해가 발생한 경우에는 해당 환경오염 또는 환경훼손의 원인자가 그 피해를 배상하여야 한다"고 규정하고 있다.

위와 같이 환경정책기본법의 개정에 따라 환경오염 또는 환경훼손(이하 '환경오염')으로 인한 책임이 인정되는 경우가 사업장 등에서 발생하는 것에 한정되지 않고 모든 환경오염으로 확대되었으며, 환경오염으로 인한 책임의 주체가 '사업자'에서 '원인자'로 바뀌었다. 여기에서 '사업자'는 피해의 원인인 오염물질을 배출할 당시 사업장 등을 운영하기 위하여 비용을 조달하고 이에 관한 의사결정을 하는 등으로 사업장 등을 사실상·경제상 지배하는 자를 의미하고, '원인자'는 자기의 행위 또는 사업활동을 위하여 자기의 영향을 받는 사람의 행위나 물건으로 환경오염을 야기한 자를 의미한다. 따라서 환경오염이 발생한 사업장의 사업자는 일반적으로 원인자에 포함된다.[13]

환경정책기본법 제44조 제1항은 민법의 불법행위 규정에 대한 특별 규정으로서, 환경오염 또는 환경훼손의 피해자가 그 원인을 발생시킨 자(이하 '원인자')에게 손해배상을 청구할 수 있는 근거규정이다. 위에서 본 규정 내용과 체계에 비추어 보면, 환경오염 또는 환경훼손으로 인한 책임이 인정되는 경우는 사업장에서 발생되는 것에 한정되지 않고, 원인자는 사업자인지와 관계없이 그로 인한 피해에 대하여 환경정책기본법 제44조 제1항에 따라 귀책사유를 묻지 않고 배상할 의무가 있다.[14]

사업장 등에서 발생하는 환경오염으로 피해가 발생한 때에는 사업자나 원인자는 환경정책기본법의 위 규정에 따라 유책사유가 없더라도 피해를 배상하여야 한다. 이때 환경오염에는 소음·진동으로 사람의 건강이나 재산·환경에 피해를 주는 것도 포함되므로, 피해자의 손해에 대하여 사업자나 원인자는 유책사유가 없더라도 특별한 사정이 없는 한 이를 배상할 의무가 있다.[15]

(2) 영조물책임

항공 소음 피해를 원인으로 한 손해배상책임의 근거를 국가배상법 제5조(또는 민법 제758조)에서 찾을 경우에는 가해자의 유책사유가 불필요하다.

마. 고의·과실

손해배상책임의 근거를 국가배상법 제2조(또는 민법 제750조)에서 찾을

---

13) 대법원 2017. 2. 15. 선고 2015다23321 판결.
14) 대법원 2018. 9. 13. 선고 2016다35802 판결.
15) 대법원 2017. 2. 15. 선고 2015다23321 판결.

경우 가해자의 유책사유, 즉 고의 또는 과실이 필요한데, 이때 과실의 개념에 관하여는 (i) 기업활동을 하면서 일정한 환경침해의 방지설비를 갖추었더라면 손해의 발생을 방지할 수 있었음에도 '상당한' 또는 '최선의' 방지설비를 갖추지 않았다면 과실이 인정된다는 방지의무위반설(회피가능성설), (ii) 손해의 발생에 관하여 예견가능성이 있으면 조업정지 등을 통하여 손해회피조치를 취함으로써 손해발생을 방지할 수 있다는 점에서 예견가능성을 과실의 중심내용으로 하는 예견가능성설, (iii) 환경침해로 인한 불법행위책임에서의 과실과 위법성을 일원적으로 파악하려는 견해로서 피해의 정도가 수인한도를 넘으면 과실이 있고 위법성도 인정된다는 신수인한도설 등의 견해 대립이 있다.16)

항공 소음 피해를 원인으로 한 손해배상청구소송에서 종래 우리나라의 실무는 예외 없이 이를 물적 불법행위책임(영조물책임)으로 파악해 왔기 때문에, 가해자의 유책사유 여부는 전혀 문제되지 아니하였고 오로지 피해의 수인한도(참을 한도) 초과 여부만 문제되었다. 즉 항공기소음으로 인한 피해의 정도가 통상의 수인한도를 넘으면 '기능적 하자'의 존재가 인정되었고, 그것만으로 공항이나 군용비행장의 설치·관리자의 손해배상책임은 자동적으로 인정되어 왔는바, 이러한 실무의 입장은 불법행위책임에 관한 예견가능성설 및 신수인한도론의 입장과 결론에서 동일하다. 결국 항공 소음 피해를 원인으로 한 손해배상책임의 근거를 어디에서 찾든 실제 소송에서는 피해의 정도가 수인한도를 넘는 것인지 여부만이 결정적 의미를 지니고, 공항 등의 설치·관리자 또는 항공기운항자 등의 유책사유 유무가 문제되는 경우는 거의 없으므로, 과실의 개념에 관한 위와 같은 견해의 대립은 결론적으로 아무런 의미가 없다.17)

바. 위법성

(1) 의 의

불법행위 성립요건으로서의 위법성은 관련 행위 전체를 일체로만 판단

---

16) 강종선, 276~278면.
17) 강종선, 279~280면.

하여 결정하여야 하는 것은 아니고, 문제가 되는 행위마다 개별적·상대적으로 판단하여야 하므로, 어느 시설을 적법하게 가동하거나 공용에 제공하는 경우에도 그로부터 발생하는 유해배출물로 인하여 제3자가 손해를 입은 경우에는 그 위법성을 별도로 판단하여야 한다. 이 경우 판단기준은 그 유해의 정도가 사회생활상 통상의 수인한도를 넘는 것인지 여부인데, 그 수인한도의 기준을 결정할 때는 일반적으로 침해되는 권리나 이익의 성질과 침해의 정도뿐만 아니라, 침해행위가 갖는 공공성의 내용과 정도, 그 지역환경의 특수성, 공법적인 규제에 의하여 확보하려는 환경기준, 침해를 방지 또는 경감시키거나 손해를 회피할 방안의 유무 및 그 난이 정도 등 여러 사정을 종합적으로 고려하여 구체적 사건에 따라 개별적으로 결정하여야 한다.[18] 학설[19]도 환경침해로 인한 불법행위책임에서 위법성 요건은 환경침해의 정도가 사회통념상 수인한도를 초과하는지 여부에 의하여 결정되고, 그 법적 근거로는 민법의 상린관계규정인 제217조가 제시된다고 한다.

(2) 소음의 정도와 태양

공항이나 비행장에서 발생하는 소음피해의 정도가 수인한도를 넘는지 여부를 판단하는 가장 중요한 요소는 소음 그 자체의 정도 및 태양이다. 구체적으로는 항공 소음의 객관적인 수치, 항공기의 운항횟수, 주간운항 및 야간운항의 횟수, 공항의 설치시기 및 존속기간, 취항하는 주요 항공기의 기종 등을 고려하여야 하고, 특히 항공기의 운항방법[이·착륙, 통과, 선회, 급상승 및 급강하(Touch & Go)], 날짜별·요일별·시간대별 운항횟수 등 항공기소음에 특유한 제반 요소들을 고려하여야 한다.

(3) 항공 소음의 측정단위

(가) 항공 소음의 측정은 기술적으로 가능한 한 객관화된 측정절차와 기준에 의하여야 하는데, 현재 우리나라에서는 통상적인 소음에 대하여는

---

18) 대법원 2010. 7. 15. 선고 2006다84126 판결.
19) 김재형, "소유권과 환경보호 - 민법 제217조의 의미와 기능에 대한 검토를 중심으로-", 인권과 정의 제276호(1999. 8.), 43면.

데시벨(dB)이라는 소음측정단위가 사용되지만, 항공 소음의 경우에는 항공기소음영향도(웨클, WECPNL, Weight Equivalent Continuous Perceived Noise Level)이라는 특수한 소음측정단위가 사용된다. 웨클 단위는 1971년 ICAO가 점증하는 항공 소음 피해에 대처할 국제적 기준을 마련할 목적으로 제시한 항공기소음측정단위로서 항공 소음이 시간대별로 달라지는 점, 같은 크기의 소음이라도 상황이나 시간에 따라 개인이 느끼는 강도가 다른 점 등을 고려하여, 특정 지점에서 24시간 동안 수회 항공 소음의 정도를 측정한 후 시간대에 따른 가중치를 부여하여 계산한 소음영향도의 단위를 말하고, 우리나라에서는 1991. 11. 5. 환경부에서 고시한 '소음·진동 공정시험방법'에 따라 항공 소음의 측정단위로 채택되었다.

(나) 한편 환경부는 소음·진동관리법 시행령을 개정하여 2023년부터는 L_{den}(day, evening, night)을 사용하기로 하였다.

(다) 정기적으로 운항되는 항공기의 이·착륙에 의한 소음이 주된 소음원인 민간공항의 경우에는 현재 웨클 단위에 의하여 일반적으로 소음이 측정되고 있지만, 그렇지 않은 군용비행장의 경우에까지 무조건적으로 웨클 단위를 사용하는 것은 다소 문제가 있다. 즉 단순히 항공기의 이·착륙에만 이용되는 군용비행장의 경우에는 군용비행장에 특유한 소음측정단위가 아직 개발되지 않은 이상 민간공항에서 사용되는 웨클 단위를 그대로 사용하는 것도 허용되나,[20] 단순한 군용비행장이 아니라 사격 또는 폭격 훈련이 주기적으로 실시되는 훈련장의 경우에는 지속적인 항공 소음보다도 사격이나 폭격으로 인한 순간소음이 주된 소음원이므로 이 경우에는 데시벨 단위를 사용하는 것이 보다 합리적이라는 견해도 있다.[21]

---

20) 군용항공기의 경우에는 대부분의 기종이 고출력 제트엔진을 장착한 전투기들이고, 군작전 수행과 훈련목적상 잦은 비정기적 운항 및 야간시간대의 운항으로 인하여 민간항공기에 비해 물리적·심리적으로 훨씬 큰 소음영향을 주고 있고, 군용항공기의 엔진출력검사시의 소음은 이·착륙 또는 운항시 발생하는 소음의 정도 및 영향과 질적으로 차이 나는 것이어서, 군용비행장에 대한 소음측정단위는 본질적으로 민간공항의 그것과는 달라야 할 필요성이 있다. 정학진, "항공기 소음피해 구제에 관한 법적 문제점", 저스티스 제70호(2002. 12.), 290면.

21) 서울중앙지방법원 2002. 1. 9. 선고 2001나29253 판결(매향리사격장 사건), 서울중앙지방법원 2006. 4. 25. 선고 2001가합48625 판결(매향리사격장 사건), 서울중앙지방법원 2004. 1. 20. 선고 2001가합75962 판결(웅천사격장 사건)에서는 데시벨단위(모두 Leq

(4) 침해되는 이익의 성질 및 피해의 정도

항공 소음으로 인하여 침해될 수 있는 이익은 재산상 이익, 신체·건강의 이익, 생활이익 등으로 크게 나누어 볼 수 있다. 그런데 항공 소음으로 인하여 피해자들이 상해나 질병을 입는 등 신체·건강의 이익을 침해당한 경우에는, 특별한 사정이 없는 한 침해행위 즉 소음배출행위는 그 자체만으로 위법한 것으로 보기에 충분하므로 다른 수인한도 판단요소에 대한 고려는 사실상 불필요하다. 그러나 항공 소음으로 인하여 재산상 이익 또는 생활이익을 침해당한 경우에는 다른 수인한도 판단요소들에 대한 고려도 수인한도초과 여부의 판단에 중요한 영향을 미친다. 현재 실무상으로는 대부분 생활방해를 원인으로 한 위자료청구소송이 주를 이루고 있다.

수치임)를 사용하였다. "항공기소음영향도는 1971년에 국제민간항공기구에 의하여 다수의 항공기에 의해 장기간 연속폭로된 소음척도로서 제안된 것으로, 국제적으로 사용되는 항공기 소음의 평가지표 중 하나인데, 이는 유효감각 소음레벨의 평균값에 소음발생 시각 및 계절에 의한 보정을 가하고, 영향이 큰 밤에 운항하는 항공기에 대해 가중치를 부과한 것이 특징이며, 항공기 소음에 노출되는 주민의 반응을 객관적으로 나타낼 수 있어서 공항주변 소음평가에 적절하다는 장점이 있으나, 데시벨[dB(A)]·등가소음도(Leq) 등 비교적 단순한 개념에 비해 새롭고 복잡하며 일반인이 이해하기 곤란하고, 대부분의 공항이 도로 소음 및 각종 생활소음이 혼재하는 주거지에 둘러싸여 있기 때문에 항공기 소음을 다른 환경 소음과 분리하여 취급하는 것은 의미가 없기 때문에 이용을 외면받고 있다. 또한 국내 연구문헌에 의하면 항공기소음영향도는 군용기가 함께 운용되고 있는 조건에서는 간략화된 항공기소음영향도의 평가척도가 잘 맞지 않았다고 한다. 등가소음도는 시간에 따라 변화하는 소음을 하나의 지수로써 나타낼 수 있는 편리한 점이 있고, 소음의 변화폭에 관계 없이 주어진 시간 범위 내의 소음에너지를 평균한 값이기 때문에 물리적 양으로는 객관적이고 정확한 의미를 가진다. 그러나 소음에 대한 인체의 심리적 반응의 경우 소음의 전체적인 에너지뿐만 아니라 소음의 변화폭에 따라서도 달라질 수 있는데, 등가소음도는 소음의 객관적인 크기를 나타낼 수 있으나 시간에 따른 변화폭이 큰 경우에는 소음에 의한 피해를 모두 반영하기에 미흡하다. 따라서 변동폭이 크지 않은 소음의 경우에는 등가소음도와 최대소음도가 큰 차이를 보이지 않아 문제가 되지 않으나, 충격성 소음과 같이 변동성이 큰 소음일 경우 등가소음도와 최대소음도가 상당한 차이를 나타내므로 최대소음도를 살펴보는 것이 반드시 필요하다. 항공기소음영향도는 공항 주변의 항공기 소음만을 대상으로 평가할 때에는 가장 이상적이다. 그러나 웅천사격장과 같이 전투기의 급하강·급상승을 포함한 선회비행, 통과비행, 충격성의 사격·폭격 소음이 복합적으로 발생하는 경우에 등가소음도가 아닌 항공기소음영향도를 평가방법으로 사용하는 것은 전문가 이외에는 그 단위의 크기가 어느 정도인지를 쉽게 인식하기 어려운 면이 있다. 따라서 감정인은 감정시 웅천사격장 주변지역의 소음에 의한 영향정도의 평가를 주목적으로 하였기 때문에 등가소음도를 이용하여 평가하였으며 참고적으로 최대소음도를 함께 나타내었다"고 판시한 사례로는 서울고등법원 2008. 7. 4. 선고 2004나25934 판결.

수인한도초과 여부를 판단할 때 피해자 개개인의 구체적인 사정(연령·성별·신체적 특징·직업 등)을 고려하여야 하는지 여부에 관하여, 이를 긍정하는 견해와 수인한도는 객관적인 사회통념상 기준이라는 이유로 피해자 개개인의 구체적인 사정을 고려하여서는 안 된다는 견해가 대립하고 있는바, 실무상으로는 후자의 입장에서 피해자 개개인의 구체적인 사정을 별도로 고려하지 아니한 채 일률적으로 수인한도를 정하고 있다.[22)]

(5) 소음피해를 회피·완화하기 위한 노력

공항이나 군용비행장의 설치·관리자 또는 항공기운항자 등이 예상되는 소음에 대하여 미리 평가를 실시하고 공항 등 주변의 환경을 고려한 합리적인 소음방지대책을 수립하였는지, 소음발생원과 인근 거주지와의 경계선 부근에 차음 및 흡음을 위한 방음벽 등 시설물을 설치하였는지, 소음발생의 정도를 저감시킬 수 있도록 기계(특히 항공기 성능점검을 위한 기계) 등의 배치계획을 적절히 하였는지, 소음을 발생시키기 전에 지역주민들에게 그 내용을 설명하고 소음발생을 예고하였는지(특히 공항의 신설과 확장의 경우), 지역주민들과 소음방지를 위한 협정을 체결하였는지, 협정을 체결하였다면 그 협정내용을 성실히 이행하였는지, 소음으로 인한 피해를 보상하기 위한 협의를 성실하게 추진하였는지 여부를 고려하여야 한다. 또한 항공 소음을 감소시키기 위한 방법으로서 야간비행 또는 야간사격훈련의 감소, 급하강과 급상승의 규제, 고소음항공기의 운항제한, 비행항로 및 고도의 조정, 운항 전 철저한 항공기정비의 실시, 소음정도에 따른 이주대책 등의 수립, 주택방음시설의 설치, 금전보상의 실시 여부 등도 고려하여야 한다.

(6) 지역적 특성

대법원은 비행장 주변지역의 항공기소음을 원인으로 한 손해배상 사건에서 농촌지역에 위치한 서산공군비행장, 충주공군비행장, 군산공군비행장, 평택공군비행장의 경우 그 주변지역의 소음도가 80웨클 이상인 경우

---

22) 강종선, 287면.

사회생활상 통상의 수인한도를 넘어 위법하다고 본 반면, 도시지역에 위치한 대구공군비행장이나 김포공항의 경우 그 주변지역의 소음도가 85웨클 이상인 경우 사회생활상 통상의 수인한도를 넘어 위법하다고 보았다. 이는 비행장 주변지역이 당초 비행장이 개설되었을 때와는 달리 그 후 점차 도시화되어 인구가 밀집되는 등 도시지역으로서 지역적·환경적 특성이 있는 경우에는 농촌지역과 비교하여 통상 배경소음이 높고, 배경소음이 낮은 농촌지역의 경우 도시지역과 비교하여 동일한 소음에 대하여 더 큰 불쾌감을 느낀다고 알려져 있으며 농촌지역 주민들의 옥외 활동의 비중이 높다는 사정 등을 고려한 것이다.

(7) 공공성

항공기에 의한 신속한 물류거래 및 여객 수송은 우리나라의 경제·사회·문화 등 다방면에서 발전·향상을 위한 필수불가결한 요소이고, 제주도의 경우 섬이라는 지리적 특성상 항공운송 수송 분담률이 70%를 상회하는 등 항공운송에 대한 의존도가 국내 다른 지역에 비해 압도적으로 높으며, 특히 관광산업이 제주지역의 산업구조에서 중요한 비중을 차지하고 있는 점 등을 감안할 때, 제주공항의 설치·운영은 지역 주민들의 편의와 경제적 이익에 절대적인 기여를 하고 있어 고도의 공익성이 인정된다.[23] 공군비행장은 국토방위와 군사전력을 유지하기 위한 필수불가결한 군사시설로서, 대한민국의 존립과 안전을 보장하고 국민 전체의 재산과 생명을 보호하는 국가적 과제를 수행하는 등 고도의 공공성이 인정된다.

사. 증명책임

(1) 일반적으로 불법행위로 인한 손해배상청구사건에서 가해행위와 손해발생 사이의 인과관계에 관한 증명책임은 청구자인 피해자가 부담하나, 대기오염이나 수질오염 그리고 토양오염에 의한 손해배상을 청구하는 소

---

23) 대법원 2015. 10. 15. 선고 2012다77730 판결. 항공기에 의한 신속한 물류거래 및 여객 수송은 우리나라의 경제·사회·문화 등 다방면에서의 진보·향상을 위하여 필수불가결한 요소이고, 또한 그러한 항공수송에서 김포공항이 차지하는 비중이 매우 크다(서울지방법원 2002. 5. 14. 선고 2000가합6945 판결).

송에서는 가해자가 배출한 원인물질이 대기나 물을 매체로 하여 간접적으로 손해를 끼치는 수가 많고, 공해문제에 관하여는 가해행위와 손해의 발생 사이의 인과관계를 구성하는 하나하나를 증명한다는 것이 매우 곤란하거나 불가능한 경우가 많다. 이러한 공해소송에서 피해자에게 사실적인 인과관계의 존재에 관하여 엄밀한 증명을 요구한다는 것은 공해로 인한 사법적 구제를 사실상 회피하는 결과가 될 우려가 있다. 그리고 가해기업은 기술적·경제적으로 피해자보다 훨씬 원인조사가 용이한 경우가 많을 뿐만 아니라, 그 원인을 은폐할 염려가 있기 때문에, 가해기업이 어떠한 유해한 원인물질을 배출하고 그것이 피해물건에 도달하여 손해가 발생하였다면 가해자가 그것이 무해하다는 것을 증명하지 못하는 한 책임을 면할 수 없다고 보는 것이 사회형평의 관념에 적합하다.[24]

(2) 생활방해의 경우에도 위법행위와 손해의 발생은 이를 주장하는 자가 증명하여야 하나, 정신적 고통 없는 평온·안전한 일상생활을 영위할 권리는 피해자들 개개인의 생활 조건의 차이에 관계없이 기본적인 부분에 있어서는 동일하기 때문에, 그 침해로 인한 정신적 고통의 성질 및 정도, 신체적 피해의 위험성 및 생활방해도 구체적 내용에서 약간의 차이가 있을지는 몰라도 그 주요 부분에 있어서는 동일하다고 볼 수 있고, 일정한 정도 이상의 소음에 노출된 피해자들이 그로 인하여 정신적·신체적 피해를 입을 위험이 있음은 여러 연구 결과에 비추어 또는 경험칙상 인정할 수 있다(피해자측의 개별적 사정은 주거지역 및 해당지역에서의 거주기간을 참작하는 것으로 충분하다).[25]

아. 손해배상의 범위

(1) 재산상 손해

(가) 부동산 교환가치 하락액

어느 지역에 공항이 새로 설치되거나 기존 공항의 취항 항공기 수가 증가함으로써 항공 소음의 정도가 증가하게 되면 주변 지역의 주택 등 부

---

24) 대법원 2009. 10. 29. 선고 2009다42666 판결.
25) 서울지방법원 2002. 5. 14. 선고 2000가합6945 판결.

동산 교환가치가 하락하게 됨은 경험칙상 쉽게 인정할 수 있다.

(나) 방음시설 설치비용 및 냉방비용

항공기소음의 영향을 받는 지역 내에서는 통상 주택 등 건물에 방음시설을 설치하고 한여름에도 마음놓고 창문을 열어 놓을 수 없게 되어 냉방비용이 증가하기 마련인바, 이러한 방음시설 설치비용이나 냉방비용을 부동산 자체의 교환가치 하락액과 구분하여 별도의 손해로서 배상청구를 할수 있을지 문제된다. 판례는 "일조 장해, 사생활 침해, 시야 차단으로 인한 압박감, 소음, 분진, 진동 등과 같은 생활이익의 침해로 인하여 발생한 재산적 손해의 항목 중 토지·가옥의 가격저하에 의한 손해를 산정할 때는 광열비·건조비 등의 지출 증대와는 별도로 일조 장해 등과 상당인과관계가 있는 정상가격의 감소액을 부동산감정 등의 방법으로 평가하여야 한다"[26]고 판시하여 이를 긍정하고 있다.

법원은 제주도민인 원고들 중 일부가 방음시설 시공을 조건으로 건축허가를 받은 사정이 있으나, 방음시설을 갖추었다고 하더라도 일상생활의 상당 부분은 방음시설이 갖춰진 실내뿐만 아니라 실외에서도 이루어지는 점, 방음공사를 실시하였다고 하더라도 소음이 완전히 차단되는 것은 아닌 점, 실내를 밀폐하였을 경우 냉방이나 환기시설이 필요하고 이러한 시설을 유지하기 위해서는 비용이 드는 점, 방음시설이 피고 대한민국 또는 한국공항공사의 비용으로 구비된 것이 아니어서 주민 스스로 부담하여 설치한 방음시설을 이유로 손해액을 감경하는 것은 형평에 반하는 것으로 보이는 점 등을 고려하여 피고 대한민국의 손해배상액 감액 주장을 배척하였다.[27]

(다) 영업이익 감소액

항공 소음으로 인하여 영업환경이 악화됨으로써 영업이익이 감소한 경우 감소된 영업이익 상당액도 재산상 손해로 인정될 수 있다. 국가가 공군 전투기 비행훈련장으로 설치·사용하고 있는 공군기지의 활주로 북쪽

---

26) 대법원 1999. 1. 26. 선고 98다23850 판결.
27) 대법원 2015. 10. 15. 선고 2012다77730 판결.

끝으로부터 4.5km 떨어진 곳에 위치한 양돈장에서 모돈(母豚)이 유산하는 손해가 발생한 사안에서, 법원은 위 공군기지에서 발생하는 소음의 순간 최대치가 양돈장 근처에서 모돈에 20~30% 정도의 유산을 일으킬 가능성이 있는 수치인 84~94dB로 측정된 점, 역학조사 결과 모돈의 유산 원인은 질병이 아닌 환경요인에서 오는 스트레스로 추정되는데 위 소음 외에 양돈장에서 모돈에 스트레스를 줄 만한 다른 요인이 확인되지 않는 점 등에 비추어 위 손해는 공군기지에서 발생한 소음으로 인한 것으로, 당시의 소음배출행위와 그 결과가 양돈업자의 수인한도를 넘는 위법행위라고 판단하였다.[28]

참고로 고속도로확장공사에 따른 차량소음 등의 증가로 고속도로 주변에서 양돈장을 운영하다가 폐쇄한 양돈업자가 한국도로공사를 상대로 손해배상을 청구한 사건[29]에서, 대법원은 "양돈장 폐업에 따른 적극적 손해는 '양돈장의 폐업 당시 각종 관련 시설의 평가액'과 '양돈장 부지를 농토로 환원하는 데 드는 비용'이고, 소극적 손해는 '차량통행에 따른 소음·진동으로 양돈장의 정상적인 영업이 불가능하여 이를 폐업한 때로부터 종전 양돈장과 유사한 정도의 시설물 건설 및 양돈상태 조성에 드는 기간에 정상적인 노력으로 종전 양돈장을 위한 대체지와 양돈영업시설을 확보하는 데 소요되는 통상의 기간을 더한 기간 동안의 영업손실액'이다"라고 판시하였다.

(라) 이주비, 치료비 등

항공 소음의 영향이 적은 곳으로 이주하기 위해 지출한 이주비, 항공 소음으로 인해 발생한 난청·이명 등 질환을 치료하기 위해 지출한 치료비 및 위와 같은 질환으로 인한 일실수익, 항공 소음으로 인해 파손된 유리창 기타 건물 수리비 등도 항공 소음과 사이의 인과관계와 합리적인 액수만 증명되면 재산상 손해로 인정될 수 있다.

---

28) 대법원 2010. 7. 15. 선고 2006다84126 판결.
29) 대법원 2003. 9. 5. 선고 2001다68358 판결.

(2) 정신적 손해

사람이 일정한 수준 이상의 소음에 장기간 노출된 경우 만성적인 불안감, 집중력 저하, 잦은 신경질 등의 정신적인 고통을 입게 되고, 회화방해, 전화통화방해, TV·라디오 시청장애, 독서방해나 사고중단, 수면방해 등 일상생활을 정상적으로 영위하는 데에 많은 지장이 있게 되며, 그 정도가 심한 경우 난청이나 이명 등 신체적인 이상이 나타날 가능성이 있다.[30) 그런데 항공 소음은 그 피해지역이 광범위하고 피해자들이 다수인 경우가 대부분이기 때문에 소송실무상으로는 피해자별로 구체적인 사정을 일일이 참작하여 개별적으로 위자료를 정하지 아니하고, 주로 거주지역별로 일괄하여 거주일수 1일당 ○원 또는 1개월당 ○원씩으로 기준금액을 책정한 후,[31) 거기에다가 거주기간을 곱하여 개인별 위자료를 계산한 다음, 가해자측에 의한 방음시설 등 소음방지대책의 실시 여부 또는 위험에의 접근이론에 따라 이를 감경하는 방식으로 위자료 액수를 산정해 오고 있다.

(3) 위험에의 접근이론

(가) 소음 등 공해의 위험지역으로 이주하였을 때 그 위험의 존재를 인식하고 그로 인한 피해를 용인하면서 접근한 것으로 볼 수 있다면, 그 피해가 직접 생명이나 신체에 관련된 것이 아니라 정신적 고통이나 생활방해의 정도에 그치고 침해행위에 고도의 공공성이 인정되는 경우에는, 위험에 접근한 후 실제로 입은 피해 정도가 위험에 접근할 당시 인식하고 있었던 위험의 정도를 초과하는 것이거나 위험에 접근한 후 그 위험이 특별히 증대하였다는 등의 특별한 사정이 없는 한 가해자의 면책을 인정할 수도 있다.[32) 특히 소음 등의 공해로 인한 법적 쟁송이 제기되거나 그 피

---

30) 서울고등법원 2008. 7. 4. 선고 2004나25934 판결.

31) 공항소음소송 중 군용비행장과 관련한 사건에서는 피해자들이 거주하는 지역의 예측소음도가 80웨클 또는 85웨클 이상 90웨클 미만인 경우 월 30,000원, 90웨클 이상 95웨클 미만인 경우 월 45,000원, 95웨클 이상 100웨클 미만인 경우 월 60,000원을 손해배상액으로 인정하는 것이 실무례이다. 서울고등법원 2012. 1. 12. 선고 2011나75982 판결.

32) 대법원 2004. 3. 12. 선고 2002다14242 판결.

해에 대한 보상이 실시되는 등 피해지역임이 구체적으로 드러나고 또한 이러한 사실이 그 지역에 널리 알려진 이후에 이주하여 오는 경우에는 위와 같은 위험에의 접근에 따른 가해자의 면책 여부를 보다 적극적으로 인정할 여지가 있다.[33]

(나) 그러나 소음 등 공해의 위험지역으로 이주하였더라도 그 위험에 접근할 당시 위험이 존재하는 사실을 정확하게 알 수 없는 경우가 많고 근무지나 가족관계 등의 사정에 따라 불가피하게 위험지역으로 이주할 수도 있으므로, 위험지역에 이주하게 된 경위와 동기 등 여러 사정에 비추어 위험의 존재를 인식하고 그로 인한 피해를 용인하면서 접근한 것으로 볼 수 없는 경우에는 가해자의 면책을 인정할 수 없고 손해배상액의 산정에 있어 형평의 원칙상 이와 같은 사정을 과실상계에 준하여 감액사유로 고려할 수 있을 뿐이다.[34] 공군비행장 주변의 항공기 소음 피해로 인한 손해배상 사건에서 공군에 속한 군인·군무원의 경우 일반인에 비하여 그 피해에 관하여 잘 인식하거나 인식할 수 있는 지위에 있다는 이유만으로 가해자의 면책이나 손해배상액의 감액에서 달리 볼 수는 없다.

(다) 공군사격장 주변지역에서 발생하는 소음 등으로 피해를 입은 주민들이 국가를 상대로 손해배상을 청구한 사안에서, 사격장의 소음피해를 인식하거나 과실로 인식하지 못하고 이주한 일부 주민들의 경우 비록 소음으로 인한 피해를 용인하고 이용하기 위하여 이주하였다는 등의 사정이 인정되지 않아 국가의 손해배상책임을 완전히 면제할 수는 없다고 하더라도, 손해배상액을 산정할 때 그와 같은 사정을 전혀 참작하지 아니하여 감경조차 아니 한 것은 형평의 원칙에 비추어 현저히 불합리하고, 불법행위로 인한 손해배상액의 산정에 관한 법리를 오해한 잘못이 있다.[35]

---

33) 대법원 2012. 6. 14. 선고 2012다13569 판결.
34) 대법원 2010. 11. 25. 선고 2007다74560 판결. 대구비행장 인근 주민들이 국가를 상대로 항공 소음 피해에 대한 손해배상을 구한 사안에서, 다른 주민들이 제기한 종전 소송에서 국가의 배상책임을 인정한 대법원판결 내용이 언론보도 등을 통하여 널리 알려졌다고 보이는 2011. 1. 1. 이후 전입한 주민들에 대하여 손해액을 50% 감액한 원심판단을 수긍한 사례로는 대법원 2012. 6. 14. 선고 2012다13569 판결.
35) 대법원 2010. 11. 11. 선고 2008다57975 판결.

(4) 장래의 손해

항공 소음 피해를 원인으로 한 손해배상청구소송에서 당해 소송의 사실심변론종결일 이후에도 계속 발생될 것으로 예상되는 장래의 손해를 민사소송법 제251조에 의하여 미리 배상청구할 수 있을지 문제된다. 일본 최고재판소는 아쓰기 기지 항공 소음으로 인한 장래의 손배배상청구에 관하여, (i) 그것이 현재와 마찬가지 형태의 불법행위가 되는지 여부가 불분명하고, (ii) 배상할 손해의 범위가 유동적 성격을 갖고 복잡한 사실관계에 의존하기 때문에 미리 명확한 기준을 설정하기 어려우며, (iii) 사정변경이 생긴 경우에 그 증명책임을 피고의 부담으로 하게 하는 것은 부당하다는 점 등을 들어, 장래이행청구의 소로서 권리보호요건이 흠결된 것으로 보아 이를 각하하였다.[36)]

민사소송법 제251조에 의하면 장래에 이행할 것을 청구하는 소는 '미리 청구할 필요'가 있어야 제기할 수 있고, 여기서 미리 청구할 필요가 있는지 여부는 채무자의 태도나 이행의무의 종류에 따라 결정되는바, 계속적 불법행위로 인한 장래의 손해배상청구는 침해행위의 위법성과 그로 인한 손해의 유무 및 정도를 변론종결 당시에 확정적으로 예정할 수 있을 때에만 허용된다.[37)] 그런데 항공 소음으로 인한 피해의 경우에는 그 침해행위의 위법성 등이 가해자에 의한 소음피해방지대책의 내용과 실시 여부, 피해자들의 이주가능성, 기타 생활사정의 변동 등 복잡 다양한 요소들에 의하여 크게 영향을 받게 되어 장래의 손해배상청구권의 성립 여부 및 내용을 사전에 정확하게 예측하기 어려우므로, 특별한 사정이 없는 한 장래이행의 소로서 권리보호요건이 흠결된 것으로 보아야 한다.

---

36) 最高裁 1993. 2. 25. 判決, 民集 47卷 2号, 643면.

37) 대법원 2002. 6. 14. 선고 2000다37517 판결은 토지의 계속적인 점유·사용으로 인한 장래의 부당이득반환청구에 대하여, "장래의 이행을 명하는 판결을 하기 위하여는 채무의 이행기가 장래에 도래하는 것뿐만 아니라 의무불이행사유가 그때까지 존속한다는 것을 변론종결 당시에 확정적으로 예정할 수 있는 것이어야 하며, 이러한 책임기간이 불확실하여 변론종결 당시에 확정적으로 예정할 수 없는 경우에는 장래의 이행을 명하는 판결을 할 수 없다"고 판시하였다.

자. 소멸시효

항공 소음과 같이 날마다 계속적으로 발생하는 불법행위로 인한 피해자의 가해자에 대한 손해배상청구권의 소멸시효(특히 민법 제766조 제1항의 단기소멸시효)가 언제부터 진행되는지 문제된다. 불법행위에 의한 손해배상청구권의 단기소멸시효의 기산점이 되는 민법 제766조 제1항 소정의 '그 손해 및 가해자를 안 날'이라 함은 현실적으로 손해의 발생과 가해자를 알아야 할 뿐만 아니라 그 가해행위가 불법행위로서 이를 이유로 손해배상을 청구할 수 있다는 것을 안 때를 의미하고, 불법행위가 계속적으로 행하여지는 결과 손해도 역시 계속적으로 발생하는 경우에는 특별한 사정이 없는 한 그 손해는 날마다 새로운 불법행위에 기하여 발생하는 손해로서 민법 제766조 제1항을 적용할 때 그 각 손해를 안 때로부터 각별로 소멸시효가 진행된다.[38) 이에 따르면 항공 소음으로 인한 손해도 날마다 새로운 불법행위에 기하여 발생하는 손해로서 그 각 손해를 안 때로부터 단기소멸시효가 진행된다.

2. 대상사안의 검토

가. 참을 한도(수인한도)

(1) 원심의 판단[39)

민간항공기가 아닌 전투기에 의하여 발생하는 소음의 정도와 유형 및 그에 따른 원고들이 입은 피해의 정도, 광주공군비행장이 위치한 지역은 종전에는 영산강을 사이에 두고 광주시와 경계를 두고 있다가 광주시가 광역시로 되면서 행정구역상 도시로 포함되었고, 그 후로도 도시화의 정도가 다소 느리게 진행되어 실제로 광역시 정도의 대도시 또는 그와 맞닿은 변두리라기보다 인근에 농지가 상당 비율로 분포되어 있는 읍 단위의 도농복합도시로 보이는 점 등 원고들의 거주지역과 소음구역의 현황 및

---

38) 대법원 1999. 3. 23. 선고 98다30285 판결.
39) 서울고등법원 2013. 1. 31. 선고 2009나25908 판결.

지역적 특수성, 관련 법령에서 정한 항공기소음 규제기준 등을 고려하면, 원고들에 대한 광주공군비행장 주변의 소음피해가 소음도 80웨클 이상인 경우에는 사회생활상 통상의 참을 한도를 넘어 위법하다.

(2) 대법원의 판단

(i) 광주공군비행장과 그 주변지역은 당초 비행장이 개설되었을 때와는 달리 그 후 점차 도시화되어 인구가 밀집되는 등으로 비도시지역에 위치한 국내의 다른 비행장과는 구별되는 반면, 도시지역에 위치한 대구공군비행장이나 김포공항과 비교적 유사한 도시지역으로서의 지역적·환경적 특성이 있다고 볼 수 있는 점, (ii) 광주공군비행장은 국토방위와 군사전력을 유지하기 위한 필수불가결한 군사시설로서, 대한민국의 존립과 안전을 보장하고 국민 전체의 재산과 생명을 보호하는 국가적 과제를 수행하는 등 고도의 공공성이 인정되는 점, (iii) 구 소음·진동규제법 시행령(2010. 6. 28. 대통령령 제22224호로 일부 개정되기 전의 것) 제9조 제1항은 "법 제39조 제1항에 따른 항공기소음의 한도는 공항 인근 지역은 항공기소음영향도(WECPNL) 90으로 하고, 그 밖의 지역은 75로 한다"라고 규정하였고, 현행 소음·진동관리법 시행령도 동일한 내용으로 항공기소음한도를 규정하고 있으며, 2010. 3. 22. 법률 제10161호로 제정되어 2010. 9. 23.부터 시행된 공항소음 방지 및 소음대책지역 지원에 관한 법률 제5조 제1항, 제11조, 제12조, 같은 법 시행령 제2조 제1항은 공항 주변의 소음대책지역을 제1, 2, 3종 구역으로 구분하면서 제1종 구역을 '95웨클 이상'으로, 제2종 구역을 '90웨클 이상 95웨클 미만'으로, 제3종 구역을 '75웨클 이상 90웨클 미만'으로 세분하고 있고, 소음대책지역의 지정·고시 당시 제1종 구역에 있던 건축물이나 토지에 한하여 이전보상청구를, 제1종 구역에 있는 토지에 한하여 토지매수청구를 인정하고 있는 점, (iv) 피고는 광주공군비행장 인근 소음피해를 줄이기 위하여 주말 훈련이나 낮은 고도에서의 훈련을 자제하고, 방음정비고(Hush House)에서 전투기의 엔진을 점검하는 등 지속적으로 소음 감소대책을 시행하고 있는 점 등의 사정을 알 수 있다. 이와 같은 사정들을 살펴보면, 이 사건 청구에서 광주공군비행장 주변

지역의 소음도가 80웨클 이상인 경우 사회생활상 통상의 수인한도를 넘는 소음피해를 입었다고 단정하기 어렵다.

(3) 검 토

대법원은 비행장 주변지역의 항공기소음을 원인으로 한 손해배상 사건에서 농촌지역에 위치한 서산공군비행장, 충주공군비행장, 군산공군비행장, 평택공군비행장의 경우 그 주변지역의 소음도가 80웨클 이상인 경우 사회생활상 통상의 수인한도를 넘어 위법하다고 본 반면, 도시지역에 위치한 대구공군비행장이나 김포공항의 경우 그 주변지역의 소음도가 85웨클 이상인 경우 사회생활상 통상의 수인한도를 넘어 위법하다고 보았다. 따라서 이 사건에서도 85웨클 이상인 경우 사회생활상 통상의 수인한도를 넘는 소음피해를 입었다고 보아야 한다.

나. 광주공군비행장의 공공성

광주공군비행장은 국토방위와 군사전력을 유지하기 위한 필수불가결한 군사시설로서, 대한민국의 존립과 안전을 보장하고 국민 전체의 재산과 생명을 보호하는 국가적 과제를 수행하는 등 고도의 공공성이 인정된다.

다. 위험에의 접근에 따른 책임의 감액

(1) 매향리사격장 주변 주민들이 1988. 7.경 사격장 소음피해로 인한 민원을 수차례 제기하였고, 이런 사실이 그 무렵부터 언론에서 빈번히 보도됨에 따라 사격장 및 비행장 주변 소음피해가 사회문제화되었다. 늦어도 1989년에는 광주공군비행장 주변이 계속적으로 항공기소음에 노출되는 지역인 것이 널리 알려졌다고 봄이 상당하고, 따라서 원고들 중 1989. 1. 1. 이후에 광주공군비행장 주변에 입주한 원고들은 위 비행장의 소음피해를 인식하거나 과실로 이를 인식하지 못하고 입주하였으므로, 손해배상액의 산정에서 형평의 원칙상 과실상계에 준하여 1989. 1. 1. 이후에 자신들의 주거지에 전입한 원고들에 대해서는 손해액의 30%를 감액함이 상당하다.

(2) 군인·군무원의 경우 자신의 근무지를 스스로 선택하거나 임의로 변경할 수 있는 것이 아니고 근무지와의 거리 등을 이유로 불가피하게 공군비행장 주변 주거지역으로 전입한 사정을 인정할 수 있으며 그 가족 또한 마찬가지인 점, 항공 소음에 대하여 인식하고 있었거나 인식할 수 있었다는 사정만으로 그 소음피해를 용인하며 접근하였다고 단정할 수 없는 점, 여기에 1989. 1. 1. 이후에 광주공군비행장 주변으로 전입한 군인·군무원·그 가족(미성년자 제외)에 대하여 일반인과 동일하게 손해액의 30%를 감액한 점 등을 종합하여 보면, 원심이 위자료 액수를 정하거나 그 감면사유를 고려할 때 군인·군무원·그 가족들인 원고들을 일반인과 달리 취급하지 아니한 것이 형평의 원칙에 비추어 현저히 불합리하다고 보기 어렵다.

[38] 항공 소음의 감정

대법원 2010. 11. 25. 선고 2007다74560 판결

I. 사실관계

(1) 원고들은 대구공군비행장 인근인 대구 북구 검단동에 거주하고 있는데, 검단동은 주거지역과 공장지역으로 이루어져 있다.

(2) 대구 동구 지저동에 위치한 대구비행장은 1969년경 설치되었는데, 그 면적은 지저동 전면적의 약 1/3인 67,474㎡에 이른다. 대구비행장은 F-4D·F-4E 등 100대 이상의 전투기를 보유하고 있고, 격납고·탄약고 설비 및 남북방향으로 뻗어있는 길이 약 2.8㎞의 활주로 2본을 갖추고 있다.

(3) 2004. 12. 28.부터 2005. 4. 30.까지 사이에 검단동에서의 주·석간 비행횟수를 조사한 결과, 동계기간 1일 평균 비행횟수는 약 64회[주간 (07:00~19:00) 58회(전투기 48회+민항기 10회)+석간(19:00~22:00) 5회(전투기 5회+민항기 0회)]이고, 춘계기간 1일 평균 비행횟수는 약 73회[주간 (07:00~19:00) 68회(전투기 57회+민항기 11회)+석간(19:00~22:00) 3회(전투기 3회+민항기 0회)]이다. 비행은 전투기(그 중 주력기종인 팬텀기)의 비행훈련이 주된 것이고, 군수송기와 헬기 등이 비정기적으로 비행한다. 위 비행장에서의 비행훈련은 주로 주중 평일 08:30~21:00 사이에 이루어지고, 토요일·일요일·공휴일·평일야간 및 기상악화시에는 없으며, 석간비행은 주 2~4회 정도 이루어진다. 대구비행장은 군용기(전투기, 정찰기, 수송기 및 헬리콥터)와 민간 항공기가 동시 운용되고 있는데, 전투기가 주된 소음원이다. 전투기 소음은 요일별·계절별 비행상황에 따라 소음도의 편차가 심하다는 특징이 있다.

(4) 항공 소음은 운항패턴에 따라 소음도의 변화가 많이 좌우된다. 전투기는 일반 항공기와 달리 운항패턴이 수시로 바뀌는 특성을 갖고 있는데, 전투기운항패턴에는 이륙·착륙·통과·선회 및 T&G(TOUCH&GO)가

있다. 대구비행장에서 T&G는 대부분 비행장 활주로에서 이루어졌다. 대구비행장의 전투기는 주로 남단에서 북단(검단동 상공)으로 이륙하며, 주 2회 정도는 북단에서 남단으로 역(逆) 이륙하고 있다. 전투기 2대로 구성된 편대비행은 하루 10~12회 정도 이뤄진다. 편대비행은 활주로 남단방향으로 접근하여 검단동 상공을 통과하여 북단방향으로 통과하는 경우와, 활주로 남단방향으로 편대비행하며 접근하던 2대의 전투기 중 1대의 전투기는 금호강 상공에서 도동 방향으로 향하고, 나머지 1대의 전투기는 북측 방향인 무태동 방향으로 비행한다.

(5) 관련사건 감정인의 소음피해감정결과에 의하면, 대구비행장의 항공기로 인한 원고들의 주거지에 대한 소음정도는 90~94 웨클이다.

II. 참조 조문

1. 민사소송법

> **제202조(자유심증주의)** 법원은 변론 전체의 취지와 증거조사의 결과를 참작하여 자유로운 심증으로 사회정의와 형평의 이념에 입각하여 논리와 경험의 법칙에 따라 사실주장이 진실한지 아닌지를 판단한다.
>
> **제334조(감정의무)** ① 감정에 필요한 학식과 경험이 있는 사람은 감정할 의무를 진다.
>
> ② 제314조 또는 제324조의 규정에 따라 증언 또는 선서를 거부할 수 있는 사람과 제322조에 규정된 사람은 감정인이 되지 못한다.
>
> **제335조(감정인의 지정)** 감정인은 수소법원·수명법관 또는 수탁판사가 지정한다.
>
> **제341조(감정의 촉탁)** ① 법원이 필요하다고 인정하는 경우에는 공공기관·학교, 그 밖에 상당한 설비가 있는 단체 또는 외국의 공공기관에 감정을 촉탁할 수 있다. 이 경우에는 선서에 관한 규정을 적용하지 아니한다.
>
> ② 제1항의 경우에 법원은 필요하다고 인정하면 공공기관·학교, 그 밖의 단체 또는 외국 공공기관이 지정한 사람으로 하여금 감정서를

설명하게 할 수 있다.

③ 제2항의 경우에는 제339조의3을 준용한다.

제342조(감정에 필요한 처분) ① 감정인은 감정을 위하여 필요한 경우에는 법원의 허가를 받아 남의 토지, 주거, 관리 중인 가옥, 건조물, 항공기, 선박, 차량, 그 밖의 시설물안에 들어갈 수 있다.

② 제1항의 경우 저항을 받을 때에는 감정인은 국가경찰공무원에게 원조를 요청할 수 있다.

2. 소음·진동관리법

제39조(항공기 소음의 관리) ① 환경부장관은 항공기 소음이 대통령령으로 정하는 항공기 소음의 한도를 초과하여 공항 주변의 생활환경이 매우 손상된다고 인정하면 관계 기관의 장에게 방음시설의 설치나 그 밖에 항공기 소음의 방지에 필요한 조치를 요청할 수 있다.

② 제1항에 따라 필요한 조치를 요청할 수 있는 공항은 대통령령으로 정한다.

③ 제1항에 따른 조치는 항공기 소음 관리에 관한 다른 법률이 있으면 그 법률로 정하는 바에 따른다.

3. 환경분야 시험·검사 등에 관한 법률

제6조(환경오염공정시험기준) ① 환경부장관은 환경오염물질, 환경오염상태, 유해성 등의 측정·분석·평가 등의 통일성 및 정확성을 기하기 위하여 다음 각 호의 분야에 대한 환경오염공정시험기준(이하 "공정시험기준"이라 한다)을 정하여 고시하여야 한다. 이 경우 「산업표준화법」 제12조에 따른 한국산업표준이 고시되어 있는 경우에는 대통령령이 정하는 특별한 사유가 없는 한 그 규격에 따른다.

2. 「소음·진동관리법」 제2조 제1호의 소음 및 제2호의 진동

Ⅲ. 판시사항

항공기소음의 측정은 전문적인 학식이나 경험이 있는 자의 감정에 의할 수밖에 없고, 또한 항공기소음은 그 영향 범위가 넓고 지속적이기 때

문에 실측만으로 이를 평가하는 것은 사실상 어려우므로, 감정대상 지역 중 대표적인 지점을 선정하여 일정 기간 항공기소음을 실측한 값과 공인 된 프로그램에 의하여 예측한 소음 값을 비교하여 그 예측 값이 일정한 오차의 허용 범위 내에 들면 그 지역의 신빙성 있는 항공기소음도로 인정 하는 것이 일반적이다. 따라서 법정의 절차에 따라 선서하였거나 법원의 촉탁에 의한 감정인이 전문적인 학식과 경험을 바탕으로 위와 같은 과정 을 거쳐 제출한 감정결과는 그 소음 실측이나 예측 과정에서 상당히 중한 오류가 있었다거나 상대방이 그 신빙성을 탄핵할 만한 객관적인 자료를 제출하지 않는다면 실측 과정 등에서 있을 수 있는 사소한 오류의 가능성 을 지적하는 것만으로 이를 쉽게 배척할 수는 없다.

IV. 해 설

1. 민사소송법상 감정

가. 의 의

(1) 감정(鑑定)이란 법관의 판단능력을 보충하기 위하여 전문적 지식과 경험을 가진 자로 하여금 법규나 경험칙(대전제에 관한 감정) 또는 이를 구 체적 사실에 적용하여 얻은 사실판단(구체적 사실판단에 관한 감정)을 법원 에 보고하게 하는 증거조사이다. 이와 같이 보고된 법규나 경험칙 또는 사실판단을 감정의 결과(감정의견)라 하고, 법원으로부터 감정을 명령받은 사람을 감정인이라고 한다.

(2) 감정의 목적이 될 수 있는 법규는 외국법규, 특정사회의 관습법 등 이고, 사실판단에 관한 감정의 예로는 항공 소음의 정도, 부동산 기타 재 산권의 시가나 임대료, 토지의 경계측량, 공사의 하자의 유무와 그 정도 및 수리비용, 필적·인영·지문·사용된 잉크 또는 용지의 동일성, 사람의 정신상태, 사인, 상해의 부위와 정도, 향후치료 소요일수, 노동능력 상실정 도 등이다.

(3) 감정은 인증(人證)의 일종이므로 감정인이 작성한 감정서는 서증으

로 취급해서는 안 된다. 그러나 소송 외에서 당사자가 직접 의뢰하여 작성된 감정서가 법원에 제출되었을 때에는 서증으로 법원이 이를 합리적이라고 인정하면 사실인정의 자료가 될 수 있다.[1] 이러한 사감정(私鑑定)은 당사자의 기피권과 신문권이 보장되어 있지 아니하므로 전제사실이 법원이 인정한 사실과 부합하는지, 사실판단에 이르게 된 절차 등이 적절한지 등을 심사한 후 증명력을 판단한다.

(4) 감정인은 판단 등을 보고하는 사람이므로 대체성이 있는 데 비하여, 증인은 경험한 사실 등을 보고하는 사람이므로 대체성이 없다. 그러나 증인과 감정인은 인증이라는 점에서 공통점이 있으므로, 민사소송법 중 증인신문에 관한 규정을 준용하고(제333조), 민사소송규칙 중 그 성질에 어긋나지 아니하는 범위 안에서 증인신문에 관한 규정을 준용한다(민사소송규칙 제104조).

(5) 법원은 소송관계를 분명하게 하거나 증거조사 등 소송절차를 원활하게 진행하기 위하여 직권 또는 당사자의 신청에 따른 결정으로 전문심리위원을 지정하여 소송절차에 참여하게 할 수 있는바(민사소송법 제164조의2), 특수하고 복잡한 사안에 대한 감정 가능성, 감정신청의 적정성 판단, 감정사항의 확정 등과 관련하여 신속한 감정 절차 진행을 위하여 전문심리위원의 설명이나 의견을 들을 필요가 있는 경우에 전문심리위원제도를 활용함이 바람직하다. 그러나 전문심리위원은 독립한 증거방법이 아니고 전문심리위원의 설명 등은 증거자료가 되지 아니한다는 점에서 감정과 차이가 있다.

나. 감정의무

감정에 필요한 학식과 경험이 있는 사람은 감정할 의무를 진다(민사소송법 제334조 제1항). 다만 증언거부권(제314조) 또는 선서거부권(제324조)에 의하여 증언 또는 선서를 거부할 권리가 있는 사람과 선서무능력(제322조)에 해당하는 사람은 감정인이 되지 못한다(제334조 제2항). 감정의무

---

[1] 대법원 1999. 7. 13. 선고 97다57979 판결.

에는 출석의무·선서의무·감정의견 보고의무의 3가지 내용이 포함되는데, 감정인이 이를 해태하면 증인의 경우에 준하여 소송비용의 부담 또는 500만 원 이하의 과태료 부과 등 제재가 가하여진다(민사소송법 제333조, 제326조, 제318조, 제311조). 다만 감정인은 불출석하더라도 감치하거나 구인할 수 없다(제333조 단서).

2. 항공 소음 감정

가. 소음 감정의 중요성[2]

(1) 소음감정의 결과, 즉 예측 소음도는 실무상 위법성 판단의 가장 중요한 요소가 된다. 소음도는 소음의 발생횟수, 소음을 발생시키는 기간 및 발생 시간, 소음의 태양과 성질 등과 함께 수인한도를 정하기 위해 고려되는 요소 중 하나인데, 다른 요소들과 달리 소음·진동관리법이 정한 규제기준 등과 정량적으로 비교할 수 있는 기준이 되기 때문이다. 실무상 특정 소음도를 수인한도로 정한 다음 그 이상의 소음도를 나타내는 지역(또는 세대)에 거주하는 사람들에 대하여 손해배상책임을 인정하므로, 예측 소음도는 위법성 판단의 핵심 요소가 된다.

(2) 소음감정의 결과, 즉 예측 소음도는 위법성 판단의 가장 중요한 요소일 뿐만 아니라 손해배상액 산정의 기준이 되고, 실무상 예측 소음도를 기준으로 정신적 피해에 대한 위자료를 산정한다. 특히 공항소음소송 중 군용비행장과 관련한 사건에서는 피해자들이 거주하는 지역의 예측 소음도가 80웨클(WECPNL) 또는 85웨클 이상 90웨클 미만인 경우 월 30,000원, 90웨클 이상 95웨클 미만인 경우 월 45,000원, 95웨클 이상 100웨클 미만인 경우 월 60,000원을 손해배상액으로 인정하는 것이 실무례이다.[3]

---

2) 한지형, "소음감정", 재판이론과 실무(감정 실무 연구), 사법연수원 교육발전연구센터 (2012), 44면.
3) 서울고등법원 2011. 12. 8. 선고 2011나75982 판결, 서울고등법원 2012. 1. 12. 선고 2011나75982 판결.

나. 소음 감정의 방법

소음의 정도에 관한 증거방법은 일반적으로 현장검증과 감정 결과에 의하고 있는바, 현재 항공소음의 정도를 측정할 수 있는 자격기준 등에 관하여 법령상 아무런 규정이 없으므로, 담당재판부가 임의로 환경공학과가 설치되어 있는 종합대학이나 전문대학의 소음전공 교수 또는 그 대학의 소음연구센터나 도시과학연구원, 환경과학연구소 등에 재직하고 있는 연구원 등을 감정인으로 선정한 다음, 현장검증기일에서 감정인에게 일정한 기간 동안(통상 7일 이상) 장애물 또는 주변 다른 소음의 영향이 가장 적은 장소의 실내소음(창문을 닫은 경우와 연 경우로 구분) 및 실외소음을 측정하도록 명하고 있다.[4] 소음의 정도를 웨클 단위(2023. 1. 1.부터는 L_{den})로 측정하도록 감정을 명하는 경우에는 환경부에서 고시한 '소음·진동 공정시험기준'에 따른 전제조건을 반드시 갖추어야 한다. 아래에서는 2023년부터 적용되는 항공기소음관리기준 측정방법에 관하여 살펴보기로 한다.

다. 항공기소음관리기준 측정방법 ES03304.4

(1) 목 적

이 시험기준은 '환경 분야 시험검사 등에 관한 법률' 제6조의 규정에 의거 소음을 측정할 때 측정의 정확성 및 통일성을 유지하기 위하여 필요한 제반사항에 대하여 규정함을 목적으로 한다.

(2) 적용범위

이 시험기준은 소음·진동관리법에서 정하는 항공기소음을 측정하기 위한 시험기준에 대하여 규정한다. 이 시험기준은 소음·진동관리법 시행령 제9조 제1항의 개정 시행일인 2023. 1. 1.부터 적용한다.

---

4) 손윤하, "항공기소음에 의한 피해구제를 위한 민사소송의 문제점", 법조 제54권 제3호 (2005. 3.), 216~217면.

(3) 분석기기 및 기구

사용소음계는 KS C IEC61672-1에 정한 클래스 2의 소음계 또는 동등 이상의 성능을 가진 것이어야 한다. 소음계와 소음도기록기를 연결하여 측정·기록하는 것을 원칙으로 하되, 소음도 기록기가 없는 경우에는 소음계만으로 측정할 수 있다. 소음계 및 소음도기록기의 전원과 기기의 동작을 점검하고 매회 교정을 실시하여야 한다(소음계의 출력단자와 소음도기록기의 입력단자 연결). 소음계의 레벨레인지 변환기는 측정지점의 소음도를 예비조사한 후 적절하게 고정시켜야 한다. 소음계와 소음도기록기를 연결하여 사용할 경우에는 소음계의 과부하 출력이 소음기록치에 미치는 영향에 주의하여야 한다. 소음계의 청감보정회로는 A 특성에 고정하여 측정하여야 한다. 소음계의 동특성을 느림(slow) 모드로 하여 측정하여야 한다.

(4) 측정점

측정점은 옥외측정을 원칙으로 하고, 그 지역의 항공기소음을 대표할 수 있는 장소나 항공기소음으로 인하여 문제를 일으킬 우려가 있는 장소를 택하여야 한다. 다만 측정지점 반경 3.5m 이내는 가급적 평활하고, 시멘트 등으로 포장되어 있어야 하며, 수풀·수림·관목 등에 의한 흡음의 영향이 없는 장소로 한다. 측정점은 지면 또는 바닥면에서 1.2~1.5m 높이로 하며, 상시측정용의 경우에는 주변 환경·통행·타인의 촉수 등을 고려하여 지면 또는 바닥면에서 1.2~5m 높이로 할 수 있다. 한편 측정위치를 정점으로 한 원추형 상부공간 내에는 측정치에 영향을 줄 수 있는 장애물이 있어서는 안 된다. 원추형 상부공간이란 측정위치를 지나는 지면 또는 바닥면의 법선에 반각 80°의 선분이 지나는 공간을 말한다.

(5) 측정조건

소음계의 마이크로폰은 받침장치(삼각대 등)를 설치하여 측정하는 것을 원칙으로 한다. 손으로 소음계를 잡고 측정할 경우 소음계는 측정자의 몸으로부터 0.5m 이상 떨어져야 하며, 측정자는 비행경로에 수직하게 위치하여야 한다. 소음계의 마이크로폰은 소음원 방향으로 향하도록 하여야 한다. 바람(풍속 2m/sec 이상)으로 인하여 측정치에 영향을 줄 우려가 있을 때에는 반드시 방풍망을 부착하여야 한다. 다만 풍속이 5m/sec를 초과할 때는 측정하여서는 안 된다(상시측정용 옥외마이크로폰은 그러하지 아니하다). 진동이 많은 장소 또는 전자장(대형 전기기계, 고압선 근처 등)의 영향을 받는 곳에서는 적절한 방지책(방진, 차폐 등)을 강구하여 측정하여야한다.

(6) 측정사항

소음노출레벨(LAE)은 매 항공기 통과시마다 배경소음보다 10dB 높은 구간의 시간 동안 측정하는 것을 원칙으로 하며, 소음노출레벨은 명시된 시간간격 또는 어떤 이벤트에 대하여 기준음 노출(1초) 수준으로 나타내는 지시치를 말한다. 소음노출레벨(LAE)은 시간대별로 구분하여 조사하여야하며, 07시에서 19시까지의 측정된 주간 소음노출레벨을 LAE,d, 19시에서 22시까지의 저녁 소음노출레벨을 LAE,e, 22시에서 24시, 0시에서 07시까지의 야간 소음노출레벨을 LAE,n으로 표시하여 구분한다.

(7) 측정시각 및 기간

항공기의 비행 상황, 풍향 등의 기상조건을 고려하여 당해 측정점에서 항공기소음을 대표할 수 있는 시기를 선정하여 원칙적으로 연속 7일간 측정한다. 다만 당해 지역을 통과하는 항공기의 종류, 비행횟수, 비행경로, 비행시각 등이 연간을 통하여 표준적인 조건일 경우 측정일수를 줄일 수 있다.[5]

---

5) 대법원도 공항소음소송과 관련하여 항공기소음은 그 영향 범위가 넓고 지속적이기 때문에 실측만으로 이를 평가하는 것은 사실상 어려우므로, 감정대상지역 중 대표적인 지점을 선정하여 일정 기간 항공기소음을 실측한 값과 공인된 프로그램에 의하여 예측한 소음 값을 비교하여 그 예측값이 일정한 오차의 허용 범위 내에 들면 그 지역의 신빙성 있는 항공기소음도로 인정하는 것이 일반적이라고 판시한 바 있다(대법원 2010. 11. 25. 선고 2007다74560 판결).

3. 항공 소음 감정 사례

가. 대법원 2010. 12. 9. 선고 2008다67859 판결

(1) 소음·진동관리법과 구 항공법에서 항공기 소음의 평가단위로서 웨클을 채택하고 있기는 하나 위 법률들은 이 사건 비행장에는 적용이 없으며, 나라마다 운항하는 항공기와 처한 환경이 서로 달라 항공기 소음에 대한 국제적인 평가단위는 현재 존재하지 아니하며 다양한 평가방식을 채택하고 있다. 한편 항공기 소음의 측정 및 평가는 전문적인 학식이나 경험이 있는 자의 감정에 의할 수밖에 없으므로, 감정인이 항공기 소음을 측정 및 평가할 때 일반적으로 요구되는 절차와 방식을 준수하고 있고, 채택한 소음의 평가단위가 다른 법규에서도 사용되고 있으며, 다른 평가단위와의 상관관계 등이 밝혀져 있다면 그와 같은 평가단위의 채택이 위법하다고 할 수는 없다. 또한 감정결과의 일부를 채택하고 일부를 배척하였다고 하여 채증법칙 위배의 잘못이 있다고 할 수도 없다.[6]

(2) 이러한 법리에 비추어 원심 판결[7] 이유를 살펴보면, 소음·진동관리법이나 구 항공법상 항공기소음 평가방식인 웨클과 소음·진동관리법상의 도로 소음 등의 평가방식인 Leq(등가소음도)의 차이점과 상관관계를 밝히고, 비행장에서 운항하는 헬기 소음의 특성, 운항방식, 훈련내용 등을 고려하면 항공법 등에서 정하는 웨클 방식이 아닌 Leq 방식에 의하여 이 사건 비행장에서 발생하는 항공기 소음을 평가하는 것이 타당하다고 전제한 다음, 주식회사 공사가 측정한 소음실측자료를 기초로 하여 원심 감정인이 공인된 소음예측프로그램에 의하여 소음의 발생시간대에 따라 Leq에 일정한 가중치를 부여하는 Ldn(주야평균등가소음도) 단위로 예측한 소음감정결과를 채택하면서도 주식회사 공사가 위 소음실측자료를 기초로 하여 Ldn 단위로 산출한 소음측정결과 및 소음예측결과를 배척한 것은 정당하다.

---

6) 대법원 1962. 12. 6. 선고 62다679 판결.
7) 서울고등법원 2008. 8. 27. 선고 2006나533 판결.

나. 대법원 2015. 10. 15. 선고 2013다23914 판결

원심[8]은 (i) 감정인이 제1심에서의 소음감정 당시 광주공군비행장에서 훈련 중인 F-5 팬텀 전투기와 T-50 이글 전투기의 프로파일 데이터가 아닌 대체기종의 데이터를 사용하여 소음도를 예측하였으나, 원심에서의 보완감정 당시에는 대체기종이 아닌 F-5 팬텀 전투기의 데이터를 사용하여 소음예측을 실시하였고, 그 결과 제1심에서의 예측결과보다 소음도가 약 10웨클 정도 낮게 나타난 점, (ii) 그런데 원심 보완감정결과에서의 오차율(평균 9.6%)이 제1심 소음감정결과에서의 오차율(평균 4.0%)보다 두 배 이상 크고, 감정인 스스로도 원심에서의 보완감정결과를 실측치에 바탕을 두고 있는 것이 아니라, 제1심 소음감정결과를 추론에 따라 보정한 결과라고 하고 있어 그 보완감정결과나 감정인이 제시한 제1심 소음감정결과에서 2.6웨클을 낮추어 평가하는 방안을 기준으로 소음지역의 소음도를 정하기는 곤란한 점, (iii) 한편 광주공군비행장의 주력 기종인 위 전투기와 대체기종의 소음도 차이를 비교할 때, 위 전투기의 소음이 대체기종에 비하여 평균 약 5웨클 정도 낮게 측정된 점 등을 고려하여, 소음도 80웨클을 초과하는 지역은 제1심에서의 소음감정결과 소음도 85웨클을 초과하는 지역에 해당한다고 봄이 상당하다고 판단하였다. 관련 법리와 기록에 비추어 보면 원심의 이러한 판단은 정당하다.

다. 웅천사격장 주변지역의 소음측정[9]

(1) 소음측정방법의 적정성

(가) 환경부 고시 제2000-31호(2000. 3. 14.)는 "항공기소음영향도에 의한 평가를 위해 항공기의 비행상황, 풍향 등의 기상조건을 고려하여 당해 측정지점에서 항공기 소음을 대표할 수 있는 시기를 선정하여 원칙적으로 7일간 측정하여야 하고, 다만 당해지역을 통과하는 항공기의 종류, 비행경로, 비행시각 등이 연간을 통하여 표준적인 조건일 경우 측정일수

---

8) 서울고등법원 2013. 1. 31. 선고 2009나25908 판결.
9) 서울고등법원 2008. 7. 4. 선고 2004나25934 판결.

를 줄일 수 있다"고 규정하고 있는데, 이는 통상 항공기의 운항일정이 1 주일 단위를 한 주기로 하기 때문에 측정 자료에 의한 그 지점의 항공기 소음영향도를 산출하기 위해서는 24시간 연속적으로 7일간씩 측정한 자료 가 필요하기 때문이다.

(나) 감정인은 웅천사격장 주변지역에서 실측한 소음에 의한 영향 정 도 평가를 주목적으로 하였는데, 웅천사격장은 기상조건 및 공군의 훈련 스케줄 등으로 인하여 전투기의 훈련비행 및 비행고도가 불규칙적일 뿐만 아니라, 비행 및 사격·폭격·조명탄 투하 등으로 인한 소음이 복합적으로 발생하였고, 15일 이상 전투기 훈련이 지속되는 경우는 없으며, 기상조건 이 양호한 경우 1주일에 5일 정도 실시하고 있어 소음진동공정시험법에서 정한 측정방식을 취하기에는 여건상 무리가 있었기 때문에, 정확한 자료 를 확보하기 위하여 각 측정지점에서 최소한 3일 이상씩 최대한 훈련일수 만큼 총 18일간 소음측정을 실시하고, 소음레벨과 주관적 반응간의 대응 관계가 가장 양호한 등가소음도를 이용하여 평가하였으며, 참고적으로 최 대소음도를 산출하였다.

(다) 감정인은 웅천사격장 주변지역 소음을 측정하기 위하여 전투기 운항노선별·단위 부락별로 운항소음을 대표하는 총 17개 지점을 측정지점 으로 선정하였는데, 측정지점의 선정시에 웅천사격장 주변지역 주민들의 의견을 수렴하고 보령시와 협의하에 가옥분포나 지역특성을 고려하였으며, 지형지물의 영향, 암소음(暗騷音)의 발생 등 소음진동공정시험법의 조건을 충족시키지 못하는 지점에 한하여 그 지점으로부터 가까운 지점을 선정하 였다.

(라) 감정인은 미연방항공청(FAA)이 1978년에 항공기 소음 예측을 위 하여 개발한 프로그램인 INM(Integrated Noise Model)을 이용하여 웅천사 격장 주변지역의 소음등고선을 작성하였는데, 소음측정 및 관측기간 동안 확인된 주항로와 군관계자의 의견을 중심으로 한 운항패턴과 실측한 소음 도 등을 비교·검토 및 보정하여 반영하였다.

(마) 감정인이 웅천사격장 주변지역의 소음을 측정하기 위해 전투기 운항노선별·단위 부락별로 운항소음을 대표하는 총 17개 지점을 측정지점

으로 선정하여, 각 측정지점에서 최소한 3일 이상씩 최대한 훈련일수 만큼 총 18일간 소음측정을 실시하고, 전투기 운항패턴과 실측한 소음도 등을 비교·검토 및 보정하여 반영한 소음등고선을 작성한 것은 적절하다.

(2) 소음평가방법의 적정성

(가) 구 소음·진동규제법 시행령(2003. 11. 29. 대통령령 제18146호로 개정되기 전의 것) 제10조의 2(항공기소음의 한도 등) 제1항은 "법 제42조 제1항의 규정에 의한 항공기소음의 한도는 공항주변인근지역은 항공기소음영향도(WECPNL) 90으로 하고, 기타 지역은 80으로 한다"고 규정하고 있다. 구 항공법 시행규칙(2003. 11. 22. 건설교통부령 제380호로 개정되기 전의 것) 제271조(공항소음피해지역 등의 지정)는 "지방항공청장은 법 제107호 제2항 및 영 제41조 제1항의 규정에 의하여 공항소음피해지역 또는 공항소음피해예상지역을 항공기소음영향도(단위: WECPNL)에 따라 소음영향도 95이상의 경우 소음피해지역(제1종 구역)으로, 90이상 95미만의 경우 소음피해지역(제2종 구역)으로, 85이상 90미만의 경우 소음피해예상지역(제3종 구역) 가.지구로, 80이상 85미만의 경우 소음피해예상지역(제3종 구역) 나.지구로 지정·고시하여야 한다"고 규정하고 있다.

(나) 항공기소음영향도는 1971년에 ICAO에 의하여 다수의 항공기에 의해 장기간 연속폭로된 소음척도로서 제안된 것으로, 국제적으로 사용되는 항공기 소음의 평가지표 중 하나인데, 이는 유효감각 소음레벨의 평균값에 소음발생시각 및 계절에 의한 보정을 가하고, 영향이 큰 밤에 운항하는 항공기에 대해 가중치를 부과한 것이 특징이며, 항공기 소음에 노출되는 주민의 반응을 객관적으로 나타낼 수 있어서 공항주변 소음평가에 적절하다는 장점이 있으나, 데시벨[dB(A)]·등가소음도(Leq) 등 비교적 단순한 개념에 비해 새롭고 복잡하며 일반인이 이해하기 곤란하고, 대부분의 공항이 도로 소음 및 각종 생활소음이 혼재하는 주거지에 둘러싸여 있기 때문에 항공기 소음을 다른 환경 소음과 분리하여 취급하는 것은 의미가 없기 때문에 이용을 외면받고 있다. 또한, 국내 연구문헌에 의하면 항공기소음영향도는 군용기가 함께 운용되고 있는 조건에서는 간략화된 항

공기소음영향도의 평가척도가 잘 맞지 않았다고 한다.

(다) 등가소음도는 시간에 따라 변화하는 소음을 하나의 지수로써 나타낼 수 있는 편리한 점이 있고, 소음의 변화폭에 관계 없이 주어진 시간 범위 내의 소음에너지를 평균한 값이기 때문에 물리적 양으로는 객관적이고 정확한 의미를 가진다. 그러나 소음에 대한 인체의 심리적 반응의 경우 소음의 전체적 에너지뿐만 아니라 소음의 변화폭에 따라서도 달라질 수 있는데, 등가소음도는 소음의 객관적인 크기를 나타낼 수 있으나 시간에 따른 변화폭이 큰 경우에는 소음에 의한 피해를 모두 반영하기에 미흡하다. 따라서 변동폭이 크지 않은 소음의 경우에는 등가소음도와 최대소음도가 큰 차이를 보이지 않아 문제가 되지 않으나, 충격성 소음과 같이 변동성이 큰 소음일 경우 등가소음도와 최대소음도가 상당한 차이를 나타내므로 최대소음도를 살펴보는 것이 반드시 필요하다.

(라) 항공기소음영향도는 공항 주변의 항공기 소음만을 대상으로 평가할 때에는 가장 이상적이다. 그러나 웅천사격장과 같이 전투기의 급하강·급상승을 포함한 선회비행, 통과비행, 충격성의 사격·폭격 소음이 복합적으로 발생하는 경우에 등가소음도가 아닌 항공기소음영향도를 평가방법으로 사용하는 것은 전문가 이외에는 그 단위의 크기가 어느 정도인지를 쉽게 인식하기 어려운 면이 있다. 따라서 감정인은 이 사건 감정시 웅천사격장 주변지역의 소음에 의한 영향정도의 평가를 주목적으로 하였기 때문에 등가소음도를 이용하여 평가하였으며 참고적으로 최대소음도를 함께 나타내었다.

(마) 위 인정사실에 의하면, 감정인이 웅천사격장 주변지역의 소음을 항공기소음영향도가 아닌 등가소음도를 이용하여 평가하고 참고적으로 최대소음도를 나타내는 방법으로 평가한 것은 적절하다.

(3) 충격음 보정치 가산 여부

(가) 원고들의 주장

웅천사격장에서 발생하는 소음은 주·야간을 불문한 채 전투기가 급하강·급상승하면서 또는 폭탄이 투하되거나 미사일·기관총 등이 발사되면서 발생하는 매우 불쾌하고 충격적인 폭발소음에 의한 것이므로, 소음·진동규제법 시행규칙 제6조에 따라 측정지점별 평균 등가소음도에 5dB(A)을 가산하여야 한다.

(나) 법령의 규정

구 소음·진동규제법(2002. 12. 30. 법률 제6842호로 개정되기 전의 것) 제1조가 "이 법은 공장·건설공사장·도로·철도 등으로부터 발생하는 소음·진동으로 인한 피해를 방지하고 소음·진동을 적정하게 관리·규제함으로써 모든 국민이 정온한 환경에서 생활할 수 있게 함을 목적으로 한다"고 규정하고, 제2조 제8호가 "교통기관이라 함은 기차·자동차·전차·도로 및 철도 등을 말한다. 다만, 항공기 및 선박을 제외한다"고 규정하고, 구 소음·진동규제법 시행규칙(2003. 12. 15. 환경부령 제382호로 개정되기 전의 것) 제6조가 "법 제8조의 규정에 의한 공장소음·진동의 배출허용기준은 충격음 성분이 포함된 경우 5dB(A)을 가산한다"고 규정하고 있다.

(다) 판단

소음·진동규제법 시행규칙 제6조는 공장소음의 배출허용기준을 정할 때 충격음 성분이 포함된 경우 5dB(A)을 가산하도록 규정한 것에 불과하며, 이 법원의 감정인에 대한 2004. 10. 25.자 사실조회회신에 의하면, 웅천사격장 주변지역에서 발생하는 소음은 공장에서 발생하는 소음과는 물리적 특성이 판이하게 다르므로 위 시행규칙에 의하여 평가하기에는 부적합하다고 보여지는바, 이러한 사정에 비추어 전투기를 비롯한 항공기 소음의 경우에 위 규정을 유추적용하는 것은 적당하지 않으므로, 웅천사격장에서 발생하는 소음의 특수성을 감안하더라도 위 시행규칙 제6조에 따라 측정지점별 평균 등가소음도에 5dB(A)을 가산해야 할 것은 아니다.

(4) 고도 변경에 따른 보정치 가산 여부

(가) 당사자들의 주장

원고들은, 피고가 2002. 1. 1. 이후 전투기의 훈련비행 고도를 600ft(약 180m)의 저공비행에서 3,000ft(약 900m)의 고공비행으로 변경한 결과 평균 등가소음도가 14.0dB(A)만큼 줄었다는 감정결과에 비추어, 2001. 12. 31. 이전의 측정지점별 평균 등가소음도는 앞서 인정한 2002. 1. 1. 이후 측정지점별 평균 등가소음도에 고도변경에 따른 보정치 14.0dB(A)을 가산해서 정해야 한다고 주장한다.

피고는, (i) 2000. 5. 이후 저고도 전술의 훈련비행 고도를 저공비행 1,000ft(304.8m)에서 고공비행 3,000ft(914.4m)로 변경하고, 중저고도 사격훈련에서 훈련장주고도를 1.3㎞(4,265ft)에서 4㎞(13,123ft)로, 사격시 최저고도를 0.7㎞(2,296ft)에서 1㎞(3,280ft)로 상향조정하였는데, (ii) 저공비행에서 고공비행으로 변경하였다는 표현은 저고도 비행의 폭탄투하 고도를 1,000ft에서 3,000ft로 높였다는 것을 의미할 뿐 폭탄투하와 관계 없는 지역까지 비행고도를 높였다는 것은 아니기 때문에, 폭탄투하 지역인 웅천읍 소황리·황교리 및 사격경로재진입구역인 주산면 증산리·유곡리를 제외한 나머지 지역에 대하여 고도 변경에 따른 보정치를 가산하는 것은 부당하며, (iii) 감정보고서 제55면의 측정기간 중 전투기 고도별 평균 소음레벨 [그림 4-5] 중 P2 지역에는 저공비행의 평균 소음레벨이 표시되지 아니한 점에 비추어 위 지역은 저공비행의 영향을 받지 않았으므로 위 지역에 대해 고도 변경에 따른 보정치를 가산할 이유가 없고, P1 지역은 저공비행으로 인한 소음도가 평균 등가소음도를 산정하기 위한 요소로 이미 반영되어 있으므로 위 지역에 대해 고도변경에 따른 보정치를 가산하는 것은 같은 요소를 이중으로 평가하는 것이어서 부당하며, (iv) 고고도 폭탄투하 고도는 7,000ft, 중고도 폭탄투하 고도는 4,500ft, 저고도 폭탄투하 고도는 1,000ft이고, 고고도·중고도 비행의 횟수와 저고도 비행의 횟수는 2:1 정도인데, 저고도 비행의 폭탄투하 고도변경으로 인하여 증가되는 소음도는 저고도 비행의 횟수와 상관관계가 있으므로 저공비행의 영향은 상대적으로 적은 점 등에 비추어, 2001. 12. 31. 이전의 측정지점별 평균 등가소음도를 추정하기 위하여 가산하는 소음도를 일률적으로 14dB(A)로 정하는 것은 부당하다고 주장하였다.

(나) 인정사실

피고는 2002. 1. 1. 이후 소음피해를 줄이기 위하여 저고도 전술의 훈련비행고도를 저공비행 1,000ft에서 고공비행 3,000ft로 설정하여 운용하고 있다. 피고는 2002. 1. 1. 이후 저고도 사격과목의 최저고도를 2,000ft에서 3,000ft로 변경하였다. 전투기 고공비행시 훈련소음을 이용한 저공비행시 훈련소음 예측식은 아직 정립되어 있지 않으며, 이에 대해 학계에 보고된 바도 없다. 한편 감정인 작성의 감정보고서 제55면의 측정기간 중 전투기 고도별 평균 소음레벨 [그림 4-5, '그림은 생략함'] 중 P2 지역에는 저공비행 평균 등가소음도의 그래프 표시가 되어 있지 않은데, 이에 대하여 감정인은 (i) 위 각 측정지점에서 저공비행 평균 등가소음도의 그래프 표시가 되지 않은 이유는 저공비행 소음이 전혀 측정되지 않았기 때문이 아니라 자연지형(산등)이나 항로도상의 거리 등 사유로 고공비행 소음과 저공비행 소음을 구별할 수 없었기 때문에 생략되었을 뿐이고, (ii) 피고가 훈련비행고도를 600ft(180m)의 저공비행에서 3,000ft(900m)의 고공비행으로 변경한 결과 평균 등가소음도가 14.0dB(A)만큼 줄었다는 것은 대상지역의 전투기 훈련소음을 측정하여 평균치를 얻은 결과이며, (iii) 소음감정 전인 2002. 1. 1. 이전의 측정지점별 평균 등가소음도는 훈련내용·기상조건 등이 측정 당시와 유사한 조건 하에서는 이 사건 감정결과인 2002. 1. 1. 이후 측정지점별 평균 등가소음도에다가 위 고도차에 의한 평균등가소음도 14.0dB(A)을 가산하여 추정할 수밖에 없다고 회신하였다. 한편 피고가 2002. 3. 25. 여주사격장에서 전투기종(A-37, F-5E/F, F-4E)별로 고도차(1,000ft~3,000ft)에 따른 소음도 차이를 측정한 결과 평균 9.8dB(A)의 차이가 발생하고, 전투기 운항비율에 따라 평균하면 9.3dB(A)의 차이가 발생하는 것으로 나타났다.

(다) 판단

피고가 저고도전술의 훈련비행 고도를 저공비행(1,000ft)에서 고공비행(3,000ft)으로 변경하기 이전인 2002. 1. 1. 이전의 측정지점별 평균 등가소음도를 추정하기 위해서는, 위 그림 [4-5] 중 저공비행 평균 등가소음도의 그래프표시가 되어 있는 측정지점 뿐만 아니라, 저공비행 평균 등가소음도의 그래프표시가 되어 있지 않은 측정지점의 평균 등가소음도에도 위 고도차에 의한 평균 등가소음도를 가산하여 산정해야 하는데, 위 고도차에 의한 평균 등가소음도 보정치를 7dB(A)로 정하는데 대하여는 당사자 사이에 다툼이 없으므로, 2002. 1. 1. 이전의 측정지점별 평균 등가소음도를 앞서 인정한 2002. 1. 1. 이후 측정지점별 평균 등가소음도에 위 고도차에 의한 평균 등가소음도 보정치 7.0dB(A)을 가산하여 추정하여야 한다.

4. 대상사안의 검토

가. 감정 결과의 증명력

감정은 법원이 어떤 사항을 판단하면서 특별한 지식과 경험칙을 필요로 하는 경우에 그 판단의 보조수단으로서 그러한 지식과 경험을 이용하는 것이다. 감정인의 감정 결과는 감정방법 등이 경험칙에 반하거나 합리성이 없는 등 현저한 잘못이 없는 한 이를 존중하여야 한다. 법관이 감정 결과에 따라 사실을 인정한 경우에 그것이 경험칙이나 논리법칙에 위배되지 않는 한 위법하다고 할 수 없다.[10] 또한 동일한 사항에 관하여 상이한 여러 개의 감정 결과가 있을 때 감정방법 등이 논리와 경험칙에 반하거나 합리성이 없다는 등의 잘못이 없는 한, 그 중 어느 감정 결과를 채택할 것인지는 원칙적으로 사실심 법원의 전권에 속한다.[11]

나. 이 사건 감정 결과의 증명력

(1) 항공기소음은 그 영향 범위가 넓고 지속적이기 때문에 실측만으로 이를 평가하는 것은 사실상 어려우므로, 감정대상 지역 중 대표적인 지점을 선정하여 일정 기간 항공기소음을 실측한 값과 공인된 프로그램에 의하여 예측한 소음 값을 비교하여 그 예측 값이 일정한 오차의 허용 범위

---

10) 대법원 2018. 12. 17.자 2016마272 결정.
11) 대법원 2018. 10. 12. 선고 2016다243115 판결.

내에 들면 그 지역의 신빙성 있는 항공기소음도로 인정하는 것이 일반적이다.

(2) 이 사건에서 감정인이 전문적인 학식과 경험을 바탕으로 위와 같은 과정을 거쳐 제출한 감정결과는 그 소음 실측이나 예측 과정에서 상당히 중한 오류가 있었다거나 상대방이 그 신빙성을 탄핵할 만한 객관적인 자료를 제출하지 않는다면 실측 과정 등에서 있을 수 있는 사소한 오류의 가능성을 지적하는 것만으로 이를 쉽게 배척할 수는 없다.

(3) 따라서 법원이 전문적인 학식과 경험을 갖춘 감정인이 감정절차에 따라 제출한 감정보고서를 대구비행장에서 발생하는 항공 소음의 증거로 채택한 것은 정당하고, 피고가 주장하는 채증법칙 위반을 인정하기 어렵다.

[39] 군사기지 인근주민의 군용기 비행금지 청구

最高裁 2016. 12. 8. 宣告 平成 27年(行ヒ) 제512, 513호 判決[1]

Ⅰ. 사실관계

가. 아쓰기 기지의 연혁[2]

일본 간토 가나가와현(神奈川縣)의 야마토(大和)·아야세(綾瀬)·에비나 (海老名) 등 3개시(市)에 걸쳐 있는 아쓰기 해군비행장(이하 '아쓰기 기지') 은 1938년 일본 해군에 의해 항공기지로 지정되었고, 1941년 제도(帝都) 방위해군기지로 사용되기 시작하였다. 1945. 9.에는 제2차 세계대전의 종 전에 따라 UN연합군의 구성원인 미국 육군에 의하여 접수되었다. 1945. 8. 28. 미군 선발대가 최초로 아쓰기 기지에 착륙하였고, 이틀 후인 8. 30.에는 연합군 총사령관 더글라스 맥아더가 탑승한 바탄호가 아쓰기 기 지에 착륙하였다. 그 후 아쓰기 기지는 미 육군에 의해 관리되었지만, 비 행장이 아닌 자재창고로서 캠프 자마(Camp 座間)의 보조시설로 이용되다 가, 1949년에 폐쇄되었다. 1950년 한반도에서 6·25 전쟁이 발발하자, 아 쓰기 기지의 중요성이 재인식되어 미군의 극동에서의 중핵(中核) 항공기지 의 하나로 부활하였고, 관할도 육군에서 해군으로 이전된 이후 미 해군 제7함대의 후방기지로 이용되고 있다. 1952. 4. 28. 이후 '일본국과 미합 중국간의 안보보장조약' 및 '일본국과 미합중국간의 안전보장조약 제3조에 기한 행정협정'에 기하여 미국에 제공되었다. 그 후 기지는 여러 차례의 정비와 확장을 거쳐 1960년대에는 현재와 비슷한 모습을 갖추게 되었다. 1971년에는 기지의 일부가 일본 해상자위대에 이관되어, 미국과 일본이 공동으로 사용하는 기지가 되었다.

---

1) 이 글은 항공우주정책·법학회지 제33권 제1호(2018. 6.)에 게재된 "군사기지 인근주민 의 군용기 비행금지청구의 허용 여부"를 요약한 것이다.
2) http://www.city.yamato.lg.jp/web/content/000116202.pdf. (2019. 4. 7. 최종 방문).

[지도] 일본에 소재하는 미군기지의 현황

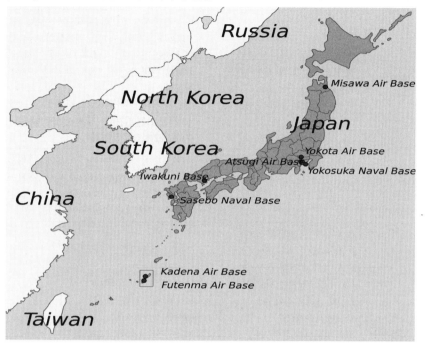

나. 아쓰기 기지의 개요

명칭		아쓰기 해군비행장(FAC3083)
소재지 등		大和市 上草柳, 下草柳, 福田, 本蓼川, 綾瀬市 深谷, 蓼川, 本蓼川, 海老名市 東柏ケ谷
	위치	북위 35°27′17″, 동경 139°27′0″
	표고	62m
면적		5,068,806㎡
주된 시설	활주로	연장 2,438m × 폭 45m
	유도로	연장 6,764m × 폭 22m
	건 물	격납고, 관제탑, 오퍼레이션시설, 사무소, 주택, 창고, 오락시설, 유류저장고, 엔진시험장, 골프장, 사격장, 탄약고, GCA, ILS

사용자별	미 해군	해상자위대
배속부대	아쓰기 항공시설 사령부 서태평양함대 항공사령부 제5공모항공단 제51대잠헬리콥터 중대	항공집단사령부, 제4항공군사령부, 제3항공대, 제6항공대, 제4정비보급대, 厚木항공기지대,　硫黄島항공기지대, 南鳥島항공파견대, 제51항공대, 제61항공대 항공관제대, 항공프로그램개발대, 厚木 정보보전분견대, 厚木시스템통신분견대, 厚木경무분견대
상주하는 주된 기종	UC-12F （연락기）	P-3C(초계기), UP-3C(다용기), YS-11M(수송기), SH-60K(초계기), SH-60J(초계기), LC-90(다용기), UH-60J(구난기), US-1A(구난기)
일시 체류하는 주된 기종	F/A-18C （전투공격기） F/A-18E （전투공격기） F/A-18F （전투공격기） EA-6B （전자전기） E-2C （조기경계기） C-2A （수송기） SH-60F （대잠헬기） HH-60H （구난헬기） A-10, C-5, C-17, C-40 C-130H （수송기）,　P-3C(대잠초계기), UH1	C-1 （수송기） C-130 （수송기） U-125 （비행점검기） EP-3(전자전데이터수집기) OP-3 （다용기） MH-53E （소해·수송헬기） T-5 （초등연습기） TC-90 （연습기） YS-11 （수송기）
인원		약 2,000명
임무	1. 제7함대의 함재기부대 기타 다른 비행부대가 임시로 체류하는 경우 시설 서비스의 제공 2. 함재기 등의 수리 및 보급지원업무	1. 일본 주변해역의 경계·감시 2. 선박의 보호 3. 항로의 안전보호 4. 항만·해협·연안의 방비 5. 재해파견·민생협력 등

다. 아쓰기 기지 관련 소송의 연혁

(1) 제1차 소송

아쓰기 기지 지역주민들은 1976. 9. 일본 정부를 상대로 기지에 이착륙하는 항공기(自衛隊機와 美軍機)의 소음 등으로 피해를 입었다고 주장하면서, 과거의 손해배상·장래의 손해배상·항공기 이착륙의 금지를 구하는 소를 제기하였다. 최고재판소는 1993. 2. 25. 선고한 판결3)에서 과거분 손해배상청구를 인정하고, 장래분 손해배상을 구하는 소를 각하하였으며, 비행금지를 구하는 민사상 소는 부적법하다는 이유로 각하하였다.

(2) 제2차, 제3차 소송

1983년부터 기지의 활주로를 항공모함의 갑판으로 보고 착륙 직후에 이륙을 반복하는 야간착륙훈련(Night Landing Practice, NLP)이 시작되면서 소음은 현저히 증가하였다. 주민들은 1984. 10.에 제2차 소를 제기하였으

---

3) 民集 47卷 2号, 643면.

나, 1999. 7. 동경고등재판소는 제1차 소송의 결과와 마찬가지로 과거분의 손해배상만을 인정하였다. 주민들은 1997. 12. 손해배상만을 구하는 제3차 소를 제기하였으나, 2006. 7. 동경고등재판소는 종전과 동일하게 과거분 손해배상만 인정하였다.

(3) 제4차 소송

7,054명의 주민은 2007. 12. 민사소송 이외에도 전국 기지소음소송에서는 최초로 아쓰기 기지에 이·착륙하는 항공기에서 발생하는 소음에 의해 신체적 피해·수면방해·생활방해[4] 등의 정신적 피해를 받고 있다고 주장하면서, 방위청장관(防衛大臣)이 소속되어 있는 국가에 대하여 매일 오후 8시부터 다음날 오전 8시까지 자위대기(自衛隊機) 및 미군기의 운항금지 등을 요구하는 행정소송을 요코하마 지방재판소에 제기하였다. 제1심은 2014. 5. 21. "부득이하다고 인정하는 경우를 제외하고"라는 제한을 부과하여 매일 오후 10시부터 다음날 오전 6시까지 자위대기의 비행을 금지하는 판결을 선고하였다.[5] 위와 같은 결론은 항소심에서도 유지되었으나, 최고재판소는 자위대기의 비행금지청구를 인용한 원심판결을 파기하고, 그 부분에 해당하는 제1심 판결을 취소하였으며, 원고들의 청구를 기각하였다. 3가지 청구에 관한 당사자의 주장과 최고재판소의 판결 요지는 다음 표와 같다.

청구	원고	피고	최고재판소
자위대기의 비행금지	소음피해가 심각하고, 자위대기의 운항의 공공성을 과대평가해서는 안 된다.	자위대기의 운항에 관하여 방위청장관에게 넓은 재량이 인정되지만, 권한의 활용은 어렵다.	자위대기의 운항은 고도의 공공성이 인정된다. 소음피해는 경시할 수 없으나 상응하는 대책을 강구할 수 있고, 방위청장관의 권한행사는 타당하다.

---

4) 대화·전화·TV 시청 등의 청취방해, 독서·일 등 정신적 작업의 방해, 불쾌감·건강피해에의 불안 등.

5) 橫浜地裁 2014. 5. 21.判決, LEX/DB25446437.

장래의 손해배상	변론 종결 후에도 위법한 소음피해가 계속될 것이 확실하 기 때문에 인정되어 야 한다.	장래의 손해는 확 정할 수 없기 때문 에 배상청구는 허 용되지 아니 한다.	배상액 등을 명확하게 인 정할 수 없기 때문에 청구 자체는 허용되지 아니 한 다.
미군기의 비행금지	미군기에 대하여 일 본국의 지배가 미치 지 않는다는 원심은 잘못되었다.	방위청장관은 미 군기의 운항을 제 한할 수 있는 권한 이 없다.	이유를 설시하지 아니하 고, 원고 측의 상고를 기 각함

(4) 제5차 소송

주민 6,063명은 2017. 8. 4. 요코하마 지방재판소에 일본 정부를 상대
로 과거 3년간의 손해배상, 비행금지청구가 실현될 때까지 장래분 손해배
상을 구하는 민사소송과 자위대기와 미군기의 비행금지를 구하는 행정소
송을 제기하였다.

Ⅱ. 참조 조문

1. 행정소송법

제1조(목적) 이 법은 행정소송절차를 통하여 행정청의 위법한 처분 그
밖에 공권력의 행사·불행사등으로 인한 국민의 권리 또는 이익의
침해를 구제하고, 공법상의 권리관계 또는 법적용에 관한 다툼을
적정하게 해결함을 목적으로 한다.

제2조(정의) ① 이 법에서 사용하는 용어의 정의는 다음과 같다.

　1. "처분등"이라 함은 행정청이 행하는 구체적 사실에 관한 법집행
으로서의 공권력의 행사 또는 그 거부와 그 밖에 이에 준하는
행정작용(이하 "處分"이라 한다) 및 행정심판에 대한 재결을 말
한다.

　2. "부작위"라 함은 행정청이 당사자의 신청에 대하여 상당한 기간
내에 일정한 처분을 하여야 할 법률상 의무가 있음에도 불구하

고 이를 하지 아니하는 것을 말한다.

② 이 법을 적용함에 있어서 행정청에는 법령에 의하여 행정권한의 위임 또는 위탁을 받은 행정기관, 공공단체 및 그 기관 또는 사인이 포함된다.

제3조(행정소송의 종류) 행정소송은 다음의 네 가지로 구분한다.

1. 항고소송: 행정청의 처분등이나 부작위에 대하여 제기하는 소송
2. 당사자소송: 행정청의 처분등을 원인으로 하는 법률관계에 관한 소송 그 밖에 공법상의 법률관계에 관한 소송으로서 그 법률관계의 한쪽 당사자를 피고로 하는 소송
3. 민중소송: 국가 또는 공공단체의 기관이 법률에 위반되는 행위를 한 때에 직접 자기의 법률상 이익과 관계없이 그 시정을 구하기 위하여 제기하는 소송
4. 기관소송: 국가 또는 공공단체의 기관상호간에 있어서의 권한의 존부 또는 그 행사에 관한 다툼이 있을 때에 이에 대하여 제기하는 소송. 다만, 헌법재판소법 제2조의 규정에 의하여 헌법재판소의 관장사항으로 되는 소송은 제외한다.

제4조(항고소송) 항고소송은 다음과 같이 구분한다.

1. 취소소송: 행정청의 위법한 처분등을 취소 또는 변경하는 소송
2. 무효등 확인소송: 행정청의 처분등의 효력 유무 또는 존재여부를 확인하는 소송
3. 부작위위법확인소송: 행정청의 부작위가 위법하다는 것을 확인하는 소송

III. 판시사항

이 사건 금지소송에 관한 자위대기의 운항에는 고도의 공공성·공익성이 있는 것으로 인정되고, 한편으로 비행장에서 항공기소음에 의해 원고들에게 발생하는 피해는 경시할 수 없으므로, 주변 주민에게 발생하는 피해를 경감하기 위하여 자위대기의 운항에 관한 자주적 규제나 주변 대책사업의 실시 등 상응하는 대책조치가 강구되고 있으며, 이러한 사정을 종합적으로 고려하면 비행장에 대해 장래에 걸쳐 자위대기의 운항이 이루어

지는 것이 사회통념상 현저히 타당성이 없다고 인정하는 것은 곤란하다. 따라서 이 사건 금지청구에 관하여 자위대기의 운항에 대한 방위청장관의 권한행사가 행정청이 그 처분을 하는 것이 그 재량권의 범위를 넘거나 또는 남용이라고 인정될 경우에 해당하는 것은 아니다.

Ⅳ. 해 설

1. 일본 환경소송의 유형

가. 민사소송

일본의 주요 환경소송은 민사소송과 행정소송으로 대별된다.[6] 이 중 먼저 민사소송은 손해배상과 금지청구(留止請求)로 이루어진다. 역사적으로 보면, 일본의 공해·환경재판은 고도 경제성장기의 극심한 공해로 민법상 불법행위(제709조)에 근거한 손해배상소송에서 비롯되었다. 그러나 오사카공항소송처럼 도로공해, 공항공해 등 공공 영조물의 설치·관리의 하자로 인한 피해에 대해서는 국가배상사건으로 국가배상법 제2조가 적용된다. 또한 미나마타병이나 석면사건에 볼 수 있는 것처럼 사업자에 대한 규제권한의 지연이나 불행사에 의해 피해가 확대되었다고 하여 국가배상법 제1조에 따라 국가 또는 지방자치단체의 손해배상책임을 묻는 사례도 증가하고 있다.

금지소송(留止訴訟)의 대부분은 인격권을 근거로 하고 있으나, 공공시설과 관련해서는 그 공공성이 중시되므로 금지청구가 인용되는 사안은 한정되어 있다. 1990년대에는 폐기물처리장과 관련하여 평온한 생활권의 침해 등을 이유로 금지청구를 인정하는 판결이 선고되었고,[7] 도로공해와 관련하여 21세기에 들어 2개의 금지판결이 선고되었다.[8]

---

6) 오쿠보 노리코(大久保規子), "최근 일본에서의 환경소송의 전개", 환경법과 정책 제14권 (2015. 2.), 123~144면(박용숙 번역).

7) 仙台地裁 1992. 2. 28. 決定, 判例時報 1492号, 109면.

8) 尼崎訴訟에 관한 神戸地裁 2000. 1. 31. 判決, 判例タイムズ 1726号, 20면; 名古屋南部訴訟에 관한 名古屋地裁 2000. 11. 27. 判例時報 1746号, 3면.

나. 행정소송

일본의 행정소송은 오랜 기간에 걸쳐 그 기능 상실이 지적되어 왔다. 종전 행정소송의 핵심은 항고소송, 특히 행정처분의 취소소송이었지만, 원고 적격이나 처분가능성이 인정되지 않고 각하되는 경우도 적지 않았다. 따라서 2004년에 행정사건소송법(行政事件訴訟法, 이하 '행소법')을 개정하여, 의무이행소송 및 금지소송(差止訴訟)을 항고소송의 유형으로 새롭게 규정한 결과 원고 적격의 확대도 이루어졌다. 그러나 특히 자연·경관·문화재 소송 등에서는 여전히 원고 적격이 부정되는 사안이 끊이지 않고 있으므로, 환경행정소송이 유효하게 기능하고 있다고 보기는 어렵다. 따라서 행소법 개정 후 행정소송의 수는 극적으로 증가하지 않고, 5,000건을 훨씬 밑도는 상황이 계속되고 있다.

(1) 의무이행소송

행소법 개정으로 도입된 의무이행소송에는 비신청형과 신청형의 2종류가 있다(제3조 제6항).

(가) 신청형 의무이행소송

신청형(申請型) 의무이행소송은 법령에 따라 일정한 처분을 구하는 신청을 했음에도 불구하고 이것이 이행되지 않을 때 해당 신청자가 제기하는 소이다. 신청형은 (i) 신청을 방치한 경우의 소송(부작위형)과 (ii) 신청을 거부한 경우의 소송(거부처분형)으로 나눌 수 있다. 예를 들면, 공해병 인정신청이 방치되거나 거부된 경우에 신청형을 이용하게 된다.

(나) 비신청형 의무이행소송

비신청형 의무이행소송은 법령에 의하여 신청권이 정해져 있지 않은 경우에 행정청에 대하여 일정한 처분을 요구하는 소송이다. 일반적으로 인근주민 등에게 규제의 발동을 요구하는 신청권은 인정되지 않기 때문에 규제권한의 발동을 구하는 경우에는 비신청형을 이용하게 된다. 그러나 비신청형 의무이행소송을 제기하기 위해서는, (i) 일정한 처분이 이루어지지 않음으로써 중대한 손해를 일으킬 우려가 있을 것(重損要件), (ii) 그 손해를 피하기 위해 다른 적당한 방법이 없을 것(補充性), (iii) 법률상 이익을 가진 자이어야 할 것이 요구된다(제37조의2).

(2) 무명항고소송으로서 금지소송

학설은 기지소음에 대해서 민사소송에 의한 구제를 인정해야 한다고 주장하지만, 판례의 입장에 따를 경우에는 행정소송으로서 법정금지소송설 (法定禁止訴訟說),[9] 무명항고소송설(無名抗告訴訟說),[10] 취소소송설,[11] 확인 소송 등의 당사자소송설,[12] 민사소송을 포함하여 이들을 선택적으로 사용 할 수 있다고 하는 견해[13] 등이 주장되었다.

제1차 아쓰기 최고재 판결[14]에 따르면, 자위대기 운항에 관한 방위청 장관(防衛大臣)의 권한 행사가 그것에 필연적으로 수반하는 소음 등에 대해 인근주민의 수인을 의무화하는 것 등 감안하면, 민사금지청구는 해당 권한행사의 취소변경 등을 요구하는 청구를 필연적으로 포함하기 때문에 부적법하지만, 방위청장관은 자위대법에 따라 자위대기 운항의 총괄권한 (제8조) 및 항행안전, 항해로 인한 장애방지를 도모하기 위해 필요한 규제 권한(제107조 제5항)을 가지고 있고, 장관의 이러한 권한행사는 공권력의 행사라고 판시하여 행정소송에 의한 구제가능성을 시사하였다. 이에 따라 제4차 소송의 원고들은 법정금지청구 또는 무명항고소송 중 하나인 금지 청구가 인용되어야 한다고 주장하였다.

---

9) 岡田政則, "基地騒音の差止請求と改正行政事件訴訟法", 早稲田法学 85巻 3号(2013), 27면.

10) 塩野宏, 行政法Ⅱ(第5版補訂版), 有斐閣(2013), 252면.

11) 小早川光郎, 行政法講義 (下) Ⅲ, 弘文堂(2007), 320면.

12) 岡田雅夫, "平成5年最判批", ジュリスト 臨時増刊 1046号(1994), 55면; 高木光, 事實行爲と行政訴訟, 有斐閣(1988), 331면.

13) 須藤陽子, 行政判例百選Ⅱ, 第6版(2012), 329면.

14) 最高裁 1993. 2. 25. 判決, 民集 47巻 2号, 643면.

2. 재판의 경과

가. 제1심 판결의 요지

(1) 자위대기 비행금지청구에 관하여

(가) 의의

요코하마 지방재판소[15]는 2014. 5. 21. 아쓰기 기지 소음소송에서 자위대기 운항처분의 금지청구를 인용하는 획기적인 판결을 선고하였다. 지금까지 요코타 기지(橫田基地), 후텐마 기지(普天間基地), 카데나 기지(嘉手納基地), 코마츠 기지(小松基地) 등 많은 기지소송이 제기되었지만, 금지청구가 인용된 것은 일본 사법역사상 처음이다.

(나) 구제방법의 선택

제1심 판결은, 방위청장관의 권한행사는 제1차 아쓰기 최고재 판결에 의하여 공권력의 행사에 해당하는 행위라고 인정되는 이상, 항고소송을 제기하여 다툴 수 있다는 점에서 출발하여, '자위대기 운항처분'이라고 부르고, 그 근거를 자위대법 제107조 제5항에서 구하였으며, 구제수단으로는 무명항고소송을 선택해야 한다고 판시하였다.

위 판결은 자위대기 운항처분의 특징으로서, (i) 법적 효과를 수반하지 않는 사실행위인 점, (ii) 처분의 상대방이 불특정 다수인 점, (iii) 처분의 개수를 세는 것이 곤란한 점, (iv) 자위대기 운항처분의 위법성 여부는 자위대법의 해석이 아니라 여러 가지 다양한 요소를 비교 검토한 결과 소음피해가 수인한도를 초과하는지 여부에 따라 정해지는 점, (v) 피해가 사실행위로 인한 소음이므로 취소소송이 기능할 여지가 없는 점을 들고 있다.

자위대기 운항처분의 경우는 금지범위의 제한방법은 매우 다양하고, 일정한 처분을 확정하는 것은 곤란하며, 이 사건은 실질적으로 추상적 부작위명령을 구하는 소송이다. 따라서 법정금지소송에 익숙하지 않기 때문에, 무명항고소송에 따르도록 해야 한다고 보았다.

---

15) 橫浜地裁 2014. 5. 21. 判決, LEX/DB25446437.

(다) 처분의 위법성

제1심 판결은 방위청장관의 권한행사의 위법성에 대해서 국가배상소송과 같은 판단방식을 채택하였다.

첫째, 방위청장관은 자위대법 제107조 제5항에 따라 인근주민들이 참을 한도를 초과한 소음피해를 입는 일이 없도록 하기 위해 필요한 조치를 강구할 의무를 지고, 이 의무를 위반한 자위대기 운항처분은 위법하다.

둘째, 구체적 판단에서는 영조물의 하자(국가배상법 제2조)의 경우와 마찬가지로, 침해행위의 태양과 침해의 정도, 피침해 이익의 성질과 내용, 침해행위가 가지는 공공성 내지 공익상 필요성의 내용과 정도 등을 비교검토하는 한편, 침해행위의 시작과 그 후의 계속 경과 및 상황, 그 사이에 채택된 피해 방지에 관한 조치 여부 및 그 내용·효과 등의 사정을 고려하여 이들을 종합적으로 고찰하고 이를 결정해야 한다.

셋째, 배상책임의 유무를 판단할 때와 금지의 필요여부를 판단할 때는 그 판단방법에 차이가 생기기 마련이라고 하면서, 국도43호선에 관한 최고재판소 판결[16]을 참고판례로 인용하였다.

구체적으로는 오후 8시부터 다음날 오전 8시까지에 대해서는 수면방해의 피해 정도는 상당히 심각하며, 다른 해상자위대는 오후 10시부터 오전 6시까지의 시간대에서는 자율규제를 이미 실시하고 있기 때문에, 운항을 금지하더라도 공공성이 크게 손상되는 것은 아니라고 보았다. 다음으로 오후 8시부터 10시까지와 오전 6시부터 8시까지에 대해서는 일어나서 활동을 하고 있는 사람이 적지 않다고 생각되며, 금지된다면 비행장의 공공성은 일정 정도 손상을 입는다고 보았다. 또한 자위대의 행동은 그 특성상 필요한 경우 언제 어떠한 경우에서도 실시해야 함을 이유로(자위대법 제76조 이하), "부득이하다고 인정하는 경우를 제외하고"라는 제한을 부과하여 매일 오후 10시부터 다음날 오전 6시까지의 비행금지를 인용하였다.

이는 종전 하급심 판결[17]이 공공성을 지나치게 중시하여 손해배상조차

---

16) 最高裁 1995. 7. 7. 判決, 民集 49卷 7号, 2599면.
17) 東京高裁 1986. 4. 9. 判決, 判例時報 1192号, 1면.

인정하지 않았다는 것을 고려하면, 기지의 고도의 공공성을 전제하면서도 소음피해의 성질·내용을 상세하게 검토하고 인용범위를 수정하여 금지청구를 인용하였다는 점에서 의의가 크다.[18]

(2) 미군기의 비행금지청구에 관하여

(가) 종전 기지 소송에서는 미군기에 대해서는 국가를 피고로 하는 소송과 미국을 피고로 하는 소가 제기되었다. 그러나 최고재판소는 제1차 아쓰기 최고재 판결[19]에서 종전부터 국가를 피고로 하는 소송에서 그 통제를 벗어난 제3자의 행위의 금지를 청구하는 것임을 이유로 소를 각하한 원심 판결을 지지하고 상고를 기각하였다. 또한 미국을 피고로 하는 민사상 소에 대해서도 요코타 기지에 관한 2002년의 판결[20]은 주권적 행위에 대해서 국제관습법상 민사재판권이 면제된다는 이유로 소를 각하하였다. 이와 같이 종전 판례는 국가에 대한 민사소송의 가능성을 부정하고 있기 때문에, 행정소송의 활용 가능성이 논의되어 왔다. 그러나 제1심 판결은 처분이 부존재함을 이유로 항고소송의 가능성을 부정하였고, 당사자소송에 대해서도 민사금지소송에 관한 제1차 아쓰기 최고재 판결의 논리에 따라 이를 각하하였다.

(나) 아쓰기 비행장은 1971년 일본의 시설로 사용전환된 것으로, 미국은 미일안보조약 제6조, 지위협정 제2조 제1항, 제4항b 및 미일정부간협정에 따라 위 비행장의 임시사용권을 가진다. 미군기의 기지사용권이 양국간 합의에 근거한 것이며, 미일안보조약 등에서 국가가 일방적으로 미국과의 사이의 합의내용을 변경 등 할 수 있는 근거규정은 존재하지 않기 때문에, 아쓰기 비행장에 관하여 국가가 미국에 대해 사용을 허용하는 행정처분이 존재하지 않는다고 판단하고, 이 사건 미군기 금지의 소는 존재하지 않는 처분의 금지를 요구하는 것으로서 부적법하다고 판시하였다.

(다) 당사자소송에 대해서도 이 사건 급부청구와 제1차 아쓰기 최고재

---

18) 麻生多聞, "基地騒音訴訟初の自衛隊機飛行差止め命令", 法学セミナー 716号(2014. 9.), 114면.
19) 最高裁 1993. 2. 25. 判決, 民集 47卷 2号, 643면.
20) 最高裁 2002. 4. 12. 判決, 民集 56卷 4号, 729면.

판결의 금지청구의 목적은 실질적으로 동일하며, 피고에 대하여 그 통제를 벗어난 제3자의 행위의 금지를 내용으로 하는 청구를 한다는 점에서 동일하기 때문에, 종전 판례의 법리는 이 사건에도 미친다는 이유로 소를 각하하였다.

(라) 다만 아쓰기 비행장은 방위청장관이 설치·관리하는 공항이며, 방위청장관은 아쓰기 비행장의 사용을 미군에 인정하고 있기 때문에, 방위청장관은 아쓰기 비행장에 이착륙하는 자위대기 및 미군기 전체에 대하여, 이로 인한 재해를 방지하고 공공의 안전을 보장하기 위해 필요한 조치를 강구할 의무를 부담한다고 판시하였다.

나. 항소심 판결의 요지

항소심 법원[21]은, 방위청장관의 자위대기 비행에 관한 처분은 '일정한 처분'의 요건을 충족하였다고 판단하고, 이 사건 소는 법정금지소송(法定差止訴訟)에 해당한다고 판시하였다. 다만 이러한 논점에 관한 피고의 상고수리신청은 기각되었기 때문에, 이에 관한 최고재판소의 판단은 존재하지 않는다.

3. 대상판결의 요지

가. 금지청구의 소의 소송요건

행소법 37조의4 제1항의 금지의 소의 소송요건인 "중대한 손해를 발생시킬 우려"가 있다고 인정되기 위해서는, 처분에 의해 발생할 우려가 있는 손해가 처분 후에 취소소송 등을 제기하여 집행정지결정을 받는 것에 의해 쉽게 구제받을 수 없는 것으로, 처분 전 금지를 명하는 방법에 의하는 것이 아니라면 구제를 받는 것이 곤란한 것임을 요한다.

원고들은 비행장에 관련된 제1종 구역[22] 내에 거주하고 있으며, 비행

---

21) 東京高裁 2015. 7. 30. 判決, 判例時報 2277호, 13면.

22) 2003년과 2004년에 이루어진 항공기소음도 조사 결과, WECPNL값이 75 이상인 경우에는 제1종 구역으로, 90 이상인 경우에는 제2종 구역으로, 95 이상인 경우에는 제3종 구역으로 지정되었다. 제1종 구역의 면적은 약 10,500ha이고, 위 구역 내의 세대수는 약 244,000에 이른다.

장에 이착륙하는 항공기에서 발생하는 소음에 의해 수면방해 등의 피해를
반복·계속적이며 경시하기 어려운 정도로 받고 있는 점, 이러한 피해는
사후적으로 그 위법성을 다툴 취소소송 등에 의해 구제받기 어려운 성질
의 것으로 비행장의 자위대기의 운항의 내용·성질을 감안하여도, 원고들
의 중대한 손해를 발생시킬 우려가 있다고 인정된다.

나. 본안 판단의 기준

일본국의 평화와 안전, 국민의 생명·신체·재산 등의 보호에 관한 내외
의 정세, 자위대기의 운항 목적 및 필요성의 정도, 운항에 의해 주변의 주
민에게 미치는 소음에 의한 피해의 성질 및 정도 등의 제반 사정을 종합
적으로 고려하여 행해야 하는 고도의 정책적·전문기술적 판단을 요하는
것이 명확하므로, 위 권한행사는 방위청장관의 광범한 재량에 위임되어
있다.

그렇다면 방위청장관의 위 권한행사가 행소법 제37조의4 제5항의 금지
요건인 행정청이 그 처분을 하는 것이 재량권의 범위를 넘는 또는 남용이
라고 인정되는지 여부에 관하여는, 위 권한행사가 위와 같은 방위청장관
의 재량권행사라는 것을 전제로 하여, 그것이 사회통념상 현저히 타당성
이 없다고 인정되는지 아닌지라는 관점에서 심사를 행하는 것이 상당하다.

심사시에는 비행장에서 계속되어 온 자위대기의 운항이나 그에 의한 소
음피해 등에 관한 사실관계를 고려하여, 비행장에서 자위대기의 운항목적
등으로 본 공공성이나 공익성의 유무 및 정도, 자위대기의 운항에 의한 소
음에 의해 주변 주민들에게 발생하는 피해의 성질 및 정도, 해당 피해를
경감하기 위한 조치의 유무나 내용 등을 종합적으로 고려하여야 한다.

다. 본안에 대한 판단

이 사건 금지소송에 관한 자위대기의 운항에는 고도의 공공성·공익성
이 있는 것으로 인정되고, 한편으로 비행장에서 항공기소음에 의해 원고
들에게 발생하는 피해는 경시할 수 없으므로, 주변 주민에게 발생하는 피
해를 경감하기 위해, 자위대기의 운항에 관한 자주적인 규제[23]나 주변 대

책 사업의 실시 등 상응하는 대책조치가 강구되고 있으며,[24) 이러한 사정을 종합적으로 고려하면 비행장에 대해 장래에 걸쳐 자위대기의 운항이 행해지는 것이 사회통념상 현저히 타당성이 없다고 인정하는 것은 곤란하다. 따라서 이 사건 금지청구에 관한 자위대기의 운항에 관한 방위청장관의 권한행사가 행정청이 그 처분을 하는 것이 그 재량권의 범위를 넘거나 또는 남용이라고 인정될 경우에 해당하는 것은 아니다.

4. 대상판결의 검토

대상판결은, 아래와 같은 점에서 하급심 판결과 다른 판단을 하여 금지청구를 전부 기각하였다.

(1) 항소심 판결이 긴급성이 인정되지 않는 경우에는 자위대기의 운항시간대를 제한해도 행정목적을 저해한다고까지 할 수 없다고 인식하여, 원칙적으로 야간운항금지를 인정한 것과 달리, 대상판결은 자위대기 운항이 공공성·공익성에서 개괄적으로 우월한 것으로 인정하였다.

(2) 대상판결은 아쓰기 기지의 항공기 소음은 미군기에서 발생하는 것이 높은 비율을 차지하고 있는 사정을 중시한 것으로 보인다. 이 사건 소송에서 미군기 운항에 관한 금지청구는 각하되었으나, 미군기에서 발생하는 소음이 큰 부분을 차지하고 있다고 해도, 적어도 자위대기에 의한 기여분에 대해 그 금지기준을 검토했어야 한다는 비판이 제기되고 있다.[25)

(3) 대상판결은 자위대기의 야간운항 자주규제, 주택방음공사에 대한 조성, 이전보상 등 소음피해의 경감책이 행해져 온 것도 중시하였다. 제1심 판결은 이러한 대책이 충분한 피해 경감 효과를 보지 못했다고 인정하였고, 항소심 판결도 자위대기의 야간운항 자주규제 등에 의해서도 상황

---

23) '아쓰기 항공기지의 항공기소음의 경감에 관한 조치(通知)'[2018. 11. 4. 空群運第835号]에 의하여, 오후 10시부터 다음날 오전 6시까지의 시간대에 자위대기의 이착륙 횟수는 2013년 합계 83회(월평균 약 6.9회)에서 2014년 합계 53회(월평균 약 4.4회)로 감소하였다.

24) 일본정부는 1조 440억 엔 이상의 비용을 지출하여, 주택방음공사, 학교·병원의 방음공사, 이전보상, 매입 등의 조치를 취하였다.

25) 島村健, "厚木基地 第4次訴訟(行政訴訟) 上告審判決", 新·判例解説 Watch 環境法 No. 67(2017. 4. 28.), 4면.

은 개선되지 않았다고 보았다. 대상판결은 이러한 시책에 필요했던 비용에 대해서는 언급하지만 그 효과에 대해서는 직접적인 지적이 없고, 현재 발생하고 있는 소음 피해의 방지를 위해 자위대기의 운항을 금지해야 하는지 아닌지를 판단할 때 위 시책이 왜 고려되었는지에 대해서는 판시하지 않았다.

5. 우리나라 비행금지소송에 관한 시사점

가. 외국 정부를 상대로 한 소송의 허용 여부

(1) 의 의

재판권은 법원이 가지는 사법권의 하나이고, 민사재판권은 국적을 불문하고 우리나라에 거주하는 모든 사람에게 미치는 것이 원칙이다.[26] 외국 정부를 상대로 소를 제기한 경우, 사건의 당사자인 외국에게 국가주권의 일종인 재판권이 미쳐서 법원이 그 사건에 대하여 재판하는 것이 허용되는지 문제, 즉 외국에 대하여도 재판권이 미치는지 여부가 문제된다. 이에 관하여 과거에는 재판권면제(jurisdictional immunity)[27]라고 하여 "국내법원은 외국국가에 대하여 재판권을 갖지 않는다"는 국제관습법의 제약이 있었으나,[28] 최근에는 절대적 재판권면제원칙을 일부 수정하여 재판권면제의 영역을 축소하려는 경향이 등장하였다.

---

26) 호문혁, 민사소송법(제13판), 법문사(2016), 166면.
27) 과거에는 주권면제(sovereign immunity)라는 용어를 사용하였으나, 국제연합 총회는 2004. 12. 2. '외국정부와 재산에 관한 재판권면제협약(The United Nations Convention on Jurisdictional Immunities of States and their property)'을 채택하였으므로, 이하에서는 재판권면제라는 용어를 사용한다.
28) 국가의 주권은 국내에 대한 관계에서는 최고이지만, 다른 나라에 대한 관계에서는 독립 평등하다. "평등자 사이에 명령권은 없다(par in parem habet non imperium)"는 원칙에서 국가는 다른 국가의 재판권에 복종하지 아니한다는 원칙이 논리적으로 연역되지만, 이러한 원칙이 최초부터 타당한 것은 아니었고, 영국의 보통법상 국왕대권(royal prerogative)에 기원을 두고 있다. 秋元佐一郎, 国際民事訴訟法論, 国書刊行会(1994), 5~10면.

(2) 인적 범위

(가) 외국국가

재판권면제를 받는 외국국가는 주권국가임을 원칙으로 하나 국가 또는 정부의 승인이 요건으로 되지는 않는다. 이론상 국내재판은 사인의 법률관계를 적정하게 조정하는데 그치므로, 국가가 외국국가와 국제관계를 갖기 원하느냐는 점에서 결정되는 국제법상 승인 여부와는 무관하게, 사실상 국가 또는 정부로서 실질을 갖추고 있으면 당사자능력이 있는 것으로 보아야 한다.[29]

(나) 공공단체, 공법인 등

연방의 주(州)[30]나 지방자치단체, 공공조합, 영조물법인 등 공공단체로서 당해 외국법상 법인격이 있는 경우에는 당해 단체와 법정지국이 대등한 지위에 있지 않으므로 재판권을 행사할 수 있으나, 국가의 위임을 받아 공권력을 행사하는 한도 내에서는 역시 외국 그 자체와 동일시하여야한다.[31]

(다) 국제기구

국제기구 및 그 구성원에 대한 면제는 주재국의 일방적인 희생 아래얻어지는 것이었으나 최근 이에 대하여도 국가에 준하는 대우를 함이 원칙이다. 국제연합(UN)에 관하여는 '국제연합의 특권과 면제에 관한 협약(Convention on the Privileges and Immunities of the United Nations, 1946. 2. 13. 총회채택)'이 있고, '전문기구의 특권과 면제에 관한 협약(Convention on the Privileges and Immunities of the Specialized

---

29) 권창영, 민사보전, 한국사법행정학회(2018), 97면.

30) 미국 Georgia주는 주권적 권능을 행사할 수 있는 권한을 가지고 있으므로, 외국국가와 동일하게 그 주권적 행위에 관하여는 민사재판권이 면제된다는 취지의 판결로는 最高裁 2009. 10. 16. 判決, 民集 63卷 8号, 1799면.

31) 나우루공화국 금융공사와 나우루공화국에 대하여 금전지급을 청구한 사건에서 東京高裁 2002. 3. 29. 判決은 "당해 외국국가로부터 독립된 법인인 위 금융공사는 원칙적으로 재판권면제특권을 보유하지 않지만, 예외적으로 재판권면제특권을 보유하는 경우도 있다"고 판시하였다. 横溝大, "外国中央銀行に対する民事裁判および民事執行", 金融研究 24(2005. 10.), 274면.

Agencies, 1947. 11. 21. 총회 채택)'의하여 ILO(International Labour Organisation), FAO(Food and Agriculture Organization of the United Nations), ICAO(International Civil Aviation Organization), UNESCO (United Nations Educational, Scientific and Cultural Organization), IMF(International Monetary Fund), IBRD(International Bank for Reconstruction and Development), WHO(World Health Organization), UPU(Universal Postal Union), ITU(International Telecommunication Union), IRO(International Refugee Organization), WMO(World Meteorological Organization), IMO(International Maritime Organization), IFC(International Finance Corporation), IDA(International Development Association), WIPO(World Intellectual Property Organization), IFAD(International Fund for Agricultural Development), UNIDO(United Nations Industrial Development Organization), WTO(World Tourism Organization)에 대하여는 재판권이 면제된다.[32]

(3) 물적 범위 및 예외

국가의 행위 중 어느 것에 재판권을 면제하느냐에 관하여는 절대적 면제론과 제한적 면제론의 견해대립이 있다. 제한적 면제론은 외국의 활동을 공법적·주권적 또는 통치적 행위(acta jure imperii)와 사법적·비주권적 또는 업무관리적 행위(acta jure gestionis)로 나누어, 후자에 해당하는 경우에만 국내법원의 재판권에서 면제되지 않는다는 입장을 취한다.[33] 절대적 면제주의에 입각한다 하더라도 재판권의 면제특권은 포기할 수 있다. 포기의 의사표시는 당사국 또는 그의 정당한 대표자에 의하여 법정지국, 당해 법원, 소송상대방에 대한 법정에서 의사표시로 가능할 뿐만 아니라 조약 또는 사법상 계약 등에 의한 소송 외에서 의사표시로도 가능하다. 포기는 사전·사후의 명시의 의사표시 외에 응소, 방어행위나 반소 또는

---

32) http://treaties.un.org/Pages/Treaties.aspx?id=3&subid=A&lang=en.

33) acta jure gestionis와 acta jure imperii의 구별기준에 관하여는 목적기준설, 성질기준설, 상업적 활동기준설, 성질·목적기준설 등의 견해대립이 있다. 최태현, "제한적 국가면제론의 적용기준", 국제법학회논총 제36권 제1호(1991), 206~224면.

면제와 상충하는 소송행위를 함으로써 묵시적으로도 가능하다. 그러나 면제를 주장하기 위한 응소자체나 중재에 관한 합의만으로는 포기라고 할 수 없다.

(4) 판 례

(가) 제한적 면제론

판례는 과거에는 "국가는 국제관례상 외국의 재판권에 복종하지 않게 되어 있으므로 특히 조약에 의하여 예외로 된 경우나 스스로 외교상의 특권을 포기하는 경우를 제외하고는 외국국가를 피고로 하여 우리나라가 재판권을 행사할 수 없다"[34]고 하여 절대적 면제론의 입장을 취하였으나, 1998년 전원합의체 판결[35]에서 "국제관습법에 의하면 국가의 주권적 행위는 다른 국가의 재판권으로부터 면제되는 것이 원칙이나, 국가의 사법적(私法的) 행위(行爲)까지 다른 국가의 재판권으로부터 면제된다는 것이 오늘날의 국제법이나 국제관례라고 할 수 없으므로, 우리나라의 영토 내에서 행하여진 외국의 사법적 행위가 주권적 활동에 속하는 것이거나 이와 밀접한 관련이 있어서 이에 대한 재판권의 행사가 외국의 주권적 활동에 대한 부당한 간섭이 될 우려가 있다는 등의 특별한 사정이 없는 한, 외국의 사법적 행위에 대하여는 당해 국가를 피고로 하여 우리나라의 법원이 재판권을 행사할 수 있다"고 판시하여 제한적 면제론으로 입장을 변경하였다.

(나) 집행권 면제

피압류채권이 외국의 사법적 행위를 원인으로 하여 발생한 것이고 그 사법적 행위에 대하여 해당 국가를 피고로 하여 우리나라의 법원이 재판권을 행사할 수 있다고 하더라도, 피압류채권의 당사자가 아닌 집행채권

---

34) 대법원 1975. 5. 23.자 74마281 결정.
35) 대법원 1998. 12. 17. 선고 97다39216 전원합의체 판결. 사실관계는 원고가 미국 산하의 비세출자금기관인 '육군 및 공군 교역처(The United States Army and Air Force Exchange Service)'에 고용되어 미군 2사단 소재 캠프 케이시(Camp Cacey)에서 근무하다가 1992. 11. 8. 정당한 이유 없이 해고되었다고 주장하면서 미국을 피고로 하여 위 해고무효확인과 위 해고된 날로부터 원고를 복직시킬 때까지의 임금의 지급을 구한 것이다.

자가 해당 국가를 제3채무자로 한 압류 및 추심명령을 신청하는 경우, 우리나라 법원은 해당 국가가 국제협약, 중재합의, 서면계약, 법정에서 진술 등의 방법으로 그 사법적 행위로 부담하는 국가의 채무에 대하여 압류 기타 우리나라 법원에 의하여 명하여지는 강제집행의 대상이 될 수 있다는 점에 대하여 명시적으로 동의하였거나 또는 우리나라 내에 그 채무의 지급을 위한 재산을 따로 할당해 두는 등 우리나라 법원의 압류 등 강제조치에 대하여 재판권 면제 주장을 포기한 것으로 볼 수 있는 경우 등에 한하여 그 해당 국가를 제3채무자로 하는 채권압류 및 추심명령을 발령할 재판권을 가진다. 이와 같이 우리나라 법원이 외국을 제3채무자로 하는 추심명령에 대하여 재판권을 행사할 수 있는 경우에는 그 추심명령에 기하여 외국을 피고로 하는 추심금 소송에 대하여도 역시 재판권을 행사할 수 있고, 반면 추심명령에 대한 재판권이 인정되지 않는 경우에는 추심금 소송에 대한 재판권 역시 인정되지 않는다.[36]

(5) 국제연합의 재판권면제에 관한 협약

(가) 외국정부와 재산에 관한 재판권면제협약의 채택

UN 총회는 2004. 12. 2. 국제법위원회(International Law Commission)가 작성한 '1991년도 외국정부와 재산에 관한 재판권면제에 관한 초안(1991 Draft Articles on Jurisdictional Immunity of States and their Property)'에 기초하여, 특별위원회가 2002. 2. 작성한 '재판권면제에 관한 특별위원회의 보고서[Report of the Ad Hoc Committee on Jurisdictional Immunities of States and Their Property: Supplement No. 22: (A/57/22)]'를 바탕으로, '외국정부와 재산에 관한 재판권면제협약(The United Nations Convention on Jurisdictional Immunities of States and their property)'[37]을 채택하였다.

---

36) 대법원 2011. 12. 13. 선고 2009다16766 판결.

37) 위 협약은 2005. 1. 17.부터 2007. 1. 17.까지를 서명기간으로 정하였다. 2019. 4. 7. 현재 28개국이 서명하고 22개국이 비준하여, 위 협약 30조에서 규정한 발효요건(30번째 국가가 비준서·수락서·승인서·가입서가 국제연합 사무총장에 기탁된 날부터 30일이 되는 날에 발효한다)을 갖추지 못하였다. 우리나라는 2019. 4. 7. 현재까지 위 협약에 서명·비준을 하지 않고 있지만, 위 협약은 국가면제에 관한 관습국제법이 절대적 면제

(나) 보전재판권면제에 관한 규정

위 협약 제18조는 (i) 국제협정, (ii) 중재합의나 서면계약, (iii) 당사자 사이에 분쟁이 발생한 후 법원의 재판 또는 서면통지에 의하여 명시적으로 선언한 경우(a), 국가가 보전처분의 대상이 되는 재산으로서 청구의 만족을 위하여 할당 또는 지정한 재산(allocated or earmarked property)인 경우(b) 등을 제외하고는 외국의 재산에 대하여 가압류·가처분 등 사전처분(prejudgment measures)을 할 수 없다고 규정하고 있다.

(다) 검토

판례는 외국에 대하여 집행권 면제를 인정하고 있고,[38] 외국에서도 집행권으로부터 절대적 면제를 인정하는 것이 원칙이며,[39] UN에서도 명시적인 포기가 없는 한 절대적인 재판권면제를 내용으로 하는 협약을 채택하였으므로, 위 협약 제18조 소정의 예외사유가 없는 한 외국국가의 재산에 대한 강제집행이나 보전처분은 허용되지 아니한다. 재판권면제가 인정되는 경우 법원은 소장각하명령을 하여야 한다.[40]

(6) 재판권이 없음에도 이루어진 재판의 효력

재판권은 재판에 의하여 법적 쟁송사건을 해결할 수 있는 국가권력 또

에서 제한적 면제로 이행하고 있는 점을 반영한 최초의 다자조약으로서 국가면제의 분야에서 '법의 지배'와 '법적 안정성'을 확보하기 위하여 체결된 협약이므로, 우리나라도 이에 가입할 필요성이 있다는 견해로는 최태현, "UN국가면제협약의 채택과 가입의 필요성", 한양대학교 법학논총 제25집 제4호(2008. 12.), 156~165면.

38) 대법원 2011. 12. 13. 선고 2009다16766 판결.

39) 미국·영국·프랑스에서는 절대적인 집행권면제가 지배적인 입장이라고 한다. 송상현, "외국에 대한 국내 민사재판권의 행사와 그 한계 -주권면책 이론에 관한 비교법적 고찰을 중심으로-", 민사법의 제문제(온산 방순원 선생 고희기념논문집), 박영사(1984), 259~269면.

40) 국가는 국제관례상 외국의 재판권에 복종하지 않게 되어 있으므로 특히 조약에 의하여 예외로 된 경우나 스스로 외교상의 특권을 포기하는 경우를 제외하고는 외국 국가를 피고로 하여 우리나라가 재판권을 행사할 수 없는 것이니, 일본국을 상대로 한 소장을 송달할 수 없는 경우에 해당한다고 하여 소장각하명령을 한 것은 정당하다(대법원 1975. 5. 23.자 74마281 결정). 이와 같이 절대적 면제론에 의하면 소장각하명령을 하여야 하지만, 제한적 면제론에 의하면 면제여부가 불분명한 경우에는 송달을 하여야 한다. Leo Rosenberg/Hans Friedhelm Gaul/Eberhard Schilken, Zwangsvollstreckungsrecht, 11. Aufl., C.H. Beck, 1997, S.116.

는 사법권을 의미하므로, 재판권면제에 해당하여 재판권이 인정되지 아니함에도 이를 무시한 채 이루어진 재판은 국제법위반으로 무효가 된다.[41] 그러나 국제재판관할을 흠결한 경우에도 국제법상 재판권 자체를 흠결한 것이 아니라면, 그 재판이 반드시 무효가 되는 것은 아니다.[42]

(7) 소 결

따라서 만약 군용기지 부근의 주민들이 미국정부를 상대로 미군기 비행금지를 청구하는 소를 제기하면, 법원은 재판권면제를 이유로 소장각하명령을 하여야 한다.

나. 비행금지를 구하는 행정소송의 적법 여부

(1) 현행 행정소송법의 규정

행정소송의 위법한 처분이나 부정행위로 인하여 권리이익을 침해받은 자가 그 위법을 다투기 위하여 제기하는 소송(행소법 제3조 제1호)인 항고소송에는 취소소송, 무효등 확인소송, 부작위위법확인소송이 있다(행소법 제4조 제1, 2, 3호). 무명항고소송(無名抗告訴訟)은 행정소송법이 규정하고 있는 항고소송 이외에, 당사자의 신청에 대한 행정처분이나 명령 등의 거부 또는 부작위에 대하여 처분이나 명령 등을 하도록 하는 소송인 '의무이행소송',[43] 행정청이 장래에 일정한 처분이나 명령 등을 할 것이 임박한 경우에 그 처분이나 명령 등을 금지하는 소송인 '예방적 금지소송'[44]을 구하는 소송 등을 말한다.

(2) 무명항고소송의 허용 여부

(가) 소극설[45]

행정에 대한 1차적 판단권은 행정기관에 있으며 법원은 행정기관이 아

---

41) 대법원 2011. 12. 13. 선고 2009다16766 판결.
42) 국제사법과 국제민사소송, 사법연수원(2011), 77면.
43) 행정소송법 개정자료집 1, 법원행정처(2007), 73~75면.
44) 행정소송법 개정자료집 1, 법원행정처(2007), 75~76면.
45) 박균성, 행정법론(상), 박영사(2016), 1086~1094면.

니고 행정감독기관도 아니다. 적극적 형성판결이나 이행판결을 인정한다면 법원이 행정작용을 행하는 것과 다름이 없어 권력분립주의에 반한다. 행정소송법 제4조 제1호의 '변경'이란 적극적 변경이 아니라 소극적 변경, 즉 일부취소를 의미한다. 행정소송법 제4조가 정한 항고소송의 종류는 제한적·열거적인 것이다.

(나) 적극설[46]

행정의 적법성보장과 개인의 권익보호가 사법권의 본래의 기능이라는 점에서 권력분립주의를 실질적으로 파악한다면 적극적 형성판결이나 이행판결을 하는 것이 권력분립주의에 반한다고 볼 수 없다. 행정소송법 제4조 제1호의 '변경'은 소극적 변경은 물론 적극적 변경까지 포함한다. 행정소송법 제4조가 정한 항고소송의 종류는 예시적인 것이다.

(다) 판례

판례는 의무이행소송을 인정하지 않는다. 즉 행정청에 대하여 행정상 처분의 이행을 구하는 청구는 특별한 규정이 없는 한 행정소송의 대상이 될 수 없으므로 피고에 대하여 건축허가의 이행을 구하는 소는 부적법한 것으로서 각하하여야 하고,[47] 검사에게 압수물 환부를 이행하라는 청구는 행정청의 부작위에 대하여 일정한 처분을 하도록 하는 의무이행소송으로서 현행 행정소송법상 허용되지 아니한다.[48]

(3) 소 결

따라서 현행 판례 법리에 따르면, 국방부장관을 상대로 군용기의 비행 금지를 청구하는 무명항고소송은 허용되지 아니하므로, 그러한 소는 부적법하다. 다만 행정소송법이 개정되어 의무이행소송이 도입된다면 소제기는 적법하게 될 수 있다.

---

46) 다수설은 입법론적으로는 적극설의 입장을 취하고 있다고 한다. 최인호, "무명항고소송과 가처분 -의무이행소송의 중요쟁점을 중심으로-", 강원법학 제49호(2016. 10.), 740~743면.
47) 대법원 1996. 10. 29. 선고 95누10341 판결.
48) 대법원 1995. 3. 10. 선고 94누14018 판결.

다. 비행금지청구의 인용 여부

만약 의무이행소송이 도입되어 소제기가 적법하다면, 다음으로 남는 문제는 국방부장관의 군용기운항처분의 위법성 여부가 된다.

(1) 재량행위의 위법성 판단기준

행정행위가 그 재량성의 유무 및 범위와 관련하여 이른바 기속행위 내지 기속재량행위와 재량행위 내지 자유재량행위로 구분된다고 할 때, 그 구분은 당해 행위의 근거가 된 법규의 체재·형식과 그 문언, 당해 행위가 속하는 행정 분야의 주된 목적과 특성, 당해 행위 자체의 개별적 성질과 유형 등을 모두 고려하여 판단하여야 하고, 이렇게 구분되는 양자에 대한 사법심사는, 전자의 경우 그 법규에 대한 원칙적인 기속성으로 인하여 법원이 사실인정과 관련 법규의 해석·적용을 통하여 일정한 결론을 도출한 후 그 결론에 비추어 행정청이 한 판단의 적법 여부를 독자의 입장에서 판정하는 방식에 의하게 되나, 후자의 경우 행정청의 재량에 기한 공익판단의 여지를 감안하여 법원은 독자의 결론을 도출함이 없이 당해 행위에 재량권의 일탈·남용이 있는지 여부만을 심사하게 되고, 이러한 재량권의 일탈·남용 여부에 대한 심사는 사실오인, 비례·평등의 원칙 위배, 당해 행위의 목적 위반이나 동기의 부정 유무 등을 그 판단 대상으로 한다.[49]

(2) 국방부장관의 군용기 비행에 관한 재량의 위법성 판단기준

대법원 2016. 11. 10. 선고 2013다71098 판결을 참조하면, 군용기 운항에 관한 행정처분이 위법하다고 판단하기 위해서는 민사상 비행금지청구권의 성립요건이 주된 판단기준이 될 수 있다.

(가) 참을 한도를 넘을 것

군용기가 인근주민의 주거지의 상공을 통과하여 비행하는 등으로 토지의 사용·수익 또는 인격권에 대한 방해가 있음을 이유로 비행 금지 등 방해의 제거 및 예방을 청구하려면, 토지소유권 또는 인격권이 미치는 범위

---

49) 대법원 2001. 2. 9. 선고 98두17593 판결, 대법원 2005. 7. 14. 선고 2004두6181 판결.

내의 상공에서 방해가 있어야 할 뿐 아니라 방해가 사회통념상 일반적으로 참을 한도를 넘는 것이어야 한다.

(나) 참을 한도의 판단기준

방해가 참을 한도를 넘는지는 피해의 성질 및 정도, 피해이익의 내용, 항공기 운항의 공공성과 사회적 가치, 항공기의 비행고도와 비행시간 및 비행빈도 등 비행의 태양, 그 토지 상공을 피해서 비행하거나 피해를 줄일 수 있는 방지조치의 가능성, 공법적 규제기준의 위반 여부, 토지가 위치한 지역의 용도 및 이용 상황 등 관련 사정을 종합적으로 고려하여 판단하여야 한다.

(다) 법익의 비교·형량

항공기의 비행으로 소유자 또는 인근주민의 정당한 이익이 침해된다는 이유로 토지나 주거지 상공을 통과하는 비행의 금지 등을 구하는 방지청구와 금전배상을 구하는 손해배상청구는 내용과 요건이 다르므로, 참을 한도를 판단하는 데 고려할 요소와 중요도에도 차이가 있을 수 있다. 그 중 특히 방지청구는 그것이 허용될 경우 소송당사자뿐 아니라 제3자의 이해관계에도 중대한 영향을 미칠 수 있으므로, 방해의 위법 여부를 판단할 때는 청구가 허용될 경우 소유자 또는 인근주민이 받을 이익과 상대방 및 제3자가 받게 될 불이익 등을 비교·형량해 보아야 한다.

따라서 국방부장관으로서는 군용기의 운항으로 인한 이익(초계임무나 대잠활동 등 국방상 필요,[50] 항공정보의 획득·제공, 재해파견 등 민생협력활동,

---

50) 국방상 필요에 관한 대법원 판례는 다음과 같다. 군사시설보호법 제7조, 공군기지법 제16조에 의하면 이 사건 토지와 같이 보호구역 내지 비행안전구역 내에 위치한 토지상의 건축물을 설치하고자 하는 신청에 대한 허가를 함에는 국방부장관 또는 기지부대장과 협의를 하여야 하도록 되어 있고 이 때 국방부장관 또는 기지부대장이 군사목적의 필요상 불가하다는 회신을 하여 온 경우에는 허가를 할 수 없다(대법원 1992. 9. 22. 선고 91누8876 판결).; 구 수산업법 제34조 제1항이 어업제한사유로 제5호에서 '공익사업을 위한 토지 등의 취득 및 보상에 관한 법률 제4조의 공익사업상 필요한 때'를 정하여 '국방 및 군사에 관한 사업'에 관한 포괄적인 규정을 마련하였음에도, 이와 별도로 제3호에 '국방상 필요하다고 인정하여 국방부장관으로부터 요청이 있을 때'를 정하여 손실보상 여부에 관하여 달리 취급하는 취지에 비추어 보면, 구 수산업법 제34조 제1항에 따른 어업제한사유가 제3호의 요건을 충족하는 이상 제5호에서 정한 공익사업의 하나인 '국방·군사에 관한 사업'의 요건을 동시에 충족할 수 있다고 하더라도, 특별한 사정이 없는 한 제3호가 우선 적용되어 손실보상청구권이 발생하지 아니한다고 보아야 한

해적대처 등 국제공헌, 교육 훈련 등)이 인근주민이 군용기 비행금지로 인하여 얻는 이익보다 훨씬 크다는 점을 주장·증명할 필요가 있다.

다(대법원 2016. 5. 12. 선고 2013다62261 판결).

대법원 2009. 11. 12. 선고 2009도8751 판결

I. 사실관계

(1) 부산광역시 강서구 대저동 소재 평강사리(平江沙里) 마을회는 1981. 8. 31. 마을회관 부지의 공유지분을 취득하는 등 이 사건 공동구판장과 공동작업장을 건축하기 전부터 존재하였다. 마을회는 마을회의 재산으로 공동구판장과 공동작업장을 건축하였고, 공동구판장 및 공동작업장 부지 및 건물에 대하여 '평강사리 마을회' 명의로 등기하였다. 피고인은 평강사리 마을회의 대표자로서 마을 주민들의 동의를 받아 위와 같은 일련의 업무를 처리하였다.

(2) 피고인은 마을회 명의로 이 사건 공동구판장을 설치하면서, 관련 법령에 의하여 항공기 소음피해주민의 편익증진을 위한 공동이용시설의 설치지원사업으로 지급되는 보조금 1억 2천만 원을 교부받아 공동구판장 설치비용으로 사용하였는데, 위 보조금은 전체 설치 비용의 일부에 지나지 않았다. 2007. 8.경 부산광역시 강서구청장과 평강사리 마을 공동구판장설치 추진위원장 사이에 체결한 '평강사리 마을 공동구판장 설치 지원에 관한 협약서'에 의하면, "본 사업 준공 후 시설의 운영·관리에 대한 일체의 권리와 책임은 추진위원장이 갖는다"라고 규정되어 있다.

(3) 검사는 피고인이 강서구청을 속여 '허위의 신청이나 기타 부정한 방법'으로 보조금을 교부받았다는 범죄혐의로, 피고인을 '보조금의 예산 및 관리에 관한 법률' 위반 혐의로 기소하였다.

Ⅱ. 참조 조문

1. 보조금 관리에 관한 법률

제2조(정의) 이 법에서 사용하는 용어의 뜻은 다음과 같다.

1. "보조금"이란 국가 외의 자가 수행하는 사무 또는 사업에 대하여 국가(「국가재정법」 별표 2에 규정된 법률에 따라 설치된 기금을 관리·운용하는 자를 포함한다)가 이를 조성하거나 재정상의 원조를 하기 위하여 교부하는 보조금(지방자치단체에 교부하는 것과 그 밖에 법인·단체 또는 개인의 시설자금이나 운영자금으로 교부하는 것만 해당한다), 부담금(국제조약에 따른 부담금은 제외한다), 그 밖에 상당한 반대급부를 받지 아니하고 교부하는 급부금으로서 대통령령으로 정하는 것을 말한다.

2. "보조사업"이란 보조금의 교부 대상이 되는 사무 또는 사업을 말한다.

제40조(벌칙) 다음 각 호의 어느 하나에 해당하는 자는 10년 이하의 징역 또는 1억 원 이하의 벌금에 처한다.

1. 거짓 신청이나 그 밖의 부정한 방법으로 보조금이나 간접보조금을 교부받거나 지급받은 자 또는 그 사실을 알면서 보조금이나 간접보조금을 교부하거나 지급한 자

2. 공항소음 방지 및 소음대책지역 지원에 관한 법률

제1조(목적) 이 법은 공항소음을 방지하고 소음대책지역의 공항소음대책사업 및 주민지원사업을 효율적으로 추진함으로써 주민의 복지증진과 쾌적한 생활환경을 보장하고, 항공교통 활성화에 이바지함을 목적으로 한다.

제2조(정의) 이 법에서 사용하는 용어의 뜻은 다음과 같다.

1. "공항소음"이란 공항에 이륙·착륙하는 항공기로부터 발생하는 소음을 말한다.

2. "소음대책지역"이란 공항소음피해가 있는 지역으로서 공항소음대책사업과 주민지원사업 등을 추진하기 위하여 국토교통부장관

이 제5조제1항에 따라 지정·고시한 지역을 말한다.

3. "항공기"란 「항공안전법」 제2조 제1호에 따른 항공기를 말한다.

4. "공항"이란 「공항시설법」 제2조 제3호에 따른 공항과 공항개발 사업시행자가 새로이 건설하는 공항을 말한다. 다만, 「군사기지 및 군사시설 보호법」 제2조 제4호 가목부터 다목까지의 규정에 따른 항공작전기지를 겸하는 공항은 제외하되, 부산광역시 강서구에 있는 공항은 포함한다.

7. "공항소음대책사업"이란 공항소음을 저감하고 쾌적한 생활환경을 조성하기 위하여 시행하는 사업으로 제8조 제1항 제1호부터 제4호까지, 제6호 및 제7호의 사업을 말한다.

8. "주민지원사업"이란 소음대책지역 주민들의 복지증진 및 소득증대를 위하여 시행하는 사업으로서 제19조 제1항에 해당하는 사업을 말한다.

제18조(지원사업계획의 수립 등) ① 시설관리자 또는 사업시행자는 중기계획의 범위에서 연차별 주민지원사업계획(이하 "지원사업계획"이라 한다)을 수립하여야 한다.

② 시설관리자 또는 사업시행자는 소음대책지역 밖의 지역으로서 대통령령으로 정하는 일정 범위의 지역(이하 "소음대책 인근지역"이라 한다)을 지원사업계획에 포함하여야 한다.

③ 국토교통부장관은 제5조제1항에 따라 소음대책지역을 지정·고시할 때 시장·군수·구청장과 협의하여 소음대책 인근지역을 포함하여 지정·고시할 수 있다.

④ 시설관리자 또는 사업시행자가 지원사업계획을 수립하려는 때에는 주민지원사업의 종류 및 규모 등에 대하여 해당 시장·군수·구청장과 협의하여야 한다.

⑤ 주민지원사업은 해당 시장·군수·구청장 또는 교육감(학교시설의 설치에 관한 사업에 한정한다)이 시행한다.

⑥ 시설관리자 또는 사업시행자는 제1항에 따라 지원사업계획을 수립하거나 수립된 지원사업계획을 변경하려는 경우에는 국토교통부장관의 승인을 받아야 한다. 다만, 대통령령으로 정하는 경미한 사항의 변경은 그러하지 아니하다.

⑦ 지원사업계획의 수립에 필요한 사항은 대통령령으로 정한다.

제19조(주민지원사업의 종류 등) ① 주민지원사업의 종류는 다음 각 호와 같다.

1. 주민복지사업: 공동이용시설(도서관, 체육공원 등) 설치, 교육문화사업 등 지역주민의 복지향상을 위한 사업으로 대통령령으로 정하는 사업을 말한다.
2. 소득증대사업: 공동작업장 및 공동영농시설의 설치 등 소득증대에 기여할 수 있는 사업으로 대통령령으로 정하는 사업을 말한다.
3. 그 밖에 지역주민의 복지향상 및 소득증대에 기여할 수 있는 사업으로서 대통령령으로 정하는 기준에 따라 해당 지방자치단체의 조례로 정하는 사업

② 시설관리자 또는 사업시행자는 제1항 각 호의 사업별로 드는 사업비의 100분의 75를 넘지 아니하는 범위에서 주민지원사업 시행자에게 제23조에 따라 조성된 자금을 지원하여야 한다.

③ 제2항에 따른 사업비 지원비율 등 구체적인 사항은 대통령령으로 정한다.

Ⅲ. 판시사항

(1) 보조금의 예산 및 관리에 관한 법률 제40조에 규정된 '허위의 신청 기타 부정한 방법'이라 함은 정상적인 절차에 의하여는 같은 법에 의한 보조금을 지급받을 수 없음에도 위계 기타 사회통념상 부정이라고 인정되는 행위로서 보조금 교부에 관한 의사결정에 영향을 미칠 수 있는 적극적 및 소극적 행위를 뜻한다.

(2) 보조금의 예산 및 관리에 관한 법률 제40조는 보조금 등을 실제로 교부받은 경우만을 처벌하는 내용이고 달리 같은 법에 그 미수죄를 규정하지 않고 있는 점 및 같은 법 제42조에서 개별적인 보조금 행정상의 절차 위반에 대하여 별개의 처벌규정을 두고 있는 점 등에 비추어, 그 취지는 국가의 재정적 이익을 보호법익으로 하여 그 침해를 처벌함에 있고 추상적으로 보조금 행정의 질서나 공정성에 대한 위험 또는 보조금 행정상 개개 절차의 위반 자체를 처벌하는 것은 아니다. 그러므로 같은 조 소정

의 '부정한 방법으로 보조금의 교부를 받은' 경우라 함은 보조금의 교부 대상이 되지 아니하는 사무 또는 사업에 대하여 보조금을 받거나 당해 사업 등에 교부되어야 할 금액을 초과하여 보조금을 교부받는 것을 가리키며, 보조금을 교부받을 때 다소 정당성이 결여된 것이라고 볼 여지가 있는 수단이 사용되었더라도 보조금을 교부받아야 할 자격이 있는 사업 등에 대하여 정당한 금액의 교부를 받은 경우는 여기에 해당하지 아니한다.

Ⅳ. 해 설

1. 보조금의 예산 및 관리에 관한 법률 제40조

가. 의 의

거짓 신청이나 그 밖의 부정한 방법으로 보조금이나 간접보조금을 교부받거나 지급받은 자 또는 그 사실을 알면서 보조금이나 간접보조금을 교부하거나 지급한 자는 10년 이하의 징역 또는 1억 원 이하의 벌금에 처한다.[1] 이는 보조금 등을 실제로 교부받은 경우만을 처벌하는 내용이고, 달리 같은 법에 그 미수죄를 규정하지 않고 있는 점 및 같은 법 제42조에서 개별적인 보조금 행정상의 절차 위반에 대하여 별개의 처벌규정을 두고 있는 점 등에 비추어, 그 취지는 국가의 재정적 이익을 보호법익으로 하여 그 침해를 처벌함에 있고, 추상적으로 보조금 행정의 질서나 공정성에 대한 위험 또는 보조금 행정상 개개 절차의 위반 자체를 처벌하는 것은 아니다.

나. 거짓 신청이나 그 밖의 부정한 방법

(1) 일반론

사위(詐僞) 기타 부정한 방법이란, 원론적으로는 사회통념상 사위·부정으로 인정되는 모든 행위를 말하고 적극적 행위(작위)뿐만 아니라 소극적 행위(부작위)도 포함된다고 정리할 수 있으나, 각 개별법규의 입법목적, 비

---

[1] 이 사건 행위 당시 형량은 5년 이하의 징역 또는 500만 원 이하의 벌금이었다.

난가능성, 조사의 용이성 등에 비추어 합목적적인 해석을 함에 따라서 그 행위의 태양 내지 개념의 범위가 상이하고, 판례도 각 개별법규마다 그 범위를 달리 해석하고 있다.[2]

(2) 다른 법률에서 거짓 신청이나 부정한 방법

(가) 조세범처벌법에서는 부작위도 부정한 행위에 해당되나, 조세포탈 범을 처벌하는 이유가 조세의 부과징수를 불능 또는 현저히 곤란하게 하는 데 있다는 점에 비추어 단순히 세법상 신고를 하지 아니하거나 단순히 허위의 신고를 하는 것과 같은 소극적 행위는 조사를 곤란하게 하거나 실질적 납세윤리의 위배 정도 및 가벌적 위법성이 약하다는 이유로 사기 기타 부정한 행위에 해당되지 않는다고 좁게 해석하고 있다.[3] 관세법에서는 관세사범을 적발하기가 현실적으로 매우 어려운 반면에 그로 인한 국가경제상의 폐해가 막대한 점에 비추어 사회통념상 사위·부정으로 인정되면 족하고 반드시 적극적 행위임을 요하지 않는다고 하여 넓게 해석하고 있다.[4]

(나) 운전면허취소사유의 하나로 규정된 도로교통법 제78조 제3호의 '허위 또는 부정한 수단으로 운전면허를 받은 사실이 드러난 때'라 함은 운전면허를 취득한 사람이 주관적으로 허위 또는 부정한 수단임을 인식하면서 그 방법으로 운전면허를 받았음이 밝혀진 경우를 말한다.[5]

(다) 구 고용보험법(1999. 12. 31. 법률 제6099호로 개정되기 전의 것) 제48조 제1항은 "직업안정기관의 장은 허위 기타 부정한 방법으로 구직급여를 지급받은 자에 대하여는 지급받은 전체 구직급여의 전부 또는 일부의 반환을 명할 수 있고, 이에 추가하여 노동부령이 정하는 기준에 따라 당해 허위 기타 부정한 방법에 의하여 지급받은 구직급여액에 상당하는 금액 이하의 금액을 징수할 수 있다"고 규정하고 있는바, 여기서 '허위 기타

---

2) 임영호, "보조금의 예산 및 관리에 관한 법률 소정의 부정한 방법으로 보조금의 교부를 받은 때의 의미", 대법원판례해설 제69호(2008), 29면.

3) 대법원 2003. 2. 14. 선고 2001도3797 판결.

4) 임순명, "관세포탈죄에 있어서의 사위 기타 부정한 방법", 대법원판례해설 제13호, 433~439면.

5) 대법원 1991. 11. 8. 선고 91누4584 판결.

부정한 방법'이라고 함은 일반적으로 수급자격 없는 사람이 수급자격을 가장하거나 취업사실 또는 소득의 발생사실 등을 감추기 위하여 행하는 일체의 부정행위를 말하는 것으로, 명백한 근로소득이 있는 자가 구직급여를 받기 위하여 법이 정하는 소득의 신고를 하지 아니하는 행위도 이에 해당한다.[6]

(3) 보조금의 예산 및 관리에 관한 법률상 거짓 신청이나 그 밖의 부정한 방법

(가) 개념

'허위의 신청 기타 부정한 방법'이라 함은 정상적인 절차에 의하여는 같은 법에 의한 보조금을 지급받을 수 없음에도 위계 기타 사회통념상 부정이라고 인정되는 행위로서 보조금 교부에 관한 의사결정에 영향을 미칠 수 있는 적극적 및 소극적 행위를 뜻한다.[7] '부정한 방법으로 보조금의 교부를 받은' 경우라 함은 보조금의 교부대상이 되지 아니하는 사무 또는 사업에 대하여 보조금을 받거나 당해 사업 등에 교부되어야 할 금액을 초과하여 보조금을 교부받는 것을 가리키며, 보조금을 교부받음에 있어 다소 정당성이 결여된 것이라고 볼 여지가 있는 수단이 사용되었더라도 보조금을 교부받아야 할 자격이 있는 사업 등에 대하여 정당한 금액의 교부를 받은 경우는 여기에 해당하지 아니한다.[8]

따라서 부정한 방법으로 당해 사업 등에 교부되어야 할 금액을 초과하여 교부받은 보조금의 금액이, 그 신청내용 중 진실한 보조사업에 대응하는 액수와 비록 보조금교부신청을 하지 아니하였으나 이를 신청하였더라면 보조사업으로 인정받아 지급받았을 것으로 보이는 사업에 대한 보조금을 합한 금액 이내라고 하더라도, 위와 같이 신청하지 않은 사업부분은 보조사업자의 보조금교부신청 및 행정청의 보조금교부결정 대상에 포함되지 않은 것이어서 문제된 보조금의 신청 및 교부와는 관련이 없으므로, 위와 같은 사정은 본죄의 성립에 영향을 미치지 못한다.[9]

---

6) 대법원 2003. 9. 5. 선고 2001두2270 판결.
7) 대법원 2016. 11. 24. 선고 2016도8419 판결.
8) 대법원 2007. 12. 27. 선고 2006도8870 판결.

(나) 음성꽃동네 사건[10]

충북 음성군 맹동면 인곡리 산 1-45 일대에 있는 음성 꽃동네(이하 '꽃동네')는 청주교구 천주교회유지재단(이하 '청주교구')과 그 목적재산을 달리하고 별도의 독자적 관리체계를 가지고 있는 조직으로서 그 단체법적 성격은 법인격 없는 재단에 가깝다.

피고인이 만든 내부 운영규정에 따라 꽃동네에서 국고보조금을 신청하고 국고보조금을 받은 다음 집행하는 등의 일은 모두 복지시설부장의 전결처리를 거쳐 각 사회복지시설의 시설장 이름으로 이루어진 점, 피고인은 2000. 2. 2.부터 2002. 2. 28.까지 꽃동네 회장직에서 물러나 꽃동네 수도회 소속 신부의 신분으로 있었고 꽃동네 회장직에 있을 때에도 국고보조금의 신청 및 집행 등의 일에는 개별적·구체적으로 관여하였음을 인정할 만한 자료는 없는 점, 꽃동네에서 사회복지시설 종사자로 등록하여 국고보조금을 받아온 시설종사자 인원은 법적으로 꽃동네에서 국고보조금을 받을 수 있는 법정 정원에 미치지 못하였을 뿐만 아니라 실제로는 꽃동네 안의 사회복지시설에서 일하였으나 음성군에 시설종사자 등록을 하지 않아 국고보조금을 받지 못한 수도자들도 상당수 있었던 점, 꽃동네에서 매월 음성군으로부터 지급받아온 국고보조금은 그 시설종사자가 수도자가 아닌 경우를 제외하고는 수도자 개인에게 지급되지 않고 수도회 기금으로 입금되어 꽃동네 안의 사회복지시설에 대한 운영보조금 등 수도회 고유목적사업에 사용되어 온 점, 공소사실에서 법적 등록소임과 달리 각 수도자들이 실제로 담당하던 소임이 다르다고 하여 지적된 각 소임은 꽃동네 안에 있는 각종 사회복지시설의 설립목적을 직접적으로 수행하거나 적어도 그 목적의 달성을 위해 필수적인 업무인 점 등을 종합하면, 꽃동네에서 국고보조금을 신청하면서 수도자들의 실제 업무와 달리 법적 등록소임을 기재하여 국고보조금을 받은 사실을 피고인이 사전에 구체적으로 인식하고 있었다고 보기는 어렵다.

---

9) 대법원 2016. 11. 24. 선고 2016도8419 판결.
10) 대법원 2007. 12. 27. 선고 2006도8870 판결.

비록 실제 소임과 법적 등록소임이 다를지라도 국고보조금을 신청한 수도자들의 실제 소임은 각 사회복지시설을 포함한 더 넓은 범위의 사회복지시설이라 할 수 있는 전체 꽃동네의 기능을 유지하고 목적을 수행하는 데 필수적인 업무로서, 꽃동네에서 수도자들의 소임 변경에 따라 그때마다 변경된 실제 소임과 법적 등록소임이 일치하도록 국고보조금 신청서의 소임 내용을 변경하지 않았다고 하더라도, 피고인이나 국고보조금에 관한 실제 업무를 집행한 담당자에게 관할 행정청을 속여 국고보조금을 편취하고, 허위의 신청 기타 부정한 방법으로 국고보조금을 받는다는 범의가 있었다고 보기는 어렵다.

(다) 허위로 복지재단법인 정관을 변경한 경우[11]

피고인들이 명의신탁의 방법으로 마치 보통재산을 매각한 것처럼 위장을 한 후 A복지재단의 재산관련 정관을 변경하고 이를 광주시청에 신고한 다음 기성금 보조금을 신청한 사실은 인정되나, A복지재단이 '보통재산을 6개월 이내에 매각하여 건축비와 운영비로 충당하여야 한다'는 설립 당시의 허가조건을 이행하지 아니하는 경우에 위 법인의 설립이 당연히 취소되는 것은 아니고 법인의 설립을 취소할 것인지 여부는 주무관청의 재량사항인 점, 기성금 보조금을 교부할 때 위와 같은 설립 허가조건이 선이행되어야 한다는 명확한 법적 근거는 없는 것으로 보이고 관련 행정청이 이를 기성금 지급의 조건으로 고지한 적도 없는 점, 오히려 기성금 보조금은 보조사업에 대한 공사가 진행된 정도에 따라 그에 소요된 자재비와 인건비를 정산하여 지급된 점 등에 비추어 보면, 피고인들이 기성금 보조금을 신청하기에 앞서 위와 같이 마치 법인설립 허가조건이 정상적으로 이행된 것처럼 허위로 법인 정관을 변경하고 이를 관청에 신고를 한 사실만으로는 피고인의 그와 같은 행위가 기성금 보조금의 교부에 관한 의사결정에 영향을 미친 것으로 평가할 수는 없으므로, '허위의 신청 기타 부정한 방법'에 해당하지 않는다.

---

11) 대법원 2010. 3. 25. 선고 2009도8769 판결.

(라) 과다하게 기재된 공사도급계약서를 제출하여 보조금을 받은 경우[12]

피고인이 보조금지급신청을 하면서 제출한 저온저장고시설 등에 대한 공사대금은 실제로는 4억 3,000만 원임에도 불구하고 5억 4,500만 원으로 허위기재된 공사도급계약서를 관할관청에 제출하였고, 위 허위기재된 공사도급계약서상의 공사대금을 기준으로 산정한 보조금을 지급받은 경우, 허위의 신청이나 기타 부정한 방법으로 보조금을 교부받은 것에 해당한다.

2. 대상사안의 검토

가. 소음피해방지대책으로서 공동이용시설의 설치지원사업

(1) 구 항공법(2009. 6. 9. 법률 제9780호로 개정되기 전의 것) 제107조 제1항은 "국토해양부장관은 항공기에 의한 소음의 피해를 방지 또는 저감시킬 필요가 있는 경우에는 대통령령이 정하는 바에 따라 소음피해방지대책을 수립·시행하거나 사업시행자 또는 공항시설관리자에게 소음피해방지대책을 수립·시행하도록 할 수 있다"고 규정하고, 같은 법 시행규칙 제272조 제1항 제4호에서 "항공기 소음피해방지대책의 하나로 소음피해주민의 편익증진을 위한 공동이용시설의 설치지원대책을 마련하여 시행할 수 있다"고 규정하고 있었다.

(2) 구 한국공항공사법(2009. 3. 25. 법률 제9548호로 개정되기 전의 것) 제9조 제1항 제7호, 동법 시행령 제11조 제2호에서 "한국공항공사는 항공법 제107조에 따른 소음피해방지대책사업 중 정부의 보조금 등 재원의 범위 내에서 소음피해지역주민의 편익증진을 위한 공동이용시설의 설치지원사업을 한다"고 규정하고 있었다.

(3) 현행 공항소음 방지 및 소음대책지역 지원에 관한 법률 제18조 제5항에서는 주민대책사업의 시행 주체를 구청으로 규정하고 있고, 제19조 제1항 제1호에서는 주민복지사업의 하나로 공동이용시설 설치를 규정하고 있다.

---

12) 대법원 2005. 3. 25. 선고 2005도573 판결.

나. 마을회 명의로 공동구판장을 설치한 행위

(1) 피고인은 강서구청으로부터 보조금을 지급받아 마을회 명의로 공동구판장을 설치하였다. 위 보조금은 법령에 근거히여 항공기 소음피해방지대책사업의 일환으로 소음피해지역주민의 편익증진을 위한 공동이용시설의 설치지원사업에 교부되는 것이므로, 피고인이 주민들의 편익증진을 위한 공동이용시설의 설치 비용으로 위 보조금을 교부받아 실제로 그와 같은 용도로 지출하였다면 이를 두고 '허위의 신청이나 기타 부정한 방법'으로 보조금을 교부받았다거나 보조금을 교부받을 때 기망행위가 있었다고 볼 수 없다.

(2) 소음피해지역주민의 편익증진을 위한 공동이용시설의 설치 지원이라는 위 보조금의 교부 목적과 협약서 내용에 비추어, 위 보조금의 교부에서 공동이용시설의 구체적인 이용방법에 대한 제한이 전제되어 있었다고 보기도 어려우므로, 마을회가 이 사건 공동구판장 건축 당시 이를 타에 임대할 의사가 있었고 실제로 임대하였다고 하더라도, 피고인이 강서구청을 속여 보조금을 편취하고 '허위의 신청이나 기타 부정한 방법'으로 보조금을 교부받았다고 보기도 어렵다.

(3) 따라서 피고인의 행위는 죄가 되지 아니하므로 무죄이다.

판례색인

사항색인

■ 권창영 權昌榮 (松齋)

>>> 학력
서울대 물리학과 졸업(1992), 서울대 법학박사(2008), The University of
Texas at Austin, School of Law Visiting Researcher(2006-2007)

>>> 경력
[前] 제38회 사법시험 합격(1996), 사법연수원 수료(제28기, 1999), 춘천지법 판
사(1999-2002), 의정부지법 판사(2002-2005), 서울서부지법 판사
(2005-2007, 2012-2014), 서울행정법원 판사(2007-2009), 서울남부
지법 판사(2009-2010), 서울고등법원 판사(2010-2012), 창원지법 부
장판사(2014-2016), 의정부지법 부장판사(2016-2017)
[現] 법무법인(유한) 지평 변호사(2017-현재), 한국항공대 항공우주법학과 겸임
교수(2017-현재), 대한상사중재원 중재인(2017-현재), 법제처 법령해석심
의위원회 위원(2018-현재), 항공소음정책포럼 부회장(2019-현재)

>>> 저서
노동재판실무편람(共著, 2005), 민사보전법(2010, 초판; 2012, 제2판), 근
로기준법 주해 III (共著, 2010), 주석 민사집행법 VII (제3판, 2012), 법원
실무제요 민사집행 IV -보전처분-(共著, 2014), 노동조합 및 노동관계조
정법 주해 II·III (共著, 2015), 선원법해설(2016, 초판), 온주 산업재해보
상보험법(共著, 2017), 선원법해설(2018, 제2판), 민사보전(2019)

>>> 논문
"항공기 집행에 관한 법리" 등 100여 편

[항공우주법 강좌 1]

항공법판례해설 Ⅰ - 航空民事法

2019년 8월 10일 초판 인쇄
2019년 8월 20일 초판 1쇄 발행

	저 자	권	창	영
	발행인	배	효	선

발행처 　도서출판 **法 文 社**

주 소　10881 경기도 파주시 회동길 37-29
등 록　1957년 12월 12일/제2-76호(윤)
전 화　(031)955-6500~6 FAX (031)955-6525
E-mail (영업) bms@bobmunsa.co.kr
　　　　(편집) edit66@bobmunsa.co.kr
홈페이지 http://www.bobmunsa.co.kr

조 판　법 문 사 전 산 실

정가 40,000원　　　ISBN 978-89-18-91037-6